The Art of UNIX Programming

Eric S. Raymond 著
長尾 高弘 訳

ASCII
DWANGO

この書籍はEWB（Editor's Work Bench）によって組版されています。
EWBに関する詳しい情報は、上記のURLをご覧ください。

商 標

UNIXオペレーティングシステムは、The Open Groupの登録商標です。
その他、本文中に記載されている社名および商品名は、一般に開発メーカーの登録商標です。
なお、本文中ではTM・Ⓒ・Ⓡ表示を明記しておりません。

The Art of Unix Programming

Eric Steven Raymond

✦ Addison-Wesley

Boston • San Francisco • New York • Toronto • Montreal
London • Munich • Paris • Madrid
Capetown • Sydney • Tokyo • Singapore • Mexico City

Copyright

Authorized translation from the English language edition, entitled ART OF UNIX PROGRAMMING, THE, 1st Edition, by RAYMOND, ERIC S., published by Pearson Education, Inc, Copyright © 2004

All rights reserved. No part of this book may be reproduced or transmitted in any form or by any means, electronic or mechanical, including photocopying, recording or by any information storage retrieval system, without permission from Pearson Education, Inc.

JAPANESE language edition published by DWANGO Co., LTD., Copyright © 2019.

Japanese translation rights arranged with PEARSON EDUCATION, INC. through JAPAN UNI AGENCY, INC., TOKYO JAPAN.

本書は、米国 Pearson Education, Inc. との契約に基づき、株式会社ドワンゴが翻訳、出版したものです。

序章

> **Unix** は、オペレーティングシステムというより口承文学だ。
>
> ― Neal Stephenson

　知識と技には大きな差がある。知識はリクツで正しいことにたどり着けるようにしてくれるが、技は正しいことを反射神経の問題にする。つまり、意識的な思考をほとんど不要にするのだ。

　この本には大量の知識が詰め込まれているが、扱っているのは主として技の問題だ。Unix の専門家たちが知ってはいるが、知っていることに気付いていないことを読者に教えたいと思っている。だから、ほとんどの Unix 本と比べて技術的な部分は薄く、コミュニティで共有されている文化については厚く取り上げている。明示的な文化と暗黙の文化、意識的な伝統と無意識的な伝統の両方だ。本書は「how-to 本」ではなく、「why-to 本」なのだ。

　世の中のあまりにも多くのソフトウェアは設計が貧弱なだけに、why-to は実践的に非常に重要な意味を持つ。設計が貧弱なソフトウェアは、肥大しすぎているために欠陥が露わになっているのだが、メンテナンスが極端に難しく、そのために新しいプラットフォームへの移植やオリジナルのプログラマが予測しなかった方向への拡張はほとんど不可能になっている。これらの問題が出てくるときは、設計が悪いことの兆候だ。Unix が優れた設計について教えてくれることから読者が何かを学び取ってほしいと私たちは思っている。

　この本は、コンテキスト、設計、実装、コミュニティの4部に分かれている。第1部（コンテキスト）は、あとの部分の意図を説明し、理解の基礎ともなる思想と歴史の部分である。第2部（設計）は、Unix 思想の原則を展開して設計と実装についてより具体的なアドバイスを提供していく。第3部（実装）は、Unix が問題解決を助けるために提供しているソフトウェアに注目する。第4部（コミュニティ）は、Unix 文化を効果的なものにしている人と人とのやり取り、合意事項について見ていく。

　本書は共有されている文化についての本なので、私は一人で書き上げようなどとは決して思わなかった。読んでいくとわかるように、著名な Unix 開発者、Unix の伝統を形作った人々がゲストとして登場する。本書は、本格的なパブリックレビューを経て世に出ているが、その間、私はこれらの有名人を招き、本文についてのコメントをもらったり内容について議論をしたりした。さらに、そのレビュープロセスの結果を最終版に組み込むのではなく、自らの声で語りかけ、本文の内容を強調、発展させたり、否定してもらうことにした。

　この本で「私たち」ということばを使うときは、全能の神を装おうとしているのではなく、コ

ミュニティ全体が磨いてきた技を表そうとしているのだ。

　本書は、文化を伝えることを目的としているので、普通の技術書と比べて、歴史、伝承、余談の占める量が異常に多い。しかし、これらも Unix プログラマになるための教育の一部なので、楽しんでほしい。歴史上の個々のディティールがとても重要だというわけではないが、それら全体が形成するゲシュタルトが重要なのだ。私たちは、こうしたほうがおもしろい話になると考えている。というよりも、Unix がどこからやってきて、どのようにして現在のような姿になったのかを理解することは、Unix スタイルの感覚を磨くうえで役に立つのだ。

　同じような理由から、歴史が終わったように書くことは避けた。本書では、書かれた時期がいつかということが異常なくらいひんぱんに言及されている。私たちは、予定された運命からの時間を超越した完全に論理的な帰結を反映したものが現在だという書き方をしたくない。執筆時期に言及しているのは、2、3 年後、あるいは 5 年後の読者に対して、書かれた事実が古くなっており、ダブルチェックが必要だということを警告するためだ。

　この本は C の教則本でもないし、Unix コマンド、API のガイドブックでもない。sed、yacc、Perl、Python などのリファレンスではないし、ネットワークプログラミング入門や X の奥義についての徹底ガイドでもない。Unix の内部構造やアーキテクチャのツアー本でもない。これらの具体的なテーマは、他の本のほうが詳しいので、本書では適切な箇所でそれらを紹介するだけだ。

　それらすべての具体的な技術を超えたところに、Unix 文化が数 100 万人年の熟練者の労力をかけて開発してきた書かれざる伝統がある[*1]。本書は、その伝統を理解し、そのデザインパターンを道具箱に加えることが、より良いプログラマやデザイナになるうえで役に立つはずだという信念のもとに書かれている。

　文化は人から構成されており、Unix 文化を学ぶための伝統的な方法は、他の人々から伝承を通じてじわじわと影響を受けるというものだ。本書は、人から人への文化の伝播に代わるものではないが、他人の経験に触れられるようにすることによって、そのプロセスを加速することができるはずだ。

だれがこの本を読むべきか

　初心者プログラマの教育係とか他のオペレーティングシステムの支持者との論争係になることが多いベテランの Unix プログラマで、Unix のアプローチの長所をどうもうまくいえないと思う人は、ぜひこの本を読むべきだ。

　他のオペレーティングシステムで C、C++、Java の経験のあるプログラマで、Unix ベースの

---

1. 1969 年と 2003 年の間の約 35 年間は、とても長い時間だ。この時期の Unix サイトの数の増加から考えると、Unix 開発にはおそらく世界中の 5000 万人年以上の労力が注がれているはずだ。

プロジェクトをスタートさせようとしている人なら、ぜひこの本を読むべきだ。

オペレーティングシステムの技能としては初心者から中級者くらいのレベルのUnixユーザーで、開発の経験はほとんどないものの、Unixのもとでソフトウェアを効率よく設計するにはどうしたらよいかを学びたい人は、この本を読むべきだ。

Unix以外の環境のプログラマでUnixの伝統から何かが学べることがわかったという人はこの本を読むべきだ。あなたは正しいと思うし、Unixの思想は他のオペレーティングシステムにも輸出できるはずだと考えている。だから、私たちは通常のUnixの本よりもUnix以外の環境（特にMicrosoftのオペレーティングシステム）により多くの注意を払っていくつもりだ。ツールやケーススタディに移植性がある場合には、そのように断っていく。

メジャーな汎用アプリケーションや垂直アプリケーション（特定の業界に特化したアプリケーション）のためのプラットフォーム、実装戦略を検討しているアプリケーションアーキテクトはこの本を読むべきだ。この本は、開発プラットフォームとしてのUnixの長所やUnixのなかに脈々と流れる開発メソッドとしてのオープンソースの伝統を理解するうえで役に立つはずだ。

CコーディングやUnixカーネルAPIの使い方といったものの細かい知識を必要とする人は、この本を読むべきではない。これらのトピックについては、よい本がたくさんある。UnixAPIの研究所として古典的な本としてはAdvanced Programming in the Unix Environment [Stevens92]があるし、すべてのCプログラマ（というよりも、すべての言語のすべてのプログラマ）に勧められる本としては、The Practice of Programming [Kernighan-Pike99]がある。

この本の使い方

この本は、実践的であるとともに思索的でもある。格言調で一般論を語るところもあれば、Unix開発の具体的なケーススタディを検討するところもある。まず、一般原則や格言を述べてから、それを具体的に説明する例を示す（あるいはその逆）。サンプルは、おもちゃっぽいデモプログラムではなく、日常的に使われている現実に稼動しているコードから取る。

私たちは意識的にコード例や定義ファイル例で本を埋め尽くすのを避けた。たぶん、多くの場所では、そうしたほうが書きやすかったはずだし、読みやすい場所さえあったはずだ。ほとんどのプログラミング本は、低水準の詳細やらサンプルやらを出しすぎるあまり、本当は何が起きているのかを高い水準で感じる視点を読者に与え損ねている。この本では、逆の方向に行きすぎることを選んだのだ。

だから、この本ではコードや定義ファイルを読もうという誘いのことばをひんぱんに見かける割に、実際に本に含まれているサンプルは比較的少ない。代わりに、Web上のサンプルの位置を示している。

これらの例を検討すると、あなたが学んでいる原則を半ば本能的な生きた知識に固めていく

うえで役に立つ。理想をいえば、動いているUnixシステムのコンソールのそばで、Webブラウザにすぐアクセスできる状態でこの本を読めるとよい。Unixであれば何でもよいが、Linuxシステムを使えば、ソフトウェアケーススタディの対象となっているものはあらかじめインストールされており、すぐに確かめられる状態になっているはずである。本文に書かれているURLは、ブラウズして試してみてほしい。これらのURLは、しばらく横道にそれてネットのなかを見ても、説明の流れを切らないようなペースで入れてある。

注意：私たちは、これからも安定して残り、使う価値のあるURLだけを引用するように配慮したつもりだが、これを保証することはできない。引用されているリンクがすでにアクセス不能になっている場合には、常識を働かせて、使い慣れたWebサーチエンジンでフレーズサーチをかけてみてほしい。可能な場合には、引用したURLの近くでその方法を説明するつもりだ。

この本のほとんどの略語は、初めて示したときに展開して意味を示すようにしている。また、巻末付録でも略語のまとめを用意してある。

参考文献は、通常著者名で示してある。数字のついている脚注は、本文を読み続ける妨げになりそうなURLや消えてしまうのではないかと危惧しているURLのために使っている。また、脇道にそれる話や、闘争のエピソード、冗談にも使っている。

技術系ではない読者からもこの本が読みやすいものになるように、私たちはプログラマではないモニタを招待して本文を読んでもらい、説明の流れからは必要だがわかりにくい用語を選んでもらった。脚注は、ベテランのプログラマなら不要な初歩的な擁護の説明にもあてている[*2]。

関連する参考文献

以前、この分野を開拓したのは、Unixの初期の開発者たちが書いた有名な論文と書籍である。なかでも、KernighanとPikeのThe Unix Programming Environment［Kernighan-Pike84］は、傑出しており、古典となっている。しかし、今日では少し古くなっている部分もある。インターネットやWebの話はないし、Perl、Tcl、Pythonなどの新しいインタープリタ言語も取り上げていない。

この本を半分くらい書いたときに、Mike GancarzのThe Unix Philosophy［Gancarz］があることを知った。この本は、取り上げている範囲内では非常に優れているが、私たちが取り上げなければならないと思った範囲と比べると、取り上げている範囲が狭い。しかし、Unixの設計パターンのなかでもっとも単純なものこそが長持ちし、成功していることを思い出させてくれたという点で、この本の著者には感謝している。

The Pragmatic Programmer［Hunt-Thomas］は、この本とは少し異なるレベルでソフトウェア設計問題（この本よりもコーディング寄りで、高い水準での問題の分割方法についての扱い

---

2. この脚注は、脚注の使い方がとても…刺激的なTerry Pratchettに捧げたものである。

は少ない）を取り上げ、優れた設計実践とは何かということについて機知と示唆に富んだ議論を展開する長編論文となっている。

　The Practice of Programming［Kernighan-Pike99］は、Unix の伝統の深い位置から The Pragmatic Programmer と同じ領域を扱っている。

　最後に（挑発的な意味があることは意識しているが）、禅宗の原典の重要なコレクションとして、Zen Flesh, Zen Bones［Reps-Senzaki］を勧めたい。この本は、あちこちで禅について言及している。それは、ソフトウェア設計についての非常に重要な観念を表すことばでありながら、それ以外の方法では頭に入れるのが難しいものを禅が持っているからだ。宗教に愛着を持つ読者は、禅を宗教としてではなく、精神の訓練方法として捉えてもらいたい。もっとも純粋に宗教と無関係な精神修養は、まさに禅がしていることなのだ。

この本で使っている習慣

　「UNIX」という用語は、法的専門的に The Open Group の商標となっており、この用語を正式に使えるのは、The Open Group の精巧な標準準拠テストに合格したオペレーティングシステムだけだ。この本では、プログラマの間で広く流通するより緩やかな意味の「Unix」ということばを使う。Unix は、Bell Labs の Unix コードを受け継いだ子孫といえるオペレーティングシステムか、それにさらに非常に似せて書かれたシステムを指す（正式な Unix ブランドかどうかにかかわらず）。特に、Linux はこの定義における Unix にあたる（私たちのサンプルの大半はこのシステムに含まれている）。

　この本では、Unix のマニュアルページの習慣に従って、Unix の機能名の後ろにかっこと数字でマニュアルのセクション番号を示す。この書き方をするのは、Unix の機能を初めて紹介するときを中心として、それが Unix コマンドだということを強調したいときである。たとえば、munger(1) は、システムにインストールされていれば、マニュアルページのセクション 1（ユーザーツールのためのセクション）にドキュメントされている munger プログラムを意味する。セクション 2 は C システムコール、セクション 3 は C ライブラリ関数、セクション 5 はファイルフォーマットとプロトコル、セクション 8 はシステム管理者用ツールである。他のセクションは、Unix によってまちまちであり、この本では引用していない。詳しくは、Unix シェルプロンプトで man 1 man と入力するとわかる（古い System V Unix では、man -s 1 man としなければならない場合がある）。

　マニュアルセクションサフィックスなしで、大文字も使われている Unix アプリケーション（たとえば、Emacs）に触れることもある。そのような名前は、実際には基本的に同じ機能を持つ確立された Unix プログラムファミリを指し、この本ではそれら全部に共通の特徴を説明しているのだと感じてほしい。たとえば、Emacs には、xemacs が含まれている。

この本のあとのほうでは、「昔の Unix」、「今の Unix」ということばがあちこちで使われている。ラップミュージックと同様に、「今の Unix」は、1990 年頃からあとのものを指す。Unix では、この時期を境に、スクリプト言語、GUI、オープンソース Unix、Web が盛んになった。「昔の Unix」は 1990 年以前（特に 1985 年以前）の高価な（共有されていた）コンピュータ、プロプライエタリ Unix、シェルスクリプト、C という時代を指す。安くてメモリをふんだんに使えるマシンが登場したことにより、Unix のプログラミングスタイルは大きく変わったので、この違いは意識しておくとよい。

ケーススタディについて

プログラミングについて書かれた多くの本は、説明しようとしているポイントを証明するために書かれたおもちゃのようなサンプルプログラムだけを使っているが、この本は違う。私たちのケーススタディは、日常的に稼動している現実の、あらかじめ存在しているソフトウェアである。そのなかでも大きなものを紹介しておこう。

cdrtools/xcdroast
: これら 2 つのプロジェクトは別々のものだが、通常はいっしょに使われる。cdrtools パッケージは、CD-ROM への書き込みのための CLI ツールセットである。Web で cdrtools をサーチすると見つかる。xcdroast は、cdrtools のための GUI フロントエンドである。xcdroast プロジェクトサイト（http://www.xcdroast.org/）を参照してほしい。

fetchmail
: fetchmail プログラムは、POP3 か IMAP を使ってリモートメールサーバからメールを取り出してくる。fetchmail ホームページ（http://fetchmail.berlios.de/）を参照するか、Web で fetchmail をサーチしてほしい。

GIMP
: GIMP（Gnu Image Manipulation Program）は、本格的なペイント、ドロー、イメージ操作プログラムで、さまざまなファイルフォーマットのグラフィックスを編集できる。ソースは、GIMP ホームページ（http://www.gimp.org/）を見るか、Web で GIMP をサーチしてほしい。

mutt
: mutt はテキストベースの Unix 電子メールエージェントとしては、現在もっとも優れたもので、特に MIME（Multipurpose Internet Mail Extensions）や、PGP（Pretty Good Privacy）、GPG（GNU Privacy Guard）などの秘密保持ツールのサポートが優れている

ことで知られている。ソースコードと実行可能バイナリは、Mutt プロジェクトサイト（http://www.mutt.org/）から入手できる。

`xmlto`

xmlto コマンドは、DocBook などの XML ドキュメントを HTML、テキスト、PostScript などのさまざまな出力形式に展開する。ソースとドキュメントは、xmlto プロジェクトサイト（http://cyberelk.net/tim/xmlto/）から入手できる。

ユーザーがサンプルを理解するために読まなければならないコードの量を最小限に抑えるために、私たちは、複数の異なる設計原則、実践の具体例として、複数回使えるようなケーススタディを選ぶようにした。同じ理由から、多くのサンプルは私のプロジェクトから選んである。これらが最良のサンプルだというつもりはなく、単に私が内容をよく知っていて、複数の目的で解説するという用途には便利だからである。

著者の謝辞

ゲスト寄稿者（Ken Arnold、Steven M. Bellovin、Stuart Feldman、Jim Gettys、Steve Johnson、Brian Kernighan、David Korn、Mike Lesk、Doug McIlroy、Marshall Kirk McKusick、Keith Packard、Henry Spencer、Ken Thompson）は、この本に大きな付加価値を与えてくれた。特に、Doug McIlroy は、私が求めた水準をはるかに越える深くて緻密な仕事をしてくれた。それは、彼が 30 年前にオリジナルの Unix 研究グループの管理に注いだのと同じ細心の注意と熱意を感じさせるものだった。

原稿を行単位でしっかり読み込み批評してくれた Rob Landley と妻の Catherine Raymond にも、特に感謝している。Rob の洞察に満ち、行き届いたコメントは、最終原稿の 1 章分以上の発想の源となり、現在の構成や射程の取り方に大きな影響を与えた。彼が私に改良を促した部分を自分で書いていたら、私は彼のことを共著者と呼ばなければならなかっただろう。Cathy は、非技術系の読者を代表するテスト台になってくれた。この本がまだプログラマではない人にもわかる部分があるとすれば、それは主として彼女の功績である。

この本を書くのに 5 年の歳月が必要だったが、この本はその間に他の多くの人々と戦わせた議論によって多くのものを得ることができた。Mark M. Miller は、スレッドについてのはっきりした考えをつかむうえで力を貸してくれた。John Cowan は、インターフェイスの設計パターン、Wily と VM/CMS のケーススタディの草案について、ヒントを与えてくれた。Jef Raskin は、驚き最小の原則の起源を示してくれた。UIUC System Architecture Group は、最初のほうの章に有益なフィードバックを与えてくれた。「Unix の短所」と「あらゆる面での柔軟性」の節は、彼らのレビューに直接触発されている。7 章の Bernstein チェーンの資料は、Russell J.

Nelson が提供してくれた。3 章の MVS ケーススタディの大半の資料は、Jay Maynard が提供してくれた。Les Hatton は、14 章について多くの役に立つコメントを加えてくれた他、4 章の最適なモジュールサイズについては大きなヒントを与えてくれた。David A. Wheeler は、特に 2 部について、鋭い批評を加え、ケーススタディの資料も提供してくれた。Russ Cox は、Plan 9 の概説の展開を助けてくれた。Dennis Ritchie は、C の歴史について誤りを訂正してくれた。

2003 年 1 月から 6 月にかけて、この本は公開レビューを行ったが、その間には数百人を超す Unix プログラマたち（ここで名前を挙げるには多すぎる人たち）が、アドバイスやコメントをくれた。いつもながら、Web を介したオープンなピアレビューは、とても大きな挑戦であり、とても大きな収穫のあるプロセスだと思う。また、これもいつもと同じだが、このような作業を経て作られたこの本に含まれている誤りの責任は、すべて私にある。

この本の解説のスタイルや、一部の関心は、デザインパターン運動の影響を受けている。実際、私はこの本のタイトルを「Unix デザインパターン」にしようかとさえ思った。しかし、私はこの運動の中心にある教義の一部に賛成できないでいるし、この運動の公式の道具一式を使う必要性も感じないし、文化的な信念を受け入れるつもりもないので、そうはしなかった。とはいえ、私のアプローチはまちがいなく Christopher Alexander の仕事[*3]（特に、The Timeless Way of Building と A Pattern Language）の影響を受けている。また、あいまいで無益な一般論をさえずるのではなく、Alexander の思想を高い水準でソフトウェアの設計の議論に生かす方法は確かにあるが、それをはっきりと示してくれたという点で、Gang of Four を始めとするデザインパターン運動のメンバーたちには、深い感謝の気持ちを持っている。興味を持った読者は、Design Patterns: Elements of Reusable Object-Oriented Software ［GangOfFour］を読んで、デザインパターンの考え方を学んでみてほしい。

もちろん、この本のタイトルは、Donald Knuth の The Art of Computer Programming を意識したものだ。Knuth は Unix の伝統と特別な関係があるわけではないが、私たちすべてに大きな影響を与えている。

編集者はビジョンとイマジネーションを必要とする仕事だが、その必要なものをもっている編集者はあまりいない。Mark Taub は、その数少ない 1 人だ。彼は、行き詰ったプロジェクトの価値を認め、私の背を少しずつ押して、ゴールまで導いてくれた。散文スタイルに対する優れた耳を持ち、著者のものではないかのように文章を改良してくれる能力を持った編集者はさらに少ないが、Mary Lou Nohr は、まさにそのように評価できる人だ。Jerry Votta は、私のカバーについてのアイデアを聞いて、私が想像していたよりもずっとよいものを作ってくれた。Addison-Wesley の編集製作チームは、この上なくスムーズに編集、製作作業を進め、本文だけではなく、ビジュアルデザイン、アート、販売形態の細部に至るまで細かく口を出したがる私の性癖に快く応じてくれた。

---

3. SOME NOTES ON CHRISTOPHER ALEXANDER（http://www.math.utsa.edu/sphere/salingar/Chris.text.html）は、Alexander の仕事を顕彰し、その仕事のオンラインバージョンのかなりの部分に対するリンクをまとめてある。

Ken Thompson と Dennis Ritchie に捧ぐ
君達は私を刺激してくれたから

目次

序章 5

第1部 コンテキスト　27

第1章 思想：大切なのは思想だ　29

- 1.1 文化？　なんのこと？ 29
- 1.2 Unixの生命力 30
- 1.3 Unix文化の学習に対する反対論 31
- 1.4 Unixの短所 32
- 1.5 Unixの長所 33
  - 1.5.1 オープンソースソフトウェア 34
  - 1.5.2 プラットフォームを越えた移植性とオープンな標準 34
  - 1.5.3 インターネットとWeb 34
  - 1.5.4 オープンソースコミュニティ 35
  - 1.5.5 あらゆる面での柔軟性 36
  - 1.5.6 ハックして楽しいUnix 36
  - 1.5.7 他の場面にも応用できるUnixの教訓 37
- 1.6 Unix思想の基礎 38
  - 1.6.1 モジュール化の原則：クリーンなインターフェイスで結合される単純な部品を作れ 41
  - 1.6.2 明確性の原則：巧妙になるより明確であれ 41
  - 1.6.3 組み立て部品の原則：他のプログラムと組み合わせられるように作れ 42
  - 1.6.4 分離の原則：メカニズムからポリシーを切り離せ。エンジンからインターフェイスを切り離せ 43
  - 1.6.5 単純性の原則：単純になるように設計せよ。複雑な部分を追加するのは、どうしても必要なときだけに制限せよ 44
  - 1.6.6 倹約の原則：他のものでは代えられないことが明確に実証されない限り、大きなプログラムを書くな 45
  - 1.6.7 透明性の原則：デバッグや調査が簡単になるように、わかりやすさを目指して設計せよ 45
  - 1.6.8 安定性の原則：安定性は、透明性と単純性から生まれる 46

	1.6.9	表現性の原則：知識をデータのなかに固め、プログラムロジックが楽で安定したものになるようにせよ	47
	1.6.10	驚き最小の原則：インターフェイスは、驚きが最小になるように設計せよ ...	47
	1.6.11	沈黙の原則：どうしてもいわなければならない想定外なことがないのなら、プログラムは何もいうな	48
	1.6.12	修復の原則：エラーを起こさなければならないときには、できる限り早い段階でけたたましくエラーを起こせ	49
	1.6.13	経済性の原則：プログラマの時間は高価だ。マシンの時間よりもプログラマの時間を節約せよ	49
	1.6.14	生成の原則：手作業のハックを避けよ。可能なら、プログラムを書くためのプログラムを書け	50
	1.6.15	最適化の原則：磨く前にプロトタイプを作れ。最適化する前にプロトタイプが動くようにせよ	51
	1.6.16	多様性の原則：「唯一の正しい方法」とするすべての主張を信用するな ...	52
	1.6.17	拡張性の原則：未来は予想外に早くやってくる。未来を見すえて設計せよ ...	52
1.7	**Unix 思想を一言でまとめると**		**53**
1.8	**Unix 思想の応用**		**54**
1.9	**姿勢も大切**		**54**

第 2 章　歴史：2 つの文化の物語 —— 57

2.1	**Unix の起源と歴史：1969–1995**		**57**
	2.1.1	創世記：1969–1971	58
	2.1.2	出エジプト記：1971–1980	60
	2.1.3	TCP/IP と Unix 戦争：1980–1990	63
	2.1.4	帝国への反撃：1991–1995	69
2.2	**ハッカーの起源と歴史：1961–1995**		**71**
	2.2.1	象牙の塔のなかでの遊び：1961–1980	72
	2.2.2	インターネットによる融合とフリーソフトウェア運動：1981–1991 ...	73
	2.2.3	Linux とプラグマティストの反応：1991–1998	76
2.3	**オープンソース運動：1998 年から現在まで**		**78**
2.4	**Unix の歴史が示す教訓**		**80**

第 3 章　対比：Unix 思想と他の OS —— 81

3.1	**オペレーティングシステムのスタイルを構成する要素**		**81**
	3.1.1	オペレーティングシステムの基本思想	82

		3.1.2	マルチタスク機能 ……………………………………	82
		3.1.3	プロセスの共同作業 ……………………………………	83
		3.1.4	内部区分 ……………………………………………………	84
		3.1.5	ファイル属性とレコード構造 …………………………	85
		3.1.6	バイナリファイルフォーマット ………………………	86
		3.1.7	ユーザーインターフェイススタイル …………………	86
		3.1.8	対象とするユーザー ……………………………………	87
		3.1.9	プログラマになるための障壁 …………………………	88
	3.2	オペレーティングシステムの比較 …………………………………		89
		3.2.1	VMS ………………………………………………………	91
		3.2.2	MacOS ……………………………………………………	92
		3.2.3	OS/2 ………………………………………………………	94
		3.2.4	Windows NT ……………………………………………	96
		3.2.5	BeOS ………………………………………………………	99
		3.2.6	MVS ………………………………………………………	101
		3.2.7	VM/CMS …………………………………………………	103
		3.2.8	Linux ………………………………………………………	105
	3.3	死んだものと残ったもの、その理由 ………………………………		107

第2部 設計 — 111

第4章 モジュール化：簡潔に、単純に — 113

	4.1	カプセル化と最適なモジュールサイズ ……………………………		115
	4.2	簡潔性と直交性 …………………………………………………………		117
		4.2.1	簡潔性 ………………………………………………………	117
		4.2.2	直交性 ………………………………………………………	119
		4.2.3	SPOT 原則 …………………………………………………	121
		4.2.4	簡潔性と強力な単純の中心にあるもの ………………	122
		4.2.5	独立性の価値 ………………………………………………	124
	4.3	ソフトウェアにはたくさんの階層がある ………………………………		125
		4.3.1	トップダウン対ボトムアップ …………………………	125
		4.3.2	グルーレイヤ ………………………………………………	127
		4.3.3	ケーススタディ：薄いグルーとしての C ……………	128
	4.4	ライブラリ ………………………………………………………………		130
		4.4.1	ケーススタディ：GIMP プラグイン …………………	131

4.5 Unixとオブジェクト指向言語 132
4.6 モジュール化を実現するコーディング 134

第5章 テキスト形式：優れたプロトコルが優れた実践を生む —— 137

5.1 テキストであることの重要性 139
    5.1.1 ケーススタディ：Unix パスワードファイルフォーマット 141
    5.1.2 ケーススタディ：.newsrc フォーマット 142
    5.1.3 ケーススタディ：PNG グラフィックスファイルフォーマット 143
5.2 データファイルメタフォーマット 144
    5.2.1 DSV スタイル 145
    5.2.2 RFC 822 フォーマット 146
    5.2.3 クッキージャーフォーマット 147
    5.2.4 レコードジャーフォーマット 148
    5.2.5 XML 149
    5.2.6 Windows INI フォーマット 151
    5.2.7 Unix のテキストファイルフォーマットに見られる慣習 152
    5.2.8 ファイル圧縮のメリットとデメリット 154
5.3 アプリケーションプロトコルの設計 155
    5.3.1 ケーススタディ：SMTP（Simple Mail Transfer Protocol） ... 156
    5.3.2 ケーススタディ：POP3（Post Office Protocol） 157
    5.3.3 ケーススタディ：IMAP（Internet Message Access Protocol） . 158
5.4 アプリケーションプロトコルメタフォーマット 159
    5.4.1 古典的なインターネットアプリケーションのメタプロトコル 160
    5.4.2 普遍的なアプリケーションプロトコルとしての HTTP 160
    5.4.3 BEEP（Blocks Extensible Exchange Protocol） 163
    5.4.4 XML-RPC、SOAP、Jabber 163

第6章 透明性：光あれ —— 165

6.1 ケーススタディ 166
    6.1.1 ケーススタディ：audacity 167
    6.1.2 ケーススタディ：fetchmail の-v オプション 168
    6.1.3 ケーススタディ：GCC 170
    6.1.4 ケーススタディ：kmail 171
    6.1.5 ケーススタディ：SNG 173
    6.1.6 terminfo データベース 175

		6.1.7	Freeciv データファイル	177
	6.2	透明性と開示性が得られる設計		179
		6.2.1	透明性の禅	180
		6.2.2	透明性と開示性を実現するコーディング	181
		6.2.3	透明性と過剰防衛の回避	182
		6.2.4	透明性と編集可能な表現	183
		6.2.5	透明性、誤りの診断と修復	184
	6.3	メンテナンス性を実現する設計		185

第7章 マルチプログラミング：プロセスを機能別に分割する ―― 189

	7.1	複雑さの支配とパフォーマンスのチューニングの分割		191
	7.2	Unix IPC メソッドの分類学		192
		7.2.1	専用プログラムに処理を委ねる	192
		7.2.2	パイプ、リダイレクト、フィルタ	193
		7.2.3	ラッパー	198
		7.2.4	セキュリティラッパーと Bernstein チェーン	199
		7.2.5	スレーブプロセス	200
		7.2.6	ピアツーピアのプロセス間通信（IPC）	201
	7.3	問題点や避けるべき方法		209
		7.3.1	時代遅れになった Unix の IPC メソッド	209
		7.3.2	リモートプロシージャ呼び出し	211
		7.3.3	マルチスレッド――脅威それとも厄介者	213
	7.4	設計レベルでのプロセス分割		214

第8章 ミニ言語：歌いだす記法を探す ―― 217

	8.1	言語の分類学		219
	8.2	ミニ言語の応用		221
		8.2.1	ケーススタディ：sng	221
		8.2.2	ケーススタディ：正規表現	221
		8.2.3	ケーススタディ：Glade	224
		8.2.4	ケーススタディ：m4	226
		8.2.5	ケーススタディ：XSLT	227
		8.2.6	ケーススタディ：DWB	228
		8.2.7	ケーススタディ：fetchmail の実行制御ファイルの構文	233
		8.2.8	ケーススタディ：awk	234

	8.2.9	ケーススタディ：PostScript	235
	8.2.10	ケーススタディ：bc と dc	237
	8.2.11	ケーススタディ：Emacs Lisp	238
	8.2.12	ケーススタディ：JavaScript	239

8.3 ミニ言語の設計 … 240

	8.3.1	適切な複雑度の選択	240
	8.3.2	言語の拡張と組み込みの言語	242
	8.3.3	カスタム文法の作成	243
	8.3.4	マクロには注意	243
	8.3.5	言語かアプリケーションプロトコルか	245

第9章 コード生成：高い水準で規定する — 247

9.1 データ駆動プログラミング … 248

	9.1.1	ケーススタディ：ascii	249
	9.1.2	ケーススタディ：統計的SPAMフィルタ	250
	9.1.3	ケーススタディ：fetchmailconfのメタクラスハック	251

9.2 その場限りのコード生成 … 256

	9.2.1	ケーススタディ：asciiの表示のためのコード生成	256
	9.2.2	ケーススタディ：表形式のリストに対応するHTMLコードの生成	259

第10章 設定：気持ちよくスタートしよう — 263

10.1 何を設定可能にすべきか … 263

10.2 設定のありか … 265

10.3 実行制御ファイル … 266

	10.3.1	ケーススタディ：.netrcファイル	268
	10.3.2	他のオペレーティングシステムに対する移植性	269

10.4 環境変数 … 270

	10.4.1	システム環境変数	270
	10.4.2	ユーザー環境変数	271
	10.4.3	環境変数をいつ使うべきか	272
	10.4.4	他のオペレーティングシステムへの移植性	273

10.5 コマンド行オプション … 274

	10.5.1	コマンド行オプション-aから-zまで	275
	10.5.2	他のオペレーティングシステムへの移植性	279

10.6 どの方法を選ぶか ……………………………………………… **280**
 10.6.1 ケーススタディ：fetchmail ……………………… 280
 10.6.2 ケーススタディ：XFree86 サーバ ……………… 282

10.7 これらのルールを破ると …………………………………… **284**

第11章 ユーザーインターフェイス：Unix 環境におけるユーザーインターフェイス設計 ——————————————————— 285

11.1 驚き最小の原則をあてはめる ……………………………… **286**
11.2 Unix のインターフェイス設計の歴史 …………………… **288**
11.3 インターフェイス設計の評価方法 ………………………… **289**
11.4 CLI とビジュアルインターフェイスのトレードオフ … **291**
 11.4.1 ケーススタディ：電卓プログラムを書くための 2 つの方法 ……… 295

11.5 透明性、表現性、設定可能性 ……………………………… **296**
11.6 Unix のインターフェイス設計のパターン …………… **298**
 11.6.1 フィルタパターン ………………………………… 299
 11.6.2 キャントリップパターン ………………………… 300
 11.6.3 ソースパターン …………………………………… 301
 11.6.4 シンクパターン …………………………………… 301
 11.6.5 コンパイラパターン ……………………………… 302
 11.6.6 ed パターン ……………………………………… 302
 11.6.7 rogue 風パターン ………………………………… 303
 11.6.8 「エンジンとインターフェイスの分離」パターン ……… 306
 11.6.9 CLI サーバパターン ……………………………… 311
 11.6.10 言語ベースのインターフェイスパターン ……… 312

11.7 Unix インターフェイス設計パターンの使い方 ……… **313**
 11.7.1 ポリバレントプログラムパターン ……………… 314

11.8 普遍的なフロントエンドとしての Web ブラウザ … **315**
11.9 沈黙は金なり ………………………………………………… **317**

第12章 最適化 ——————————————————————— 319

12.1 何かしなくちゃ、じゃない。じっとしていろ！ ……… **319**
12.2 最適化する前に計測せよ …………………………………… **320**

12.3 局所化できていないことの害 ... 322
12.4 スループットとレイテンシ ... 323
12.4.1 バッチ処理 ... 325
12.4.2 処理のオーバーラップ ... 325
12.4.3 処理結果のキャッシュ ... 326

第13章 複雑さ：できる限り単純に、それよりも単純でなく ... 329
13.1 複雑さとは何か ... 329
13.1.1 複雑さを生む3つの源泉 ... 330
13.1.2 インターフェイスの複雑さと実装の複雑さのトレードオフ ... 332
13.1.3 本質的な複雑さ、選択上の複雑さ、付随的な複雑さ ... 333
13.1.4 複雑さの見取り図 ... 334
13.1.5 単純なだけでは十分でない場合 ... 336
13.2 5エディタ物語 ... 336
13.2.1 ed ... 337
13.2.2 vi ... 339
13.2.3 Sam ... 340
13.2.4 Emacs ... 341
13.2.5 Wily ... 342
13.3 エディタの適正サイズ ... 343
13.3.1 複雑さが問題となる場所 ... 343
13.3.2 妥協はつまずく ... 347
13.3.3 Emacs は Unix の伝統に対する反証になるか ... 348
13.4 ソフトウェアの適正なサイズ ... 350

第3部 実装 ... 353

第14章 言語：Cすべきか Cせざるべきか？ ... 355
14.1 Unix の言語の打出の小槌 ... 355
14.2 なぜCではないのか ... 356
14.3 インタープリタ言語と言語併用戦略 ... 358
14.4 言語の評価 ... 359
14.4.1 C ... 359

14.4.2 C++ ……………………………………………………………… 361
14.4.3 シェル …………………………………………………………… 364
14.4.4 Perl ……………………………………………………………… 366
14.4.5 Tcl ………………………………………………………………… 368
14.4.6 Python …………………………………………………………… 370
14.4.7 Java ……………………………………………………………… 374
14.4.8 Emacs Lisp ……………………………………………………… 377

14.5 未来に向けての流れ …………………………………………………… 378

14.6 Xツールキットの選び方 ……………………………………………… 380

第15章 ツール：開発の戦略　　383

15.1 デベロッパフレンドリなオペレーティングシステム ……………… 383

15.2 エディタの選び方 ……………………………………………………… 384
15.2.1 viについて知っていると便利なこと ………………………… 385
15.2.2 Emacsについて知っていると便利なこと …………………… 385
15.2.3 新興宗教の信者的でない選び方：両方を使う ……………… 386

15.3 専用コードジェネレータ ……………………………………………… 387
15.3.1 yaccとlex ……………………………………………………… 387
15.3.2 ケーススタディ：Glade ………………………………………… 391

15.4 make：レシピの自動化 ……………………………………………… 391
15.4.1 makeの基本理論 ……………………………………………… 392
15.4.2 C/C++以外の開発でのmake ………………………………… 393
15.4.3 ユーティリティプロダクション ……………………………… 394
15.4.4 メイクファイルの生成 ………………………………………… 396

15.5 バージョン管理システム ……………………………………………… 399
15.5.1 なぜバージョン管理か ………………………………………… 399
15.5.2 手作業によるバージョン管理 ………………………………… 400
15.5.3 自動化されたバージョン管理 ………………………………… 401
15.5.4 バージョン管理のためのUnixツール ………………………… 402

15.6 実行時デバッグ ………………………………………………………… 404

15.7 プロファイリング ……………………………………………………… 405

15.8 Emacsとツールの組み合わせ ………………………………………… 406
15.8.1 Emacsとmake ………………………………………………… 406
15.8.2 Emacsと実行時デバッグ ……………………………………… 407

15.8.3　Emacs とバージョン管理 407
15.8.4　Emacs とプロファイリング 408
15.8.5　IDE と同じかそれ以上 408

第16章 再利用：やり直しを避けること ─────────── 411

16.1　J. Randam Newbie の物語 412
16.2　再利用の鍵としての透明性 415
16.3　再利用からオープンソースへ 417
16.4　もっとも優れたものはオープンだ 418
16.5　どこで探すか 420
16.6　オープンソースソフトウェアを使ううえでの問題点 422
16.7　ライセンスの問題 423
16.7.1　オープンソースと呼ばれるための資格 424
16.7.2　標準的なオープンソースライセンス 425
16.7.3　法律家が必要になるとき 427

第4部 コミュニティ ──────────────────── 429

第17章 移植性：ソフトウェアの移植性と標準の維持 ───── 431

17.1　C の発達 432
17.1.1　C の初期の歴史 432
17.1.2　C 標準 434
17.2　Unix 標準 435
17.2.1　標準規格と Unix 戦争 436
17.2.2　勝利の宴に現れた亡霊 439
17.2.3　オープンソースの世界における Unix 標準 439
17.3　IETF と RFC の標準化プロセス 441
17.4　DNA としての仕様と RNA としてのコード 443
17.5　移植性を確保するプログラミング 446
17.5.1　言語の選択と移植性 447
17.5.2　システムへの依存を避けるには 450
17.5.3　移植性を確保するためのツール 451

17.6　国際化 ……………………………………………………………………… 451
17.7　移植性、オープン標準、オープンソース ……………………………… 452

第18章　ドキュメント：Web中心の世界でコードの説明をする ── 455
18.1　ドキュメントの概念 ……………………………………………………… 456
18.2　Unixスタイル …………………………………………………………… 458
18.2.1　大規模ドキュメントへの偏り …………………………………… 458
18.2.2　文化的なスタイル ………………………………………………… 459
18.3　Unixドキュメントフォーマット ……………………………………… 460
18.3.1　troffとDWBツール ……………………………………………… 460
18.3.2　TeX ………………………………………………………………… 462
18.3.3　Texinfo …………………………………………………………… 463
18.3.4　POD ……………………………………………………………… 464
18.3.5　HTML ……………………………………………………………… 464
18.3.6　DocBook ………………………………………………………… 464
18.4　現在の混沌と脱出口 ……………………………………………………… 464
18.5　DocBook …………………………………………………………………… 465
18.5.1　DTD ………………………………………………………………… 466
18.5.2　その他のDTD ……………………………………………………… 467
18.5.3　DocBookツールチェーン ……………………………………… 467
18.5.4　移植ツール ………………………………………………………… 469
18.5.5　編集ツール ………………………………………………………… 471
18.5.6　関連する標準と実践 ……………………………………………… 472
18.5.7　SGML ……………………………………………………………… 472
18.5.8　XML-DocBookの参考文献 …………………………………… 472
18.6　Unixでドキュメントを書くための最良の方法 ……………………… 473

第19章　オープンソース：新しいUnixコミュニティでのプログラミング　475
19.1　Unixとオープンソース ………………………………………………… 475
19.2　オープンソースデベロッパたちと共同作業するための最良の方法 … 478
19.2.1　パッチの優れた方法 ……………………………………………… 478
19.2.2　プロジェクトとアーカイブの優れた命名方法 ………………… 482
19.2.3　開発の優れた方法 ………………………………………………… 485

	19.2.4 ディストリビューション作成のためのよい方法	489
	19.2.5 コミュニケーションの優れた方法	493
19.3	ライセンスの論理：どれを選ぶか	495
19.4	標準ライセンスを使ったほうがよい理由	495
19.5	さまざまなオープンソースライセンス	496
	19.5.1 MIT または X コンソーシアムライセンス	496
	19.5.2 BSD Classic License	496
	19.5.3 Artistic License	497
	19.5.4 GPL	497
	19.5.5 MPL	498

第20章 未来：危険と可能性　499

20.1	Unix の伝統における本質と偶然	499
20.2	Plan 9：未来はかつてどうだったか	502
20.3	Unix の設計の問題点	504
	20.3.1 Unix ファイルはバイトを集めた大きな袋に過ぎない	505
	20.3.2 Unix の GUI サポートは弱い	506
	20.3.3 ファイルを削除すると復活できない	507
	20.3.4 Unix は静的なファイルシステムを前提としている	507
	20.3.5 ジョブ制御の設計がお粗末だった	508
	20.3.6 Unix API は例外を使わない	509
	20.3.7 ioctl(2) と fcntl(2) がごちゃごちゃしている	510
	20.3.8 Unix のセキュリティモデルが原始的過ぎる	510
	20.3.9 Unix は異なる種類の名前が多すぎる	511
	20.3.10 ファイルシステムはまちがっているかもしれない	511
	20.3.11 グローバルなインターネットアドレス空間に向かって	511
20.4	Unix の環境の問題点	512
20.5	Unix 文化の問題点	514
20.6	信じる理由	517

付録A 略語集　519

付録B 参考文献　523

付録C 寄稿者紹介　535

付録 D　**無根的根：不宇先生の Unix 公案** ──────── **539**
    D.1　エディタのイントロダクション ……………………………… 539
    D.2　不宇先生と 1 万行 …………………………………………… 540
    D.3　不宇先生とスクリプト ……………………………………… 541
    D.4　不宇先生が 2 つの道を説く ………………………………… 542
    D.5　不宇先生と方法論者 ………………………………………… 543
    D.6　不宇先生がグラフィカルユーザーインターフェイスを説く ……… 544
    D.7　不宇先生と Unix の熱心な支持者 ………………………… 545
    D.8　不宇先生が Unix 相を説く ………………………………… 545
    D.9　不宇先生とエンドユーザー ………………………………… 546

第1部
コンテキスト

第1章

思想：大切なのは思想だ

> Unix を理解していない連中は、もっとできの悪いものを改めて作る運命にある。
> ―― Henry Spencer

1.1 文化？　なんのこと？

　これは、Unix プログラミングについての本だが、この本のなかでは「文化」、「技（わざ）」、「思想」といったことばを多用するつもりだ。プログラマでない読者や、Unix の世界とほとんどかかわりを持ったことのないプログラマの読者からすると、これは奇妙に感じられるかもしれない。しかし、Unix は文化を持っているし、プログラミングの際立った技（わざ）を持っているし、強固な設計思想を背景に持っている。これらの伝統を理解すれば、Unix 以外のプラットフォームをターゲットとして開発するときでも、よりよいソフトウェアを作るために役立つだろう。

　技術、設計のすべての分野は、技術文化を持っている。ほとんどの技術分野では、文字にならない伝統は、現場で働く人たちにとって公式的な教科書やハンドブックと同じくらい重要な意味を持つ。そして、経験を積むにつれて、書かれていないものの重要度は書かれたもの以上になることも多いのだ。上級レベルの技術者は、ことばにならない知恵をたくさん身に付けており、禅宗でいう「教外別伝、不立文字」[*1]で初心者にそれを伝えていく。

　ソフトウェア工学は、一般にこの原則の例外となっている。技術の変化があまりにも激しく、ソフトウェア環境が次々に過去のものとなっていくため、技術文化は弱く短命だった。しかし、これにもさらに例外がある。ごく一部のソフトウェア技術は、十分長い生命を保ち、強い技術

---

1. 訳注：教外別伝、不立文字（きょうげべつでん、ふりゅうもんじ）は、「経典の他に別に伝え、文字を立てない」と読む。悟りは師の心から弟子の心に以心伝心で直接伝わるということ。

文化、際立った技（わざ）、各世代の技術者が教外別伝で伝えてきた思想を育てている。

Unix文化は、そのようなものの1つだ。もう1つ、インターネット文化というものもある。しかし、21世紀においては、両者は同じといってもよいかもしれない。1980年代初めから、この2つは次第に分けにくくなっていくような形で成長してきており、この本では特にはっきりと両者を分けようとはしていない。

1.2 Unixの生命力

Unixは1969年に生まれ、それ以来ずっと稼動システムとして使われ続けている。1969年といえば、コンピュータ産業はジュラ紀のようなもので、PCやワークステーションはもちろん、マイクロプロセッサ、さらにはビデオディスプレイ端末もなかった。最初の半導体メモリがかろうじてほぼ同世代といえる。今日稼動しているすべてのTSSのなかでUnixよりも歴史が古いと主張できるのはIBMのVM/CMSだけだが、今までに提供してきたサービス時間で比べればUnixマシンはVM/CMSの10万倍以上だ。実際、Unixはおそらく他のすべてのTSSが提供してきた以上の計算を提供してきている。

Unixは、他のすべてのオペレーティングシステムよりも多くの種類のマシンで使われてきている。ハンドヘルドやネットワークハードウェアの組み込みソフトウェアからPC、サーバ、ワークステーション、ミニコンピュータを間にはさんでスーパーコンピュータに至るまで、おそらく他のオペレーティングシステム3つ分以上のさまざまなアーキテクチャ、さらには古い特殊なハードウェアでUnixは使われているはずだ。

Unixは、気が遠くなるほど多様な使われ方をしている。研究段階のシステム、科学技術カスタムアプリケーション用ホスト、市販ビジネスソフトウェア用プラットフォーム、インターネットの基幹コンポーネントテクノロジとして同時に光り輝いたシステムは、他にはない。

自信を持ってUnixは消えるだろう、あるいは他のオペレーティングシステムのなかに埋没してしまうだろうと予言する人は、誕生当初から毎年のように現れた。しかし、Unixは、今日ではLinux、BSD、Solaris、MacOS X、その他5、6種類の版に形を変えながら、かつてなく強い立場を築き上げているように見える。

> **Robert Metcalf**（イーサネットの発明者）は、イーサネットに代わる新しいものが現れたら、それは「イーサネット」と呼ばれることになるだろうから、イーサネットは決して死なないといっている[2]。**Unix**は、すでにそのような変身を数回遂げている。
>
> —— Ken Thompson

---

2. 実際、イーサネットは同じ名前の別のテクノロジによってすでに2回取って代わられている。1度は同軸ケーブルがツイステッドペアになったとき、もう1度はギガビットイーサネットが登場したときだ。

少なくとも、Unixの中核テクノロジの1つであるC言語は、他のプラットフォームにも広く移植されている。実際、システムプログラミングの普遍的な共通言語としてのCなしでソフトウェア工学を進めることは、今や想像しがたい。現在では普遍的なものとなっているディレクトリノードを持つ木構造のファイルシステムやプログラム接続のためのパイプラインも、もとはといえばUnixが導入したものである。

Unixの生命力と適応力は、驚異的なものだ。他のシステムは陽炎のように現れては消えていった。マシンの能力は数千倍に成長し、言語は変化し、業界の常識は数回の革命を経験している。にもかかわらず、Unixはそこにあり、今も新しいものを作り、飯の種になり、この惑星の最良、最高のソフトウェア技術者たちの支持を集め続けている。

コンピューティングの世界では処理能力の成長が指数曲線を描き、ソフトウェア開発もそのペースを追いかけているので、1人の技術者が持っている知識の50%は18か月ごとに陳腐化する。Unixは、この傾向を完全に止めているわけではないが、この傾向に拍車がかかるのを抑えるというところまでは健闘している。何年も、あるいは何十年も使い続けられる不変の基礎がUnixにはある（言語、システムコール、ツールの実行）。よその世界では、何が安定したものになるかを予測することはできないし、オペレーティングシステム全体が消えてしまうこともある。Unixのもとでは、一時的な知識と長持ちのする知識とにははっきりとした一線が画されており、いずれ消えそうな分野がどのようなものかはあらかじめ（およそ90%の確率で）予想できる。Unixが支持されているのは、そのためだ。

Unixが長生きし、成功している理由のなかでも大きなものは、その本質的な強さ、Ken Thompson、Dennis Ritchie、Brian Kernighan、Doug McIlroy、Rob Pikeなどの初期のUnix開発者たちが最初の段階で下した設計上の判断の正しさだ。しかし、初期のUnixのまわりで成長した設計思想、プログラミングテクニック（技）、技術文化によるところも大きい。この伝統は、Unixと相まってその頃から持続的に世界中に広まってきた。

1.3 Unix文化の学習に対する反対論

Unixの生命力と技術文化は、すでにUnixが気に入っている人々や、テクノロジの歴史を調べようとする人々にとっては確かに興味をそそられるものだろう。しかし、Unixの最初の応用であった中規模以上のコンピュータのための汎用TSSは、パーソナルワークステーションに圧倒されて、歴史の霧のなかにあっという間に消えていった。そして、メインストリームのビジネスデスクトップ市場は、現在Microsoftが支配しており、この世界でUnixが成功を収めたことがあるかどうかについては、確かに疑問の余地がある。

反対者たちは、大学生のおもちゃとかハッカーの砂箱といったことばでUnixを片付けることが多かった。有名なUnix Hater's Handook［Garfinkel］は、Unixの支持者たちをカルト教団

の信者とか敗者として描いているが、これもまた Unix 自体と同じくらい古くからある非難のことばだ。確かに、AT&T、Sun、Novell などのベンダーや標準化コンソーシアムは Unix の位置づけや売り出し方をたびたび大きくしくじっており、それらはすでに伝説の域に達している。

　Unix の世界のなかからも、Unix はあまりにも長い間普遍性の壁際をよろよろ歩いてきたので、これからも決して成功しないのではないかと疑う声が上がっている。懐疑的な部外者の結論は、確かに Unix は役に立つので死にはしないだろうが、あまりにも世渡りが下手なので楽屋から外に出てくることもできないだろう、つまりは永遠のニッチオペレーティングシステムであり続けるしかないというものだ。

　しかし、こういった懐疑的な立場は、何よりもまず、Linux などのオープンソース Unix（BSD の最近の変種など）の成長によって、危うくなりつつある。Unix 文化はあまりにも活気に満ちているので、10 年間にわたってベンダーが売り出しに失敗したくらいでは、息の根を止められないのだ。今日では、Unix コミュニティ自身がテクノロジとマーケティングを支配しており、Unix の問題点を急速に目に見える形で解決しつつある（その詳細は 20 章で見ていくことにする）。

1.4 Unix の短所

　1969 年まで遡る設計にしては、Unix のなかで設計上の選択として明らかにまちがっているものを指摘するのは非常に難しい。いくつか有名な候補を挙げることはできるが、それら 1 つ 1 つは、Unix 愛好者の間だけではなく、オペレーティングシステムについて考え、設計に携わっている人々を集めたより広いコミュニティのなかで、いまだに活発に論じられているテーマである。

　Unix ファイルは、バイトレベル以上では構造を持たない。ファイルを削除すると、取り返しのつかないことになる。セキュリティモデルは原始的に過ぎる。ジョブ制御は、お粗末だ。ものを指す名前が多すぎる。そもそもファイルシステムを持つことにしたこと自体がまずい。これらの専門的・技術的な問題については、20 章で述べることにする。

　しかし、Unix に対するもっとも根強い批判は、Unix 思想の直接の帰結に対するものだろう。これを初めてことばで明確に表現したのは、X Window の設計者たちだ。X は、極端なまでに普遍化されたグラフィックス処理セットをサポートし、ツールキットやインターフェイスの使用感（ポリシー）をどうするかについての決定をアプリケーションレベルに先送りする。つまり、「ポリシーでなく、メカニズム」を提供するのだ。Unix の他のシステムレベルのサービスも、同じような傾向を示している。動作についての最終的な決定は、できる限りユーザーに近いところに押し出されている。Unix ユーザーは複数のシェルを選ぶことができ、Unix プログラムは通常多くのオプションを提供するとともに好みを細かく指定できるようになっている。

この傾向は、主として技術者ユーザーを対象として設計されたオペレーティングシステムという伝統を反映したものであり、ユーザーはオペレーティングシステムの設計者よりも自分のニーズが何かをよく知っているはずだという信念に基づくものだ。

> この考え方は、**Bell Labs** で **Dick Hamming**[*3]によって強固に確立されたものだ。彼は、コンピュータがまだめずらしく高価だった 1950 年代に、「誤った問題を正しく解くよりも、正しい問題を誤った方法で解くほうがよい」から、ユーザーが自分のプログラムを書くオープンショップコンピューティングが何が何でも必要だと主張した。
>
> —— Doug McIlroy

しかし、「ポリシーでなく、メカニズム」というアプローチは、ユーザーがポリシーを設定できるときには、自らが必ずポリシーを設定しなければならないということでもある。技術者ではないエンドユーザーは、Unix にはオプションやインターフェイススタイルが多すぎてたいへんだと感じ、もっと単純な形でオプションを提供する（少なくともそういうふりをする）システムに飛び付いてしまいがちだ。

短期的に見れば、Unix の自由放任（レッセフェール）アプローチは、かなり多くの非技術者ユーザーを逃がす結果になるかもしれない。しかし、長期的に見れば、この「誤り」は、とてつもなく大きなメリットをもたらすかもしれない。何しろ、ポリシーの寿命は短いが、メカニズムの寿命は長いのだ。インターフェイスの今の流行は、明日には時代遅れになっていることが多い（古臭い X ツールキットを使っている人々が、ある種の感情を込めていうように）。そこで、反対の反対ということで、1 つのポリシーやインターフェイスに縛られたライバルが消えてしまったあとも、Unix は、「ポリシーでなく、メカニズム」の思想のために、新しさを保ち続けることができるかもしれない[*4]。

1.5 Unix の長所

最近の Linux の爆発的な成長やインターネットの重要性を考えるなら、Unix 反対論には誤りがあると考えてもよいだろう。しかし、たとえ反対論が正しかったとしても、Unix とその文化はライバルよりも明らかに優れている点をいくつか持っており、学ぶ価値は十分あるのだ。

---

3. 「Hamming 距離」と「Hamming コード」の Hamming である。
4. X のアーキテクトの 1 人である Jim Gettys（本書のコントリビュータでもある）は、The Two-Edged Sword ［Gettys］のなかで、X のレッセフェールスタイルをどのように生産的に前進させるかについて深い考えを示している。この論文は、提案していること自体からも、Unix 的思考の表現方法の点からも、読む価値のある優れた文章である。

1.5.1 オープンソースソフトウェア

「オープンソース」という用語と OSD（オープンソースの定義）が生み出されたのは 1998 年のことだが、自由に共有されたソースコードのピアレビューを通じた開発というスタイルは、Unix 文化の最初からの重要な特徴である。

AT&T のオリジナル Unix（最初の 10 年間）とそのもっとも重要なバリアントである Berkeley Unix は、通常ソースコードでディストリビュートされていた。このあとで示す長所の大半は、そのおかげで得られたものだ。

1.5.2 プラットフォームを越えた移植性とオープンな標準

Unix は、コンピュータ、ベンダー、専用ハードウェアの境を越えて統一された公開 API を提示できる唯一のオペレーティングシステムである。小は埋め込みチップやハンドヘルドから、デスクトップマシン、サーバを間に挟んで、専用の数値演算用スーパーコンピュータやデータベースバックエンドに至るまで、あらゆる規模のコンピュータにスケーリングできる唯一のオペレーティングシステムでもある。

Unix API は、本当の意味でポータブルなソフトウェアを書くためのハードウェアに依存しない標準にもっとも近い存在だ。IEEE がもともとポータブルオペレーティングシステム標準（Portable Operating System Standard）と呼んでいたものが、すぐに略語化され、接尾辞がくっつけられて POSIX になったのも、偶然ではない。そのような標準を作るための確かなモデルは、Unix と同じ内容の API にしかなかったのだ。

他のオペレーティングシステムのためのバイナリのみのアプリケーションは、自分が生まれた環境とともに死ぬ運命にあるが、Unix ソースは永遠だ。少なくとも、数十年に渡って Unix ソースを磨き、維持してきた Unix の技術文化が続く限り永遠である。

1.5.3 インターネットと Web

国防総省が初めて稼動用 TCP/IP スタックを発注したのはある Unix 開発グループだったが、それは Unix が広い範囲でオープンソースだったからだ。Unix は、ISP（インターネットサービスプロバイダ）産業にとって欠くことのできないコアテクノロジにもなった。1980 年代中ごろに TOPS ファミリのオペレーティングシステムが消えて以来、ほとんどのインターネットサーバマシン（PC より上のレベルのほぼすべて）は、Unix に依存してきた。

恐ろしいマーケティング力を誇る Microsoft でさえ、Unix がインターネットに築いた牙城を揺るがすことはできていない。TCP/IP 標準（インターネットの基礎）は、TOPS-10 のもとで発展したため、理論的には Unix から切り離せるのだが、他のオペレーティングシステムで TCP/IP を動かせるようにしようとすると、互換性が保てなかったり、安定を欠いたり、バグ

が出たりして苦労が絶えなかった。理論と仕様はだれにでも手の届くところにあるのだが、それらを現実の安定稼動に結び付けられる技術的な伝統は、Unix の世界にしかなかったのだ[*5]。

インターネットの技術文化と Unix 文化は、1980 年代初めに融合し始めた。現代のインターネットの顔である Web 技術の設計は、その祖先である ARPANET からの影響と同じくらい Unix からの影響も受けている。特に、Web の中核を成す URL（Uniform Resource Locator）の概念は、あらゆる場所について 1 つの統一的なファイル名空間を作るという Unix の考え方を一般化したものだ。インターネットの専門家として活躍したければ、Unix とその文化を理解することがどうしても必要だ。

1.5.4 オープンソースコミュニティ

初期の Unix ソースディストリビューションを中心として形成されたコミュニティは、消えずに残っている。1990 年代初めにインターネットがブレイクすると、ホームマシンで育った新世代の有力なハッカーたちが Unix コミュニティに加わってきた。

今日では、Unix コミュニティはあらゆる種類のソフトウェア開発に対する強力なサポートグループとなっている。Unix の世界には、高品質のオープンソース開発ツールが豊富に揃っている（その多くはこの本で取り上げるつもりだ）。オープンソースの Unix アプリケーションは、類似のプロプライエタリアプリケーション[*6]と同等かそれ以上の力を持つことが多い。そして、完全なツールキットと基本アプリケーションセットの揃った Unix オペレーティングシステム全体は、インターネットから自由に手に入れられる。改良、再利用、リサイクルできて、仕事の 90% をやらずに済ませられるのに、0 からコーディングする理由があるだろうか。

このコード共有の伝統は、プログラムを再利用可能で協調的なものにするための得がたい専門的能力に大きく依存している。そして、抽象的な理論ではなく、膨大な技術的実践を通じて、プログラムをその場限りの孤立した解決方法ではなく、全体としてツールキットを形成する有機的な一部として機能させるための設計原則が育まれてきたのだ。この本の大きな目標は、これらの原則を明確に表現することにある。

現在、急成長を遂げているオープンソース運動は、Unix の伝統に新たな活力、新たな技術アプローチ、若くて有能なプログラマの新世代を導入しつつある。Linux オペレーティングシステム、それに付随する Apache や Mozilla などのオープンソースプロジェクトは、Unix の伝統にいまだかつてないようなメインストリームの知名度と成功をもたらした。オープンソース運動は、明日のコンピューティングインフラストラクチャをまさに定義しようとしつつある。そ

---

5. 他のオペレーティングシステムは、一般に Unix の TCP/IP 実装のコピーかクローンを作った。しかし、RFC 1025（TCP and IP Bake Off）のようなドキュメントに端的に示されているようなピアレビューの伝統がこれらのシステムでは採用されていないことは、これらのシステムの短所だ。
6. 訳注：企業などが権利を独占的に所有しているアプリケーションをプロプライエタリと呼ぶ。自由に利用したり書き換えたりすることができるオープンソースソフトウェアの反対語。

して、そのインフラストラクチャの中核には、インターネット上で実行されるUnixマシンが据えられるはずだ。

1.5.5 あらゆる面での柔軟性

　Unixよりも「新しい」とか「ユーザーフレンドリだ」と宣伝している多くのオペレーティングシステムは、ユーザーとデベロッパを1つのインターフェイスポリシーに縛り付けることによって、その見かけ上の栄光を実現しており、念入りに磨き上げられた窮屈で小うるさいアプリケーションプログラミングインターフェイスを提供している。そのようなシステムでは、システム設計者の予測範囲内の仕事は簡単にこなせるが、そうでない仕事は実現できなかったり、実現できても実現するまでの仕事が恐ろしくたいへんであったりする。

　それに対し、Unixは徹底して柔軟にできている。Unixはプログラムを結び付けるための方法をいくつも提供しており、基本ツールキットのコンポーネントを組み合わせると、個々の部品の作者が予想もしていなかったような優れた効果を生み出すことができる。

　Unixはプログラムに対するインターフェイスとして複数のスタイルをサポートしており、これはエンドユーザーから見ればシステムがより複雑になってしまう分、弱点だとみなされることも多いが、柔軟性を高めるという点では意味がある。単純にデータを操作したいだけの簡単なプログラムに、凝ったGUIのオーバーヘッドを強制したりはしないのだ。

　Unixの伝統は、プログラミングインターフェイスを比較的小さく簡潔で直交に保つことを強調してきた。これもまた、徹底的な柔軟性を生み出す要素となっている。Unixシステムでは、簡単なことはあくまでも簡単で、難しいことは少なくとも可能になっている[*7]。

1.5.6 ハックして楽しいUnix

　Unixの技術的な優位性をもったいぶって語る人々は、究極的にはUnixのもっとも重要な長所かもしれないもの、Unixの成功を支えているものに触れないことが多い。Unixは、ハックして楽しいシステムなのだ。

　Unixの熱烈な支持者たちは、楽しんでいることを認めると、正当性が失われるとでも考えるのか、このことを認めるのをほとんど恥じているかのように見える。しかし、これは事実だ。Unixは遊んで楽しく、開発して楽しいシステムであり、それは今までの歴史でずっとそうだったのだ。

　「おもしろい」と形容されるようなオペレーティングシステムはそういくつもない。実際、他のほとんどの環境では、開発というものは、浜辺で死んだ鯨を蹴飛ばすくらい辛く苦しいもの

---

7. 訳注：ここでいう「直交」とは、複数のAPIに対し、あるAPIを使用した場合、別のAPIが使えなくなるようなことがないことを意味する。

だといわれることが多い[8]。普通耳にするもっとも穏当な形容詞は、せいぜい「耐えられる」とか「それほど苦痛ではない」といった程度のものだ。それに対し、Unix の世界では、オペレーティングシステムは、プログラマを欲求不満にさせるのではなく、プログラマの努力に報いる。Unix のもとでプログラムを書くと、オペレーティングシステムは、一所懸命していることを邪魔する敵ではなく、積極的に助けてくれる味方に見えるようになってくる。

　このことには経済的な効果がある。Unix の歴史の初期においては、おもしろさの要素が善循環を生み出した。人々は Unix を好み、Unix のためのプログラムを増やして、さらに Unix を使いやすくした。今日では、人々は商品としての品質を持つオープンソース Unix システムを趣味として構築している。これがいかにすごいことかを理解したければ、OS/360 や VAX VMS や Microsoft Windows のクローンを楽しみのために作った人の話を最後に聞いたのはいつのことだったかと考えてみてほしい。

　「おもしろさ」の要素は、設計の面から見ても大きな意味がある。プログラマやデベロッパになるタイプの人間は、仕事をこなすために必要な労力が少し大きめだが、自分の能力の範囲内に収まっているときに「おもしろさ」を感じる。そのため、「おもしろさ」は、効率がピークに達していることの兆候と見ることができる。苦痛な開発環境は、労力と創造性を浪費し、時間、経費、チャンスのすべての面で見えない犠牲を強いることになる。

　Unix が他のすべての面で失敗だったとしても、Unix の技術文化は、開発時の「おもしろさ」を保つための方法という点で研究に値する。「おもしろさ」は、システムがデベロッパたちを有能で生産的な状態に引き上げているかどうかを示すサインなのだから。

1.5.7　他の場面にも応用できる Unix の教訓

　Unix プログラマは現在の私たちが当たり前と思っているオペレーティングシステム機能を開拓しながら、数十年の経験を蓄積してきた。Unix の経験からは、Unix 以外のプログラマでさえ教訓を引き出すことができる。Unix は優れた設計原則や開発手法を比較的簡単に応用できるようにしているので、それらを学ぶべき場所としても非常に適している。

　Unix が見出した優れた習慣は、他のオペレーティングシステムで真似ようとしても一般に Unix より難しくなってしまうが、それでも Unix 文化が得た教訓の一部は、他のシステムでも受け容れることができる。多くの Unix コード（すべてのフィルタ、主要なスクリプト言語、多くのコードジェネレータ）は、ANSI C をサポートする他のオペレーティングシステムに直接移植できる（なぜなら、C 自体が Unix の発明品であり、ANSI C ライブラリには Unix サービスのかなりの部分が組み込まれているからだ）。

---

8. これは、もともと Stepen C. Johnson が IBM MVS TSO について語ったことばだ。Johnson は、yacc の作者といったほうがわかりやすいだろう。

1.6 Unix思想の基礎

「Unix思想」は、クリーンなサービスインターフェイスを持った小さいが有能なオペレーティングシステムを設計するにはどうしたらよいかについてKen Thompsonが考えたことに起源を発している。そして、Unix文化がThompsonの設計から最大限の力を引き出すための方法について新たなことを学ぶのとともに成長してきた。

Unix思想は、公式的な設計メソッドではない。コンピュータ科学の理論の要塞の高みから、理論的に完全なソフトウェアを作るための方法として与えられたものではない。安月給でやる気のない、受けているマネージメントも悪いプログラマたちに、革新的で信頼できるソフトウェアをムチャな締め切りの期限内に確実に作らせる方法というような、経営者が飛び付きたくなる魔法の方法でもない。

Unix思想は（エンジニアの伝統として成功している他のものと同様に）、ボトムアップでトップダウンではない。実践的で、経験に根付いたものだ。公式的なメソッドや標準のなかではなく、ことばにならない半分無意識の知識のなかに、Unix文化が伝えている技（わざ）として見られるものだ。Unix思想は、バランス感覚と懐疑心を大切にする。そして、（圧倒的な破壊力を持つことも多い）ユーモアのセンスによって、その2つをともに表現する。

Unixパイプの発明者で、Unixの伝統を築いた1人でもあるDoug McIlroyは、かつて次のようなことをいっている［McIlroy78］。

(i) 個々のプログラムは1つのことをしっかりやるようにせよ。新しい仕事をするなら、新しい機能を追加して古いプログラムを複雑にするのではなく、まったく新しいプログラムを作れ。

(ii) すべてのプログラムの出力は、他の未知のプログラムの入力になるのだということを予想せよ。余分な情報で出力をごちゃごちゃにしてはならない。縦方向の並びを厳密に揃えたり、バイナリ入力形式を使ったりすることを避けよ。対話的な入力にこだわるな。

(iii) オペレーティングシステムであっても、ソフトウェアは早く（できれば数週間以内に）試せるように設計、構築せよ。まずい部分は捨てて作り直すことを躊躇するな。

(iv) 技能の低い者に手伝ってもらうくらいなら、プログラミングの仕事を明確にするためにツールを使え。ツールを作るために遠回りしなければならない場合でも、使ったあとで一部のツールを捨てることになることがわかっている場合でも、ツールを使え。

彼はその後これを次のように要約している（A Quarter Century of Unix［Salus］に引用されているもの）。

1.6 Unix 思想の基礎

Unix の思想はこうだ。1 つのことをきちんとするプログラムを書け。他のプログラムと協力できるプログラムを書け。普遍的なインターフェイスであるテキストストリームを処理するプログラムを書け。

C 言語の偉大な教師となった Rob Pike は、Notes on C Programming [Pike] で少し異なる角度から、プログラミングの原則をまとめている。

原則 1：プログラムがどこで時間を食っているのかは、外からはわからない。ボトルネックは驚くべきところで発生しているので、どこがボトルネックかがはっきりしないうちにあて推量でスピードを上げようとしてはならない。

原則 2：実行時間を計測せよ。計測するまではスピードを上げようとしてはならない。計測した場合でも、コードのある部分が他の部分を圧倒するほど遅くなければスピードを上げようとしてはならない。

原則 3：うまいアルゴリズムは、n が小さいときには遅く、普通 n は小さい。うまいアルゴリズムは大きな定数を持つ。n がひんぱんに大きくなることがわかっているのでもない限り、うまいことをしようとするな（n が大きくなる場合でも、原則 2 を優先せよ）。

原則 4：うまいアルゴリズムは、単純なアルゴリズムよりもバグを含みやすく、実装が難しい。単純なアルゴリズム、そして単純なデータ構造を使え。

原則 5：重要なのはデータだ。正しいデータ構造を選び、それらをうまく構成すれば、アルゴリズムはほとんどかならず自明なものになる。プログラミングの中心は、アルゴリズムではなく、データ構造だ[*9]。

原則 6：6 番目の原則はない。

最初の Unix を設計、実装した Ken Thompson は、禅宗の開祖に匹敵する一言で Pike の原則 4 を強調している。

疑わしいときには、力ずくでいけ。

しかし、Unix 思想は、これらの先達がいったことよりも、彼らが行ったこと、そしてその実例である Unix 自体に体現されている。全体を見つめると、次のような考え方が抽出できる。

1. モジュール化の原則：クリーンなインターフェイスで結合される単純な部品を書け。

---

9. Pike のオリジナルでは、ここに「Brooks p.102 参照」という文が入っている。参照されているのは、The Mythical Man-Month [Brooks] で、次のような内容になっている。「フローチャートを見せて表を隠されたら、私はだまされ続けるだろう。しかし、表を見せてくれたら、普通はフローチャートはいらない。どのようなフローチャートになるかはそれで明白になる」。

2. 明確性の原則：巧妙になるより明確であれ。
3. 組み立て部品の原則：他のプログラムと組み合わせられるように作れ。
4. 分離の原則：メカニズムからポリシーを切り離せ。エンジンからインターフェイスを切り離せ。
5. 単純性の原則：単純になるように設計せよ。複雑な部分を追加するのは、どうしても必要なときだけに制限せよ。
6. 倹約の原則：他のものでは代えられないことが明確に実証されない限り、大きなプログラムを書くな。
7. 透明性の原則：デバッグや調査が簡単になるように、わかりやすさを目指して設計せよ。
8. 安定性の原則：安定性は、透明性と単純性から生まれる。
9. 表現性の原則：知識をデータのなかに固め、プログラムロジックが楽で安定したものになるようにせよ。
10. 驚き最小の原則：インターフェイスは、驚きが最小になるように設計せよ。
11. 沈黙の原則：どうしてもいわなければならない想定外なことがないのなら、プログラムは何もいうな。
12. 修復の原則：エラーを起こさなければならないときには、できる限り早い段階でけたたましくエラーを起こせ。
13. 経済性の原則：プログラマの時間は高価だ。マシンの時間よりもプログラマの時間を節約せよ。
14. 生成の原則：手作業のハックを避けよ。可能なら、プログラムを書くためのプログラムを書け。
15. 最適化の原則：磨く前にプロトタイプを作れ。最適化する前にプロトタイプが動くようにせよ。
16. 多様性の原則：「唯一の正しい方法」とするすべての主張を信用するな。
17. 拡張性の原則：未来は予想外に早くやってくる。未来を見すえて設計せよ。

　あなたがUnixの初心者なら、これらの原則はじっくり考えてみる価値がある。ソフトウェア工学の教科書は、これらの大半を奨励している。しかし、Unix以外のほとんどのオペレーティングシステムには、これらを実践に移すための正しいツールと伝統がなく、ほとんどのプログラマは統一的にこれらの原則を適用することができない。彼らは、なまくらなツール、悪い設計、オーバーワーク、膨れ上がったコードを当たり前ものもとして受け容れてしまった。そして、Unixのファンたちが自分たちの何に苛立っているのかがわからなくなっているのだ。

1.6.1 モジュール化の原則：クリーンなインターフェイスで結合される単純な部品を作れ

　Brian Kernighan は、かつて「複雑さの度合いを支配することがコンピュータプログラミングの真髄だ」と述べた。デバッグは開発よりも時間がかかる。稼動するシステムを送り出せるのは、優れた設計の成果というよりも、現地にひんぱんに足を運ばなくて済むような管理の成果だ。

　今まで、この問題を解決する薬という触れ込みで、アセンブラ、コンパイラ、フローチャート、手続き型プログラミング、構造化プログラミング、「人工知能」、第 4 世代言語、オブジェクト指向、その他無数のソフトウェア開発方法論が売り出されてきた。人間の頭脳がかろうじてついていけるところまでプログラムの通常の複雑さの度合いを上げることを「成功」といっている限り、これらはみな薬としては失敗だ。Fred Brooks がいったように［Brooks］、銀の弾丸はない。

　ぶざまな姿をさらさずに複雑なソフトウェアを書く唯一の方法は、全体としての複雑さの度合いを下げることだ。つまり、適切に定義されたインターフェイスで結び付けられた単純な部品からシステムを作り上げるのだ。こうすれば、ほとんどの問題は局所化されるし、全体を壊さずに部品だけを改良することも不可能ではなくなる。

1.6.2 明確性の原則：巧妙になるより明確であれ

　メンテナンスは非常に重要であり、高くつく仕事でもある。プログラムを書くときには、もっとも重要なやり取りは、プログラムを実行するコンピュータを相手にするのではなく、将来ソースコードを読んでメンテナンスをする人間（自分自身を含む）を相手にするのだと考えるべきだ。

　Unix の伝統においては、このアドバイスが持つ意味は、単にコードにコメントを付けましょうというだけのことではない。将来のメンテナンスが楽なアルゴリズムと実装を選ぶところまで考えるのだ。パフォーマンスを少し上げる代わりに、テクニックの複雑さとめずらしさを大幅に引き上げるような取り引きはよくない。それは単に複雑なコードがバグを招きがちだからというだけではなく、将来のメンテナンスプログラマにとって読みにくくなるからだ。

　それに対し、明確で穏当なコードは壊れにくい。そして、次にそれを書き換えるべき人もすぐに理解できる可能性が高い。次の人というのが数年後の自分自身かもしれない場合には特に、これが重要な意味を持つ。

> わかりにくいコードを3回も解読しようとしてはならない。1度目は、1度だけの例外かもしれないが、(1度目がだいぶ前のことで細部を忘れてしまったから) 2度目に同じコードを解読しなければならなくなった場合には、コードにコメントを付けて、3度目の苦痛を軽減することを考えるべきだ。
>
> —— Henry Spencer

1.6.3 組み立て部品の原則：他のプログラムと組み合わせられるように作れ

　プログラムが他のプログラムとやり取りできないのであれば、プログラムが複雑なモノリスになってしまうことは避けがたい。

　Unixの伝統は、単純でストリーム指向のデバイスに依存しないテキスト形式のデータを読み書きするプログラムを書くことを強く勧めている。古典的なUnixのもとでは、プログラムはできる限り単純なフィルタになるように作られていた。フィルタとは、入力として単純なテキストストリームを受け付け、処理し、別の単純なテキストストリームとして出力するプログラムのことだ。

　Unixプログラマはグラフィカルユーザーインターフェイスが嫌いなのだという神話が広く伝わっているが、このような書き方が好まれた理由はそうではない。本当の理由は、単純なテキストストリームを読み書きするプログラムを書かなければ、プログラムを相互接続するのがずっと難しくなってしまうからだ。

　Unixツールにとってのテキストストリームは、オブジェクト指向システムにおけるオブジェクトへのメッセージと同じだ。テキストストリームインターフェイスは何しろ単純なので、ツールを強制的にカプセル化する。リモートプロシージャ呼び出し（RPC）などのより凝ったプロセス間通信手段を使うと、プログラムは互いの内部構造をさらけ出してしまいがちになる。

　プログラムを部品として使えるようにするには、独立性を与えなければならない。テキストストリームの片方の端にいるプログラムは、反対側のプログラムについてできる限り考えないで済むようにすべきだ。反対側に影響を与えずに、まったく異なる実装と簡単に取り替えられるようでなければならない。

　GUIには、大きな可能性がある。複雑なバイナリデータ形式は、妥当な手段のもとでは避けられない場合もあるだろう。しかし、GUIを書くときには、あらかじめ複雑な対話操作の部分と縁の下の力持ちのアルゴリズムの部分を分割し、単純なコマンドストリームやアプリケーションプロトコルで両者をつなぐことができないかどうかをよく考えたほうがよい。データの受け渡しのために複雑なバイナリ形式を考案してしまう前に、単純なテキスト形式を使えないか、走査のための小さなオーバーヘッドと引き換えに汎用ツールでデータストリームをハックできる便利さを手に入れられないかを試してみる価値は十分にある。

シリアライズされたプロトコルめいたインターフェイスがアプリーションにとって不自然であれば、少なくとも適切に定義された API を持つライブラリに多くのアプリケーションプリミティブをまとめるのが、Unix 的な設計方法だ。こうすれば、リンクによってアプリケーションを呼び出すという可能性が開ける。複数のインターフェイスを異なる仕事のためにつなぎ合わせることもできるようになる。

（この問題については 7 章で詳しく論じる）

1.6.4 分離の原則：メカニズムからポリシーを切り離せ。エンジンからインターフェイスを切り離せ

　Unix の短所についての議論で、X の設計者たちが「ポリシーでなく、メカニズム」を実装するという基本方針を立てたことに触れた。これは、X を汎用的なグラフィックスエンジンとするためで、ユーザーインターフェイススタイルについての決定はツールキットなど、システム内の他のレベルの部品に委ねたのである。私たちは、ポリシーとメカニズムの変化のペースが異なることを指摘して、この方針を追認した。ポリシーはメカニズムよりもずっと速いペースで変化するのだ。GUI ツールキットのルックアンドフィールについての流行はすぐに変わるが、ラスタオペレーションや合成は永遠に。

　つまり、ポリシーとメカニズムをがんじがらめに繋いでしまうことには、2 つの悪い効果がある。ポリシーを硬直化させ、ユーザーの要求に合わせたポリシーの変更がやりにくくなってしまうことと、ポリシーを変更しようとするととかくメカニズムが不安定になりがちだということだ。

　それに対し、両者を切り離すと、メカニズムを壊さずに新しいポリシーを試せるようになる。また、メカニズムのための優れたテストも書きやすくなる（ポリシーは、あっという間に陳腐化するので、投資に見合わないことが多い）。

　この設計原則は、GUI 以外の分野にも広く応用できる。一般に、インターフェイスとエンジンは、何とかして切り離すべきだといってよい。

　たとえば、このような切り離しの方法としては、組み込みのスクリプト言語で駆動される C サービスルーチンのライブラリとしてアプリケーションを作るというものがある。アプリケーションの制御の流れは、C ではなく、スクリプト言語で書くのである。このパターンの古典的な例は Emacs エディタだ。Emacs は組み込みの Lisp インタープリタを使って、C で書かれた編集プリミティブを制御する。このスタイルの設計については、11 章で論じる。

　ソケット上のシリアライズされたアプリケーションプロトコルを介して通信するフロントエンドプロセスとバックエンドプロセスにアプリケーションを分割するというやり方もある。この種の設計については、5 章と 7 章で論じる。フロントエンドがポリシー、バックエンドがメカニズムを実装する。2 つのプログラム全体の複雑さは、同じ機能を実装する単一プロセスの

モノリスと比べてかなりましな場合が多い。その分、バグに対するすきは減り、プログラムの生涯全体のコストは下がる。

1.6.5 単純性の原則：単純になるように設計せよ。複雑な部分を追加するのは、どうしても必要なときだけに制限せよ

プログラムは、さまざまな圧力によって複雑化する傾向がある（その分、コスト高になり、バグがちになる）。技術を誇示しようとする気持ちも、そのような圧力の1つだ。プログラマは、複雑さを処理し、抽象を手玉に取る能力を誇る聡明な人々である（誇ることについて正当な権利を持つことも多い）。彼らは、もっとも美しく入り組んだ構成物を作れるのはだれかを示すために、同僚と競い合うことがよくある。しかし、設計能力が実装、デバッグ能力を追い越してしまうことも同じくらい多く、そうすると高くつく失敗をもたらすことになる。

> 「美しく入り組んだ構成物」といういい方は、ほとんど矛盾している。Unix プログラマは、互いに「単純で美しい」ことを誉めあう。これは、これらの原則に当然含まれている内容だが、はっきりという価値がある。
>
> —— Doug McIlroy

過度な複雑化の原因としてもっともよく見られる（少なくとも商用ソフトウェアの世界では）のが、プロジェクトの要求の問題だ。プロジェクトは、顧客が望んでいるものとか、ソフトウェアが実際に提供できるものといった現実の問題によってではなく、市場の変わりやすい流行によって支配されがちだ。だれも使わないような「チェックリスト機能」のような機能を求める販売サイドの圧力が、多くの優れた設計をつぶしてきた。そして、クロム塗料と競うにはもっとクロム塗料を増やすしかないという、悪意に満ちた考え方が横行している。やがて、ぶくぶくに膨れ上がったコードが業界の標準となり、だれもが巨大でバグがちな、開発者でさえいいと思えないようなプログラムを使うようになる。

いずれにしても、最終的にはだれもが損をするのだ。

このような罠から逃れるためには、小さいことはよいことだということがわかっていて、コードが膨れ上がり複雑化することをはっきりと拒否するソフトウェア文化を支持していくしかない。それは、単純な解決方法を高く評価し、プログラムを小さな連動し合う部品に分割する方法を探そうとする伝統であり、大量のクロム塗料でプログラムを飾り立てようとする（あるいは、クロム塗料のまわりにプログラムをくっつけようとする）傾向には反射的に抵抗する伝統だ。

それは、Unix 文化ととてもよく似た文化になるだろう。

1.6.6 倹約の原則：他のものでは代えられないことが明確に実証されない限り、大きなプログラムを書くな

　ここでいう「大きい」とは、コードの分量とコード内部の複雑さの両方の意味だ。プログラムが大きくなることを許していると、メンテナンスに支障が出てくる。たっぷりと労力をかけた現実に存在するプログラムを人はなかなか捨てられるものではないので、大きなプログラムを作ってしまうと、まちがった、あるいはそこまでいかなくても最適とはいいがたい方法に過剰に投資する羽目になる。

　（ソフトウェアの正しいサイズという問題については、13章で詳しく検討する）。

1.6.7 透明性の原則：デバッグや調査が簡単になるように、わかりやすさを目指して設計せよ

　デバッグは開発期間の4分の3以上を占めることが多いので、早い段階でデバッグを簡単にするような仕事をしておくことは、とてもよい投資となる。デバッグを楽にするために特に効果的なのは、透明性と開示性を意識して設計することだ。

　透明なソフトウェアシステムとは、一目見てすぐに何をどのようにしているのかが理解できるシステムのことだ。開示性を持つプログラムとは、内部状態を監視、表示する機能を持っており、適切に機能するだけではなく、適切に機能しているところが見えるようになっているプログラムのことだ。

　これらの性質を持つように設計するということは、プロジェクト全体に暗黙の影響を与える。少なくとも、デバッグオプションは、ほんのつけたし程度の後知恵であってはならないという考えが貫かれるはずだ。デバッグオプションは、最初の段階から設計に組み込まれていなければならない。プログラムは自らの正しさを実証することができなければならないのと同時に、オリジナルの開発者の問題に対する考え方を将来の開発者に伝えることもできなければならないのだ。

　自らの正しさを実証したいプログラムは、入出力のために単純な形式を使わなければならない。そうでなければ、有効な入力と正しい出力の関係を簡単にチェックすることはできないだろう。

　透明性と開示性を目標にすれば、他のプログラム、特にテストハーネス、プロファイラ、デバッグスクリプトなどから簡単に操作できる単純なインターフェイスも得やすくなる。

1.6.8 安定性の原則：安定性は、透明性と単純性から生まれる

ソフトウェアは、通常の条件のもとだけではなく、設計者の先入観を試すような予想外の条件のもとでも適切に動作するときに、安定しているといわれる。

ほとんどのソフトウェアは、複雑すぎて人間の頭では全部をまとめて理解できないような代物になっているので、脆弱でバグがちだ。プログラムの内部構造について正しく説明できないのであれば、そのプログラムが正しいかどうかについて保証できず、壊れていても直せない。

そこで、安定したプログラムを作るためには、内部構造を簡単に説明できるようなものにしなければならない。そのための主要な手段としては、透明性と単純性の2つがある。

> 安定性を高めるためには、特異な入力や極端に大きい入力に耐えられるような設計も重要だ。頭のなかに組み立て部品原則を染み付かせておくと役に立つ。他のプログラムから与えられる入力は、ソフトウェアのストレステストに適していることで有名だ（たとえば、最初の Unix C コンパイラは、yacc の出力に対応するために小さなアップグレードが必要だったといわれている）。使われる形式は、人間には役に立たないように見えることも多い。たとえば、人間ならめったに、あるいは決して空文字列を入力することがないだろうと思われるようなところでも、空リスト/文字列等々を受け容れるようにすると、機械的に入力を生成するような特殊条件を設けることが避けられる。
>
> —— Henry Spencer

コードのなかに特殊条件を持ち込まないようにすることは、特異な入力のもとでも安定して動作するプログラムを作るための重要な戦術の1つだ。バグがよく牙を剥き出す場所は、特殊条件の処理コードのなかであり、特殊条件を処理するための2つのコードのやり取りのなかである。

先ほど、ソフトウェアのなかを見通すことができ、何が起きているのかがすぐにわかるようなら、そのソフトウェアは透明だと述べた。行われていることが複雑ではなくて、人間の頭でもすべての潜在条件を難なく説明できるようなら、ソフトウェアは単純である。プログラムがこれら2つの性質をより強く持つようになれば、安定性も増していく。

モジュール化（単純な部品とクリーンなインターフェイス）も、プログラムを単純化するためのプログラムの構成方法だ。単純性を得るための方法は、他にもまだある。次に示すのもそうだ。

1.6.9 表現性の原則：知識をデータのなかに固め、プログラムロジックが楽で安定したものになるようにせよ

　人間は、手続きのロジックということになると、もっとも簡単なものでも容易に確かめられないが、データ構造であれば、きわめて複雑なものでも簡単にモデリングできるし、論じることができる。たとえば、50個のノードを持つ木構造のポインタのダイアグラムと50行のプログラムとで表現力や情報量を比べてみてほしい。でなければ、変換表を表現する配列の初期化構文と同じ内容のswitch文を比べてみよう。私がいっていることが理解できるはずだ。透明性と明確性の違いは、劇的なものである。Rob Pikeの原則5も、このことをいっている。

　データはプログラムロジックよりも御しやすい。だから、データ構造を複雑にするか、コードを複雑にするかを選ばなければならなくなったら、迷わず前者を選ぶべきだ。さらに、設計を発展させていくときには、コードの複雑さをデータの複雑さに切り換えていくことを積極的に考えるべきだ。

　この考え方は、Unixコミュニティから生まれたものではないが、Unixコミュニティに大きな影響を及ぼしていることは、無数のUnixコードからわかる。特に、C言語のポインタ操作機能のおかげで、カーネルからアプリケーションまでのあらゆるレベルで、動的に書き換えられるリファレンス構造体はよく使われてきた。他の言語で実装していればもっと複雑な手続きが必要になるところでも、この種の構造体を使えば、単純なポインタの操作で同じことが実現できる。

　（これらのテクニックについては9章でも述べる）。

1.6.10 驚き最小の原則：インターフェイスは、驚きが最小になるように設計せよ

　（この原則は、驚き最小の法則とも呼ばれている）。

　もっとも簡単に使えるプログラムとは、ユーザーが新しく学ばなければならないことがもっとも少ないプログラムのことだ。あるいは、ユーザーがもともと持っている知識にもっとも効果的に接続できるプログラムとも言い換えられる。

　だから、インターフェイスの設計では、意味もなく新奇なことをしたり、過度に巧妙なことをしたりすることは避けなければならない。電卓プログラムを書くなら、「+」はいつでも加算という意味にすべきだ。インターフェイスを設計するときには、ユーザーがよく使っていて機能がよく似たプログラムのインターフェイスをモデルにするとよい。

　使うことが予想されるユーザーに注意を払おう。エンドユーザーなのか、他のプログラマなのか、システム管理者なのか。ユーザーのタイプによって驚きが小さいインターフェイスが何かということは変わってくる。

伝統にも注意を払おう。Unixの世界には、コンフィグレーション、実行制御ファイルの形式や、コマンド行スイッチなどに、十分通用している習慣がある。伝統が築かれたことには、学習を容易にするという十分妥当な理由がある。これらの伝統を学んで利用しよう。
（伝統については、主として5章と10章で述べる）。

> 驚き最小の原則を裏返せば、一見似ているが微妙に異なることを避けるという原則が導き出される。一見なじみがあるように見えるものは、誤った期待を高めるだけに、裏切られたときの失望も大きい。ほとんど同じものを作るくらいなら、まったく異なるものを作ったほうがよいことは多い。
>
> —— Henry Spencer

1.6.11 沈黙の原則：どうしてもいわなければならない想定外なことがないのなら、プログラムは何もいうな

Unixの世界でもっとも古く、もっとも一貫して採用されてきた設計原則は、おもしろいことやびっくりするようなことがなければ、プログラムは黙っているべきだというものだ。行い正しいUnixプログラムなら、おせっかいや文句を最小限に抑えて、寡黙に仕事を進めるところだ。沈黙は金なりである。

この「沈黙は金なり」の原則が発展してきたもともとの理由は、Unixがビデオディスプレイよりも前に生まれたことにある。1969年の遅いプリンタ端末のもとでは、不要な出力を1行書くたびに、ユーザーの時間を大幅に浪費することになったのだ。そのような制約はもうなくなったが、出力を簡潔に保つべき理由は残っている。

> 私は、Unixプログラムの簡潔な出力は、Unixスタイルの核心となる特徴だと考えている。プログラムの出力が他のプログラムの入力になる場合、必要な情報は簡単に取り出せるようになっていなければならない。そして、人間性の本質という視点からみても、簡潔性はどうしても必要だ。重要な情報とプログラムの内部動作についてのおしゃべりを混在させてはならない。表示されている情報がすべて重要なら、重要な情報は簡単に見分けられる。
>
> —— Ken Arnold

よく考えて設計されたプログラムなら、ユーザーの注意力や集中力は、どうしても必要なとき以外は使うべきでない貴重で限りのあるリソースとして取り扱う。
（沈黙の原則と、これが必要とされる理由については、11章の終わりの部分でもっと詳しく取り上げる）。

1.6.12 修復の原則：エラーを起こさなければならないときには、できる限り早い段階でけたたましくエラーを起こせ

ソフトウェアは、通常の処理だけではなく、失敗するときも透明でなければならない。予期せぬ条件が発生しても、それに適応できればベストだが、修復が成功していないにもかかわらず、障害が知らぬ間にすべてをぶち壊しており、それがずっとあとにならないとわからないというようなことになれば、バグとしては最悪だ。

だから、誤った入力や自らの実行エラーをできる限り穏便に処理できるようにソフトウェアを書かなければならない。しかし、それができないのであれば、できる限り簡単に障害を診断できるようにエラーを起こすべきだ。

また、「受け入れるものについてはリベラルに、送るものについては保守的に」という Postel の処方箋*10 も考慮に入れたほうがよい。Postel のことばはネットワークサービスプログラムについてのものだが、その土台となっている考え方には、より広い一般性がある。よく考えて設計されたプログラムは、誤った形式の入力からできる限り適切な意味を引き出して他のプログラムとの調和を図る。つまり、けたたましくエラーを起こすか、厳密にクリーンで正確なデータをチェーンの次のプログラムに渡すのだ。

しかし、次の警告にも耳を傾けるべきだ。

> 最初のドキュメントが「受け入れるものについては寛容に」ということを勧めた結果、**HTML** は私たちを苦しめてきた。というのも、個々のブラウザがそれぞれ別のスーパーセットを受け入れてきたからだ。寛容であるべきものは仕様であり、仕様の解釈ではない。
>
> —— Doug McIlroy

McIlroy がいっているのは、さまざまな実装を許す不完全な標準で妥協するのではなく、設計自体を寛容なものにすべきだということである。そうでなければ、彼が正しく指摘しているように、簡単にタグスープができあがってしまう。

1.6.13 経済性の原則：プログラマの時間は高価だ。マシンの時間よりもプログラマの時間を節約せよ

Unix 初期のミニコンピュータ時代には、この考え方はまだかなりラディカルだった（当時のマシンは今よりもずっと遅く、ずっと高くついたのだ）。今日では、すべての開発会社やほとんどのユーザーにとって、マシンサイクルは安いものになっており（核爆発のシミュレーション

---

10. Jonathan Postel は、インターネット RFC シリーズの最初の編集者であり、インターネットの主要なアーキテクトの 1 人である。Postel Center for Experimental Networking が彼に捧げるページ（http://www.postel.org/postel.html）を管理している。

や3次元アニメは別として)、こんなことはいうまでもなく当然だと感じられるかもしれない。

しかし、開発の実際は、このような現実の条件に追い付いていない。ソフトウェア開発全般にわたってこの格言を真剣に受け止めるなら、ほとんどのアプリケーションはPerl、Tcl、Python、Java、Lispあるいはシェルといった高水準言語で書かれているはずだ。これらの言語は、言語自身がメモリ管理を行うことによって、プログラマの負担を軽減する（[Ravenbrook]を参照のこと)。

そして、Unix以外の世界は、C（あるいはC++）でコーディングするというUnixの古い戦略にまだしがみついているようだが、Unixの世界では高水準言語による開発が現実のものとなりつつある。この本でも、あとでこの戦略とその長所、短所を詳しく論じるつもりだ。

プログラマの時間を節約するためのもう1つの方法は、プログラミングの低水準の仕事をより多くこなすための方法をマシンに教え込むことだが、そうすると次の原則が導き出される。

1.6.14 生成の原則：手作業のハックを避けよ。可能なら、プログラムを書くためのプログラムを書け

人間は、細かい仕事が苦手だということで有名だ。それゆえ、プログラムに対する手作業のハックは、遅れやミスの大きな原因となる。プログラムの仕様がより単純でより抽象化されていれば、人間の設計者が正しいものに仕上げられる可能性は高くなる。生成されたコードは、手でハックされたコードよりもほとんど常に安上がりで信頼できる（どのレベルにおいても）。

私たちはみな、このことの正しさを知っている（だからこそ、私たちはコンパイラやインタプリタを作ったのだ）が、その意味についてよく考えていないことが多い。繰り返しが多く、人間の感覚を麻痺させるようなコードは、高水準言語で書かれていても、マシン語のコードと同様に、コードジェネレータで生成すべき対象である。コードジェネレータは、抽象度を上げられるときには使う価値がある。つまり、ジェネレータに与えるコードが生成されたコードよりも単純で、生成後のコードをあとで手作業で書き換える必要がない場合にはジェネレータを使うべきなのだ。

Unixの世界では、エラーを起こしやすい細かい仕事を自動化するために、コードジェネレータが伝統的に多用されてきた。パーサ（構文解析器）やトークナイザ（字句解析器）の生成プログラムはその古典的な例であり、MakefileジェネレータやGUIインターフェイスビルダはより新しい例だ。

（これらのテクニックについては9章で取り上げる）。

1.6.15 最適化の原則：磨く前にプロトタイプを作れ。最適化する前にプロトタイプが動くようにせよ

まずプロトタイプを作れということについてのもっとも基本的な議論は、KernighanとPlaugerによるものだ。「今提供できる90%の機能は、永遠に提供できない100%の機能よりもはるかによい」 最初にプロトタイプを作るようにすれば、ごくわずかの成果のために多すぎる時間をつぎこむことを防げる。

Donald Knuth（この分野の数少ない古典の1つであるThe Art Of Computer Programmingの著者）は、わずかに異なる理由から、「半端な最適化は諸悪の根源だ」[11]ということばを有名にした。そして、彼がいっていることは正しいのだ。

ボトルネックが何かがわかる前に最適化に走ると、機能の水ぶくれ以上に設計を台無しにする結果になるおそれがある。透明性や単純性を犠牲にしてスピード、あるいはメモリやディスクスペースの節約にこだわったあげく、コードが無理なものになったり、データレイアウトがわかりにくくなったりした例は数え切れない。それらは、数え切れないほどのバグを生み、莫大な作業量を浪費する。そうしてまで得られたものはといえば、デバッグにかかる時間と比べてはるかに安いなんらかのリソースのわずかな使用量に過ぎないことが多いのだ。

部分に対する半端な最適化が、全体の最適化の妨げになる（そのため、全体のパフォーマンスを下げる）ことは、うんざりするほどよくある。設計を半端に最適化すると、設計全体にわたってもっと大きな効果が得られる変更ができなくなることが多いので、パフォーマンスが低い上に必要以上に複雑なコードが残ることになる。

Unixの世界では、「プロトタイプを作ってから磨け。動くようにしてから最適化せよ」という古くから確立された明確な伝統がある（Rob Pikeのコメントや Ken Thompsonの「力ずく」の格言は、これを言い換えたものだ）。エクストリームプログラミングをリードするKent Beckは、別の文化の人だが、「まず動かし、正しくして、速くせよ」という形で同じことをうまく強調している。

これらが強調していることは、みな同じだ。最適化を図る前に、最適化されていない、遅くてメモリを大量に消費する実装を正しく動作させよということだ。そして、あまり複雑度を上げないで、大きな効果が得られるところを系統的に探して最適化をかけるのである。

> プロトタイプを作ることは、最適化だけではなく、システム設計のためにも重要だ。長い仕様書を読むよりも、プロトタイプが正しく動いているかどうかを考えるほうがはるかに簡単だ。**Bellcore**の開発マネージャで、人々が「ラピッドプロトタイピング」とか「アジャイル開発」といったことをいい出すよりもずっと前に、仕様書文化と闘っていた人がいた。彼は、長い仕様書を書いたりはしなかった。必要なことをおおまか

---

[11]. 全体を引用すると、「私たちは、だいたい全時間の97%くらいは小さな効率のことを忘れたほうがよい。半端な最適化は諸悪の根源だ。」 Knuth自身は、これをC. A. R. Hoareの考えだとしている。

に実行できるシェルスクリプトと awk コードの組み合わせをさっと書き、数日間だれかを送ってくれと取引先に頼む。そして、プロトタイプを使っている部下のようすを取引先に見せて、気に入ったかどうかを尋ねる。気に入った場合には、「これこれのコストで今から何か月後に使える品質のプログラムを用意する」と約束する。彼の予測は正確だったが、仕様書文化のなかで、仕様書書きがすべてをコントロールすべきだと考える管理者たちとの競争に惜しくも敗れてしまった。

―― **Mike Lesk**

　プロトタイプを使って、実装しなくて済む機能を学ぶと、パフォーマンスを上げるためにも役に立つ。それは、書いていないコードを最適化しなくても済むからだ。もっとも強力な最適化ツールは、削除キーかもしれない。

　　　もっとも生産的な日の1つは、1000 行のコードを捨てた日だ。

―― **Ken Thompson**

（12 章で、これに関連した考え方についてもう少し深く取り上げる）。

1.6.16 多様性の原則：「唯一の正しい方法」とするすべての主張を信用するな

　最良のソフトウェアツールでさえ、設計者の想像力が貧困なために限界を示すものだ。人間の能力には限りがあり、すべての面で最適なものを作れる人も、ソフトウェアのすべての用途を予測できない。広い世界の他者と向き合おうとしない厳密で閉じたソフトウェアを作ろうとすることは、尊大で不健全な態度といわざるをえない。

　そこで、Unix は、ソフトウェアの設計や実装に対して「唯一の正しい方法」があるというアプローチに対する健全な不信感を育てて伝統の 1 つとした。Unix は、複数の言語、オープンで拡張性の高いシステム、あちこちにカスタマイズのフックを付けたシステムを支持する。

1.6.17 拡張性の原則：未来は予想外に早くやってくる。未来を見すえて設計せよ

　他人の「唯一の正しい方法」という主張を信じることが賢くないのなら、自分の設計が「唯一の正しい方法」だと考えるのはもっと馬鹿げているということになるだろう。自分が最終的な答を握っているなどとは決して考えないことだ。だから、データ形式やコードには成長の余地を残しておかなければならない。そうしなければ、下位互換性を維持しながら書き換えていくということができなくなるため、最初の段階での選択に縛り付けられることになってしまう。

　プロトコルやファイル形式を設計するときには、自己記述的なものにして拡張できるように

すべきだ。バージョン番号を入れておくのも1つの方法だが、データ形式が自己完結的で自己記述的な節から構成されるようにして、リーダーコードを混乱させずに新しい節を追加したり、古い節を取り除いたりできるようにするのもよい。データレイアウトを自己記述的なものにするためにごくわずかな投資をすれば、既存のものに影響を与えずにレイアウトを発展させられるようになり、千倍になって恩恵が返ってくる。Unixの経験は、そのことを教えている。

コードを設計するときには、将来の開発者たちがコードを全部捨ててアーキテクチャを作り直したりせずに、新しい機能を追加できるように作るべきだ。この原則は、まだ必要としていない機能を追加できるようにするライセンスではない。あとで必要になったときに機能を簡単に追加できるようにコードを書いておこうというアドバイスだ。ジョイントを柔軟なものにして、コードのなかに「……が必要になったら」というコメントをばらまいておこう。これは、あなたのあとであなたのコードを利用し、メンテナンスしていく人々に対する義務である。

将来の開発者とは、その後のプロジェクトのために半分忘れてしまったコードをメンテナンスする羽目になった自分かもしれない。将来をにらんで設計していれば、自分自身を救うことにもなる。

1.7 Unix思想を一言でまとめると

以上のUnix思想は、すべて煎じ詰めると1つの鉄則に集約される。それは、大技術者の「KISS原則」と呼ばれるものだ。

「単純を保て、愚か者よ」

UnixはKISS原則を応用するためのすばらしい基礎を与えてくれる。これからあとのこの本は、それを学ぶことを助ける。

1.8 Unix 思想の応用

Unix 思想の原則は、あいまいな一般論ではない。Unix の世界では、これらの思想は経験から直接導き出されており、明確な処方箋を導き出すものだ。その一部にはすでに触れた。リストはこれに尽きるものではない。

- ソースやデスティネーションに依存しないフィルタになれるものは、フィルタにせよ。
- 可能であれば、データストリームはテキストにせよ（そうすれば、標準ツールで表示し、フィルタリングすることができる）。
- 可能であれば、データベースレイアウトとアプリケーションプロトコルはテキストにせよ（人間が読め、人間が編集できる）。
- 複雑なフロントエンド（ユーザーインターフェイス）は、複雑なバックエンドからクリーンに分離せよ。
- 可能であれば、C でコードを書く前にインタープリタ言語でプロトタイプを作れ。
- 1 つの言語だけを使うとプログラムが必要以上に複雑になりそうなときに限り、1 つの言語ですべてを書くよりも複数の言語を使ったほうがよい。
- 受け入れるものについては寛容に、吐き出すものについては厳格に。
- フィルタリングするときには、自分が必要としない情報を捨てないように。
- 小さいことは美徳だ。仕事を終わらせるのにちょうど必要なだけのことをする小さなプログラムを書け。

これからの部分では、Unix の設計原則を検討し、それから導き出された処方箋を検討して、繰り返し適用していく。すると、当然といえば当然だが、ソフトウェア工学の異なる伝統を持つ異なる流れが導き出した最良の実践と重なる部分が出てくる[*12]。

1.9 姿勢も大切

正しいことがわかっているときには、それをしなければならない。短期的には仕事が増えるように感じるかもしれないが、長期的に見ればこれがもっとも楽な道だ。正しいことが何かわからない場合には、少なくとも正しいことが何かがわかるまでは、仕事をするために必要な最小限のことをすべきだ。

---

12. 特に目を引く例の 1 つは、Butler Lampson の Hints for Computer System Design だ。私は本書の準備をかなり進めたところで、この本を見つけた。この本は、明らかに独立して発見されたことがわかる形で Unix のいくつかの教訓を述べるばかりでなく、同じ殺し文句でそれらを説明している。

Unix 思想を正しく実践するには、優れたものに忠実でなければならない。ソフトウェア設計は、あなたが持つすべての知性、創造性、情熱を結集させるだけの価値のある仕事だということを信じなければならない。そうでなければ、設計と実装に対する紋切り型の方法を乗り越えられないだろう。つまり、考えるべきときにコーディングに飛びついてしまうのだ。あくまでも単純化すべきときに不注意に複雑にしてしまうことになる。そして、なぜ自分のコードが膨れ上がり、デバッグが難しくなってしまったのかと悩むのだ。

　Unix 思想を正しく実践するには、自分自身の時間を浪費せず、大切に使わなければならない。だれかがすでにある問題を解決しているなら、プライドやら政治的なかけひきやらのために、自分でもう 1 度解こうとしてはならない。再利用するのだ。そして、必要以上にしゃかりきになって働いてはならない。賢く考え、必要なときのために余力を蓄えるのだ。ツールを使い、可能なら何でも自動化することだ。

　ソフトウェアの設計と実装は楽しい仕事、一種の高等遊戯であるべきだ。このような姿勢がふざけたものだと感じられたり、よくわからないようであれば、立ち止まって考えよう。もう忘れてしまったことを自問してみるのだ。なぜ、お金を稼ぎ、あるいは時間を過ごすために、他ではないソフトウェア設計を選んだのか。かつては、ソフトウェアに自分の情熱をかけようと思ったことがあるはずだ。

　Unix 思想を正しく実践するには、その姿勢を持たなければ（あるいは回復しなければ）ならない。よく考え、楽しみ、探究しなければならない。

　これからこの本を読むときにも、この姿勢を貫いてほしい。あるいは少なくとも、あなたがソフトウェアにかける情熱を再発見するために、この本が役立てばと考えている。

第2章

歴史：2つの文化の物語

> 過去を思い出せない人間は、過去を繰り返す運命にある。
> 理性の生活（1905）
>
> —— George Santayana

　過去は経験を集めたものだ。Unixは長く多彩な歴史を持っており、その多くは言い伝え、思い込み、戦いの傷（実はこれがかなり多い）として、Unixプログラマたちの集合記憶のなかに今も生きている。この章では、2003年の今のUnix文化がこのようなものになったのはなぜかという視点から、Unixの歴史を見渡していこう。

2.1 Unixの起源と歴史：1969-1995

　悪名高い「第2システム効果」は、小さな実験的プロトタイプの後継システムを害することが多い。最初に積み残したことをすべて詰め込もうとして、設計が巨大で必要以上に複雑になってしまうのだ。しかし、ごくまれでその分知名度も低い「第3システム効果」というものもある。第2システムが自分の重さに耐えかねて崩壊したあとで、もう1度単純性の大切さに立ち返り、正しいシステムが作られるのだ。

　最初のUnixは、第3システムだった。第1システムは、小さくて単純なCTSS（Compatible Time-Sharing System）である。このシステムは、歴史上初めて、あるいは2番目に（どちらに数えるかは、ここでは無視する定義上の問題によって決まる）運用されたTSSだった。第2システムは、Multicsプロジェクトだ。Multicsは、大規模なユーザーコミュニティのためにメインフレームコンピュータを上品にタイムシェアリングする高機能情報ユーティリティを作ろうとした先駆的な試みだった。Multicsは、まさに自らの重さに耐えかねて崩壊してしまった。しかし、Unixは、その廃墟のなかから生まれてきたのである。

2.1.1 創世記：1969-1971

　Unix は、1969 年に、Bell Laboratories のコンピュータ科学者、Ken Thompson の頭脳のなかから生まれた。Thompson は、Multics プロジェクトに参加していた。彼は、そこで原始的なバッチコンピューティングに絶望した。当時は、ほとんどどこでもそれが当然だったのだ。しかし、TSS の概念は、1960 年代末にはまだ目新しいものだった。TSS についての論考がコンピュータ科学者の John McCarthy（Lisp の発明者でもある）によって初めて公表されたのは、わずか 10 年前のことだった。TSS が初めて実際に運用されたのは 1962 年、すなわち Unix の 7 年前であり、タイムシェアリング OS はまだ実験的で不安定な存在だった。

　当時のコンピュータハードウェアは、当時現場にいた人々が現在思い出せる程度のレベルと比べてもはるかに原始的なものだった。当時もっとも強力なマシンでさえ、現在のごく一般的な携帯電話よりも計算能力や内部メモリの面で劣っていた[1]。ビデオ端末はまだ生まれたばかりであり、それから 6 年たってもまだあまり一般的には普及していなかった。最初期のタイムシェアリングシステムの標準的な対話装置は、黄色い巨大なロール紙に大文字のみで印字することしかできない ASR-33 テレタイプというるさい装置だった。ASR-33 は、簡潔なコマンドと少量の応答という Unix の伝統を自然に生み出すことになった。

　Bell Labs が Multics の研究コンソーシアムから撤退したとき、Ken Thompson のもとには、Multics から触発されたファイルシステムの構築方法についてのアイデアが残された。彼はまた、ロケットを操って太陽系を旅する自作の SF シミュレーション、Space Travel ゲームを動かすマシンを失った。Unix は、廃品になっていた PDP-7 ミニコンピュータ[2]（図 2-1 参照）の上で、オペレーティングシステム設計についての Thompson のアイデアの実験台として、また Space Travel ゲームのプラットフォームとして、生を享けた。

　Unix の起源については、Thompson の最初の協力者で、Unix の共同開発者にして C の発明者として知られることになる Dennis Ritchie が、［Ritchie79］においてすべて語り尽くしている。Dennis Ritchie、Doug McIlroy ら数人の人々は、Multics のもとで対話的なコンピューティングに慣れており、その快適な環境を失いたくなかった。Thompson の PDP-7 オペレーティングシステムは、彼らの生命線であった。

　Ritchie は次のようにいっている。「私たちが守りたかったのは、単にプログラミングをするためのよい環境といったようなものではなく、協力関係を築く核となるようなシステムだった。私たちは、経験から、リモートアクセス、タイムシェアリングマシンによって実現される共有コンピューティングの本質は、キーパンチではなく端末への入力によってプログラミングするというようなことではなく、密接なコミュニケーションを推し進めることにあるということを

---

1. 今日の携帯電話には、PDP-7 の RAM とディスク記憶を合わせた容量よりも多くの RAM が搭載されていることを Ken Thompson が指摘してくれた。当時の大容量ディスクは、1M バイトもなかったのだ。
2. Web には、Unix と無関係ならまったく無名であった PDP-7 の歴史的な位置を説明する PDP コンピュータについての FAQ ページがある。

図 2-1　PDP-7

知っていた。」　単なる論理デバイスではなく、コミュニティの中核となるコンピュータというテーマは、当時多くの人々の関心を集めていた。1969 年は、ARPANET（今日のインターネットの直接の祖先）が開発された年でもある。「協力関係」というテーマは、その後の Unix の歴史を貫くものとなった。

　Thompson と Ritchie の Space Travel の実装は、注目を集めた。最初は、PDP-7 のソフトウェアは GE のメインフレームでクロスコンパイルしなければならなかったが、Thompson と Ritchie は、PDP-7 上でのゲーム開発をサポートするためのユーティリティプログラムを書き、それが Unix の核になった。もっとも、1970 年まで、そのプログラムには名前がなく、名前が付けられたときの最初のスペルは「UNICS」(UNiplexed Information and Computing Service) だった。Ritchie は後にこれを「Multics に対してちょっと反抗的なしゃれ」だったといっている。Multics は、MULTiplexed Information and Computing Service の略だったのだ。

　PDP-7 Unix は、最初の段階から今日の Unix と非常によく似ており、カード入力のバッチメインフレームの時代では、他のどのコンピュータよりも快適なプログラミング環境だった。プログラマがマシンの前に座り、その場でプログラムを組み立て、プログラミングをしながらテストをしたり、可能性を探ったりすることができるほぼ最初のマシンだった。Unix は、誕生以来ずっと、他のオペレーティングシステムの制限に我慢のならないプログラマたちが、ボランティアで非常に高度な技術支援を提供するという形で成長してきた。この形は、非常に初期の段階に Bell Labs のなかで作られたものだった。

公式的なスタイルにこだわらない身軽な開発は、最初のときから Unix の伝統として定着していた。Multics は、ハードウェアが到着する前に数千ページもの技術仕様書を用意する巨大プロジェクトだったが、最初の稼動する Unix コードは、3 人でブレインストーミングして検討し、Ken Thompson が 2 日で実装したものだ。Ken が使ったマシンは、「本物の」コンピュータのグラフィックス端末として作られた古臭いマシンだった。

1971 年に、Unix は初めて仕事らしい仕事をした。それは、Bell Labs の特許管理部門のために、今日でいうワードプロセッサをサポートするというものだった。最初の Unix アプリケーションは、nroff(1) テキストフォーマッタの祖先だったのである。このプロジェクトは、PDP-7 よりもはるかに能力の高い PDP-11 を購入する理由にもなった。管理職の人々は、Thompson とその仲間たちが作っているワードプロセッサシステムがオペレーティングシステムを卵として抱えていることにまったく気付かなかった。オペレーティングシステムは、Bell Labs の計画には含まれていなかったのだ。AT&T が Multics コンソーシアムに参加したのも、まさに自前でオペレーティングシステムを開発することを避けるためだった。しかし、できあがったシステムは、大成功を収めた。この成功により、Unix は、Bell Labs のコンピューティング生態系の永続的で価値のあるメンバーとしての地位を確立した。そして、Unix の歴史に、ドキュメント整形、自動植字、通信ツールとの密接な連関という新しいテーマを付け加えた。1972 年のマニュアルには、稼動システムが 10 箇所にあると書かれている。

その後、Doug McIlroy は、この時代について次のように書くことになる［McIlroy91］。「よりよい、あるいはより基本的なアイデアが生まれるたびに、仲間から感じるプレッシャーと単純な職人気質から、大量のコードが書き換えられたり捨てられたりした。あまりにもすばらしいことがたくさん起きたので、だれも技術革新を囲い込む必要などなかった。」 しかし、このことばの持つすべての意味が明らかになるまでには、それから四半世紀の時が必要だったのだ。

2.1.2 出エジプト記：1971-1980

最初の Unix オペレーティングシステムはアセンブリ言語で、アプリケーションはアセンブリ言語と B というインタープリタ言語を併用して書かれていた。B は、PDP-7 でも動作するほど小さいところが取柄だったが、システムプログラミングに使えるほどの能力はなかった。そこで、Dennis Ritchie は、B にデータ型と構造体を追加して C 言語を作った。C は 1971 年に登場して発展していった。そして、1973 年に、Thompson と Ritchie は、ついにこの新言語を使って Unix を書き直すことに成功した。これは、とても大胆な方向転換だった。当時、システムプログラミングはハードウェアから最大限のパフォーマンスを引き出すためにアセンブリ言語を使って行われており、移植できるオペレーティングシステムという考え方はほとんど認知されていなかった。その後、1979 年の段階になって Ritchie はいっている。「Unix の成功の主な原因は、ソフトウェアの読みやすさ、書き換えやすさ、移植のしやすさにあると思う。そして、これらの特徴は、Unix を高水準言語で書いたことによって得られたものだ。」 その頃でも、

PDP-11に向かうKen（座っている）とDennis（立っている）。1972年撮影。

これは他人に認めさせなければならないポイントだったのだ

　Unixが初めて一般の目にさらされたのは、1974年にCommunications of the ACMに掲載された論文 [Ritchie-Thompson]（http://cm.bell-labs.com/cm/cs/who/dmr/cacm.html）によってだった。彼らは、論文のなかで、前例のない単純な設計について述べ、Unixの稼動システムが600以上あることを報告した。それらのシステムは、すべて当時の標準から考えても非力なマシンで動いていたものだったが、RitchieとThompsonが書いているように、「制約のおかげで、効率を上げられただけではなく、設計にある種のエレガントさを導入することができた」。

　CACM論文の発表後、世界中の大学や研究機関がUnixを試したいといって殺到した。しかし、AT&T（Bell Labsの親会社）は、1958年の反トラスト法違反事件についての同意判決において、コンピュータ産業への参入を禁止されていたので、Unixを製品化することは不可能だった。それどころか、同意判決によれば、Bell Labsは、電話と関係のない技術については、開示を要求するすべての人に使用を認めなければならなかった。Ken Thompsonは、テープやディスクパックを送って静かに要求に応え始めた。伝説によれば、1つ1つに「love, ken」というサインが付けられていたという。

　これは、パーソナルコンピュータが登場する以前の時代の話だ。Unixを実行できるハードウェアは非常に高価で、個人の手の届くところにはなかったし、ほんのわずかあとにその状況が変わるとはだれも思っていなかった。だから、企業、大学、政府機関など、大きな予算を持つ大きな組織の力がなければ、Unixマシンに触れることはできなかった。しかし、Unixを動かしているミニコンピュータの利用は、より大きいメインフレームと比べれば厳しく規制されて

いなかった。そこで、Unix 関連の開発は、すぐにカウンタカルチャー的な色彩を帯びるようになった。時代は 1970 年代の始めだった。開拓者的な Unix プログラマたちは、長髪のヒッピーやヒッピー志願者だった。彼らは、コンピュータ科学の最先端に挑む機会を与えてくれるだけではなく、メインフレームを支える技術的な前提条件やビジネス慣行を全部ひっくり返したオペレーティングシステムで遊ぶことに夢中になった。カードパンチ、COBOL、ビジネススーツ、IBM のバッチメインフレームは、唾棄すべき旧弊だった。Unix ハッカーは、未来を築くとともに、システムの世界をひっくり返すという感覚に酔いしれたのだ。

当時の興奮は、Douglas Comer の次のことばにみごとに描き出されている。「多くの大学が UNIX の開発に貢献した。トロント大学では、学部が 200dpi のプリンタ/プロッタを購入し、そのプリンタを使って写植機をシミュレートするソフトウェアを開発した。エール大学では、コンピュータ科学者たちと学生たちとで UNIX シェルを改造した。パーデュー大学では、電子工学部が、従来よりも多くのユーザーをサポートできる UNIX バージョンを作って、パフォーマンスを向上させた。パーデュー大学は、最初の UNIX ネットワークの１つも作っている。カリフォルニア大学バークレー校では、学生たちが新しいシェルと無数の小ユーティリティを開発した。Bell Labs が Version 7 UNIX をリリースした 1970 年代末までに、UNIX が多くの学部の問題を解決することははっきりしており、UNIX は大学で生まれた多くのアイデアを取り込んだ。その結果、非常に強化されたシステムが作り上げられた。大量のアイデアが大学から企業内研究所に流れ、企業内研究所から大学に還流し、さらに次第に増えていく商用サイトに流れ込むという新しいサイクルが生まれた。」[Comer]

今の Unix プログラマからも全貌がつかめるような最初の Unix は、1979 年にリリースされた Version 7 である[3]。最初の Unix ユーザーグループは、その前の年に結成された。その頃までに、Unix は Bell Systems 全社の業務サポートに使われていたし、オーストラリアの大学にまで普及していた。1976 年にオーストラリアの John Lions が書いた Version 6 ソースコードについてのコメント［Lions］は、Unix カーネルの内部構造について初めて本格的に論じたドキュメントとなった。古くからの Unix ハッカーの多くは、今でもそのコピーを大切に持っている。

> **Lions 本は、地下出版界でセンセーションを巻き起こした。著作権問題か何かの都合で、この本はアメリカでは出版できなかったので、あちこちにコピーのコピーが出回った。私は少なくとも 5 回以上コピーされたコピーを今も持っている。当時は、Lions がなければカーネルハッカーにはなれなかったのだ。**
>
> ── Ken Arnold

Unix 産業の始まりも同じ頃だった。最初の Unix 企業（the Santa Cruz Operation、SCO）は、1978 年に営業を開始し、最初の市販 C コンパイラ（Whitesmiths）も同じ年に発売された。1980 年までには、シアトルの無名のソフトウェア会社（Microsoft）も Unix 市場に参入し、AT&T

---

3. Version 7 のマニュアルは、http://plan9.bell-labs.com/7thEdMan/index.html で見られる。

バージョンのマイクロコンピュータポートとして XENIX なる商品を販売していた。しかし、Microsoft の商品としての Unix に対する愛情は、長く続かなかった（もっとも、1990 年以降のある時点まで、Unix は Microsoft の社内開発業務の大半で使われ続けていた）。

2.1.3 TCP/IP と Unix 戦争：1980-1990

　カリフォルニア大学のバークレーキャンパスは、大学における Unix 開発の最重要スポットとして早い段階から頭角を現していた。バークレーの Unix 研究は 1974 年に始まっており、Ken Thompson が 1975 年から 76 年にかけての休暇に同校で教鞭をとったことにより、大きく弾みがついた。最初の BSD は、当時は無名の大学院生、Bill Joy が率いる研究所によって 1977 年にリリースされた。1980 年までに、バークレーは、それぞれの Unix を積極的に開発していた大学のサブネットワークのハブ的な存在になっていた。バークレー Unix のアイデアとコード（vi(1) エディタを含む）は、バークレーから Bell Labs にフィードバックされていた。

　その後、1980 年に DARPA（Defense Advanced Research Projects Agency）が、VAX 上の Unix で動作する新しい TCP/IP プロトコルスタックを実装する開発チームを必要とするようになった。当時 ARPANET を支えていた PDP-10 は古臭くなっており、DEC が VAX をサポートするために PDP-10 の製造中止を余儀なくされるという空気はすでに漂っていた。DARPA は、TCP/IP の実装について、DEC と契約することを検討したが、DEC がプロプライエタリな[*4] VAX/VMS オペレーティングシステムの変更に消極的になることを恐れ、この案は却下された［Libes-Ressler］。DARPA は、ソースコードが公開されていて制約がないという理由から、プラットフォームとしてバークレー Unix を選んだ［Leonard］。

　バークレーコンピュータ科学研究グループは、最強の開発ツールを揃え、ちょうどよいタイミングにちょうどよい位置にいた。その結果、誕生以来の Unix の歴史のなかでもっとも重要な転換点が到来した。

　1983 年に BSD 4.2 とともに TCP/IP 実装がリリースされるまで、Unix のネットワークサポートはごく貧弱なものでしかなかった。イーサネットを使った初期の実験は成功しなかった。Bell Labs では、旧来の電話回線とモデムでソフトウェアを配布するための UUCP（Unix to Unix Copy Program）という一応動作するものの醜悪なネットワーク機能が開発されていた[*5]。UUCP は、遠く離れたマシンの間で Unix メールを転送でき、1981 年に Usenet が開発されてからは、Usenet をサポートすることができた。Usenet とは、電話回線と Unix システムがあるあらゆる場所にテキストメッセージをブロードキャストできる分散掲示板機能である。

　とはいえ、ARPANET の明るい光があることを知っていた少数の Unix ユーザーたちは、自分たちが沈滞した場所にいることを感じていた。FTP も telnet もリモートジョブ実行のかけ

---

4. 訳注：1 章でも触れたが、企業などが権利を独占的に所有しているソフトウェアをプロプライエタリソフトウェアと呼ぶ。自由に利用したり書き換えたりすることができるオープンソースソフトウェアの反対語。
5. UUCP は、高速モデムが 300bps だった時代には、注目の機能だった。

らさえもなく、リンクは苦痛なほど遅かった。TCP/IP 以前は、インターネットと Unix 文化は融合していなかった。Dennis Ritchie の「密接なコミュニケーションを推し進める」手段としてのコンピュータというビジョンは、個々のタイムシェアリングマシンやコンピュータセンターを中心とした同僚たちのコミュニティを想定したもので、ARPA ユーザーが 1970 年代中頃から形成し始めた大陸横断の「分散ネットワーク国家」に広がるものではなかった。初期の ARPANET ユーザーたちからすれば、Unix とは、笑止物の弱小ハードウェアの上によろけるように立ったちゃちな当座しのぎのシステムに過ぎなかった。

しかし、TCP/IP 以降、すべてが変わった。ARPANET と Unix 文化は、その最先端で融合し始めた。TCP/IP は、最終的に両者を破滅から救うことになったのだ。しかし、2 つの関係のない災難のおかげで、初めて地獄を味わうことにもなった。それは、Microsoft の台頭と AT&T の企業分割である。

1981 年に Microsoft は、新しい IBM PC に関連して IBM と歴史的な契約を結んだ。Bill Gates は、Tim Paterson が 6 週間でやっつけた CP/M クローン、QDOS（Quick and Dirty Operating System）を Paterson が勤めていた Seattle Computer Products から買収していた。Gates は、Paterson と SCP に対して IBM との契約のことを隠しており、QDOS の権利をわずか 5 万ドルで手に入れた。さらに、IBM と交渉して、Microsoft が PC ハードウェアとは独立した形で MS-DOS を販売することも認めさせた。それから 10 年の間に、自分で書いたわけではないコードをてこに、Bill Gates は億万長者になり、最初の契約よりもさらにシャープになったビジネス戦略を駆使して、Microsoft はデスクトップコンピューティングの世界で独占的な支配権を確立した。製品としての XENIX は、すぐに葬り去られ、SCO に売却された。

当時、Microsoft がどれだけ成功するか（あるいはどれだけ破壊的な力を持つようになるか）は、まったくわからなかった。IBM PC-1 は、ハードウェアとして Unix を実行できるだけの能力を持っていなかったので、Unix の世界の人々は、その存在にほとんど気付かなかった（しかし、十分皮肉なことだが、DOS 2.0 は、Microsoft の共同設立者である Paul Allen がサブディレクトリやパイプといった Unix の機能を統合したことにより、CP/M をしのぐ存在に成り上がった）。

Sun Microsystems を設立した Bill Joy、Andreas Bechtolsheim、Vinod Khosla は、ネットワーク機能を組み込んだ夢の Unix マシンを作ろうとしていた。彼らは、スタンフォードで設計されたハードウェアとバークレーで開発された Unix を組み合わせて大成功を収め、ワークステーション産業を確立した。当時、Sun が自由奔放な起業家というよりも、旧来の企業のような行動をとって、Unix の 1 つの系統に対するソースコードアクセスが次第に困難になるだろうなどとは、だれも思っていなかった。バークレーは、まだソースコード付きで BSD を配布していた。System III のソースライセンスは、正式には 4 万ドルということになっていたが、Bell Labs は、自分のところの Unix テープが裏で流通していることに目をつぶっており、大学はまだ Bell Labs とコードのやり取りを続けていた。だから、Sun が Unix を商用化したのは、当時はまだよいことのように感じられたのだ。

1982年は、Cが初めてシステムプログラミング言語としてUnix以外の世界で評価を確立する兆候を示した年でもあった。マシンのアセンブリ言語がCによって駆逐され、ほとんど使われないようになるまで、わずか5年ほどしかかからなかった。1990年代初めまでに、CとC++は、システムプログラミングだけではなく、アプリケーションプログラミングでも支配的な地位を確立した。1990年代の終わりまでに、他の古くからのコンパイラ言語は、実質的に時代遅れになってしまった。

　1983年にDECがPDP-10の後継機種（Jupiter）の開発を中止すると同時に、Unixを実行するVAXは支配的なインターネットマシンとしての地位を築き始めた。VAX Unixは、Sunワークステーションに覆されるまで、この地位を保ち続けた。1985年までに、すべてのVAXのうちの約25%が、DECの強い反対にもかかわらず、Unixを実行していた。しかし、Jupiterの開発中止のもっとも長期的な影響は、それよりもずっとめだたないものだった。そして、PDP-10を中心とするMIT AI Labsのハッカー文化がとどめを刺されたことに心を痛めたRichard Stallmanというプログラマが、Unixの完全フリーなクローンであるGNUを書き始めたのだ。

　1983年までに、IBM-PC用のUnix風オペレーティングシステムは、6つもあった。uNETix、Venix、Coherent、QNX、IdrisとSritek PCドーターカードをホストとする移植版である。しかし、System VやBSDの移植版はまだなかった。どちらのグループも、8086マイクロプロセッサではパワーがあまりにも足りず、話にならないと考えていた。Unix風システムのなかで商業的に成功を収めたものはなかったが、大手ベンダーが供給していない安いハードウェアで動作するUnixの需要がかなりなものであることを示してはいた。ソースコードライセンスが4万ドルでは、手を出せる個人はいなかった。

　1983年に連邦法務省がAT&Tに対する2度目の反トラスト法裁判に勝ち、Bell Systemsを分割したときには、すでにSunは成功を収めていた（模倣者がすでにいたのだ！）。この企業分割とともに、AT&Tは、Unixの製品化を阻んできた1958年の同意判決からも解放された。AT&TはただちにUnix System Vの商用化に走り、Unixの息の根をほとんど止めてしまった。

> その通りだ。しかし、**AT&TがUnix**を売り出したことによって、確かに**Unix**は国際的に普及した。
>
> —— **Ken Thompson**

　Unixを支持するほとんどの人々は、AT&Tの分割は大きなニュースだと思った。私たちは、分割後のAT&TとSun Microsystems、Sunの模倣者たちが、健全なUnix産業の核になるものと考えた。そのUnix産業は、値段の安い68000ベースのワークステーションによって、コンピュータ産業の上に大きくのしかかっていた巨大な独占企業、IBMに挑戦し、最終的に打ち破ってくれるはずだった。

　当時、Unixを製品化することによって、初期のUnixの活力を生んできたソースコードの自由なやり取りが失われてしまうということに、私たちのだれもが気付いていなかった。ソフト

ウェアから収益を上げるためのモデルとしては秘密主義、市販製品を開発するためのモデルとしては中央集権主義しか知らなかった AT&T は、ソースコードの配布を厳しく禁止した。地下流通の Unix テープは、訴訟沙汰になるという脅威の前に、以前よりもずっと魅力のないものになってしまった。大学が発信する研究成果も枯渇し始めた。

事態をさらに悪くしたのは、Unix 市場の大きな新会社が、その直後に戦略的に大きなミスを犯したことだった。1 つは、製品の差別化によって利益を得ようとしたことである。これにより、異なる Unix のインターフェイスは、ばらばらになっていった。クロスプラットフォーム互換性が失われ、Unix 市場は細分化されてしまった。

もう 1 つの失敗は、もっと微妙なものだが、パーソナルコンピュータや Microsoft といったものが Unix の未来と無関係なものであるかのようにふるまってしまったことだ。Sun Microsystems は、日用品と化した PC が、必然的に下からワークステーション市場に攻撃をかけてくることを見落とした。ミニコンピュータとメインフレームに固執した AT&T は、コンピュータ業界の大手ベンダーとなるべく、さまざまな戦略を試したが、すべてぶざまに敗退した。PC 上で Unix をサポートするために、1 ダースもの小企業が生まれたが、これらはみな資本が足りず、開発者や技術者に売り込むことばかりを考え、Microsoft がターゲットとしていたビジネス、家庭市場を目指そうとしなかった。

それどころか、AT&T 分割から数年間の Unix コミュニティは、Unix 戦争の第 1 段階に没頭していたのだ。それは、System V Unix と BSD Unix の間の内部論争だ。論争には、さまざまなレベルがあり、技術的なもの（ソケット対ストリーム、tty 対 termio など）も文化的なものもあった。境目は、おおよそ長髪と短髪にあった。プログラマなどの技術系の人々は、バークレーと BSD を支持する傾向があり、よりビジネス指向の人々は AT&T と System V を支持した。長髪族は、10 年前の Unix 草創期からのテーマをくり返し、自らを企業帝国に対する反逆者として位置づけていた。ある小企業は、「BSD」のマークがついた X ウィング風のスペースファイターが、破壊され燃え上がる AT&T ロゴのデススターから飛び立つようすを描いたポスターを作っていた。このように、私たちは大事をよそに安逸にふけっていたのだ。

しかし、AT&T 分割の年には、Unix にとって長期的にも重要なあるできごとが発生していた。Larry Wall というプログラマ/言語学者が人知れず patch(1) ユーティリティを開発していたのだ。この patch プログラムは、diff(1) が生成した変更点をベースファイルに適用するという単純なツールだが、Unix プログラマたちが、コードファイル全体ではなく、パッチセット（コードに対する差分）だけをやり取りしながら共同作業を進められるようにするものだ。パッチは、ファイル全体と比べて小さいというだけではなく、パッチの送信者がコピーを取り出したあと、ベースファイルがかなり大きく変わっていても、かなりクリーンに適用できることが多いという点で、このツールは重要な意味を持っている。このツールがあれば、共通のソースコードベースから複数の流れが派生して、並行的に開発が進んでも、あとで両方を合流させることができる。patch プログラムは、インターネットを股にかけた共同開発を可能にするということについて、他のどのプログラムよりも大きな役割を果たした。1990 年以降の Unix が息

を吹き返したのは、このような共同開発の方法によってである。

　1985年に、Intelは最初の386チップをリリースした。386は、フラットアドレス空間で4Gバイトのメモリにアドレッシングできる。8086や286の不体裁なセグメントアドレッシングは、すぐに時代遅れになった。これは、メインストリームのIntelマイクロプロセッサが初めて苦しい妥協なしにUnixを実行できるようになったということであり、とても大きなニュースだった。逆に、Sunなどのワークステーションメーカーにとって、これは大きな災いの前兆だったが、彼らはそれを見落としてしまった。

　1985年は、Richard StallmanがGNUマニフェスト［Stallman］を発表し、Free Software Foundationを立ち上げた年でもある。彼や彼のGNUプロジェクトを真剣に受け止めた人はほとんどいなかったが、それは大きなまちがいだった。また、同じ年のまったく無関係な開発として、X Window Systemの開発者たちが、ロイヤリティ、制限、ライセンスコードなどを付けずにソースコードの形でX Windowをリリースするという事件もあった。この決断が直接功を奏し、X Windowは、Unixベンダー各社が共同作業を行える中立的な領域となり、プロプライエタリソフトウェアのライバルを打ち破って、Unixのグラフィックスエンジンとしての地位を確立した。

　1983年の/usr/group標準とともに、System VとバークレーAPIの差を埋めるための真剣な標準化作業も開始された。1985年には、IEEEが支援するPOSIX標準がそのあとを継いだ。これらの標準は、BSDとSVR3（System V Release 3）の共通部分を取り、より優れているバークレーのシグナル処理とジョブ制御、SVR3の端末制御を組み合わせている。その後のUnix標準は、どれも核としてPOSIXを組み込んでおり、これ以降のUnixはPOSIXに忠実に従っている。現在のUnixカーネルAPIにあとから追加された大きな機能としては、BSDソケットがあるだけだ。

　1986年に、patch(1)の開発者としてすでに登場したLarry Wallは、Perlの開発に着手した。Perlは最初の、そしてもっとも広く使われているオープンソーススクリプト言語に成長した。1987年の始めには、GNU Cコンパイラの最初のバージョンが登場し、1987年末までに、GNUツールセットの核となる部分、すなわちエディタ、コンパイラ、デバッガ、その他の基本開発ツールが揃った。一方、X Window Systemも、比較的安いワークステーションに搭載されるようになり始めた。これらはともに、1990年代のオープンソースUnix開発の武器となった。

　1986年は、PCテクノロジがIBMから自由になった年でもあった。IBMは、依然として製品ラインアップを通じた価格対パワーの曲線を維持しようと努めており、マージンの高いメインフレーム業務を重視していた。そのため、新しいPS/2コンピュータの製品ラインアップの大半で286を採用し、386を排除した。PS/2シリーズは、クローンメーカーを締め出すために、プロプライエタリなバスアーキテクチャを中心として設計されていたが、手痛い失敗となった[*6]。

---

6. しかし、PS/2は、その後のPCに1つの影響を残した。PS/2は、マウスを標準の周辺機器にしたのである。コンピュータの背面のマウスコネクタがPS/2ポートと呼ばれるのは、そのためだ。

クローンメーカーのなかでももっとも攻撃的な Compaq は、最初の 386 マシンをリリースして IBM の動きに勝利した。たったの 16MHz というクロックスピードでも、386 は Unix マシンとして耐えられるものを作ることができた。386 は、話題にできる最初の PC だった。

Stallman の GNU プロジェクトと 386 マシンを組み合わせれば、当時のあらゆるメーカーが提供していたマシンと比べて桁違いに安い Unix ワークステーションを作ることができるようになった。しかし、おもしろいことに、これを深く考えた人はいなかったようだ。ほとんどの Unix プログラマは、ミニコンピュータやワークステーションの世界から来た人々であり、よりエレガントな 68000 ベースの設計を好み、安い 80x86 マシンを軽蔑し続けた。そして、多くのプログラマが GNU プロジェクトに協力していたにも関わらず、Unix の世界の人々の間では、GNU は近い将来に現実的な成果を生み出せそうにない、ドン・キホーテ的な活動と見なされがちだった。

Unix コミュニティが反逆者的な傾向を失ったことはないが、後から考えると、私たちは IBM や AT&T と同じくらい、すぐ先に迫った将来に対する見通しを欠いていたと思う。数年前にプロプライエタリソフトウェアと戦う十字軍を宣言していた Richard Stallman でさえ、Unix の製品化が Unix コミュニティにどれだけひどいダメージを与えていたかを本当に理解できていなかった。彼が示した懸念はより抽象的で長期的な問題だった。彼以外の人々は、なんらかの巧みな企業戦略によって、Unix の分裂、悲惨な販売実績、戦略のぶれといった問題がうまい具合に解決され、AT&T 分割以前の Unix の約束が回復されることを期待していた。しかし、このあとにもっと悪い流れがやってきたのだ。

1988 年は、Ken Olsen（DEC の CEO）が Unix を「ガマの油」にたとえたことで有名な年だ。DEC は、1982 年以来、PDP-11 で動作する自社バージョンの Unix をリリースしてきたが、本当に売り込みたいのは、プロプライエタリな VMS オペレーティングシステムのほうだった。DEC を始めとするミニコンピュータ業界は、Sun Microsystems などのワークステーションベンダーが作った強力で安いマシンの波に飲み込まれ、苦境に立っていた。これらのワークステーションの大半は、Unix を動かしていた。

しかし、Unix 産業自体の問題がより深刻になってきていた。1988 年に、AT&T は Sun Microsystems の株式の 20%を取得した。Unix 業界をリードするこれら 2 社は、PC、IBM、Microsoft の脅威にようやく目覚め、それまでの 5 年間の消耗戦がほとんど何ももたらさなかったことに気付き始めた。AT&T と Sun の同盟と POSIX を中心とする技術標準の開発により、System V と BSD Unix の裂け目は最終的にふさがった。しかし、IBM、DEC、Hewlett-Packard などの 2 番手グループのベンダーが OSF（Open Software Foundation）を結成し、AT&T/Sun 枢軸（Unix International によって代表される）に対抗する構えを示すと、Unix 戦争の第二幕が切って落とされた。その後も、Unix 対 Unix の戦いが続いた。

一方、Microsoft は、抗争中の Unix グループが手を付けようとしたことのない家庭、小企業市場で数十億の売り上げを上げていた。1990 年にリリースされた Windows 3.0 は、Redmond が出した最初の成功したグラフィカルオペレーティングシステムで、これが Microsoft の支配

を確実なものにした。また、Microsoftが1990年代のデスクトップアプリケーション市場を支配し、独占する条件を作り出した。

1989年から1993年までの間は、Unixの歴史のなかの暗黒時代だ。当時は、Unixコミュニティのすべての夢が破れたように感じたものだ。血で血を洗う内部抗争のために、プロプライエタリUnixの業界は、Microsoftに挑戦する意志も能力もないつまらないものに弱体化した。ほとんどのUnixプログラマが好んだエレガントなMotorolaチップは、Intelの醜いが安いプロセッサに道を譲った。GNUプロジェクトは、1985年以来約束してきたフリーなUnixカーネルの開発に失敗し、何年も言い訳を繰り返すうちに、その信用は下がり始めた。PCテクノロジは、休みなく企業化されていった。1970年代の開拓者的なUnixハッカーたちは、中年にさしかかり、衰えてきた。ハードウェアは安くなってきたが、Unixはまだ高すぎた。私たちは遅まきながら、Microsoftの新しい独占がIBMの古い独占に取って代わったこと、Microsoftのひどいソフトウェアが満ちてくる汚水のように私たちのまわりを取り囲んでいることに気付いた。

2.1.4 帝国への反撃：1991-1995

暗闇のなかに初めて一筋の光が射したのは、1990年にWilliam Jolitzが386ボックスにBSDを移植したときだった。この仕事は、1991年から雑誌の連載記事として公開された。386BSDの移植作業が可能になったのは、Stallmanの影響を部分的に受けたバークレーのハッカー、Keith Bosticが、1988年にBSDのソースからAT&Tのプロプライエタリコードを取り除く作業を始めたからである。しかし、386BSDプロジェクトは、1991年の終わりにJolitzがプロジェクトから離れて自らの仕事を叩き壊すに及んで、深刻な打撃を受けた。このことについては矛盾した説明がされているが、それらすべてに共通するのは、Jolitzが制約のないソースとしてコードをリリースすることを望んだのに、プロジェクトのスポンサーがよりプロプライエタリなライセンスモデルを選択したため、Jolitzが逆上したということだ。

1991年8月には、フィンランド出身の当時無名の大学生だったLinus TorvaldsがLinuxプロジェクトを発表した。Torvaldsの開発動機は、大学のSun Unixの値段の高さにあったといわれている。Torvaldsはまた、BSDプロジェクトのことを知っていれば、自分のプロジェクトを立ち上げたりせずに、それに参加していたはずだともいっている。しかし、386BSDがリリースされたのは、Linuxの最初のリリースから数か月後の1992年始めだった。

これら2つのプロジェクトの重要性は、あとから振り返ってようやく明らかになったに過ぎない。当時は、インターネットのハッカー文化のなかでさえ、これらのプロジェクトはほとんど注目されなかった。PCよりも能力の高いマシンへのこだわりをまだ捨てず、ソフトウェアビジネスの伝統的なプロプライエタリモデルに何とかしてUnixの特別な性質を合わせていこうと悪戦苦闘していたより広いUnixコミュニティではなおさら注目などされなかった。

LinuxとオープンソースBSDの本当の重要性が、Unixコミュニティ全体に明らかになるためには、それから2年の時間と1993年から1994年にかけてのインターネットの爆発的流行が

必要だった。BSD 陣営にとって不幸だったのは、AT&T が BSDI（Jolitz の移植作業を支援した新興企業）に対して起こした訴訟に、その間のかなりの時間を取られてしまい、バークレーの重要な開発者数人が Linux に転向してしまったことだ。

> コードがコピーされ、企業秘密が盗まれたという主張だったが、実際に問題になるコードが見つかるまでにはほとんど 2 年もの時間がかかった。訴訟はもっと長期化する可能性があったが、**Novell** が **AT&T** から **USL** を買収し、和解を望んだのだ。結局、ディストリビューションを構成する 18000 個のファイルから 3 個のファイルが取り除かれ、他のファイルにはいくつかの小さな変更が加えられることになった。また、バークレーは、自由な再配布が引き続き認められるという条件のもとで、約 70 個のファイルに **USL** の著作権を認めることに同意した。
>
> —— **Marshall Kirk McKusick**

　この和解は、動作する Unix 全体をプロプライエタリモデルから解放するという重要な先例を作ったが、BSD 自体に対する影響は破壊的なものだった。1992 年から 1994 年にバークレーのコンピュータ科学研究グループが閉鎖されても、事態は改善されなかった。BSD コミュニティ内部の内部闘争のために、コミュニティは 3 つの競合する開発グループに分裂してしまった。その結果、BSD は Linux に大きく遅れを取り、Unix コミュニティのトップの座を譲ることになった。

　Linux と BSD の開発作業は、以前の Unix とは異なり、インターネットを本拠とするものだった。これらの開発は分散開発と Larry Wall の patch(1) ツールによって進められ、開発者は電子メールや Usenet のニュースグループで集められた。そのため、1993 年に、遠距離通信テクノロジの変化とインターネットバックボーンの民営化というここで扱っている Unix の歴史とは無関係な方面での理由からインターネットサービスプロバイダというビジネスが普及し始めると、2 つの技術は爆発的に成長した。安いインターネットの需要は、別のところで作られたのである。それは、1991 年に開発された World Wide Web だ。Web はインターネットの「キラーアプリケーション」であり、グラフィカルユーザーインターフェイステクノロジは非技術指向の膨大なエンドユーザーを Web に夢中にさせた。

　インターネットの大衆消費市場が成立したことにより、潜在開発者のプールは拡大し、分散開発のトランザクションコストは下がった。その成果は、XFree86 のようなプロジェクトに影響を残している。XFree86 は、インターネット中心モデルを使って公式の X コンソーシアムよりも力のある開発組織を作り上げた。1992 年にリリースされた最初の XFree86 は、Linux と BSD にそれまで欠けていたグラフィカルユーザーインターフェイスエンジンを提供した。それから 10 年間に渡って、XFree86 は X 開発をリードし、X コンソーシアムの活動のかなりの部分は、XFree86 コミュニティで生まれた技術革新を集め、コンソーシアムのスポンサーに還元していく作業に費やされるようになった。

　1993 年末までに、Linux はインターネット機能と X の両方を持っていた。GNU ツールキット

は最初からLinuxに搭載されており、高品質の開発ツールが整っていた。Linuxは、GNUツールだけではなく、過去20年間に十数種のプロプライエタリUnixプラットフォームにばら撒かれていたオープンソースソフトウェアを集めるプールのようになっていった。Linuxカーネルは、当時まだβ版だったが（0.99レベル）、驚くほどクラッシュを起こさなかった。Linuxディストリビューションに含まれるソフトウェアの幅の広さと品質は、すでに製品として出せるオペレーティングシステムの水準に達していた。

古いUnixプログラマのなかでも思考に柔軟性のあるごく一部の人々は、だれもが使える安いUnixシステムという昔からの夢が予想外の方向からやってきたことに気付いた。それを実現したのは、AT&TやSunやその他のベンダーではなく、大学の組織的な研究活動でもなかった。Unixの伝統に含まれるさまざまな要素を驚くべき形で流用し、組み合わせ直して、インターネットから自然発生的に浮かび上がってきたブリコラージュがそれだった。

それをよそに、企業の策略的な行動は続いていた。AT&Tは、1992年にSunへの投資を引き上げた。そして、1993年にUnix Systems Laboratoriesを Novellに売却した。Novellは、1994年にX/Open標準グループにUnixの商標を譲った。AT&TとNovellは1994年にOSFに参加し、ついにUnix戦争に終止符が打たれた。1995年には、SCOがNovellからUnixWare（およびオリジナルUnixのソースコードの権利）を購入した。1996年には、X/OpenとOSFが合併し、1つの巨大なUnix標準グループが作られた。

しかし、古くからのUnixベンダーと彼らの内部抗争の残骸は、次第にどうでもよいものに感じられるようになってきた。Unixコミュニティの活動とエネルギーは、Linux、BSDとオープンソースの開発者たちにシフトしてきた。IBM、Intel、SCOが1998年にMontereyプロジェクト（残されたすべてのプロプライエタリUnixを統合して1つの大きなシステムを作ろうとする最後の試み）を発表したときのプログラマや業界紙の反応は、「へー、そうなの」というものでしかなかった。そして、このプロジェクトは3年間さまよったあげく、2001年に中止された。

2000年にSCOがLinuxディストリビュータであるCalderaにUnixWareとオリジナルのUnixソースコードベースを売却するまで、業界のシフトが完了したとはいえないかもしれない。しかし、1995年以降は、Unixの歴史はオープンソース運動の歴史になった。そして、この歴史にはもう1つの側面がある。その部分を語るためには、1961年に遡り、インターネットハッカー文化の起源を見ておく必要がある。

2.2 ハッカーの起源と歴史：1961–1995

Unixの伝統は、単なる技術的なトリックを集めた以上のものを伝えてきた明示されない文化だ。Unixの伝統は、美と優れた設計についての価値観を発信し、伝説や英雄を抱えている。これと絡み合うような関係を持つもう1つの明示されない文化は、きっぱりと名指しするのが難

しい。この伝統は独自の価値観と伝説と英雄を抱えており、その一部は Unix の伝統と重なり合うが、他の源を持つ部分もある。それは「ハッカー文化」と呼ばれることが多く、1998年以降は、コンピュータ業界紙が「オープンソース運動」と呼ぶものとほぼ重なり合っている。

Unix の伝統とハッカー文化とオープンソース運動の関係は、微妙で複雑だ。これら3つの暗黙の文化が同じ人物の行動のなかに体現されていることが多いからといって、単純化することはできない。しかし、1990年以降の Unix の歴史は、主としてオープンソースハッカーたちがルールを変え、旧来のプロプライエタリ Unix のベンダーが握ってきた主導権を奪い取ってきた歴史だといえる。だから、今日の Unix の伝統を支えるもう半分は、ハッカーの歴史だということができる。

2.2.1 象牙の塔のなかでの遊び：1961-1980

ハッカー文化の起源は、最初の PDP-1 ミニコンピュータが MIT に設置された1961年に遡ることができる。PDP-1 は、もっとも早い段階の対話的コンピュータの1つで、当時の他のマシンと比べれば安かったので、計算時間を厳格にスケジューリングする必要がなかった。PDP-1 は、TMRC（テック鉄道模型クラブ）の好奇心の強い学生たちを引き付けた。彼らは、楽しむという精神で PDP-1 を試した。Hackers: Heroes of the Computer Revolution [Levy] は、TMRC の初期の時代をおもしろく描いている。彼らが達成したもののなかでもっとも有名なのは、E.E. "Doc" Smith のレンズマンシリーズに触発された宇宙船のバトルゲームである SPACEWAR だ[7]。

TMRC メンバーの一部は、その後 MIT Artificial Intelligence Lab の中心メンバーとなる。AI Lab は、1960年代から70年代にかけて、コンピュータ科学の最先端を切り開く世界センターの1つとなった。彼らは、念の入った（しかし害のない）悪ふざけを「ハック」と呼ぶことなど、TMRC のスラングや仲間内のジョークを AI Lab に持ち込んだ。自分のことを「ハッカー」と呼んだ最初の人々は、AI Lab のプログラマだと思われる。

1969年以降の MIT AI Lab は、スタンフォード、ボルト・ベラネク・アンド・ニューマン、カーネギー・メロンなど、その他の優れたコンピュータ科学研究所と初期の ARPANET によって結ばれた。研究者、学生たちは、高速ネットワークアクセスが距離の壁を破る感覚を初めて味わった。近くにいるがネットで接続されていない同僚よりも、遠く離れているネット上の人々とのほうが、共同作業が簡単に進められ、友情を育みやすいのだ。

実験的な ARPANET リンクの上では、ソフトウェア、アイデア、スラング、大量のジョークが飛び交った。ある種の共通文化が形成され始めた。もっとも早い段階からもっとも長く続いたのは、ジャーゴンファイルだ。これは、1973年にスタンフォードで始まった共通スラング用

---

7. SPACEWAR は、どちらも SF ファンに好評だったということを除けば、Ken Thompson の Space Travel ゲームとは無関係である。

語集で、1976年以降はMITで何度か改訂されている。改訂の過程で、CMU、エールなど、他のARPANETサイトのスラングも集められていった。

　技術的には、初期のハッカー文化は、PDP-10ミニコンピュータのもとで育まれていった。彼らは、TOPS-10、TOPS-20、Multics、ITS、SAILなど、歴史に登場したありとあらゆるオペレーティングシステムを使っていた。プログラミングに使ったのは、アセンブラとLispの方言である。PDP-10ハッカーは、だれも職に就こうとしなかったので、ARPANETを動かすこと自体を仕事とした。その後、彼らはIETF（Internet Engineering Task Force）の設立時以来の幹部になり、RFC（Requests For Comment）による標準化の伝統を築いた。

　社会的には、彼らは若く、例外的に優秀な頭脳を持ち、ほぼ全員男で、中毒と表現されるところまでプログラミングに耽溺しており、一般社会の規範に頑固なまでに抵抗する傾向を持っていた。その後、「ギーク」と呼ばれるようになった特徴である。彼らはまた、長髪のヒッピーやヒッピー志願者でもあった。彼らはRobert HeinleinやJ. R. R. Tolkienを読み、創造的アナクロニズム協会で遊び、駄洒落に弱いという傾向も持っていた。癖の強いところはあったが（あるいは癖が強いからこそ）、彼らの多くは世界でもっとも優秀なプログラマだった。

　彼らはUnixプログラマではなかった。初期のUnixコミュニティは、大学、政府機関、民間研究機関の同じギークの集合から形成されていたが、2つの文化は大きなところで異なっていた。1つは、すでに触れたように、初期のUnixがネットワークに弱かったことだ。1980年まではUnixベースのARPANETアクセスは実質的になかったし、両方の陣営に足を突っ込んでいる個人は少なかった。

　共同開発とソースコードの共有は、Unixプログラマにとっては価値のある戦略だった。しかし、初期のARPANETハッカーにとっては、戦略以上のものだった。それは、ハッカーの間で共有された信仰のようなものであり、その起源の一部は大学の「Publish or Perish」（論文を書かない者は滅びよ）の圧力にあるが、極端な場合はネットワークコミュニティに対してシャルダン主義的な理想主義を育むところまで進んだ。このようなハッカーのなかでもっとも有名なRichard M. Stallmanは、この宗教の苦行僧にして聖者という存在になった。

2.2.2 インターネットによる融合とフリーソフトウェア運動：1981-1991

　1983年にTCP/IPがBSDに移植されると、UnixとARPANETの文化は互いに融合し始めた。2つの文化は同じ種類の人々から構成されていたので（それどころか、わずかながら重要な同一人物も含まれていた）、通信リンクができれば融合は自然な発展だった。ARPANETハッカーたちは、Cを学び、パイプ、フィルタ、シェルといった専門用語を使い始めた。Unixプログラマたちは、TCP/IPを学び、互いを「ハッカー」と呼び始めるようになった。1983年にJupiterプロジェクトが中止になり、PDP-10の未来がなくなると、融合の過程は加速された。1987年までに、2つの文化は完璧に1つに混ざり合い、ほとんどのハッカーはCでプログラミングしつつ、25年前にTMRCで使われていたスラングを普通に口にするようになった。

（1979 年には、私は Unix と ARPANET の両方の文化と密接に結ばれているという点で、非常にめずらしい存在だった。しかし、1991 年に、古い ARPANET ジャーゴンファイルを New Hacker's Dictionary [Raymond96] に発展させた頃には、2 つの文化は 1 つになっていた。ジャーゴンファイルは ARPANET で生まれたが、Usenet で改訂されており、融合の象徴ということができる。）

しかし、1980 年以降のハッカー文化が ARPANET のルーツから受け継いだのは、TCP/IP ネットワークとスラングだけではなかった。Richard Stallman と Stallman のハッカー精神十字軍も獲得したのである。

Richard M. Stallman（ログイン名から広く RMS と呼ばれている）は、1970 年代末までに、もっとも有能なプログラマの 1 人として名声を確立していた。彼が作ったものの 1 つが Emacs エディタだった。RMS にとって、1983 年の Jupiter の開発中止は、MIT AI Lab 文化の崩壊にとどめを刺したできごとに過ぎなかった。それよりも数年前から、AI Lab のベストメンバーの多くは、競い合う Lisp マシンメーカーを助けるために AI Lab を去っていた。RMS は、ハッカーのエデンの園から追放されたように感じ、プロプライエタリソフトウェアを非難することを決意した。

1983 年に、Stallman は、完全にフリーなオペレーティングシステムを作ることを目指して、GNU プロジェクトを設立した。Stallman は Unix プログラマではなかったし、Unix プログラマになったこともなかったが、1980 年以降の条件のもとでは、Unix 風のオペレーティングシステムを実装することは、戦略として自明のことだったのだ。RMS の初期の協力者たちは、大半が新しく Unix の世界に入ってきた古くからの ARPANET ハッカーであり、コード共有の精神は、Unix 側の経歴を持つ人々よりも強かったのである。

RMS は、1985 年に GNU 宣言を発表した。彼はそのなかで、1980 年以前の ARPANET ハッカーの価値観に基づくイデオロギーを意識的に作り上げた。宣言には、新しい倫理政治学的主張、自立的で特徴的な議論、変革のための行動プランが揃っていた。RMS は、単一の革命的な目標を実現するために、1980 年以降のバラバラなハッカーコミュニティをつなぎ合わせ、団結力のある社会運動マシンを築こうとした。彼の行動や修辞法は、仕事から疎外されている工業プロレタリアートを結集しようとした Karl Marx の試みを半ば意識して真似ているところがある。

RMS の宣言は、今日のハッカー文化のなかでも依然として続けられている論争に火を付けた。彼の綱領は、コードベースを維持することを越えて、ソフトウェアにおける知的財産権を撤廃せよというところにまで達している。この目標を追求するために、RMS は「フリーソフトウェア」ということばを広めた。フリーソフトウェアは、ハッカー文化の産物に名前を付ける最初の試みでもあった。彼は、GPL（一般公衆利用許諾契約書）を書いたが、これは 16 章で検討する理由から、結集点にも論争の焦点にもなった。RMS の立場と Free Software Foundation (FSF) については、http://www.gnu.org でより深く学ぶことができる。

「フリーソフトウェア」ということばは、ハッカーの文化面でのアイデンティティを説明する

ことばでもあり、定義の試みでもある。ある水準では、このことばは成功を収めた。RMS 以前、ハッカー文化のなかにいた人々は、互いを旅の道連れとして認め、同じスラングを使っていたが、「ハッカー」とは何か、どうあるべきか、などということをわざわざ議論する者はいなかった。彼以降、ハッカー文化はずっと自覚的になった。価値観についての論争は、論争のごく普通のテーマになった（RMS の結論に反対する人々でも RMS の語法を使った）。カリスマ的で、極端な人物である RMS 自身、ハッカー文化におけるヒーローになってしまって、2000 年までに彼と彼の伝説は見分けがつかなくなってしまった。彼の横顔は、Free as in Freedom [Williams] がよく描いている。

　RMS の議論は、彼の理論に懐疑的な面を残していた多くのハッカーたちの行動にも影響を与えた。1987 年には、RMS は BSD Unix の管理をしていた人々を説得して、AT&T のプロプライエタリコードを取り除いて制限のないバージョンをリリースできるようにしようという気にさせた。しかし、RMS が 15 年以上も必死に努力してきたにもかかわらず、1980 年以降のハッカー文化が彼のイデオロギーのもとに統一されることはなかった。

　イデオロギー的な理由というよりも、実用的な理由から、秘密のないオープンで協力的な開発の価値を再発見するハッカーたちもいた。1980 年代後半、RMS が 9 階にオフィスを構えていた MIT のビルから目と鼻の先にある別のビルには、X 開発チームがいた。X 開発チームは、議論の末に、X Window System については、主導権争いや知的財産権問題を放棄し、すべての人が自由にアクセスできるようにするのが何よりもよい方法だという結論に達した Unix ベンダー数社の資金を受け入れていた。1987 年から 1988 年にかけて、X 開発は非常に大規模な分散コミュニティを想定していたが、これが 5 年後の Unix の最先端を大きく変えたのだ。

> **X** は、地球上のあちこちに散らばったさまざまな企業に属する個人たちの雑多なチームが開発した最初の大規模オープンソースプロジェクトの 1 つだった。電子メールのおかげで、アイデアはグループ内にすぐに浸透し、問題点はすぐに解決された。そして、個々人は自分にもっとも適した形でプロジェクトに貢献することができた。ソフトウェアの更新は数時間のうちに行き渡ったので、開発中、すべてのサイトは連携して行動することができた。ネットがソフトウェアの開発方法を変えたのだ。
>
> ── **Keith Packard**

　X の開発者たちは GNU マスタープランのパルチザンではなかったが、GNU のプランに強く反対していたわけでもなかった。1995 年以前、GNU プランに対するもっとも強い反対は、BSD 開発者が唱えていた。RMS の宣言よりも前から自由に再配布できて書き換えられるソフトウェアを書いていたことを覚えている BSD の人々は、GNU が歴史的、思想的な優越性を主張するのに反発した。彼らは、GPL よりもコードの再利用に対する制約の少ない BSD ライセンスのほうが「よりフリー」だとして、GPL の感染性のある「ウィルス的な」性質に強く反対した。

　FSF は完全なソフトウェアツールキットのほとんどの部分を作り上げたが、中心部を作ることができなかった。これが RMS の主張の浸透を阻んだ。GNU プロジェクトを立ち上げてから

10年たっても、まだGNUカーネルはなかった。EmacsやGCCなどの個々のツールがとてつもなく役に立つことはまちがいなかったが、カーネルなしのGNUでは、プロプライエタリUnixの牙城を脅かすことも、次第に深刻になっていったMicrosoft独占体制の問題に効果的な反撃を加えることもできなかった。

1995年以降、RMSのイデオロギーについての論争は、少し違った色合いを持つようになった。RMSへの反対論は、Linus Torvaldsとこの本の著者と密接な関係を持つようになったのである。

2.2.3 Linuxとプラグマティストの反応：1991-1998

HURD（GNUカーネル）の開発は立ち往生していたが、新しい可能性が開かれてきた。1990年代始め、安くて強力なPCと簡単なインターネットアクセスは、腕試しの機会を探していた新世代の若いプログラマを集めるえさとして非常に強力だった。FSFが書いたユーザースペースツールキットは、高価なプロプライエタリのソフトウェア開発ツールに縛られない方向があることを示唆した。イデオロギーは、前進をリードするものではなく、経済に追随していった。新人の一部は、RMSの十字軍に加わり、旗印としてGPLを受け入れた。別の一部は、全体としてのUnixの伝統に忠実に、反GPL陣営に加わった。しかし、ほとんどの者は、論争を暇つぶしと割り切ってコードを書いていた。

Linus Torvaldsは、自ら開発したLinuxカーネルのまわりをGNUツールキットで固め、GPLの伝染的な性質を使ってLinuxカーネルを守ったが、RMSのライセンスにくっついてくるイデオロギー綱領を拒絶するという形で、GPLと反GPLの両方の陣地に巧みに足を突っ込んでいた。彼は、一般にフリーソフトウェアのほうが優れていると思うが、時にはプロプライエタリプログラムを使うこともあるということを公言していた。RMSのレトリックに居心地の悪さを感じていたものの、それ以上にはっきりした意見がなく、その立場をはっきりと主張してくれるスポークスマンも持たなかった大多数のハッカーにとって、Torvaldsが、個人的な理由からとはいえ、GNUの熱狂から距離を置いたことは、とても魅力的に感じられた。

Torvaldsの陽気なプラグマティズムと卓越した存在ながら控え目なスタイルは、1993年から1997年にかけて、ハッカー文化に大きな勝利をもたらした。単に技術的な成功を生んだというだけではなく、Linuxオペレーティングシステムを核とするディストリビューション、サービス、サポート産業が生まれたのだ。その結果、彼の名声と影響力はうなぎ上りとなった。Torvaldsは、インターネット時代のヒーローになった。1995年までのわずか4年間で、彼はハッカー文化全体における重要人物になった。RMSは同じ名声を得るまでに15年もかかったのだ。そして、外の世界に「フリーソフトウェア」を売り込むということでは、Stallmanの記録を大きく更新している。Torvaldsの成功とは対照的に、RMSのレトリックは、耳障りでうまくいかないものに感じられるようになった。

1991年から1995年の間に、Linuxはバージョン0.1のプロトタイプカーネルを中心としたコンセプトの証明的なものから、機能面でもパフォーマンス面でもプロプライエタリUnixに匹敵するオペレーティングシステムに成長し、ダウンしないでいられる連続時間のような重要な数字でプロプライエタリシステムの大半に勝つところまできた。1995年に、Linuxは、WebサーバのApacheというキラーアプリケーションを手に入れた。Apacheは、Linuxと同様に非常に安定していて効率的だった。Apacheを実行するLinuxマシンは、世界中のISPが選ぶプラットフォームとして急速に地位を確立した。Apacheは、プロプライエタリの2大ライバルをやすやすと抜き去って、Webサイトの約60%を掌握している[8]。

Torvaldsが提供しなかったものは、新しいイデオロギーだった。つまり、ハッキングの新しい原理や発生神話、RMSの知的財産への敵対に代わってハッカー文化内外の人々を引き付ける新しい綱領がなかったのだ。1997年、Linuxの開発がその前数年の混乱のために崩壊してしまわなかった理由を考えるうちに、私はその欠落をたまたま埋めることができた。このときに発表した技術的な結論［Raymond01］は、19章で要約して示すことになるだろう。歴史のスケッチを描いているこの位置では、最初の論文の中心公式、「十分多くの目があれば、すべてのバグは消えていく」の衝撃について触れておけば十分だ。

この見解は、ハッカー文化に属するだれもがそれまでの四半世紀の間に本気で信じようとしなかったことを述べようとしている。つまり、ハッカー方式は、プロプライエタリなライバルのコードと比べて単にエレガントだというだけでなく、より信頼性が高く優れたソフトウェアを作れるということである。この結論は、「フリーソフトウェア」理論に対する直接の反論というTorvalds自身は決して試みなかったものにたまたま重なるものだった。ほとんどのハッカーとほぼすべての非ハッカーにとって、「すべてのソフトウェアはフリーでなければならないので、フリーソフトウェアなのだ」というよりも、「そのほうが優れているので、フリーソフトウェアなのだ」というほうが納得できるのだ。

私の論文では、「伽藍」（中央集権的で、クローズで、管理されていて、秘密）と「バザール」（権限が集中しておらず、オープンで、ピアレビュー指向）として開発の方法を対照的に描いたが、それが新しい思考の中心的なメタファーになった。これは、ある重要な意味で、AT&T分割以前のUnixのルーツに単純に戻るということだ。McIlroyが1991年に1970年代始めのUnix開発における「仲間からのプレッシャー」のプラス効果について述べたことや、Dennis Ritchieが1979年に「協力関係」について述べたことの延長である。それが、初期のARPANETのピアレビューの伝統と精神の分散コミュニティについての理想主義によってさらに豊かに育ったのだ。

1998年始め、この新しい考え方の後押しもあって、Netscape Communicationsは、Mozillaブラウザのソースコードを広く開放した。この事件をめぐるマスコミの注目のおかげで、Linuxはウォール街に登場することになり、1999年から2001年にかけてIT株が人気を集めることに

---

8. 現在および過去のWebサーバのシェアは、毎月更新のNetcraft Web Server Survey（http://www.netcraft.com/survey/）で調べられる。

もなった。そして、ハッカー文化と Unix の両方の歴史にとって、大きな転換点となったのである。

2.3 オープンソース運動：1998年から現在まで

　1998年の Mozilla 開放までのハッカーコミュニティは、Richard Stallman のフリーソフトウェア運動、Linux コミュニティ、Perl コミュニティ、Apache コミュニティ、BSD コミュニティ、X 開発者、IETF、その他十数種のグループ、種族の緩やかな連合体ということができただろう。これらのグループは重なり合う部分を持っており、個々のプログラマは、2つ以上のグループに親近感を持っていることが多い。

　こういったグループは、維持している特定のコードベース、1人以上のカリスマ的影響力を持つリーダー、言語や開発ツール、特定のソフトウェアライセンス、技術標準、インフラストラクチャの一部の管理グループなどといったものを核に形成される。グループの評価は、市場でのシェアや人気といったよく見える要因だけではなく、息の長さや歴史的な貢献度といったものによっても左右される。そこで、これらのグループのなかでもっとも広く尊敬を集めているのは、IETF になるのではないか。IETF の歴史は、1969年の ARPANET のスタートまで遡ることができる。BSD コミュニティも、インストール数からすると Linux に大きく遅れを取るが、1970年代末以来の伝統があるので、評価は高い。Stallman のフリーソフトウェア運動は、1980年代始めに遡ることができ、歴史的な貢献度が高く、日常的にもっとも多用されるいくつかのソフトウェアツールの管理者でもあるので、やはり上位に位置づけられることになるだろう。

　1995年以来、Linux はコミュニティの他のソフトウェアの大半を乗せられる統一プラットフォームとして、また一般的な認知度がもっとも高いハッカーのブランド名として、特別な役割を担ってきた。Linux コミュニティは、他の小グループを吸収する傾向を示してきた。この点については特に、プロプライエタリ Unix と結び付いていたハッカーグループの吸収が目に付くところだ。かくして、全体としてのハッカー文化は、ある共通の使命を帯び始めるようになった。つまり、Linux とバザール開発モデルをできる限り推進していくことだ。

　1980年以降のハッカー文化は Unix に深く根ざしたものになったので、この新しいミッションは、Unix の伝統の勝利ということもできる。多くのハッカーコミュニティの年長のリーダーたちは、古くからの Unix プログラマでもあり、1980年代の AT&T 分割以降の内戦の傷跡を生々しく残している。彼らは、初期の時代の Unix が育んだ反逆の夢をついに実現する希望の星として Linux を支援している。

　Mozilla の開放は、より密度の濃い議論を助けた。1998年3月には、ほぼすべての大グループを代表する影響力の強いリーダーたちを集めて、前代未聞の頂上会議が開かれ、共通目標と戦略が議論された。この会議は、すべてのグループを貫く共通開発メソッドとして新しいラベ

ルを採用した。すなわち、オープンソースである。

　6 か月以内に、ハッカーコミュニティに属するほぼすべてのグループが、新しい旗印としての「オープンソース」を受け入れた。IETF や BSD 開発者のような古いグループは、彼らがそれまでにしてきたことに対しても、回顧的にこのことばを使うようになった。実際、2000 年までに、オープンソースという合ことばは、ハッカー文化の現在の実践や将来に向けたプランを統一的に表現するだけではなく、過去に対する新たな見方を提供するものとしても機能するようになった。

　Netscape の発表の衝撃と Linux の新しい存在感は、Unix コミュニティとハッカー文化だけでは済まない影響を残した。1995 年始め、Microsoft の Windows という怪物に飲み込まれそうなさまざまなプラットフォーム（MacOS、Amiga、OS/2、DOS、CP/M、弱小のプロプライエタリ Unix、さまざまなメインフレーム、ミニコンピュータ、時代遅れになったマイクロコンピュータのオペレーティングシステム）に属するプログラマたちが、Sun Microsystems の Java 言語のまわりに集まった。不満を抱える Windows プログラマたちも、Microsoft から少なくとも名目的な独立性を保ちたいという思いから、このグループに参加した。しかし、Sun の Java の扱いは 14 章で見ていくように稚拙なもので、いくつかのレベルに分裂していた。多くの Java プログラマは、発生期のオープンソース運動に見出したものに共感を寄せ、以前に Netscape から Java に入ったのと同じように、Netscape から Linux とオープンソースに飛び込んでいった。

　オープンソースの活動家たちは、あらゆる方面からの移住者たちを歓迎した。古くからの Unix プログラマたちは、Microsoft の独占を単に受動的に耐え忍ぶだけではなく、Microsoft から大きな市場を奪い返すという夢を新しい移住者たちと共有し始めた。オープンソースコミュニティ全体が、メインストリームシステムの名誉を得るべく大攻勢に出る準備を整えた。また、Microsoft の固定化戦略がますます大胆不敵なものになっていくのにともない、業務の先行きに不安を隠せなくなってきた大企業との同盟も積極的に受け入れるようになっていった。

　ここに例外が 1 つある。Richard Stallman とフリーソフトウェア運動だ。「オープンソース」ということばは、Stallman が好む「フリーソフトウェア」の代わりに使えるイデオロギー的に中立的なことばを作ることを意図して作ったものだ。そうすることによって、BSD ハッカーのように反対派の歴史を持つ人々や GPL か反 GPL かの論争でどちらかの側に立つことを望まない人々も受け入れられるようになる。Stallman は、「オープンソース」の用語を受け入れる動きを見せたあと、彼の思考の中心を占める精神的な内容を表現できていないとして、受け入れを拒絶した。フリーソフトウェア運動は、それ以来、「オープンソース」との違いを強調し、2003 年のハッカー文化のなかで、もっとも大きな政治的亀裂を生じさせている。

　「オープンソース」という用語には、もう 1 つの（そしてもっと重要な）意図がある。それは、市場が受け入れやすく、あまり対決的ではないスタイルで、ハッカー文化以外の世界（特にビジネスのメインストリーム）にハッカーコミュニティの方法論を提示することだ。幸い、こちらのほうでは、無条件の成功を収めたといえる。そして、オープンソースを育んだ Unix の伝統への関心も、再び呼び起こされているのだ。

2.4 Unixの歴史が示す教訓

　Unixの歴史を大きなスケールで見ていくと、一定のパターンがある。オープンソースの実践にもっとも忠実に従っていたときには繁栄が得られたが、プロプライエタリなものを望むと確実に停滞と衰退が待っている。

　振り返ってみれば、このことはもっと早い段階で自明になっていたはずだ。私たちは、この教訓を学ぶために1984年からの10年間を失ってしまった。そして、再びこれを忘れたときには、非常に手痛いしっぺ返しを食らうことになるだろう。

　ソフトウェア設計についての重要だが狭い問題に関して他人よりも賢いからといって、すぐ目の前で行われている技術と経済の相互作用にまったく気付かないという愚にはまり込まないで済むという保証はない。Unixコミュニティでもっとも鋭く、先が見える知恵者でも、せいぜい半分しかものが見えていなかったのだ。将来に向けての教訓は、1つのテクノロジやビジネスモデルにのめりこみすぎるのはまちがいだということだ。ソフトウェアとソフトウェア設計の伝統が適応性と柔軟性を失わないようにすることが、どうしても必要だ。

　安くてお手軽なものが負けるほうに賭けてはいけないという教訓もある。言い換えれば、ローエンド/ハイボリュームのハードウェアテクノロジは、ほぼ必ずパワー曲線を駆け上り、勝利をつかむ。経済学者のClayton Christensenは、これを破壊的技術（Disruptive Technology）と呼び、Innovator's Dilemma [Christensen] のなかでディスクドライブ、掘削機、バイクにおいてこれがどのように発生したかを示した。私たちは、ミニコンピュータがメインフレームを駆逐し、ワークステーションとサーバがミニコンピュータを駆逐し、日常品のIntelマシンがワークステーションとサーバを駆逐したのを見ている。そして、オープンソース運動は、ソフトウェアを日常品化することによって勝利をつかもうとしている。Unixが成功するためには、安くてお手軽なものを潰そうとするのではなく、相棒として選ぶ技を維持しなければならない。

　最後に、古いUnixコミュニティは、旧来の企業組織、金融資本、市場論理の命令機構をすべて受け入れたために、「プロフェッショナル」になることに失敗した。私たちは、強迫的なギークや創造的なはぐれ者と反逆的な同盟を結んで、自らの愚かさから脱却しなければならなかったのだ。彼らギークたちは、プロフェッショナリズムとか献身的な作業とは、「正常な業務実践」の説得に負ける前にまさに私たちがしていたことなのだということを思い出させてくれるだろう。

　これらの教訓をUnix以外のソフトウェアテクノロジに応用することは、読者のための簡単な練習問題としておこう。

第 3 章

対比：Unix 思想と他の OS

　オペレーティングシステムの設計は、明白な形でも、目に付かない形でも、その OS のもとでのソフトウェア開発のスタイルを規定する。この本の大半の部分では、Unix オペレーティングシステムの設計が Unix を中心として発展してきたプログラム設計の思想にどのような影響を与えたかをたどっていく。しかしここでは逆に、他の主要なオペレーティングシステムのもとで育ってきた設計、プログラミングスタイルと古典的な Unix の方法を比較してみる。このような比較対照からも、多くのことを学ぶことができるはずだ。

3.1　オペレーティングシステムのスタイルを構成する要素

　特定のオペレーティングシステムについて論じていく前に、オペレーティングシステムの設計は、いったいどのようにしてプログラミングスタイルに影響を与えるのかについて、思考の枠組みを作っておく必要がある。

　さまざまなオペレーティングシステムを見ていくと、OS の次の 3 つの要素が設計、プログラミングスタイルに影響を与えているようである。すなわち、(a) オペレーティングシステムの設計者の意図、(b) プログラミング環境のコストと制約のために、不可避なものとして強制されている統一的な型、(c) 文化が持つ偏向、つまり最初にそうだったからという理由で伝統になった最初のやり方である。

　どのようなオペレーティングシステムコミュニティにも、ある程度の文化的偏向が含まれている。しかし、たとえそうだとしても、設計者の意図と、コストや制約の影響を考えていくと、Unix のスタイルと他のシステムのスタイルの違いがパターンとなって浮かび上がってくる。オペレーティングシステムの違いが際立ついくつかのポイントを分析していけば、そのパターンをはっきりさせることができる。

3.1.1 オペレーティングシステムの基本思想

Unix は、API と開発スタイルを規定するような基本思想、あるいはメタファを持っている。そのなかでももっとも重要なのは、おそらく「すべてはファイルだ」という考え方とその上に構築されたパイプメタファ[1]だろう。一般に、特定のオペレーティングシステムのもとでの開発スタイルは、OS 設計者が OS に焼き込んだ基本思想の影響を強く受ける。OS の思想は、システムツールと API から、パーコレーターの湯のように、上部のアプリケーションプログラミングに浸透していく。

そこで、Unix と他のオペレーティングシステムの違いを際立たせるためには、まず何よりも、その OS は開発スタイルを規定するような基本思想を持っているか、持っているならそれは Unix の統一思想とどのように違うかということを考えてみればよい。

Unix の対極に位置する OS を設計するには、基本思想などというものを持たず、その場しのぎの機能の束を無秩序にかき集めればよい。

3.1.2 マルチタスク機能

複数のプロセスの並行処理をどの程度サポートできるかは、OS の違いがもっとも大きく現れるポイントの 1 つだ。ローエンドの極にあるオペレーティングシステム（DOS や CP/M）は、基本的にマルチタスク実行の機能を持たないシーケンシャルなプログラムローダである。汎用コンピュータの分野では、この種の OS はもはや競争力を持たない。

次のレベルに進んだ OS は、協調的なマルチタスクをサポートする。この種のシステムは複数のプロセスの実行をサポートするが、個々のプロセスが自発的にプロセッサを開放しないと、次のプロセスを実行できない（そのため、単純なプログラミングミスが、すぐにマシンをフリーズさせる）。このスタイルのオペレーティングシステムは、並行処理をするだけのパワーはあるものの、周期的なクロック割り込み[2]や、MMU（メモリ管理ユニット）がないハードウェアのための一時しのぎに過ぎない。この種の OS も、現在では時代遅れであり、競争力を失っている。

Unix は、スケジューラが実行中のプロセスに一定周期で割り込み（プリエンプション）をかけ、次のプロセスにタイムスライスを与えるプリエンプティブなマルチタスクをサポートしている。現代の OS は、ほとんどすべてプリエンプションをサポートしている。

「マルチタスク」だからといって「マルチユーザー」ではないことに注意しておきたい。マル

---

1. Unix の経験のない読者のために説明しておくと、パイプとはあるプロセスの出力を別のプロセスの入力として接続するための手段である。7 章では、この考え方がプログラムの共同作業を実現するうえでいかに役立つかを検討していく。
2. ハードウェアからの周期的なクロック割り込みは、タイムシェアリングシステムの心臓の鼓動のようなものとして役に立つ。割り込みが生成されるたびに、システムは他のタスクに処理を切り替える時間かもしれないと考える。これを利用して、タイムスライスのサイズが決まるわけである。2003 年の Unix の心拍数は、通常、毎秒 60 回か 100 回である。

チタスクだがシングルユーザーな OS はありえる。この種の OS では、単一のコンソールと複数のバックグラウンドプロセスのためにマルチタスク機能を使う。本物のマルチユーザーをサポートするためには、すぐあとで内部区分について取り上げるときに説明する複数のユーザー特権レベルのサポートが必要となる。

Unix の対極に位置する OS を設計するには、マルチタスクをまったくサポートしないか、さまざまな制限、制約、特殊条件のために、使い物にならないようなマルチタスクをサポートすればよい。

3.1.3 プロセスの共同作業

Unix 環境では、プロセスの起動にコストがかからず、プロセス間通信（IPC）が簡単に実現できるために、小さなツール、パイプ、フィルタの生態系を実現することが可能になっている。この生態系については、7章で詳しく論じていくが、ここでは、プロセスの起動と IPC のコストが高いと、どのような影響が及ぶのかについて考えてみよう。

> パイプは技術的には簡単だったが、その効果は深遠なものだった。しかし、処理の自律的な単位としてのプロセスやプログラムできるプロセス制御という基本概念が **OS** の基礎になければ、簡単に実現できなかっただろう。シェルは、**Multics** と同様に、単なるもう 1 つのプロセスに過ぎなかった。**JCL** に刻み込まれた神からは、プロセス制御は生まれなかっただろう。
>
> —— **Doug McIlroy**

新しいプロセスの起動にかかるコストが高いシステムや、プロセス制御が難しく柔軟性に欠けるシステムは、次のような結果を招くだろう。

- 自然に任せると、怪物的なモノリスを作ってしまうようなプログラミング方法になる。
- モノリスのなかで、ポリシーをいくつも表現しなければならない。そのため、C を使って比較的フラットな構造のコードを書くのではなく、C++を使って、凝った内部構造を持つコードを書こうとするようになる。
- プロセス間通信が避けられなくなると、不体裁で効率が悪く安全性も低い方法（一時ファイルを使う方法など）を使わなければならなくなったり、互いの実装についての知識を持ち過ぎる形で通信したりするようになる。
- Unix なら複数の軽量プロセスの通信で処理する場面で、マルチスレッドを多用する。
- 非同期入出力を学習して使うことが必須条件になる。

これらは、OS の制約がプログラミングスタイル（アプリケーションプログラミングを含む）に及ぼす影響の一般的な例である。

パイプを始めとする古典的な Unix の IPC メソッドには、重要だがめだたない特長がある。通信があまりにも単純なので、機能分化が進むのである。逆に、パイプに相当するものがなければ、互いの内部実装についての知識をふんだんに取り込む以外に、プログラムの共同作業を実現する方法は見つからないだろう。

柔軟な IPC を持たない、あるいはそれを使う強い伝統を持たないオペレーティングシステムでは、プログラムは複雑なデータ構造を共有するという方法で通信する。プログラムセットに新しいプログラムを追加するたびに、すべてのプログラムで通信問題を新たに解決しなければならないので、複雑さの度合いはセットに含まれるプログラムの数の自乗に比例して増していく。さらに、交換されるデータ構造の 1 つに変更を加えると、他の無数のプログラムに目に見えないバグが忍び込む危険性がある。

> **Word、Excel、PowerPoint などの Microsoft プログラムは、互いの内部構造について親密な（べたべたの、といってもよい）知識を持っている。Unix では、具体的な通信相手を想定するのではなく、想像したこともないようなプログラムと通信することを予想してプログラムを設計する。**
>
> —— Doug McIlroy

この問題については 7 章でまた取り上げる。

Unix の対極に位置する OS を設計するには、プロセスの起動にかかるコストを非常に高くし、プロセス制御を難しく、柔軟性の低いものにして、IPS をサポートしないでおくか、後知恵で半分サポートするだけに留めておけばよい。

3.1.4 内部区分

Unix は、だれよりもプログラマ自身がわかっているという前提で組み立てられている。ユーザーが自分自身のデータに対して `rm -rf *` のような危険なことをしようとしていても、Unix はユーザーを引き止めたり確認を求めたりはしない。しかし、Unix は他人のデータに足を踏み込むことには注意を払う。それどころか、プログラムの誤操作から自分を守るために、それぞれ（普通は異なる）特権を持つ複数のアカウントを持つとよいように作られている[3]。システムプログラムは、限定なしの（すなわちスーパーユーザーの）アクセスを必要とすることなく、一部のシステムファイルにアクセスできるようにした擬似ユーザーアカウントを持つことが多い。

Unix は、悪意のユーザーやバグのあるプログラムからシステムを守るために、少なくとも 3 つの領域で内部に境界線を引いている。まず第一は、メモリ管理だ。Unix は、ハードウェアのメモリ管理ユニット（MMU）を使って、プロセスが他のプロセスのアドレス空間に侵入することを防いでいる。第二は、マルチユーザーをサポートするための特権グループの存在だ。通常

---

3. ロールベースのセキュリティとは、これを表す最近の流行語である。

の（ルートではない）ユーザーのプロセスは、許可が与えられていなければ、他のユーザーのファイルを読み書きできない。第三は、セキュリティに重大な影響を及ぼす処理を実行できるコードを最小限の信頼済みコードに限定していることだ。Unixのもとでは、シェル（システムコマンドインタープリタ）でさえ、特権的なプログラムではない。

オペレーティングシステムが内部区分を持っていることは、単に設計の抽象的な問題のレベルで優れているということではない。システムのセキュリティ強化のために、現実的に重要な意味を持っている。

Unixの対極に位置するOSを設計するには、まず、メモリ管理を捨ててしまうか、無視できるようにして、制御不能となったプロセスが任意の実行中のプログラムを誤動作させたり、止めたりできるようにする。次に、特権グループを用意しないか、非常に弱体なものにして、ユーザーが互いに他人のファイルやシステムの重要なデータを簡単に書き換えられるようにする（たとえば、ワードプロセッサの制御を握ったマクロウィルスは、ハードディスクをフォーマットできる）。そして、シェル全体とかGUIといった大規模なコード全体に信用を与え、それらに含まれるバグや、それらに対する攻撃に成功したコードが、システム全体の脅威になるようにすればよい。

3.1.5 ファイル属性とレコード構造

Unixファイルは、レコード構造も属性も持っていない。一部のオペレーティングシステムでは、ファイルのレコード構造が決められている。オペレーティングシステム（またはそのサービスライブラリ）は、ファイルが決められた長さのレコードを持っているという情報を持っている。あるいはテキスト行の末尾がどのようになっているのかやCR/LFを単一の論理文字として読むべきかどうかについての情報を持っている。

他のオペレーティングシステムでは、ファイルやディレクトリに名前と属性を組み合わせたものを付けられるようになっている。そして、その属性部を使って、たとえばドキュメントファイルとそのファイルを理解できるアプリケーションの対応関係を管理する（古典的なUnixが同じ目的のために使っていた方法は、「マジックナンバー」やファイル自体のなかに含まれている型データをアプリケーションに認識させるというものだ）。

OSレベルでレコード構造を決めているのは、一般に最適化のためだが、APIやプログラマの作業を複雑化する以外の効果はほとんどない。テキストエディタなどの汎用ツールが正しく読めない不透明なレコード形式ファイルを使うことを奨励するだけだ。

ファイル属性は役に立つ場合があるが、20章で検討するように、バイトストリーム指向のツールやパイプの世界では、セマンティックス上の問題を起こしかねない。オペレーティングシステムレベルでファイル属性がサポートされていると、不透明な形式のファイルを使うようにプログラマを誘導することになるし、不透明なファイルとそれを解釈できるアプリケーションの対応関係を管理するためにファイル属性に頼ることになる。

Unixの対極に位置するOSを設計するには、煩雑なレコード構造を導入し、ファイル作成者の意図通りにファイルを読み出せるかどうかさえわからない不安定な状態を作る。また、ファイル属性を導入し、属性に強く依存するシステムを作る。こうすれば、ファイルのセマンティクスは、ファイル内のデータを見ただけでは判断できなくなる。

3.1.6 バイナリファイルフォーマット

オペレーティングシステムが、重要なデータ（たとえば、ユーザーアカウントレコードなど）のためにバイナリ形式を使っている場合、アプリケーションが読めるテキスト形式という伝統が育っていない可能性がある。これがどうして問題なのかについては、5章で詳しく説明する。今のところは、テキストファイル形式がなければ、次のようなことになるということに注意しておけば十分だ。

- コマンド行インターフェイス、スクリプト、パイプがサポートされていても、フィルタがほとんど発達しない。
- 専用ツールを使わなければデータファイルにアクセスできない。プログラマたちは、データファイルではなくツールを中心としてものを考えるようになる。そのため、ファイルフォーマットは、バージョンごとに互換性のないものになりがちになる。

Unixの対極に位置するOSを設計するには、すべてのファイルフォーマットを不透明なバイナリ形式にして、ファイルの読み書きには重量級のツールが必要になるようにすればよい。

3.1.7 ユーザーインターフェイススタイル

コマンド行インターフェイス（CLI）とグラフィカルユーザーインターフェイス（GUI）の違いがどのような意味を持つかについては、11章で詳しく検討していく。オペレーティングシステムの設計者が、どちらをプレゼンテーションの通常のモードとして選んでいるかは、プロセスのスケジューリングやメモリ管理からアプリケーションプログラミングインターフェイス（API）に至るまで、設計のさまざまな側面に影響を与える。

最初のMacintoshが発売され、GUIが弱いオペレーティングシステムは問題だということに異論を唱える人がほとんどいなくなってからは、もう十分な時間が経過している。しかし、Unixの教えは逆だ。CLIが弱いことは、あまりぴんとこないかもしれないが、GUIが弱いのと同じくらい重大な欠陥なのである。

CLI機能が弱いとか、CLIが存在しないというオペレーティングシステムでは、次のような問題が起きる。

- 予想外の方法で組み合わせて使えるようにプログラムを設計するという習慣がなくなる。

出力を入力として使うことができないので、組み合わせて使うということがそもそも不可能なのだ。
- リモートシステム管理のサポートが貧弱になる。使いにくく、ネットワークに余分な負荷をかけるものになってしまう[*4]。
- 単純で対話的である必要のないプログラムも、GUIや複雑なスクリプト向けインターフェイスの負荷を抱え込まなければならなくなる。
- サーバ、デーモン、バックグラウンドプロセスを作ることが不可能になる。あるいは、少なくとも上品にプログラムすることが非常に困難になる。

Unixの対極に位置するOSを設計するには、CLIを省き、スクリプトからプログラムを実行することを不可能にする。あるいは、CLIで駆動できない重要機能を用意すればよい。

3.1.8 対象とするユーザー

オペレーティングシステムの設計は、システムのユーザーとしてどのような人々を想定するかによって大きく変わってくる。一部のOSは、特別な部屋に配置されたシステムを想定しているのに対し、デスクトップで使われることを想定しているOSもある。一部のOSは技術者ユーザーを対象としているのに対し、技術のないエンドユーザーを対象としているOSもある。一部のOSはリアルタイム制御の単独のアプリケーションのために使われることを想定しているのに対し、ネットワーク環境でタイムシェアリングシステムとして使われることを想定しているOSもある。

クライアントとサーバの違いは、これらのなかでも重要な判断材料の1つだ。「クライアント」とは、軽量で、1人のユーザーのみをサポートし、小型マシンで実行でき、必要なときに電源を入れ、仕事が終わったら電源を落とせるシステムのことである。また、プリエンプティブなマルチタスク機能を持たず、レイテンシ（待ち時間）が短くなるように最適化され、小奇麗なユーザーインターフェイスのためにかなりのリソースを注ぎ込むシステムでもある。それに対し、「サーバ」とは、重量級で、連続実行でき、スループットを上げる方向で最適化され、複数のセッションを処理するために、プリエンプティブなマルチタスク実行を完全にサポートするシステムである。もともと、すべてのオペレーティングシステムはサーバオペレーティングシステムだった。クライアントオペレーティングシステムという概念は、安いがパワーも足りないPCハードウェアが登場した1970年代末に生まれたに過ぎない。クライアントオペレーティングシステムは、24/7（毎日24時間週7日の年中無休）で動いていることよりも、視覚的に魅力的な操作体験に重点を置いている。

これらすべての変数が開発スタイルに影響を与える。もっとも明白なのは、ターゲットユー

---

4. この問題は、Hotmailの改造中にMicrosoft自身が非常に深刻だと考えたようだ。［BrooksD］を参照のこと。

ザーがどの程度複雑なインターフェイスに耐えられるか、コストや能力といった他の変数との兼ね合いで複雑度をどう評価するかということだ。Unix は、プログラマがプログラマのために書いたといわれることが多いが、このターゲットはインターフェイスがかなり複雑でも耐えられてしまうということで悪名が高い。

> これは目標ではなく、結果だ。「愚かで洗練されていない」という意味で「ユーザー」ということばが使われている場合、私は「ユーザー」のために設計されたシステムなるものを心底憎む。
>
> —— **Ken Thompson**

Unix の対極に位置する OS は、ユーザーよりもユーザーがしていることを理解していると思い上がっているようなシステムだ。ユーザーが誤っていると判断することにより、その欠点はさらに増幅される。

3.1.9 プログラマになるための障壁

　プログラマになれる人と単なるユーザーとを分ける障壁の高さも、オペレーティングシステムの違いとして重要だ。ここで差を生む重要な要因は 2 つある。1 つは開発ツールの値段であり、もう 1 つはプログラマと呼べるだけの熟練を積むために必要な時間である。一部の開発文化は、社会的に参加者を絞り込むような傾向を発達させているが、これは通常技術コストの効果であり、障壁の主要因ではない。

　開発ツールが高価で、API が複雑で不透明なシステムは、小規模で選良的なプログラミング文化を作る。このようなプログラミング文化では、プロジェクトは大規模で、本格的なものになる。ハード、ソフト（人間）の両面でのコストにつりあうだけの内容が必要なのだ。大規模で本格的なプロジェクトは、大規模で本格的なプログラムを作る傾向がある（そして、大規模で高くつく失敗をともなうこともあまりにも多い）。

　安いツールと単純なインターフェイスは、普段着のプログラミング、趣味人の文化、探求を生む。プログラミングプロジェクトは小規模なものでよく（正式なプロジェクト構造が単純に不要になることも多い）、失敗が破滅的なものになることも少ない。この文化のもとでは、プログラム開発のスタイルが変わってくる。何よりもまず、失敗した方法に過度に固執することが減る。

　カジュアルプログラミングは、無数の小規模なプログラムを生み出し、自律的に強化、拡張されていくコミュニティを作り出す。安いハードウェアのもとでは、そのようなコミュニティがあるかどうかは、オペレーティングシステムが長期にわたって生き残れるかどうかに大きな影響を与える。

　カジュアルプログラミングの先鞭を付けたのは Unix だ。すべてのユーザーが使えるデフォルトインストールの一部としてコンパイラやスクリプト言語を組み込んだのは、Unix が初めて

行ったことの1つである。これが、複数のインストールにまたがる趣味のソフトウェア開発文化を育てた。Unix のもとでコードを書く多くの人々は、自分がコードを書いているとは思っていない。彼らは、共通の仕事を自動化したり、環境をカスタマイズしたりするためのスクリプトを書いていると思っているのである。

Unix の対極に位置する OS を作りたければ、カジュアルプログラミングを不可能にすればよい。

3.2 オペレーティングシステムの比較

Unix の設計において何がなぜ選ばれてきたのかは、他のオペレーティングシステムと対比してみると、より鮮明にわかる。ここでは、設計の概要のみに触れる[*5]。

図 3-1 は、これから取り上げるタイムシェアリング OS の系統上の関係を示したものである。話の都合上、他のいくつかのオペレーティングシステム（グレイで塗られたもの。必ずしもタイムシェアリング OS とは限らない）にも触れる。連続線のボックスに囲まれたシステムは、まだ生きている。「誕生年」は最初に出荷された年であり[*6]、「死亡年」は、一般にベンダーがシステムの出荷を停止した年である。

連続線の矢印は、親子関係か非常に強い影響関係（たとえば、あとのシステムが前のシステムに合わせるために意図的にリバースエンジニアリングした API を持っている場合など）を示している。破線は、かなり強い影響関係を示す。点線は、弱い影響関係を示す。親子関係として描いたものがすべて開発者によっても認められているわけではない。それどころか、一部は、業界では公然の秘密ではあるものの、法的あるいは企業戦略的な理由から公式には否定されている。

Unix のボックスには、AT&T と初期のバークレーなど、すべてのプロプライエタリ Unix が含まれる。Linux のボックスには、あらゆるオープンソース Unix が含まれる（これらはすべて 1991 年にスタートしている）。これらは、1993 年の訴訟上の和解によって AT&T のプロプライエタリな管理から開放されたコードを通じて、初期の Unix を継承している[*7]。

---

5. 異なるオペレーティングシステムの技術的な違いの詳細については、OSData の Web サイト（http://www.osdata.com/）を参照のこと。
6. Multics を除く。Multics がもっとも影響力を発揮したのは、仕様が公開された 1965 年から実際に出荷された 1969 年までの間である。
7. この訴訟の詳細については、[OpenSources] に掲載されている Marshall Kirk McKusick の論文を参照のこと。

第 3 章　対比：Unix 思想と他の OS

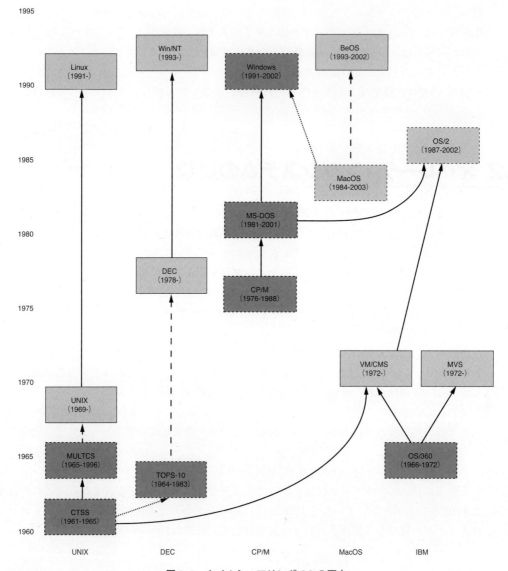

図 3-1　タイムシェアリング OS の歴史

3.2.1 VMS

VMS は、もともと Digital Equipment Corporation（DEC）の VAX ミニコンピュータのために開発されたプロプライエタリなオペレーティングシステムである。初めてリリースされたのは 1978 年で、1980 年代から 1990 年代初期にかけては重要なオペレーティングシステムだった。DEC が Compaq に買収され、Compaq が Hewlett-Packard に買収されたあとも、メンテナンスは続けられ、2003 年半ばの現在でもまだ販売、サポートされている。ただし、新しい開発はもうほとんどされていない[8]。

VMS はプリエンプティブなマルチタスクを完全にサポートしているが、プロセスの起動コストは非常に高い。VMS ファイルシステムには、レコードタイプの凝った概念がある（属性はないが）。そして、これらの特徴は、先ほど示したような結果を生み出している。特に、VMS では、プログラムが巨大で不細工なモノリスになる傾向がある。

VMS は、長くて人間が読みやすい COBOL 風のシステムコマンドとコマンドオプションをサポートしている。また、包括的なオンラインヘルプを持っている（API のヘルプはないが、実行可能プログラムとコマンド行の構文のヘルプがある）。実際、VMS の CLI とヘルプシステムは、VMS の代名詞のようになっている。VMS には X Window も移植されているが、プログラムの設計にスタイル上もっとも大きな影響を与えているのは、その冗長な CLI である。このことは、次のことに対して大きな影響を与えている。

- **ユーザーがコマンド行機能を使う頻度**：入力量が多ければ多いほど、入力を避けようとする。
- **プログラムのサイズ**：ユーザーは入力量を減らそうとするので、使うプログラムの数も減らしたいと考える。そこで、多機能で大きなプログラムが作られることになる。
- **プログラムが受け付けるオプションの数とタイプ**：ヘルプシステムが要求する構文上の制約に従わなければならない。
- **ヘルプシステムの使いやすさ**：ヘルプシステムは包括的なものだが、検索、探索機能がなく、索引も貧弱なので、広い知識を得ることが難しく、専門分化を推し進め、カジュアルプログラミングを阻害する。

VMS は内部区分を持つという点では評価すべきシステムである。また、本物のマルチユーザー処理をサポートするように設計されており、ハードウェアの MMU を使って他のプロセスからメモリを保護している。システムコマンドインタープリタは特権的なプログラムだが、それ以外の面では重要機能のカプセル化の度合いもまずまずである。VMS に対するクラックは、あまり多くない。

VMS ツールは、初期の段階では高価だった。そのインターフェイスは複雑である。VMS の

---

8. 詳しくは、OpenVMS.org のサイト（http://www.openvms.org/）を参照のこと。

膨大なプログラマ向けドキュメントは紙形式でしか用意されておらず、そのため、何かを調べるのは、時間のかかるオーバーヘッドの高い作業になってしまっている。これは探求的なプログラミングや大規模なツールキットの学習を阻害する。ベンダーがほとんどのものを投げ捨てたあとになって、ようやくカジュアルプログラミングや趣味のプログラミング文化が育ち始めたが、この文化はそれほど強いものではない。

VMS は、Unix と同様に、クライアント/サーバの分化以前に作られたシステムだが、その時代の汎用タイムシェアリング OS としては成功を収めた。ターゲットは、技術的な人々とソフトウェアを多用する業務の担当者たちであり、複雑なインターフェイスに対する許容度はそれほど低くない。

3.2.2 MacOS

Macintosh オペレーティングシステムは、Xerox のパロアルト研究センターにおける先駆的な GUI 研究に刺激されて、1980 年代初期の Apple 社で開発された。世に出たのは、1984 年の Macintosh の発売と同時である。それ以来、MacOS は 2 度の大きな設計変更を経験し、現在は 3 度目の設計変更を進めている。1 度目の変更では、同時に実行できるアプリケーションが 1 つだけに制限されていたところから、複数のアプリケーションの協調的なマルチタスクをサポートするようになった（MultiFinder）。2 度目の変更では、CPU を 68000 から PowerPC に切り換えたが、このときは、68000 アプリケーションに対するバイナリ下位互換性を維持したうえで、PowerPC アプリケーションについては、68000 時代のトラップ命令に基づくコード共有システムに代わって、高度な共有ライブラリ管理システムを導入した。第三の変更は、MacOS X における Unix ベースのインフラストラクチャと MacOS の設計思想の融合である。特に注記しない限り、ここでは OS X よりも前のバージョンについて論じる。

MacOS は、非常に強固な基本思想、すなわち Mac インターフェイスガイドラインを持っており、それは Unix のものとは大きく異なる。ガイドラインは、アプリケーションの GUI がどのように表示され、どのように動作すべきかを詳細に規定している。ガイドラインの一貫性は、Mac ユーザーの文化に大きな影響を与えた。ガイドラインに従わない形で DOS や Unix のプログラムを単純に移植したために、Mac ユーザーに拒絶され、市場的に失敗した例は少なからずある。

ガイドラインの思想で特に重要なのは、何かを置いたらそれがそのまま残ることである。ドキュメント、ディレクトリ、その他のオブジェクトは、デスクトップ上の変わらぬ位置を占有する。システムがそれらをどこかに片付けてしまうことはないし、リブートしてもデスクトップコンテキストは維持される。

Macintosh の基本思想はあまりにも強いので、私たちが先ほど論じたその他の設計問題の大半は、基本思想に従う形の選択を強いられるか、見えなくされている。すべてのプログラムが GUI を持っており、CLI はまったくない。スクリプト機能は存在するが、Unix と比べれば利用

度はずっと低い。Macプログラマの多くはスクリプト機能を学ばない。システム全体の制御を握るGUIメタファ（単一のメインイベントループを中心とした構造）のため、スケジューラはプリエンプションのない弱体なものになっている。スケジューラが弱体で、すべてのMultiFinderアプリケーションが単一の大きなアドレス空間内で実行されるところから、ポーリングせずに、プロセスを分割したり、スレッドを走らせたりすることは現実的ではない。

　しかし、MacOSアプリケーションは、かならずしも怪物的なモノリスにはなっていない。システムのGUIサポートコードは、ハードウェアの内蔵ROMと共有ライブラリで実装されており、イベントインターフェイス（最初のリリースからきわめて安定している）を介してMacOSプログラムと通信する。アプリケーションエンジンとGUIインターフェイスを比較的クリーンに分割しやすいように、オペレーティングシステムが設計されているのである。

　MacOSは、メニュー構造などのアプリケーションメタデータをエンジンコードから分割するための強力なサポート構造を持っている。それは、MacOSファイルが、「データフォーク」（ドキュメントとプログラムコードを格納するUnixスタイルのバイトの塊）と「リソースフォーク」（一連のユーザー定義可能なファイル属性）の2つから構成されていることだ。Macアプリケーションは、たとえば、イメージやサウンドをリソースフォークに格納するような形で設計されることが多い。リソースフォークの内容は、アプリケーションコードから別個に書き換えることができる。

　MacOSの内部区分は非常に弱い。ユーザーは1人しかいないことが最初から前提となっており、ユーザー単位の特権グループは存在しない。マルチタスクは協調的で、プリエンプションがない。すべてのMultiFinderアプリケーションが同じアドレス空間で実行されるので、アプリケーションのなかのどれかにまずいコードがあれば、オペレーティングシステムの低水準カーネル以外のあらゆるものを破壊できてしまう。MacOSマシンのセキュリティを破るコードは簡単に書ける。MacOSが攻撃に遭っていないのは、主としてMacOSを攻撃しようと思う人が少なかったからだ。

　Macプログラマは、Unixプログラマとは逆方向で設計しようとする。つまり、エンジンから外側に向かって設計するのではなく、インターフェイスから内側に向かって設計するのである（この選択が持つ意味については、20章で取り上げる）。MacOSの設計に含まれるあらゆる要素がこの方法を後押ししている。

　設計者が意図したMacintoshの役割は、技術者ではないエンドユーザーを対象とするクライアントオペレーティングシステムであり、複雑なインターフェイスに対する許容度はきわめて低い。Macintosh文化のプログラマたちは、単純なインターフェイスの設計がとても得意になっている。

　Macintoshをすでに持っているのであれば、Macユーザーがプログラマになるためのコストは高くなったことがない。そのため、比較的複雑なインターフェイスを持ちながら、Macは強力なホビープログラミング文化を早い段階から発展させてきた。Macには、小さなツール、シェアウェア、ユーザーサポートソフトウェアの力強い伝統がある。

古典的な MacOS は、その生涯を閉じた。MacOS X は、古い OS のほとんどの機能を取り込んだうえで、バークレーの伝統から派生した Unix インフラストラクチャにそれを融合した[*9]。それと同時に、Linux などの最先端の Unix は、MacOS からファイル属性（リソースフォークを一般化したもの）などの考え方を借用しつつある。

3.2.3 OS/2

　OS/2 は、IBM の ADOS（Advanced DOS）という開発プロジェクトとして生まれた。ADOS は、3つの DOS 4 候補のなかの 1 つで、当時 IBM と Microsoft は、PC の次世代オペレーティングシステムの開発のために正式に共同作業を行っていた。OS/2 1.0 が最初にリリースされたのは 1987 年で 286 用だったが、成功しなかった。バージョン 2.0 は 386 用で 1992 年にリリースされたが、すでに IBM と Microsoft の同盟関係は壊れていた。Microsoft は、Windows 3.0 をリリースして別の（そしてもっと儲かる）方向に進んでいた。OS/2 は、忠実な少数派の支持者を引き付けたが、クリティカルマスとなるだけのプログラマやユーザーを引き付けることはできなかった。1996 年に IBM の Java イニシアティブに吸収されるまで、デスクトップ市場では Macintosh に次いで第 3 位を保っていた。最後のリリースは、1996 年の 4.0 である。初期バージョンは組み込みシステムで活路を見出し、2003 年半ばの段階でも、世界の多くの ATM の内部で動いている。

　Unix と同様に、OS/2 もプリエンプティブなマルチタスクをサポートするように作られており、MMU のないマシンでは動作しない（初期バージョンは、286 のメモリセグメンテーションを使って MMU をシミュレートしていた）。しかし、Unix とは異なり、OS/2 がマルチユーザーシステムになったことはない。プロセスの起動コストは比較的低いが、IPC は難しく、脆弱である。ネットワークは、最初は LAN プロトコルばかりだったが、その後のバージョンには TCP/IP スタックが追加された。Unix のサービスデーモンのようなプログラムはなかったので、多機能ネットワークはあまりうまく処理できなかった。

　OS/2 は、CLI と GUI をともに持っていた。OS/2 についてのよい評判は、大半が OS/2 デスクトップであるワークプレースシェル（WPS）に関わるものである。このテクノロジの一部は、AmigaOS Workbench[*10] の開発者からライセンスを取得して作られている。AmigaOS Workbench は、2003 年の段階でも、ヨーロッパに熱烈なファン層を抱えている先駆者的な GUI デスクトップである。この部分は、Unix がまだそれに匹敵する能力を持つに至っていない OS/2 の達成成果といえる。WPS は、クリーン、強力なオブジェクト指向の設計で、拡張性が高く、動作が理解しやすいものだった。その後、これは Linux の GNOME プロジェクトのモデルに

---

9. MacOS X は、実際には、オープンソースの Unix コア（Darwin）の上に 2 つのプロプライエタリレイヤ（OpenStep の移植版と古典的な Mac GUI）を乗せた形になっている。
10. IBM は、Amiga 技術の見返りに REXX スクリプト言語のライセンスを Commodore に提供した。この契約は、http://www.os2bbs.com/os2news/OS2Warp.html で説明されている。

なっている。

　WPSのクラス階層の設計は、OS/2の基本思想の1つである。もう1つの基本思想は、マルチスレッドだ。OS/2プログラマは、同格のプロセスの間でのIPCに部分的に代わるものとして、マルチスレッドを多用した。共同作業するプログラムのツールキットという伝統は発展しなかった。

　OS/2には、シングルユーザーOSに期待されるような内部区分が含まれていた。プロセスの実行は互いに保護されており、カーネル空間はユーザー空間から保護されていたが、ユーザーごとの特権グループはなかった。そのため、悪い意図のあるコードからファイルシステムを守るものはなかった。また、Unixのホームディレクトリにあたるものはなかった。アプリケーションデータは、システム全体に散らばってしまう傾向があった。

　マルチユーザー機能がないことは、ユーザー空間内に特権の違いがないという結果にもなった。そのため、プログラマたちはカーネルコードだけを信用するようになった。Unixならユーザー空間デーモンによって処理されるようなシステムの仕事の多くは、カーネルかWPSに詰め込まれていた。その結果、どちらも大きく膨れ上がることになった。

　OS/2には、テキストモードとバイナリモード（CR/LFが行末を表す1文字と解釈されるモードと、そのような解釈が行われないモード）の違いがあったが、それ以外のファイルレコード構造はなかった。ファイル属性はサポートしており、Macintoshのやり方に倣ったデスクトップの維持のために使われていた。システムデータベースは、主としてバイナリ形式だった。

　ユーザーインターフェイススタイルとして奨励されていたのは、WPSを介するものだ。ユーザーインターフェイスは、人間工学的にはWindowsよりも優れたものになることが多かったが、Macintosh標準の域には達しなかった（OS/2がもっとも活動的だった時代は、MacOS Classicの歴史の比較的早い段階と重なっている）。UnixやWindowsと同様に、OS/2のユーザーインターフェイスは、実行中のアプリケーションがデスクトップを占有する形ではなく、複数の独立したタスク単位のウィンドウグループを中心として組み立てられていた。

　OS/2のターゲットユーザーは、技術者ではないビジネス指向のエンドユーザーであり、複雑なインターフェイスに対する許容度は低い。OS/2は、クライアントOSとしても、ファイル、プリントサーバとしても使われた。

　1990年代初期、OS/2コミュニティのプログラマたちは、Unixに触発されてPOSIXインターフェイスをエミュレートするEMXという環境に移行し始めた。1990年代後半には、OS/2のもとでも、Unixソフトウェアの移植版が普通に使われていた。

　EMXはだれもがダウンロードでき、そのなかにはGNUコンパイラコレクションと他のオープンソース開発ツールが含まれていた。IBMは、OS/2デベロッパーズツールキットのシステムドキュメントのコピーを断続的に放出しており、それらは多くのBBSやFTPサイトに掲載された。その結果、ユーザーが開発したOS/2ソフトウェアのFTPアーカイブ、Hobbesは、1995年までにすでに1Gバイト以上の大きさにまで成長していた。小さなツール、探求的なプログラミング、シェアウェアの強固な伝統が育っており、OS/2自体が歴史のゴミ箱行きになっ

たあとも、数年の間は忠実なファンが残っていた。

　Windows 95 がリリースされると、Microsoft に包囲されて孤立感を深めた OS/2 コミュニティは、IBM の誘導もあって、次第に Java に関心を持つようになった。そして、1998 年始めに Netscape のソースコードが開放されると、移住先は（唐突に）Linux に向かった。

　OS/2 は、マルチタスクだがシングルユーザーの OS 設計がどこまで突き進むことができるかのケーススタディとして興味深い。このケーススタディから観察できることの大半は、同じタイプの他のオペレーティングシステムにもよくあてはまる。たとえば、AmigaOS*11 や GEM*12 だ。OS/2 の情報は、歴史についての記載を含め、2003 年の Web でもまだ豊富に参照できる*13。

3.2.4 Windows NT

　Windows NT（New Technology）は、Microsoft の個人用ハイエンド OS であり、サーバ用 OS でもある。複数のバージョンでリリースされているが、私たちの目的ではどれも同じものとみなしてよい。2000 年に Windows ME が消えて以来、Microsoft のオペレーティングシステムは、いずれも NT ベースになっている。Windows 2000 は NT 5、Windows XP（2003 年の最新版）は、NT 5.1 だった。NT は、系譜としては VMS の子孫であり、いくつかの重要な属性を共有している。

　NT は付け足しの連続で成長してきているので、Unix の「すべてはファイルだ」とか MacOS のデスクトップにあたる基本思想を持っていない*14。核となるテクノロジが小規模で永続的な基本思想を持たないので、数年ごとに技術が時代遅れになる。DOS (1981)、Windows 3.1 (1992)、Windows 95 (1995)、Windows NT 4 (1996)、Windows 2000 (2000)、Windows XP (2002)、Windows Server 2003 (2003) というシステムの各世代を経るたびに、プログラマは基本的なことを異なる形で学び直さなければならなかった。古い方法は時代遅れとされ、十分にサポートされなくなるのだ。

　他にも、次のような結果が生み出されている。

- GUI 機能と DOS および VMS から継承した弱体で残り物的なコマンド行インターフェイスがぎごちなく共存している。
- Unix の「すべてがファイルハンドルだ」にあたる統一的なデータオブジェクトがソケットプログラミングに存在しないので、Unix なら簡単なマルチプログラミングやネットワークアプリケーションが、NT では他に余分な基本概念をいくつも必要とすることになる。

---

11. AmigaOS のポータルは、http://os.amiga.com/。
12. GEM オペレーティングシステムについては、http://www.geocities.com/SiliconValley/Vista/6148/gem.html を参照のこと。
13. たとえば、OS Voice（http://www.os2voice.org/）や OS/2 BBS.COM（http:///www.os2bbs.com/）を参照のこと。
14. おそらく、Microsoft のすべてのオペレーティングシステムの基本思想は「ユーザーは閉じ込めておかなければならない」だといわれている。

NTはいくつかのファイルシステムタイプでファイル属性を使っている。ファイル属性は、一部のファイルシステムでアクセス制御リストを実装するために制約された形で使われており、開発スタイルにそれほど大きな影響を与えていない。NTはテキストとバイナリの間でのレコードタイプの区別もしているが、これが煩わしい問題を起こすことがある（NTとOS/2は、ともにDOSからこの短所を継承している）。

　プリエンプティブなマルチタスクはサポートされているが、プロセスの起動コストは高い。VMSほどではないものの、現代のUnixと比べれば1桁分も余分に時間がかかる（1回の起動で0.1秒ほど）。スクリプト機能は弱く、OSがバイナリファイル形式を多用している。そこで、先ほど概要を示したような予想された結果の他に、次のような結果が生じている。

- ほとんどのプログラムは、スクリプトでまったく使えない。プログラムは複雑で脆弱なRPC（リモートプロシージャ呼び出し）を使って通信しており、それがバグを大量に生み出している。
- 汎用ツールがまったく存在しない。ドキュメントとデータベースは、専用プログラムがなければ読み書きできない。
- 環境が貧弱なので、CLIは時とともにますます無視されるようになってきている。弱体なCLIの問題は、時を追うごとに改善されるのではなく、悪化している（Windows Server 2003は、この傾向をある程度逆に向けようとしている）。

　システムとユーザーの設定データは、Unixのように無数のドットファイルやシステムデータファイルに分散されているのではなく、中央のプロパティレジストリで一元管理されている。これもまた、設計全体に悪い結果を生んでいる。

- レジストリは、システムの直交性を完全にたたきつぶしてしまう。アプリケーションのある1点のエラーがレジストリを破壊することがある。レジストリが破壊されると、オペレーティングシステム全体が使い物にならなくなり、再インストールが必要になることが多い。
- レジストリによる速度低下現象が起きる。レジストリが大きくなると、アクセスコストが高くなり、すべてのプログラムが遅くなってしまうのである。

　インターネット上のNTシステムは、あらゆる種類のワーム、ウィルス、クラック等々に弱いことで悪名が高い。これにはさまざまな理由があり、その一部は他のものよりも根本的な意味を持つ。もっとも根本的な理由は、NTの内部区分がおそろしく穴だらけなことにある。

　NTは、ユーザーごとの特権グループを実装するために使えるアクセス制御リストを持っているが、古いコードの大半はこれを無視してしまい、オペレーティングシステム自身も、下位互換性を維持するために、これを許容している。GUIクライアントの間のメッセージトラフィッ

クには、セキュリティ上の制御がまったく存在せず[*15]、セキュリティ機能を追加すれば、やはり下位互換性が保てなくなる。

　NTはMMUを使っているが、3.5以降のNTは、パフォーマンス上の理由から、特権的なカーネルと同じアドレス空間にシステムGUIを押し込んでいる。最近のバージョンは、UnixベースのWebサーバ並のスピードを得ようとして、Webサーバさえカーネル空間に押し込んでいる。

　内部区分に対するこのような穴は、互いに増幅し合って、NTシステムにセキュリティ機能を実現することを事実上不可能にしている[*16]。侵入者が任意のユーザーと同じようにコードを実行できれば（たとえば、Outlookの電子メールマクロ機能を使って）、そのコードはメッセージを偽造してウィンドウシステム経由で他の実行中のアプリケーションに送り込むことができる。GUIやWebサーバでのバッファオーバーランやクラックを利用すれば、システム全体の制御を握ることさえできる。

　Windowsはライブラリのバージョンの処理が適切でないため、「DLL地獄」と呼ばれるコンフィグレーション上の問題を引き起こす。新しいプログラムをインストールすると、それまでのプログラムが依存していたライブラリをランダムにアップグレードしてしまうことが（ダウングレードしてしまう場合さえ）あるのだ。これは、アプリケーション固有のライブラリだけではなく、Microsoftのシステムライブラリにもあてはまる。アプリケーションが特定のバージョンのシステムライブラリとともに出荷され、それがなければ警告なしで動かなくなることもめずらしくない[*17]。

　明るい話題は、ユーティリティ、APIの2つの側面で、驚くほど完全に[*18]Unixの内容を実現する互換レイヤ、Cygwinのホストになるだけの機能がNTにもあることだ。Cygwinをインストールすれば、CプログラムはUnix APIとWindowsネイティブAPIの両方を使えるようになる。Windowsを使わなければならない事情のあるUnixハッカーは、まずCygwinをインストールしている。

　NTオペレーティングシステムのターゲットユーザーは、主として技術者ではないエンドユーザーであり、複雑なインターフェイスに対する許容度は非常に低い。クライアントとしてもサーバとしても使われている。

　Microsoftは、初期の段階ではサードパーティにアプリケーションの供給を依存していた。最初はWindows APIの完全なドキュメントを公開し、開発ツールの価格も低く抑えていた。し

---

15. http://security.tombom.co.uk/shatter.htmlを参照のこと。
16. Microsoftは、2003年3月にNTでセキュリティを確保することが不可能であることを広く認めている。
    http://www.microsoft.com/technet/treeview/default.asp?url=/technet/security/bulletin/MS03-010.aspを参照のこと。
17. DLL地獄の問題は、ライブラリのバージョン管理機能を持つ.NET開発フレームワークによってある程度緩和されている。しかし、2003年の段階では、.NETが出荷されているのはNTの最上級サーババージョンのみである。
18. Cygwinは、Single Unix Specificationにおおむね準拠しているが、ハードウェアへの直接アクセスを必要とするプログラムは、CygwinのホストであるWindowsカーネルの制約のために問題を起こす。特に、イーサネットカードは問題を起こすことで知られている。

かし、時間の経過とともにライバルが競争に敗れていくと、Microsoft は社内開発を優先させるようになり、社外に対して API を隠し、開発ツールを高価なものにしてしまった。Windows 95 の段階では、すでに、プロ品質の開発ツールを買うためには非開示条項に同意しなければならなくなっていた。

趣味のカジュアルプログラミングの文化は、DOS と初期バージョンの Windows のもとで育ち、Microsoft が彼らの締め出しに力を入れ始めても（アマチュアを非合法化する認定プログラムなど）、自力で支えていけるだけの規模を持っている。シェアウェアは消えていないし、オープンソース OS と Java の登場による市場からの圧力を受けて、2000 年以降は Microsoft の方針も軟化し始めている。しかし、Windows の「プロフェッショナル」なプログラミングインターフェイスは、時間の経過とともにより複雑化する方向に進み続けており、カジュアルコーディングにとって（本格的なプログラミングにとっても）大きな障壁となっている。

このような歴史をたどった結果、アマチュアとプロの NT プログラマの設計スタイルの間には大きな差がある。2 つのグループの間には、ほとんど会話は成り立たない。小ツールやシェアウェアを作るカジュアルプログラミングの文化は非常に活発だが、プロ NT プロジェクトは、VMS のようなエリート主義オペレーティングシステム以上に巨大なモノリスを作る傾向がある。

Windows のもとでも、UWIN、Interix、オープンソースの Cygwin など、サードパーティライブラリという形で Unix 風のシェル、コマンドセット、ライブラリ API は使える。

3.2.5 BeOS

Be, Inc. は、1989 年にハードウェアベンダーとして設立され、PowerPC チップのもとで先駆的なマルチプロセッサマシンを作っていた。BeOS は、Unix と MacOS ファミリから学んだことを組み込みつつ、どちらでもない新しいネットワーク対応のオペレーティングシステムを開発して、ハードウェアに付加価値を与えようとする試みだった。その成果はクリーンでありながら豊かで目を瞠るようなものであり、マルチメディアプラットフォームという選ばれた役割においては優れたパフォーマンスを見せた。

BeOS の基本思想は、徹底的なマルチスレッド実行、マルチメディアフロー、データベースとしてのファイルシステムというものだった。BeOS はカーネル内でのレイテンシを最小限に抑えるように設計されており、オーディオ、ビデオストリームのような巨大データをリアルタイムで処理するのに適していた。BeOS の「スレッド」は、スレッドローカルな記憶をサポートし、必ずしもすべてのアドレス空間を共有するわけではないので、実際には Unix の用語法でいうところの軽量プロセスだといえる。共有メモリを介した IPC は高速で効率がよかった。

BeOS は、バイトレベルの上にはファイルにレコード構造を与えないという Unix のモデルを踏襲しており、MacOS のようなファイル属性をサポートし、使っていた。実際、BeOS のファイルシステムは、任意の属性によってインデックスを付けられるデータベースだった。

BeOS が Unix から学んだことの 1 つは、内部区分の賢い設計である。BeOS は、MMU をフルに活用し、実行中のプロセスを互いに隔離した。シングルユーザーオペレーティングシステムのような見かけだったが (ログインがない)、ファイルシステムや OS 内部のその他の部分で Unix 風の特権グループをサポートしていた。これらは、システムにとって重要なファイルを信用されていないコードから保護するために使われていた。Unix の用語を使えば、ユーザーはブート時には匿名のゲストとしてログインしており、他のユーザーは「ルート」だけという状態である。本格的なマルチユーザー処理をサポートするために必要なものは、システムの上位レベルへの小規模な変更だけであり、実際に BeLogin ユーティリティというものが存在した。

　BeOS は、Unix 風のテキストフォーマットではなく、バイナリフォーマットとファイルシステムに組み込まれたネイティブデータベースを使う。

　BeOS が重視した UI スタイルは GUI で、インターフェイスの設計では MacOS にかなり強く影響されている。しかし、CLI とスクリプト機能も完全にサポートされている。BeOS のコマンド行シェルは、オープンソース Unix の主力シェルである bash(1) の移植版で、POSIX 互換ライブラリを介して動作する。Unix CLI ソフトウェアの移植は、設計上非常に簡単だった。Unix モデルのスクリプト、フィルタ、サービスデーモンを完全にサポートするだけのインフラストラクチャが用意されていた。

　BeOS の役割は、ほぼリアルタイムのマルチメディア処理 (特にサウンド、ビデオ操作) に特化したクライアントオペレーティングシステムだった。対象ユーザーは、技術者、ビジネス指向のエンドユーザーの両方であり、複雑なインターフェイスに対する許容度はそれほど低くない。

　BeOS 上の開発に参入するための障壁はごく低いものだった。BeOS はプロプライエタリだったが、開発ツールはそれほど高くなく、完全なドキュメントがすぐに参照できた。BeOS は、もともと RISC テクノロジで Intel ハードウェアを追い落とす試みの 1 つとして始まり、インターネットが爆発的に流行してからはソフトウェアのみの活動として継続した。BeOS の戦略家は、1990 年代始めの Linux の形成期に十分な注意を払い、大規模なカジュアルプログラミングの価値をはっきりと自覚していた。実際、彼らは忠実なファンの気持ちを引き付けることに成功した。2003 年の段階でも、5 つものプロジェクトが、オープンソースで BeOS を復活させる試みに取り組んでいる。

　残念ながら、BeOS のビジネス戦略は、設計の技術力ほどの鋭さを見せることができなかった。BeOS ソフトウェアは、もともと専用ハードウェアにバンドリングされており、何を目的として設計されたかについて、手がかりがあまりない状態で販売されていた。その後 (1998 年)、汎用 PC に移植され、マルチメディアアプリケーションにはっきりと焦点を絞った形で売られたが、クリティカルマスとなるだけのアプリケーションやユーザーを集めることはできなかった。BeOS は、Microsoft の競争抑止的な策略 (2003 年段階で継続中の訴訟) とマルチメディア処理に対応した Linux バリアントとの競争に敗れて、2001 年に撤退した。

3.2.6 MVS

MVS（Multiple Virtual Storage）は、IBM メインフレームコンピュータのための旗艦オペレーティングシステムである。そのルーツは、IBM が 1960 年代半ばに、当時最新の System/360 コンピュータシステムの OS としてユーザーに勧めた OS/360 にまで遡る。今日の IBM メインフレームオペレーティングシステムの心臓部には、このコードの子孫がまだ残っているのである。コードはほとんどすべて書き換えられているが、基本設計はあまり変わっていない。下位互換性は宗教的な熱心さで守られており、OS/360 のために書かれたアプリケーションは、アーキテクチャ的には 3 世代後にあたる 64 ビットの z/Series メインフレームの MVS でもそのまま動作するほどである。

ここで紹介するすべてのオペレーティングシステムのなかで、MVS は Unix よりも古いと考えることのできる唯一の OS である（曖昧ないい方になっているのは、時間の経過とともにシステムが大きく発展しているからである）。MVS は、Unix の概念やテクノロジの影響をもっとも受けていない OS であり、設計上、Unix ともっとも際立った対照を示す OS でもある。MVS の基本思想は、すべてがバッチだということである。システムは、人間のユーザーとのやり取りを必要最小限に絞り、膨大なデータのバッチ処理のためにもっとも効率的にマシンを使えるように設計されている。

ネイティブな MVS 端末（3270 シリーズ）は、ブロックモードでしか動作しない。ユーザーには、埋めていくべき画面が与えられ、入力によって端末のローカル記憶が書き換えられていく。ユーザーが送信キーを押すまで、メインフレームに割り込みは発生しない。Unix のローモードのような文字レベルのやり取りは不可能である。

Unix の対話環境にもっとも近い TSO（Time Sharing Option）は、ネイティブな機能に制限されている。個々の TSO ユーザーは、システムのよその部分からはシミュレートされたバッチジョブのように見える。この機能は高価であり、これを使うのは通常プログラマやサポートスタッフに限られる。単に端末からアプリケーションを実行する必要があるというだけの通常のユーザーは、TSO を使わず、トランザクションモニタを使う。トランザクションモニタは、協調的なマルチタスクを行い、非同期入出力をサポートする一種のマルチユーザーアプリケーションサーバである。実際、トランザクションモニタの個々の種類は専用タイムシェアリングプラグインとなっている（CGI を実行する Web サーバとは異なり、完全にそうだとはいえないがほとんどそうである）。

バッチ指向のアーキテクチャであるために、プロセスの起動には時間がかかる。I/O システムは、スループットを上げるために、意図的にセットアップのためのコスト（およびそれに関するレイテンシ）を上げている。この選択は、バッチ処理には適切なものだが、対話的な操作での反応はとてつもなく悪い。そこで、現在の TSO ユーザーは、ISPF（Interactive System Productivity Facility）というダイアログ駆動の対話的環境のもとで大半の時間を使う。ISPF は、マシンルームのコーヒーポットのスイッチを入れる以外何でもする巨大なプログラムを導

入する代わりに、プロセス起動のオーバーヘッドをなくしてくれる。

　MVS は、マシンの MMU を使っており、プロセスは別個のアドレス空間を持っている。プロセス間通信は、共有メモリしかサポートされていない。マルチスレッド機能はあるが（MVS では、「サブタスキング」と呼ばれている）、この機能に簡単にアクセスできるのはアセンブリ言語で書かれたプログラムだけなので、あまり使われていない。通常のバッチアプリケーションは、JCL（Job Control Language）で重量級のプログラムを続けて実行する形のものだ。JCL は、スクリプト機能を提供するが、実際の実行は難しく、柔軟性が低いことで特に有名である。ジョブに含まれるプログラムは、一時ファイルを介して通信する。フィルタやフィルタに似たものを使い物になる形で実現することは不可能だ。

　すべてのファイルはレコード形式を持っており、その形式は暗黙のうちに決まっている場合もあるが（たとえば、JCL に与えるインライン入力ファイルは、パンチカードから継承した 80 バイト固定長レコード形式が暗黙の前提となっている）、明示的に規定されているもののほうが多い。多くのシステムコンフィグレーションファイルはテキスト形式だが、アプリケーションファイルは通常アプリケーション固有のバイナリ形式である。必要に迫られてファイルの内容を解析する汎用ツールがいくつか作られているが、この問題はまだ簡単に解決できるようにはなっていない。

　ファイルシステムのセキュリティは、もともとの設計から見れば後知恵である。しかし、セキュリティが必要だということになると、IBM は的確なものを作った。まず、汎用のセキュリティ API を作り、すべてのファイルアクセスはセキュリティインターフェイスを経由しなければ処理されないようにしたのである。そのため、異なる設計思想を持つ少なくとも 3 種類の競合するセキュリティパッケージが作られている。これらはどれも優秀で、1980 年から 2003 年半ばの現在までの間に MVS に対するクラックは発生していない。また、このように数種類のパッケージがあることから、個々のシステムでそれぞれのセキュリティ方針に合ったパッケージを選択することができる。

　ネットワーク機能も後知恵だ。ネットワーク接続とローカルファイルの両方に同じ 1 つのインターフェイスを用意するという考え方はなく、2 つのプログラミングインターフェイスは別個で大きく異なる。しかしそのために、ユーザーが選ぶネットワークプロトコルは、IBM ネイティブの SNA（Systems Network Architecture）から TCP/IP にスムーズに移行していった。2003 年でも、特定のシステムで両方が使われていることはよくあることだが、SNA は次第に減っている。

　MVS のカジュアルプログラミングは、MVS を実行する大企業のコミュニティを除けば、ほとんど存在しない。これはツール自体の値段からではなく、環境自体の値段が高いからである。コンピュータシステムに数百万ドルかかるときに、コンパイラのために毎月数百ドル使ったとしてもほんのおまけのようなものだ。しかし、コミュニティ内では、自由に流通するソフトウェアの伝統があり、主としてプログラミング、システム管理ツールが作られている。IBM ユーザーは 1955 年に最初のコンピュータユーザーグループ、SHARE を設立しており、現在も活発に活

アーキテクチャがこれだけ違うことを考えると、MVS が SUS（Single Unix Specification）を満たす System V 以外で最初のシステムだったということは、注目すべきことだ（もっとも、よそから移植した Unix ソフトウェアは、キャラクタセットが ASCII か EBCDIC かという問題につまづくことが多いので、SUS サポートには見た目ほどの意味はない）。TSO からは、Unix シェルを起動できる。Unix ファイルシステムは、特殊形式の MVS データセットである。MVS Unix のキャラクタセットは、改行と復帰を交換した特殊な EBCDIC になっている（Unix からは復帰に見えるものが MVS には改行に見えるようにしている）が、システムコールは、MVS カーネルで実装された本物のシステムコールである。

環境の価格が趣味で OS をいじる人々の手に届く範囲に下がった結果、最後のパブリックドメインバージョンの MVS（3.8。1979 年のもの）のまわりには、小規模だが成長しつつあるユーザーグループが形成されている。このシステムは、開発ツールと開発ツールを実行するエミュレータ込みで、CD1 枚分の値段で販売されている[19]。

MVS は、常に特別室の住人を対象としたシステムであり続けている。VMS や Unix と同様に、MVS はサーバ/クライアントの区別がない頃に生まれた。貴重なリソースをインターフェイスなどではなく、本来業務のために使うという大義名分があるので、専門家部門のユーザーからすれば、複雑なインターフェイスは許容できるだけではなく、望ましいことでさえある。

3.2.7 VM/CMS

VM/CMS は、IBM のもう 1 つのメインフレーム OS である。歴史的には、VM/CMS は、Unix の伯父にあたり、CTSS システムを共通の祖先とする。CTSS は、1963 年頃に MIT で開発され、IBM 7094 メインフレームで実行されていた。CTSS 開発グループは、その後、Unix の直接の親にあたる Multics の開発に進んだ。IBM は、ケンブリッジに IBM 360/40 のためのタイムシェアリングシステムを書くグループを置いた。360/40 とは、（IBM のマシンとしては初めて）ページング MMU を追加した 360 である[20]。IBM と MIT のプログラマは、その後も長年に渡って交流を続けたため、この新システムは CTSS 風のユーザーインターフェイスと EXEC というシェル、Multics やその後の Unix で使われていたものとよく似たユーティリティを搭載したものになった。

VM/CMS と Unix は、びっくりハウスの歪んだ鏡に写った自分というような関係になっているともいえる。システムの基本思想は、VM コンポーネントが体現している仮想マシンである。個々の仮想マシンは、まるで足元の物理マシンのように見える。VM は、プリエンプティブなマルチタスクをサポートしており、シングルユーザー OS の CMS か、完全なマルチタスク OS

---

19. http://www.cbttape.org/cdrom.htm を参照。
20. 開発マシンと最初のターゲットは特別に改造されたマイクロコードを搭載した 40 だったが、これではパワーが足りないことがわかったので、製品化されたのは 360/67 のもとで動作するバージョンである。

（MVS、LinuxまたはVM自身の別インスタンス）を実行する。仮想マシンは、Unixプロセス、デーモン、エミュレータに対応し、仮想マシン間の通信は、片方の仮想カードパンチともう片方の仮想カードリーダーを接続する形で実現される。さらに、CMSの内部にはCMSパイプラインと呼ばれる階層化されたツール環境がある。これは、Unixのパイプを直接意識して作られたものだが、複数の入出力をサポートできるように拡張されている。

仮想マシンは、通信手段が明示的にセットアップされていなければ、互いに完全に遮蔽されている。VM/CMSは、MVSと同程度に高い信頼性、スケーラビリティ、セキュリティを持っており、柔軟性と使いやすさはMVSよりもはるかに優れている。さらに、CMSのカーネル風の部分は、VMコンポーネントの信任を必要とせず、VMコンポーネントはまったく別個に管理されている。

CMSはレコード指向だが、レコードは基本的にUnixのテキストツールが使っている行と同じである。Unixでは、ほとんどのデータベースとオペレーティングシステムとの間に大きな距離があるが、CMSパイプラインは、それと比べてデータベースとうまく統合されている。最近、CMSはSUS（Single Unix Specification）を完全サポートするように拡張された。

CMSのUIスタイルは対話的なもので、MVSとは大きく異なり、VMSやUnixに近い。XEDITというフルスクリーンエディタが多用されている。

VM/CMSは、クライアント/サーバの分離以前のOSであり、現在はほとんどがエミュレートされたIBM端末を伴うサーバオペレーティングシステムとして使われている。Windowsがデスクトップ市場をここまで完全に支配してしまう前には、VM/CMSはIBM社内、またメインフレームユーザーサイト間で、ワードプロセッササービスと電子メールサービスを提供していた。実際、VMはすぐに数万人のユーザーをサポートできるスケーラビリティを持っているので、多くのVMシステムは、このアプリケーションの実行だけのためにインストールされていた。

Rexxというスクリプト言語は、シェル、awk、Perl、Pythonなどと大きく変わらないスタイルのプログラミングをサポートしている。そのため、VM/CMSでは、カジュアルプログラミング（特にシステム管理者による）が重要な意味を持っている。管理者たちは、サイクルに余裕がある限り、ハードウェアに直接MVSを実行させるよりも、仮想マシンでMVSを実行することを好む。それは、こうすれば柔軟性のあるCMSも使えるようになるからだ（CMSには、MVSファイルシステムにアクセスできるツールがある）。

IBM社内でのVM/CMSの歴史とDEC（Unixが最初に実行されたハードウェアのメーカー）社内でのUnixの歴史にも驚くほどの平行性がある。IBMが、この非公式のタイムシェアリングシステムの戦略的重要性に気付くまでには時間がかかった。それまでの間、VM/CMSプログラマのコミュニティは、初期のUnixコミュニティと同じような行動様式を発展させた。つまり、彼らは発想を共有し、システムについての発見を共有し、何よりもまず、ユーティリティのソースコードを共有したのである。IBMが、VM/CMSの死を何度宣言しようとしても、VM/CMSコミュニティ（ここにはIBM自身のMVSシステムプログラマが含まれていた）は、VM/CMS

を残すことを主張した。さらに、VM/CMS は、Unix ほど完全な形ではないが、事実上のオープンソースからクローズドソース、そこからさらにオープンソースへというサイクルも同じように経由している。

しかし、VM/CMS には、C にあたるものがない。VM と CMS は、ともにアセンブリ言語で書かれ、そのままの実装形態が続いている。C にもっとも近いのは、IBM がシステムプログラミングのために使っている PL/I のさまざまな縮小版だが、これらの言語はユーザーとは共有されていない。そのため、360 が 370 シリーズ、XA シリーズ、現在の z/Series に進化する過程でシステムは大きく成長し、拡張されているのに、オペレーティングシステムは、最初のアーキテクチャに縛られたままになっている。

2000 年以来、IBM は、今までになくメインフレームの VM/CMS を売り出している。それは、同時に数千個の仮想 Linux マシンをホストする手段としてである。

3.2.8 Linux

Linus Torvalds によって 1991 年に作られた Linux は、1990 年以来次々に生まれた新しいオープンソース Unix の群れ（FreeBSD、NetBSD、OpenBSD、Darwin も含む）のなかでも主導的な位置を占めており、このグループ全体が選択している設計の方向性を代表している。Linux の流れは、このグループ全体の典型的な流れと考えることができるのである。

Linux には、オリジナル Unix の発展系統に属するいっさいのコードが含まれていない。しかし、Linux は、Unix 標準を基にして Unix と同じように動作することを目標として設計されている。この本のここ以外の部分では、Unix から Linux への発展の継続性を強調していく。この継続性は、技術という点からも、主要なプログラマという点からも非常に強固なものだ。しかし、ここでは、Linux が「古典的な」Unix の伝統から離れようとしているいくつかの部分を特に強調してみよう。

Linux コミュニティに属するプログラマ、活動家の多くは、エンドユーザーデスクトップ市場で、かなりのシェアを奪おうという志を持っている。そのため、Linux が対象ユーザーとして考えている層は、古い時代の Unix と比べてかなり広いものになっている。Linux ハッカーがソフトウェアを設計するときの考え方は、このことによって大きな影響を受けている。

もっとも大きな変更は、OS が推奨するインターフェイススタイルのシフトである。Unix は、もともとテレタイプと遅いプリンタ端末で使えるように設計されている。Unix の歴史の大半は、グラフィックスもカラーもない文字セルが並んだディスプレイ端末と結び付いている。大きなエンドユーザーアプリケーションが X ベースの GUI に移ったあとも、ほとんどの Unix プログラマは、コマンド行にひしひしとしがみついていた。そして、Unix オペレーティングシステムとそのアプリケーションの設計には、このことが大きな影響を与え続けてきた。

それに対し、Linux ユーザー、プログラマは、技術系ではないユーザーの CLI に対する恐怖感に自分を合わせてきた。彼らは、初期の Unix はもちろん、プロプライエタリ Unix の時代と

比べても、GUIとGUIツールの構築に力を入れてきた。他のオープンソースUnixでも、Linuxほどではないにせよ、傾向は同じである。

エンドユーザーにアピールしたいという思いから、Linuxプログラマたちは、プロプライエタリUnixのときよりも、スムーズなインストールやソフトウェアのディストリビューションの問題もよく考えている。その結果、技術系ではないエンドユーザーの好みに合うインターフェイスを備え、プロプライエタリUnixの類似の機能と比べてもはるかに洗練されたバイナリパッケージシステムがLinuxには含まれている（2003年段階では、まだ部分的に成功しているだけだが）。

Linuxコミュニティは、今までのどのUnixと比べても、他の環境との接続ということに力を入れている。そのため、Linuxは、他のオペレーティングシステムのファイルフォーマットやネットワーク形式の読み込みをサポートしている（書き出しもサポートしていることが多い）。また、同じハードウェアでのマルチブートや、Linux内部でのソフトウェアによる他環境のシミュレートもサポートしている。長期的な目標は、包摂である。Linuxは、他の環境を吸収できるように、エミュレートをしているのだ[*21]。

ライバルの包摂、吸収という目標とエンドユーザーに向き合うという方向性を通じて、LinuxプログラマたちはUnix以外のオペレーティングシステムで生まれた設計思想も受け入れるようになってきている。その分、従来のUnixが孤立主義的に見えるほどだ。10章で見ていくように、システムコンフィグレーションのためにWindowsの.INI形式のファイルを使うLinuxアプリケーションがあるが、これはごく些細な例だ。最近の大きな話題としては、Linux 2.5が拡張ファイル属性を組み込んだが、これによって何よりもまずMacintoshのリソースフォークのセマンティックスをエミュレートできるようになった。

> しかし、アプリケーションがないのでファイルを開けないという**Mac**風の診断を**Linux**が下すようになったら、それは**Linux**が**Unix**ではなくなるときだ。
>
> —— **Doug McIlroy**

残っているプロプライエタリUnix（Solaris、HP-UX、AIXなど）は、大きなIT予算のある企業を対象とした大きな製品に向かいつつある。これらのシステムが目指すニッチ市場は、最先端のハイエンドハードウェアで最大限のパワーを引き出す設計を助長する。それに対し、Linuxは、ルーツの一部がPCを趣味とする人々にあり、より貧弱なものでより多くの力を引き出すことに力点を置いている。プロプライエタリUnixがローエンドハードウェアでのパフォーマンスを犠牲にしてマルチプロセッサ、サーバクラスタ環境に合わせて最適化しているのに対し、Linux文化の中核を形成しているプログラマたちは、ハイエンドハードウェアでパフォーマンスをわずかばかり上げるために、ローエンドマシンで複雑さやオーバーヘッドを上げるよ

---

21. Linuxのエミュレートして吸収という戦略は、一部のライバルの包含して拡張という戦略とははっきり異なる。ユーザーを「拡張」バージョンに閉じ込めるために、エミュレートしているものに対する互換性を破るようなことは、Linuxはしない。

うなことを拒否する考え方を持っている。

実際、Linux ユーザーコミュニティのかなりの部分は、1969 年の Ken Thompson の PDP-7 のような、今日では技術的に古臭くなったハードウェアを再活用する考え方によって支配されている。その結果、Linux アプリケーションは、プロプライエタリ Unix のもとのアプリケーションでは考えられないようなスリム化の圧力を受けている。

Linux におけるこの流れは、Unix 全体の未来に大きな影響を与えるはずだ。このトピックについては、20 章で再び検討することにする。

3.3 死んだものと残ったもの、その理由

私たちは現在、または過去において Unix のライバルであったタイムシェアリングシステムを選んで Unix と比較してきた。比較対照の候補は、それほど多くない。大半のシステム（Multics、ITS、DTSS、TOPS-10、TOPS-20、MTS、GCOS、MPE その他十数種）は、死んでしまってからもう長く、コンピュータの世界の集合記憶からも消えようとしている。私たちが取り上げたシステムのなかでも、VMS と OS/2 は死にかかっており、MacOS は Unix の系統に属するシステムに吸収されてしまった。MVS と VM/CMS は、単一のプロプライエタリメインフレームシステムでしか動かない。Unix の伝統と無関係なライバルとして残っているのは、Microsoft Windows だけだ。

私たちは 1 章で Unix の長所を見てきたし、それは本書の主張の一部ではある。しかし、もっと勉強になるのは、その答の裏側を見て、Unix のライバルたちの弱点が何かを考えることだ。

他のシステムに共通するもっとも明白な問題点は、移植性がないことだ。1980 年以前のほとんどのライバルは、単一のハードウェアプラットフォームに縛られ、そのプラットフォームとともに死んでいった。VMS がここでケーススタディとして取り上げられるくらい生き延びられたのは、オリジナルの VAX ハードウェアから Alpha プロセッサに移植できたからである（2003 年現在では、Alpha から Itanium への移植が進められている）。MacOS は、1980 年代終わりに Motorola 68000 から PowerPC に乗り換えることができた。Microsoft Windows がこの問題に直面しなかったのは、コンピュータの日用品化によって汎用コンピュータが PC のみに集約されてしまったときに、正しい位置にいたからである。

1980 年以降は、Unix に乗り越えられ、圧倒されたシステムの問題点として、もう 1 つの弱点がめだつようになってきた。それは、ネットワークのサポートのまずさである。

ネットワークが浸透してくると、シングルユーザー用として設計されたオペレーティングシステムでも、マルチユーザーの機能（複数の特権グループ）が必要になってくる。これがないと、ユーザーをだまして危険なコードを実行させるようなネットワークトランザクションが、システム全体を破壊してしまう（Windows のマクロウィルスは、この氷山の一角に過ぎない）。ま

た、強力なマルチタスク機能がなければ、オペレーティングシステムがネットワークトラフィックを処理すると同時に、ユーザープログラムを実行することは不可能になってしまう。また、ネットワークプログラムが互いに通信し、ユーザーのフォアグラウンドアプリケーションともやり取りできるようにするために、オペレーティングシステムは効率的な IPC 機能も持っていなければならない。

Windows がこの時代に大きな打撃を受けなかったのは、ネットワークが本当に重要になる前に独占的な地位を確立するとともに、頻発するクラッシュやセキュリティ崩壊をいつものこととして受け入れるようにユーザーたちを慣らしてしまったからに過ぎない。こんな状況が安定して続くはずはないし、Linux が 2003 年段階でサーバ OS 市場に大きく進出しているのは、この問題をクリアしているからである。

パーソナルコンピュータが最初に盛り上がった 1980 年頃、オペレーティングシステムの設計者たちは、重すぎるし、煩わしいし、シングルユーザー用のパーソナルマシンという新しい世界には向いていないとして、Unix などのタイムシェアリングシステムを OS の選択肢から外した。もっとも、GUI インターフェイスは、ウィンドウやウィジェットに結び付けられた実行スレッドを協調させるために、マルチタスク機能を新たに作り直すという需要を作り出していたのだ。しかし、クライアントオペレーティングシステムに向かう流れは強く、サーバオペレーティングシステムは、蒸気機関の時代の遺物として一時は消えかけた。

だが、BeOS の設計者たちが気付いていたように、汎用タイムシェアリングと非常に近いものを実装しなければ、ネットワークの普及による新たな条件には対応できない。シングルユーザーのクライアント OS では、インターネット化された世界で成功することはできないのだ。

クライアント OS とサーバ OS は、この問題のために再び 1 つに収束していった。インターネット以前、1980 年代末の LAN を介したピアツーピアネットワークの試みでも、クライアント OS モデルの弱点が明らかになり始めていた。ネットワーク上のデータを共有できるようにするためには、集合点が必要だったのだ。つまり、サーバなしではネットワークは成り立たない。同じ頃、Macintosh と Windows の 2 つのクライアントオペレーティングシステムは、ユーザーが許容できるインターフェイスの最低品質の水準を大幅に引き上げた。

1990 年までに絶滅した Unix 以外のタイムシェアリングシステムには、クライアント OS の設計者たちがこの難題に取り組むためのヒントになるようなものはあまりなかった。彼らは、Unix を取り込むか（MacOS X のように）、ほぼ同じ機能を少しずつ寄せ集め的に作り直すか（Windows のように）、世界全体を作り直そうとするか（BeOS が試みて失敗したように）しかなかった。しかし、同じ頃、オープンソース Unix は、GUI を使い、安い PC で実行するというクライアント OS 風の能力を育てていったのだ。

今の説明からは、クライアントとサーバの両 OS に同じ程度の負担がかかっているように感じられたかもしれないが、実際にはそれらの間には大きな差があった。クライアント OS に複数の特権クラスや完全なマルチタスクといったサーバ OS の機能をあとから付け足すのは非常に困難なことであり、古いバージョンのクライアントへの互換性を維持できなくなりがちだ。

また、セキュリティやシステムの安定度という点で問題の多い脆弱で満足のいかないシステムになってしまうことが多い。それに対し、サーバ OS に GUI をあとから付け足すことによる問題は、賢さと安いハードウェアリソースの組み合わせで解決できることが多い。建物の場合と同様に、上部構造を壊さずに基礎を取り替えるよりも、しっかりした基礎の上で上部構造を修理するほうが簡単なのだ。

　Unix は、サーバ OS というアーキテクチャ上のアドバンテージに加え、ターゲットユーザーを選ばないという点でも優れていた。Unix の設計者や実装者は、システムのすべての用途がわかっているつもりで仕事をしたことはないのだ。

　このように、クライアント OS のライバルをサーバに変身させるのと比べ、サーバ OS の Unix をクライアント OS に変身させたほうが優れたシステムになることが明らかになった。1990 年代の Unix の復活に貢献した技術的経済的要素は他にもたくさんあるが、OS の設計スタイルの議論で何よりも目に付くのはこのことだ。

第2部
設計

第4章

モジュール化：簡潔に、単純に

> ソフトウェア設計には2通りの方法がある。1つは非常に単純にして、明らかな欠点を作らないようにするというもので、もう1つは非常に複雑にして、明らかな欠点を作らないようにするというものだ。難しいのは、前者のほうだ。
> —— **C. A. R. Hoare, The Emperor's Old Clothes, CACM February 1981**

　コードの分割方法には自然な階層関係がある。プログラマたちは、複雑さの度合いをどんどん増していくコードを何とか手なずけるために、コードの分割方法を発展させてきた。最初期のコードは、1個の巨大なマシンコードの塊だった。もっとも古い手続き型言語によって、サブルーチンによる分割の概念が導入された。その後、複数のプログラムの間で共通のユーティリティ関数を共有するサービスライブラリというものが発明された。さらに、分割されたアドレス空間とプロセス間通信が発明された。今日では、数千 km のネットワークケーブルでつながれた複数のホストにまたがる分散システムが、ごく当たり前に構築されている。

　初期の Unix 開発者たちは、ソフトウェアのモジュール化という点でも開拓者だった。彼ら以前、モジュール化の原則はコンピュータ科学の理論ではあっても、工学の実践ではなかったのだ。設計におけるモジュール化の経済を論じた先駆的研究である Design Rules [Baldwin-Clark] は、ケーススタディとしてコンピュータ産業の発展を取り上げ、ハードウェアではなく稼動するソフトウェアにモジュール分割の方法を系統的に適用した最初は、Unix コミュニティだとしている。もちろん、ハードウェアのモジュール化は、1800 年代の終わりにねじ山の標準規格を採用して以来、工学の基礎の1つとなっている。

　ここで、モジュール化の原則を強調しておきたい。複雑だが失敗しないソフトウェアを書くためには、単純なモジュールをいくつも作り、適切に定義されたインターフェイスでそれらを接続するしか方法はない。こうすれば、ほとんどの問題は局所化され、全体を壊さずに部分だけを修正、改良することも、まんざら不可能なことではなくなってくる。

　モジュール化を意識し、直交性や簡潔性に注意を払う伝統は、他のどこよりも Unix プログ

ラマの間で血肉として生きている。

> 初期のUnixプログラマたちがモジュール化に上達したのは、必要性があったからだ。**OS**はもっとも複雑なコードの**1**つであり、適切な構造を持たなければばらばらに分解してしまう。**Unix**でも、作ったものを捨てなければならなくなるような失敗が初期の時代には**2**回ほどあった。その元凶として初期の**C**（構造体がなかった）を非難することもできるだろうが、やはり基本的には**OS**が複雑すぎて書けなかったということが原因なのだ。その複雑さを飼いならすためには、ツール（**C**の構造体など）とその使い方（**Rob Pike**のプログラミング原則など）の両面で進歩しなければならなかったのである。
>
> —— **Ken Thompson**

初期のUnixハッカーたちは、さまざまな面でこの問題に苦しんでいた。1970年のプログラミング言語では、関数呼び出しは高くつく処理だった。それは、呼び出しのセマンティックスが複雑だったり（PL/1やAlgol）、コンパイラが呼び出し時間を犠牲にして高速内部ループなどの他の目的のために最適化をかけていたりしたからである。そのため、コードは巨大な塊として書かれる傾向にあった。Kenを始めとする初期のUnix開発者たちは、モジュール化が優れた考え方だということを知っていたが、PL/1の問題も知っており、パフォーマンスが耐えられないほどに落ちるのを恐れて、小さな関数を書くのを躊躇した。

> **Dennis Ritchie**は、**C**では関数呼び出しに本当の本当にコストがかからないのだとだれ彼にいって回ってモジュール化の旗振り役になった。だれもが小さな関数を書き、モジュール化することを始めた。数年後、**PDP-11**では依然として関数呼び出しにコストがかかり、**VAX**コードは実行時間の**50%**程度を**CALLS**命令の処理に費やしていることがわかった。**Dennis**は私たちに嘘をついたのだ。しかし、気がついたのが遅すぎた。私たちはみなモジュール化にはまって戻れなくなっていたのだ。
>
> —— **Steve Johnson**

今日では、Unix育ちかどうかにかかわらず、すべてのプログラマが、プログラムのサブルーチンレベルではモジュール化をするように教えられている。モジュールレベルあるいは抽象データ型レベルでモジュール化を実現する技（わざ）を学んで、それを「優れた設計」と呼んでいる人もいる。デザインパターン運動は、さらにそこから水準を上げ、複数のプログラムにまたがる大規模な構造を構想するときに応用できるような設計抽象を見出すべく、崇高な努力を重ねている。

この種の問題分割の方法を改良することは、目標として立てるにふさわしいことであり、Unix外の世界でも多くの優れた研究が行われている。しかし、本書では、複数のプログラムの間のモジュール化問題を細かいところまで全面展開するつもりはない。なぜかというと、まず第一に、このテーマはそれだけで1冊の本（あるいは数冊の本）を書くに足るテーマだからであり、

第二に、この本は Unix プログラミングの技を説く本だからだ。

本書ですることは、Unix の伝統がモジュール化の原則に従うためにはどうしたらよいかについて教えてくれていることを具体的に検討することだ。この章では、プロセス単位内での分割について取り上げる。7 章では、複数の連動するプロセスにプログラムの機能を分割するとよい状況について、またそのような分割をするうえでの具体的なテクニックについて論じていく。

4.1 カプセル化と最適なモジュールサイズ

モジュール化されたコードの第一の、そしてもっとも重要な品質は、カプセル化の度合いだ。適切にカプセル化されたモジュールは、内部構造を互いに見せない。それらのモジュールは互いの実装の中途の部分を呼び出したりしないし、グローバルなデータを無差別に共有したりしない。モジュールは、アプリケーションプログラミングインターフェイス（API）と呼ばれる、適切に定義された手続き呼び出しとデータ構造の狭い通路を通じてやり取りする。これこそが、モジュール化の原則だ。

モジュール間の API には、2 つの役割がある。実装レベルでは、互いの内部構造が近隣に漏れ出さないようにするためのモジュール間の隘路として働く。設計レベルでは、API こそが（API の間に挟まった実装のビットではなく）アーキテクチャを定義する。

API がうまく設計されているかどうかについては、よいテストがある。純粋な自然言語（ソースコードへの展開を許さない）で API のドキュメントを書こうとしたときに、まともな意味になるかというものである。コードを書く前に API の非公式ドキュメントを書く習慣を付けるのは、とてもよいことだ。実際、もっとも有能な開発者のなかには、まずインターフェイスを定義し、次にインターフェイスを説明する簡潔なコメントを書き、それからコードを書く人がいる。コメントを書く過程で、コードが何をしなければならないかが明らかになるというのだ。このような記述は、思考を構造化することを助け、モジュールのコメントとして役に立つ。最終的には、将来コードを読む人のためのロードマップドキュメントとして転用しようとさえ思うはずだ。

モジュール分割を厳格にしていけば、部品はより小さくなり、API 定義の重要性も増す。そして、全体としての複雑さ、それによるシステムの脆弱性は下がる。コンピュータ科学の世界では、1970 年代以来、ソフトウェアシステムは入れ子状のモジュールの階層構造として設計すべきであり、各レベルのモジュールのサイズを最小限に抑えるべきだという考え方が正しい知恵として広く受け容れられている（たとえば、［Parnas］などを見よ）。

しかし、この種の分割を過度に推し進めると、モジュールが小さくなりすぎるということもありえる。その証拠に、欠陥密度とモジュールサイズの相関関係をグラフ化すると［Hatton97］、曲線は両端が上に向いた U 字型になる（**図 4-1** 参照）。非常に小さいモジュールや非常に大き

いモジュールは、中間のサイズのモジュールと比べてバグが多い。同じことは、モジュールあたりの行数と欠陥の総数の関係をグラフ化してもわかる。曲線は、ある「スイートスポット」まで指数的に上がり、そこで平らになって（欠陥密度の曲線の最底辺に対応している）、その後は行数の自乗に比例して増えていく（この曲線全体は、Brooks の法則[*1]から直観的に予想できるところだ）。

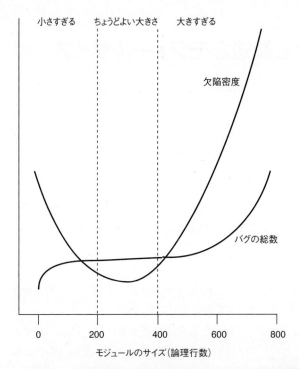

図 4-1　欠陥の総数、欠陥密度とモジュールサイズの相関関係

小さなサイズのモジュールでバグの発生率が上がるという予想外の傾向は、異なる言語で書かれたさまざまなシステムにあてはまる。Hatton は、この非線型相関を人間の短期記憶のチャンクサイズに関連付けるモデルを提案している[*2]。この非線型相関は、モジュールサイズが小さくなると、インターフェイスが複雑になり、そちらが支配的な意味を持つようになると解釈することもできる。何かを理解するためにはすべてを理解しなければならないので、コードを読むのが難しくなってしまうのだ。7 章では、プログラムの分割方法のより高度な形を検討す

---

1. Brooks の法則は、進行が遅れているプロジェクトにプログラマを追加投入すると、プロジェクトがさらに遅れることを予言する。より一般的にいえば、経費とプログラムの誤りは、プロジェクトに参加しているプログラマの数の自乗に比例して増える。
2. Hatton のモデルでは、プログラマが短期記憶に保持できる最大のチャンクサイズのわずかな差が、プログラマの能力の大小に乗法的な大影響を与える。Fred Brooks らが観察したような 10 倍（あるいはそれ以上）の能力差は、主としてこれによって生まれているのかもしれない。

るが、そこでも、コンポーネントプロセスが小さくなるにつれて、インターフェイスプロトコルの複雑さがシステムの全体的な複雑さを左右することが明らかになる。

　数学用語でないことばを使えば、他の要素（プログラマの技能など）がすべて等しい場合、コードあたり200行から400行の間に欠陥密度がもっとも低くなるスイートスポットがあるということを、Hattonは経験的に導き出したといえる。このサイズは、使っているプログラミング言語とは関係がない。本書は他のページで、もっとも強力な言語とツールでプログラムを書くべきだと主張しているが、Hattonの結論はこのアドバイスの有力な論拠となる。しかし、あまりこの数字を杓子定規に考えすぎないことも大切だ。論理コードの行数は、アナリストが論理行というものをどのように考えているかやその他の条件（たとえば、コメントを取り除くべきかどうか）によって大きく変わる。Hatton自身は、論理行の2倍が物理行になるという2倍変換を目安としている。だから、物理行にすれば、最良の範囲は400行から800行ということになる。

4.2 簡潔性と直交性

　コードは、最適のチャンクサイズであればよいというようなものではない。言語とAPI（ライブラリ、システムコールなど）も、HattonのU字曲線と同様の人間の認識上の制約に直面する。

　そのため、Unixプログラマたちは、API、コマンドセット、プロトコルなど、コンピュータにさせるマジックを設計するときには、かならず他の2つのポイントについて熟考すべきことを学んできた。すなわち、簡潔性と直交性である。

4.2.1 簡潔性

　簡潔性とは、設計が人間の頭のなかに入る程度のものかどうかということだ。簡潔性が備わっているかどうかは、熟練ユーザーが日常的にマニュアルを必要とするかどうかで実践的にテストできる。必要でなければ、その設計（あるいは、少なくとも通常利用されるサブセット）は、簡潔でコンパクトだといえる。

　簡潔なソフトウェアツールは、使いやすいハードウェアの道具が持っている美点をすべて備えている。使って楽しく、頭と仕事の間にしゃしゃり出てくることがなく、生産性を高めてくれる。そして、使いにくいツールと比べれば、手の中でひっくり返って作業者を傷つけるようなこともずっと少ないはずだ。

　簡潔だということは「弱い」ということではない。思い描きやすく、現実にうまく合った抽象の上に築かれた設計なら、高い能力と柔軟性を発揮しつつ、同時に簡潔であるということも可

能だ。簡潔だということは「簡単に学べる」ということとも違う。簡潔な設計のなかには、基礎にある難解な概念モデルを習得するまでは理解することがきわめて難しいものがある。しかし、その概念モデルを習得したときには、世界の見方ががらりと変わり、簡潔が単純に変わるのだ。多くの人々にとってそのように感じられるものの古典的な例としては、Lisp言語が挙げられる。

簡潔だということは「小さい」ということでもない。適切に設計されていて、熟練ユーザーからすれば予測可能で「自明」なシステムなら、かなり多くの部品が含まれている場合がある。

—— **Ken Arnold**

　絶対的な意味で簡潔だといえるソフトウェア設計はごくまれだが、少し緩やかな意味にとって簡潔だといえる設計はかなりある。このような設計は、コンパクトなワーキングセット、すなわち、熟練ユーザーの通常のニーズの80%以上をカバーできる機能サブセットを持っている。実際的な話をすると、そのような設計であれば、通常ならリファレンスカードかカンニングペーパーがあれば使え、マニュアルはいらない。そのような設計のことを厳密に簡潔な設計と区別して、かなり簡潔な設計と呼ぶことにしよう。

　この概念を理解するには、たぶん具体例を使ったほうがよいだろう。UnixのシステムコールAPIはかなり簡潔だが、標準Cライブラリは簡潔からは程遠い。Unixプログラマは、ほとんどのアプリケーションプログラミングで十分足りるシステムコールのサブセット（ファイルシステム操作、シグナル、プロセス制御など）を頭に入れておくが、現代のUnixに搭載されているCライブラリは、数学関数など、数百種のエントリポイントを含んでおり、1人のプログラマの頭蓋骨のなかにとても収まりきるものではない。

　The Magical Number Seven, Plus or Minus Two: Some Limits on Our Capacity for Processing Information（マジックナンバー7±2：人間の情報処理能力の限界）［Miller］は、認知心理学の基本文献の1つだ（ちなみに、アメリカの市内電話番号が7桁になっている理由はここにある）。この論文は、人間が短期記憶に保持できる情報アイテムの数は7±2個だということを示した。この数は、APIが簡潔かどうかを評価するうえでの適当な目安を与えてくれる。プログラマが7個よりも多くのエントリポイントを覚えておかなければならないかどうか。もしそうなら、そのAPIは厳密に簡潔だとはいえない。

　Unixツールのなかでは、make(1)は簡潔だが、autoconf(1)とautomake(1)は簡潔ではない。マークアップ言語のなかでは、HTMLはかなり簡潔だが、DocBook（18章で取り上げる予定のドキュメントマークアップ言語）は簡潔ではない。man(7)マクロは簡潔だが、troff(1)マークアップは簡潔ではない。

　汎用プログラミング言語のなかでは、CとPythonはかなり簡潔だが、Perl、Java、Emacs Lisp、シェルは簡潔ではない（特に、本格的なシェルプログラミングをするためにはsed(1)やawk(1)など、他の数種類のツールの知識が必要だ）。C++は、簡潔性に敵対している。実際、この言語の設計者は、1人のプログラマがこの言語を完全に理解することは不可能だろうという

ことを認めている。

　簡潔でない設計のなかには、内部に機能の冗長性が十分にあり、個々のプログラマがワーキングセットを選べば一般的な仕事の 80% をこなせるような簡潔な方言を切り取ってこれるものがある。たとえば、Perl にはこのような擬似的な簡潔性がある。しかし、このような設計には罠が仕込まれているともいえる。2 人のプログラマが 1 つのプロジェクトについてコミュニケーションを取ろうとしたときに、ワーキングサブセットの違いがコードを理解し、書き換えるうえでの大きな障害となる場合がある。

　しかし、簡潔でない設計が自動的に悪いとか、長生きできないというわけではない。問題領域のなかには、単純に簡潔な設計ではカバーできないくらい複雑すぎるものがある。また、生の処理能力とか守備範囲の広さといった他の長所を引き出すために簡潔性を犠牲にしなければならない場合もある。troff マークアップはそのよい例だ。BSD のソケット API もそうである。私たちが簡潔性を美点として強調するのは、簡潔性を絶対必要条件として読者に強制するためではなく、Unix プログラマがしていることを読者に学んでほしいからだ。簡潔性の価値を正当に認め、できる限り簡潔性を保つように設計し、簡単に簡潔性を捨てないようにしよう。

4.2.2 直交性

　直交性は、複雑な設計を簡潔なものにすることさえできるもっとも重要な性質の 1 つだ。純粋に直交的な設計では、処理は副作用を持たない。個々の操作（API 呼び出し、マクロの実行、言語処理のいずれにしても）は、他のものに影響を与えずに 1 つだけのものを変える。制御しているシステムが何であれ、個々の属性を変更する方法は必ず 1 つあり、1 つしかない。

　モニタは、直交的に制御できる。ブライトネスはコントラストと独立に変更でき、カラーバランスは（変えられる場合）これら 2 つとは独立に変更できる。ブライトネスのつまみをいじるとカラーバランスも変わるようなモニタがあったとして、その調整がどれくらい難しいか考えてみてほしい。ブライトネスを変えるたびにカラーバランスを操作して戻さなければならないのだ。しかも、コントラストもカラーバランスに影響を与えるとしたらどうだろうか。コントラストかカラーバランスのどちらか片方だけを変えたい場合には、両方のつまみを同時に正確に操作しなければならなくなってしまう。

　ソフトウェアの設計では、あまりにも多くのものが直交性を持たない。たとえば、ある形式（ソース）のデータを読み、他の形式（ターゲット）にして出力するコードによく見られる設計ミスがある。ソース形式のデータは必ずディスクファイルに格納されていると思い込んでいる設計者は、名前付きファイルをオープンして読み出す対話関数を書いてしまうのだ。しかし、通常なら、入力はファイルハンドルでさえあれば、何でもよいはずだ。変換ルーチンが直交的に設計されていて、たとえばファイルオープンのような副作用がなければ、標準入力、ネットワークソケットなどのソースから供給されたデータストリームを変換しなければならない場合でも、最初の仕事をそのまま転用できるところだ。

Doug McIlroyの「1つのことをしっかりやれ」というアドバイスは、通常は単純であれという意味だと解釈されている。しかし、明示されてはいないものの、同じくらい重要な意味として、直交的であれという意味でもある。

　しかし、プログラムが1つのことをしっかりやったうえで、副作用として別のことをすること自体は、必ずしも問題ではない。副作用の部分をサポートすることがプログラムを複雑にしたり、バグに弱くしたりすることがなければかまわない。9章では、ASCII文字の別名（16進、8進、ビットパターンなど）を縷々出力する`ascii`というプログラムを見ていくが、このプログラムは副作用として、0から255までの範囲の数値の手っ取り早い基数変換プログラムとして使える。この第二の使い方をサポートする道具立ては、すべてメインの機能を実現するために必要なものなので、直交性の原則に違反するものではない。2つめの使い方によって、プログラムのドキュメントやメンテナンスが難しくなるわけではないのだ。

　非直交性の問題が起きるのは、副作用がプログラマやユーザーのメンタルモデルを複雑化し、忘却を誘って、なんらかの結末をもたらすときだ。その結末は、別に重大なものでなくても、単に不便というだけでもよい。副作用のことを忘れていない場合でも、副作用を抑えるとか回避するとかのために余分な仕事をすることを余儀なくされるのなら問題だ。

　直交性とその達成方法については、The Pragmatic Programmer [Hunt-Thomas] に優れた議論が含まれている。彼らが指摘するように、副作用を起こしたり、他のコードからの副作用に依存したりしていないコードは簡単に動作を確かめられるので、テストと開発のために必要な時間が短縮される。テストすべき組み合わせが減るのだ。直交的なコードは、エラーを起こしたとしても、システムの他の部分に影響を与えずに簡単に置き換えられる。そして、直交的なコードはドキュメントを書きやすく、再利用しやすい。

　リファクタリングの概念を初めて明示的に提示したのは、XP（エクストリームプログラミング）の人々だが、この概念は直交性と密接な関係を持っている。コードをリファクタリングするということは、見かけの動作を変えることなく、コードの構造を変えることだ。ソフトウェアエンジニアは、もちろんソフトウェア工学という分野が生まれたときからこれを行っているが、これにリファクタリングという名前を与え、そのためのテクニックとして蓄積されたものをはっきりさせることによって、思考をうまく集中させられるようになった。リファクタリングの考え方はUnixの設計伝統の中心課題とぴったり合うので、Unixプログラマたちもすぐにリファクタリングの用語と発想を取り入れるようになった[*3]。

---

3. このトピックの基本文献であるRefactoring [Fowler] は、もう少しでリファクタリングの第一の目標は直交性を上げることだと書くところまできている。しかし、直交性という概念を持たない著者は、いくつかの異なる方向から直交性に近いことを表現しているに過ぎない。コードの重複などのさまざまな「いやな臭い」と書かれているものは、どれもなんらかの直交性違反のことだ。

Unix の基本 API は、直交性を意識して設計されており、完全ではないがかなり成功を収めている。たとえば、Unix プログラマにとって、書き込みのために排他ロックをかけることなく、書き込み用でファイルをオープンできるのは当然のことだ。しかし、すべてのオペレーティングシステムがそのように寛容にできているわけではない。古いスタイル（System III）のシグナルは、シグナルを受信したときに、シグナルハンドラをデフォルトの受信したら死ぬというモードにリセットする副作用があったので、直交的ではなかった。他にも、BSD のソケット API や X Window System の描画ライブラリのような大規模な直交的でないパッチはあった。

　しかし、全体としては、Unix API はよいほうだ。そうでなければ、他のオペレーティングシステムの C ライブラリがこれほど広範囲に Unix API を模倣することはなかったし、模倣することもできなかっただろう。Unix プログラマでなくても、Unix API を学べばいいことがあるという理由の 1 つでもある。Unix API には、直交性について学ぶべきことがあるのだ。

4.2.3 SPOT 原則

　Pragmatic Programmer は、特に重要なタイプの直交性のためにある原則を提唱している。それは、すべての知識はシステム内で単一のあいまいでない正式な表現を持たなければならないというもので、「自己反復禁止」原則と呼ばれている。しかし、この本では、Brian Kernighan の提案に従って、SPOT（Single Point Of Truth：真実の 1 点）原則と呼ぶことにしよう。

　反復や繰り返しがあるということは、すべてを変更すべきときに一部を変更し忘れるミスを招くということであり、整合しない部分や見つけにくいバグを生みやすい。また、反復があるということは、コードの構成について十分に考えていない兆候でもある。

　定数、表、メタデータは、1 度だけ宣言、初期化したうえで、他の場所ではそれをそのまま使うべきだ。コードの重複が見つかるということは、危険の兆候である。複雑さはコストであり、2 度も同じコストを支払うべきではない。

　コードの重複は、リファクタリングによって取り除けることが多い。つまり、核となるアルゴリズムを変えずにコードの構成を変えるのだ。データの重複は、どうしてもやむをえないことに見える場合があるが、そう思うときには、次の質問に答えてみよう。

- 2 つの異なる箇所で 2 つの異なる表現を持たなければならないのでコード内に重複データがある場合、片方からもう片方の表現を生成する、あるいは共通のソースから 2 つを生成する関数、ツール、コードジェネレータを書くことができるか。
- ドキュメントがコード内の知識を重複して持っている場合、ドキュメントの一部をコードの一部から生成する、あるいはその逆はできないか。また、より高い水準の表現から両方を生成することはできないか。
- ヘッダファイルとインターフェイス宣言が実装コードの知識を重複して持っている場合、コードからヘッダファイルやインターフェイス宣言を生成することはできないか。

データ構造にも、SPOT原則に似た「ジャンクなし、混同なし」という原則がある。「ジャンクなし」とは、データ構造（モデル）は最小限のものでなければならないという意味である。たとえば、存在しえない状況まで表現できるほどの一般性を持たせないことがこれにあたる。「混同なし」とは、現実の世界の問題で別々に管理しなければならないものは、モデルでも別々に管理しなければならないということだ。一言でいえば、SPOT原則は、モデリングしようとしている現実世界のシステムの状態とデータ構造の状態とが一対一の対応関係を持つことを追求していく。

Unixの伝統からは、さらにいくつかの考え方をSPOT原則に追加できる。

- データの複製を使っているのは、なんらかの計算や照合などの中間結果をキャッシュしているのか。その場合、最適化として中途半端になっていないかをよく検討すべきである。古くなったキャッシュ（およびキャッシュがフレッシュな状態を保つことを前提としているコード）は、バグの豊かな供給源であり[4]、キャッシュ管理のオーバーヘッドが予想以上になる場合には（よくあることだ）、全体としてのパフォーマンスを引き下げてしまう。
- 同じような紋切り型のコードが大量にある場合には、単一の高水準表現に条件の違いを反映させる形で、それらすべてを自動生成することはできないか。

ここからはあるパターンが見えてくるはずだ。

Unixの世界では、統一的な考え方としてSPOT原則をはっきりと打ち出すことはほとんどなかった。しかし、コードジェネレータを多用して特定のタイプのSPOTを実現することは、Unixの伝統の一部である。これらのテクニックについては、9章で概観する。

4.2.4 簡潔性と強力な単純の中心にあるもの

発見的な方法やごまかしを避け、問題の明確で公式的な定義に直接結び付いた強力なコアアルゴリズムを中心として設計を構成することは難しいが、設計を簡潔にするということでは強力な効果を発揮する。

> 公式化は、仕事を見違えるほど明確にすることが多い。プログラマにとって、仕事の一部が標準的なコンピュータ科学のカテゴリにあてはまること（たとえば、ここが深さ優先探索で、そこがクイックソートというような）を認識しただけでは足りない。仕事の核心を公式化でき、明確なモデルを構築できるときに、最良の結果が得られる。究極的なユーザーがそのモデルを理解する必要はない。全体を統一するコアがあるということが、安心感を生み、スイスアーミーナイフ的プログラムを使うときによく起

---

4. まずいキャッシングの典型例は、csh(1)のrehashディレクティブだ。詳しくはman 1 cshと打ってみること。12.4.3節でも別の例を示す。

きる、これを作ったやつはいったい何を考えてんだ的瞬間を減らしてくれる。

—— Doug McIlroy

　これは、見過ごされがちだが、Unix の伝統が持つ強みだ。もっとも強力な Unix ツールの多くは、なんらかの単純で強力なアルゴリズムを直訳したものに薄いラップをかけたようなものなのである。

　おそらく、そのもっとも顕著な例は、複数のファイルに含まれる違いを報告する diff(1) だろう。このツールと、その姉妹プログラムである patch(1) は、現代 Unix のネットワーク分散開発スタイルの中核を担うようになっている。diff の価値は、めったに人を驚かさないことにある。diff は、シーケンスの比較のための単純で数学的にまともな方法を使っているので、特殊条件や面倒な境界条件などを持っていない。そこで、次のように評価されている。

> **Unix の diff は、数学モデルと緊密なアルゴリズムのおかげで、類似品とはまったく対照的な仕上がりになっている。まず、中心のエンジン部は小さく、安定しており、今まで 1 行たりともメンテナンスが必要になったことはない。第二に、結果が明確で安定しており、発見的な方法のようにしくじってびっくりする結果を起こすようなことがない。**

—— Doug McIlroy

　diff を使う人は、核となっているアルゴリズムを必ずしも完璧に理解していなくても、特定の状況において diff が何をしてくれるかについて、直観的なイメージを持つことができる。Unix が豊富に抱える強力なアルゴリズムを通じてこのような形の明確性を獲得した有名な例は他にもある。

- パターンマッチによってファイルから行を選び出す grep(1) ユーティリティは、代数学の公式的な正規表現パターン理論にラップをかけたものだ（詳しくは「ケーススタディ：正規表現」の節を参照のこと）。この統一的な数学モデルがなければ、もっとも古い Unix に含まれていたオリジナルの glob(1) のようなものになっていただろう。glob(1) は、組み合わせて使えない少数のワイルドカードを持つだけだったのだ。
- 言語パーサを生成する yacc(1) ユーティリティは、LR(1) 文法の公式的な理論にラップをかけたものだ。相棒の字句解析器ジェネレータ、lex(1) も、非決定的有限オートマトンの理論のラッパーである。

　これら 3 つのプログラムは、正しく動作することが当然と考えられるくらいバグフリーで、プログラマの手のなかにに収まるくらいコンパクトだ。サービス期間が長く、ひんぱんに使われているためにプログラムが磨かれてきたから、これだけの品質になったというわけではない。むしろ重要なのは、コアとなるアルゴリズムが強力で、おそらく正しいことだ。これらのプログラムは、最初から磨き上げる必要がなかったのだ。

公式的なアルゴリズムによるのと対極的な行き方は、発見的な方法を使うものである。発見的な方法とは、たぶん正しいが絶対確実に正しいとはいえない方向に向かって経験則を組み合わせていく方法だ。決定的に正しい方法がない場合には、やむをえず発見的な方法を使うことがある。たとえば、SPAMフィルタだ。アルゴリズム的に完璧なSPAMフィルタは、モジュールとして自然言語を理解するという大きな問題を完全に解決する必要がある。また、公式的に正しい方法では高くついて実装できないような場合にも、発見的な方法を使う。仮想メモリ管理は、これのよい例だ。ほとんど完璧な解法はあるが、実行時に膨大なインストルメンテーションを必要とするため、オーバーヘッドが理論的なメリットを上回ってしまう。

　発見的な方法の問題は、特殊条件や境界条件をはびこらせてしまうことだ。他に問題がなくても、失敗したときのためになんらかの回復メカニズムを用意する必要がある。すると、そのあとから、プログラムが複雑になったときに普通に発生する問題が派生する。その結果発生する二者択一を管理するために、最初からそのような問題が起きることを意識しなければならなくなる。コードが複雑になることにかかるコストを割り引いても引き合うだけのパフォーマンスの向上が見られるのかどうかを常に考えなければならない。このとき、パフォーマンスの違いを当て推量してはだめだ。必ず実際に計測してから、判断しなければならない。

4.2.5　独立性の価値

　この本は、冒頭で禅の「教外別伝、不立文字」を引き合いに出すことから始めたが、それは単なるエキゾチックな格好付けではない。Unixの中核を形成するコンセプトには、常に禅的な単純さという裏打ちがあったのだ。Unixにまつわる歴史的な事件の数々を通じて光り輝いているのはこれだ。C Programming language［Kernighan-Ritchie］や世界にUnixを紹介した1974のCACM論文など、Unixの礎石ともいうべき基本文献にもこの考え方は反映している。1974年論文でもっともよく引用されるのは、「……制約のおかげで、効率を上げられただけではなく、設計にある種の優雅さを導入することができた」というところだ。この単純さは、言語やオペレーティングシステムがどの程度のことをできるかではなく、どの程度のことしかできないかを考えるように努めることから生まれる。単純さは、とらわれや執着からではなく、0からスタートすることによって得られるものだ（禅はこれを「初心」とか「空の心」と呼んでいる）。

　簡潔で直交的な設計をつかむには、0からスタートすることだ。禅は、執着が災いを呼ぶことを教える。ソフトウェア設計の経験は、無意識の前提条件にとらわれることが、直交性のない簡潔でない設計や、プロジェクトの失敗、メンテナンスのきついプロジェクトを招くことを教える。

　禅は悟りを開き、苦から解脱するために、捨て去ることを教える。Unixの伝統は、設計問題にたまたま付随することになった偶然的な条件を捨て去ること（独立性）を教える。抽象化し、単純化し、一般化せよ。ソフトウェアを書くのは問題を解決するためなので、問題を完全に捨て去ることはできない。しかし、どれだけ多くの先入観を捨て去ることができ、それにより設

計がより直交的で簡潔なものになるかどうかを考えることは、メンタルな面でのレッスンとしてやってみる価値のあることだ。そうすれば、結果としてコードの再利用の可能性が開けてくることが多い。

なお、Unix と禅の関係についてのジョークも、Unix の生きた伝統の一部だ[*5]。これは偶然ではない。

4.3 ソフトウェアにはたくさんの階層がある

大まかにいって、関数やオブジェクトの階層を設計するときに向かう方向は2つある。どちらをどのようなときに選ぶかは、コードの階層構造に深い影響を与える。

4.3.1 トップダウン対ボトムアップ

1つの方向は、ボトムアップ、すなわち具体から抽象へというものだ。問題領域のなかで実行しなければならないことがわかっている具体的な処理からスタートしていく道筋である。たとえば、ディスクドライブのファームウェアを設計する場合、最下位のプリミティブは「物理ブロックにヘッドをシークさせる」、「物理ブロックを読む」、「物理ブロックに書く」、「ドライブ LED をトグルさせる」等々といったものになるだろう。

もう1つの方向は、トップダウン、抽象から具体へというものだ。プロジェクト全体とかアプリケーションのロジックといった最上位の部分を規定してから、個々の処理を規定していく。たとえば、数種類のメディアに対応できる大容量記憶コントローラを設計する場合、「論理ブロックをシークする」、「論理ブロックを読む」、「論理ブロックに書く」、「インジケータをトグルする」といった抽象的な処理からスタートすることになるだろう。これらは、複数の物理デバイスにまたがって使える汎用性を意図しているという点で、名前の似たハードウェアレベルの処理とは異なる。

この2つは、同じハードウェアのグループのための2通りの設計方法として存在しうる。このような場合の選択肢は、ハードウェアを抽象するか（オブジェクトが現実のハードウェアをカプセル化し、プログラムはそれらの操作の単なるリストとなる）、なんらかの動作モデルを組織するか（そして、動作ロジックの流れのなかに、実際のハードウェア操作を埋め込んでいく）のどちらかになる。

他のさまざまな文脈のなかでも、同じような選択が無数に現れる。たとえば、MIDI シーケンサソフトウェアを書いているものとしよう。どこを中心としてコードを構成するかというと、トップレベル（トラックをシーケンスにまとめること）とボトムレベル（パッチやサンプルの

---

5. Unix と禅のクロスオーバーについての最近の例は、付録 D にある。

切り替えや波形ジェネレータの駆動）の両方がありえる。

　両者の違いを非常に具体的に見分ける方法がある。設計がメインイベントループ（メインイベントループは、高水準のアプリケーションロジックに密接に結び付いたものになることが多い）を中心として構成されているか、メインループが呼び出せるすべての処理をまとめたサービスライブラリを中心として構成されているかを考えてみるのだ。トップダウンで仕事をする設計者は、プログラムのメインイベントループを考えるところから仕事を始め、あとで個々のイベントを組み込んでいく。ボトムアップで仕事をする設計者は、個々の処理をカプセル化することについて考えることから始め、あとでそれらを組み合わせて一貫性の取れた秩序を作り上げることを考える。

　もっと大規模なシステムの例として、Webブラウザの設計について考えてみよう。Webブラウザのトップレベルの設計とは、ブラウザの期待される動作をまとめた仕様だ。解釈するURLのタイプ（`http:`、`ftp:`、`file:`など）、展開できることが期待されるイメージのタイプ、JavaやJavaScriptを受け容れるかどうか、受け容れる場合にはどのような制限があるのか等々がある。このトップレベルの視点に対応する実装の階層はメインイベントループだ。ループは、ユーザーの操作（Webリンクのクリックやフィールドへの文字の入力）を待ち、集めて、適切なルーチンに分岐する。

　しかし、Webブラウザは、仕事を進めるためにさまざまな領域のプリミティブを呼び出さなければならない。ネットワーク接続の開設、ネットワークを介したデータの送信、応答の受信などで1つの領域、ブラウザが使うGUIツールキットの処理に関連したものでもう1つの領域、さらに受け取ったHTMLをテキストからドキュメントオブジェクトの木構造に展開するメカニズムに関連したもので第三の領域となる。

　スタックのどちらの端から始めるかが重要な意味を持つ。というのも、反対側の端は、最初の選択によって制約を受ける可能性が高いからだ。純粋トップダウン方式でプログラムを書くと、アプリケーションロジックが望む問題領域プリミティブと実際に実装できるものとに食い違いが生まれて落ち着かない思いをすることがある。逆に、純粋ボトムアップでプログラムを書くと、アプリケーションロジックとは無関係な仕事を大量にするはめになる場合がある。あるいは、家を作ろうとしているのに、レンガの山を作っているだけだったりする場合もある。

　1960年代の構造化プログラミング論争以来、初心者プログラマたちは、正しい方法はトップダウン方式だと教えられてきている。プログラムがすべきことを抽象レベルで規定し、少しずつその仕様を磨いていって、抜けているところに実装を埋めていくと、最終的には具体的な動くコードが手に入るというのである。トップダウン方式は、一般に3つの前提条件が満たされる場合には優れた方法になりうる。すなわち、(a) あらかじめ、プログラムがすべきことを正確に規定でき、(b) 実装の過程でその仕様が大幅に変わる可能性が低く、(c) プログラムに仕事をどのように実現させるかを選ぶうえで低水準の選択肢が豊富にある場合だ。

　これらの条件は、プログラムが比較的ユーザーに近いソフトウェアスタックの上位に位置するとき、すなわちアプリケーションプログラミングにおいて比較的満たされやすい。しかし、こ

のレベルでも3つの前提条件は満たされないことがよくある。ユーザーインターフェイスをエンドユーザーテストにかけてみるまでは、ワードプロセッサや描画プログラムの「正しい」挙動がどのようなものかわかっているとは限らない。純粋トップダウン方式のプログラミングは、インターフェイスを現実性チェックに通していないために、スクラップビルドを繰り返してコードに労力をかけすぎてしまう場合が多い。

この問題からの自衛のために、プログラマは2つのことをしようとする。トップダウン方式でアプリケーションロジックとしての抽象的な仕様を表現する一方で、低水準の問題領域プリミティブを関数やライブラリという形で大量に確保し、トップレベル設計が変わっても、再利用できるようにするのだ。

Unixプログラマはシステムプログラミングを中心とする伝統を受け継いできている。システムプログラミングでは、低水準プリミティブは、その性質上固定され、非常に重要度の高いハードウェアレベルの処理だ。そこで、彼らは習い覚えて身に付けた習性で、ボトムアッププログラミングに比重をおいている。

システムプログラマかどうかにかかわらず、まだ完全に理解できていないハードウェア、ソフトウェア、実世界の現象をより深く理解しようとして、探求的にプログラミングをしている場合には、ボトムアップ方式のほうが魅力的だ。ボトムアッププログラミングは、曖昧な仕様に磨きをかける時間と余裕を与えてくれる。ボトムアップ方式は、プログラマが人間として自然に身に付けている怠け心にもフィットする。コードをスクラップビルドしていかなければならない場合、ボトムアップ方式で仕事をしているときよりも、トップダウン方式で仕事をしているときのほうが大きな部品を捨てなければならなくなることが多いのだ。

そこで、現実のコードは、トップダウン方式とボトムアップ方式の両方を使って書かれることが多い。同じプロジェクトにトップダウンのコードとボトムアップの両方のコードが含まれることが多いのだ。そこで、グルー（両者を結び付ける糊）が登場する余地が生まれる。

4.3.2 グルーレイヤ

トップダウンとボトムアップの反対の向きの推進力が衝突すると、混乱した結果になることが多い。アプリケーションロジックのトップレイヤーと問題領域プリミティブのボトムレイヤは、グルーロジックのレイヤによってインピーダンス整合を図る必要がある。

Unixプログラマたちが何十年もかけて学んだ教訓の1つは、グルーはとんでもないものであって、グルーレイヤはできる限り薄くすることがとてつもなく重要だということだ。グルーはばらばらなものをくっつけるためのものだが、レイヤ間のひびや不均衡を隠すために使ってはならない。

先ほどのWebブラウザの例でいえば、グルーは、イメージ展開コードだ。イメージ展開コードは、GUI領域のプリミティブを使って、HTMLの走査から得られたドキュメントオブジェクトをディスプレイバッファ上のビットマップという平面的な視覚表現にマッピングする。イ

メージ展開コードは、ブラウザのなかでももっともバグに侵されやすい部分として悪名が高い。HTML走査（マークアップの誤りはあちこちに無数にある）とGUIツールキット（本当に必要なだけのプリミティブを用意していないことがある）の両方に起因する問題に対処しようとして、かえって足をすくわれてしまうのだ。

Webブラウザのグルーレイヤは、仕様と問題領域プリミティブの間を調停しなければならないだけではなく、複数の異なる外部仕様の間の調停も図らなければならない。HTTPとして標準化されているネットワーク上の動作、HTMLのドキュメント構造、さまざまなグラフィックス、マルチメディア形式、そしてGUIが規定するユーザー操作などである。

設計が陥る最悪のコースは、バグがちなグルーレイヤが1つできてしまうことではない。グルーレイヤがあることを意識し、独自のデータ構造やオブジェクトを持つ中間レイヤとしてグルーレイヤを組織しようとする設計者は、中間レイヤの上と下の2つのグルーレイヤを作ってしまいがちだ。特に、賢いが経験の足りないプログラマはこの罠にひっかかりやすい。彼らは、個々の基本セット（アプリケーションロジック、中間レイヤ、問題領域プリミティブ）をきちんと作り、教科書のサンプルのように仕上げるが、それらのきれいなコードをまとめる複数のグルーレイヤがどんどん分厚くなっていって、もがくはめになる。

グルーレイヤを薄くするという原則は、分離原則に磨きをかけたものと見ることができる。ポリシー（アプリケーションロジック）は、メカニズム（問題領域プリミティブ）とははっきり切り離されていなければならない。しかし、ポリシーでもメカニズムでもないコードが大量にあれば、それらはシステムを複雑にする以外にほとんど何もしていない可能性が高い。

4.3.3 ケーススタディ：薄いグルーとしてのC

C言語は、薄いグルーの効果をよく示す例となっている。

1990年代の終わりにGerrit BlaauwとFred Brooksは、Computer Architecture: Concepts and Evolution [BlaauwBrooks] において、初期のメインフレームからミニコンピュータ、ワークステーションを経由してPCに至る各世代のコンピュータが、収束傾向を持つことを指摘した。同じ世代のなかで設計が新しくなればなるほど、BlaauwとBrooksが「古典的アーキテクチャ」と呼んだバイナリ表現、フラットなアドレス空間、メモリとワーキングセット（レジスタ）の区別、汎用レジスタ、固定長バイトへのアドレス解決、2アドレス命令、ビッグエンディアン[6]、サイズが4ビットか6ビットの倍数になっているデータ型のセット（現在は6ビットは絶滅）というものに近づいていくというのだ。

ThompsonとRitchieは、それまでの大半のコンピュータを真似た観念上のプロセッサとメモリアーキテクチャをターゲットとする一種の構造化アセンブラとしてCを設計した。幸運な

---

6. ビッグエンディアン、リトルエンディアンという用語は、マシンワード内のビットをどちらから解釈するかについてのアーキテクチャ上の選択のことである。どちらが正統というものはないが、Webで検索できる On Holy Wars and Plea for Peace は、このテーマについての古典的でおもしろい論文だ。

偶然だが、彼らの観念上のプロセッサのモデルとなったのは、PDP-11 だった。PDP-11 は、非常に成熟し、エレガントな設計を持つミニコンピュータで、Blaauw-Brooks の古典的アーキテクチャに非常に近い。Thompson と Ritchie は、適切な判断により、PDP-11 がモデルに一致しない細かい癖（バイトオーダーのリトルエンディアンなど）の大半を言語に取り込んでしまうのを避けた[*7]。

PDP-11 は、その後に続いたマイクロプロセッサの世代の重要なモデルとなった。C の基本抽象は、比較的スムーズに古典的なアーキテクチャの地位をつかんだ。そのため、C は、前提条件が時代遅れになって主流から外れていってしまうのではなく、マイクロプロセッサにうまく適合した言語として次世代を迎えることができた。そして、ハードウェアがこの古典的アーキテクチャに近いところに収束してくるにつれ、C はマイクロプロセッサによりよく適合するようになった。特に目を引くのは、1985 年に Intel の 386 が登場したときのことだ。それまでの 286 は、扱いにくいセグメント化されたメモリアドレッシングを採用していたが、386 は広大なフラットメモリアドレス空間を導入した。純粋に C は、それ以前の 286 よりも 386 のほうにずっとよく適合したのだ。

1980 年代半ばにコンピュータアーキテクチャの実験時代が終わるのとほぼ同時に、C（およびそこから派生した C++）がそれ以前の汎用プログラミング言語をすべて一掃したのは、偶然の一致ではない。C は古典的アーキテクチャにかぶせた薄くて柔軟なレイヤとして設計されており、それから 20 年間たった今から考えても、C が埋めようとした構造化アセンブラというニッチ（隙間）においては、ほとんど最良の設計だといえる。簡潔性、直交性、独立性（C がもともと設計されたマシンアーキテクチャからの）に加え、C は 6 章で論じる予定の透明性という重要な性質も備えている。その後の言語の設計は、C に飲み込まれないよう、C から距離を取るために大きな変更（ガベージコレクションの導入など）を加える必要があった。

歴史を振り返って理解することには意味がある。C 言語は、クリーンでミニマリスト的な設計がいかに強力かを教えてくれる。Thompson と Ritchie が賢くなければ、もっと多くの機能を持ち、もとのハードウェアプラットフォームに強く依存して他のプラットフォームに移植できないような言語を作っていただろう。そのような言語は、もとのハードウェアプラットフォームが消えるのと同時に姿を消していたはずだ。しかし、C は栄えた。そして Thompson と Ritchie が示した模範例は、その後の Unix 開発のスタイルに大きな影響を与えた。作家、冒険家、画家、航空エンジニアとして知られる Antoine de Saint-Exupéry は、次のように述べたことがある。La perfection est atteinte non quand il ne reste rien à ajouter, mais quand il ne reste rien à enlever　（完璧は、他に付け加えるものがないときではなく、他に取り除くものがないときに得られる）

Ritchie と Thompson は、この格言に従ったのだ。初期の Unix ソフトウェアが耐えなければ

---

7. C にインクリメント、デクリメントの機能が導入されたのは、PDP-11 のマシン語にオートインクリメント、オートデクリメント命令があったからだという話は広く信じられているが、ウソである。Dennis Ritchie によれば、これらの命令は PDP-11 以前に設計された C の祖先の B 言語の段階でにすでに存在していた。

ならなかったリソース上の制約が緩和されてからずいぶんたったあとも、彼らはCがハードウェアの上のレイヤとしてできる限り薄いものであり続けるように努めたのだ。

> **C**にとびっきりぜいたくな機能を付けてくれと私が頼むたびに、**Dennis**は「**PL/I**がほしいなら、お門違いだよ」といった。だから、彼は、「販売実績グラフのボックスにチェックが付かないことには」などという営業担当を相手にしないで済んだのだ。
>
> —— Mike Lesk

Cの歴史は、標準を作る前に、参考となる動く実装を持っていることの重要性も教えてくれる。これについては、17章でCとUnixの標準の発展について論じるときに再び取り上げる。

4.4 ライブラリ

Unixのプログラミングスタイルのもとでは、モジュール性と適切に定義されたAPIが強調されることの必然的な結果として、プログラムは、ライブラリ、特に共有ライブラリ（Windowsなど、他のオペレーティングシステムではダイナミックリンクライブラリとかDLLなどと呼ばれているものと同じ）のコレクションをつなぐグルーを集めたものとして構成される傾向が強い。

注意を払ってうまく設計できていれば、プログラムはユーザーインターフェイスを処理するメインセクション（ポリシー）と実質的にグルーのまったくないサービスルーチンのコレクション（メカニズム）に分割できることが多い。このアプローチは、グラフィックスイメージ、ネットワークプロトコルパケット、ハードウェアインターフェイスの制御ブロックなどのデータ構造に対して非常に限定的な何種類もの操作を加えなければならないときに特に適している。The Discipline and Method Architecture for Reusable Librariesには、アーキテクチャについてのアドバイス、特にこの種のライブラリが直面するリソース管理の問題に応用できるUnixの伝統からの一般的なアドバイスがまとめられている。

Unixのもとでは、階層構造を明確にして、サービスルーチンをライブラリに集め、ドキュメントもライブラリのためのものは独立させるのが通常のやり方だ。そのようなプログラムでは、フロントエンドはユーザーインターフェイスと高水準プロトコルの処理に専念する。設計に少し注意が払えていれば、オリジナルのフロントエンドを外して、別の目的のために作られたフロントエンドに置き換えられる場合もある。この構造の他の長所は、すぐあとのケーススタディからも明らかになるだろう。

これには、裏面もある。Unixの世界では、ライブラリとして流通されるライブラリには、練習用プログラムを付けるべきものとされているのだ。

> **API**にはプログラムを付けるべきだし、プログラムには**API**を付けるべきだ。使うた

めにはCコードを書かなければならず、コマンド行で簡単に起動できないようなAPI
は、学んだり使ったりするのが他のものよりも難しい。逆に、ドキュメントされたオー
プンな形態がプログラム以外になく、Cプログラムから簡単に呼び出せないようなイ
ンターフェイスも苦痛だ。たとえば、古いLinuxのroute(1)のようなものである。

—— Henry Spencer

　ライブラリのテストプログラムは、学習しやすくするというだけではなく、テストのための
優れた枠組みとなることが多い。そのため、ベテランのUnixプログラマは、ライブラリにプ
ログラムが付属しているのに気が付くと、ユーザーのことを考えてくれていると考えるだけで
はなく、コードがたぶん十分にテストされているだろうという兆候と解釈する。

　ライブラリの階層構造のなかでも、プラグインは重要な形態だ。プラグインとは、起動後に、
なんらかの専門的な仕事のためにダイナミックにロードされるライブラリで、あらかじめ定義
されているエントリポイントを持っている。プラグインを機能させるためには、呼び出し元プ
ログラムは、プラグインがコールバックできるような公開サービスライブラリとして構成され
ている必要がある。

4.4.1 ケーススタディ：GIMPプラグイン

　GIMP（GNU Image Manipulation program）は、対話的なGUIを介して操作できるように設
計されたグラフィカルエディタだが、比較的薄い制御コードのレイヤから呼び出されるイメー
ジ操作、管理ルーチンのライブラリとして作られている。ドライバコードはGUIについての知
識はあるが、イメージフォーマットについての直接的な知識は持っていない。逆に、ライブラリ
ルーチンはイメージフォーマットと操作についての知識はあるが、GUIについての知識はない。

　ライブラリレイヤはドキュメントされている（それだけではなく、他のプログラムから使え
るように「libgimp」として別に流通している）。そこで、「プラグイン」と呼ばれるCプログラ
ムは、GIMPからダイナミックにロードされながら、実質的にGUIと同じレベルの制御を握り、
ライブラリを呼び出してイメージ操作をすることができる（図4-2参照）。

　プラグインは、カラーマップのハック、ぼかし、しみの除去といった特殊目的の変換を実行
するために使われる他、GIMPコアがネイティブにサポートしていないファイルフォーマット
の読み書きにも使われる。また、アニメーションやウィンドウマネージャテーマの編集、GIMP
コアのイメージハッキングロジックをスクリプトにまとめて自動化する仕事、その他さまざま
なイメージハッキングに使われる。Webには、GIMPプラグインレジストリがある。

　ほとんどのGIMPプラグインは、小さくて単純なCプログラムだが、スクリプト言語に対し
てライブラリAPIを提供するようなプラグインを書くこともできる。これについては、11章で
「多価値プログラム」パターンを検討するときに論じる。

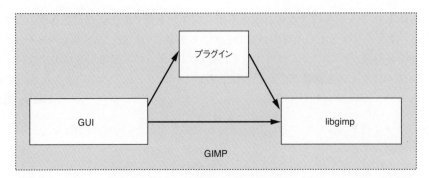

図4-2 プラグインがロードされた **GIMP** のなかでの呼び出し、呼び出されるものの関係

4.5 Unix とオブジェクト指向言語

　1980年代中ごろから、ほとんどの新しい言語設計は、オブジェクト指向プログラミング（OO）をネイティブにサポートするようになった。オブジェクト指向プログラミングでは、特定のデータ構造を操作する関数は、データとともにオブジェクトのなかにカプセル化され、プログラムはオブジェクトを単位として作られる。それに対し、非OO言語のモジュールは、データとデータを操作する関数の結び付きを本質的なものとしては扱わない。そのため、モジュールは内部データを互いにリークしてしまうことがよくあった。

　もともと、OO設計の概念は、グラフィックスシステム、グラフィカルユーザーインターフェイス、ある種のシミュレーションの設計で高く評価されていた。しかし、それ以外の分野では、あまり大きな効果を示せないことが次第に明らかになってきており、多くの人々を驚かせ、がっかりさせた。それがなぜなのかは、よく考える価値のある問題だ。

　Unixのモジュール化の伝統とOO言語の周囲で開発されてきた利用パターンとの間には、緊張と摩擦がある。Unixプログラマは、他の世界のプログラマよりも、OOに対して懐疑的になる傾向があった。その理由の一部は、多様性原則にある。OOは、ソフトウェアの複雑さの問題を解決する唯一の方法だと過度に喧伝されてきた。しかし、この背景にはもっと根の深いものがある。この問題は、14章で具体的なOO（オブジェクト指向）言語を評価する前に、基礎として検討しておく価値がある。そうすることは、Unixの非OOプログラミングスタイルの特徴をはっきりさせることにもなるだろう。

　今まで述べてきたように、Unixのモジュール化の伝統は、グルーを薄くし、ハードウェアとプログラムのトップレベルオブジェクトの間にごくわずかの抽象レイヤをはさむミニマリストのアプローチである。その一部は、C言語の影響だということができる。Cで本物のオブジェクトをシミュレートしようとすると、かなりたいへんだ。それくらいなので、抽象レイヤを積み重ねていくのは、かなりたいへんな仕事になる。そのため、Cのオブジェクト階層は比較的平坦で透明なものになる傾向がある。Unixプログラマたちは、他の言語を使う場合でも、Unix

モデルが教えてきた薄いグルーと浅いレイヤというスタイルを踏襲しようとする。

それに対し、OO言語は抽象化を楽にしてくれる。たぶん、楽すぎるのだ。OO言語は、グルーを厚くして、何層にも重ねられたレイヤを持つアーキテクチャを奨励する。問題領域が本当に複雑で、多くの抽象を必要とする場合にはそれもよいだろう。しかし、複雑な方法が使えるからといって、プログラマが単純なことでも複雑な方法で書くようになると、逆効果だ。

すべてのOO言語には、過度な階層化という罠にプログラマを引きずり込む傾向がある。オブジェクトフレームワークやオブジェクトブラウザは、優れた設計やドキュメントの代わりになるものではないが、そういうものとして扱われることが多い。レイヤが多すぎると、透明性が失われる。難しくなりすぎて、全体を見通し、コードが実際に何をしているのかを頭のなかで組み立てることができなくなってしまうのだ。単純性、明確性、透明性の原則がまとめて破られ、コードはわかりにくいバグといつ終わるともしれないメンテナンス問題を大量に抱えたものになってしまう。

多くのプログラミング講座が表現性の原則を満足させるための手段として、レイヤを厚くすることを教えているために、この傾向には拍車がかかっている。この考え方のもとでは、クラスをたくさん作ることは、データに知識を埋め込むことだ。こういうやり方をしていると、グルーレイヤの「スマートデータ」がプログラムが操作している自然界のものと無関係になってしまうことが多くなるという問題がある。データが、単にグルーであるためのものになってしまうのだ（抽象サブクラスや「ミックスイン」が増えてきたら、こうなりつつある兆候だと考えてよい）。

OOの抽象化には、最適化のチャンスが失われがちだという副作用もある。たとえば、a+a+a+aはa*4になるし、aが整数ならa<<2にさえできる。しかし、演算子を持つクラスを作ると、同じ意味を持つ2つの式のどちらが効率的かを判別することができなくなってしまう。このこと自体は、新しいプロジェクトでOO技法を使うことを避ける理由にまではならないが、最適化が半端になってしまう。非OOコードをクラス階層に書き換える前に、よくよく考えたほうがよいという理由にはなる。

Unixプログラマたちは、こういった問題に対する本能的な感覚を持っている。Unixのもとでは、C、Perl（実際にはOO機能を持っているのだが、あまり多用されていない）、シェルといった非OO言語がOO言語に駆逐されるところまで追い詰められていない理由の1つは、こういうところにあるはずだ。他の環境では正統の座をつかんだOOだが、Unixの世界では、はっきりと批判されることのほうが多い。Unixプログラマは、どのようなときにOOを使うべきでないかを知っている。そして、OOを使うときでも、オブジェクトの設計がすっきりとしたものになるようにするために、他の環境のプログラマよりも多くの労力を割く。The Elements of Networking Styleの著者は、少し異なるコンテキストで次のように述べている [Padlipsky]。「自分が何をしているのかがわかっていれば、レイヤは3つあれば十分だ。わかっていなければ、17個あっても足りない。」

OOが成功を収めた分野（GUI、シミュレーション、グラフィックス）で成功した理由の1つ

は、それらの分野では型の形而上学が比較的まちがったものになりにくいことにある。たとえば、GUIやグラフィックスでは、操作できるビジュアルオブジェクトとクラスの間に一般に自然な対応関係が見られる。画面に映るものとはっきりとした対応関係のないクラスが増殖していくことに気付いたら、グルーが厚くなりすぎたことにすぐに気付く。

Unixスタイルの設計における中心的な課題の1つは、独立性（単純化することと、もとのコンテキストから問題を一般化すること）のメリットと薄いグルー、浅くて平らで透明なコードと設計の階層構造のメリットを組み合わせることにある。

これらの点については、14章でオブジェクト指向言語を論じるときに再び取り上げる。

4.6 モジュール化を実現するコーディング

モジュール化は優れたコードによって表現されるが、それを実現する原動力は優れた設計にある。ここでは、モジュール化の水準を向上させるために、書いているコードについて自問自答すべきことをまとめておく。

- グローバル変数をいくつ持っているか。グローバル変数は、モジュール化にとっては毒であり、コンポーネントが不注意で乱雑な形で互いに情報をリークするのを助長する[8]。
- 個々のモジュールのサイズがHattonのスイートスポットの範囲に収まっているか。答が「いや、かなりのものがもっと大きい」ということであれば、長期にわたってメンテナンス問題に直面することになりかねない。自分自身のスイートスポットがどのくらいかわかっているか。いっしょに働く他のプログラマのスイートスポットはどうか。わかっていないようなら、守りの姿勢でHattonの範囲の下限近くのサイズを保つようにすべきだ。
- モジュールに含まれる個々の関数が大きすぎないか。これは、行数の問題というよりも、内部の複雑さの問題だ。呼び出し元と何を約束しているのかを非公式に1行で書き出せないようなら、その関数はたぶん大きすぎる[9]。

> 私は、ローカル変数が増えすぎるとサブプログラムを分割しようとする。もう1つの手がかりは、インデントレベル（が増えすぎること）だ。長さ自体を気にすることはまずない。
>
> —— Ken Thompson

- コードに内部APIが含まれているか。つまり、外に対してまとまった単位として記述で

---

8. グローバル変数があるということは、コードが再入可能になっていないことも意味する。つまり、同じプロセスに含まれる複数のインスタンスが、互いに相手を痛めつける可能性がある。
9. 何年も前に、私はKernighan & PlaugerのThe Elements of Programming Styleから役に立つ原則を学んだ。関数プロトタイプの直後に1行のコメントを書くのである。すべての関数について例外なく書かなければならない。

き、コードの他の部分から切り離された形である一定の機能を包み込むような関数呼び出しとデータ構造のコレクションが含まれているか。優れたAPIには大きな意味があり、その背後の実装を見なくても理解できる。これには、古典的なテスト方法がある。電話越しに他のプログラマに説明できるかどうかということだ。できないようであれば、複雑すぎるということであり、設計に問題がある。

- APIに7個以上のエントリポイントが含まれているか。クラスが7個以上のメソッドを持っているか。構造体が7個以上のメンバを持っているか。
- プロジェクト全体にわたって、モジュールあたりのエントリポイント数の分布はどうなっているか[10]。不均等に見えるか。多数のエントリポイントを持つモジュールがある場合、本当にそれだけの数が必要なのか。モジュールは、エントリポイント数の自乗に比例して複雑化していく。これも、複雑なAPIよりも単純なAPIのほうがよいという理由の1つだ。

6章では、透明性、診断可能性についての自問自答用チェックリストを示す。それとこれと比較すると、多くのことが学べるだろう。

---

10. この情報を集めるための簡単な方法は、etags(1)やctags(1)などのユーティリティが生成するタグファイルを分析することだ。

第5章

テキスト形式：
優れたプロトコルが優れた実践を生む

> アバカスのような計算用具が数千年も前に発明されたことはよく知られている。しかし、ある有名なコンピュータプロトコルが初めて使われた記録が旧約聖書に残っていることはあまり知られていない。もちろん、それはモーゼが海をコントロールして (**Ctrl-C、control sea...**)、エジプト軍の追跡を退けたときのことだ。
>
> —— Tom Galloway, rec.arts.comics, February 1992

　この章では、密接に関連する2種類のものの設計についてUnixの伝統から学んでいく。その2種類とは、アプリケーションのデータを永続記憶に保持するためのファイル形式と、連動するプログラムの間でデータやコマンドを受け渡しするためのアプリケーションプロトコル（ネットワーク経由となる場合がある）のことだ。

　この2種類の共通点は、ともにメモリ内のデータ構造をシリアライズ（直列化）しなければならないところである。コンピュータプログラムの内部操作において、複雑なデータ構造をもっとも都合よく操作できる表現は、すべてのフィールドがマシンのネイティブデータ形式になっており（たとえば、整数を2の補数表現の2進数で表すことなど）、すべてのポインタが実際のメモリアドレスになっている（名前による参照などではなく）ものだ。しかし、これらの表現は、格納や伝送には適していない。データ構造に含まれるメモリアドレスは、メモリ外では無意味になってしまうし、生のネイティブデータ形式をそのまま吐き出すと、慣習（ビッグエンディアンとリトルエンディアン、32ビットと64ビットなど）が異なるマシンの間でデータを受け渡しするときに相互運用性に問題が起きる。

　格納や伝送のためには、リストのような横断的で擬似空間的なレイアウトは、あとでもとのデータ構造を復元できるようなバイトストリーム表現に平面化、直列化しなければならない。シリアライズ（保存）はマーシャリング、逆の処理（ロード）はアンマーシャリングと呼ばれることがある。通常、これらの用語は、C++、Python、JavaなどのOO言語のオブジェクトについて使われているが、グラフィックスファイルからグラフィックスエディタの内部記憶への

ロードや、変更後の保存などで使ってもなんら差し支えはない。

　C、C++プログラマがメンテナンスに使っている時間のかなりの部分は、マーシャリング、アンマーシャリング処理のためのその場しのぎのコードに費やされている。シリアライズ後の表現として選んだものがバイナリ構造のダンプという単純な形式（非Unix環境での一般的なテクニック）であっても、そうなのだ。PythonやJavaなどの新しい言語は、任意のオブジェクトやオブジェクトを表現するバイトストリーム表現に適用できる組み込みのアンマーシャリング、マーシャリング関数を持つものが多く、そのような言語ではこの仕事にかかる労力が大幅に削減されている。

　しかし、これらの素朴な方法は、さまざまな理由でうまくいかないことが多い。それらの理由のなかでも特にめだつのは、先ほど触れたようなマシン間の相互運用性の問題や他のツールで解釈不能になるという問題である。ネットワークプロトコルの場合、コスト上の問題から、内部データ構造（たとえば、ソース、デスティネーションアドレス付きのメッセージ）を単一のデータにシリアライズするのではなく、受信側マシンが受け取りを拒める一連のトランザクションやメッセージにシリアライズしたい場合がある（たとえば、デスティネーションアドレスが無効な場合には、かなり大きなメッセージが受け取りを拒否される場合があるので）。

　ファイル形式やアプリケーションプロトコルを設計するときの大きなテーマは、相互運用性、透明性、拡張性、格納や伝送におけるコストである。相互運用性や透明性を得るためには、楽な実装や最高のパフォーマンスを第一に追求するのではなく、クリーンなデータ表現に設計の焦点を絞らなければならない。拡張性についても、バイナリ形式ではクリーンに拡張したりサブセットを作ったりするのが難しくなるので、テキストプロトコルを選ぶべきだということになる。トランザクションの経済性を考えると、逆方向を目指しそうになることもあるが、経済性を第一の基準にすえると、最適化が半端なものになるので、避けたほうがよい場合が多いということに気付かなければならない。

　最後に、データファイルの形式とUnixプログラムの起動オプションの設定に使われる実行制御ファイルの違いに注意しなければならない。もっとも基本的な違い（GNU Emacsのコンフィグレーションインターフェイスのような希な例外を除き）は、プログラムが普通は自分の実行制御ファイルを書き換えたりしないことだ。つまり、起動時のファイルの読み出しからアプリケーションの設定へという一方通行なのである。それに対し、データファイルはプロパティと名前付きのリソースを対応付け、アプリケーションからは読み書きの両方の操作を受ける。コンフィグレーションファイルは、一般に手で編集され小さいが、データファイルはプログラムによって生成され、かなり大きなものになることがある。

　歴史的には、Unixはこれら2種類の表現のために異なる慣習を発達させてきた。実行制御ファイルのための慣習については10章で取り上げるので、この章ではデータファイルの慣習だけを検討していく。

5.1 テキストであることの重要性

　パイプやソケットはテキストだけでなく、バイナリデータも通す。しかし、7 章で見る例がどれもテキストを操作していることには深い意味がある。その意味とは、1 章の Doug McIlroy のアドバイスに関係している。テキストストリームは、特別なツールがなくても人間が簡単に読み書き編集できる分、価値のある普遍的な形式なのである。テキスト形式は透明だ（少なくともそうなるように設計できる）。

　また、テキストストリームの限界自体がカプセル化を強化する。テキストストリームは、内容が豊かで密度が濃い構造の表現を実現できないがゆえに、2 つのプログラムが互いに無節操に内部情報をやり取りし合うことも防ぎ、カプセル化を強化するのだ。この点については、7 章の終わりの部分で RPC について論じるときに、また触れることにしよう。

　複雑なバイナリファイルフォーマットやバイナリアプリケーションプロトコルをどうしても設計しなければならなような気分がするときには、そんな気分が通り過ぎるまで、身体を休めたほうがよい。気になるのがパフォーマンスなら、アプリケーションプロトコルの上下のどこかのレベルでテキストプロトコルストリームに圧縮をかければ、バイナリプロトコルを作るよりもクリーンで、パフォーマンスさえ優れている設計が得られるはずだ（テキストの圧縮は効果的で高速だ）。

> 　デバイス独立 troff は、おそらくスピードを上げるために、バイナリファイルからデバイス情報を読み出していたが、これは Unix の歴史のなかでも、バイナリフォーマットの悪い例の 1 つである。最初の実装は、あまり移植性のない方法でテキストの記述からこのバイナリファイルを生成していた。新しいマシンに ditroff をすばやく移植しなければならなくなったときに、私はそのバイナリのどろどろをいじる代わりに、単純にバイナリファイル形式を取り除いて、テキストファイルを読み出すように ditroff を改造した。ファイル読み出しコードをていねいに作れば、スピードの差は無視できる程度になる。
>
> —— **Henry Spencer**

　テキストプロトコルを設計すれば、システムは、将来性を確保できる。その理由の 1 つは、プロトコルが数値フィールドの範囲を規定してしまわないことだ。バイナリ形式は、通常、特定の値に割り当てられるビット数を規定し、そのビット数を拡張することは非常に難しいことが多い。たとえば、IPv4 は、アドレスのために 32 ビットしか割り当てていない。このアドレスサイズを（IPv6 のように）128 ビットに拡張するためには、大規模な改造が必要だった[*1]。

---

1. 初期の航空予約システムは、乗客数のために 1 バイトしか割り当てていなかったという伝説がある。256 人以上の乗客を運べる最初の飛行機、Boeing 747 が登場したとき、このシステムの関係者は、さぞかし困ったことだろう。

バイナリプロトコルを使ってもかまわないのは、操作するデータがとてつもなく大きくて、純粋に最大限の情報密度を引き出す必要があるときか、データを解釈してメモリ内で使う構造に展開するための時間、命令数を最小限にしなければならない場合だけだ。大規模なイメージやマルチメディアのファイルフォーマットは前者の例、レイテンシについての条件が厳しいネットワークプロトコルは後者の例になることがある。

> **SMTP** や **HTTP** などのテキストプロトコルがテキストであるための問題は、帯域幅を食い、走査に時間がかかることだ。X のリクエストでもっとも小さいものは 4 バイトだが、**HTTP** の最小リクエストは約 100 バイトである。X リクエストは、転送にかかる平均的なオーバーヘッドを含めて、100 命令という単位で実行できる。それに対し、**Apache**（Web サーバ）の開発者たちは、誇らしげに 7000 命令まで下げたといっていた。グラフィックスでは、出力時には帯域幅がすべてになる。今日のハードウェアは、小さな処理ではグラフィックスカードバスがボトルネックだという前提で作られている。プロトコルのほうがもっとひどいボトルネックになってしまうのを避けたければ、プロトコルはタイトに作ったほうがよい。しかし、これは極端なケースである。
>
> —— Jim Gettys

このような問題は、X だけではなく、たとえば非常に大きいイメージを格納することを目的としたグラフィックスファイルフォーマットなど、極端な条件のもとでは他にも起きる。しかし、通常は、半端な最適化の一種に過ぎない。テキスト形式は、バイナリ形式と比べてビットあたりの情報量が極端に少ないわけではない。テキスト形式でも、なんだかんだいって 1 バイトの 8 ビットのうち 7 ビットは使っている。それに、テキストの走査が不要なことから得たものは、一般に初めてテストロードを生成しなければならなくなったときか、プログラムが生成したフォーマットのサンプルを自分の目で見て、意味を考えなければならなくなったときに失われてしまう。

さらに、タイトなバイナリフォーマットを設計しようとする思考様式からは、フォーマットをクリーンに拡張できるようにするという視点が抜け落ちがちである。X の設計者たちがこのことを経験している。

> **現在の X フレームワークの欠点は、プロトコルに些細な拡張を加えても、それを簡単に無視できるような構造になっていないことだ。場合によっては可能なところもあるが、もう少しよいフレームワークを作ることはできたはずだ。**
>
> —— Jim Gettys

バイナリファイルフォーマットやバイナリプロトコルが許されるような極端な条件だと思うようなときには、拡張性に特に注意して、設計が成長する余地を残しておくようにする必要がある。

5.1.1 ケーススタディ：Unix パスワードファイルフォーマット

多くのオペレーティングシステムでは、ログインをチェックしてユーザーセッションを開始するために必要なユーザーデータは、不透明なバイナリデータベースになっている。しかし、それとは対照的に、Unix では、1 行が 1 レコードになっているテキストファイルを使っている。フィールドは、行のなかでコロンで区切られている。

サンプル行をランダムに選ぶと、**リスト 5-1** のようになる。

リスト 5-1　パスワードファイルの例

```
games:*:12:100:games:/usr/games:
gopher:*:13:30:gopher:/usr/lib/gopher-data:
ftp:*:14:50:FTP User:/home/ftp:
esr:0SmFuPnH5JlNs:23:23:Eric S. Raymond:/home/esr:
nobody:*:99:99:Nobody:/:
```

フィールドのセマンティックスについて何も知らなくても、このデータをバイナリフォーマットでもっとタイトにパッキングすることは難しいだろうということはわかる。コロンと同じ区切りの機能を持つもの（通常は、バイト数データか NUL）は、少なくとも同じスペースを必要とするだろう。バイナリフォーマットのレコードでも、区切り子（1 個の改行文字よりも短くなることはまずない）を入れるか、決められた長さまでむだにパディング（埋め草）を入れることになる。

データの実際のセマンティックスを知れば、バイナリフォーマットによる節約効果はさらに消えてしまう。ユーザー ID（第 3）、グループ ID（第 4）フィールドは整数型であり、ほとんどのマシンでは、少なくとも 4 バイトを消費し、値が 999 までならテキストよりも長くなってしまう。

しかし、さしあたりこの部分は無視して、数値フィールドが 0 から 255 までの範囲に収まるというベストの条件で考えることにすると、数値フィールド（第 3、第 4）の数値を 1 バイトで表現して、パスワード文字列（第 2）を 8 ビットエンコードにすれば、スペースを節約することができる。この例で計算すると、サイズは約 8%小さくなる。

テキストフォーマットのこの推定 8%の非効率が、私たちに多くの特典を与えてくれる。まず、数値フィールドに恣意的な制限を加えなくて済む。バイナリフォーマットを編集するための専用ツールを作らなくても、好みのテキストエディタでパスワードファイルを書き換えられるようになる（もっとも、パスワードファイルの場合には、同時編集に細心の注意を払わなければならないが）。そして、grep(1) のようなテキストストリームツールを使えば、ユーザーアカウント情報に検索をかけ、フィルタにかけて、結果を出力することができる。

確かに、テキストフィールドのデータとしてコロンを埋め込んでしまわないように注意しなければならない。ファイルの書き込みコードには、データとしてのコロンの前にエスケープ文字

を付けさせ、ファイルの読み出しコードには、それを解釈させられるようにするとよい。Unix
の伝統では、エスケープ文字としてバックスラッシュが使われている。

　構造情報がタグではなく、フィールドの位置によって示されているので、このフォーマットは
速く読み書きできるが、少し硬直的でもある。キーに対応するプロパティの中身がいつ変わる
かわからないような場合には、あとで触れるタグ付きフォーマットのほうがよいかもしれない。

　パスワードファイルはあまり読まれないものだし[2]、ひんぱんに変更されるものでもないの
で、そもそも、経済性はあまり大きな問題ではない。また、ファイル内のさまざまなデータ（特
にユーザー番号、グループ番号）は、ファイルを含むマシンから離れたら意味がなくなるので、
相互運用性も問題にならない。だから、パスワードファイルについては、透明性を重視する方
向に向かうのが正しい考え方だといえる。

5.1.2　ケーススタディ：.newsrc フォーマット

　Usenet ニュースは、世界規模の分散掲示板（BBS）システムで、今日のポイントツーポイン
トネットワーキングを 20 年も前に先取りしている。メッセージの形式は、RFC 822 電子メー
ルメッセージと非常によく似ているが、メッセージが個人の受信者ではなく、トピックグルー
プに向けて送られるところが異なる。任意の参加サイトにポストされたアーティクル（記事）
は、「近隣」と登録されたサイトにブロードキャストされ、そこからさらに「近隣」にブロード
キャストされるという形で、すべてのニュースサイトに浸透することになっている。

　ほとんどすべての Usenet ニュースリーダは、呼び出し元ユーザーがすでに見た Usenet メッ
セージがどれかを記録する.newsrc ファイルを理解できるようになっている。.newsrc は実行
制御ファイルのような名前になっているが、起動時に読み出されるだけではなく、一般にニュー
スリーダの実行終了時の更新という形でもアクセスされる。.newsrc フォーマットは、1980 年
頃の最初のニュースリーダ以来、固定されている。**リスト 5-2** は、.newsrc ファイルの代表的
なセクションを示したものだ。

リスト 5-2　.newsrc ファイルの例

```
rec.arts.sf.misc! 1-14774,14786,14789
rec.arts.sf.reviews! 1-2534
rec.arts.sf.written: 1-876513
news.answers! 1-199359,213516,215735
news.announce.newusers! 1-4399
news.newusers.questions! 1-645661
news.groups.questions! 1-32676
news.software.readers! 1-95504,137265,137274,140059,140091,140117
```

---

2. パスワードファイルは、通常、ユーザーセッションごとに 1 度ずつ、ログイン時に読み出されて終わりだ。あとは、ls(1)
のようなファイルステータスユーティリティが、ユーザー、グループ ID から名前を引き出さなければならないときに使
う程度だ。

    alt.test! 1-1441498

　各行は、第 1 フィールドで指定されたニュースグループのプロパティを指定する。名前のすぐ後ろには、ユーザーが現在そのグループをサブスクライブ（購読）しているかどうかを示す文字が続く。コロンはサブスクライブ、エクスクラメーションマークはサブスクライブせずを示す。その後ろは、ユーザーがすでに見た記事がどれかを示すために、アーティクル番号、またはアーティクル番号の範囲をカンマで区切って並べたものだ。

　Unix 以外の環境のプログラマなら、自動的に高速なバイナリフォーマットを設計しようとしていた（また、しようとする）だろう。長い固定長のバイナリレコードか、長さフィールドを内蔵した自己記述的なバイナリパケットの連続で個々のニュースグループを表現するようなものである。このようなバイナリ表現を作る最大の目的は、ワード長のレコードの対で範囲を表現し、起動時にすべての範囲表現を走査するオーバーヘッドを避けられるようにすることにある。

　このようなレイアウトなら、テキストフォーマットよりも高速に読み書きできるかもしれないが、別の問題が起きてしまう。素朴に固定長レコードを作ってしまうと、ニュースグループ名に人為的な上限を設けてしまうことになるし、既読アーティクル番号の範囲数にも上限ができてしまう（こちらのほうが深刻だ）。もっと考えて作られたバイナリフォーマットなら、長さ制限は避けているだろうが、ユーザーの目と指で編集することはできない。この機能は、個々のニュースグループの既読情報をちょっと直したいときにとても役に立つのだ。また、バイナリフォーマットには、他のタイプのマシンに移植することができるとは限らないという問題もある。

　最初のニュースリーダの設計者たちは、経済性よりも透明性と相互運用性を選んだのだ。別の方向に行くという選択は、決して 100%馬鹿げているというわけではない。.newsrc ファイルは非常に大きくなる可能性がある。最近のあるリーダ（GNOME の Pan）は、起動時の遅れを避けるために、スピードを重視したプライベートフォーマットを使っている。しかし、他の実装者たちには、1980 年の時点でも、テキスト表現の長所は魅力的だったし、その後、スピードが上がり、記憶媒体の価格が下がっていくにつれて、さらにテキストの魅力は増したのだ。

5.1.3　ケーススタディ：PNG グラフィックスファイルフォーマット

　PNG (Portable Network Graphics) は、ビットマップグラフィックスのためのファイルフォーマットだ。ロスなし圧縮を使い、写真イメージよりも線描やアイコンなどに適しているという点で、JPEG よりも GIF に近いところがある。Portable Network Graphics の Web サイト（http://www.libpng.org/pub/png/）には、品質の高いドキュメントとオープンソースの参照ライブラリが掲載されている。

　PNG は、よく考えて設計されたバイナリフォーマットのすばらしい例である。グラフィックスファイルは、非常に大きなデータを格納する場合があり、ピクセルデータをテキスト形式で

格納したのでは、記憶サイズやインターネットのダウンロード時間がとてつもなく大きくなる場合があるので、バイナリフォーマットが適している。透明性を犠牲にして、トランザクションの経済性を最重要視したのだ[*3]。しかし、設計者たちは、相互運用性に十分な注意を払っている。PNG は、バイトオーダー、整数のワード長、エンディアンを規定するとともに、フィールドの間にパディングを入れていない。

PNG ファイルは、チャンクのシーケンスとして構成されており、個々のチャンクは、冒頭にチャンクタイプ名とチャンクサイズ情報を配置した自己記述的な形式になっている。この構造のおかげで、リリース番号は不要であり、いつでも新しいチャンクタイプを追加できる。PNG を使うソフトウェアは、チャンクタイプ名の最初の文字が大文字か小文字かによって、そのチャンクを無視しても安全かどうかを判断できる。

PNG ファイルヘッダにも、研究する価値がある。ヘッダは、ファイルの不良のさまざまな種類（たとえば、7 ビット転送リンクによるものか、CR/LF 文字の変換ミスかなど）が簡単に検出できるように設計されている。

PNG 標準は、正確、包括的で、よく書かれている。ファイルフォーマット標準の書き方のモデルとして使うことができるだろう。

5.2 データファイルメタフォーマット

データファイルメタフォーマットとは、正式に標準化されているか、実践によって事実上の標準の地位を確立しており、マーシャリング/アンマーシャリングを処理する標準サービスライブラリが作られているような構文/字句解析のルールのことだ。

Unix は、広い範囲の応用に適したメタフォーマットを採用し、発展させてきた。可能であれば、特殊なカスタムフォーマットではなく、これらのなかのどれかを使うとよい。利点としては、まず、サービスライブラリを使えば、走査、生成コードを書かなくて済むということがあるが、何よりも重要なのは、これらのフォーマットを使えば、プログラマ、あるいは多くのユーザーさえ、内容をすぐに理解でき、安心できるということだ。すると、新しいプログラムを学ぶ面倒臭さ、恐怖感が消える。

以下の議論で「伝統的な Unix ツール」というときには、テキストサーチと出力の整形のための grep(1)、sed(1)、awk(1)、tr(1)、cut(1) の組み合わせを指すことにする。Perl などのスクリプト言語も、これらの Unix ツールが奨励する行指向形式の走査のための優れたネイティブサポートを持っていることが多い。

だから、ここで紹介するのは、モデルとして使える標準フォーマットである。

---

3. 紛らわしいことに、PNG は別の種類の透明性をサポートしている。PNG イメージは透明ピクセルを持つことができるのだ。

5.2.1 DSV スタイル

　DSV とは、区切り子（セパレータ）で区切られた値（Delimiter-Separeted Values）のことである。テキストメタフォーマットのケーススタディとして最初に取り上げた/etc/passwd ファイルは、値の区切り子としてコロンを使う DSV フォーマットである。Unix では、フィールドの値にスペースが含まれる可能性があるときの DSV のデフォルト区切り子は、コロンとなっている。

　Unix では、/etc/passwd フォーマット（1 行に 1 レコード、コロンで区切られたフィールド）は伝統的な形式で、表形式のデータで多用されている。古典的な例としては、セキュリティグループを記述する/etc/group ファイル、オペレーティングシステムのさまざまな実行レベルにおける Unix サービスプログラムの起動や終了を制御する/etc/inittab ファイルなどが挙げられる。

　このスタイルのデータファイルは、バックスラッシュによるエスケープでデータ内にコロンを取り込む慣習をサポートすると考えてよい。より一般的に、DSV を読むコードは、バックスラッシュでエスケープされた改行を無視するレコードの継続や、C スタイルのバックスラッシュエスケープによる印字不能文字の埋め込みもサポートするものとされている。

　このフォーマットは、データが表形式で、名前（第 1 フィールド）がキーになっており、1 つのレコードが短い（80 字以内）場合に特に適している。また、このフォーマットは、伝統的な Unix ツールでの操作に適している。

　パイプ文字の「|」や ASCII の NUL のようなコロン以外のフィールド区切り子をときどき見かけることがある。昔の Unix ではタブを好んで使っていたので、cut(1) と paste(1) のデフォルトにはそれが反映している。しかし、タブでは、目で見てもスペースと区別できず、小さなイライラがたびたび起きることにフォーマットの設計者たちが気付くようになって、区切り子はコロンに変わったのだ。

　Microsoft Windows や Unix 以外の世界では、Unix の世界での DSV にあたるものとして、CSV（カンマ区切りの値：comma-separated value）形式が使われている。CSV は、カンマでフィールドを区切り、カンマのエスケープのためにダブルクォートを使い、行の継続をサポートしない。Unix で CSV が使われていることはまずない。

　それだけではなく、Microsoft バージョンの CSV は、テキストファイルフォーマットをこのように設計してはならないという教科書的な例だといってよい。区切り子の文字（この場合はカンマ）がフィールド内に含まれていると、この形式は問題を起こす。Unix の方法なら、単純にバックスラッシュで区切り子をエスケープし、文字としてのバックスラッシュはバックスラッシュ 2 個で表す。このような設計であれば、ファイルを走査するときにチェックしなければならない特殊条件は 1 つ（エスケープ文字）だけになり、エスケープ文字が見つかったときの処理は 1 つ（次の文字をリテラルとして扱うこと）だけに絞れる。2 つめのルールは、区切り子の文字を処理できるだけではなく、エスケープ文字や改行文字もまったく同じように処理できると

いう点で優れている。それに対し、CSV は、フィールドに区切り子が含まれていれば、フィールド全体をダブルクォートで囲む。フィールドにダブルクォートが含まれている場合には、それもダブルクォートで囲まなければならない。そして、フィールド内の個々のダブルクォートは、フィールドの末尾でないことを示すために、2 度ずつ繰り返さなければならない。

特殊条件が増殖していくことの悪影響は二重にある。まず、パーサの複雑さの度合いが増す（バグも生みやすくなる）。第二に、フォーマットのルールが複雑で、はっきりしないので、境界条件の処理方法の異なる複数の実装が派生する。行の最後のフィールドを終わり部分のないダブルクォートで始めることによって、行の継続がサポートされるときもあれば、そうでないときもある。Microsoft は、自社アプリケーションの間でも互換性のない CSV ファイルを作っている。それどころか、同じアプリケーションの異なるバージョンの間でも互換性がないのだ（Excel はその明らかな例である）。

5.2.2 RFC 822 フォーマット

RFC 882 メタフォーマットは、インターネットの電子メールメッセージのテキストフォーマットから派生している。RFC 822 は、このフォーマットを記述する主要なインターネット RFC だ（RFC 2822 によって改訂されている）。MIME（Multipurpose Internet Media Extension）は、RFC 882 形式のメッセージのなかに型付きのバイナリデータを埋め込む方法を定義する（これらの名前のどちらかを使って Web を検索すれば、関連する標準が見つかる）。

このメタフォーマットでは、レコード属性は 1 行に 1 つずつ格納され、メールヘッダのフィールド名と同じようなトークンによって属性の名前が指定される。名前の末尾は、コロンの後ろにスペースが続くものによって示される。フィールド名には、スペースは含まれず、代わりにダッシュを使う習慣になっている。属性の値のほうは、行の残り全体である（ただし、末尾の改行とその前にあるスペースは除く）。冒頭がタブやスペースになっている物理行は、現在の論理行の続きと解釈される。空行は、レコードの末尾か、構造化されていないテキストが後ろに続くことを示すマークと解釈される。

Unix では、属性付きのメッセージなど、電子メールのアナロジーで考えられるあらゆるものを、このメタフォーマットで記述する伝統になっている。より一般的にいえば、フィールドの種類がまちまちで、データの間の階層関係がフラットな（再帰や木構造がない）レコードには、この形式が適している。

Usenet ニュースはこれを使っている。また、Web で使われている HTTP 1.1（およびそれ以降）フォーマットも同様である。属性の検索には、伝統的な Unix ツールが役に立つ。ただし、1 行に 1 レコードの形式と比べ、レコード境界を見つけるためには少し工夫が必要になる。

この形式には、複数の RFC 822 メッセージ（レコード）が 1 つのファイルにまとめられていると、レコード境界がはっきりしなくなるという弱点がある。メッセージ内の構造化されていないテキスト本体がどこで終わり、次のヘッダがどこで始まるかが、文脈の読めない単細胞な

コンピュータにどうしてわかるだろうか。歴史的には、メールボックス内のメッセージを区切るためのルールは複数作られてきている。もっとも古く、もっとも広くサポートされているのは、「From 」という文字列と送信者情報で始まる行をメッセージの先頭とするものだが、これは、他の種類のレコードには適切ではない。また、メッセージ本体の「From 」で始まる行をエスケープしなければならない（通常は「>」を使う）という問題もある。このエスケープは、混乱を招くことが少なくない。

ASCII 01（Ctrl-A）数個を続けたものなど、メッセージに現れそうにない制御文字をレコードの区切り行とするメールシステムもある。MIME 標準は、ヘッダにメッセージサイズを明示的に書き込むことによってこの問題を回避しているが、メッセージを手で編集したら壊れてしまうという点で、これは脆弱な解決方法だ。よりよい方法については、本章のなかで後述するレコードジャースタイルを参照のこと。

RFC 822 フォーマットの例を見たければ、メールボックスを覗いてみればよい。

5.2.3 クッキージャーフォーマット

クッキージャーフォーマットは、fortune(1) プログラムが、ランダムに表示される引用のデータベースを実現するために使っているものだ。この形式は、構造化されていないテキストの入れ物に過ぎないレコードに適している。このフォーマットは、レコードの区切りとして、改行のあとに「%%」が続くものを使っている（改行のあとに「%」が続くものを使う場合もある）。リスト 5-3 は、電子メールシグネチャ用の引用ファイルから抜き出した例である。

リスト 5-3　fortune ファイルの例

```
"Among the many misdeeds of British rule in India, history will look
upon the Act depriving a whole nation of arms as the blackest."
        -- Mohandas Gandhi, "An Autobiography", pg 446
%
The people of the various provinces are strictly forbidden to have
in their possession any swords, short swords, bows, spears, firearms,
or other types of arms. The possession of unnecessary implements
makes difficult the collection of taxes and dues and tends to foment
uprisings.
        -- Toyotomi Hideyoshi, dictator of Japan, August 1588
%
"One of the ordinary modes, by which tyrants accomplish their
purposes without resistance, is, by disarming the people, and making
it an offense to keep arms."
        -- Supreme Court Justice Joseph Story, 1840
```

レコード区切り子を探すときには、スペースの後ろに「%」が続くものを対象にするとよい。こうすれば、人間の編集ミスにもうまく対応できる。「%%」を使い、「%%」から行末までのすべ

てのテキストを無視するようにすれば、なおよいだろう。

> クッキージャーの区切り子は、もともと%%\n だった。%よりももっとはっきり見分けられるものがいいと思ったのだ。しかし、実際には、%%の後ろの情報は、コメントとして扱われるようになった（少なくとも、私はそうなるように書いた）。
>
> —— Ken Arnold

単純なクッキージャーフォーマットは、自然な秩序がなく、単語のレベルよりも上に見分けのつく構造がなく、テキストの中身以外にサーチキーがないようなテキストの断片を集めたものに適している。

5.2.4 レコードジャーフォーマット

クッキージャーフォーマットのレコード区切り子と、レコードを記述する RFC 822 メタフォーマットは、うまい具合に組み合わせることができ、両者を組み合わせると、私たちがこれから「レコードジャー」と呼ぶものになる。可変個の明示的な名前のついたフィールドから構成されるレコードを複数個格納できるテキストフォーマットが必要なら、**リスト 5-4** のような方法を使えば、もっとも驚きが少なく、人間にとってわかりやすいものになるだろう。

リスト 5-4 レコードジャーフォーマットで記述した3つの惑星の基本データ

```
Planet: Mercury
Orbital-Radius: 57,910,000 km
Diameter: 4,880 km
Mass: 3.30e23 kg
%%
Planet: Venus
Orbital-Radius: 108,200,000 km
Diameter: 12,103.6 km
Mass: 4.869e24 kg
%%
Planet: Earth
Orbital-Radius: 149,600,000 km
Diameter: 12,756.3 km
Mass: 5.972e24 kg
Moons: Luna
```

もちろん、レコード区切り子は空行でもよいところだが、「%%\n」という行のほうが区切りとしてはっきりしているし、編集中の事故によってまちがって入り込む可能性も低い（単純な入力ミスで生成できなくなるので、印字可能文字は1個ではなく、2個にしたほうがよい）。このようなフォーマットでは、空行は単純に無視するようにするとよい。

レコードに構造化されていないテキスト本体の部分が含まれる場合には、レコードジャー

フォーマットはメールボックスの形式に非常に近くなる。この場合、レコード区切り子をエスケープするための明確に定義された方法を用意して、レコード区切り子をテキスト本文で使えるようにすることが非常に重要だ。そうでなければ、レコードリーダは、いずれ誤った形式のテキストを前にして立ち往生することになるだろう。バイトスタッフ（この章のなかで後述）などのテクニックを使うとよい。

レコードジャーフォーマットは、DSV ファイルと同様のフィールドと属性の対を集めたものだが、フィールドの内容がさまざまに変化し、さらに構造化されていないテキスト本体がレコード内に組み込まれているような場合に適している。

5.2.5 XML

XML は、HTML とよく似た非常に単純な構文である。すなわち、「<>」で囲まれたタグと「&」に続くリテラルシーケンスという形式だ。プレーンテキストのマークアップという単純な形でありながら、再帰的に入れ子状になったデータ構造さえ表現できる。XML は、低水準の構文である。ドキュメントタイプ定義（XHTML など）とそれにセマンティックスを与えるアプリケーションロジックが必要だ。

XML は、単純なデータ形式には大げさすぎるが、複雑なデータフォーマット（Unix の伝統では、RFC 822 風のスタンザフォーマットを使うようなデータ構造）に適している。特に、RFC 822 メタフォーマットではうまく処理できない、入れ子や再帰の複雑なデータ構造を持つ形式に適している。XML in a Nutshell [Harold-Means] は、このフォーマットの入門書として適している。

> テキストファイルフォーマットを設計するときに正しく処理するのがもっとも難しいのは、引用、スペース、その他低水準の詳細な構文の問題だ。カスタムファイルフォーマットは、他の類似フォーマットに対応できないような微妙な構文上のミスで台無しになることが多い。標準ライブラリを使って解析でき、データの正当性をチェックできる **XML** のような標準フォーマットを使えば、そのような問題の大半は消える。
>
> —— **Keith Packard**

リスト 5-5 は、XML ベースのコンフィグレーションファイルの簡単な例だ。これは、Linux のもとで動作するオープンソースの KDE オフィススイートに付属している kdeprint ツールの一部である。このファイルは、イメージから PostScript にフィルタリングする処理のためのオプションと、それらのオプションをフィルタコマンドの引数に変換するための方法を記述している。8 章の Glade について述べた節でも、わかりやすい例を示しているので参照してほしい。

リスト 5-5　XML のサンプル

```xml
<?xml version="1.0"?>
<kprintfilter name="imagetops">
    <filtercommand
            data="imagetops %filterargs %filterinput %filteroutput" />
    <filterargs>
        <filterarg name="center"
                description="Image centering"
                format="-nocenter" type="bool" default="true">
            <value name="true" description="Yes" />
            <value name="false" description="No" />
        </filterarg>
        <filterarg name="turn"
                description="Image rotation"
                format="-%value" type="list" default="auto">
            <value name="auto" description="Automatic" />
            <value name="noturn" description="None" />
            <value name="turn" description="90 deg" />
        </filterarg>
        <filterarg name="scale"
                description="Image scale"
                format="-scale %value"
                type="float"
                min="0.0" max="1.0" default="1.000" />
        <filterarg name="dpi"
                description="Image resolution"
                format="-dpi %value"
                type="int" min="72" max="1200" default="300" />
    </filterargs>
    <filterinput>
        <filterarg name="file" format="%in" />
        <filterarg name="pipe" format="" />
    </filterinput>
    <filteroutput>
        <filterarg name="file" format="> %out" />
        <filterarg name="pipe" format="" />
    </filteroutput>
</kprintfilter>
```

　XML の長所の 1 つは、データのセマンティックスの知識がなくても、構文チェックをするだけで、形式の誤ったデータ、壊れたデータ、誤って生成されたデータなどを検出できることが多いというところだ。

　それに対し、XML の最大の短所は、伝統的な Unix ツールではうまく扱えないところだ。XML フォーマットを読み出したいソフトウェアは、XML パーサが必要だ。ということは、大がかりで複雑なプログラムになるということである。また、XML 自体もかなり大きくて扱いにくい。

マークアップに囲まれたデータを見分けるのは難しい場合がある。

　XML が明らかに優れている応用分野としては、ドキュメントファイルのマークアップフォーマットが挙げられる（これについては、18 章でさらに取り上げる）。このようなドキュメントのなかのタグは、プレーンテキストの大きな塊のなかに比較的まばらに散らばる傾向がある。だから、伝統的な Unix ツールで単純なテキストサーチや変換をかけることも、まだ不可能ではない。

　これらの世界の架け橋としておもしろいのが、PYX フォーマットである。これは、伝統的な Unix ツールでハックできる行指向の形式に XML を変換したもので、ロスなしで XML に再変換できる。Pyxie ということばを Web で検索すれば、参考資料を見ることができる。xmltk ツールキットは、逆にストリームを対象としたときの grep(1) や sort(1) のように、XML ドキュメントをフィルタリングするツールである。xmltk ということばで Web を検索すれば見つかる。

　XML は、仕事を単純化することも、複雑化することもあり得る。XML を巡っては、賑々しい議論が交わされているが、無批判に XML を受け入れたり、拒否したりすることによって、流行の犠牲になってしまってはならない。頭に KISS 原則を刻み付けて、適切な選択を行うべきだ。

5.2.6 Windows INI フォーマット

　多くの Microsoft Windows プログラムは、**リスト 5-6** のような感じのテキストデータフォーマットを使っている。この例は、python、sng、fetchmail、py-howto という名前のプロジェクトに、account、directory、numeric_id、developer というオプションリソースを与えている。DEFAULT エントリは、指定されたエントリがないときに使われるデフォルト値を提供する。

リスト 5-6　.INI ファイルの例

```
[DEFAULT]
account = esr

[python]
directory = /home/esr/cvs/python/
developer = 1

[sng]
directory = /home/esr/WWW/sng/
numeric_id = 1012
developer = 1

[fetchmail]
numeric_id = 18364

[py-howto]
```

```
account = eric
directory = /home/esr/cvs/py-howto/
developer = 1
```

　このスタイルのデータファイルフォーマットは、Unix ネイティブのものではないが、一部の Linux プログラム（目を引くのは、Linux から Windows ファイルシェアにアクセスするためのツールスイートである Samba）は、Windows の影響下でこれをサポートしている。このフォーマットは読むに耐えるし、そう悪い設計ではないが、XML と同様に、grep(1) などの伝統的な Unix ツールでは操作しにくい。

　名前の付けられたレコードまたはセクションの下に、名前と属性の対がまとまってあるという 2 段階構造にデータが自然にはまり込むなら、.INI フォーマットは適切である。しかし、完全に再帰的な木のような構造のデータには力不足で（このようなものには XML のほうが向いている）、名前と値の対を単純にリストにしたようなデータ構造には大げさすぎる（このようなものには DSV フォーマットを使ったほうがよい）。

5.2.7 Unix のテキストファイルフォーマットに見られる慣習

　Unix 文化には、テキストデータフォーマットをどのようなものにするかについて、非常に古い伝統がある。そのほとんどは、ついさっきまで見てきた 1 つ以上の Unix 標準メタフォーマットから生まれたものだ。特に強い具体的な理由があるのでない限り、この慣習に従うのが賢明だろう。

　10 章では、プログラム実行制御ファイルで使われている別の慣習を取り上げるが、その一部はここと同じルールになっていることに気付くだろう（特に字句解析レベル、すなわち文字をトークンに組み立てるうえでの約束について）。

- **可能であれば、1 行（末尾が改行文字）に 1 レコード**。こうすれば、テキストストリームツールでレコードを取り出しやすくなる。他のオペレーティングシステムとのデータ交換のために、ファイルフォーマットパーサは、行末が LF か CR-LF になっているかによって影響を受けないようにしておくとよい。また、この種のフォーマットでは、改行の前のスペースを無視する習慣になっている。これには、エディタに一般的に見られる誤動作を避ける効果がある。

- **可能なら、1 行あたり 80 字以下にする**。こうすると、通常のサイズの端末ウィンドウでフォーマットを見られるようになる。80 字以上になるレコードが多い場合には、スタンザフォーマット（後述）を使うことを検討する。

- **コメントの先頭に付ける文字として#を使う**。データファイルには、註釈やコメントを埋め込めるようにしておくとよい。それらが実際にファイル構造の一部になっており、その

ためファイル構造を認識するツールがそれらを保存できるなら、ベストだといえる。走査中に捨てられるコメントについては、伝統的に先頭に#を付けることになっている。

- **バックスラッシュエスケープをサポートする。**もっとも驚きを与えない形で制御文字を埋め込めるようにするには、C風のバックスラッシュエスケープを認識できるようにするとよい。改行は\n、復帰は\r、タブは\t、バックスペースは\b、フォームフィードは\f、ASCIIのエスケープ（27）は\e、8進値nnnは、\nnn、\onnn、\0nnnのいずれか、16進値nnは\xnn、10進値nnnは\dnnn、リテラルバックスラッシュは\\である。また、16進のUnicodeリテラルを表す\unnnnは、新しい慣習だが、従っておくとよい。

- **1行に1レコードのフォーマットでは、コロンか任意の個数の連続するスペースをフィールドセパレータとして使う。**コロンを使う慣習は、Unixパスワードファイルから始まっているようだ。フィールド内で区切り子の文字をリテラルとして使わなければならない場合には、エスケープのために前にバックスラッシュを付けること。

- **タブとスペースを大きく違うものとして扱わない。**ユーザーのエディタのタブ設定が異なるときに、両者の違いを厳密に扱うと、頭痛の種になる。より一般的にいえば、両者を区別すると、目で見るうえで混乱する。特に、フィールドセパレータとしてタブだけを使うと、問題を起こす。それに対し、タブとスペースの任意の連続を1個のフィールドセパレータとして扱えば、うまく機能する。

- **8進よりも16進を使うようにする。**1つで3ビット分を表す8進数よりも、2桁または4桁の16進数を使ったほうが、一目で今日の32ビット、64ビットワードに変換できて便利だし、若干ながら効率的だ。od(1)のような古いUnixツールが違反しているだけに、この規則は強調しておく必要がある。od(1)が8進値を使っているのは、古いPDPミニコンピュータのマシン語の命令フィールドサイズの遺物である。

- **複雑なレコードでは、1つのレコードが複数の行にまたがり、%%\nか%\nをレコードの区切りとして使う「スタンザ」フォーマットを使う。**区切り子は、人間がファイルを目で見てレコードの境界を探すときに役に立つ。

- **スタンザフォーマットでは、1行あたり1フィールドにするか、RFC 822 電子メールヘッダに似たレコードフォーマットを使い、フィールドの先頭にコロンで終わるフィールド名キーワードを付ける。**フィールドが不要になることが多い場合、80字以上になる場合、レコードの内容が希薄な場合（たとえば、空フィールドが多い）には、あとの方法を使ったほうがよいだろう。

- **スタンザフォーマットでは、行の継続をサポートする。**ファイルを解釈するとき、バックスラッシュにスペースが続くものを捨てるか、改行のあとにスペースが続くものを単一のスペースと解釈し、長い論理行を短い（編集しやすい）物理行に分割できるようにする。この種のフォーマットでは、行末のスペースも無視する慣習となっている。この慣習に

は、エディタに一般的に見られる誤動作を避ける効果がある。
- **バージョン番号を取り込むか、互いに独立した自己記述的なチャンクとしてフォーマットを設計する**。フォーマットに変更や拡張の可能性が少しでもあるなら、バージョン番号を取り込み、コードがすべてのバージョンに対して正しい処理ができるようにすべきだ。そうでなければ、自己記述的なチャンクとしてフォーマットを設計し、古いコードがすぐに動かなくなるようなことをせずに新しいチャンクタイプを追加できるようにする。
- **浮動小数点数の丸め誤差の問題を意識する**。バイナリからテキストフォーマットに浮動小数点数を変換し、逆の処理をすると、使っている変換ライブラリの品質次第では、精度が下がることがある。マーシャリング/アンマーシャリングしているデータ構造に浮動小数点数が含まれる場合には、両方の方向で変換をテストすべきだ。どちらかの方向で変換に丸め誤差が現れるようなら、生のバイナリとして浮動小数点数フィールドをダンプするか、文字列形式を使うことができるようにしておく。Cでコードを書いている場合や、Cの `printf/scanf` にアクセスできる言語を使っている場合には、C99の%a指定子がこの問題を解決してくれることがある。
- **ファイルの一部だけを圧縮したりバイナリエンコードしたりしないこと**。下記参照……。

5.2.8 ファイル圧縮のメリットとデメリット

OpenOffice.org や AbiWord など、最近の Unix プロジェクトの多くは、データファイルフォーマットとして zip(1) や gzip(1) で圧縮した XML を使っている。圧縮 XML には、スペースの節約とテキストフォーマットのメリットの一部の両方の効果がある。特に、特定の条件のもとでは使われない情報（たとえば、使われないオプションや大きな範囲）のために余分なスペースを確保しなければならなくなるというバイナリフォーマットの問題を避けられる。しかし、圧縮 XML には、この章で扱っている中心的なトレードオフに関わる論争が存在する。

実験によれば、圧縮 XML ファイル形式のドキュメントは、Microsoft Word ネイティブの、スペースが節約できるのだろうと人が想像するバイナリフォーマットと比べ、通常はかなり小さい。その理由は、Unix 思想の根本に関わる。すなわち、1つのことをしっかりやれということだ。圧縮の仕事をしっかりやる単一のツールを作れば、ファイルの一部に思い付きで圧縮をかけるよりも効果的になる。なぜなら、この圧縮ツールはデータ全体を見渡して、情報のすべての繰り返しを圧縮できるからだ。

また、特定の圧縮方式から表現の設計を切り離すと、実際のファイル走査にはほとんど変更を加えずに（というより、おそらくまったく変更を加えずに）、将来別の圧縮方式を使えるようになる。

しかし、圧縮は透明性をある程度損なう。人間なら、ファイルを解凍すると何か意味のあるものが表示されるかどうか、文脈から考えることができるが、file(1) などのツールは、2003

年時点では、ラップの中身を見ることができない。

　より構造化されていない圧縮フォーマットを推奨する人々もいる。たとえば、zip(1) のような内部構造や自己記述ヘッダチャンクのない、gzip(1) でストレートに圧縮した XML データのようなものである。zip(1) のようなフォーマットを使うと、識別問題は解決できるが、簡単なスクリプト言語で書かれたプログラムでその手のファイルをデコードするのは難しくなる。

　記憶スペースの節約、検索のしやすさ、ブラウズツールの書きやすさのどれに比重をかけるかによって、これらの方法（純粋テキスト、純粋バイナリ、圧縮テキスト）のなかのどれが最適な方法になるかは変わってくる。先ほどの議論でいいたかったことは、これらのアプローチのなかの 1 つを他のものよりもよいと勧めることではなく、選択肢がいくつあり、設計上どのようなトレードオフがあるかについて明確に考えようということである。

　以上のような断りを入れたうえで、真に Unix 的な方法を考えるとすれば、圧縮を解いた形でファイルの先頭部を見られるように file(1) を改造することだろう。そして、それがうまくいかなければ、圧縮は gunzip(1) をかける命令と解釈したうえで、再度内容をチェックするように file(1) の動作を変更するシェルスクリプトを書くことになるだろう。

5.3 アプリケーションプロトコルの設計

　7 章では、アプリケーション固有のコマンドセットやプロトコルを使って互いに通信する協調的なプロセス群に複雑なアプリケーションを分割することのメリットを取り上げる。データファイルフォーマットをテキストにするとよいという理由は、すべてこれらのアプリケーション固有プロトコルにも同じようにあてはまる。

　アプリケーションプロトコルがテキストで、目で見てすぐに走査できるなら、多くのことが簡単になる。トランザクションのダンプの解釈はずっと楽なものになるし、テストロードも書きやすくなる。

　サーバプロセスは、inetd(8) のようなハーネスプログラムから起動されることが多い。サーバは標準入力からコマンドを受け取り、標準出力に応答を返す。11 章では、この CLI サーバパターンをもっと詳しく説明する。

　コマンドセットが単純になるように設計された CLI サーバは、人間のテスタがサーバプロセスに対して直接コマンドを入力し、ソフトウェアの動作を探れるというすばらしい特長を持っている。

　もう 1 つ考えておかなければならないのは、end-to-end 設計原則だ。すべてのプロトコル設計者は、この分野の古典である End-to-End Arguments in System Design［Saltzer］を読むべきである。セキュリティや認証などの機能を処理するのは、プロトコルスタックのどのレベルにすべきかについては、大きな問題になることが多い。この論文は、この問題について考え

るための概念ツールを提供してくれる。さらに、第三の問題として、パフォーマンスの問題がある。この問題については、12章で詳しく見ていく。

インターネットのアプリケーションプロトコル設計の伝統は、1980年まではUnixとは別個に発展してきている[*4]。しかし、1980年以降は、Unixの実践に完全に溶け込んでいる。

ここでは、もっともよく使われているとともに、インターネットハッカーの間で広く模範的なものと見られているアプリケーションプロトコルとして、SMTP、POP3、IMAPの3つのアプリケーションプロトコルを見ていく。これら3つは、どれもメール伝送（Webとともに、ネットの2大アプリケーションの1つ）の異なる側面に関わっているが、これらのプロトコルが関わっている問題（メッセージ渡し、リモート状態設定、エラー条件の表示）は、電子メール以外のアプリケーションプロトコルにも共通するものであり、通常は同じようなテクニックを使って処理されている。

5.3.1 ケーススタディ：SMTP (Simple Mail Transfer Protocol)

リスト5-7は、RFC 2821で規定されているSMTP（Simple Mail Transfer Protocol）のサンプルトランザクションを示したものだ。このサンプルで、「C:」で始まる行は、メール送信側のメール伝送エージェント（MTA）が送る情報、「S:」で始まる行は、受信側のMTAが返してくる情報である。このように強調されているテキストはコメントであり、実際の転送内容の一部ではない。

リスト5-7　SMTPセッションの例

```
C:   クライアントがサービスポート25に接続する
C:   HELO snark.thyrsus.com                    送信側が自分のホスト情報を送る
S:   250 OK Hello snark, glad to meet you      受信側がホスト情報を確認する
C:   MAIL FROM: <esr@thyrsus.com>              送信側ユーザーの情報を送る
S:   250 <esr@thyrsus.com>... Sender ok        受信側が情報を確認する
C:   RCPT TO: cor@cpmy.com                     ターゲットユーザーを指定する
S:   250 root... Recipient ok                  ターゲットユーザーを確認する
C:   DATA
S:   354 Enter mail, end with "." on a line by itself
C:   Scratch called. He wants to share
C:   a room with us at Balticon.
C:   .                                         複数行送信の終了

S:   250 WAA01865 Message                      送信側のサインオフ
C:   QUIT sender signs off
S:   221 cpmy.com closing connection           受信側が接続を切断する
C:   クライアント終了
```

---

4. インターネットプロトコルは、行の区切り子として、UnixのLFではなくCR-LFを使っていることが多いが、これは、Unix以前の歴史の遺物である。

メールは、インターネット上のマシンの間でこのようにして渡される。リクエストのコマンド引数のフォーマット、ステータスコードのあとに情報メッセージが続くレスポンスのフォーマット、DATA コマンドのペイロードが単一のドットだけの行で終了することなどに注意してほしい。

SMTP は、インターネットでまだ使われている 2、3 種類の最古アプリケーションプロトコルのなかの 1 つである。単純で役に立ち、時の試練に耐えてきた。ここで指摘した特徴は、他のインターネットプロトコルでもたびたび繰り返されてきているものである。適切に設計されたインターネットアプリケーションプロトコルとはどのようなものかを体現する典型例が 1 つあるとすれば、それは SMTP だ。

5.3.2 ケーススタディ：POP3（Post Office Protocol）

POP3（Post Office Protocol）も、古典的なインターネットプロトコルの 1 つである。POP3 もメール伝送のために使われているが、SMTP が送信側によって開設されたトランザクションによる「送り出し」プロトコルであるのに対し、POP3 は、メール受信者によって開設されたトランザクションによる「引き出し」プロトコルだというところが異なる。断続的なアクセス（ダイアルアップ接続のようなもの）を使っているインターネットユーザーは、メール蓄積マシンにメールを溜め込んでおき、POP3 接続を使って自分のマシンにメールを引っ張り込んでくることができる。

リスト 5-8 は、POP3 のサンプルセッションを示したものだ。このサンプルで、「C:」で始まる行はクライアントが、「S:」で始まる行はメールサーバが送る内容である。SMTP と似たところが多いことに注意してほしい。このプロトコルもテキストで行指向であり、メッセージのペイロードの末尾は、単一のドットに改行が続く行になっており、終了コマンドの QUIT までまったく同じだ。SMTP と同様に、1 つ 1 つのクライアント処理は、先頭がステータスコードで、その後ろに人間が理解できる情報メッセージが続くレスポンス行によって確認されている。

リスト 5-8　POP3 セッションの例

```
C: クライアントがサービスポート 110 に接続する
S: +OK POP3 server ready <1896.6971@mailgate.dobbs.org>
C: USER bob
S: +OK bob
C: PASS redqueen
S: +OK bob's maildrop has 2 messages (320 octets)
C: STAT
S: +OK 2 320
C: LIST
S: +OK 2 messages (320 octets)
S: 1 120
S: 2 200
```

```
S: .
C: RETR 1
S: +OK 120 octets
S: POP3 サーバがメッセージ 1 のテキスト本文を送信する
S: .
C: DELE 1
S: +OK message 1 deleted
C: RETR 2
S: +OK 200 octets
S: POP3 サーバがメッセージ 2 のテキスト本文を送信する
S: .
C: DELE 2
S: +OK message 2 deleted
C: QUIT
S: +OK dewey POP3 server signing off (maildrop empty)
C: クライアント終了
```

しかし、違いもいくつかある。もっともはっきりしているのは、SMTP が 3 桁のステータスコードを使っているのに対し、POP3 がステータストークンを使っていることだ。もちろん、リクエストのセマンティックスは異なる。しかし、同じ家族という類似点（この章のあとの部分で一般的なインターネットメタプロトコルについて論じるときにもっと詳しく説明する）は、はっきりしている。

5.3.3 ケーススタディ：IMAP (Internet Message Access Protocol)

ここで取り上げる 3 つのインターネットアプリケーションプロトコルの最後は、IMAP である。IMAP も郵便局プロトコルだが、少し異なるスタイルで設計されている。**リスト 5-9** を見てほしい。今までと同様に、「C:」行はクライアント、「S:」行はメールサーバから送られる。*このように強調されているテキスト*はコメントであり、実際の転送内容の一部ではない。

リスト 5-9　IMAP セッションの例

```
C: クライアントがサービスポート 143 に接続する
S: * OK example.com IMAP4rev1 v12.264 server ready
C: A0001 USER "frobozz" "xyzzy"
S: * OK User frobozz authenticated
C: A0002 SELECT INBOX
S: * 1 EXISTS
S: * 1 RECENT
S: * FLAGS (\Answered \Flagged \Deleted \Draft \Seen)
S: * OK [UNSEEN 1] first unseen message in /var/spool/mail/esr
S: A0002 OK [READ-WRITE] SELECT completed
C: A0003 FETCH 1 RFC822.SIZE                    メッセージサイズを取得
```

```
S: * 1 FETCH (RFC822.SIZE 2545)
S: A0003 OK FETCH completed
C: A0004 FETCH 1 BODY[HEADER]                最初のメッセージのヘッダを取得
S: * 1 FETCH (RFC822.HEADER {1425}
サーバが 8 進 1425 バイトのメッセージペイロードを送信
S: )
S: A0004 OK FETCH completed
C: A0005 FETCH 1 BODY[TEXT]                  最初のメッセージ本体を取得
S: * 1 FETCH (BODY[TEXT] {1120}
サーバが 8 進 1120 バイトのメッセージペイロードを送信
S: )
S: * 1 FETCH (FLAGS (\Recent \Seen))
S: A0005 OK FETCH completed
C: A0006 LOGOUT
S: * BYE example.com IMAP4rev1 server terminating connection
S: A0006 OK LOGOUT completed
C: クライアント終了
```

　IMAP は、少し異なる方法でペイロードの末尾を判断する。単一のドットでペイロードの末尾を示すのではなく、ペイロードを送る直前にそのサイズを送るのである。こうすると、サーバ側の負担は少し重くなるが（送信開始後にストリームに流すのではなく、あらかじめメッセージを組み立てておかなければならないので）、クライアントの仕事は楽になる。メッセージの処理のために全体としてどれだけのバッファを確保しておかなければならないかがあらかじめわかるのだ。

　また、リクエストが付けたシーケンスラベルが個々のレスポンスにも付けられていることに注意しよう。この例では、`A000n` という形式になっているが、クライアントは任意のトークンを生成できる。この機能のおかげで、IMAP コマンドはレスポンスを待たずにサーバに流し込める。クライアントの状態マシンは、届いたレスポンスとペイロードを単純に解釈すればよい。このテクニックは、伝送の遅れ（レイテンシ）を取り除く。

　IMAP（POP3 に代わるものとして設計された）は、成熟した強力なインターネットアプリケーションプロトコルの設計の優れた例となっている。このプロトコルには、学んで、真似るだけの価値がある。

5.4 アプリケーションプロトコルメタフォーマット

　データファイルメタフォーマットが記憶のためのシリアライズを単純化するために発展してきたのと同じように、アプリケーションプロトコルメタフォーマットは、ネットワークを介したトランザクションのシリアライズを単純化するために発展してきた。しかし、この場合のトレードオフは少し異なる。ネットワークの帯域幅は記憶よりも高くつくので、トランザクショ

ンの経済性により重点が置かれるのである。それでも、テキストフォーマットの透明性と相互運用性のメリットには十分大きな意味があるので、ほとんどの設計者は、読みやすさを犠牲にしてパフォーマンスを最適化したいという誘惑に抗うことができている。

5.4.1 古典的なインターネットアプリケーションのメタプロトコル

Marshall Rose の RFC 3117、On the Design of Application Protocols[5]は、インターネットのアプリケーションプロトコルの設計問題の概説として優れている。RFC 3117 は、先ほど取り上げた SMTP、POP、IMAP などの古典的なインターネットアプリケーションプロトコルのいくつかの特徴を明らかにするとともに、これらのプロトコルをわかりやすく分類している。読むことを勧めたい。

古典的なインターネットメタプロトコルはテキストである。1 行のリクエストとレスポンスを使うが、ペイロードは例外で複数行にすることができる。ペイロードは、8 進値のサイズ情報を先に付けた形か、「.\r\n」という区切り子を末尾に付けた形で送られる。後者の場合、ペイロードはバイトスタッフされている。つまり、ピリオドで始まるすべての行には、ピリオドがもう 1 つ付け加えられている。ペイロードの末尾を認識し、バイトスタッフのピリオドを取り除くのは、受信側の仕事である。レスポンス行は、ステータスコードの後ろに人間が理解できるメッセージを付けた形式になっている。

この古典的なスタイルのもう 1 つの長所は、すぐに拡張できることだ。新しいリクエストを追加したとき、走査と状態マシンのフレームワークはほとんど変更せずにそのまま使える。また、コードの実装が簡単なので、新しいリクエストを走査して、エラーを返したり単純に無視したりすることができる。SMTP、POP3、IMAP は、今まで非常にひんぱんに小さく拡張してきたが、相互運用性の問題はあまり起きなかった。それに対し、素朴に設計されたバイナリプロトコルは、すぐに壊れてしまう。

5.4.2 普遍的なアプリケーションプロトコルとしての HTTP

1993 年に Web がクリティカルマスに到達して以来、アプリケーションプロトコルの設計者たちは、Web サーバを汎用サービスプラットフォームとして利用し、HTTP の上に専用プロトコルレイヤを乗せる方法を取ることが顕著に増えてきた。

HTTP はトランザクションレイヤにおいて非常に単純で一般性を持つので、このようなやり方が可能になる。HTTP リクエストは、RFC-822/MIME 風の形式のメッセージだ。一般に、ヘッダには識別、認証情報が含まれており、先頭行は URI（Universal Resource Indicator）で指定されたなんらかのリソースに対するメソッド呼び出しとなっている。もっとも重要なメ

---

5. RFC 3117（ftp://ftp.rfc-editor.org/in-notes/rfc3117.txt）を参照。

ソッドは、GET（リソースのフェッチ）、PUT（リソースの変更）、POST（フォームまたはバックエンドプロセスへのデータの転送）だ。そして、URI のなかでもっとも重要な形態は、URL (Uniform Resource Locator) である。URL は、サービスタイプ、ホスト名、ホスト上での位置からリソースを識別する。HTTP レスポンスは、単純に RFC-822/MIME メッセージであり、クライアントによって解釈される任意のコンテンツを含むことができる。

Web サーバは、HTTP のトランスポート、リクエスト多重化レイヤを処理するとともに、http や ftp といった標準サービスタイプも処理する。カスタムサービスタイプを処理する Web サーバプラグインを書き、リクエストをプラグインにディスパッチするのは比較的容易である。

アプリケーションプロトコルは、この方法を使うと低水準の無数の細かい処理を避けられるだけではなく、HTTP の標準サービスポートをトンネルとして使えるので、独自の TCP/IP サービスポートを用意しなくて済む。これは大きなメリットだ。ほとんどのファイアウォールはポート 80 を開けているが、他のポートを使おうとすると、技術的にもセキュリティポリシー的にも困難に直面することが多い。

このメリットには、リスクが伴う。Web サーバとそのプラグインはどんどん肥大していくことになるし、それらのなかのどこかに欠陥があれば、セキュリティを大きく損なうことになる。問題のあるサービスを特定してシャットダウンすることは、どんどん難しくなる。セキュリティと便利さの間のいつものトレードオフだ。

アプリケーションプロトコルの土台として HTTP を利用することを考えているのなら、RFC 3205 の On the Use of HTTP As a Substrate[6] を読むと設計上のよいアドバイスが得られる。RFC 3205 には、この方法のトレードオフや問題点もまとめられている。

5.4.2.1 ケーススタディ：CDDB/freedb.org データベース

オーディオ CD は、CDDA-WAV というデジタル形式のミュージックトラックのシーケンスという形で構成されている。この形式は、ごく単純な家電製品で再生できるように設計されており、汎用コンピュータがその場でこの形式をデコードできるだけのスピードとサウンド機能を持つようになったのは、この形式が設計されてから数年たってからだった。このような事情から、この形式にはアルバムやトラックのタイトルといった単純なメタ情報を取り込む余地がなかった。しかし、今のコンピュータで動く CD プレイヤーは、ユーザーが再生リストを組み立て、編集するために、この情報を持つ必要がある。

インターネットに入ってみよう。CD のトラック長テーブルから計算されたハッシュコードとアーティスト/アルバムタイトル/トラックタイトルレコードの相互変換機能を提供するレポジトリが少なくとも 2 つある。先にできたのは cddb.org だが、もう 1 つの freedb.org のほうが、現在ではもっと完全でもっと広く使われているはずだ。どちらのサイトも、新しい CD が発売されるたびにデータベースを最新状態に保つというたいへんな作業はユーザー頼みである。

---

6. RFC 3205（http://www.faqs.org/rfcs/rfc3205.html）を参照。

CDDB がユーザーから得た情報をプロプライエタリに独占する道を選んだため、開発者たちが反乱を起こして、freedb.org が台頭してきたという経緯がある。

これらのサービスに対するクエリーは、TCP/IP の上のカスタムアプリケーションプロトコルとして実装することもできたところだが、そうすると、新しい TCP/IP ポート番号の割り当てを受け、無数のファイアウォールに新しい穴を開けさせるために闘うという余計な仕事が必要になってしまう。そこで、このサービスは HTTP の上の単純な CGI クエリーとして実装されている（まるで、ユーザーが Web フォームに CD のハッシュコードを入力したのと同じように動作する）。

このような方法を選択したことによって、データベースのクエリー、更新を行うプログラムをサポートするために、さまざまなプログラミング言語で書かれた HTTP、Web アクセスライブラリの既存のインフラストラクチャをすべて利用することができた。その結果、ソフトウェア CD プレイヤーにこの種のサポートを追加することはごく簡単な仕事になり、ほとんどすべてのソフトウェア CD プレイヤーがこのデータベースの使い方を認識するようになっている。

5.4.2.2 ケーススタディ：IPP（Internet Printing Protocol）

IPP（Internet Printing Protocol）は、ネットワークからアクセスできるプリンタの制御のための標準として広く実装されており、成功している。IETF の Printer Working Group サイト（http://www.pwg.org/ipp/）には、RFC、実装、その他各種情報へのポインタがまとめられている。

IPP は、トランスポートレイヤとして HTTP 1.1 を使う。すべての IPP リクエストは、HTTP POST メソッドを使って渡される。レスポンスは、通常の HTTP レスポンスだ（RFC 2568、Rationale for the Structure of the Model and Protocol for the Internet Printing Protocol のセクション 4.2 が、この選択をうまく説明している。これは、新しいアプリケーションプロトコルを書こうとしているすべての人が研究すべき文献だ）。

ソフトウェアサイドからは、HTTP 1.1 は広く使われている。HTTP 1.1 は、トランスポートレベルのさまざまな問題をすでに解決しており、これがなければ、IPP の開発者や実装者は印刷のセマンティックスに集中できなかっただろう。HTTP 1.1 はクリーンに拡張可能なので、IPP にも成長の余地がある。POST リクエストを処理する CGI プログラミングモデルはよく理解されており、開発ツールも多い。

ほとんどのネットワーク対応プリンタはすでに Web サーバを組み込んでいるが、それは人間がプリンタの状態をリモートに問い合わせられるようにするための自然な方法だからである。そのため、プリンタのファームウェアに IPP サービスを追加するコストはそれほど高くない（これは、自販機、コーヒーメーカー[7]、浴槽など、非常に広範囲のネットワーク対応ハードウェアにも同じようにあてはまる議論だ）。

---

7. RFC 2324（http://www.ietf.org/rfc/rfc2324.txt）と RFC 2325（http://www.ietf.org/rfc/rfc2325.txt）を参照。

IPP が HTTP の上にあることによる唯一の大きな問題点は、クライアントリクエストが完全に主導権を握ってしまうことだ。そのため、プリンタがクライアントに非同期に警告メッセージを送る余地はこのモデルにはない（ただし、賢いクライアントなら、プリンタからの HTTP リクエストという形でそのような警告を受け付ける簡単な HTTP サーバを実行できるだろう）。

5.4.3 BEEP（Blocks Extensible Exchange Protocol）

BEEP（以前の BXXP）は、アプリケーションプロトコルの普遍的な基礎という役割を HTTP と競う汎用プロトコルマシンである。クライアントサーバアプリケーションなら、HTTP がうまく処理してくれるが、ピアツーピアアプリケーションに適したメタプロトコルとして地位を確立したものはまだない。そこにニッチがある。プロジェクトの Web サイト（http://www.beepcore.org/doc.html）からは、標準規格や数種類の言語で書かれたオープンソースの実装にアクセスできる。

BEEP は、クライアントサーバモードとピアツーピアモードの両方をサポートする機能を持っている。BEEP プロトコルとサポートライブラリは、正しいオプションを選べば、データエンコーディング、フロー制御、輻輳処理、end-to-end 暗号のサポート、複数の伝送から構成される大規模なレスポンスの組み立てなどといった煩雑な問題を抽象化できるように設計されている。

内部的には、BEEP ピアは、PNG のチャンクタイプと大差のない自己記述的なバイナリパケットのシーケンスを交換している。この設計は、古典的なインターネットプロトコルや HTTP と比べ、透明性を犠牲にして経済性を重視したものになっており、データのサイズが大きいときにより適したものになっている。BEEP は、すべてのリクエストの主導権をクライアントが握っているという HTTP の問題点も回避している。したがって、サーバがクライアントに非同期に状態メッセージを送り返さなければならないような場合には、BEEP のほうが適しているだろう。

BEEP は、2003 年半ばの段階ではまだ新技術であり、ごく少数のデモンストレーションプロジェクトしかない。しかし、BEEP には、プロトコル設計の最良の実践を分析、概観した優れたドキュメントがある。BEEP 自体が広く普及しなかったとしても、これらのドキュメントの教科書的な価値は残るだろう。

5.4.4 XML-RPC、SOAP、Jabber

アプリケーションプロトコルの設計には、MIME 内の XML を使ってリクエストとペイロードを構造化するというトレンドがある。BEEP ピアは、チャンネルのネゴシエーションのために、このフォーマットを使っている。また、最近のプロトコルのなかで重要な 3 つのものが、XML を全面的に使っている。その 3 つとは、リモートプロシージャ呼び出しのための XML-RPC と SOAP（Simple Object Access Protocol）とインスタントメッセージや在席通知のための Jabber だ。これら 3 つは、どれも XML ドキュメントタイプである。

XML-RPC は、Unix 精神をかなり取り入れている（作者は、1970 年代に Unix のオリジナルソースコードを読んでプログラミングを学んだといっている）。意図的に最小限の機能に絞っているが、それでもかなり強力であり、スカラーの論理値/整数/浮動小数点数/文字列を受け渡しできればよい RPC アプリケーションの大多数では満足のいく結果を生み出せる。XML-RPC によるリモートプロシージャ呼び出しは、軽量で理解しやすく、監視しやすい。XML-RPC がサポートするデータ型は、テキストストリームと比べて豊かなものだが、それでも単純で移植性に富んでおり、インターフェイスの複雑さの度合いのチェックツールとして価値がある。すでに、オープンソースの実装が出回っている。XML-RPC ホームページ（http://www.xmlrpc.com/）には、仕様や複数のオープンソース実装へのリンクが含まれている。

　SOAP は、配列や C 風の構造体など、より多くのデータ型を含む重量級の RPC プロトコルである。XML-RPC から刺激を受けて作られたものだが、第 2 システム効果の犠牲になっていると非難されている。2003 年半ばの段階で、SOAP 標準はまだ策定中であり、標準案は Apache 内で試験的に実装されている。Web で検索をかければ、Perl、Python、Tcl、Java で書かれたオープンソースのクライアントモジュールがすぐに見つかる。W3C の標準案も Web に掲載されている。

　リモートプロシージャ呼び出しの方法としての XML-RPC と SOAP には、7 章の終わりの部分で論じるリスクがある。

　Jabber は、インスタントメッセージと在席通知をサポートするために設計されたピアツーピアプロトコルである。Jabber がアプリケーションプロトコルとしておもしろいのは、XML フォームと生きたドキュメントの受け渡しをサポートするところだ。Jabber Software Foundation のサイト（http://www.jabber.org/about/）には、仕様書、ドキュメント、オープンソースの実装へのリンクが含まれている。

第6章

透明性：光あれ

　前章では、テキストのデータフォーマットとアプリケーションプロトコルの重要性を論じた。テキストは、人間が解析したり、プログラムとやり取りしたりするうえで楽な表現であり、Unixが伝統的に高く評価してきた設計品質を実現するうえで役に立つ。しかし、この品質、すなわち透明性と開示性は、明示的に言及されることがあまりないのだ。

　ソフトウェアシステムは、よくわからない部分や隠されている部分がなければ透明である。つまり、透明性は受動的な性質である。プログラムは、実際に行われていることを外から見通すことができ、すべての、あるいはほとんどの条件のもとで動作が予測でき、頭のなかで動作がイメージできるなら、透明だといえる。

　さらに、プログラムが何をどのようにするのかについて人が正しいイメージを持てるようにする機能を組み込んでいるソフトウェアシステムは、開示性を持っている。たとえば、優れたドキュメントは、ユーザーに対する開示性を上げる。適切に選ばれた変数、関数名はプログラマに対する開示性を上げる。開示性は、能動的な性質だ。開示性のあるソフトウェアを実現するためには、単にわかりにくい部分を作りそびれるだけではなく、プログラムを理解しやすくするために積極的な努力を払わなければならない[*1]。

　透明性と開示性は、ユーザーにとってもソフトウェア開発者にとっても重要である。しかし、重要性のあり方が両者では異なる。ユーザーは、簡単に学べるということになるので、UIにこれらの性質があることを好む。人々が「UIがわかりやすい」というときの大きな部分はUIの透明性と開示性だ。それ以外の大半の部分は、驚き最小の原則の問題である。ユーザーインターフェイスを心地よく効果的なものにする性質については、11章で詳しく取り上げていく。

　ソフトウェア開発者は、書き換えたりデバッグしたりすることができるくらい深くコードを理解しなければならなくなることが多いので、コード自体（ユーザーが見ない部分）にこの性質があることを望む。また、内部のデータフローがすぐに理解できるように作られたプログラ

---

1. 経済的なセンスのある友人のコメント。「開示性とは、参入を阻む障害を減らすことだ。透明性とは、コードと向かい合うためのコストを下げることだ。」

ムは、設計者が気付かなかった悪い相乗作用のために失敗したりせず、穏やかに前進的に発展できるものになる可能性が高い（新しい保守担当者が引き継いだあとの変更も含め）。

透明性は、David Gelernterが「美」と呼んでいるものの大きな構成要素だ。Unixプログラマは、Gelernterがいっている品質を表すために、数学者から借りた「エレガント」ということばを使うことが多い。エレガントは、力と単純性が結合して生まれる。エレガントなコードは、わずかなことで大きな仕事をする。エレガントなコードは、ただ正しいだけではなく目に見える透明な形で正しい。単にコンピュータにアルゴリズムを与えるだけではなく、コードを読む人間になるほどという感触と安心を与える。エレガントであることを求めれば、よりよいコードが作れる。透明なコードの書き方を学ぶことは、エレガントなコードの書き方を学ぶための最初の大きな一歩となる。そして、コードに開示性を与えることを心掛けると、透明なコードの書き方を学べる。エレガントなコードは、透明性と開示性をともに備えている。

透明性と開示性の違いは、極端な例を使って考えるとわかりやすいかもしれない。Linuxカーネルのソースは、（していることの本質的な複雑さを考えるなら）驚くほど透明だが、開示性はない。コードのなかを自由に動き回り、開発者のイディオムを理解するために必要な最小限の知識を獲得するのは難しいことだが、それができれば、すべてがはっきりとわかる[*2]。それに対し、Emacs Lispライブラリには、開示性はあるが、透明ではない。1つのことを変えるために必要な知識を獲得するのは簡単なことだが、システム全体を理解するのはとても難しい。

この章では、UIだけではなく、ユーザーが通常は見ない部分においても、透明性と開示性を促進するUnixの設計上の特徴を明らかにしていく。また、開発、コーディングの作業に応用できる有効な原則を開発していく。さらに19章では、優れたリリースエンジニアリング（たとえば、適切な内容のREADMEファイルを用意することなど）によって、ソースコードも設計と同じくらいの開示性を持つようになることを見ていく。

なぜこのような品質が重要なのか、現実的な意味を知りたいというなら、透明性と開示性のあるシステムを書くことによって守られる健全さは、将来の自分自身の健康かもしれないということを忘れないようにするとよい。

6.1 ケーススタディ

この本で今まで取っていた普通のやり方は、ケーススタディと思想を交互にはさんでいくというものだったが、この章では、透明性や開示性に優れたUnixのいくつかの設計をまず全部見て、それから教訓を引き出すという方法を取ることにする。後半部の分析で強く指摘していくポイントは、複数のケーススタディから共通して導かれる。この配置は、読者がまだ見てい

---

2. Linuxカーネルは、ソースのtarボールにDocumentationサブディレクトリを組み込んだり、チュートリアルのWebサイトや書籍をいくつも用意したりして、開示性を上げるための努力をしている。しかし、カーネルが書き換えられるスピードがあまりにも速いので、このような努力が報われないことも多い。ドキュメントはどうしても開発に遅れる傾向がある。

ないケーススタディを先取りして読まなくても済むように考えたからだ。

6.1.1 ケーススタディ：audacity

まず、UI 設計の透明性の例を見ていく。audacity は、Unix の他、Mac OS X、Windows で動作するオープンソースのサウンドファイルエディタだ。プロジェクトサイトの http://audacity.sourceforge.net/ には、ソース、ダウンロード可能なバイナリ、ドキュメント、スクリーンショットなどがある。

このプログラムは、オーディオサンプルのカットアンドペーストや編集をサポートしている。マルチトラック編集やミキシングもできる。UI はごく単純で、ウィンドウにサウンド波形が表示されている。波形イメージはカットアンドペーストでき、イメージに対する操作はただちにオーディオサンプルに直接反映される。

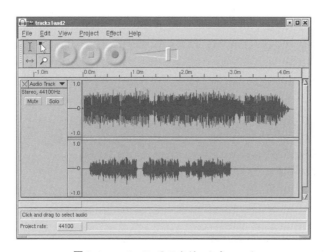

図 6-1　audacity のスクリーンショット

マルチトラック編集は、可能な限りもっとも単純な方法でサポートされている。画面はトラックごとに分割され、同時に鳴る部分は位置関係からわかるようになっている。機能は、試してみればすぐに理解できる。トラックはマウスで左右にドラッグでき、これによって相対的なタイミングを変更できる。

この UI のいくつかの機能は非常に優れており、真似る価値がある。大きくて見やすく色分けされていてクリックできる操作ボタン、何度実験してももとに戻すことができるアンドゥコマンド、音の大小が形ではっきりとわかるボリュームスライダなどである。

しかし、それらはみな細部の問題に過ぎない。このプログラムのもっとも優れているところは、非常に透明で自然なユーザーインターフェイスを持っていることである。この UI は、ユーザーとサウンドファイルを隔てる障害を可能な限り少なく、低くする。

6.1.2 ケーススタディ：fetchmail の -v オプション

`fetchmail` は、ネットワークゲートウェイプログラムである。主目的は、POP3 や IMAP といったリモートメールプロトコルとインターネットネイティブの電子メール交換プロトコルである SMTP の間の相互変換である。インターネットサービスプロバイダとの接続のために SLIP や PPP を使っている Unix マシンの間では、非常によく普及しており、おそらくインターネットのメールトラフィックのかなりの部分がこのプログラムと関わっているだろう。

`fetchmail` には 60 を下らないコマンド行オプションがあり（後述するように、このオプション数はおそらく多すぎる）、コマンド行では設定できないが実行制御ファイルで設定できるオプションが他にもいくつかある。これら全部のなかで、もっとも重要なのは、今のところ、-v、すなわち冗舌（verbose）オプションだ。

-v がオンになっていると、`fetchmail` は POP、IMAP、SMTP トランザクションを発生とともに標準出力にダンプする。リアルタイムでコードがリモートメールサーバやメール伝送プログラムとプロトコルをやり取りするようすが見られる。**リスト 6-1** は、代表的なセッションを示したものだ。

リスト 6-1　fetchmail -v の出力例

```
fetchmail: 6.1.0 querying hurkle.thyrsus.com (protocol IMAP)
       at Mon, 09 Dec 2002 08:41:37 -0500 (EST): poll started
fetchmail: running ssh %h /usr/sbin/imapd
       (host hurkle.thyrsus.com service imap)
fetchmail: IMAP< * PREAUTH [42.42.1.0] IMAP4rev1 v12.264 server ready
fetchmail: IMAP> A0001 CAPABILITY
fetchmail: IMAP< * CAPABILITY IMAP4 IMAP4REV1 NAMESPACE IDLE SCAN
       SORT MAILBOX-REFERRALS LOGIN-REFERRALS AUTH=LOGIN
       THREAD=ORDEREDSUBJECT
fetchmail: IMAP< A0001 OK CAPABILITY completed
fetchmail: IMAP> A0002 SELECT "INBOX"
fetchmail: IMAP< * 2 EXISTS
fetchmail: IMAP< * 1 RECENT
fetchmail: IMAP< * OK [UIDVALIDITY 1039260713] UID validity status
fetchmail: IMAP< * OK [UIDNEXT 23982] Predicted next UID
fetchmail: IMAP< * FLAGS (\Answered \Flagged \Deleted \Draft \Seen)
fetchmail: IMAP< * OK [PERMANENTFLAGS
       (\* \Answered \Flagged \Deleted \Draft \Seen)]
Permanent flags
fetchmail: IMAP< * OK [UNSEEN 2] first unseen in /var/spool/mail/esr
fetchmail: IMAP< A0002 OK [READ-WRITE] SELECT completed
fetchmail: IMAP> A0003 EXPUNGE
fetchmail: IMAP< A0003 OK Mailbox checkpointed, no messages expunged
fetchmail: IMAP> A0004 SEARCH UNSEEN
fetchmail: IMAP< * SEARCH 2
fetchmail: IMAP< A0004 OK SEARCH completed
```

```
2 messages (1 seen) for esr at hurkle.thyrsus.com.
fetchmail: IMAP> A0005 FETCH 1:2 RFC822.SIZE
fetchmail: IMAP< * 1 FETCH (RFC822.SIZE 2545)
fetchmail: IMAP< * 2 FETCH (RFC822.SIZE 8328)
fetchmail: IMAP< A0005 OK FETCH completed
skipping message esr@hurkle.thyrsus.com:1 (2545 octets) not flushed
fetchmail: IMAP> A0006 FETCH 2 RFC822.HEADER
fetchmail: IMAP< * 2 FETCH (RFC822.HEADER {1586}
reading message esr@hurkle.thyrsus.com:2 of 2 (1586 header octets)
fetchmail: SMTP< 220 snark.thyrsus.com ESMTP Sendmail 8.12.5/8.12.5;
       Mon, 9 Dec
2002 08:41:41 -0500
fetchmail: SMTP> EHLO localhost
fetchmail: SMTP< 250-snark.thyrsus.com
       Hello localhost [127.0.0.1], pleased to meet you
fetchmail: SMTP< 250-ENHANCEDSTATUSCODES
fetchmail: SMTP< 250-8BITMIME
fetchmail: SMTP< 250-SIZE
fetchmail: SMTP> MAIL FROM:<mutt-dev-owner@mutt.org> SIZE=8328
fetchmail: SMTP< 250 2.1.0 <mutt-dev-owner@mutt.org>... Sender ok
fetchmail: SMTP> RCPT TO:<esr@localhost>
fetchmail: SMTP< 250 2.1.5 <esr@localhost>... Recipient ok
fetchmail: SMTP> DATA
fetchmail: SMTP< 354 Enter mail, end with "." on a line by itself
#
fetchmail: IMAP< )
fetchmail: IMAP< A0006 OK FETCH completed
fetchmail: IMAP> A0007 FETCH 2 BODY.PEEK[TEXT]
fetchmail: IMAP< * 2 FETCH (BODY[TEXT] {6742}
(6742 body octets) **********************.*************************.
********************************.**************************.***********
**********.***********************.***************
fetchmail: IMAP< )
fetchmail: IMAP< A0007 OK FETCH completed
fetchmail: SMTP>. (EOM)
fetchmail: SMTP< 250 2.0.0 gB9ffWo08245 Message accepted for delivery
 flushed
fetchmail: IMAP> A0008 STORE 2 +FLAGS (\Seen \Deleted)
fetchmail: IMAP< * 2 FETCH (FLAGS (\Recent \Seen \Deleted))
fetchmail: IMAP< A0008 OK STORE completed
fetchmail: IMAP> A0009 EXPUNGE
fetchmail: IMAP< * 2 EXPUNGE
fetchmail: IMAP< * 1 EXISTS
fetchmail: IMAP< * 0 RECENT
fetchmail: IMAP< A0009 OK Expunged 1 messages
fetchmail: IMAP> A0010 LOGOUT
fetchmail: IMAP< * BYE hurkle IMAP4rev1 server terminating connection
fetchmail: IMAP< A0010 OK LOGOUT completed
fetchmail: 6.1.0 querying hurkle.thyrsus.com (protocol IMAP)
       at Mon, 09 Dec 2002 08:41:42 -0500: poll completed
```

```
fetchmail: SMTP> QUIT
fetchmail: SMTP< 221 2.0.0 snark.thyrsus.com closing connection
fetchmail: normal termination, status 0
```

　-v オプションは、fetchmail が行っていることを開示している（プロトコル交換を見せることによって）。これは、非常に役に立つる。私は、この出力が非常に重要だと思ったので、-v のトランザクションダンプからアカウントのパスワードをマスクする特別なコードを書いて、編集して機密情報を取り除くということを忘れても安心してダンプをやり取りできるようにしたほどである。

　これは賢明な判断であった。10 個の問題のうち少なくとも 8 個までは、わかっている人がセッションのログを見れば数秒で解決できることがわかった。fetchmail メーリングリストには、そういう人が数人いる。実際、ほとんどのバグは簡単にわかるので、私が自分でそれを処理しなければならないことはまずない。

　数年を経るうちに、fetchmail は、比較的安定したプログラムだという評価をつかんだ。設定を誤っても、すぐに壊れることはまずない。10 個のバグのうち 8 個まではすぐにわかるということとこれが無関係だということはないはずだ。

　この例から得られる教訓は、デバッグツールを後知恵で付け足したり、使い捨ての軽いものと考えたりしてはならないということだ。デバッグツールは、コードを覗く窓である。壁にただ雑な穴をあけるだけではなく、仕上げてガラスを入れるのだ。コードをきちんと保守したければ、コードに光が入るようにする必要がある。

6.1.3 ケーススタディ：GCC

　今のほとんどの Unix で使われている GNU C コンパイラ（GCC）は、おそらく透明性が考慮されたプログラムのさらによい例となる。GCC は、ドライバプログラムが一連の処理ステージを順に実行する形で構成されている。処理ステージは、プリプロセッサ、パーサ、コードジェネレータ、アセンブラ、リンカだ。

　最初の 3 つのステージは、人間が読めるテキスト形式の入力を受け付け、テキスト形式を出力する（アセンブラが生成し、リンカが受け付けるものは、定義上、バイナリフォーマットである）。gcc(1) ドライバに対して与えるさまざまなコマンド行オプションによって、単に前処理、アセンブリ言語生成、オブジェクトコード生成の結果を見ることができるだけではなく、パーサやコード生成のさまざまな中間ステップの結果も監視できる。

　　　これは最初の（**PDP-11** の）**C** コンパイラである **cc** の構造だ。
　　　　　　　　　　　　　　　　　　　　　　　　　　　　　―― **Ken Thompson**

　この構成にはさまざまなメリットがある。GCC にとって特に重要なのは、回帰テストであ

る[*3]。さまざまな中間出力の大半がテキスト形式なので、回帰テストで期待される出力との差異は、テキスト用の diff で簡単に抽出し、分析することができる。専用のダンプ分析ツールは、独自のバグを持っていることが多く、いずれにしても保守のために余計な負担となるところだが、そのようなものを使う必要はない。

この例から導き出される設計パターンは、コンポーネントの間のテキストデータの流れを単純に監視するために（でもそれで十分だが）、ドライバプログラムにそれ用のスイッチを用意するというものだ。fetchmail の-v オプションと同じように、これらのオプションは後知恵ではない。開示性を得るために最初から設計に取り込んでおくのである。

6.1.4 ケーススタディ：kmail

kmail は、KDE 環境とともにディストリビュートされている GUI メールリーダである。kmail の UI は設計がよく、MIME マルチパートに含まれているイメージの自動表示や、PGP キーの暗号化/復号化のサポートなど、優れた機能をいくつも持つ。エンドユーザーにも使いやすい。私の愛する（しかし、技術の専門家ではない）妻は、これを好んで使っている。

多くのメールユーザーエージェントは、From、Subject などの一部の選ばれた行だけではなく、すべてのメールヘッダを表示するコマンド（トグルで両方の表示を切り替える）を用意して、開示性に一定の配慮を示しているようなそぶりを見せているが、kmail の UI は、これをずっと先まで推し進めている。

実行中の kmail は、ウィンドウ最下部の1行分のサブウィンドウに状態通知を表示する。このサブウィンドウは、グレイの背景に小さな文字で表示されるもので、明らかに Netscape/Mozilla ステータスバーをモデルにしたものである。たとえば、メールボックスをオープンすると、ステータスバーにはすべてのメッセージと未読メッセージの数が表示される。この表示スタイルは、目障りではない。通知を無視することは簡単だが、そうするつもりになればじっくり見るのも簡単だ。

kmail の GUI は、ユーザーインターフェイスの設計として優れている。情報は多いが、気が散ることはない。正常実行中の Unix ツールが取るべき最良のポリシーは、通常なら何も表示しないことであり、11 章ではその理由を挙げるが、この UI はその理由にはあてはまらない。kmail の作者は、ブラウザのステータスバーのルックアンドフィールをうまく借用している。

しかし、kmail の作者の趣味のよさが本当にわかるのは、メールが送信できない原因を突き止めなければならなくなったときだ。送信中よく見ると、リモートメール伝送との間の SMTP トランザクションの各行は、発生と同時に kmail ステータスバーに表示されるのである。

kmail のような GUI プログラムの多くは、障害を解決しようとする人々にひどい苦痛を与え

---

3. 回帰テストは、ソフトウェアを書き換えたときに忍び込んだバグを検出するための方法である。ある決まったテスト入力を書き換え中のソフトウェアに与え、そこから得られた出力と、作業の早い段階で得られ、正しいことがわかっている（あるいは正しいはずの）出力とを定期的に比較する。

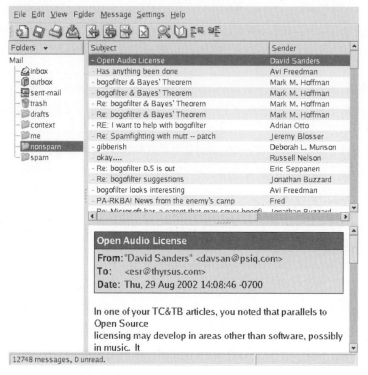

図 6-2 kmail のスクリーンショット

てきたが、kmail の開発者たちはそうなる原因をうまく避けることに成功している。kmail の大半のライバルは、Tillie 伯母さんを Windows のけばけばしい偽りの単純さに追い返してしまうことを恐れて、その手のメッセージを完全に抑え込んでしまうのだ。

　kmail の作者は、そうではなく、透明性を目指した。彼らは、トランザクションメッセージを示すとともに、視覚的に無視しやすくもした。プレゼンテーションのあり方を正しくすることによって、Tillie 伯母さんも、彼女の甥で彼女のコンピュータのトラブルを解決してやっているギークの Melvin も喜ぶようにしたのだ。これは賢い方法だ。他の GUI インターフェイスも真似られるはずだし、真似るべきだ。

　もちろん、究極的には、これらのメッセージが表示されるのは、Tillie 伯母さんにとってもよいことである。なぜなら、彼女の電子メールの問題を解決しなければならなくなったとき、Melvin がいらいらして仕事を投げ出す可能性も下がるからだ。

　ここでの教訓は明らかである。UI を黙らせるのは、少し賢いやり方に過ぎない。本当に賢いやり方は、うるさくならないようにしつつ、詳細情報を見られるようにすることだ。

6.1.5 ケーススタディ：SNG

　sng プログラムは、PNG フォーマットとそれのテキスト表現（SNG：Scriptable Network Graphics）を相互変換する。SNG は、通常のテキストエディタで表示し、書き換えられる形式だ。PNG ファイルに対して実行すると SNG ファイルを生成し、SNG ファイルに対して実行すると同じ内容の PNG ファイルを復元する。変換は 100%忠実なものであり、どちらの方向でも完全にロスなしである。

　SNG の構文は、グラフィックスの表示を制御するもう 1 つの言語、カスケーディングスタイルシート（CSS）とよく似ている。これは少なくとも、驚き最小の原則に従う方向性ではある。実例を示してみよう。

リスト 6-2　SNG の例

```
# SNG: わざとらしく作ったSNGテストファイル

#   最初のテストはパレットを使った（タイプ3）イメージ
IHDR: {
  width: 16;
  height: 19;
  bitdepth: 8;
  using color: palette;
  with interlace;
}

#   サンプルのビット深度
sBIT: {
  red: 8;
  green: 8;
  blue: 8;
}

#   サンプルパレット：3色。うち1色は透明
PLTE: {
   (0,   0, 255)
   (255, 0,   0)
   "dark slate gray",
}

#   ヒントのパレット
sPLT {
  name: "A random suggested palette";
  depth: 8;
  (0,    0, 255), 255, 7;
  (255,  0,   0), 255, 5;
  ( 70, 70,  70), 255, 3;
}
```

```
#    ビュアが実際に使うデータ
IMAGE: {
pixels base64
2222222222222222
2222222222222222
0000001111100000
0000011111110000
0000111001111000
0001110000111100
0001110000111100
0000110001111000
0000000111110000
0000000111100000
0000001111000000
0000001111000000
0000000000000000
0000000110000000
0000001111000000
0000001111000000
0000000110000000
2222222222222222
2222222222222222
}

tEXt: { #   通常のテキストチャンク
   keyword: "Title";
   text: "Sample SNG script";
}

#    テストファイル末尾
```

　このツールのポイントは、旧来のグラフィックスエディタが必ずしもサポートしていないさまざまな無名のPNGチャンクタイプが編集できるようになることである。PNGバイナリフォーマットに必死についていって編集する特別なコードを書くよりも、イメージを完全テキスト表現に変換し、編集して、イメージに戻したほうがよいという考え方だ。また、イメージのバージョン管理という応用も考えられる。ほとんどのバージョン管理システムでは、バイナリブロブよりもテキストファイルのほうがはるかに管理しやすい。そして、SNG表現に対する`diff`処理は、役に立つ情報を生成する可能性がある。

　sngには、バイナリPNGを操作する専用コードを書くために必要な時間が節約できたという以上の意味がある。sngプログラムのコード自体はそれほど透明なものではないが、PNGの内容全体を開示可能にすることによって、複数のプログラムから構成されるより大きなシステムの透明性を高めたのである。

6.1.6 terminfoデータベース

terminfoデータベースは、ディスプレイ端末の記述を集めたものだ。個々のエントリは、行の挿入、削除や、カーソル位置から行または画面の末尾までの消去、反転、下線、点滅などの強調表示の開始、終了など、端末の画面に対してさまざまな処理を実行するエスケープシーケンスを記述している。

terminfoデータベースは、主としてcurses(3)ライブラリによって使われる。このライブラリは11章で取り上げる「rogue風」インターフェイススタイルに従っており、mutt(1)、lynx(1)、slrn(1)などのプログラムで広く使われている。今日のビットマップディスプレイで実行されるxterm(1)のような端末エミュレータは、ANSI X3.64標準の変種のVT100の画面制御機能をすべてサポートしているが、それでも変種はまだたくさんあるので、アプリケーションにANSIエスケープの機能を埋め込んでしまうのはよくない。また、機能の標準的な報告方法を持っていない他の周辺機器の管理にも、terminfoが解決しているのと論理的に同じような問題があるので、terminfoにはまだ学ぶ価値がある。

terminfoの設計は、termcapというそれ以前の機能記述形式における経験が生かされている。termcapデータベースの記述は、/etc/termcapという1つの巨大なファイルにテキスト形式で格納されていた。この形式は現在では時代遅れとなっているが、あなたのUnixシステムにも、おそらく同じものが残っているはずだ。

通常、端末タイプエントリを照合するために使われるキーは、環境変数TERMにセットされている。このケーススタディの目的からすれば、この値は魔法のように設定されると考えてよい[4]。terminfo（またはtermcap）を使うアプリケーションは、起動が少し遅くなるというコストを支払わなければならない。curses(3)ライブラリは、初期化時にTERMに対応するエントリを照合して、その内容をメモリにロードしなければならないのである。

起動時のコストが主として表示機能のテキスト表現の走査にかかる時間だということが、termcapからの教訓である。そこで、terminfoエントリは、より高速にマーシャリング、アンマーシャリングできるバイナリ構造体のダンプになっている。バイナリのterminfoの他に、データベース全体を表現するマスターテキストファイルがある。このファイル（または個々のエントリ）は、terminfoコンパイラのtic(1)でバイナリ形式にコンパイルできる。さらに、infocmp(1)を使えば、バイナリのエントリを編集可能なテキスト形式に逆コンパイルできる。

これでは、バイナリキャッシュは止めたほうがよいという5章のアドバイスに逆らっているかのように見えるが、この場合はバイナリ形式を使ったほうがよい極端な例なのだ。テキスト形式のマスターに編集をかけるのは非常にまれである。実際、通常のUnixは、コンパイル済みのterminfoデータベースとテキストのマスター（主としてドキュメントとして使う）がイン

---

4. 実際には、TERMはログイン時にシステムによって設定される。シリアルケーブルでつながっている端末については、ブート時にシステムコンフィグレーションファイルによってtty回線とTERM値の対応関係が設定されている。詳細は、Unixの種類ごとに異なる。xterm(1)などの端末エミュレータは、自分でこの環境変数を設定する。

ストールされた状態で出荷されている。つまり、このアプローチを取ると。普通は同期と不統一が問題になるが、この場合はまずそのような余地はない。

スピード重視の最適化の方法として terminfo の設計者たちが選択できる道はもう1つあった。バイナリエントリのデータベース全体をなんらかの大きくて不透明なデータベースファイルにまとめるということである。しかし、彼らが実際に選んだ方法は、より賢く、より Unix 精神に忠実なものだった。terminfo エントリは、ディレクトリ階層に格納されており、今の Unix では、通常 /usr/share/terminfo にある。あなたのシステムでの位置は、terminfo(5) の man ページで確かめられる。

terminfo ディレクトリを見ると、単一の印字可能文字の名前が付けられたサブディレクトリがある。このサブディレクトリの下には、その文字で名前が始まる端末タイプのエントリがある。このような構造になっているのは、非常に大きなディレクトリで線形探索をするのを避けることにある。高速探索のために B ツリーなどのデータ構造を使ってディレクトリを表現している最近の Unix ファイルシステムのもとでは、サブディレクトリは不要だろう。

> かなり新しい **Unix** のもとでも、大きなディレクトリをサブディレクトリに分割すると、パフォーマンスは大幅に向上するようだ。そのディレクトリにはある大きな教育機関の正規ユーザーのデータベースとして数万個のファイルがあり、マシンは最近の **DEC Alpha** で **DEC Unix** を実行していた（私たちがテストした方法のなかでは、名前の最初と最後の文字を取ってサブディレクトリ名を作るとうまくいった。たとえば、「**johnson**」なら、ディレクトリは「j_n」になる。最初の **2** 文字を使うとこれほどの効果はなかったが、それはシステムが生成した名前が無数にあり、それらはあとのほうの文字だけが異なるからだった）。どうやら、高度なインデックス機能付きのディレクトリは、一般化していて当然なところだが、まだそれほど普及していないらしい。しかし、たとえそうでも、インデックス機能なしでうまく機能するシステムは、インデックス機能が必要なシステムよりも移植性が高い。
>
> —— **Henry Spencer**

このように、terminfo エントリを1つオープンするために必要なコストは、ファイルシステムの参照が2回とファイルオープンが1回である。しかし、1つの大きなデータベースから同じエントリを掘り出してくるために必要な処理は、1回のファイルシステム参照と1回のデータベースオープンなので、terminfo の構成で余分にかかるコストは、たかだか1回のファイルシステム参照だけである。実際、差はもっと小さい。1回のファイルシステム参照と1個の巨大なデータベースが使っているフェッチメソッドの差に過ぎないのだ。おそらくこれはごくわずかであり、アプリケーションの起動時に1回だけ行われる処理だということを考えれば、十分許容範囲に入るだろう。

terminfo は、単純な階層型データベースとしてファイルシステム自体を使っている。これは、建設的な手抜きというべきで、経済性原則と透明性原則に適うものだ。ファイルシステムをナ

ビゲート、解析、変更できる通常のツールは、どれも terminfo データベースのナビゲート、解析、変更に使える。特別なツールを書いたりデバッグしたりする必要はない（個々のレコードをパック、アンパックする tic(1) と infocmp(1) を除く）。また、データベースアクセスを高速化するための仕事は、ファイルシステム自体をスピードアップするための仕事になるので、そのような仕事をすれば、単に curses(3) のユーザーだけではなく、多くのアプリケーションが利益を得る。

 terminfo の場合は関係ないが、この方法にはもう 1 つのメリットがある。独自のバグもあるアクセス制御レイヤを自作せず、Unix の許可メカニズムを利用できるということだ。これは、Unix の「すべてがファイルだ」という思想に逆らおうとせず、受け入れることによって得られる結果でもある。

 terminfo ディレクトリのレイアウトは、ほとんどの Unix ファイルシステムでは、スペースの使い方が効率的ではない。エントリは通常 400 から 1400 バイトだが、ファイルシステムは、空ではないすべてのディスクファイルのために、最小でも 4K バイトのスペースを確保する。terminfo の設計者たちは、terminfo を使うプログラムの起動時にレイテンシを最小限に抑えるという圧縮済みバイナリ形式を選んだのと同じ理由から、このコストを受け入れた。その後、単位価格あたりのディスク容量は数千倍にもなっているので、この判断は誤りではなかったということになるだろう。

 Microsoft Windows のレジストリファイルが使っているファイル形式とこれを比較してみると、多くのことが学べる。レジストリは、Windows 自体とアプリケーションの両方が使うプロパティデータベースで、1 つの大きなファイルにまとめられている。レジストリは、テキストデータとバイナリデータの両方を格納しており、専用の編集ツールが必要だ。1 つの巨大ファイル方式は、何よりもまず、悪名高い「レジストリによる速度低下」減少を引き起こす。新しいエントリが追加されると、平均アクセス時間が際限なく延びていってしまうのだ。システムが提供するレジストリ編集用の標準 API がないので、アプリケーションは自分でその場限りの編集コードを使い、そのためレジストリを壊してシステム全体が止まってしまうことになる。

 Unix ファイルシステムをデータベースとして使う戦略は、単純なデータベースを必要とする他のアプリケーションでも真似るとよい。それができない理由としては、パフォーマンスの問題よりも、データベースキーが自然なファイル名にならないといったことのほうが大きいはずだ。いずれにしても、プロトタイプで非常に役に立つ手っ取り早いハックである。

6.1.7 Freeciv データファイル

 Freeciv は、Sid Meier の古典的な Civilization II に触発されて作られたオープンソースの戦略ゲームである。各プレイヤーは、一昔前の放浪の民としてスタートし、文明を築いていく。プレイヤーの文明は世界を探検して植民地化し、戦争や貿易をして、技術を進歩させる。一部のプレイヤーは、人工知能の場合がある。これら人工知能と 1 人で勝負するのはなかなか難しい。世界

を征服するか、Arpha Centauri 行きの宇宙船を手に入れられる技術レベルに達すると、そのプレイヤーが勝者となる。ソースとドキュメントは、プロジェクトサイトのhttp://www.freeciv.org/に掲載されている。

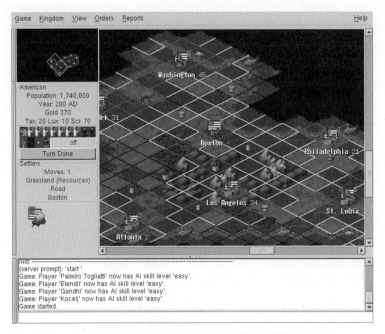

図 6-3　Freeciv ゲームのメインウィンドウ

　7 章ではクライアントとサーバによる役割分担の例として Freeciv ゲームを再び取り上げる。Freeciv は、サーバが共有状態を管理し、クライアントは GUI の表現に集中するのである。しかし、このゲームのアーキテクチャにはもう 1 つ顕著な特徴がある。ゲームの固定データの大半は、サーバコードに埋め込まれているのではなく、起動時にゲームサーバが読み出すプロパティレジストリで表現されているのである。
　ゲームのレジストリファイルは、テキストのデータファイルフォーマットで書かれている。このファイルは、文字列（テキストと数値のプロパティが結び付けられている）を組み立てて、ゲームサーバ内の重要なデータ（国家やユニットタイプなど）の内部リストを作る。ミニ言語にはinclude ディレクティブがあるので、ゲームデータはそれぞれ別個に編集できるセマンティックユニット（別ファイル）に分割できる。この設計方針は徹底されており、サーバコードにいっさい手を付けなくても、データファイルに新しい宣言を作るだけで新しい国家や新しいユニットタイプが定義できるほどである。
　Freeciv サーバの起動時の走査処理には、Unix の 2 つの設計原則の間で摩擦を起こすようなおもしろい特徴があるので、詳しく検討する価値がある。サーバは、使い方を知らないプロパ

ティ名を無視するのである。そのため、起動時の走査でエラーを起こさずに、サーバがまだ使っていないプロパティを宣言することが可能になっている。これは、ゲームデータ（ポリシー）とサーバエンジン（メカニズム）がクリーンに分割されているということだ。しかしその一方で、起動時の走査処理は、属性名の単純なスペルミスもキャッチできないということでもある。このようにエラーを起こしても無言で通すことは、修復原則を破るものだ。

この矛盾は、レジストリデータを使うのは確かにサーバの仕事だが、データの正確なエラーチェックは、レジストリを書き換えるたびに人間の編集者が実行する別プログラムに委ねればよいということに気付けば解決できる。マシンが読み出せる形式のルールセットの仕様かサーバコードのソースを分析してサーバが使っているプロパティを調べ、次に Freeciv レジストリを走査してレジストリが提供しているプロパティを調べて、両者の差分を報告する別個の監視プログラムを作れば、Unix 文化に即した解決方法になる[*5]。

すべての Freeciv データファイルを集めたものは、機能的には Windows レジストリと似たものになるし、データファイルはレジストリのテキスト部と似た構文さえ使っている。しかし、Windows レジストリで発生する速度低下やデータ破壊の問題は、ここでは起きない。それは、Freeciv データファイルに書き込みを行うプログラムがないからだ（Freeciv スイートに含まれるものもそうでないものも）。Freeciv データファイルは、ゲームの保守者だけが編集する読み出し専用レジストリなのである。

データファイルの走査がパフォーマンスに与える影響も、走査処理が1つのファイルについて1度だけ、クライアントかサーバの起動時のみに制限されているため、最小限に抑えられている。

6.2 透明性と開示性が得られる設計

透明性と開示性が得られるように設計するには、コードを単純に保つためのあらゆる戦略を使い、さらに、コードが人間とどのようにやり取りすべきかについて意識を集中させなければならない。「この設計はうまく機能するか」と考えるときの最初の問いは、「これは他人が読めるだろうか。エレガントだろうか」というものでなければならない。今までの説明で、これらがささいな問題ではないこと、エレガントなコードはぜいたくではないことは、もう明らかになっていると思う。ソフトウェアに対する人間の反応にこのような品質が含まれているかどうかは、バグを減らし、メンテナンスを長期的に楽なものにするうえで本質的に重要なのである。

---

5. Unix の世界におけるそのようなチェックプログラムの原型的な祖先は、C コンパイラとは別個に作られた C コードのチェックプログラムである lint だ。GCC が lint の機能を吸収してしまったが、昔から Unix を使っているプログラマは、コードチェッカを実行する処理のことをつい「lint する」といいがちだ。また、xmllint のようなユーティリティには、lint の名前が残っている。

6.2.1 透明性の禅

この章でこれまで見てきた例から浮かび上がってくるパターンがいくつかあるが、その1つは、透明なコードがほしいのなら、コードで操作しているものに過度に抽象化レイヤをかぶせないほうがよいというものだ。

4章の独立性の価値についての節（4.2.5）では、設計問題がたまたま提出された場面での個別偶発的な条件をできる限り切り捨て、抽象化、単純化、一般化を図るとよいと述べた。しかし、抽象化せよというアドバイスと、ここでいっている過度な抽象化を避けよというアドバイスは、実際には矛盾するものではない。なぜなら、先入観から離れることと、解決しようとしている問題を忘れてしまうことは違うからだ。これは、私たちがグルーレイヤを薄く保てという考え方を発展させたときに考えていたことの一部でもある。

禅から得た最大の教訓の1つは、普段、私たちが世界を見るときには、欲望に起因する先入観や固定観念によって霧がかかってしまっているということだ。悟りを得るためには、禅の教えに従って、欲望や執着に任せるのではなく、先入観や固定観念を取り去り、現実を正確に受け入れなければならない。

これは、ソフトウェアの設計者に対する優れて実践的なアドバイスだ。これは、ミニマリストになれという古典的なUnixのアドバイスに暗黙のうちに含まれている。ソフトウェアの設計者は、自分が扱う応用領域についての観念（抽象）を形成する賢い人々である。彼らは、そのような観念のまわりにソフトウェアを組織していく。そして、デバッグをするという段階になって、そのような観念を通して実際に行われていることを見通すことが非常に困難だということに気付くことが多い。

禅の導師なら、この問題にすぐに気付いて、「麻三斤」と叫び、弟子を叩くだろう[*6]。透明性を意識して設計することは、同じ問題を少し神秘的でなく解くことだ。

4章で、私たちは1990年代にOOの合ことばを声高に聞かされたプログラマたちに少しショックを与えるようなことばでOOプログラミングを批判した。OO設計は、過度に複雑な設計になる必要は特にないのだが、複雑になってしまうことが非常に多い。あまりにも多くのOO設計は、is-aとhas-aの関係がスパゲッティのように絡まったものになってしまうか、あまりにも分厚いグルーレイヤを持つものになってしまっている。グルーレイヤが厚いと、多くのオブジェクトはただ単に切り立った抽象の壁に場所を占めるだけのためにあるように見えてくる。そのような設計は、透明性の逆を行くものだ。不透明でデバッグしにくいものになってしまう。

すでに触れたように、Unixプログラマは、モジュール性を初めて熱心に追究した人々だが、OOと比べて静かな方法を取っていた。グルーレイヤを薄くしていたのもそうである。より一般的にいえば、Unixの伝統は、単純で透明な設計のアルゴリズムとデータ構造を使って低くなだらかな基礎を築くよう、私たちに教えている。

---

6. 『無門関』の洞山三斤の公案を参照。

禅美術と同様に、優れた Unix コードの単純さは、過酷な自己修練と高水準の技能の賜物であり、これら2つはどちらもちょっと見ただけで明らかにわかるとは限らない。透明性は難しい仕事だが、単なる芸術的な理由以上の価値を持っている。禅美術とは異なり、ソフトウェアはデバッグと、通常は生涯にわたって持続的なメンテナンス、バージョン間での移植、微修正を必要とする。それゆえ、透明性は美学的な勝利以上のものなのだ。透明性は、ソフトウェアの生涯を通じたコストの低さという形で現れる偉大な勝利なのである。

6.2.2 透明性と開示性を実現するコーディング

透明性と開示性は、モジュール性と同様に、主として設計の属性であって、コードの属性ではない。明確で一貫した方法でコードをインデントするとか、変数の命名ルールをよくするといった低水準の要素のスタイルを整えるだけでは不十分である。むしろ、これらの品質は、ぱっと見ただけではすぐにわからないコードの性質と深い関係を持つ。考慮すべきことをいくつか挙げておこう。

- 手続き呼び出し階層の静的な深さは最大でどれだけか。つまり、再帰呼び出しは別として、コードの処理を理解するために頭のなかでモデリングしなければならない呼び出しの数はいくつかということである。5つ以上なら注意が必要だ。
- コードは強くて目に見える不変式[7]を持っているか。不変式は、コードについて議論し、問題点を見つけ出す人間の作業を助ける。
- API に含まれる関数は、個々に直交的になっているか、それとも1つの呼び出しで複数の仕事をするためにさまざまな魔法のフラグやモードビットが含まれているか。モードフラグを完全に取り除いてしまえば、ほとんど同じ関数が多すぎる雑然とした API になってしまうが、逆の誤り（忘れやすく混乱を招きやすいフラグが無数にある）のほうが起きやすい。
- システムの高水準の状態情報を管理する少数の大きなデータ構造か、単一のグローバルなスコアボードはあるか。その状態情報は簡単に見たり、調べたりすることができるようになっているか。それとも、見つけにくい無数のグローバル変数やオブジェクトに散らばっているか。
- プログラムのなかのデータ構造やクラスとプログラムが表現しようとしている世界の実体との間に明確な一対一の対応関係があるか。

---

7. 不変式とは、ソフトウェアに含まれるすべての処理が守るべき設計上の性質である。たとえば、ほとんどのデータベースでは、2つのレコードが同じキーを持っていてはならないということが不変式になっている。文字列を正しく操作している C プログラムでは、文字列関数が処理を終了した時点で、すべての文字列バッファの末尾には区切りの NUL バイトが含まれているということが不変式である。在庫管理システムでは、部品の個数として負数は格納されないということが不変式である。

- 特定の機能に対して責任を持つ部分を簡単に見つけられるか。個々の関数やモジュールだけではなく、コードベース全体の読みやすさのためにどの程度の注意を払ったか。
- コードのなかに特殊条件が無数にあるか、それとも特殊条件は極力減らしてあるか。特殊条件は、どれも他の特殊条件と関わりを持つ場合がある。そういった矛盾衝突を起こす可能性のあるかかわりは、すべてバグになる可能性がある。しかし、特殊条件はコードをわかりにくくするということのほうが重大な意味を持っている。
- コードが持っているマジックナンバー（説明のない定数）はいくつあるか。コードを見ただけで、実装の制限（バッファサイズなど）は簡単にわかるか。

コードは単純であるに限る。しかし、これらの問いに対する答が悪くなければ、人間のメンテナンス担当者に認識上不可能なほどの負担をかけずにコードを複雑にすることは可能だ。

このチェックリストと4章で示したモジュール性についてのリストを比較すると、多くのことが学べるだろう。

6.2.3 透明性と過剰防衛の回避

プログラマがとかく抽象の城郭造りに凝り過ぎることと非常に近い現象として、低水準の詳細から他人を守ろうとし過ぎることがある。プログラムの通常の動作モードでその種の詳細情報を隠すのは悪いことではないが（fetchmail の-v スイッチは、デフォルトでオフになっている）、詳細情報は開示されるようになっていなければならない。隠すことと、アクセスできなくすることの間には大きな違いがある。

自分がしていることを開示できないプログラムは、トラブルシューティングを非常に困難なものにしてしまう。経験を積んだ Unix ユーザーは、デバッグ、インストルメンテーションスイッチがあればよい兆候、なければ悪い兆候と感じる。これらのスイッチがないということは、開発者に経験か注意が足りない証拠なのだ。スイッチがあるということは、透明性原則に従うだけの知恵があるということを示す。

過剰防衛の誘惑は、メールリーダーなど、エンドユーザーを対象とする GUI アプリケーションで特に強くなる。Unix プログラマは GUI インターフェイスに冷淡だったが、その理由の1つは、GUI の設計者たちがユーザーフレンドリな UI を求めるあまり、システムがあまりにも不透明で、プログラマたちがユーザーの問題を解決しなければならなくなったときや、UI 設計者が想定した非常に狭い範囲からちょっと逸れたところで UI とやり取りしようとしたときに、耐えがたい思いをさせられるからである。

さらに悪いことに、自分がしていることについて不透明なプログラムは、プログラムのなかに無数の前提条件を焼きこんでいることが多く、設計者が想定していない使い方をしたときに正しく動作しなかったり、イライラさせられたりする。見かけはきらびやかだが、圧力をかけると壊れてしまうようなツールは、長期的には価値がない。

Unix の伝統は、ユーザーが求めたらできる限り多くの状態、動作情報を示すことができ、さまざまな用途に使えてトラブルシューティングに柔軟に対応できるプログラムを支持してきた。このようなプログラムは、トラブルシューティングの場面で力を発揮する。また、自立心のある賢いユーザーに気に入られるはずだ。

6.2.4 透明性と編集可能な表現

　これらの例から浮かび上がってきたもう 1 つのテーマは、透明性を確保するのが難しい領域から簡単な領域に問題をひっくり返してくれるプログラムの価値だ。audacity、sng(1)、tic(1)/infocmp(1) は、どれもこの性質を持っている。これらのプログラムが操作するオブジェクトは、目と手にすぐにフィットするわけではない。オーディオファイルは目に見えるオブジェクトではないし、PNG フォーマットが表現するイメージは確かに目に見えるものだが、複雑な PNG アノテーションチャンクは目に見えるものではない。これら 3 つのアプリケーションは、人間が日常の経験から得た直観や能力をすぐに適用できる問題領域に、バイナリファイルフォーマットの操作を還元する。

　これらすべての例に共通する原則は、表現の質をできる限り落とさないということだ。それどころか、これらのプログラムは、ロスなしで可逆的に変換を行う。この性質は非常に重要であり、たとえ 100%完全な変換がはっきりと求められていない場合でも、100%変換は実装の価値がある。完全な変換は、データを劣化させることなくツールを試せるという自信と安心を潜在ユーザーに与える。

　5 章で論じたテキストデータファイルフォーマットのすべてのメリットが、sng(1)、infocmp(1) 等々のプログラムが生成するテキストフォーマットにもあてはまる。sng(1) には、スクリプトで機械的に PNG イメージアノテーションを生成するという重要な使い方がある。sng(1) があれば、そのようなスクリプトははるかに書きやすくなる。

　なんらかの複雑なバイナリオブジェクトの編集が必要な設計問題が発生した場合、Unix の伝統に従うなら、編集可能なテキストフォーマットにロスなしで変換し、またバイナリフォーマットに戻せる sng(1)、tic(1)/infocmp(1) のようなツールを作れるかどうかをまず考えることになる。この種のプログラムを指す確立したことばはないが、私たちはテクスチャライザと呼ぶことにしよう。

　バイナリフォーマットが動的に生成される場合や非常に大規模な場合には、テクスチャライザですべての状態を把握することは現実的でも可能でもないだろう。このような場合に代わりに作るべきものはブラウザだ。このパラダイムの例としては、さまざまな Unix のもとでサポートされているファイルシステムデバッガの fsdb(1) が挙げられる。Linux には、同等の debugfs(1) というものがある。さらに、PostgreSQL データベースをブラウズできる psql(1)、SAMBA が搭載されている Linux マシンで Windows ファイルシェアを問い合わせるために使われる smbclient(1) プログラムも同じだ。これら 5 種類のプログラムは、スクリプトやテス

トハーネスから呼び出せる単純な CLI プログラムだ。

テクスチャライザやブラウザを書けば、少なくとも次の 4 つのものが得られる。

- **大きな学習効果が得られる**。オブジェクトの構造を学ぶための方法は他にもあるかもしれないが、これよりも明らかに優れた方法は他にない。
- **解析、デバッグのために構造体の内容をダンプできるようになる**。このようなツールはダンプを楽にするので、ダンプ出力をもっと生成するようになる。より多くの情報が得られるので、より多くのことをつかめる。
- **簡単にテストロードや特殊条件を生成できるようになる**。オブジェクトの状態空間のなかの微妙な部分に探りを入れやすくなる。その分、ユーザーがプログラムを壊す前に、自分でプログラムを壊して、問題点を修正できるようになる。
- **再利用できるコードが手に入る**。ブラウザ/テクスチャライザの書き方に注意を払い、マーシャリング/アンマーシャリングライブラリと CLI のインタープリタを適切に分割していれば、実際のアプリケーションで再利用できるコードができている。

ブラウザやテクスチャライザを作ったら、それをエンジンとして使って「エンジンとインターフェイスの分割」パターン（11 章参照）を適用できる場合があるかもしれない。その場合、このパターンが普通に持つメリットはすべて手に入っているということだ。

> 難しい場合も多いが、テクスチャライザは、少し壊れたバイナリオブジェクトでも読み書きできるようにしておくことが望ましい。こうすればまず、ソフトウェアのストレステストに使える壊れたテストケースを作れる。第二に、緊急修復がはるかに楽になる。オブジェクトの構造が完全に壊れている場合には処理不能になってしまうかもしれないが、少なくとも構造体の内容が無意味になっている場合には、なんらかの処理をすべきだ。たとえば、16 進で無意味な値を表示し、その 16 進を値に変換するようなものが考えられる。
>
> —— Henry Spencer

6.2.5 透明性、誤りの診断と修復

透明性には、デバッグのしやすさと関連してもう 1 つのメリットがある。それは、透明なシステムは、バグが見つかっても修復処理が実行しやすいこと、そして、そもそもバグから受けるダメージが小さいことだ。

terminfo データベースと Windows レジストリを比較したとき、レジストリはバグのあるアプリケーションコードによって壊されることがよくあることで有名だといった。レジストリが壊れると、システム全体が使い物にならなくなってしまう。そうでなくても、壊れたレジスト

リによって専用のレジストリ編集ツールが混乱に陥るようなことになると、修復は難しくなる。

先ほどのケーススタディからもわかるように、透明性を目指して設計していれば、この種の問題は避けられる。terminfoデータベースは大きなファイルではないので、terminfoエントリが1つ壊れたからといって、terminfoデータ全部が使い物にならなくなるようなことはない。termcapのような完全にテキストの1つの巨大ファイルの形式は、通常、シングルポイントのエラーからは修復できるような方法で走査される（バイナリ構造体ダンプのブロック読み出しでは不可能だが）。SNGファイルの構文エラーは、壊れたPNGイメージのロードを拒否する専用エディタを使わなくても、手作業で修正できる。

kmailケーススタディに戻るなら、このプログラムは、修復原則に従っているため、エラー診断を容易にしている。SMTPのエラーは、役に立つようにけたたましく知らされる。SMTPサーバとのやり取りがどのようになっているのかを見るために、kmail自身が生成するわかりにくいメッセージを解読する必要はない。kmailは透明であり、エラー状態についての情報を捨ててしまわないので、ユーザーはただ正しいところを見ればよい（SMTP自体がテキストプロトコルで、トランザクションのなかに人間が読めるステータスメッセージを含んでいることも、役に立っている）。

テクスチャライザやブラウザのような開示性を実現するツールは、エラー診断も楽にする。その理由の1つにはすでに触れた。これらのツールはシステムの状態を調べやすくするということだ。しかし、エラー診断という場面ではもう1つの効果も無視できない。それは、テキスト化されたデータがもつ冗長性のことだ（たとえば、空白を使って、視覚的な区切りを入れ、走査上の明示的な区切り子としても機能させるような場合）。こういった冗長性は、人間が読みやすくするためのものだが、ポイントエラーによってデータが修復不能になってしまうのを妨げる効果もある。PNGファイル内の壊れたチャンクを修復できることはまずないが、人間は文脈からパターンを認識して考えることができるので、SNGの形態で同じ誤りがある場合には対処できることがありえる。

再三繰り返しているが、安定性原則が満たせるのは明らかだ。単純性と透明性が結合すれば、コストが下がり、あらゆる人々のストレスが減る。そして、古いミスの一掃から人々を解放し、新しい問題の解決に集中できるようにしてくれる。

6.3 メンテナンス性を実現する設計

ソフトウェアは、作者以外の人がソフトウェアを理解でき、改造できる程度までメンテナンス可能である。メンテナンス性を実現するために必要なものは、ただ動作するコードではない。明確性原則に従い、コンピュータだけではなく、人間ともやり取りできるコードが必要なだけである。

Unixのソースコードは数十年前に遡るものなので、Unixプログラマのまわりには、メンテナンス性の高いコードを作るための無言の知恵がたくさん転がっている。そもそも、Unixプログラマは、17章で説明する理由から、できの悪いコードにパッチをあてるくらいなら、最初から新しいものを書く傾向がある（1章で示したRob Pikeのこの問題に対する考え方を参照せよ）。つまり、10年以上も発展の圧力を受け続けて生き残ったソースコードは、メンテナンス性の高さについて折り紙付きなのだ。メンテナンス性の高いコードを持ち、古くから安定した地位を確立している成功を収めたプロジェクトは、プログラマのコミュニティの実践モデルになっている。

　Unixプログラマ、特にオープンソースの世界のUnixプログラマが、ツールを評価しようとしているときによく発する問いは、「このコードは生きているのか、眠っているのか、死んでいるのか」というものだ。生きたコードは、活動的なプログラマのコミュニティを抱えている。眠ったコードは、最初に作った人にとっての有用性よりもメンテナンスの苦痛のほうが勝るために眠った状態になっていることが多い。死んだコードは、もう長い間眠っているので、同じ機能を持つものを最初から作り直したほうが早くなっている。コードを生かしておきたいのなら、メンテナンス性を高めるために投資すること（これは将来のメンテナンスプログラマにとっての魅力でもある）は、時間のもっとも効果的な使い方の1つになるはずだ。

　透明性と開示性をともに持つように設計されたコードは、メンテナンス性を高めるために、すでに多くのことを達成している。しかし、この章で取り上げた真似る価値のあるモデルプロジェクトには、それ以外の特徴もある。

　明確性原則、すなわち単純なアルゴリズムを使うことは、特に重要なことの1つだ。1章で、Ken Thompsonの「疑わしいときには、力ずくでいけ」ということばを引用したが、Thompsonは複雑なアルゴリズムのコストをよく理解していたのだ。複雑なアルゴリズムは、最初に実装したときにバグを生みやすいばかりでなく、その後のメンテナンスプログラマにとって理解しづらいという問題も抱えているのだ。

　ハッカーズガイドを組み込むことも重要だ。昔から、ソースコードディストリビューションには、主要なデータ構造やアルゴリズムを非公式に説明したガイドドキュメントを組み込むことが一般的な習慣になっている。実際、Unixプログラマは、エンドユーザー用のドキュメントを書くよりも、ハッカーズガイドを書くことのほうが得意だったことが多い。

　オープンソースコミュニティはこの習慣を受け継ぎ、さらに発展させた。オープンソースプロジェクトのハッカーズガイドは、将来のメンテナンスプログラマのためのアドバイスというだけではなく、気楽な立場の参加者がバグをフィックスしたり、機能を追加したりしやすいようにすることも目的としている。`fetchmail`に添付されているDesign Notesファイルは、代表的なハッカーズガイドである。Linuxカーネルのソースコードにも、この種のものが何十種も含まれている。

19 章では、Unix プログラマたちが、ソースコードディストリビューションを解析しやすく、ビルドしやすいものにするために発展させてきた習慣を見ていくが、これらの習慣もメンテナンス性を高める効果を持っている。

第7章

マルチプログラミング：
プロセスを機能別に分割する

> データ構造を信じるなら、独立処理（それゆえ同時処理）を信じなければならない。
> 構造体にアイテムを集めることに、他にどんな理由があるだろうか。どちらか片方し
> か与えてくれない言語に耐える理由がどこにあるだろうか。
> —— Alan Perlis, Epigrams in Programming, in ACM SIGPLAN (Vol 17 #9, 1982)

Unix の世界でもっとも特徴的なプログラムのモジュール化テクニックは、大きなプログラムを複数の協調的に動作するプログラムに分割することだ。Unix の世界では、これのことを「マルチプロセッシング」と呼んできたが、この本では、ハードウェアのマルチプロセッサシステムと混同しないように、「マルチプログラミング」というより古いことばを復活させて使うことにしよう。

マルチプログラミングは、設計のなかでも特に難しい分野であり、優れた実践のためのガイドラインもほとんどない。コードをサブルーチンに分割する方法については優れた判断力を持つ多くのプログラマであっても、アプリケーション全体を 1 プロセスの怪物的なモノリスとして書いてしまう。そのようなプログラムは、自らの複雑さのためにガタガタになっているのだ。

Unix の設計スタイルは、1 つのプログラム内の連動するルーチンだけではなく、連動するプログラム群のレベルでも、1 つのことを適切に行うというものであり、小さなプログラムを明確に定義されたプロセス間通信や共有ファイルで接続することを強調する。Unix オペレーティングシステムは、プログラムを単純なサブプロセスに分割し、それらサブプロセスの間のインターフェイスに意識を集中しようと思わせる作りになっているが、それは次の 3 つの側面にわたっている。

- プロセスの起動にかかるコストが低い。
- プロセス間通信を比較的容易なものにする方法（シェルアウト、I/O リダイレクト、パイプ、メッセージ渡し、ソケット）を提供している。
- パイプやソケットを使って受け渡しできる単純、透明なテキストデータが使いやすい環境

になっている。

　Unix スタイルのプログラミングを可能にするうえで決定的に重要なのは、コストの低いプロセス起動とプロセス制御の容易さである。VAX VMS のように、プロセスの起動にかかるコストが高くて遅く、特別な権限を必要とするようなオペレーティングシステムでは、他に選択肢がないので巨大なモノリスを作らなければならなくなる。幸い、Unix ファミリのトレンドは、fork(2) のオーバーヘッドを上げるほうではなく、下げるほうに向かっている。特に、Linux は効率がよいことで有名で、Linux のプロセス起動は、他の多くのオペレーティングシステムにおけるスレッドの起動よりも速い[1]。

　歴史的に、多くの Unix プログラマは、シェルプログラミングの経験を通じて複数の連動するプロセスによってものを考える習慣を付けてきている。シェルは、パイプでつなげられた複数のプロセスのグループを比較的簡単にセットアップできるようにする。これらのプロセスは、バックグラウンド、フォアグラウンド、またはその両方で実行される。

　この章では、プロセス起動のコストが低いことの意味を考え、設計を連動するプロセスに分割するために、いつ、どのようにしてパイプ、ソケットなどのプロセス間通信（IPC）メソッドを使うかについて論じていく（次の章では、同じ機能分割の思想をインターフェイス設計に活かしていく）。

　プログラムを連動するプロセスに分割することには、全体の複雑さを緩和するというメリットがあるが、プロセスの間で情報やコマンドを受け渡しするプロトコルの設計により注意を払わなければならなくなるというコストもかかる（あらゆるソフトウェアシステムのバグは、インターフェイスに集中している）。

　5 章では、透明で柔軟で拡張性のあるアプリケーションプロトコルをどのように定義するかという、この設計問題のなかでも低水準の部分を見てきた。しかし、この問題には、私たちが軽く無視してきた第二のより高い水準の部分がある。それは、通信のそれぞれの側について立派なマシンを設計するという問題である。

　SMTP、BEEP、XML-RPC などのモデルがあることを考えれば、アプリケーションプロトコルの構文に優れたスタイルを与えることはそれほど難しいことではない。本当に難しいのは構文ではなく、十分な表現力を持つとともにデッドロックを起こさないようなプロトコルを設計するロジックである。また、プロトコルが表現力を持ち、デッドロックを起こさないように「見える」ことも同じように重要だ。通信し合うプログラムの動作を頭のなかでモデリングし、その正しさを確認するためには、それができなければならない。

　そこで、私たちの議論では、プロセス間通信の個々の種類で自然に使われるプロトコルロジックの種類に焦点を絞って考えていく。

---

1. たとえば、Improving Context Switching Performance of Idle Tasks under Linux［Appleton］に引用されている結果を参照されたい。

7.1 複雑さの支配とパフォーマンスのチューニングの分割

　しかし、まずは問題から注意をそらせるものを片付けておかなければならない。私たちは、パフォーマンスを上げるために並行処理を使うことについて論じていこうとしているわけではない。全体の複雑さを最小限に抑えるクリーンなアーキテクチャを開発する前にパフォーマンスのことを考えるのは、半端な最適化であり、諸悪の根源である（詳しくは、12章を参照のこと）。

　これに関連して気が散る原因になるものは、スレッド（すなわち、同じメモリアドレス空間を共有する複数の同時実行されるプロセス）である。マルチスレッドは、パフォーマンスを上げるためのハックである。ここで、長々とわき道に逸れるのを避けるために、マルチスレッドについてはこの章の最後の部分で詳しく取り上げる。一言でいえば、マルチスレッドは全体としての複雑さを緩和するというよりも、激化させるものであり、どうしても必要な場合を除いて避けるべきだ。

　一方、モジュール性原則を尊重することは、どうでもよいことではない。モジュール性原則に従えば、プログラムもプログラマとしての職業人生も単純になる。プロセス分割を必要とするあらゆる理由は、4章で考えたモジュール分割の理由から連続している。

　プログラムを連動するプロセスに分割するもう1つの重要な理由は、セキュリティの向上である。Unixでは、通常ユーザーが実行できなければならないが、セキュリティ上重要な意味を持つシステムリソースに書き込みもしなければならないプログラムは、setuidビットと呼ばれる機能によって書き込みアクセスを獲得する[2]。setuidビットの対象となるコードの最小単位は、実行可能ファイルである。つまり、setuidの対象となる実行可能コードのすべての行は、十分に信頼できるものでなければならない（ただし、適切に書かれたsetuidプログラムは、最初に特権が必要な処理をすべて終わらせ、他の処理は権限をユーザーレベルに下げて行う）。

　通常、setuidプログラムが高い権限を必要とするのは、1つから数個の処理のためである。そのようなプログラムは連動する2つのプロセスに分割できることが多い。小さいほうがsetuidを必要とする処理を行い、大きいほうがそうでない処理を行うのである。これが可能なら、信頼性の高さが必要になるのは、小さいプログラムに含まれるコードだけになる。Unixが他のOSと比べてセキュリティの持続という点で優れているのは、主としてこのような切り分けと処理の委譲が可能だからである[3]。

---

2. setuidプログラムは、プログラムを起動したユーザーの権限ではなく、実行可能ファイルの所有者の権限で実行される。この機能は、管理者以外のユーザーによる直接の書き換えが認められていないパスワードファイルのようなものへの制限されたプログラム制御のアクセスを実現するために利用できる。
3. つまり、セキュリティという観点から優れていれば、マシン全体としてのインターネットへの露出時間が長くなるのである。

7.2 Unix IPC メソッドの分類学

1プロセスのプログラムのアーキテクチャと同様に、ベストの構成はもっとも単純な構成だ。この章では、プログラミングの複雑さの度合いが低いものから順にIPCテクニックを取り上げていく。あとのほうで説明されているより複雑なテクニックを使いたいと思うときには、プロトタイプやベンチマークといった実際の証拠を集めて、前のほうの単純なテクニックでは不十分だということを証明しなければならない。たぶん、自分自身驚くことが多いはずだ。

7.2.1 専用プログラムに処理を委ねる

コストの低いプロセス起動によって実現可能になるプロセス間の共同作業としてもっとも単純な形態は、特別な仕事の実行のために別のプログラムを起動するというものだろう。system(3)呼び出しによってUnixシェルコマンドが呼び出されることが多いので、これは呼び出されたプログラムへのシェルアウトと呼ばれることが多い。呼び出されたシェルが実行を終了すると、呼び出し元プログラムはキーボードとディスプレイの制御を再び握って、実行を再開する[4]。

古典的なUnixのシェルアウトは、メール、ニュースプログラムからのエディタ呼び出しである。Unixの伝統では、一般的なテキスト入力を必要とするプログラムにそのためのエディタを組み込んだりはしない。代わりに、編集が必要になったときには、ユーザーの好みのエディタを呼び出せるようにするのである。

子プログラムは、通常、ファイルシステムを介して親と通信する。指定された位置のファイルを読み書きするのである。エディタやメーラのシェルアウトは、このような仕組みになっている。

このパターンの変種としてよく見られるのは、子プログラムがCライブラリのpopen(..., "w")呼び出しやシェルスクリプトの一部という形で呼び出され、標準入力から入力を受け取るものである。あるいは、popen(..., "r")やシェルスクリプトの一部として標準出力に出力を送る場合もある（標準入力からの読み出しと標準出力への書き込みの両方を行う場合、読み書きはバッチモードで行われるので、すべての読み出しが終わってから書き込みが行われる）。通常、この種の子プロセスは、シェルアウトとは呼ばれない。標準的な呼び方はないが、「ボルトオン」（追加）とでも呼ぶことができるだろう。

これらすべてのケースの特徴は、子プログラムが実行中に親プログラムとハンドシェークを行わないことである。これらの間のプロトコルは、他方からの入力を受け入れる側のプログラム（マスターまたはスレーブ）がその入力を走査できなければならないというだけのものでし

---

4. シェルアウトのプログラミングでよくある誤りとしては、サブプロセス実行中、親に対するシグナルをブロックし忘れてしまうことである。この準備を忘れると、サブプロセスに対して入力した割り込みが、親プロセスに悪い副作用を及ぼしてしまう。

かない。

7.2.1.1 ケーススタディ : mutt メールユーザーエージェント

mutt メールユーザーエージェントは、Unix 電子メールプログラム設計のもっとも重要な伝統を現代に伝えるプログラムの代表例である。1 キーのコマンドでメールを読み出せる単純な画面指向のインターフェイスを持っている。

メール作成プログラムとして mutt を使う場合には（コマンド行引数としてアドレスを指定して呼び出すか、応答コマンドのなかのどれかを使う）、mutt はプロセスの環境変数 EDITOR を解析し、一時ファイル名を生成する。そして、EDITOR 変数の内容をコマンド名、一時ファイル名を引数として子プロセスを起動する[*5]。コマンドが終了すると、mutt は一時ファイルにメール本文が含まれているものとして実行を再開する。

Unix のメール、ネットニュース作成プログラムは、ほとんどすべてが同じ方法を取っている。このような習慣になっているので、メッセージ作成プログラムの作者は、100 種類の操作方法がまちまちなエディタを書く必要はないし、ユーザーは 100 種類のインターフェイスを学ぶ必要がない。ユーザーは、自分が選んだエディタをいつでも使える。

この方法には、ある重要な変種がある。それは、小さなプロクシプログラムにシェルアウトを行うというものである。プロクシは、委ねられた仕事をエディタや Web ブラウザなどの大規模なプログラムのすでに実行されているインスタンスに渡す。プログラマは、たいていの場合、X の画面ですでに emacs を実行しているものだが、EDITOR=emacsclient と設定しておくと、mutt で編集を要求したときに、実行中の emacs のなかでバッファがオープンする。この機能のポイントは、メモリなどのリソースを節約できることではなく、すべての編集処理を単一の emacs プロセスに統一できることだ（たとえば、フォントの強調表示などの emacs 内部状態情報と同様に、カットアンドペーストのテキストをバッファ間でやり取りできる）。

7.2.2 パイプ、リダイレクト、フィルタ

Ken Thompson と Dennis Ritchie 以降、初期の Unix を築き上げたもっとも重要な人物は、Doug McIlroy ただ 1 人だといってよいだろう。彼が発明したパイプの仕組みは、Unix の設計全体に浸透し、生まれたばかりの「1 つのことをしっかりとする」という思想を育て、その後の Unix に組み込まれた IPC メソッドの大半に大きな影響を与えた（特に、ネットワークのためのソケットという抽象に対し）。

パイプは、すべてのプログラムに初期状態で（少なくとも）2 つの I/O データストリーム、標準入力と標準出力（それぞれ数値のファイル記述子は 0 と 1）が与えられるという慣習に依存

---

5. 実際には、この説明はちょっと単純化しすぎている。全体像については、10 章の EDITOR と VISUAL の説明を見てほしい。

している。多くのプログラムは、標準入力からシーケンシャルに読み出し、標準出力のみに書き出すフィルタとして書くことができる。

通常、これらのストリームは、ユーザーのキーボードとディスプレイに接続されている。しかし、Unix シェルは、これらの標準入出力ストリームをファイルに接続するリダイレクト処理をサポートしている。そこで、次のように入力すると、

    ls >foo

ls(1) が出力するディレクトリリストは、「foo」という名前のファイルに送り込まれる。それに対し、次のように入力すると、

    wc <foo

語数計算ユーティリティの wc(1) は、「foo」というファイルから標準入力を受け取り、標準出力に字数/語数/行数を書き出す。

パイプ処理は、あるプログラムの標準出力と別のプログラムの標準入力を結び付ける。このようにつなげられたプログラムのチェーンは、パイプラインと呼ばれる。次のように書くと、

    ls | wc

ディレクトリリストの字数/語数/行数が表示される（この場合、役に立ちそうなのは行数だけだが）。

> お気に入りのパイプラインの 1 つは、「bc | speak」、つまりしゃべる電卓だった。なんと 10 の 63 乗までの名前をいえたのである。
> —— **Doug McIlroy**

パイプラインのすべてのステージが同時に動くことは、重要なポイントだ。各ステージは、前のプログラムが入力を出力してくるのを待っているが、前のステージが終了しなければ次のステージが実行できないということはない。この性質は、あとで説明するように、コマンドの長い出力を more(1) に送るときなど、パイプラインを対話的に使うときに重要な意味を持つ。

パイプとリダイレクトの組み合わせが持つ力は、つい過小評価しがちである。そのような場合には、The Unix Shell As a 4GL［Schaffer-Wolf］を見てほしい。パイプ、リダイレクトのフレームワークのなかで単純なユーティリティをいくつか組み合わせ、単純なテキストの表として表現されたリレーショナルデータベースを作成、操作する例が紹介されている。

パイプの大きな弱点は、片方向だということである。パイプラインのコンポーネントは、終了する以外、パイプの前のプログラムに制御情報を渡すことはできない（次のステージが終了すると、前のステージが次に書き込みをしようとしたときに、SIGPIPE シグナルを受け取ることになる）。そのため、データ渡しのプロトコルは、単純に受信側プログラムの入力形式ということになる。

今までは、シェルが作った無名パイプについて説明してきた。パイプには名前付きのものもあり、それは特殊なファイルである。2つのプログラムが片方は読み出し用に、もう片方は書き込み用に同じファイルをオープンしたとき、名前付きパイプは両者をつなぐ管のように機能する。しかし、名前付きパイプは半ば歴史上の遺物と化しており、ほとんどが後述する名前付きソケットに取って代わられている（名前付きパイプの歴史については、後述するSystem V IPCの議論を参照してほしい）。

7.2.2.1 ケーススタディ：ページャへのパイプ出力

パイプラインには、さまざまな用途がある。たとえば、ps(1) は、出力の最初の部分がすぐにスクロールオフして、ユーザーはとても見ていられないような場合でも、お構いなしに長いプロセスリストを標準出力に書き込む。しかし、Unix には、画面の大きさ分ずつ標準入力を表示する more(1) というプログラムもある。more(1) は、1 画面分表示するたびに、ユーザーに次の画面を出力するためのキーストロークを促す。

つまり、「ps | more」と書いて、ps(1) の出力を more(1) の入力としてつなげると、キーを叩くたびに、1 画面分のプロセスリストが表示されるようになる。

このようにプログラムをつなげられるのは、とても役に立つ。しかし、ここで本当に意味があるのは、うまい組み合わせができることではなく、パイプと more(1) があるので、他のプログラムがより単純になることだ。パイプのおかげで、ls(1)（および標準出力に書き込むその他のプログラム）は、自前のページャを作って成長させなくて済む。そして、ユーザーは無数の組み込みページャがある世界を避けられる（当然ながら、個々のページャは使い方がまちまちになるだろう）。コードの膨張が避けられ、全体としての複雑さの度合いは緩和される。

ついでながら、ページャの動作をカスタマイズしたいと思う人が出てきたら、1つのプログラムの1つの場所を書き換えればよい。複数のページャが存在することができるし、それらはみな標準出力に書き込むすべてのアプリケーションと組み合わせて使える。

これは、実際に起きたことだ。今の Unix では、表示を先に進めるだけではなく、スクロールバックする機能も持つ less(1) が、ほとんど more(1) を駆逐している[6]。less(1) は、それを使うプログラムとは切り離されているので、シェルで more が less という意味になるようなエリアス（別名）を作ったり、環境変数 PAGER の値を「less」にすると（10 章参照）、すべての適切に書かれた Unix プログラムが、よりよいページャの機能を利用できる。

7.2.2.2 ケーススタディ：単語リストの作成

もっとおもしろいのは、パイプラインでつながれたプログラムがデータになんらかの変形を加えるものである。Unix よりも柔軟性の低い環境なら、いちいちそのためにカスタムコードを書かなければならないところだ。

---

6. less(1) の man ページは、「小は大を兼ねる」という考えからこの名前を説明している。

次のパイプラインについて考えてみよう。

tr -c '[:alnum:]' '[\n*]' | sort -iu | grep -v '^[0-9]*$'

最初のコマンドは、標準入力に含まれる英数字以外のものを標準出力では改行に置き換える。2つめのコマンドは、標準入力の行をソートし、標準出力にソート済みのデータを書き込む。このとき、隣り合う同じ行は、1つ以外すべて取り除く。3つめのコマンドは、数字だけの行をすべて取り除く。これら3つのプログラムは、標準入力のテキストからソート済みの単語リストを作って標準出力に書き込む。

7.2.2.3 ケーススタディ：pic2graph

Free Software Foundation のテキスト整形ツール groff スイートには、pic2graph(1) のシェルソースコードが含まれている。pic2graph(1) は、PIC 言語で書かれたダイアグラムをビットマップイメージに変換する。**リスト 7-1** は、このコードの心臓部にあたるパイプラインを示したものだ。

リスト 7-1　pic2graph のパイプライン

```
(echo ".EQ"; echo $eqndelim; echo ".EN"; echo ".PS";cat;echo ".PE")|\
    groff -e -p $groffpic_opts -Tps >${tmp}.ps \
    && convert -crop 0x0 $convert_opts ${tmp}.ps ${tmp}.${format} \
    && cat ${tmp}.${format}
```

pic2graph(1) を見ると、既存のツールを呼び出すだけで1つのパイプラインが純粋にどの程度のことができるかがよくわかる。まず、入力を適切な形に変換し、groff(1) に渡して PostScript を生成する。さらに、PostScript をビットマップに変換して、処理を終える。そして、これらの詳細はすべてユーザーからは隠されている。ユーザーが見ているのは、入力として与える PIC ソースと、出力として得られるすぐに Web ページに取り込めるビットマップだけだ。

これは、パイプとフィルタがプログラムを予想外の使い方で活用する実例としてもおもしろい。PIC を解釈する pic(1) プログラムは、もともと活字のドキュメントにダイアグラムを埋め込むためにだけ使われていたものだ。このツールセットに含まれている他のほとんどのプログラムは、今では時代遅れになりかけている。しかし、PIC は、HTML で表示されるダイアグラムの記述など、新しい用途にも便利に使える。pic2graph(1) のようなツールが、pic(1) の出力をより現代的な形式に変換する仕組みをひとまとめにすることができるので、PIC は新しい生命を得たのだ。

pic(1) については、ミニ言語の設計問題として 8 章でもっと詳しく取り上げる。

7.2.2.4 ケーススタディ：bc(1) と dc(1)

　Version 7 の時代からの古典的な Unix ツールキットには、2 つの電卓プログラムが含まれている。dc(1) プログラムは、標準入力から与えられた逆ポーランド記法（RPN）のテキスト行を受け付け、計算結果を標準出力に書き込む。bc(1) プログラムは、通常の代数記法と同様の中置記法の入力を受け入れる。bc(1) には、変数の設定、読み出し、複雑な数式を計算する関数の定義などの機能も含まれている。

　現在の GNU 版の bc(1) は独立したプログラムになっているが、古典的なバージョンは、パイプを介して dc(1) にコマンドを渡すプログラムだった。この作業分担において、bc(1) は変数の置換や関数の展開、中置記法の逆ポーランド記法への変換といった処理をしていたが、計算自体はしていなかった。入力式を RPN に変換して dc(1) に評価させていたのである。

　この機能分割には、はっきりとしたメリットがあった。ユーザーは好みの記法を選べるが、任意の精度での数値計算のロジック（ほどほどに難しい）を 2 度書く必要はないのだ。記法を選べる 1 つの電卓プログラムを作るのと比べ、これら 2 つのプログラムの複雑さの度合いは緩和されている。2 つのコンポーネントは、頭のなかで互いに独立してイメージでき、独立してデバッグできる。

　8 章では、狭い領域を対象とするミニ言語の例として、これらのプログラムを再び取り上げる。

7.2.2.5 反ケーススタディ：fetchmail はなぜパイプラインではないのか

　Unix の基準からすると、fetchmail はオプションが多い大規模なプログラムで、ちょっと落ち着かない感じがする。メール伝送の仕組みを考えるなら、fetchmail の内容はパイプラインに分割できるような気がするかもしれない。そこで、fetchmail を複数のプログラムに分割したらどうなるのかについて、ちょっと考えてみよう。POP3、IMAP サイトからメールを取得する 2 つのフェッチプログラムと、ローカルの SMTP にメールを送り込むインジェクタプログラムである。パイプラインは、Unix メールボックスフォーマットを渡せる。現在の fetchmail は凝った構成になっているが、コマンド行を格納するシェルスクリプトに置き換えられるはずだ。さらに、パイプラインにフィルタを挿入すれば、SPAM メールをブロックできるかもしれない。

```
# !/bin/sh
imap jrandom@imap.ccil.org | spamblocker | smtp jrandom
imap jrandom@imap.netaxs.com | smtp jrandom
#   pop ed@pop.tems.com | smtp jrandom
```

　こうすれば、非常にエレガントで Unix 的だが、残念ながら動かない。その理由については、前に触れておいた。パイプラインは、片方向なのである。

　フェッチプログラム（imap または pop）は、フェッチした個々のメッセージについて、削除リクエストを送るべきかを判断しなければならない。現在の fetchmail は、ローカル SMTP リスナがメッセージに対する責任を引き受けたことがわかるまで、POP、IMAP サーバに削除要

求を送ることを遅らせられる。しかし、パイプライン化された、小コンポーネントバージョンでは、そのような機能は付けられない。

たとえば、SMTPリスナがディスクフルを報告したためにsmtpインジェクタが失敗したら、どうなるだろうか。フェッチプログラムがすでにメールを削除していたら、そのメールは失われてしまう。つまり、フェッチプログラムは、smtpインジェクタの通知を受けるまでメールを削除できないということだ。すると、さらに疑問がわいてくる。インジェクタとフェッチプログラムはどのようにして通信しているのだろうか。インジェクタが送り返してくるメッセージはどのようなものか。このように考えていくと、システム全体の複雑度やバグの入りやすさは、モノリシックなプログラムと比べて確実に高くなっているだろう。

パイプラインはすばらしいツールだが、万能薬ではない。

7.2.3 ラッパー

シェルアウトの逆がラッパーである。ラッパーは、呼び出されたプログラムのために新しいインターフェイスを作ったり、呼び出されたプログラムを専門化する。ラッパーは、凝ったシェルパイプラインの詳細を隠すために使われることが多い。11章ではインターフェイスラッパーについて述べる。ほとんどの専門化ラッパーは、ごく単純だが、非常に役に立つ。

シェルアウトと同様に、呼び出されたプログラムの実行中には親子のプログラムが通信することはないので、特別なプロトコルはない。しかし、ラッパーは、通常呼び出されたプログラムの動作を変更する引数を指定するために作られている。

7.2.3.1 ケーススタディ：バックアップスクリプト

専門化ラッパーは、Unixシェルやその他のスクリプト言語の古典的な使い方である。一般的で代表的な専門化ラッパーとしては、バックアップスクリプトが挙げられる。次のような簡単な1行スクリプトになることが多い。

```
tar -czvf /dev/st0 "$@"
```

このコードは、tar(1)テープアーカイバユーティリティのためのラッパーである。1個の固定引数（テープデバイスの/dev/st0）を与える他は、単純にユーザーが指定した引数（"$@"）をそっくりtarに渡しているだけである[7]。

---

7. よくあるまちがいは、「"$@"」ではなく、「$*」を使ってしまうというものだ。こうすると、スペースが埋め込まれているファイル名を渡したときに困ったことになる。

7.2.4 セキュリティラッパーとBernsteinチェーン

ラッパースクリプトの一般的な用途の1つはセキュリティラッパーである。セキュリティスクリプトは、門番プログラムを呼び出して、なんらかの信用情報をチェックし、返された値に基づいて条件的に他の処理を実行する。

Bernsteinチェーンは、Daniel J. Bernsteinが初めて考え出したセキュリティラッパーのテクニックで、彼は自分の複数のパッケージでこのテクニックを使っている（同様のパターンは、nohup(1)、su(1)などのコマンドにも見られるが、これらには条件分岐は含まれていない）。概念的には、Bernsteinチェーンはパイプラインに似ているが、各ステージが同時に実行されるのではなく、前のステージが終了してからあとのステージが実行されるところが異なる。

通常の方法は、なんらかの門番プログラムに特権が必要な処理を制限し、門番はより特権的でないアプリケーションに状態を手渡す。このテクニックは、exec、またはforkとexecの組み合わせを使っていくつかのプログラムを貼り合わせる。実行されるプログラムは、1つのコマンド行にすべて並べられる。各プログラムは、それぞれなんらかの処理を行い、成功したら、exec(2)を使ってコマンド行の残りの部分を実行する。

Bernsteinのrblsmtpdパッケージは、このテクニックのプロトタイプ的な例である。rblsmtpdは、MAPS（Mail Abuse Prevention System）のアンチSPAM DNSゾーンでホストを照合する。照合が成功したら、rblsmtpdは、メールを破棄する自前のSMTPを実行する。そうでなければ、コマンド行の残りの部分は、SMTPプロトコルを知っているMTA（メール伝送エージェント）を構成するものと想定され、exec(2)で実行される。

Bernsteinが作ったqmailパッケージは、これとはまた別の種類の例である。qmailパッケージには、condredirectというプログラムが含まれており、このプログラムには第1引数として電子メールアドレス、残りの引数として門番プログラムとその引数を渡す。condredirectは、引数を付けて門番プログラムをfork、execする。門番が終了して成功を返すと、condredirectは標準入力で保留状態になっている電子メールを指定された電子メールアドレスに送る。この場合は、rblsmtpdとは逆で、セキュリティの判断は子プログラムによって行われている。これはまた、古典的なシェルアウトに少し似ている。

もっと凝った例は、qmailのPOP3サーバである。このシステムは、qmail-popup、checkpassword、qmail-pop3dの3つのプログラムから構成されている。checkpasswordは、checkpasswordという適切な名前の別個のパッケージに含まれており、意外ではないが、パスワードをチェックする。POP3プロトコルには、認証フェーズとメールボックスフェーズがあり、メールボックスフェーズに入ったら、認証フェーズに戻ることはできない。これは、Bernsteinチェーンの完璧な応用だ。

qmail-popupの第1引数は、POP3プロンプトで使うホスト名である。他の引数は、POP3ユーザー名とパスワードがフェッチされたら、exec(2)に渡される。ここでエラーが返された

ら、パスワードが違っているということなので、qmail-popup はそれを報告し、別のパスワードを待つ。そうでなければ、POP3 の対話が終了したものとみなし、qmail-popup は終了する。

qmail-popup のコマンド行で指定されるプログラムは、ファイル記述子 3[*8]から、3 つの NULL 終了文字列を読み出すものと考えられている。3 つとは、ユーザー名、パスワード、暗号チャレンジへの応答である。今回、引数として qmail-pop3d とその引数を受け付けるのは、checkpassword である。checkpassword プログラムは、パスワードが一致しなければエラーを返して終了する。そうでなければ、ユーザーの uid、gid、ホームディレクトリに変わり、そのユーザーのためにコマンド行の残りの部分を実行する。

Bernstein チェーンは、アプリケーションが接続を開設するために、あるいはなんらかの信用情報を取得するために setuid または setgid 権限を必要とするとき、そしてそのあとは権限を落として信用のいらないコードを実行すればよいときに役に立つ。exec のあと、子プログラムは、本当のユーザー ID をルートに戻すことはできない。この方法は、チェーンに他のプログラムを挿入するだけでシステムの動作を変更できるので、1 プロセスの方法よりも柔軟性が高い。

たとえば、rblsmtpd（上述）は、Bernstein チェーンのなかで、tcpserver（ucspi-tcp パッケージ）と本物の SMTP サーバ（通常は qmail-smtpd）の間に挿入できる。しかし、inetd(8) と sendmail -bs とも共存できる。

7.2.5 スレーブプロセス

ときどき、子プログラムは、標準入出力に接続されたパイプを通じて、親プログラムとの間で対話的にデータを受け付け、送り返すことがある。この場合、シェルアウトや先ほど「ボルトオン」と名付けたものとは異なり、マスターとスレーブの両方のプロセスがデッドロックや競合を起こさずに両者の間のプロトコルを処理する内部状態マシンを持たなければならない。単純なシェルアウトと比べれば飛躍的に複雑で、デバッグが難しい構成になる。

Unix の popen(3) 呼び出しは、シェルアウトのための入力パイプ、出力パイプのどちらもセットアップできるが、スレーブプロセスのためのパイプはどちらもセットアップできない。これは、単純なプログラミングを奨励するためのように感じられる。実際、対話的なマスター−スレーブ通信は難しいので、(a) プロトコルがとてつもなく単純な場合か (b) スレーブプログラムが 5 章で取り上げたようなアプリケーションプロトコルを処理できるように設計されている場合でなければ、通常は使われない。この問題と対処の仕方については、8 章で再び取り上げる。

マスターとスレーブのペアを書くときには、マスターの側で、呼び出し元がスレーブコマンドを設定できるようなコマンド行スイッチか環境変数をサポートするとよい。こうすると、何

---

8. qmail-popup の標準入出力はソケット、標準エラー（ファイル記述子 2）はログファイルにつながっている。ファイル記述子 3 は、確実に次のファイルになる。以前の有名なカーネルのコメントと同様に、「これを理解することは期待されていない」。

よりもまずデバッグに役に立つ。開発中は、スレーブとマスターの間のトランザクションを監視し、ログを取っているハーネスから本物のスレーブプロセスを起動できると、本当に便利である。

　プログラムのなかで、マスターとスレーブのやり取りが少しでも複雑になってきたら、ソケットや共有メモリなどのテクニックを使ったピアツーピアの構成に移ることを検討したほうがよい。

7.2.5.1　ケーススタディ：scpとssh

　プロトコルが非常に簡単なものの典型的な例の1つとして、進行状況メーターがある。scp(1)（安全なコピーコマンド）は、スレーブプロセスとしてssh(1)を呼び出し、sshの標準出力から十分な情報を横取りして、ASCIIアニメーションという形で進行状況バーを表示する[*9]。

7.2.6　ピアツーピアのプロセス間通信（IPC）

　私たちがここまでに取り上げてきたすべての通信メソッドには、暗黙の階層構造があり、片方のプログラムがもう片方のプログラムを実質的に支配、駆動しており、逆方向のフィードバックはまったくないか、ごくわずかでしかなかった。しかし、通信やネットワークでは、ピアツーピアのチャネルが必要になることが多い。通常（必ずしもそうとは限らない）、このチャネルでは、データは双方向に自由に行き来している。ここでは、Unixにおけるピアツーピア通信の方法を取り上げ、あとの章でケーススタディを行う。

7.2.6.1　一時ファイル

　連動するプログラムの間の通信手段として一時ファイルを使う方法は、もっとも古いIPCテクニックである。この方法には、欠点があるものの、シェルスクリプトや、1度きりのプログラムでは、依然として役に立つ。同種の通信手段でより凝った協調的な通信メソッドを使っても、大げさすぎることになってしまうのだ。

　IPCテクニックとして一時ファイルを使う方法のもっとも自明な問題点といえば、一時ファイルが削除できる状態になる前に処理が中断されると、巨大なゴミが残ってしまうことだ。これより少しわかりにくいが、一時ファイルとして同じ名前を使う同じプログラムの複数のインスタンスの間で衝突が起きるという危険もある。一時ファイルを作るシェルスクリプトが、一時ファイル名として「$$」を取り込んだものを使う習慣になっているのは、そのためである。「$$」はシェルのプロセスIDに展開されるシェル変数であり、これを使えばファイル名がユニークなものになることが保証されるのである（Perlでも、同じトリックがサポートされている）。

---

[9]. このケーススタディを提案した友人のコメント。「このテクニックを出し抜くことはできる。スレーブプロセスから簡単に認識できる情報の塊が返されており、トングと放射線防御服があるなら」。

最後に、一時ファイルがどこに書かれるかを知っている攻撃者は、同じ名前のファイルに上書きをしたり、書かれているデータを読み出したり、ファイルに書き換えたデータや偽のデータを埋め込んでデータを消費するプロセスをだましたりすることができてしまう[*10]。これは、セキュリティ上のリスクである。関連するプロセスがルートの権限を持つ場合には、非常に深刻な問題になってしまう。一時ファイルディレクトリに対する許可情報の設定を慎重に行えば、この問題は緩和されるが、このようなやり方はリークを起こしやすいということで悪名が高い。

このような問題点はあるが、一時ファイルは、簡単にセットアップでき、柔軟で、他のより高度な方法よりもデッドロックや競合を起こしにくいので、まだ隙間的な用途を持っている。そして、一時ファイル以外の方法は不可能な場合がときどきある。すなわち、子プロセスの呼び出し方法が、ファイル名の指定を必要とする場合である。最初に示したエディタのシェルアウトの例は、完全にこれにあたる。

7.2.6.2 シグナル

同じマシンの2つのプロセスが相互に通信する方法のなかで、もっとも単純かつ素朴な方法は、片方がもう片方にシグナルを送るというものである。Unix シグナルとは、一種のソフトウェア割り込みである。どのシグナルも受信側プロセスに対してデフォルトの効果を持っている（通常は、受信側プロセスを異常終了させる）。プロセスは、シグナルに対するデフォルトの効果を書き換えるシグナルハンドラを宣言できる。シグナルハンドラは、シグナルを受信したときに非同期的に実行される関数である。

Unix のシグナルは、もともと、IPC の手段としてではなく、オペレーティングシステムが特定のエラーや非常に重要なイベントをプログラムに通知するための手段として設計された。たとえば、SIGHUP シグナルは、特定の端末セッションから起動されたすべてのプログラムに、その端末セッションが終了したことを通知する。SIGINT シグナルは、キーボード入力を受け取っているプロセスに、その時点で定義されている割り込み文字（Ctrl-C が多い）が入力されたことを通知する。しかし、シグナルは、IPC の場面でも役に立つことがありうる（そして、POSIX 標準のシグナルセットには、IPC 用の SIGUSR1、SIGUSR2 の2つのシグナルが含まれている）。シグナルは、デーモン（バックグラウンドで目に見えない形で継続的に実行されるプログラム）の制御チャネルとしてよく使われる。オペレータや他のプログラムは、再初期化、仕事をするための実行再開、既知の場所への内部/デバッグ情報の書き込みなどをデーモンに指示するために、シグナルを使う。

> **BSD** に SIGUSR1、SIGUSR2 を組み込むように主張したのは私だ。当時のプログラマは、**IPC** で必要な目的のためにシステムシグナルを転用していた。だから、たとえば、セグメントフォルトを起こしたプログラムがコアダンプを起こさないようなことが起き

---

10. この攻撃のなかでも特にたちの悪いものは、データを作ったプログラムと消費するプログラムの両方が一時ファイルだと思っている場所に、名前付きの Unix ドメインソケットを忍び込ませるというものだ。

た。それは、SIGSEGV がハイジャックされていたからだ。

これは一般原則だ。人々は、あなたが作ったあらゆるツールをハイジャックしようとするので、ツールを設計するときにはハイジャックできないようにするか、完全にハイジャックできるようにするか、どちらかを選ばなければならない。それ以外の選択肢はないのだ。もちろん、無視されるということを除けばの話ではある。これは、汚れのない状態を保つための方法としては非常に信頼性の高いものだが、最初に想像するよりもはるかに満足度が低い。

—— **Ken Arnold**

シグナルによる IPC とともによく使われるテクニックとして、いわゆる PID ファイルがある。シグナルを受信しなければならないプログラムは、決められた位置（/var/run か起動したユーザーのホームディレクトリが多い）に、自分のプロセス ID（PID）を格納した小さなファイルを書き込むのである。他のプログラムがそのファイルを読むと PID がわかる。PID ファイルは、複数のデーモンインスタンスが同時に実行されていてはならないようなときには、暗黙のロックファイルとしても機能する。

実際には、シグナルには 2 種類のものがある。古い実装（V7、System III、初期の System V）では、ハンドラが実行されると、そのシグナルのハンドラはデフォルトハンドラに再設定されていた。そのため、同じシグナルを 2 つ連続して送ると、ハンドラがどのように設定されていても、プロセスは終了してしまう。

BSD 4.x は、ユーザーが明示的に要求しない限り再設定を行わない「信頼性の高い」シグナルを導入した。BSD 4.x は、シグナルのブロックや一時的な処理停止のための原始命令も追加した。最近の Unix は、どちらのスタイルもサポートしている。新しくコードを書くときには、BSD スタイルのリセットしないエントリポイントを使ったほうがよいが、BSD スタイルのシグナルをサポートしない環境にコードを移植しなければならないときには、防衛的にプログラムを書くしかない。

シグナルを N 回受信したからといって、シグナルハンドラが N 回実行されるわけではない。古い System V のシグナルモデルのもとでは、複数のシグナルが非常に固まって（つまり、ターゲットプロセスの 1 つのタイムスライス内に）届いた場合、競合[11]などの異常な条件を起こす可能性がある。システムがサポートするシグナルセマンティックスがどのようなものかによって、あとのインスタンスは無視されたり、プロセスを異常終了させたり、先のインスタンスの処理が終わるまでシグナルの到達が遅れたりする（最近の Unix では、最後のようになることが普通である）。

新しいシグナル API は、最近のすべての Unix に移植可能だが、Windows や古い（OS X よ

---

11. 競合とは、2 つの独立したイベントが正しい順番で発生しなければシステムが正しく動作しないのに、それを確実に保証するメカニズムが存在しないという類の問題のことである。競合は、タイミングに起因する問題を断続的に発生させるが、これをデバッグするのは、恐ろしく難しい。

りも前の）MacOS には移植できない。

7.2.6.3 システムデーモンとシグナル

よく知られているシステムデーモンの多くは、SIGHUP（もともとは、モデム接続のハングアップなどによってシリアル回線が落ちたときにプログラムに送られていたシグナル）を再初期化シグナルとして受け付ける（つまり、コンフィグレーションファイルを再ロードする）。たとえば、Apache、Linux 版の bootpd(8)、gated(8)、inetd(8)、mountd(8)、named(8)、nfsd(8)、ypbind(8) などがそうだ。SIGHUP がもともとのセッションシャットダウンシグナルの意味で使われている例もあるが（Linux の pppd(8) など）、現在では、この役割は一般に SIGTERM に移っている。

SIGTERM（terminate：終了）は、汎用のシャットダウンシグナルとして受け付けられている（プロセスを直ちに終了させ、ブロックすることも処理することもできない SIGKILL とは区別される）。SIGTERM の処理には、一時ファイルのクリーンアップ、最終的な更新のデータベースへのフラッシュなどが含まれる。

デーモンを書くときには、驚き最小の原則に従うこと。つまり、これらの慣習に従い、man ページを読んで既存のモデルを探すことだ。

7.2.6.4 fetchmail のシグナルの使い方

fetchmail ユーティリティは、通常、バックグラウンドでデーモンとして実行されるようにセットアップされる。fetchmail デーモンは、ユーザーを介在させずに、実行制御ファイルに定義されているすべてのリモートサイトから周期的にメールを集め、ポート 25 のローカル SMTP リスナにそれらのメールを渡す。fetchmail は、メール収集処理を 1 度終わると、ユーザーが定義した間隔（デフォルトでは 15 分）で眠りに入り、ネットワークに絶えず負荷をかけることを防ぐ。

引数なしで fetchmail を起動すると、fetchmail はまず、すでに実行されている fetchmail デーモンがあるかどうかをチェックする（そのために PID ファイルを探す）。実行中のデーモンがなければ、fetchmail は、実行制御ファイルで指定された制御情報を使って、通常通りに起動する。しかし、デーモンがすでにある場合には、新しい fetchmail インスタンスは、古いインスタンスに目を覚ましてすぐにメールを集めるようシグナルを送り、新インスタンス自体は終了する。さらに、fetchmail -q を実行すると、実行中の fetchmail デーモンに終了シグナルが送られる。

つまり、fetchmail と入力することは、「今すぐポーリングを行い、あとで再びポーリングを実行できるようにデーモンを残しておけ。すでに実行されているデーモンがあるかどうかというような細かいことをいちいち考える気はないぞ」といっているのと同じだということである。実行再開や終了のためにどのシグナルが使われているかは、ユーザーがいちいち知る必要のない細かい話だということがポイントだ。

7.2.6.5 ソケット

ソケットは、BSD系のUnixで、ネットワークアクセスをカプセル化する手段として開発された。ソケットを介して通信する2つのプログラムは、一般に双方向のバイトストリームにアクセスする（他のソケットモード、伝送メソッドもあるが、それらの重要性は低い）。バイトストリームは、シーケンシャルで（つまり、どのバイトも、送った順番で受信される）信頼性が高い（土台のネットワークがエラーを検出し、再試行して伝送を保証してくれることをソケットユーザーはあてにしてよい）。取得後のソケット記述子は、基本的にファイル記述子と同じように動作する。

> ソケットは、ある重要な条件において読み書きとは異なる。送信したバイトが届き、受信側マシンが **ACK** を返し損なうと、送信側マシンの **TCP/IP** スタックはタイムアウトを起こす。だから、エラーが帰ってきたからといって、必ずしもバイトが届いていないわけではないということだ。この問題は、信頼性の高いプロトコルを設計するということに対して重大な影響をもたらす。なぜなら、過去に何が届いたかがわからなくても、正しく動作できなければならないからだ。ローカルな入出力は「イエスとノー」だが、ソケット入出力は「イエスとノーとたぶん」である。そして、届いたことを保証できるものもない。リモートマシンは、彗星によって破壊されているかもしれないのだ。
>
> —— **Ken Arnold**

ソケット作成時に、プログラムはプロトコルファミリを指定する。ネットワークレイヤは、プロトコルファミリによってソケットの解釈方法を判断する。通常、ソケットは、異なるホストで実行されているプログラムの間でデータを渡す手段としてインターネットに接続されているものと考えられる。これがAF_INETソケットファミリで、アドレスはホストアドレスとサービス番号の対と解釈される。しかし、AF_UNIX（AF_LOCALともいう）プロトコルファミリは、同じマシン上の2つのプロセスの間の通信のためにソケットを使っており、この場合のアドレスは、双方向名前付きパイプと同様の特殊ファイルの位置と解釈される。たとえば、X Window Systemを使っているクライアントプログラムとサーバは、一般にAF_LOCALソケットを使って通信している。

最近のUnixはすべてBSDスタイルのソケットをサポートしており、相手プロセスがどこにあるかにかかわらず、双方向IPCのために使うべき設計上正しい機能はソケットである。パフォーマンスを向上させるという圧力から、ローカルな通信という前提の強い共有メモリ、一時ファイルなどのテクニックを使いたくなる場合があるかもしれないが、今の実行条件を考えるなら、分散処理へのスケールアップが必要になると考えたほうがよい。重要なのは、ローカル通信という前提条件のために、システムの各部が必要以上に相手側の内部構造を知っている場合があるということである。ソケットが強制するアドレス空間の分離は、バグではなく、機

能だ。

　Unixの伝統のもとでは、ソケットを適切に使うためには、まず2つのプロセスの間で使うアプリケーションプロトコルを設計する。アプリケーションプロトコルとは、プログラムがどのような通信をするのかというセマンティックスを簡潔に表現するリクエストとレスポンスの組み合わせである。すでに5章でも、アプリケーションプロトコルの設計について考えるべき大きな問題について取り上げた。

　ソケットは、最近のすべてのUnixだけではなく、Windowsや古いMacOSのもとでもサポートされている。

7.2.6.5.1 ケーススタディ：PostgreSQL

　PostgreSQLは、オープンソースのデータベースプログラムである。もし怪物的なモノリスとして作られていれば、ディスク上のデータベースファイルを直接操作する対話的なインターフェイスを備えたプログラムになっていたところだ。インターフェイスが実装と一体になっていれば、同じプログラムの2つのインスタンスが同じデータベースを同時に操作しようとすると、競合、ロックアウトの問題が深刻になっていたところだろう。

　しかし、実際のPostgreSQLは、postmasterと呼ばれるサーバと少なくとも3つのクライアントアプリケーションを含むものになっている。1つのマシンあたり1つのpostmasterサーバプロセスがバックグラウンドで実行されており、データベースファイルへの排他的アクセスを持っている。サーバは、TCP/IPソケットを介してSQLクエリーミニ言語で書かれたリクエストを受け取り、テキスト形式でレスポンスを返す。ユーザーがPostgreSQLクライアントを実行すると、クライアントはpostmasterに対するセッションをオープンし、SQLトランザクションをやり取りする。サーバは同時に複数のクライアントセッションを処理でき、リクエストを一列に並べるので、複数のリクエストが互いに邪魔し合うことはない。

　フロントエンドとバックエンドが分離されているので、サーバは、クライアントから送られてきたSQLリクエストをどのようにして解釈し、SQLレポートをどのようにしてクライアントに送り返すかという以外のことを知っている必要はない。一方、クライアントは、データベースがどのように格納されているかについては何も知らなくてよい。クライアントは、異なる要求のために専門分化させることができ、異なるユーザーインターフェイスを持つことができる。

　このような構成は、Unixデータベースではごく一般的なものだ。あまり一般的なので、別のスイートに含まれるSQLクライアントとSQLサーバを併用することさえ可能なほどである。相互運用を実現するうえでの問題は、SQLサーバがどのTCP/IPポート番号を使っているかとクライアント/サーバが同じ方言のSQLをサポートするかといったことである。

7.2.6.5.2 ケーススタディ：Freeciv

6章では、透明なデータフォーマットの例として Freeciv を取り上げたが、マルチプレイヤーゲームをサポートするうえでより重要なのは、コードのクライアント/サーバへの分割である。アプリケーションが WAN に分散していて、TCP/IP ソケットを介した通信を処理しなければならない状況の代表的な例だといえる。

実行中の Freeciv ゲームの状態は、サーバプロセスのゲームエンジンによって管理されている。プレイヤーは、パケットプロトコルを介してサーバとの間で情報やコマンドをやり取りする GUI クライアントを実行する。すべてのゲームロジックは、サーバで処理される。GUI の詳細は、クライアントで処理される。異なるクライアントは、異なるインターフェイススタイルをサポートする。

これは、マルチプレイヤーオンラインゲームの構成としては、ごく一般的なものである。パケットプロトコルが伝送手段として TCP/IP を使っているので、1つのサーバが異なるインターネットホストで実行されているクライアントを処理することができる。リアルタイムシミュレーションに近いものが必要な他のゲーム（シューティングゲームなど）では、生のインターネットデータグラムプロトコル（UDP）を使うこともある。この場合、特定のパケットが届いたかどうかは不確実になるが、レイテンシは下がる。そのようなゲームでは、ユーザーは絶えず制御操作を発行するので、ときどきデータが届かなくても大きな問題にはならないが、遅れは致命的である。

7.2.6.6 共有メモリ

ソケットを使って通信する2つのプロセスは異なるマシンで実行されていてかまわないが（実際、インターネット接続によって、地球の反対側に分かれていることがある）、共有メモリを使う2つのプロセスは、同じハードウェアに共存していなければならない。しかし、通信する複数のプロセスが同じ物理メモリにアクセスできるなら、共有メモリは情報の受け渡し方法としてもっとも高速だ。

共有メモリは、異なる API のもとで隠れて見えなくなる場合もあるが、最近の Unix では、通常、`mmap(2)` を使ってプロセスが共有できるメモリにファイルをマッピングする方法が使われている。POSIX は、共有メモリとしてファイルを使うことをサポートする API を伴う `shm_open(3)` を定義している。これは、主として擬似ファイルデータをディスクにフラッシュする必要がないというオペレーティングシステムに対するヒントである。

共有メモリに対するアクセスは、読み書きの呼び出しに似た方法で自動的にシリアライズすることはできないので、共有を行うプログラムは、共有セグメントに置いたセマフォ変数を使って、競合とデッドロックの問題を自分たちで解決しなければならない。ここでの問題はマルチスレッドの問題と似ている（マルチスレッドについてはこの章の最後のほうで取り上げる）が、メモリを共有しないのがデフォルトなので、こちらのほうが管理しやすい。こちらのほうが問

題はましだ。

　Apache Web サーバのスコアボード機能は、信頼できる共有メモリ機能を持つシステムのもとでは、マスタープロセスとマスターが管理する Apache イメージの負荷共有プールとの間の通信に共有メモリを使っている。最近の X の実装も、クライアントとサーバが同じマシンにある場合の大規模なイメージの受け渡しで共有メモリを使っているが、それはソケット通信のオーバーヘッドを避けるためだ。これらはどちらも、アーキテクチャ上の選択というわけではなく、経験とテストによって妥当とみなされたパフォーマンスハックである。

　mmap(2) 呼び出しは、Linux やオープンソース BSD を含む最近のすべての Unix がサポートしている。mmap(2) は、SUS（Single Unix Specification）に含まれているのである。しかし、Windows、古い MacOS など、他のオペレーティングシステムでは、通常使えない。

　mmap(2) が作られる前は、2 つのプロセスが通信するための一般的な方法は、同じファイルをオープンして、最後にそのファイルを削除するというものだった。ファイルは、オープンされているすべてのファイルハンドルがクローズされるまでは削除されないが、一部の古い Unix は、リンク数が 0 になると、ディスク上のファイルを更新しなくてもよいというヒントだとみなしていた。この方法の欠点は、記憶の共有を支えているのがスワップデバイスではなく、ファイルシステムだったことである。削除されたファイルが含まれていたファイルシステムは、それを使っていたプログラムがクローズされるまでアンマウントすることができず、このように偽装されていた既存の共有メモリセグメントに新しいプロセスを追加するのは、うまくいってもかなり難しかった。

　Version 7 のあと、Unix が BSD 系と System V 系に分裂すると、Unix のプロセス間通信も、2 通りに発展していった。BSD 系は、ソケットの方向に進んだ。AT&T 系は、名前付きパイプ（既述）とともに、バイナリデータの受け渡しのために設計された共有メモリの双方向メッセージキューに基づく IPC 機能を開発した。この IPC は、System V IPC、あるいは、ベテランたちの間では、これを開発した AT&T の事業所にちなんで Indian Hill IPC と呼ばれていた。

　System V IPC の上のほうに位置するメッセージ渡しのレイヤは、ほとんど使われなくなった。しかし、共有メモリとセマフォから構成される下位のレイヤは、同じマシンで実行される複数のプロセスの間で、相互排他的なロックとグローバルなデータ共有が必要な状況では、まだよく使われている。System V 共有メモリ機能は、POSIX 共有メモリ API に発展し、Linux、BSD、MacOS X、Windows でサポートされているが、古い MacOS ではサポートされていない。

　これらの共有メモリ、セマフォ機能（shmget(2)、semget(2) など）を使えば、ネットワークスタックを介してデータをコピーするオーバーヘッドを回避できる。大規模な市販データベース（Oracle、DB2、Sybase、Informix を含む）は、このテクニックを多用している。

7.3 問題点や避けるべき方法

Unix のもとでは、TCP/IP 上の BSD スタイルソケットが支配的な IPC メソッドとなったが、マルチプログラミングの正しい分割方法については未だに活発な議論が交わされている。一部の時代遅れになった方法もまだ消えていないし、他のオペレーティングシステムから疑問の残るテクニックが輸入されてきてもいる（グラフィックスや GUI プログラミングとともに）。ここでは、危険な沼地を見ておくことにしよう。

7.3.1 時代遅れになった Unix の IPC メソッド

1969 年生まれの Unix は、1980 年生まれの TCP/IP や 1990 年代以降のネットワークの普及よりもずっと古くからある。無名パイプ、リダイレクト、シェルアウトは、Unix の非常に初期の時期から使われているが、Unix の歴史には、時代遅れになった IPC、ネットワークモデルと結び付いた API の死骸が散乱している。もっとも古いものは、Version 6（1976 年）で追加され、Version 7（1979 年）よりも前になくなった mx() 機能だ。

最終的には、IPC の手段として勝ち残った BSD ソケットにネットワーキングも統一されたが、そこに落ち着くまでは 15 年間の実験の時期があり、その時期は後ろに無数の遺物を残していった。これらについての知識は役に立つ。Unix のドキュメントには、それらがまだ使われているかのような印象を与える記述が含まれていることがあるのだ。これらの時代遅れになった IPC メソッドは、Unix Network Programming ［Stevens90］で詳しく説明されている。

> 古い **AT&T Unix** に死んだ **IPC** メソッドが含まれていることは、政治的理由によるものだ。**Unix Support Group** のトップは下級の管理職だったが、**Unix** を使っていたいくつかのプロジェクトのトップは副社長たちだった。彼らは、拒否できない要求をすることができたし、ほとんどの **IPC** メカニズムは交換できるという反論を許そうとしなかった。
>
> —— **Doug McIlroy**

7.3.1.1 System V IPC

System V の IPC は、先ほど説明した System V 共有メモリを基礎とするメッセージ渡しの機能だった。

System V IPC を使って通信するプログラムは、通常、短い（8K バイト以下）バイナリメッセージの交換に基づく共有プロトコルを定義する。関連する man ページは、msgctl(2) とその関連コールのところである。このスタイルは、ソケットの間で受け渡しされるテキストプロトコルによって時代遅れにされてしまったので、ここでは例を示さない。

System V IPC は、Linux などの最新 Unix にも含まれている。しかし、これらは時代遅れになっているので、あまりテストされていない。2003 年半ばの段階でも、Linux 版にはまだバグがあることが知られている。そのバグを取り除くほど、この機能に関心を持っている人がいるとも思えない。

7.3.1.2 streams

streams ネットワークは、Dennis Ritchie が Unix Version 8（1985 年）のために作ったものである。STREAMS（ドキュメントで本当にこのように大文字が使われている）という再実装版は、System V Unix のリリース 3.0（1986 年）に初めて登場した。STREAMS は、ユーザープロセスとカーネル内の指定されたデバイスドライバの間に、全二重インターフェイスを提供していた（BSD ソケットや同様のソケット類とは機能的に異なり、最初のセットアップのあとは、通常の read(2)、wirte(2) コールでアクセスできる）。デバイスドライバは、シリアル、ネットワークカードなどのハードウェアでも、ユーザープロセス間でデータを受け渡しするためにセットアップされたソフトウェアのみの擬似デバイスでもよい。

streams と STREAMS[12] の両方に共通するおもしろい機能は、カーネルの処理パスにプロトコル変換モジュールを挿入でき、そのため、ユーザープロセスから全二重チャネルを介して「見える」デバイスが、実際にはフィルタリングされるというものである。たとえば、この機能を使えば、端末デバイスのための行編集プロトコルを実装できる。あるいは、IP や TCP などのプロトコルを直接カーネルに埋め込まずに実装できる。

streams は、もともと、シリアル端末や初期の LAN から送られてくる文字ストリームを処理するための代替モードで、line discipline と呼ばれるカーネルのごちゃごちゃした機能をクリーンアップするために作られた。しかし、シリアル端末が次第に消え、イーサネット LAN が一般化し、TCP/IP が他のプロトコルスタックを駆逐して Unix カーネルに入り込むようになると、STREAMS が提供する柔軟性の用途はどんどんなくなっていった。2003 年の段階で、System V Unix や、一部の System V/BSD ハイブリッド OS（Digital Unix と Sun Microsystems の Solaris）は、まだ STREAMS サポートしている。

Linux などのオープンソース Unix は、実質的に STREAMS を捨ててしまった。LiS プロジェクトが Linux 用のカーネルモジュールとライブラリを作ってはいるが、2003 年半ばの段階では、普通の Linux カーネルに統合されていない。Unix 以外のオペレーティングシステムでサポートされることはないだろう。

---

12. STREAMS のほうがはるかに複雑だった。Dennis Ritchie は、「大声でいうと streams の意味はちょっと変わるようだ」といったと伝えられている。

7.3.2 リモートプロシージャ呼び出し

　NFS（Network File System）や GNOME プロジェクトのような例外はときどきあるが、CORBA、ASN.1 などのリモートプロシージャ呼び出しインターフェイスを Unix に輸入しようという試みは、たいてい失敗している。これらのテクノロジは、Unix 文化とは混じり合ってこなかったのである。

　その理由はいくつもあるようだ。1 つは、RPC インターフェイスがすぐに機能を開示できるようになっていないことにある。つまり、これらのインターフェイスに機能を問い合わせることは難しく、これらのメカニズムが動いていることを監視することも、監視対象のプログラムと同じくらい複雑な専用ツールを作らなければ難しい（そうなる理由の一部は 6 章で述べた）。RPC インターフェイスは、ライブラリと同様のバージョンによるずれの問題を抱えているが、分散されていて、一般にリンク時にははっきりとわからないので、この問題を追跡するのはかえって難しくなってしまっている。

　関連した問題として、より豊かな型シグネチャを持つインターフェイスはより複雑になり、その分もろくなっている。時間の経過とともに、インターフェイスを介してやり取りされる型の在庫は少しずつ増え、個々の型がより凝ったものになるために、RPC インターフェイスは、型のぶれを起こすようになってくる。構造体は文字列よりもずれを起こしやすいだけに、型ぶれは大きな問題だ。両方の側のプログラムが想定している型が正確に一致しなければ、それらに通信をさせることはそもそもとても難しいことになってしまい、とてもではないが容易に解決できないバグが生まれてしまう。もっとも成功した RPC アプリケーションは、NFS のように、もともとごくわずかの簡単なデータ型しか必要ではないアプリケーションである。

　RFC でよくいわれることは、テキストストリームのような方法よりも「豊かな」インターフェイスを使えるということである。つまり、より凝っているアプリケーション専用のデータ型を使ったインターフェイスということだ。しかし、単純性原則を忘れてはならない。4 章では、インターフェイスの機能とは、モジュールの実装の詳細を互いにリークし合わないようにする区切りを入れることだということを見てきた。だから、RPC のセールストークは、全体としての複雑さの度合いを緩和するのではなく、激化させるということも主張していることになる。

　古典的な RPC では、インターフェイスを単純に保つどころか、複雑でわかりにくいものにしてしまう。どうやら、RPC は、インターフェイスがわかりにくく、全体としての複雑度が高く、バージョン管理や信頼性に関連して深刻な問題を持つ、巨大で装飾的で作りすぎのシステムを作りがちなように見える。グルーレイヤが厚くて暗礁に乗り上げるシステムの典型的な例だ。

　このようなシステムがどれだけまずいものになるかの代表例は Windows COM と DCOM だが、同じようなものは他にもたくさんある。Apple が捨てた OpenDoc、CORBA、一時は大きく宣伝された Java RMI は、人々がこの問題について経験を積むうちに、Unix の世界では視界から消えた。これらの方法は、作ってしまう問題よりも多くの問題を解決できるわけではないので、それもしょうがないだろう。

Andrew S. Tanenbaum と Robbert van Renesse は、A Critique of the Remote Procedure Call Paradigm［Tanenbaum-VanRenesse］のなかで、RPC の一般的な問題を詳細に分析してみせた。この論文は、RPC を基礎とするアーキテクチャを検討しているすべての人にとって、重大な警告となるだろう。

　Unix では RPC を使っているプロジェクトは比較的少ないが、これだけの問題があるとすれば、長期的には問題を起こすのではないかと予想される。それらのプロジェクトのなかでおそらくもっとも有名なのは、GNOME デスクトップだろう[13]。外に開かれている NFS サーバのセキュリティ面での弱さには定評があるが、これらの問題点はその弱点の原因にもなっている。

　それに対し、Unix の伝統は、透明で開示性を持つインターフェイスを高く評価する。Unix 文化が、絶えずテキストプロトコルによって IPC にアプローチしようとする理由の 1 つはこれだ。バイナリ RPC と比べて、テキストプロトコルの走査にかかるオーバーヘッドは、パフォーマンス上問題だということがよく議論されるが、RPC インターフェイスこそ、ずっとひどいレイテンシを抱えがちなのだ。それは、(a) 特定の呼び出しでどれだけのデータをマーシャリング、アンマーシャリングしなければならないかがすぐに予測できず、(b) RPC モデルは、プログラマに対して、ネットワークトランザクションにはコストがかからないかのように考えさせがちだからである。トランザクションインターフェイスに余分な 1 往復を追加するだけで、走査やマーシャリングのオーバーヘッドを飲み込んでしまうほどのレイテンシが出てしまう。

　たとえ、テキストストリームが RPC よりも効率が悪かったとしても、パフォーマンスの差はごくわずかであり、1 次の範囲内である。開発時間を延ばしたり、アーキテクチャを複雑にしたりするよりも、ハードウェアをアップグレードしたほうがうまく解決できるような問題だ。テキストストリームを使うことによってパフォーマンス上失うものがあっても、より単純で監視しやすく、モデルを作りやすく、理解しやすいシステムを設計できるということで十分挽回できる。

　最近では、RPC と Unix のテキストストリームへのこだわりがおもしろい形で結合しようとしている。それは、XML-RPC や SOAP のようなプロトコルのことだ。これらは、テキストで透明な分、それ以前の醜くて重いバイナリのシリアライズフォーマットよりも Unix プログラマの口に合う。これらのプロトコルでも、Tanenbaum と van Renesse が指摘するより一般的な問題をすべて解決するわけではないが、テキストストリームと RPC の両方の世界の長所を結合していることは確かだ。

---

13. GNOME の主なライバルである KDE は、最初は CORBA を使っていたが、リリース 2.0 で CORBA を捨てた。KDE は、それ以来より軽量の IPC メソッドを探し求めている。

7.3.3 マルチスレッド——脅威それとも厄介者

　Unixプログラマは、複数の協調的に動作するプロセスによる計算で長い間満足してきたが、マルチスレッド（アドレス空間全体を共有する複数のプロセス）を使うという伝統は元々持っていない。マルチスレッドは、他の世界から最近輸入してきたものであり、Unixプログラマが一般にマルチスレッドを嫌っているということは、単なる偶然や歴史的な惰性ではない。

　複雑さの度合いの支配という視点から見ると、それぞれのアドレス空間を持つ軽量プロセスと比べて、マルチスレッドはよくない。マルチスレッドという考え方は、プロセスの起動にかかるコストが高く、IPC機能が弱いOSに特有のものだ。

　プロセスから生まれたスレッドは、一般に別個のローカル変数スタックを持つが、定義上、それらは同じグローバルメモリを共有する。この共有アドレス空間で競合や機密領域を管理することはきわめて難しく、むしろ全体としての複雑さの度合いを激化させ、バグの原因になるのがおちだ。管理は不可能ではないかもしれないが、ロックの管理が複雑になると、予想外のやり取りのために競合やデッドロックが起きる確率は、高くなっていく。

　スレッドがバグの原因になるというのは、複数のスレッドが互いに相手の内部状態をあまりにも簡単に知ることができてしまうからである。別個のアドレス空間を持つプロセスの間では、通信するためには明示的にIPCをしなければならないので、自動的にカプセル化が行われる。つまり、マルチスレッドプログラムは、通常の競合の問題で苦しめられるだけではなく、まったく新しいタイミングに依存するバグによっても苦しめられる。このようなバグは、フィックスすることはもちろん、再現することすら異常に難しい。

　マルチスレッドのプログラマたちは、この問題を自覚済みだ。最近のスレッド実装や標準は、スレッドローカル記憶を提供することに関心を集中させてきているが、それは共有グローバルアドレス空間に起因する問題を緩和するためである。スレッドAPIがこの方向に移っていくと、スレッドプログラミングは、共有メモリの制御された利用にどんどん似てくるだろう。

> 　マルチスレッドは、抽象化を妨げることが多い。デッドロックを防ぐためには、使っているライブラリがマルチスレッドを使っているのか、使っているならどのように使っているのかを知らなければならなくなることが多い。同様に、ライブラリ内でのマルチスレッドの利用は、アプリケーションレイヤでのマルチスレッドの利用の影響を受ける。
>
> —— David Korn

　踏んだり蹴ったりなことに、マルチスレッドは、従来のプロセス分割に対するメリットが帳消しになるようなパフォーマンス上のコストを抱えている。マルチスレッドは、プロセスコンテキストの高速切り替えのオーバーヘッドを若干取り除けるが、スレッドが互いに相手の足を踏んづけないように、共有データ構造にロックをかけるため、同じくらいコストが高くなってしまうことがある。

> **X サーバは、1 秒あたり数百万個の命令を実行できるが、マルチスレッドではなく、poll/select ループを使っている。マルチスレッド実装を作るためにさまざまなことをしてみたが、よい結果は得られなかった。ロック、ロック解除のコストは、グラフィクスサーバのようなパフォーマンスが要求されるシステムでは、あまりにも高い。**
>
> —— Jim Gettys

　この問題は根本的なものであり、シンメトリックマルチプロセッシングシステム用の Unix カーネルの設計においても、ずっと問題となっている。リソースのロックがきめの細かいものになると、ロックのオーバーヘッドによるレイテンシが増して、コアメモリのロックから得られる利点があっという間に飲み込まれてしまう。

　マルチスレッドの難点としては、2003 年半ばの段階でも、標準がまだ弱く、規定の仕方がもの足りなく感じられることも挙げられる。POSIX スレッド (1003.1c) などの Unix 標準に理論的には準拠しているライブラリであっても、特にシグナル、他の IPC メソッドとのやり取り、リソースのクリーンアップのタイミングといった点では、プラットフォームによって動作に差が出てしまう。Windows と古典的な MacOS は、Unix のものとは大きく異なるネイティブのマルチスレッドモデルと割り込み機能を持っており、ごく単純にマルチスレッドを使っている場合でも、移植には大きな労力が必要になることが多い。結論をいえば、マルチスレッドを使っているプログラムは、移植の可能性をあてにできない。

　マルチスレッドに対するより詳細な論評とイベント駆動プログラミングとの比較対照については、Why Threads Are a Bad Idea［Ousterhout96］を参照してほしい。

7.4　設計レベルでのプロセス分割

　プロセス分割の方法はこれだけたくさんある。では、これを使ってどうしたらよいのだろうか。

　まず最初に気付くことは、一時ファイルでも、より対話的なマスター/スレーブプロセス、ソケット、RPC でも、あらゆる双方向 IPC メソッドは、あるレベルでは同じだということだ。これらはみな、プログラムが動いている間にデータを交換するための方法である。ソケットや共有メモリを使った高度な方法で行っていることの大半は、メールボックスとして一時ファイル、通知のためにシグナルを使った原始的な方法でも実現できる。違いは、どのようにして通信を開設するか、メッセージのマーシャリング、アンマーシャリングをいつどこでやるか、どのようなバッファリング問題があるか、メッセージのアトミック性がどれくらい保証されるか（つまり、片方の側での単一の送信動作が他方の側の単一の受信イベントとして現れるということがどの程度確実に行われるか）といった周縁のことに過ぎない。

　PostgreSQL のケーススタディからも学んだように、複雑さの度合いを緩和するための効果的

な方法の1つは、クライアントとサーバのペアに分割することだ。PostgreSQL のクライアントとサーバはソケット上のアプリケーションプロトコルを介して通信するが、他の双方向 IPC メソッドを使ったとしても、設計パターンはほとんど変わらないだろう。

このような分割は、アプリケーションの複数のインスタンスがそれら全部で共有されるリソースにアクセスするときのアクセス管理が必要なときに、特に効果的である。単一のサーバプロセスがすべてのリソース競合を管理するか、連動するピアがそれぞれ重要なリソースに対する責任を分担するのである。

クライアントとサーバへの分割は、サイクルを大量に消費するアプリケーションを複数のホストに分散させるうえでも役に立つ。さらに、インターネット全体に計算を分散させられるアプリケーションも可能になる（Freeciv のように）。11 章では、これと関連して CLI サーバパターンについて取り上げることにする。

これらすべてのピアツーピア IPC テクニックがあるレベルではみな同じなのだとすれば、これらを評価するための基準は、主としてこれらがプログラムに付け加える複雑さの度合いと設計に付け加える不透明な部分の分量ということになる。BSD ソケットが他の Unix IPC メソッドに勝った理由や、RPC 全般が広い層からの支持を集められない理由は、究極的にはここにある。

マルチスレッドは根本的に異なる。マルチスレッドは、異なるプログラムの間の通信をサポートするのではなく、単一のプログラムインスタンスのなかで一種のタイムシェアリングをサポートする。大きなプログラムを小さくて動作が単純なプログラムに分割する手段ではないのだから、マルチスレッドは、純粋にパフォーマンスを上げるためのハックである。そのため、マルチスレッドは、パフォーマンスハックが普通に持つすべての問題点を共有し、さらに独自の問題点を抱えている。

このようなことから、大きなプログラムを単純な協調的に動作するプログラムに分割する方法は常に考えるべきだが、プロセス内で第2、第3のスレッドを使うのは最後の手段とすべきである。マルチスレッドは避けられることが多い。マルチスレッドではなく、ごくわずかな共有メモリとセマフォ、`SIGIO` を使った非同期 I/O、`poll(2)/select(2)` が使えるなら、そちらを使ったほうがよい。単純を保て。リストの最初のほうのテクニックを使い、複雑さの度合いを緩和せよ。

マルチスレッド、RPC インターフェイスと重いオブジェクト指向設計の組み合わせは、とりわけ危険だ。これらのテクニックも、節度を持ってうまく使えば、効果を引き出せることもある。しかし、これら3つを使うことが予定されているプロジェクトに招かれるようなことがあれば、逃げるが勝ちだ。

すでに述べたように、現実のプログラミングとは、複雑さの度合いを支配することである。複雑さの度合いを支配できるツールはよいツールだ。しかし、ツールの効果が複雑さの度合いを支配することではなく、より複雑にすることであれば、そんなツールは捨てて最初からやり直したほうがよい。Unix の知恵の重要なところは、これを決して忘れないことだ。

第8章

ミニ言語：歌いだす記法を探す

> 優れた記法は、細かい機微を表現できて示唆に富み、まるで生きた教師のように感じられることさえある。
> ——Bertrand Russell The World of Mathematics (1956)

　ソフトウェアでエラーがどのように発生するかについては、大規模な調査がいくつも行われてきた。それらのなかで一貫していわれていることは、数百行あたりのプログラマのミスの割合は、プログラマがどの言語で書いているかとはほとんど無関係に同じだということである[1]。つまり、少しの行で多くのことを表現できる高水準言語なら、バグの数も少なくなるということだ。

　Unix は、特定の応用領域のために専門特化された小さな言語、プログラムの行数を劇的に減らす小言語をサポートするという長い伝統を持っている。領域固有言語の例としては、さまざまな写植用言語（troff、eqn、tbl、pic、grap）、シェルユーティリティ（awk、sed、dc、bc）、ソフトウェア開発ツール（make、yacc、lex）が挙げられる。アプリケーション実行制御ファイルのなかでも柔軟性の高いもの（sendmail、BIND、X）と領域固有言語の間の境界線は、あいまいなものである。さらに、データファイルフォーマット、スクリプト言語（これについては 14 章で取り上げる）との違いも、大きいものではない。

　この種の領域固有言語は、Unix の世界では「小言語」とか「ミニ言語」と呼ばれてきた（これら 3 つの用語は、一般に使われている）。それは、これらの初期の例が、汎用言語と比べて小規模で、複雑さの度合いも低かったからである。しかし、応用領域が複雑なら（原始的な命令が大量にあるとか、込み入ったデータ構造の操作が必要だという意味で）、その領域のための言語は、かえって一部の汎用言語よりも複雑になる場合がありうる。しかし、私たちは、通常できる限り小さく単純に保つことが賢い道だということを強調するために、伝統的な「ミニ言語」

---

1. Les Hatton は、準備中の著書、Software Failure に入れる予定の分析を電子メールで教えてくれた。「実行可能行数を密度の尺度として使うと、言語の違いによるエラーの差は、プログラマの違いによるエラーの差と比べて 1 桁くらいも少ない。」

ということばを使っていくことにしよう。

　問題領域固有の小言語というアイデアは、設計のアイデアとしてとてつもなく強力である。これは、手元の仕事をこなすうえで適切なメソッド、ルール、アルゴリズムを指定するために、独自の高水準言語を定義できるということであり、同じ目的のために、プログラムに低水準のコードを埋め込んでしまうのと比べれば、全体としての複雑度は緩和される。ミニ言語の設計にたどり着くルートとしては3つのものが考えられる。2つはよいが、1つは危険だ。

　第一の正しいルートは、ミニ言語を使えば問題を一段階高い水準で記述でき、汎用言語でサポートできるよりもコンパクトで表現力の高い記法が使えることがあらかじめわかっている場合だ。コード生成やデータ駆動プログラミングと同様に、ミニ言語を使えば、ソフトウェアのエラー率が言語のできとは関係ないという事実をうまく利用できる。言語の表現力が高ければ、プログラムは短くなり、バグは少なくなる。

　第二の正しいルートは、コンフィグレーションファイルの形式がどんどんミニ言語に近づいているのに気付くというものである。複雑な構造を記述したり、制御しようとしているアプリケーションのなかでの動作が透けて見えたりしてきた場合がそうだ。データレイアウトだけではなく、制御フローも記述しようとしていないだろうか。もしそうなら、その制御フローを暗黙のものから、ミニ言語で明示的に記述されるものにすべきだ。

　第三のまずいルートとは、1度に1つのパッチやごみを追加しながら道を広げていくやり方である。この方向に進むと、コンフィグレーションファイルは暗黙の制御フローや専用の込み入ったデータ構造を次々に生み出し、知らないうちにその場しのぎの言語になっているということになる。伝説的な悪夢は、このようにして生まれた。Unix のベテランならだれもが思い出し、ぞっとする例は、`sendmail` メール伝送のコンフィグレーションファイル、`sendmail.cf` だろう。

　残念ながら、ほとんどの人は、最初のミニ言語をまちがったルートで作ってしまい、ごちゃごちゃなものができてしまってからそれに気付くことになる。そうなってしまったら、どうやってクリーンアップしたらよいだろうか。アプリケーションの設計全体を考え直したほうがよい場合もある。機能の水ぶくれということで有名なもう1つの例は、TECO エディタである。最初はマクロだったが、プログラマが使いたがったループや条件分岐を追加して、次第に複雑な編集ルーチンを含むようになっていった。その結果できたものはとても醜いものだったので、最初から言語を意図して作ったものを基礎としてエディタ全体を作り直すことにしたのである。Emacs Lisp（あとで取り上げる）はこうして発達したのだ。

　十分に複雑なコンフィグレーションファイルは、ミニ言語の域に達している。だから、悪いミニ言語を設計しないための唯一の防御方法が、よい言語の設計方法を知ることでしかない場合がよくある。だからといって、公式の言語理論をしっかりと勉強して、大きな一歩を踏み出さなければならないわけではない。最近のツールのもとでは、ごく一部の比較的単純なテクニックを学び、設計中に頭のなかによい例をイメージしていれば、十分だ。

　この章では、Unix のもとで通常サポートされているすべての種類のミニ言語を検討し、ミニ

言語が設計の効果的な方法になるのがどのような状況かを突き止めていこう。Unix 言語の総ざらい的なカタログを目指すのではなく、ミニ言語を中心としてアプリケーションを組み立てていくときの設計原則を導き出していきたい。なお、汎用プログラミング言語については、14 章で改めて深く検討する。

まず、簡単な分類作業から始めて、何の話をしているのかがわかるようにしておこう。

8.1 言語の分類学

図 8-1 に含まれる言語は、どれもこの章かこの本の別のどこかのケーススタディで取り上げるものだ。右端近くの汎用インタープリタ言語については、14 章を見てほしい。

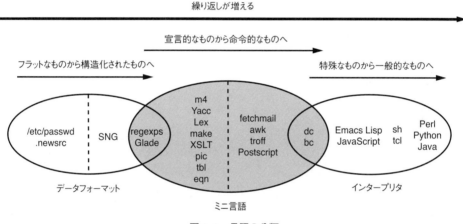

図 8-1　言語の分類

5 章では、データファイルについての Unix の習慣を見てきた。データファイルのなかでも、複雑度の差はまちまちであり、ローエンドのものは、名前と属性を単純に結び付けるだけである。そのようなものとしては、/etc/passwd や .newsrc が挙げられる。少し複雑になると、データ構造のマーシャリング、シリアライズのための形式がある。PNG をシリアライズした SNG フォーマットがそのよい例だ。

構造化されたデータファイルフォーマットは、単なる構造を表現するだけではなく、インタープリタ的な文脈で（つまり、データファイル自体の外の記憶で）実行される動作まで表現するようになると、ミニ言語との境界線上に立つようになる。XML マークアップは、この境界をまたぐことが多い。ここで取り上げるのは、GUI インターフェイスを構築するためのコードジェネレータ、Glade である。プログラムだけでなく、人間が読み書きすることを想定し、コードの生成に使われるフォーマットも、ミニ言語の領域に分類される。yacc や lex が古典的な例で

ある。yaccとlexとGladeについては15章で取り上げる。

Unixマクロプロセッサのm4も、非常に単純な宣言的ミニ言語である（宣言的とは、プログラムが明示的な動作ではなく、望ましい関係や制約という形で表現されているということである）。m4は、他のミニ言語の前処理段階としてよく使われている。

ビルド処理を自動化するために設計されたUnixメイクファイルは、ソースと派生ファイル[2]という関係、およびソースから派生ファイルを作るために必要なコマンドを表現する。makeは、実行されるとメイクファイルのなかの宣言を使って依存関係の木構造をたどり、ビルドを最新状態に保つために必要な最小限度の仕事をする。yaccやlexの指定と同様に、メイクファイルは宣言的なミニ言語である。メイクファイルは、インタープリタ的な文脈で実行される動作を暗示する制約条件（この場合は、ソースと派生ファイルが格納されているファイルシステム内の位置）をセットアップしている。メイクファイルについては、15章で取り上げる。

XMLの変換を記述するXSLTは、宣言的ミニ言語のなかでももっとも複雑なものである。非常に複雑なので、通常はミニ言語の範疇とは考えられていないが、ミニ言語の重要な特徴（これについてはあとで詳しく検討していくが）を共有してはいる。

ミニ言語は、宣言的（動作が暗黙のうちに指示されている）なものから命令的（動作が明示的に指示されている）なものまでを広く含んでいる。fetchmail(1)の実行制御構文は、非常に弱い命令的言語とも、暗黙のうちに制御フローを指示した宣言的言語とも考えることができる。写植用のtroff、PostScript言語は、多くの特別な専門知識が焼き込まれた命令的言語である。

一部のタスク固有の命令的ミニ言語は、汎用インタープリタ言語との境界線にさしかかってくる。このレベルに達するのは、ミニ言語が明示的にチューリング完全[3]になったとき、すなわち、条件分岐とループ（または再帰）の両方をサポートし、制御構造として設計された表現方法を持つようになったときである。それに対し、一部の言語は、偶発的にしかチューリング完全にならない。つまり、本来の目的の副作用として制御構造を実現するような表現を持っているということである。

7章で取り上げたbc(1)、dc(1)インタープリタは、明示的にチューリング完全な専用命令ミニ言語のよい例である。

特殊な文脈で実行される本格的なプログラミング言語として設計されたEmacs LispやJavaScriptのような言語までくると、汎用インタープリタ言語はすぐそこである。

インタープリタ言語のなかでは、左から右に向かって一般的になっていく。逆にいうと、インタープリタ言語が一般的であればあるほど、実行される文脈についての前提条件は少ない。

---

2. 技術系ではない読者のための解説。Cプログラムのコンパイル後の形態は、Cソースの形態からコンパイル、リンクによって派生したものである。troffドキュメントのPostScript版は、troffソースから派生したものであり、troffソースからPostScriptを作るのがtroffコマンドである。このような派生関係は他にもたくさんあり、メイクファイルはそれらのほぼすべてを表現できる。

3. チューリング完全言語は、理論的には汎用プログラミング言語として使えるし、理論的には他のチューリング完全言語と同じくらい強力である。しかし、実際には、一部のチューリング完全言語は、特定の狭い問題領域を離れると、使い物にならない。

言語が一般的であればあるほど、データ型の種類も多い。シェルと Tcl のデータ型の種類は比較的単純だが、Perl、Python、Java は複雑なデータ型を持っている。これらの汎用インタープリタ言語については、14 章で取り上げる。

8.2 ミニ言語の応用

ミニ言語を使った設計には、まったく異なる 2 つの能力が必要だ。1 つは、自分のツールキットに既存のミニ言語を収め、いつそれが使えるかがわかっていることであり、もう 1 つは、アプリケーションのためにカスタムミニ言語を設計すべきときがいつかを判断できることだ。両方の設計センスを磨くために、この章の約半分は、ケーススタディに費やすことにする。

8.2.1 ケーススタディ：sng

6 章でも取り上げた sng(1) は、PNG と編集可能なフルテキスト表現の相互変換を行う。SNG データファイルフォーマットについては、問題領域に固有なミニ言語ではないだけに、ここで対比のためにもう 1 度よく見ておく価値がある。SNG はデータレイアウトを記述しているが、そのデータに暗黙のうちに加えられる動作は想定されていない。

しかし、SNG は、PNG のようなバイナリの構造化されたデータフォーマットとは異なり、領域固有ミニ言語とある重要な特徴を共有している。それは透明性だ。構造化されたデータファイルがあれば、編集、変換、生成ツールは、ミニ言語という媒体以外に互いの設計上の前提条件を知らなくても、協力して仕事をすることができる。SNG が追加するのは領域固有ミニ言語と同様に、透明性である。SNG は、目で見て、汎用ツールで編集することができるようにすることを目的として作られている。

8.2.2 ケーススタディ：正規表現

Unix ツールやスクリプト言語に繰り返し登場する指定方法の 1 つとして、正規表現（regexp とも呼ばれる）というものがある。ここでは、テキストパターンを記述する宣言的なミニ言語として正規表現を考えることにしよう。正規表現は、他のミニ言語に埋め込まれていることが多い。正規表現はあまりに普遍的なものであり、ミニ言語と考えられることはほとんどないが、これがなければ、異なる（そして互換性のない）複数の検索機能を実装する膨大なコードを抱え込んでいるところなのだ。

ここでは入門的な説明をするだけなので、POSIX 拡張、後方参照、国際化機能などの細かい機能には触れない。より完全な説明が必要ならば、Mastering Regular Expressions ［Friedl］

を見てほしい。

　正規表現は、文字列と合致する（あるいは合致しない）パターンを記述する。もっとも単純な正規表現ツールは、入力のなかで指定された正規表現と合致する行だけを出力するフィルタの grep(1) である。**表 8-1** には、正規表現の記法をまとめておいた。

表 8-1　正規表現の例

正規表現	合致するもの
"x.y"	x の次は任意の文字、その次は y。
"x\.y"	x の次はピリオド、その次は y。
"xz?y"	x の次は高々 1 個の z、その次は y。つまり、xy または xzy。xz や xdy ではない。
"xz*y"	x の次は任意の個数の z、その次は y。つまり、xy、xzy、xzzzy など。xz や xdy ではない。
"xz+y"	x の次は 1 個以上の z、その次は y。つまり、xzy や xzzy など。xy や xz や xdy ではない。
"s[xyz]t"	s の次は x、y、z のどれか、その次は t。つまり、sxt、syt、szt のどれか。st や sat ではない。
"a[x0-9]b"	a の次は x か 0 から 9 の範囲の文字、その次は b。つまり、axb、a0b、a4b など。ab や aab ではない。
"s[^xyz]t"	s の次は x、y、z 以外の任意の文字、その次は t。つまり、sdt や set。sxt、syt、szt ではない。
"s[^x0-9]t"	s の次は、x や 0 から 9 の範囲以外の文字、その次は t。つまり、slt や smt。sxt や s0t や s4t ではない。
"^x"	文字列の先頭が x。つまり、xzy や xzzy。yzy や yxy ではない。
"x$"	文字列の末尾が x。つまり、yzx や yx。yxz や zxy ではない。

正規表現の記法には、いくつかの方言がある。

1. **グロブ式**。初期の Unix シェルがファイル名の照合に使っていたワイルドカードの限定的な規則。ワイルドカードは 3 種類だけで、*は任意の文字の並び（他の形における.*）、?は任意の単一の文字（他の形における.）と合致する。[...] は他の形と同様で、[] 内のどれかの文字と合致する。その後、一部のシェル（csh、bash、zsh）は、選択を表す{}を追加した。x{a,b}c は、xac か xbc と合致するが、xc には合致しない。一部のシェルは、さらに拡張正規表現の方向にグロブを拡張している。
2. **基本正規表現**。与えられた正規表現に合致する行をファイルから抽出するオリジナルの grep(1) ユーティリティが認識する記法である。行エディタの ed(1) やストリームエディタの sed(1) も、同じものを使っている。古くからの Unix プログラムは、これを正規表現の基本形、バニラ味だと考えている。しかし、最初からより現代的なツールを使っていた人々は、次の拡張正規表現が当たり前だと思っている。

3. **拡張正規表現**。与えられた正規表現に合致する行をファイルから抽出する拡張 grep の egrep(1) が受け付ける記法である。lex や Emacs エディタの正規表現は、egrep 方式に非常に近い。
4. **Perl の正規表現**。Perl や Python の正規表現関数が受け付ける記法。egrep 方式よりもかなり強力である。

いくつかの入門的な例はすでに示したので、標準の正規表現ワイルドカードを**表 8-2** にまとめておこう。注意：この表には、グロブのワイルドカードは含まれていないので、「すべて」となっているものは、基本、拡張/Emacs、Perl/Python の 3 つという意味でしかない[4]。

表 8-2　正規表現入門

ワイルドカード	サポートされている方言	合致する対象
\	すべて	次の文字をエスケープする。後ろに続く記号がワイルドカードになるかどうかをトグルする。後ろに続く英数字は、プログラムによってさまざまな方法で解釈される。
.	すべて	任意の文字。
^	すべて	行頭。
$	すべて	行末。
[...]	すべて	[] の間に含まれる文字のなかのどれか。
[^...]	すべて	[] の間に含まれる以外の任意の文字。
*	すべて	前の要素の任意の個数のインスタンス（0 個＝なしもふくむ）。
?	egrep/Emacs、Perl/Python	前の要素の 0 個または 1 個のインスタンス。
+	egrep/Emacs、Perl/Python	前の要素の 1 個以上のインスタンス。
{n}	egrep、Perl/Python。Emacs では\{n\}	前の要素の n 回の繰り返し。一部の古い正規表現エンジンではサポートされていない。
{n,}	egrep、Perl/Python。Emacs では\{n,\}	前の要素の n 回以上の繰り返し。一部の古い正規表現エンジンではサポートされていない。
{m,n}	egrep、Perl/Python。Emacs では\{m,n\}	前の要素の m 回以上 n 回以下の繰り返し。一部の古い正規表現エンジンではサポートされていない。
|	egrep、Perl/Python。Emacs では\\|	| の左側か右側のどちらか。通常は、なんらかのパターングループ化区切り子とともに使われる。

---

4. POSIX 標準の正規表現は、[[:lower;;]]、[[:digit:]] のようなシンボリックな範囲を導入した。また、いくつかのツールは、ここでは説明していないワイルドカードを持っている。しかし、これらを知っていれば、ほとんどの正規表現を十分解釈できる。

| (...) | Perl/Python。古いバージョンでは\(...\) | 囲まれているパターンをグループとして扱う（Perl や Python などの新しい正規表現エンジンでは）。Emacs や grep などの古い正規表現エンジンでは、\(...\) と書かなければならない。 |

　正規表現をサポートする新しい言語を設計するときには、Perl/Python 方式を採用することで安定してきている。この方式は、他の方式よりも透明性が高い。特に、英数字以外のものの前に\を置いたときには、その文字をかならずリテラルとして扱うので、正規表現のワイルドカードをリテラルとして使いたいときに、混乱が少ない。

　正規表現は、ミニ言語をどこまで簡潔にできるかについてのかなり極端な例である。そうでなければごちゃごちゃしたバグがちな数百行のコードで実装しなければならないような認識処理が、単純な正規表現で表現できるのである。

8.2.3 ケーススタディ：Glade

　Glade は、X 用のオープンソース GTK ツールキットライブラリ[*5]のためのインターフェイスビルダである。Glade を使えば、インターフェイスパネル上で対話的にウィジェットを選び、配置し、変形して GUI インターフェイスを作ることができる。GUI エディタは、インターフェイスを記述する XML ファイルを作る。さらにこの XML ファイルをいくつかのコードジェネレータのなかのどれかに渡すと、そのインターフェイスのための C、C++、Python、Perl コードが生成される。生成されたコードは、インターフェイスに動作を加えるために、プログラマが書いた関数を呼び出す。

　Glade が GUI を記述するために使っている XML 形式は、単純な領域固有ミニ言語のよい例となっている。リスト 8-1 は、Glade フォーマットで書いた「Hello, world!」の GUI である。

リスト 8-1　Glade で書いた「Hello, World」

```
<?xml version="1.0"?>
<GTK-Interface>

<widget>
  <class>GtkWindow</class>
  <name>HelloWindow</name>
  <border_width>5</border_width>
  <Signal>
```

---

5. Unix 以外のプログラマのために説明しておくと、X ツールキットとは、ツールキットをリンクするプログラムに GUI ウィジェット（ラベル、ボタン、プルダウンメニューなど）を提供するグラフィックスライブラリである。他のほとんどのグラフィカル OS では、すべての人が使う 1 つのツールキットを OS が提供している。Unix と X は、複数のツールキットをサポートする。これは、1 章で X の設計目標として示したメカニズムからのポリシーの分離の一環である。GTK と Qt は、オープンソース X ツールキットとしてもっともポピュラーな 2 つだ。

```
      <name>destroy</name>
      <handler>gtk_main_quit</handler>
    </Signal>
    <title>Hello</title>
    <type>GTK_WINDOW_TOPLEVEL</type>
    <position>GTK_WIN_POS_NONE</position>
    <allow_shrink>True</allow_shrink>
    <allow_grow>True</allow_grow>
    <auto_shrink>False</auto_shrink>

    <widget>
      <class>GtkButton</class>
      <name>Hello World</name>
      <can_focus>True</can_focus>
      <Signal>
        <name>clicked</name>
        <handler>gtk_widget_destroy</handler>
        <object>HelloWindow</object>
      </Signal>
      <label>Hello World</label>
    </widget>
</widget>

</GTK-Interface>
```

 Glade フォーマットで書かれた有効な指定には、ユーザーの操作に応答する GUI の動作のレパートリが暗黙のうちに示されている。Glade GUI は、これらの指定を構造化されたデータファイルとして扱う。それに対し、Glade コードジェネレータは、これを使って GUI を実装するプログラムを書く。Python などの言語では、コード生成をスキップして XML 指定から実行時に直接 GUI のインスタンスを生成できるランタイムライブラリが用意されている（Glade マークアップをホスト言語にコンパイルするのではなく、インタープリタ的に解釈する）。この場合、効率のよいスペースの利用を取るか、起動時のスピードを取るかを選択できる。

 XML の冗舌さが気にならなければ、Glade マークアップはかなり単純な言語である。していることは、GUI ウィジェットの階層関係を宣言することと、ウィジェットにプロパティを割り当てることの 2 つである。Glade がこの指定を読んでどのような処理をするのかについてあまり知っている必要はない。GUI ツールキットを使った経験があれば、Glade マークアップを読むだけで、Glade がこの指定で何をしようとしているのかはかなりよく想像できるはずだ（この指定は、ウィンドウフレーム内にボタンウィジェットを 1 つ表示するだろうと予測した人は正解）。

 この種の透明性と単純性は、ミニ言語設計が優れていることのしるしだ。記法とオブジェクトの対応関係が非常に明確である。オブジェクトの関係は、ああ従わなくてはと思うような名前などを使った間接参照によってではなく、直接的に表現されている。

この種のミニ言語の究極の機能テストはごく単純である。それは、マニュアルを見ないでハックできるかどうかだ。Gladeの場合、かなりの範囲で答はイエスだ。たとえば、GTKがウィンドウの位置設定ヒントを記述するために使っているCレベルの定数を知っていれば、`GTK_WIN_POS_NONE`はそのなかの1つなので、このGUIの位置設定ヒントはすぐに変更できるだろう。

Gladeを使うメリットは明らかなはずだ。Gladeの専門はコード生成なので、プログラマが自分でコード生成する必要はない。手で書かなければならないルーチン作業が1つ減り、手で書いたコードにつきもののバグの源泉も1つ減る。

ソースコード、ドキュメント、サンプルアプリケーションへのリンクなどの詳しい情報は、Gladeのプロジェクトページにある（http://glade.gnome.org/）。Gladeは、Windowsにも移植されている。

8.2.4　ケーススタディ：m4

m4(1)マクロプロセッサは、テキストの変換方法を記述した宣言的なミニ言語を解釈する。m4プログラムは、文字列を別の文字列に展開する方法を規定した一連のマクロである。これらの宣言を入力テキストに適用すると、m4はマクロ展開を行って出力テキストを生成する（CプリプロセッサはCコンパイラのために同じようなサービスを行う）。

リスト8-2は、入力に含まれている「OS」という文字列を出力では「operating system」に展開するようにm4に指示するm4マクロである。これはごく単純な例だが、m4は引数付きのマクロをサポートしており、単にある固定文字列を別の固定文字列に変換する以上の仕事ができる。シェルプロンプトで`info m4`と入力すると、この言語のオンラインドキュメントが表示されるはずである。

リスト8-2　m4マクロの例

```
define('OS', 'operating system')
```

m4マクロ言語は、条件分岐と再帰をサポートしている。両者を組み合わせればループを実装できるが、これは意図的なものである。m4は、チューリング完全になるように作られているのだ。しかし、実際に汎用言語としてm4を使うのは、かなりのへそ曲がりがすることだ。

通常、m4マクロプロセッサは、名前付き手続きの概念やファイルインクルード機能を組み込んでいないミニ言語のためのプリプロセッサとして使われる。ベース言語の構文を拡張し、m4との組み合わせでこれらの機能をサポートするのは、方法として簡単でよい。

m4のよく知られた使い方としては、この章の前のほうで悪い例といわれた別のミニ言語をクリーンアップする（あるいは少なくとも実質的に隠す）というものがある。今のほとんどのシステム管理者は、sendmailディストリビューションに含まれているm4マクロパッケージを使っ

て`sendmail.cf`コンフィグレーションファイルを生成している。このマクロは、機能名（または名前/値のペア）をもとに、それに対応する`sendmail`コンフィグレーション言語の（もっと醜い）文字列を生成する。

しかし、m4を使うときには注意が必要だ。ミニ言語の設計者は、Unixの経験から学んでマクロ展開[6]には警戒すべきなのである。その理由については、この章のあとのほうで説明する。

8.2.5 ケーススタディ：XSLT

XSLTは、m4と同様に、テキストストリームの変換方法を記述する言語である。しかし、XSLTは、単純なマクロ置換以上のことを行う。クエリーやレポート生成なども含むXMLデータの変換方法を記述するのである。XSLTは、XMLスタイルシートを書くために使われる言語である。実際の使い方については、18章のXMLドキュメント処理の説明を参照のこと。XSLTは、WWWコンソーシアム標準で記述されており、いくつかのオープンソース実装がある。

XSLTとm4マクロは、ともに純粋に宣言的で、かつチューリング完全だが、XSLTは再帰をサポートするだけで、ループはサポートしていない。非常に複雑であり、おそらくこの章のケーススタディで取り上げるミニ言語のなかでももっともマスターするのが難しい言語だ。そして、おそらくこの本で取り上げる言語のなかでももっとも難しいだろう[7]。

しかし、それだけ複雑であっても、XSLTは、ミニ言語である。XSLTは、ミニ言語の重要な（普遍的ではないが）特徴を共有しているのである。

- 型の種類が限られており、（特に）レコード構造や配列に類したものはない。
- 外部に対する制限されたインターフェイス。XSLTプロセッサは、標準入力をフィルタリングして標準出力に書き出すように設計されており、ファイルの読み書きについての能力が制限されている。ソケットをオープンしたり、サブコマンドを実行したりすることはできない。

リスト 8-3　XSLT プログラムの例

```
<?xml version="1.0"?>
<xsl:stylesheet xmlns:xsl="http://www.w3.org/1999/XSL/Transform"
                version="1.0">
  <xsl:output method="xml"/>
  <xsl:template match="*">
    <xsl:element name="{name()}">
```

---

6. 「macro expansion」を「macroexpansion」と綴るべきかどうかについては、論争がある。一語形式は、主としてLispプログラマの間で使われている。
7. XSLTを単純化しても今の仕事をこなせるかどうかというと、はっきりしない。だから、XSLTは悪い設計だと決めつけることはできない。

```
        <xsl:for-each select="@*">
          <xsl:element name="{name()}">
            <xsl:value-of select="."/>
          </xsl:element>
        </xsl:for-each>
        <xsl:apply-templates select="*|text()"/>
      </xsl:element>
    </xsl:template>
</xsl:stylesheet>
```

　リスト 8-3 のプログラムは、すべての要素の 1 つ 1 つの属性が、その要素に直接囲まれた新しいタグの対となり、そのタグの内容として属性値が使われるように、XML ドキュメントを変換する。

　ここで XSLT を取り上げた理由の一部は、「宣言的」だから「単純」だとか「弱い」というわけではないことを示すためだが、もっとも大きな理由は、XML ドキュメントを操作しなければならなくなったら、いずれ XSLT にも直面しなければならなくなるだろうということからである。

　この言語への入門書としては、XSLT: Mastering XML Transformations［Tidwell］が優れている。Web には、サンプルのついた簡単なチュートリアルがある[*8]。

8.2.6　ケーススタディ：DWB

　写植整形ツールの troff(1) は、2 章でも見たように、Unix の最初のキラーアプリケーションだった。troff は、整形ツールスイート（Documenter's Workbench または DWB と呼ばれた）の中心的なプログラムであり、スイートに含まれるプログラムはどれもさまざまな種類の領域固有ミニ言語になっている。それらの大半は、troff マークアップのプリプロセッサかポストプロセッサだ。オープンソース Unix には、Free Software Foundation による groff(1) という DWB の拡張版が含まれている。

　troff については 18 章で詳しく取り上げる。今のところは、本格的なインタープリタとの境界線上にある命令的なミニ言語の好例だということに注意しておけば十分である（troff は条件分岐と再帰を持つが、ループを持たない。偶発的にチューリング完全になる）。

　ポストプロセッサ（DWB の用語では「ドライバ」という）は、通常 troff ユーザーからは見えない。最初の troff は、Unix 開発グループが 1970 年に使えた特定機種の写植機に合ったコードを生成していた。1970 年代のそれよりもあとの時期に、オリジナルの言語は、ページ上のテキストと単純なグラフィックスを配置できるデバイスに依存しないミニ言語にクリーンアップされた。ポストプロセッサは、この言語（「デバイスに依存しない troff：device-independent

---

8. XSL Concepts and Practical Use（http://nwalsh.com/docs/tutorials/xsl/xsl/slides.html）

troff」というところから、「ditroff」と呼ばれていた）をイメージングプリンタが実際に受け付けられる形式に変換する。これらの形式のなかでももっとも重要なのは（現在のデフォルトでもある）、PostScriptである。

プリプロセッサは、troff言語に機能を追加できるので、ポストプロセッサよりもおもしろい。よく使われるものが3つある。表を作るtbl(1)、数式を整形するeqn(1)、ダイアグラムを描画するpic(1)である。グラフィックスのためのgrn(1)、書誌情報を整形するrefer(1)とbib(1)は、これらほど使われないが、今も生き残っている。groffには、これらすべてのオープンソース版のプログラムが添付されている。grap(1)プリプロセッサは、かなり柔軟なプロット機能を持っている。これのオープンソース版は、groffからは独立した形でディストリビュートされている。

他のプリプロセッサにはオープンソースの実装はなく、もうあまり使われてもいない。そのなかでもっとも知られているのは、グラフィックス用のideal(1)だろう。このファミリの比較的若いメンバーであるchem(1)は、化学構造式を描くものだが、Bell Labのnetlibコード[9]の一部という形で流通している。

1つ1つのプリプロセッサは、ミニ言語を受け付け、troffリクエストにコンパイルする小さなプログラムである。プリプロセッサは、それぞれに固有な開始、終了リクエストを探して（たとえば、tblは.TS/.TE、picは.PS/.PEを探す）、自分が解釈すべきマークアップを認識し、それ以外の内容には手を付けずに出力する。つまり、ほとんどのプリプロセッサは、通常どの順番で実行しても互いの処理の邪魔をしない。ただし、例外はある。特に、chemとgrapは、ともにpicコマンドを出力するので、パイプラインのなかでpicよりも前に配置しなければならない。

```
cat thesis.ms | chem | tbl | refer | grap | pic | eqn \
                                    | groff -Tps >thesis.ps
```

これは、化学式、数式、表、書誌情報、プロット描画、ダイアグラムを含む架空の論文を生成するためのDWB総出演のパイプラインを示したものである（cat(1)コマンドは、単純に入力やファイル引数の内容を標準出力にコピーする。ここでこれを使っているのは、処理の順番を示すためである）。もっとも、今のtroffは、少なくともtbl(1)、eqn(1)、pic(1)を起動できるコマンド行オプションをサポートしており、このような凝ったパイプラインを書く必要はない。たとえそうであっても、この種のビルドコマンドラインは、通常1度だけ組み立てるものであり、繰り返し使うのなら、メイクファイルかシェルスクリプトに入れることになるだろう。

DWBのマークアップはある意味では時代遅れだが、これらのプリプロセッサが解決できる問題の幅を見れば、ミニ言語モデルの威力が感じ取れるはずだ。WYSIWYGのワードプロセッサに同等の知識を埋め込むのは、非常に困難だろう。2003年段階で、新しいXMLベースのド

---

9. http://www.netlib.org/

キュメントマークアップとツールチェーンは、1979年にDWBが持っていた機能をまだ追いかけている。この問題については、18章で詳しく取り上げる。

　DWBがそれだけの力を持っていた設計上の理由は、もう明らかなものだろう。すべてのツールがドキュメントの共通テキストストリーム表現を共有しており、整形システムは別個にデバグ、改良できる独立したコンポーネントに分割されている。パイプラインアーキテクチャのおかげで、新しい実験的なプリプロセッサやポストプロセッサは、既存のものに影響を与えずに処理に組み込める。モジュール化されていて、拡張性が高いのだ。

　DWBの全体としてのアーキテクチャは、複数の専門的なミニ言語を協調的なシステムに組み込む方法について、いくつかのことを教えてくれる。プリプロセッサは、別のプリプロセッサを基礎として組み立てられる。実際、DWBツールは、パイプ、フィルタ、ミニ言語の威力を早い段階で示した実例であり、その後のUnixの設計に大きな影響を与えている。個々のプリプロセッサも、効果的なミニ言語設計はどうあるべきかについて、多くのことを教えてくれる。

　教訓の1つは、マイナス面である。ミニ言語のコードを書いているユーザーは、低水準のtroffマークアップに手作業でクリーンではない手の入れ方をすることがある。しかし、パイプラインから出てくるtroffは見えないし、見えたとしてもとても読めるものではないので、診断しにくいバグを持ち込むことがある。これは、インラインアセンブラの小さなコードが含まれているCコードで見られるバグとよく似ている。可能であれば、言語の階層構造をより完全に分割したほうがよかったかもしれない。ミニ言語の設計者は、これを頭に入れておくべきだ。

　すべてのプリプロセッサ言語は、5章で説明したデータファイルフォーマットの慣習の多くに従っており、比較的クリーンでシェル風の構文になっている（ただし、troffマークアップ自体はそうでもない）。もっとも、いくつか困惑するような例外もある。特に、tbl(1)は、表のカラム間のフィールド区切り子としてデフォルトでタブを使っており、make(1)の設計に含まれている悪名の高いミスを繰り返している。エディタなどのツールが見えない形でスペースを変換していると、悩ましいバグが起きる。

　troff自体は専門化された命令的言語だが、少なくとも3つのDWBミニ言語に共通するテーマは、宣言的なセマンティックスであり、制約によるレイアウトの指定である。これは最近のGUIツールキットでも同じように採用されている考え方だ。つまり、グラフィカルオブジェクトのピクセル座標を指定するのではなく、グラフィカルオブジェクトの空間的位置関係を宣言するのである（ウィジェットAはウィジェットBの上に、ウィジェットBはウィジェットCの左に）。そして、この制約に従ってA、B、Cの最良のレイアウトをソフトウェアに計算させる。

　pic(1)プログラムは、このアプローチを使ってダイアグラムの要素をレイアウトする。図8-1の言語の分類のダイアグラムは、**リスト8-4**のpicソースコードをpic2graph（7章のケーススタディの1つ）で処理して作ったものだ[10]。

---

10. コード例として本のなかで使われている図を使うことも、pic(1)の説明が含まれたUnixの本の伝統となっている。

リスト 8-4　言語の分類──pic ソース

```
#       ミニ言語の分類
#
#       3つの楕円
define smallellipse {ellipse width 3.0 height 1.5}
M: ellipse width 3.0 height 1.8 fill 0.2
line from M.n to M.s dashed
D: smallellipse() with .e at M.w + (0.8, 0)
line from D.n to D.s dashed
I: smallellipse() with .w at M.e - (0.8, 0)
#
#       タイトル
"" "Data formats" at D.s
"" "Minilanguages" at M.s
"" "Interpreters" at I.s
#
#       楕円の上
arrow from D.w + (0.4, 0.8) to D.e + (-0.4, 0.8)
"flat to structured" "" at last arrow.c
arrow from M.w + (0.4, 1.0) to M.e + (-0.4, 1.0)
"declarative to imperative" "" at last arrow.c
arrow from I.w + (0.4, 0.8) to I.e + (-0.4, 0.8)
"less to more general" "" at last arrow.c
#
#       大きな矢印
arrow from D.w + (0, 1.2) to I.e + (0, 1.2)
"increasing loopiness" "" at last arrow.c
#
#       フラットデータファイル
"/etc/passwd" ".newsrc" at 0.5 between D.c and D.w
#       構造化されたデータファイル
"SNG" at 0.5 between D.c and M.w
#       データファイルとミニ言語の境界線上の例
"regexps" "Glade" at 0.5 between M.w and D.e
#       宣言的ミニ言語
"m4" "Yacc" "Lex" "make" "XSLT" "pic" "tbl" "eqn" \
        at 0.5 between M.c and D.e
#       命令的ミニ言語
"fetchmail" "awk" "troff" "Postscript" at 0.5 between M.c and I.w
#       ミニ言語とインタープリタ言語の境界線上の例
"dc" "bc" at 0.5 between I.w and M.e
#       インタープリタ言語
"Emacs Lisp" "JavaScript" at 0.25 between M.e and I.e
"sh" "tcl" at 0.55 between M.e and I.e
"Perl" "Python" "Java" at 0.8 between M.e and I.e
```

　これは Unix のミニ言語の設計として非常に典型的なものであり、純粋に構文的なレベルで

もおもしろいところがいくつかある。まず、シェルプログラムと外見が非常に似ているところに注目しよう。コメントの先頭は#になっており、構文は、文字列をできる限り単純なものにするトークン指向のものになっている。pic(1) の設計者は、特別な強いはっきりとした理由がない限り、Unix プログラマがミニ言語の構文に期待するのがこういうものだということを知っていたのだ。驚き最小の原則がしっかりと働いている。

コードの最初の行がマクロ定義だということは、苦もなく見分けられるだろう。あとの smallellipse() は、ダイアグラムでくり返し使われる要素をカプセル化している。同様に、box invis が境界線を見えなくしてあるボックスだということもすぐにわかる。これは、なかにテキストを詰め込む枠である。arrow コマンドも同じようにすぐ理解できる。

以上の知識を頭に入れて実際のダイアグラムを見てみると、残りの構文の意味はすぐにわかってくるだろう（M.s というような位置の参照方法、last arrow とか at 0.25 between M.e and I.e などの意味、位置へのベクトルオフセットの追加）。Glade マークアップや m4 と同様に、このような例があれば、マニュアルを見なくても言語についてかなりのことを教えられる（残念ながら、コンパクトな troff(1) マークアップはこのような特徴を持っていない）。

pic(1) の例は、ミニ言語の一般的な設計テーマを反映している。これは、Glade にも反映しているのを見てきたところだが、ミニ言語インタープリタを使って制約ベースの論理をカプセル化し、それを動作に置き換えようということである。実際には、pic(1) は、宣言的言語ではなく、命令的言語と見ることもできる。pic(1) は両方の要素を持っているので、論争はすぐに神学的なものになるだろう。

マクロと制約ベースのレイアウトの組み合わせによって、pic(1) は、もっと新しい SVG のようなベクトルベースのマークアップでもできないような形でダイアグラムの構造を表現できるようになっている。だから、DWB の文脈を離れても、pic(1) を比較的簡単に使えるような形に DWB が設計されているのは幸運なことだ。7 章のケーススタディで使った pic2graph スクリプトは、これを行っている。groff(1) の PostScript 出力を利用して今風のビットマップ形式を作っているのだ。

GNU の plotutils パッケージに含まれている pic2plot(1) ユーティリティは、GNU pic(1) コードの内部モジュール性を活用したもっとクリーンなやり方をしている。このコードは、走査をするフロントエンドと、troff マークアップを生成するバックエンドに分割され、これら2つは、描画プリミティブのレイヤで通信する。この設計はモジュール性の原則に従っているので、pic2plot(1) は、GNU pic の走査ステージだけを取り出し、描画プリミティブについては新しいプロットライブラリで再実装することができた。しかし、このユーティリティは、出力内のテキストが、pic2plot に組み込まれていて troff のものとは合致しないフォントを使って生成されてしまうという欠点を持っている。

8.2.7 ケーススタディ：fetchmailの実行制御ファイルの構文

たとえば、リスト8-5を見てみよう。

リスト8-5　**fetchmailrc**のわざとらしい例

```
#    各サイクルでまず最初にこのサイトをポーリングする
poll pop.provider.net proto pop3
    user "jsmith" with pass "secret1" is "smith" here
    user jones with pass "secret2" is "jjones" here with options keep

#    Voldemort卿が攻撃してこない限り、このサイトを2番目にポーリングする
poll billywig.hogwarts.com with proto imap:
    user harry_potter with pass "floo" is harry_potter here

#    このサイトを3番目にポーリングする
#    パスワードは、~/.netrcからフェッチされる
poll mailhost.net with proto imap:
    user esr is esr here
```

　この実行制御ファイルは、命令的なミニ言語と見ることができる。実行フローは暗黙のうちに指定されている。pollコマンドのリストを1つのサイクルとしてくり返し実行し（各サイクルの末尾に達したときには、しばらく眠る）、各サイトでは、指定されたユーザーのメールを順に集めてくる。汎用のものからは程遠い。このファイルができることは、プログラムのポーリング動作の順番を整えることだけだ。

　pic(1)の場合と同様に、このミニ言語は宣言的言語と見ることも、弱い命令的言語と見ることもでき、その区別については無限に議論できる。その一方で、この言語は条件分岐も再帰もループも持っていない。実際、この言語は明示的な制御構造をいっさい持っていないのである。しかし、この言語は単なる関係ではなく、動作を記述している。その分、GladeのGUI記述のような純粋に宣言的な構文とはちょっと違うのだ。

　複雑なプログラムの実行制御ファイルのミニ言語は、この境界線をまたいでいることが多い。これを強調しているのは、問題領域がそれを許すなら、命令的ミニ言語で明示的な制御構造を省略すると、大幅な単純化になるからである。

　.fetchmailrcの構文で注目すべき機能は、オプションのノイズキーワードである。ノイズキーワードは、もう少し英語風にコンフィグレーションファイルを読めるようにするというだけの理由でサポートされている。この例の「with」キーワードと、1度だけ出てくる「options」キーワードは、実際には不要だが、これらを使うと、読みやすさが増し、一目見ただけで宣言がわかるようになる。

　この種のものは、伝統的にシンタクティック・シュガーと呼ばれている。そしてこれとともに広く知られている格言は、「シンタクティック・シュガーは、セミコロンの癌の原因になる」

というものだ[*11]。実際、シンタクティック・シュガーは、役に立つよりも構文をあいまいにする恐れがあるので、節度のある使い方をする必要がある。

9章では、GUIを介してfetchmail実行制御ファイルを編集するという問題がデータ駆動プログラミングによってエレガントに解決されるということを取り上げる。

8.2.8 ケーススタディ：awk

awkミニ言語は、古くからのUnixツールであり、以前はシェルスクリプトで非常に多用されていた。m4と同様に、awkはテキストの入力を別のテキストの出力に変形する小さいが表現力の高いプログラムを書くために作られたものだ。すべてのUnixには、なんらかのawkが含まれており、一部はオープンソースになっている。Unixシェルプロンプトでinfo gawkコマンドを実行すると、オンラインドキュメントが表示されるはずだ。

awkで書かれたプログラムは、パターン/動作のペアから構成されている。各パターンはこの章で詳しく説明したばかりの正規表現である。awkプログラムは、起動されると、入力ファイルの各行を順に処理する。すべてのパターン/動作を順に各行に適用していく。パターンが行に合致する場合は、対応する動作が実行される。

個々の動作は、変数と条件分岐とループを持ち、整数、文字列、辞書[*12]（これはCにはないが）といったデータ型をサポートするCのサブセット風の言語でコーディングされる。

awkの動作記述言語はチューリング完全であり、ファイルを読み書きできる。一部のバージョンでは、ネットワークソケットをオープンして使うことができる。しかし、awkは主としてレポートジェネレータと考えられており、特に表形式のデータを解釈して圧縮するために使われている。awkプログラムの例は、9章のHTML生成のケーススタディに含まれている。

awkのケーススタディが入れてあるのは、真似るべき対象ではないということを指摘するためである。実際、1990年以来、awkはほとんど使われていない。awkは、新しいスクリプト言語、特にPerlによって乗り越えられてしまった。Perlは、はっきりとawkキラーとして設計されたのである。awkが乗り越えられてしまった理由は、ミニ言語の設計者にとっては教訓的な寓話になるので、検討しておく価値がある。

awk言語は、もともと小さくて表現力の高いレポート生成専用言語として設計された。しかし、複雑度と能力のバランスという点では、悪いところを引き当ててしまった。動作記述言語は決してコンパクトではなかったが、awkのなかにしっかりとはめ込まれてしまったパターン駆動の枠組みのために、awkは汎用性のある言語にはなれなかった。だから、両方の世界の最

---

[11]. このことばは、1970年前後にソフトウェアのモジュール性について先駆的な業績を上げているAlan Perlisのものだ。ここでいわれているセミコロンは、PascalやCを含むAlgol系言語の文区切り子、終端子である。

[12]. 新しいスクリプト言語でプログラムを書いたことのない読者のために説明しておくと、辞書とは、キーと値のペアから構成された参照テーブルで、ハッシュテーブルを使って実装されることが多い。Cプログラマは、さまざまな方法で辞書を実装するために大量の時間を費やしている。

悪の要素を集めてしまったことになる。そして、新しいスクリプト言語は、awk ができるすべてのことをできる。新言語で書かれた同じ機能のプログラムは、awk より読みやすいところまではいかなくても、同じくらいには読みやすい。

> awk が使われなくなったもう 1 つの理由は、最近のシェルが浮動小数点数演算、連想配列、正規表現のパターン検索、部分文字列などの機能を持つようになったため、プロセスを作るオーバーヘッドをかけなくても、小さな awk スクリプトと同じことができるようになったことにある。
>
> —— David Korn

1987 年に Perl がリリースされてから数年の間は、awk のほうが小さくて高速な実装を持っていたというだけの理由で、awk にも競争力が残っていた。しかし、計算サイクルとメモリのコストが下がると、これらの節約だけが取り柄だった専門的言語は支持の背景を失ってしまった。プログラマたちは、次第に Perl や（その後は）Python で awk 風の仕事をするようになり、頭のなかに 2 つの異なるスクリプト言語を残しておこうとはしなくなった[*13]。2000 年までに、awk はもっとも古い Unix ハッカーの記憶に残るだけになってしまった。しかも、特に懐かしさを感じさせるものでさえなくなってしまったのである。

コストが下がったことが、ミニ言語設計のトレードオフのバランスを変えてしまったのだ。コンパクトさを保つために設計に制約を持ち込むのはまだまちがっていないが、マシンのリソースを節約するために制約を持ち込むのはまちがいだ。マシンのリソースは、時間とともに安くなっていくが、プログラマの頭のなかのスペースは、どんどん高くなっていく。今のミニ言語は、汎用的だがコンパクトではないものか、専門的だがコンパクトなものでなければならない。専門的でコンパクトでないのでは、競争にならない。

8.2.9 ケーススタディ：PostScript

PostScript は、テキストとグラフィックスをイメージデバイスに展開する方法を記述するミニ言語で、Unix には外から輸入されてきた。もともと、伝説の Xerox Palo Alto 研究センターで最初のレーザープリンタとともに設計されていたもので、1984 年に初めて市販されてからは、Adobe, Inc. のプロプライエタリな製品としてのみ入手可能で、もっぱら Apple コンピュータ用と見られていた。1988 年にオープンソースに非常に近いライセンスのもとでクローンが作られ、それ以来、Unix でもプリンタ制御のための事実上の標準となっている。最近のほとんどの Unix には、完全にオープンソースなバージョンが添付されている[*14]。また、PostScript の技術

---

13. 以前、私は awk 使いだったのだが、awk が HTML 生成問題に使えるということは、他人にいわれるまで思い付かなかった。それがこの本の唯一の awk プログラム例である。

14. GhostScript プロジェクトサイト（http://www.cs.wisc.edu/~ghost/）参照。

的な入門ドキュメントとして優れたものも公開されている[*15]。

PostScript は、troff マークアップに機能的に似たところがある。どちらもプリンタなどのイメージデバイスを制御するためのものであり、通常は人間が手で書くのではなく、プログラムやマクロパッケージから生成される。しかし、troff リクエストは、フォーマット制御コードに後知恵で言語的な機能を付け加えたものに過ぎないのに対し、PostScript は最初から言語として設計されており、ずっと強力で表現力も高い。PostScript が便利な最大の理由は、イメージをアルゴリズムによって記述しており、展開後のビットマップと比べてはるかに小さいこと、そのためメモリや通信帯域幅をあまり占有しないことにある。

PostScript は、明示的にチューリング完全であり、条件分岐、ループ、再帰、名前付き手続きをサポートしている。データ型としては、整数、実数、文字列、配列（配列要素は、どの型でもよい）があるが、構造体にあたるものはない。技術的には、PostScript はスタックベースの言語である。PostScript のプリミティブプロシージャ（演算子）の引数は、通常、プッシュダウンスタックからポップオフされ、計算結果はスタックにプッシュバックされる。

全部で 400 ほどの演算子のうち、基本的なものは 40 個ほどである。そのなかでもほとんどの仕事をするのは、ページに文字列を描く show である。他の演算子は、現在のフォントの設定、グレイレベルや色の変更、線や円弧や Bezier 曲線の描画、閉じたリージョンの塗りつぶし、クリッピングリージョンの設定などを行う。PostScript インタープリタは、これらのコマンドを解釈して、ディスプレイや印刷媒体に投げられるビットマップを生成できるものと考えられている。

PostScript 演算子のなかには、算術演算や制御構造、手続きを実装するものもある。これらは、反復されるイメージや決まりきったイメージ（文字の形の反復から構成されるテキストなど）を結合してプログラムとして表現できるようにする。PostScript の長所の 1 つは、テキストや単純なベクトルグラフィックスを印刷する PostScript プログラムが、それらを展開したビットマップよりもサイズがずっと小さく、デバイスの解像度に依存せず、ネットワークケーブルやシリアルケーブルでより高速に伝送できることにある。

歴史的にいうと、PostScript のスタックベースのインタープリタの動作は、FORTH 言語に似ている。FORTH は、もともとリアルタイムで望遠鏡のモーターを制御するために設計された言語で、1980 年代には短期間人気があった。スタックベースの言語は、恐ろしくタイトで経済的なコーディングをサポートすることで有名であり、読みにくいことで悪名が高い。PostScript は、両方の特徴を共有している。

PostScript は、プリンタに組み込まれたファームウェアとして実装されることが多い。オープンソース実装の GhostScript は、PostScript をさまざまなグラフィックスフォーマットや（より弱い）プリンタ制御言語に翻訳できる。他のほとんどのソフトウェアは、PostScript を最終的な出力形式として扱っている。つまり、PostScript 対応のイメージデバイスに渡せるが、編

---

15. A First Guide To PostScript（http://www.tailrecursive.org/postscript/postscript.html）。

集したり目で見たりするものではないということである。

　PostScript（オリジナルのものでも、境界ボックスを宣言して他のグラフィックスに埋め込めるようにした EPSF という変種でも）は、専門的な目的を持つ制御言語として非常に適切に設計された例であり、モデルとしてていねいに研究する価値がある。PostScript は、PDF（Portable Document Format）などの他の標準規格の構成要素でもある。

8.2.10 ケーススタディ：bc と dc

　7 章で初めて bc(1) と dc(1) を取り上げたのは、機能分割のケーススタディとしてであった。これらは、命令型の領域固有ミニ言語の実例でもある。

> **dc は Unix で最古の言語だ。PDP-7 上で書かれ、Unix 自身が移植されるよりも前に PDP-11 に移植されている。**
>
> —— Ken Thompson

　これら 2 つの言語の領域とは、精度に制限のない算術演算だ。他のプログラムは、これらを使えば、この種の計算に必要な特殊なテクニックについて考えずに計算を実行できる。

> 実をいうと、dc を作ろうというもともとの動機は、汎用の対話的計算プログラムを作るということとはまったく関係がなかった。それなら、単純な浮動小数点数プログラムでもできたはずだ。本当の動機は、**Bell Lab** の数値分析に対する長期的な関心にあった。それは、数値演算アルゴリズムのための定数の計算である。アルゴリズム自体が使うよりもずっと高い精度の定数があれば、計算結果は正確になる。そこで dc の無限精度演算が必要になったのである。
>
> —— Henry Spencer

　SNG、Glade マークアップと同様に、これら 2 つの言語の長所の 1 つは、単純だということである。dc(1) が逆ポーランド記法の電卓で、bc(1) が中置記法の電卓だということがわかれば、これらの言語を対話的に使うために必要なごくわずかの知識は簡単に説明できる。インターフェイスにおける驚き最小の原則の重要性については、11 章で再び取り上げる。

　2 つのミニ言語は、条件分岐とループの両方を持っているので、チューリング完全だが、データ型は非常に少なく、無限精度整数と文字列しかない。そのため、dc と bc のミニ言語は、ミニ言語と本格的なスクリプト言語の境界線に位置することになる。プログラム機能は、電卓としての通常の使い方に支障が出ないように設計されている。実際、ほとんどの dc/bc ユーザーは、プログラム機能があることに気付かないだろう。

　通常、dc/bc は対話的に使われるが、ユーザー定義手続きのライブラリをサポートできるので、プログラムできるという特質も持つ。実際には、命令的ミニ言語の最大の長所はこれだ。

DWBのケーススタディでも示したように、この機能は、プログラムの通常のモードが対話的かどうかにかかわらず、非常に大きな力を発揮する可能性を秘めている。この機能を使えば、タスク固有の地位を体現した高水準のプログラムが書けるのである。

　dc/bcのインターフェイスは非常に単純（数式の行を送ると、計算結果の値の行が返される）なので、他のプログラムやスクリプトは、dc/bcをスレーブプロセスとして呼び出すことによって、dc/bcの機能に簡単にアクセスできる。リスト 8-6 は、ある有名な例で、1995 年頃、アメリカの暗号化技術輸出制限に対する抗議としてシグネチャや T シャツに広く引用されていた Perl で書かれた RSA（Rivest-Shamir-Adelman）公開鍵を実装する。このプログラムは、シェルアウトで dc を呼び出し、必要な無限精度演算を実行させる。

リスト 8-6　dc を使った RSA の実装

```
print pack"C*",split/\D+/,`echo "16iII*o\U@{$/=$z;[(pop,pop,unpack
"H*",<>)]}\EsMsKsN0[lN*1lK[d2%Sa2/d0<X+d*lMLa^*lN%0]dsXx++\
lMlN/dsM0<J]dsJxp"|dc`
```

8.2.11　ケーススタディ：Emacs Lisp

　単に特定の仕事を行うためのスレーブプロセスとして実行できるというだけではなく、専門的なインタープリタ言語がアーキテクチャ全体の核になるということもありうる。13 章では、このアプローチの長所と短所を検討していく。初期の例としては troff リクエストがそうだが、今日もっとも有名でもっとも強力なのは、**Emacs** エディタだ。この言語は、Lisp の方言で、バッファの編集とスレーブプロセスの制御の 2 種類の動作を記述するプリミティブを持っている。

　Emacs が編集動作や他のプログラムに対するフロントエンドを記述する強力な言語を基礎として作られているということは、通常の編集以外のさまざまな用途にも Emacs が使えるということだ。15 章では、Emacs のタスク固有機能を日常のプログラム開発（コンパイル、デバッグ、バージョン管理）に応用することについて取り上げる。Emacs の「モード」は、ユーザー定義のライブラリ、すなわち特定の仕事のためにエディタを専用化する Emacs Lisp で書かれたプログラムのことだが、必ずしも編集に特化していなくてもよい。

　Emacs には、非常にさまざまなプログラミング言語の構文や、SGML、XML、HTML などのマークアップ言語の構文についての知識を持つ専用モードがいくつもある。しかし、多くの人々は、Emacs モードを使って電子メール（スレーブとして Unix のメールユーティリティを使う）や Usenet ニュースの送受信も行っている。その他、カレンダーパッケージ、Emacs 自身の電卓プログラム、さらには、Emacs Lisp モードとして書かれたゲームも数多くある（ロ

ジャース派の精神分析をシミュレートする有名な ELIZA プログラムの子孫もある）[*16]。

8.2.12 ケーススタディ：JavaScript

　JavaScript は、C プログラムに組み込まれるように設計されたオープンソース言語である。Web サーバにも組み込まれるが、もっともよく知られたもともとの使い方は、クライアントサイド JavaScript であり、これを使うと、任意の JavaScript 対応ブラウザが実行できるコードを Web ページに組み込める。ここで概要を示すのは、このバージョンである。

　JavaScript は、チューリング完全なインタープリタ言語で、データ型として整数、実数、論理型、文字列型、軽量辞書ベースオブジェクトを持つところが Python と似ている。値は決められた型を持つが、変数は任意の型を保持することができる。型の間の変換は多くのコンテキストで自動的に行われる。構文的には、JavaScript は Java に似ており、Perl からの影響も受けている。そして Perl 風の正規表現をサポートする。

　これだけの機能を持ちながら、クライアントサイド JavaScript は、汎用言語ではない。JavaScript コードを持つ Web ページを介してブラウザのユーザーに攻撃がかけられるのを防ぐために、JavaScript の機能は厳しく制限されている。ユーザーからの入力を受け付け、Web ページを生成したり変更したりすることができるが、ディスクファイルの内容を直接書き換えたり、独自のネットワーク接続を開設したりすることはできない。

　JavaScript は、時間の経過とともに、より一般的でクライアントサイドの環境に制約されない言語になってきている。これは、成功した専用言語の機能がプログラマやユーザーの頭のなかに浸透するにつれて、当然起きることが予想される事態である。クライアント JavaScript は、ブラウザ DOM（Document Object Model）と呼ばれる単一の専用オブジェクトの値を読み書きすることによって環境とやり取りする。JavaScript 言語は、DOM を経由せずにブラウザとやり取りする古い API がまだ残っているが、これらは使わないほうがよいとされており、ECMA-262 標準には含まれておらず、将来のバージョンではサポートされなくなる可能性がある。

　JavaScript の標準的な参考文献は、JavaScript: The Definitive Guide［FlanaganJavaScript］である。ソースコードはダウンロードできる[*17]。JavaScript は、2 つの理由でおもしろい研究対象である。まず第一に、JavaScript は、汎用言語に非常に近いものの、実際にそこまでは達しないで、そのようなものになりおおせている。第二に、クライアントサイド JavaScript とブラウザ環境を単一の DOM オブジェクトで結び付ける方法は、うまく設計されており、他の組み込み状況でもモデルとして使える。

---

16. 新しい Unix マシンでできることのなかでもっともばかばかしいのは、Emacs の Eliza モードを実行し、Zippy the Pinhead のランダムな引用を与えることだ（M-x psychoanalyze-pinhead;）。飽きたら、Ctrl-G を押せばよい。

17. C と Java で書かれたオープンソースの JavaScript 実装は、http://developer.mozilla.org/en/docs/About_JavaScript にある。

8.3 ミニ言語の設計

　ミニ言語を設計するとよいのはどのようなときだろうか。すでに見てきたように、ミニ言語は問題の規定をより高い水準に押し上げるし、これはいくつかのケーススタディからも明らかだろう。裏返せば、ミニ言語は、応用領域のプリミティブが単純、画一的でありながら、それらの使い方については流動性があり、まちまちなときには、よい方法だといえる。

　それと関連して、Alternate Hard And Soft Layers（http://www.c2.com/cgi/wiki?AlternateHardAndSoftLayers）と Scripted Components（http://www.doc.ic.ac.uk/~np2/patterns/scripting/scripting.html）の設計パターンを見ておくとよい。

　また、Notable Design Patterns for Domain-Specific Languages［Spinellis］は、ミニ言語の設計スタイルとテクニックの概説としておもしろい。

8.3.1 適切な複雑度の選択

　ミニ言語を設計するときにまず忘れてはならない重要ポイントは、いつもと同じことだが、できる限り単純にするということだ。先ほどのケーススタディをまとめるために使った分類ダイアグラムからは、複雑度の大小も読み取れるようになっている。自分の言語はできる限り左側に位置するようにしたほうがよい。外部データを解釈して変更するときに、ミニ言語ではなく、構造化されたデータファイルを設計すれば足りるのであれば、必ずそうすべきだ。

　ミニ言語ではなく、構造化データのほうがよいという特に実際的な理由としては、ネットワークの世界では、組み込みのミニ言語機能は濫用されがちで、そのために不便なことや危険なことさえ招くことがあるということがある。不便ということでは、JavaScript がよい例だ。JavaScript の設計者は、迷惑なポップアップ広告のために JavaScript が使われ、JavaScript 解釈を停止するブラウザ機能が必要になるなどとは、予想もしなかったのだろう。

　Microsoft Word マクロウィルスは、この種の機能が危険になりえることを示している。年間で失われた稼働時間とそのときの作業量から計算すると、このセキュリティホールのコストは、数十億ドルにも上る。ここで注意しておきたいのは、Windows でひんぱんに起きているマクロウィルス騒動は、Unix の世界では起きていないことである。Unix ユーザーは世界中で少なくとも 2000 万人いるはずだが[18]、どういうことだろうか。Unix のほうが根本的にセキュリティ設計がよいということも含めて理由はいくつか挙げられるが、少なくとも、Unix メールエージェントは、ユーザーが表示するドキュメントに含まれるライブコンテンツをデフォルトで実行するような作りにはなっていない[19]。

---

18. 20M は、2003 年半ばの Linux Counter などの数字に基づく控え目な推計である。
19. 6 章で取り上げた Kmail は、同じ理由からサイト外リンクをたどることさえしない。

アプリケーションのユーザーが信用できない発信源のプログラムを実行する羽目になるようなルートがある場合には、アプリケーションミニ言語の危険な機能は、停止しておかなければならない。JavaやJavaScriptなどの言語は、明示的にサンドボックスモデルを採用している。つまり、これらの言語は、設計を単純化するためだけではなく、バグが隠れているコードや悪意のあるコードによって破壊的な処理が行われないようにするために、環境に対して制限されたアクセスしか持っていない。

一方、データファイルフォーマットではなく、ミニ言語が必要だということを直視できないために悪い設計になってしまった例も無数にある。言語風の機能は、後知恵としてやり過ごされてしまうことがあまりにも多い。このような問題の兆候としてもっともよく見られるのは、弱くて場当たり的な制御構造と、手続きを宣言する機能の貧困または欠如の2つだ。

偶発的にしかチューリング完全にならないミニ言語の設計は危険をともなう。こういうことをすると、将来のいずれかのときに、だれか賢い人物が、この言語でもループや条件分岐が使えるようにしなければと考えることになるだろう。しかし、わかりやすい形でそれを実現することはできないから、彼はわかりにくいコードを書くことになるはずだ。すると、短期的には使えても、彼の後任の担当者にとっては悪夢のようなものになってしまう。

ミニ言語の設計は、強力で美的な価値もあるが、同じような罠が無数にある。ミニ言語の設計としては、一連の低水準サービスをミニ言語にも貼り付けておいて、問題領域をしばらく研究したうえでその構成を考えるというようなボトムアップアプローチを取るのが適切な場合もある。ミニ言語の長所としては、ミニ言語で書かれたプログラムの制御フローまでトップダウンの意志決定を先延ばしできるため、ボトムアッププログラミングによって優れた設計を導き出せるということがある。しかし、ミニ言語の設計自体にボトムアップのアプローチを取ると、言語の弱さや考えの足りない実装を反映した醜い構文を作る結果に終わる可能性が高い。

ミニ言語の設計には、ツールの有用性や使いやすさに大きな差をもたらすような小さな決断のポイントがいくつもある。

> **言語の設計者は、エラーメッセージを返す以外の方法がないかと考えることを原則とするとよい。プログラマの意図に本当にあいまいなところがあるのなら、エラーメッセージを返してもまちがってはいないが、多くの場合、プログラマの意図は明白であり、言語のほうが黙って正しいことをすれば、プログラマはとても助かる。よい例が、Cの配列初期化リストの末尾に余分についたカンマである。これを許せば、編集にしてもマシンによる配列初期化リストの生成にしても、ずっと簡単になる。それに対し、さまざまなHTMLリーダが出力にえり好みをすること、特にささいなネストのエラーのためにドキュメントの一部を黙って捨てる癖があるのは、困ったものだ。**
> —— Steve Johnson

この問題については、他の場面と同様に、趣味のよさと技術的な判断の正しさに勝るものはない。ミニ言語を設計するつもりなら、半端なことをしてはだめだ。宣言的なミニ言語には、

人間が読めるように一貫性のある明確な言語らしい構文を持たせるべきだ。命令的なミニ言語には、ユーザーがよく知っていると思われるモデル言語を参考にして本格的な制御構造をつけるべきである。言語を言語として考え、「これなら気持ちよくプログラミングできるか」あるいは「これなら見た目がよいだろうか」ということまで含めて、美的な問題についても自問自答しよう。ソフトウェア設計の他の場面と同様に、ここでも David Gelernter のことばは正しい。「美は、複雑さに対する究極の防御方法だ」

8.3.2 言語の拡張と組み込みの言語

　ミニ言語の設計で特に重要な問いは、既存のスクリプト言語を拡張したり、組み込んだりする方法で自分のミニ言語が実装できるかどうかというものだ。命令的ミニ言語では、この方向に進むのが正しいことが多いが、宣言的なミニ言語では、そうでないことが多い。

　あるインタープリタ言語でサービス関数を書くだけで、命令的ミニ言語を書けるという場合がときどきある。このようなインタープリタ言語を、ここでは「ホスト」言語と呼ぶことにしよう。すると、ミニ言語で書かれたプログラムは、ホスト言語のサービスライブラリをロードし、ホスト言語の制御構造などの機能をフレームワークとして使うスクリプトにすぎなくなる。ホスト言語が提供してくれる機能は、自分で書かなくて済む。

　これは、ミニ言語を書くもっとも簡単な方法だ。古くからの Lisp プログラマ（私もそうだ）は、このテクニックを好み、多用している。これは Emacs エディタの設計の基礎でもあるし、Tcl、Python、Perl などの新しいスクリプト言語でも再発見されている方法だ。しかし、この方法には欠点もある。

　ホスト言語は、必要とするコードライブラリへのインターフェイスを提供できないかもしれない。あるいは、ホスト言語内部のデータ型のカタログが、ミニ言語が必要とする種類の計算には不十分なものかもしれない。さらに、プロトタイプのパフォーマンスを計算して、遅すぎることがわかる場合もある。このような問題が起きた場合には、C（あるいは C++）でコーディングし、結果をミニ言語に統合するということになるだろう。

　C コードでスクリプト言語を拡張するとか、C プログラムにスクリプト言語を組み込むとかするためには、そのためのスクリプト言語が必要だ。スクリプト言語を拡張するには、言語に動的に C ライブラリ/モジュールをロードさせ、C エントリポイントが拡張言語の関数として見えるようにする。C プログラムにスクリプト言語を組み込むには、インタープリタのインスタンスにコマンドを送り、結果を C の値として受け取る。

　どちらのテクニックでも、C のデータ型とスクリプト言語のデータ型とでデータをやり取りできなければ機能しない。一部のスクリプト言語は、最初からこれをサポートするように設計されている。たとえば、14 章で取り上げる Tcl はそうだし、Lisp の変種である Scheme 言語のオープンソース実装である Guile もそうだ。Guile は、ライブラリとしてディストリビュートされており、C プログラムに組み込むことを目的として設計されている。

Perlを拡張したり組み込んだりすることは可能だ（2003年段階では、まだ苦痛であり、困難だが）。Pythonを拡張するのは非常に簡単であり、Pythonを組み込むのも、それよりほんの少し難しいだけだ。Pythonの世界では、特にC拡張が多用されている。Javaは、Cで書かれた「ネイティブメソッド」を呼び出すためのインターフェイスを持っているが、移植性を損ないがちなので、明示的に避けるべきとされている。ほとんどのバージョンのシェルは、組み込みや拡張を考えて設計されていないが、Kornシェル（ksh93以降）は、その例外として注目すべきだ。

既存のスクリプト言語におんぶする形で命令的ミニ言語を作ることには、消極的になるべき理由がいくつもある。しかし、おんぶにもよい理由はわずかだけあり、そのなかの1つは、エラーチェックのために独自のカスタム文法を実装したい場合である。その場合には、次のyaccとlexについてのアドバイスを読んでほしい。

8.3.3 カスタム文法の作成

宣言的なミニ言語では、基礎の構文としてXMLを使うかどうか、文法をXMLドキュメントタイプとして指定するかどうかは重要な問題だ。宣言的ミニ言語の構造がかなり複雑なら、XMLを使ってもよいかもしれないが、5章でデータフィルフォーマットの設計についていったのと同じことがここでもあてはまる。XMLは、大げさすぎる場合があるということだ。XMLを使わない場合には、データファイルのところで説明したUnixの慣習（単純なトークン指向の構文、Cのバックスラッシュ記法のサポートなど）をサポートして、驚き最小の原則に従うべきだ。

カスタム文法が必要な場合には、言語の文法が非常に単純で、再帰下降パーサなんか簡単に手で書けるというのでもない限り、yaccとlex（あるいは、使っている言語の同等のツール）が役に立つだろう。文法が単純でも、yaccを使えばよりよいエラー回復が実現できるかもしれないし、言語の構文が発展してもyaccの指定は簡単に書き換えられる。異なる実装言語ごとのyacc、lex派生ツールについては、15章を見てほしい。

独自構文の実装が必要だということになった場合でも、既存のツールを再利用して貯めたマイレージを有効活用することを考えよう。マクロ機能が必要なら、m4(1)の前処理で正解かどうかを考える。ただし、その前に次節の注意点を検討しておかなければならない。

8.3.4 マクロには注意

マクロ展開は、初期のUnixの言語設計者が好んで使った戦略である。もちろん、C言語にもマクロはあるし、pic(1)のような比較的複雑な専用ミニ言語でもマクロは使われている。m4プリプロセッサは、マクロ展開プリプロセッサを実装するための汎用ツールだ。

マクロ展開は指定、実装とも簡単で、さまざまなトリックを駆使することができる。初期の設計者たちは、プログラムを構造化する手段がマクロ以外になかったアセンブラの経験にたぶ

んに影響されたに違いない。

　マクロ展開の長所は、ベース言語の構文についての知識がなくても、その言語の構文を拡張するために使えることにある。しかし、マクロのこの力は乱用もされやすく、不透明で意外性に満ちたコードを作り出し、簡単に特徴付けられないバグを大量に生み出す原因にもなるのだ。
　この種の問題として古典的なのは、C言語の次のようなマクロだ。

```
# define max(x, y)        x > y ? x : y
```

　このマクロには、少なくとも2つの問題点がある。1つは、>や?よりも優先順位の低い演算子が含まれる式がどちらかの引数になっていると、驚くべき結果を生み出すことだ。たとえば、max(a=b, ++c) という式について考えてみよう。max がマクロだということをプログラマが忘れていたら、彼は、a=b という代入と c に対するインクリメントが実行されてから、その結果が max に引数として渡されると思うことだろう。
　しかし、実際にはそうはならない。プリプロセッサは、この式を a = b > ++c ? a = b : ++c と展開する。C コンパイラの優先順位のルールに従うと、これは、a = (b > ++c ? a = b : ++c) というように解釈される。a への代入になってしまうのだ。
　より防衛的にマクロ定義をコーディングすれば、この種の悪い相互作用は避けられる。

```
# define max(x, y)        ((x) > (y) ? (x) : (y))
```

　この定義なら、展開後のコードは、((a = b) > (++c) ? (a = b) : (++c)) となる。これで問題は1つ解決された。しかし、c が2度もインクリメントされていることに注意しよう。副作用のある関数呼び出しをマクロに渡すなどすると、これと同類でもっと微妙な罠に陥ってしまう。
　一般に、マクロと副作用のある式とのやり取りは、診断しにくい不幸な結果になることがある。C のマクロプロセッサは、意図的に軽くて単純なものになっているが、より強力なものが使われていたら、もっとひどいトラブルになっていたかもしれない。
　ドキュメント整形言語の TeX (18章参照) が一般的な問題をよく実証している。TeX は意図的にチューリング完全になっており (条件分岐、ループ、再帰の機能を持っている)、すごいことができるようになっているが、TeX コードはとかく読みにくく、デバッグが苦痛なものになりがちだ。もっとも広く使われている TeX マクロである LaTeX のソースは、考えさせられる例だ。TeX スタイルとして非常に優れたものだが、それでもなお、たどりにくい。
　これと比べれば小さな問題だが、マクロ展開は、エラー診断をわかりにくくする傾向もある。ベース言語の処理プログラムは、プログラマが見ているオリジナルのソースコードではなく、マクロ展開したあとのテキストを見てエラーを報告してくる。両者の関係がマクロ展開によってわかりにくくなっていたら、生成されたエラー診断と実際のエラーの位置の対応関係もわかりにくくなっているだろう。
　これが特に問題になるのは、プリプロセッサとマクロが複数行展開、条件インクルード (取

り込み)、エクスクルード (除外)、その他展開後のテキストの行数を変えることをしている場合だ。

　言語にマクロ展開ステージが組み込まれていれば、自分で調整して、マクロ展開する前のテキストの行番号を出力できる。たとえば、pic(1) のマクロ機能はこれを実行している。マクロ展開がプリプロセッサによって行われているときには、この問題の解決は難しくなる。

　C プリプロセッサは、インクルードや複数行展開を行うときには、#line ディレクティブを出力してこの問題に対処している。C コンパイラは、#line を解釈してそれに基づいてエラー報告の行番号を調整している。残念ながら、m4 にはそのような機能はない。

　マクロ展開は、注意に注意を重ねて使うべきだという理由は、以上の通りだ。Unix の長い経験から得られた教訓は、マクロを使うと問題を解決するよりも問題を作ってしまうということだ。現代の言語、ミニ言語の設計は、マクロを避けるようになってきている。

8.3.5 言語かアプリケーションプロトコルか

　ミニ言語エンジンが他のプログラムからスレーブプロセスとして対話的に呼び出されるかどうかということも、考えてみなければならない重要な問いだ。もしそうなら、その言語の設計は、おそらく人間が読み書きする通常の言語というよりも、5 章で取り上げたアプリケーションプロトコルの一種のようなものになるはずだ。

　両者の最大の違いは、トランザクションの区切りをどれだけていねいにマークしているかだ。人間は、CLI からの出力がどこで終わっているのか、次の入力に対するプロンプトがどこなのかを見つけるのが得意だ。人間は、文脈を駆使して、重要なところと無視すべきところを見分けられる。コンピュータプログラムは、この点についてはずっと苦手だ。あいまいさのない終了のマークが出力に含まれているか、出力の長さをあらかじめ知っているのでない限り、プログラムはいつ読み出しを終了すべきかを判断できない。

> さらに悪いのは、プログラムの入力がバッファリングされているときだ (stdio によって、意図せずそうなっていることが多い)。明らかに正しい位置で読み出しを終了するプログラムであっても、その位置を通り過ぎていることはありえる。
>
> —— **Doug McIlroy**

　この問題を意識して注意深く設計されているわけではないミニ言語を持つスレーブとマスターとで対話的な処理をしようとしているプログラムは、マスターとスレーブの同期がずれたところで、デッドロックを起こす (7 章で最初に触れた問題)。

　あまり注意深い設計になっていないミニ言語をそれでも駆動しなければならないときの問題の避け方はそれでもある。これらほとんどのプロトタイプは、Tcl expect パッケージである。このパッケージは、CLI との対話を助ける。その中核は、特定の正規表現パターンに合致するか、指定されたタイムアウトが経過するまで、スレーブからの読み出しを続けるという処理で

ある。スレーブが自らの役割を果たせるようにうまく作られていないときでも、マスターはスレーブとの間で信頼性の高い対話を進められることが多い。

　他の言語でも、expectパッケージと同様のものがある。使おうとしている言語に、「Tcl expect」というキーワードを追加して、Webにサーチをかければ、役に立つものを見つけられることが多い。しかし、ミニ言語の設計者としては、すべてのユーザーが熟練者だと考えるのは賢くない。たとえそうだとしても、これは余分なグルーレイヤであり、全体を悪くする部分である。

　ミニ言語を設計するときには、この問題を意識しなければならない。対話的な動作と、曖昧さのない出力終了の区切り子とバイトスタッフ的なものを加えたアプリケーションプロトコル的な応答方法とを切り替えるオプションを追加するとよいかもしれない。

第9章
コード生成：高い水準で規定する

　人間は、制御フローについて論理的に考えるよりも、データを見て考えるほうが得意だということは、1章でも見てきた。もう1度繰り返しておこう。50ノードの木構造の図と50行のプログラムのフローチャートとで、表現力や説得力を比べてみればそれがわかる。でなければ、変換テーブルを表現する配列の初期化構文と同じ意味のswitch文を比べればよい。透明性や明確性の違いは、劇的なものだ[*1]。

　データは、プログラムロジックよりも扱いやすい。それは、データが通常の表でも、宣言的なマークアップ言語でも、テンプレートシステムでも、プログラムロジックに展開される一連のマクロでも同じだ。設計のなかの複雑な部分は、できる限り手続き的なコードからデータに移すとよい。また、人間が維持し、操作しやすいデータ表現形式を見つけてくるとよい。そのような表現をマシンにとって便利な形式に変換するのは、人間の仕事ではなく、マシンのもう1つの仕事だ。

> より高水準の宣言的な記法が持つもう1つの重要な長所は、コンパイル時チェックに適しているということだ。手続き的な記法は、実行時に複雑な挙動を取り、それをコンパイル時に分析するにはあまりにも難しい。宣言的な記法は、意図した動作をはるかに完全に理解できるだけに、誤りもずっと見つけやすい。
>
> —— Henry Spencer

　このような考え方が理論的な基礎となって、Unixプログラマのツールキットの重要な要素となってきたものがある。高水準の言語、データ駆動プログラミング、コードジェネレータ、領域固有ミニ言語である。これらには、コード生成のレベルを何段階か上げて、規定や仕様書を小さくする手段だという共通点がある。すでに述べたように、エラーの密度は、どのプログラミング言語を使ってもほぼ一定だ。これらを使えば、バグを生み出すあらゆる悪の力に与えるチャンス（行数）が少なくなる。

---

1. この点についての詳しい議論は、［Bentley］を参照のこと。

8章では、領域固有ミニ言語の使い方を論じた。14章では、高水準言語を取り上げる予定だ。この章では、データ駆動プログラミングの設計問題を取り上げ、その場限りのコード生成の例を示す。いくつかのコード生成ツールについては15章で取り上げる。ミニ言語と同様に、これらの方法はプログラムの行数を大幅に削減し、それによりデバッグ時間とメンテナンスコストを大幅に引き下げる。

9.1 データ駆動プログラミング

　データ駆動プログラミングを実践するには、コードとコードが操作するデータ構造とを明確に区別し、コードではなく、データ構造を編集するだけで、プログラムのロジックを変更できるように両者を設計することだ。

　データ駆動プログラミングは、データの構成が中心テーマだという点で共通点のあるもう1つのスタイル、オブジェクト指向と混同されることがある。しかし、この2つの間には、少なくとも2つの違いがある。まず第一に、データ駆動プログラミングでは、データは単になんらかのオブジェクトの状態であるだけではなく、実質的にプログラムの制御フローを定義している。OOの主要な関心事がカプセル化であるのに対し、データ駆動プログラミングの主要な問題は、できる限り固定されたコードを少なくすることだ。Unixの伝統としては、OOよりもデータ駆動プログラミングのほうが深いものを持っている。

　データ駆動スタイルは、状態マシンを書くこととも混同されることがある。実際、状態マシンのロジックは、データ構造の表という形で表現することもできる。しかし、手作業でコーディングされた状態マシンは、通常、表よりもはるかに書き換えにくいがっちりとしたコードブロックになっている。

　コード生成やデータ駆動プログラミングをするときの重要な原則は、いつも問題を押し上げるようにすることだ。生成されたコードや中間表現を手作業でハックしてはならない。そんなことをするくらいなら、翻訳変換ツールを改良するか取り替えることを考えよう。そうしないと、本来ならマシンが正しく生成していなければいけないコードに手でパッチを当てるために無限に時間を費やすことになりかねない。

　複雑度の上限では、データ駆動プログラミングは、p-codeを生成するミニ言語や8章で取り上げた単純なミニ言語と重なってくる。下限では、コード生成や状態マシンプログラミングと重なってくる。これらの区別はそれほど大切なことではない。大切なのは、プログラムロジックをハードコードされた制御構造からデータに移すことだ。

9.1.1 ケーススタディ：ascii

私は、コマンド行引数を ASCII（American Standard Code for Information Interchange）文字名と解釈し、それと等しいすべての名前を報告する ascii という非常に小さいユーティリティをメンテナンスしている。このツールのコードとドキュメントは、プロジェクトページから入手できる。画面での出力は、たとえば次のようになる。

```
esr@snark:~/WWW/writings/taoup$ ascii 10
ASCII 1/0 is decimal 016, hex 10, octal 020, bits 00010000: called ^P, DLE
Official name: Data Link Escape

ASCII 0/10 is decimal 010, hex 0a, octal 012, bits 00001010: called ^J, LF, NL
Official name: Line Feed
C escape: '\n'
Other names: Newline

ASCII 0/8 is decimal 008, hex 08, octal 010, bits 00001000: called ^H, BS
Official name: Backspace
C escape: '\b'
Other names:

ASCII 0/2 is decimal 002, hex 02, octal 002, bits 00000010: called ^B, STX
Official name: Start of Text
```

このプログラムがいいアイデアだったことは、予想外の用途を持っていることに現れている。バイトの10進、16進、8進、2進の間の変換を手っ取り早く助ける CLI として使えるのである。

このプログラムのメインロジックは、128個の分岐を持つ case 文という形でコーディングすることができたところだが、そうすると、コードは大きく、メンテナンスしにくいものになっていたはずだ。また、比較的速く変わる部分（文字に対するスラング名のリストなど）とゆっくり変わる、あるいはまったく変わらない部分（正式名など）が混ざり合い、編集エラーによって、本来なら安定しているはずのデータが書き換えられることになっていただろう。

しかし、私たちはデータ駆動プログラミングを使った。文字の名前を表現する文字列は、コード内のどの関数よりもかなり大きい表構造にまとめてある（行数で数えると、プログラム内の3つの関数のどれよりも大きい）。コードは、表を照合し、基数変換などの低水準の仕事を行うだけだ。初期化子は、nametable.h というファイルに含まれているが、このファイルはこの章で後述するような方法で生成されている。

この構成によって、文字に対する新しい名前を追加したり、既存の名前を書き換えたり、古い名前を削除したりといったことは、単純に表を編集するだけで、コードに手を触れないでできるようになっている。

（このプログラムの組み立ては Unix の優れたスタイルに従っているが、出力フォーマットには疑問が残る。この出力が他のプログラムの入力としてどのように役に立つかは、あまり想像

がつかない。だから、他のプログラムとの組み合わせということでは、あまり役に立たない)。

9.1.2 ケーススタディ：統計的 SPAM フィルタ

　データ駆動プログラミングのおもしろい例としては、SPAM（大勢を相手に勝手に送られる電子メール）を検出するための統計的学習アルゴリズムというものがある。いくつもあるメールフィルタプログラム（Web サーチで popfile、spambayes、bogofilter などを探せば簡単に見つかる）は、SPAM パターンマッチフィルタの凝った条件文のロジックの代わりに、単語の相関関係を表すデータベースを使っている。

　この種のプログラムは、Paul Graham が 2002 年に発表した記念碑的な論文、A Plan for Spam [Graham] のあと、インターネットでは急速に一般化した。人気が爆発したきっかけは、パターンマッチコードの競争にかかるコストがどんどん上がっていったことにあるが、統計的フィルタリングの考え方が真っ先に、またもっとも速いペースで受け入れられたのは、Unix サイトの間だったことには注目すべきだ。確かに、インターネットサービスプロバイダ（SPAM の被害をもっとも大きく受けており、効果的な新技術を採用する動機ももっともある）の大半が Unix サイトだということもあるが、この技術が Unix ソフトウェア設計の伝統的なテーマとみごとに調和することが、普及を後押しした側面もまちがいなくあるはずだ。

　伝統的な SPAM フィルタは、SPAM に含まれるテキストのパターンについての情報（SPAM 以外のものを送ってこないサイト名、ポルノサイトや詐欺師たちがよく使うキャッチフレーズなど）をメンテナンスするシステム管理者などの責任者を必要とする。Graham は、論文のなかで、プログラマがパターンマッチフィルタという考え方を好むことや、このアプローチをなかなか捨てられないこと、その理由は、この考え方がプログラマを賢い人物として押し上げるチャンスをふんだんに提供してくれることにあることを正確に指摘している。

　それに対し、統計的 SPAM フィルタは、SPAM かどうかユーザーが判断した結果をフィードバックして集めたものによって動作する。このフィードバックは、ユーザーの SPAM/非 SPAM の分類と単語やフレーズを結び付ける統計的な相関係数、ウェイトのデータベースにまとめられる。もっともポピュラーなアルゴリズムは、条件が起きる確率についてのベイズの定理に若干手を加えたものを使っているが、他のテクニック（さまざまな種類の多項式ハッシュを含む）も使われている。

　これらすべてのプログラムにおいて、相関チェックは、比較的簡単な数学式である。チェック対象のメッセージとともに数式に与えられるウェイトは、フィルタリングアルゴリズムの暗黙の制御構造として機能する。

　従来の SPAM パターンマッチフィルタの問題点は、精度が低いことだ。SPAM を送る側は、常にフィルタルールデータベースを出し抜こうとしており、フィルタのメンテナンスをする人たちは、SPAM 送信者との競争に勝つために、絶えずフィルタをプログラムし直さなければならない。統計的 SPAM フィルタは、ユーザーのフィードバックから独自のフィルタルールを生

成する。

　実際、統計的フィルタを使った経験から評価すると、学習アルゴリズム自体は、アルゴリズムがウェイトを計算するもとになる SPAM と非 SPAM を区別するデータセットと比べて、重要度がかなり落ちる。統計的フィルタの結果は、アルゴリズムよりもデータによって左右されるのだ。

　A Plan for Spam の著者は、凝ったパターンマッチテクニックや人間の目による管理よりも、単純素朴な統計的アプローチのほうが、誤って SPAM と分類される非 SPAM メッセージが発生する割合が低いことを確信を持って論じていただけに、大きな衝撃だった。「単純を保て、愚か者よ」ということばを強く心に刻んでいない他のプログラミング文化の人々よりも、Unix プログラマのほうが、簡単に賢いパターンマッチの誘惑から逃れられたのだ。

9.1.3 ケーススタディ：fetchmailconf のメタクラスハック

　fetchmail(1) に含まれているコンフィグレーションファイル操作プログラムの fetchmailconf(1) は、非常に高い水準のオブジェクト指向言語による高度なデータ駆動プログラミングを学べる優れた例である。

　1997 年 10 月、fetchmail-friends メーリングリストに次々に質問が寄せられたことにより、エンドユーザーたちが fetchmail のコンフィグレーションファイルの生成に次第に苦労するようになってきたことがはっきりした。このファイルは、単純で古典的な Unix 風のフリーフォーマット構文を使っているが、ユーザーが複数のサイトに POP3、IMAP アカウントを持つようになると、耐えがたいほど複雑なものになってしまうことがある。fetchmail の作者のコンフィグレーションファイルを若干単純化した**リスト 9-1** を見てほしい。

リスト 9-1　fetchmailrc の構文の例

```
set postmaster "esr"
set daemon 300

poll imap.ccil.org with proto IMAP and options no dns
    aka snark.thyrsus.com locke.ccil.org ccil.org
       user esr there is esr here
           options fetchall dropstatus warnings 3600

poll imap.netaxs.com with proto IMAP
    user "esr" there is esr here options dropstatus warnings 3600
```

　fetchmailconf の設計目標は、選択ボタン、スライダバー、入力フォームを満載した流行の人間工学的に正しい GUI の背後に、コンフィグレーションファイルの構文を完全に隠すことだった。しかし、ベータデザインには問題があった。ユーザーの GUI 操作によってコンフィグ

レーションファイルを生成するのは簡単だったが、既存のコンフィグレーションファイルを読んで編集することができなかったのだ。

　`fetchmail` コンフィグレーションファイル構文のパーサは、割と凝っていた。この部分は、`yacc` と `lex` で書かれていた。これらは、C で書かれた言語走査コードを生成するための古典的な Unix ツールである。`fetchmailconf` が既存のコンフィグレーションファイルを編集できるようにするには、その凝ったパーサを `fetchmailconf` の実装言語である Python に移植しなければならないように見えた。

　しかし、この方法はうまくいかないように見えた。重複する仕事の量を別としても、2 つの異なる言語で書かれた 2 つのパーサがまったく同じ文法を受け入れると確信を持っていえるようにするのは、だれもが知るように難しい。コンフィグレーションファイルの言語の発展にともない、それらの同期を保とうとすると、メンテナンスが悪夢になるのは見えていた。そもそも、4 章で述べた SPOT 原則に違反することになる。

　私はこの問題でしばらく悩んだ。しかし、ぱっとひらめいた。`fetchmailconf` は、フィルタとして `fetchmail` 自身のパーサを使えばよいのだ。私は、.fetchmailrc を走査し、結果を Python 初期化子の形式で標準出力にダンプする `--configdump` というオプションを `fetchmail` に追加した。上の例の場合、結果はおおよそ**リスト 9-2** のようになる（スペースの節約のために、このサンプルと無関係な一部のデータは省略してある）。

リスト 9-2　**fetchmail** コンフィグレーションファイルの **Python** 構造体形式でのダンプ

```
fetchmailrc = {
    'poll_interval':300,
    "logfile":None,
    "postmaster":"esr",
    'bouncemail':TRUE,
    "properties":None,
    'invisible':FALSE,
    'syslog':FALSE,
    #  List of server entries begins here
    'servers': [
        #  Entry for site 'imap.ccil.org' begins:
        {
            "pollname":"imap.ccil.org",
            'active':TRUE,
            "via":None,
            "protocol":"IMAP",
            'port':0,
            'timeout':300,
            'dns':FALSE,
            "aka":["snark.thyrsus.com","locke.ccil.org","ccil.org"],
            'users': [
                {
                    "remote":"esr",
```

```
                    "password":"masked_one",
                    'localnames':["esr"],
                    'fetchall':TRUE,
                    'keep':FALSE,
                    'flush':FALSE,
                    "mda":None,
                    'limit':0,
                    'warnings':3600,
                }
                ,            ]
        }
        ,
        # Entry for site 'imap.netaxs.com' begins:
        {
            "pollname":"imap.netaxs.com",
            'active':TRUE,
            "via":None,
            "protocol":"IMAP",
            'port':0,
            'timeout':300,
            'dns':TRUE,
            "aka":None,
            'users': [
                {
                    "remote":"esr",
                    "password":"masked_two",
                    'localnames':["esr"],
                    'fetchall':FALSE,
                    'keep':FALSE,
                    'flush':FALSE,
                    "mda":None,
                    'limit':0,
                    'warnings':3600,
                }
                ,            ]
        }
        ,
    ]
}
```

　大きなハードルを越えた。これで、Python インタープリタは、fetchmail --configdump の出力を評価し、fetchmailconf が使える設定を fetchmail 変数の値として読み込むことができるようになった。

　しかし、障害はこれで終わりではなかった。本当に必要だったのは、単に fetchmailconf に既存のコンフィグレーションファイルを読ませることではなく、生きたオブジェクトの木構造にそれを変換することだったのだ。この木構造には、Configuration（コンフィグレーション

ファイル全体を表現するトップレベルオブジェクト)、Site (ポーリングすべきサーバを表す)、User (サイトに付随するユーザーデータを表す) の3種類のオブジェクトが含まれる。サンプルファイルには3つのSiteオブジェクトが含まれており、それぞれのサイトが1つずつのUserを持っている。

3つのオブジェクトクラスは、すでにfetchmailconfに存在していた。これらは、インスタンスデータを書き換えるためのGUIエディットパネルをポップアップするメソッドを持っていた。最後に残った問題は、Python初期化子に含まれる静的なデータを何とかして生きたオブジェクトに変換することだった。

私は、3つのクラスの構造をよく知っていて、その知識を利用して初期化子から対応するオブジェクトを作っていくグルーレイヤを書くことを考えたが、コンフィグレーション言語が新しい機能を加えていくのとともに、クラスにも新しいメンバが追加されるだろうと思ったので、その考えは取り下げた。オブジェクト作成コードを当たり前の方法で書いたとすると、それは再び脆弱なものとなり、クラス定義か--configdumpレポートジェネレータがダンプする初期化子の構造が変わったときに同期が取れなくなる。これもまた、バグの連鎖が止まらなくなる方向だ。

やはり、データ駆動プログラミングのほうがよい。初期化子の形とメンバを分析し、クラス定義自身にメンバを問い合わせ、2つのインピーダンス整合を取るコードを用意するのだ。

LispやJavaのプログラマなら、これをイントロスペクションと呼ぶ。他のいくつかのオブジェクト指向言語では、メタクラスハッキングと呼び、一般にとても奥義を極めた魔術師だけができる深く恐ろしい黒魔術だと考えられている。ほとんどのオブジェクト指向言語はこの機能をまったくサポートしていない。サポートしている言語 (PerlやJavaが含まれる) でも、これは複雑で危ない仕事になりがちである。しかし、Pythonのイントロスペクション、メタクラスハッキングの機能は、例外的に使いやすい。

リスト9-3は、この問題を解決したコードで、バージョン1.43の1895行前後から抜き出したものである。

リスト9-3　copy_instance メタクラスコード

```
def copy_instance(toclass, fromdict):
#   Make a class object of given type from a conformant dictionary.
    class_sig = toclass.__dict__.keys(); class_sig.sort()
    dict_keys = fromdict.keys(); dict_keys.sort()
    common = set_intersection(class_sig, dict_keys)
    if 'typemap' in class_sig:
        class_sig.remove('typemap')
    if tuple(class_sig) != tuple(dict_keys):
        print "Conformability error"
#        print "Class signature: " + `class_sig`
#        print "Dictionary keys: " + `dict_keys`
        print "Not matched in class signature: "+ \
```

```
                                    `set_diff(class_sig, common)`
        print "Not matched in dictionary keys: "+ \
                                    `set_diff(dict_keys, common)`
        sys.exit(1)
    else:
        for x in dict_keys:
        setattr(toclass, x, fromdict[x])
```

このコードの大半は、クラスメンバと--configdump レポートの同期がずれてないかどうかのエラーチェックである。コードに問題があれば、早い段階で検出する。つまり、修復原則に従っている。この関数の核心は、クラス内の属性を辞書内の対応するメンバにセットしている最後の2行だ。つまり、リスト 9-3 がしていることは、煎じ詰めれば次の3行だ。

```
def copy_instance(toclass, fromdict):
    for x in fromdict.keys():
        setattr(toclass, x, fromdict[x])
```

コードがこれだけ単純であれば、正しい可能性は高い。**リスト 9-4** は、これを呼び出すコードである。

リスト 9-4　copy_instance の呼び出しコンテキスト

```
# The tricky part - initializing objects from the `configuration`
# global. `Configuration` is the top level of the object tree
# we're going to mung
Configuration = Controls()
copy_instance(Configuration, configuration)
Configuration.servers = [];
for server in configuration['servers']:
    Newsite = Server()
    copy_instance(Newsite, server)
    Configuration.servers.append(Newsite)
    Newsite.users = [];
    for user in server['users']:
        Newuser = User()
        copy_instance(Newuser, user)
        Newsite.users.append(Newuser)
```

このコードのポイントは、3 レベルの初期化子（Configuration、Site、User）をたどり、各レベルで正しいオブジェクトのインスタンスを生成し、1 つ上位のオブジェクトが持っているリストに追加していくことである。copy_instance は、データ駆動で完全に汎用的なので、3 つ全部のレベルで 3 種類の異なるオブジェクトタイプに対して使うことができる。

　これは新しい種類のサンプルだ。Python は 1990 年まで作られてさえいなかった。しかし、このコードは 1969 年以来の Unix の伝統を反映している。今までの Unix プログラミングの実

践を深く考えて、建設的な手抜き（SPOT 原則に従った再利用の強調と重複するグルーコード作成の拒否）ということを学んでいなければ、私は Python でパーサをコーディングする方向に飛びついていただろう。fetchmail 自身を fetchmailconf のコンフィグレーションファイルパーサにするという最初の発想は、決して生まれなかったはずだ。

　2 つめの発想（copy_instance を汎用的にする）は、手によるハックを避ける方法を執拗に探すという Unix の伝統に従ったものだ。しかし、さらに話を進めていえば、Unix プログラマは、言語風のマークアップを処理するためのパーサを生成するパーサ仕様を書くことには非常に慣れている。コンフィグレーションファイルの木構造をたどればあとの仕事は終わりだというところまでは、そこからほんの 1 歩だった。この設計問題をクリーンに解決するには、データ駆動プログラミングの 2 つの別個のステージ（互いが互いを支えあう）が必要だったのだ。

　このような発想は、とてつもなく強い力を発揮することがある。今まで見てきたコードは、約 90 分で書かれ、初めて実行したときから動き、それから何年間も安定している（1 度だけ壊れたことがあるが、それは純粋にバージョンにずれがあって例外が投げられたときだ）。コードは 40 行に満たず、美しいくらいに単純だ。第二のパーサを作ってしまうという考えのないやり方では、これと同じようなメンテナンス性、信頼性、簡潔性を得ることはおそらくできないだろう。再利用、単純化、一般化、直交性。Unix の禅の生きた実例だ。

　10 章では、実行制御ファイルの標準シェル風メタフォーマットの例として、fetchmail のコンフィグレーションファイルの構文を検討していく。また、14 章では、スピーディに GUI を作れる Python の長所の実例として fetchmailconf を使う。

9.2 その場限りのコード生成

　Unix は、トークナイザ（字句解析器）やパーサ（構文解析器）を構築するというような目的のために、専用の強力なコードジェネレータを用意している。これらについては 15 章で取り上げることにしよう。しかし、コンパイラ理論や（エラーを起こしがちな）手続きのロジックを書かなくても、はるかに単純で軽量級のコードジェネレータを書いて仕事を楽にすることはできる。

　ここでは、それを明らかにするために、2 つの簡単な事例を見ていこう。

9.2.1　ケーススタディ：ascii の表示のためのコード生成

　引数なしで呼び出すと、ascii はリスト 9-5 のような使い方を示す画面を生成する。

リスト 9-5　ascii の使い方画面

```
Usage: ascii [-dxohv] [-t] [char-alias...]
  -t = one-line output -d = Decimal table -o = octal table -x = hex table
  -h = This help screen -v = version information
Prints all aliases of an ASCII character. Args may be chars, C \-escapes,
English names, ^-escapes, ASCII mnemonics, or numerics in decimal/octal/hex.

Dec Hex      Dec Hex      Dec Hex   Dec Hex   Dec Hex   Dec Hex    Dec Hex   Dec Hex
  0  00 NUL   16  10 DLE   32 20      48 30 0   64 40 @   80 50 P    96 60 `  112 70 p
  1  01 SOH   17  11 DC1   33 21 !    49 31 1   65 41 A   81 51 Q    97 61 a  113 71 q
  2  02 STX   18  12 DC2   34 22 "    50 32 2   66 42 B   82 52 R    98 62 b  114 72 r
  3  03 ETX   19  13 DC3   35 23 #    51 33 3   67 43 C   83 53 S    99 63 c  115 73 s
  4  04 EOT   20  14 DC4   36 24 $    52 34 4   68 44 D   84 54 T   100 64 d  116 74 t
  5  05 ENQ   21  15 NAK   37 25 %    53 35 5   69 45 E   85 55 U   101 65 e  117 75 u
  6  06 ACK   22  16 SYN   38 26 &    54 36 6   70 46 F   86 56 V   102 66 f  118 76 v
  7  07 BEL   23  17 ETB   39 27 '    55 37 7   71 47 G   87 57 W   103 67 g  119 77 w
  8  08 BS    24  18 CAN   40 28 (    56 38 8   72 48 H   88 58 X   104 68 h  120 78 x
  9  09 HT    25  19 EM    41 29 )    57 39 9   73 49 I   89 59 Y   105 69 i  121 79 y
 10  0A LF    26  1A SUB   42 2A *    58 3A :   74 4A J   90 5A Z   106 6A j  122 7A z
 11  0B VT    27  1B ESC   43 2B +    59 3B ;   75 4B K   91 5B [   107 6B k  123 7B {
 12  0C FF    28  1C FS    44 2C ,    60 3C <   76 4C L   92 5C \   108 6C l  124 7C |
 13  0D CR    29  1D GS    45 2D -    61 3D =   77 4D M   93 5D ]   109 6D m  125 7D }
 14  0E SO    30  1E RS    46 2E .    62 3E >   78 4E N   94 5E ^   110 6E n  126 7E ~
 15  0F SI    31  1F US    47 2F /    63 3F ?   79 4F O   95 5F _   111 6F o  127 7F DEL
```

　この画面は、23 行 × 79 列に入るように注意して設計してあるので、24 × 80 の端末ウィンドウにぴったりと収まる。

　この表は、実行時にその場で生成することもできたところである。10 進と 16 進の表示をひねり出すのはごく簡単なことだ。しかし、行を適切なところで折るとか、文字ではなく NUL のようなニーモニックをいつ入れるべきかを判断するとか、そういった十分細々した条件を処理するとなると、コードが気持ち悪いものになる。さらに、1 行を 79 字に収めるためには、列を等間隔で並べるわけにはいかない。しかし、Unix プログラマなら、だれでもこういったことを考えるまえに、柔軟にデータブロックとしてこれを表現することを考えるだろう。

　ソースコードの ascii.c に C 初期化子を書いて各行を埋め込み、初期化子を順に実行するコードにすべての行を出力させるというのがもっとも素朴な方法だが、C 初期化子という形式には余分なデータがある（末尾の改行、文字列を囲むクォート、カンマ）ため、1 行が 79 字を超え、折り返しが入って、コードの外見から出力の外見をイメージするのが難しくなってしまうのが問題だ。すると、表示内容を編集するのも難しくなってしまうが、24 × 80 の画面に収めようと工夫しているときにそういうことでは不便で困る。

　ANSI C プリプロセッサの文字列貼り付け動作を使ったより高度な方法でも、この問題は大きく改善されない。基本的に、コードのなかにインラインで使い方画面を入れようとすると、

先頭と末尾に記号が入るのでうまくいかない[2]。そして、実行時にファイルを読んで画面にコピーする方法も、危なっかしい。ファイルには、なくなるという可能性がある。

この問題の解決方法はこうだ。ソースディストリビューションには、使い方画面だけが収められたファイルが含まれている。内容は上の通りで、ファイル名は splashscreen となっている。C ソースコードには、次の関数が含まれている。

```
void
showHelp(FILE *out, char *progname)
{
  fprintf(out,"Usage: %s [-dxohv] [-t] [char-alias...]\n", progname);
# include "splashscreen.h"

  exit(0);
}
```

そして、splashscreen.h は、メイクファイルの次の部分によって生成される。

```
splashscreen.h: splashscreen
        sed <splashscreen >splashscreen.h \
           -e 's/\\/\\\\/g' -e 's/"/\\"/' -e 's/.*/puts("&");/'
```

だから、プログラムを make するときに、splashscreen ファイルは自動的に一連の出力関数呼び出しに変換され、それが C プリプロセッサによって正しい関数のなかにインクルードされるのである。

データからコードを生成することによって、使い方画面の編集可能バージョンは、画面での表示とそっくり同じになる。これは、透明性を上げる。さらに、C コードにはまったく手を触れずに使い方画面を書き換えられるようになる。次にメイクするときには、自動的に正しい画面が表示されるようになる。

同じような理由から、名前の同義語の文字列を保持する初期化子も、ascii ソースディストリビューションに含まれる nametable というファイルからメイクファイル内の sed スクリプトによって生成される。nametable の大半は、C 初期化子に単純にコピーされる。しかし、生成という方法が使われているので、このツールは、ISO-8859 シリーズ（Latin-1 および関連コード）のような他の 8 ビットキャラクタセットにも簡単に適応できる。

これはごく簡単な例だが、それでも単純なその場限りのコード生成の長所がよく現れている。より大きなプログラムにも、同様のテクニックを応用することはできるし、得られるメリットは大きくなる。

---

2. スクリプト言語のほうが C よりもエレガントにこの問題を解決しているようだ。シェルのヒアドキュメントや Python のトリプルクォート構文を参照のこと。

9.2.2 ケーススタディ：表形式のリストに対応するHTMLコードの生成

Webページに表形式のデータを入れたいものとしよう。最初の数行は、**リスト9-6**のような形にしたい。

リスト9-6　スターの表の望ましい出力形式

```
Aalat        David Weber              The Armageddon Inheritance
Aelmos       Alan Dean Foster         The Man who Used the Universe
Aedryr       Steve Miller/Sharon Lee  Scout's Progress
Aergistal    Gerard Klein             The Overlords of War
Afdiar       L. Neil Smith            Tom Paine Maru
Agandar      Donald Kingsbury         Psychohistorical Crisis
Aghirnamirr  Jo Clayton               Shadowkill
```

最悪な方法は、求める出力に合わせてHTMLの表のコードを手で書くというものだ。こうすると、新しい名前を追加するたびに、そのエントリのための<tr>、<td>タグを書くことになる。これではあっという間に面倒になるだろう。さらに悪いことに、リストの形式を変えると、すべてのエントリを手作業で書き換えなければならなくなる。

一見賢そうに見える方法は、このデータを3カラムの表にしてデータベースに格納し、CGI[3]かデータベース対応のPHPのようなテンプレートエンジンを使って、その場でページを作るというものだろう。しかし、リストがそうひんぱんに変わるものではないことを知っているとしたら、このリストを表示するためにデータベースサーバを実行したいとは思わないのではないか。また、不必要なCGIトラフィックのためにサーバに負荷をかけるのは避けたいところではないだろうか。

もっとよい方法がある。まず、**リスト9-7**のような表形式のフラットファイルフォーマットにデータをまとめる。

リスト9-7　スターの表のマスターフォーム

```
Aalat        :David Weber              :The Armageddon Inheritance
Aelmos       :Alan Dean Foster         :The Man who Used the Universe
Aedryr       :Steve Miller/Sharon Lee  :Scout's Progress
Aergistal    :Gerard Klein             :The Overlords of War
Afdiar       :L. Neil Smith            :Tom Paine Maru
Agandar      :Donald Kingsbury         :Psychohistorical Crisis
Aghirnamirr  :Jo Clayton               :Shadowkill
```

どうしてもというのなら、フィールド区切り子として明示的なコロンを使うのではなく、複

---

3. ここで、CGIとはComputer Graphic ImageryではなくWebのライブコンテンツを作るために使われるCommon Gateway Interfaceのことだ。

数のスペースを使ってもかまわないが、フィールドの値を編集しているときに、まちがってスペースバーを2回押してしまって、それに気付かない場合でも、コロンを区切り子にしていれば問題は起きない。

そして、シェル、Perl、Python、Tcl でこのファイルを HTML の表に変換するスクリプトを書き、エントリを追加するたびにこのスクリプトを実行する。Unix の古典的な方法では、次のようなほとんど理解不能な sed(1) 呼び出しを使うところだろう。

```
sed -e 's,^,<tr><td>,' -e 's,$,</td></tr>,' -e 's,:,</td><td>,g'
```

あるいは、もう少し意味がわかる awk(1) プログラムを書く方法もある。

```
awk -F: '{printf("<tr><td>%s</td><td>%s</td><td>%s</td></tr>\n", \
                $1, $2, $3)}'
```

(おもしろそうだがよくわからないと思うようなら、sed(1) や awk(1) のドキュメントを見てほしい。awk はほとんど使われなくなったと8章で説明した。sed は、今でも重要な Unix ツールだが、詳しく説明していない。その理由は、(a) Unix プログラマはもう sed のことを知っているということと (b) Unix 以外のプログラマでも、パイプラインとリダイレクトの基本的な考え方を理解できれば、マニュアルページから簡単に理解できるということにある。

新しい方法は、次の Python コードを中心として作ることになる。Perl でも同様だ。

```
for row in map(lambda x:x.rstrip().split(':'),sys.stdin.readlines()):
    print "<tr><td>" + "</td><td>".join(row) + "</td></tr>"
```

これらのスクリプトは、書いてデバッグするまでにそれぞれ5分程度しかかかっていない。手で最初の HTML を書いたり、データベースを作成、チェックしたりするために必要な時間よりも明らかに短いはずだ。表とこの種のコードの組み合わせは、手で作った HTML のように技術が足りなさすぎる方法や、データベースのように技術が大げさすぎる方法よりも、ずっと楽にメンテナンスできるだろう。

このような問題解決方法には、マスターファイルを通常のテキストエディタで書き換えられ、サーチにも便利だというまた別の利点がある。さらに、ジェネレータスクリプトをいじって別の表-HTML 変換の方法を試してみたり、grep(1) フィルタを前に挟んで表のサブセットを作ったりすることも簡単だ。

私は、実際にこのテクニックを使って fetchmail テストサイトのリストを表示する Web ページのメンテナンスを行っている。上の例は架空のものだが、本物のデータを使ったら、ユーザー名とパスワードを公開してしまうことになる。

これは、先ほどのものよりも少し複雑な例だが、ここで実際に行ったことは、内容と整形の分離であり、ジェネレータスクリプトをスタイルシートとして使うことだ（これもまた別のメカニズムとポリシーの分離の問題だ）。

これらのケーススタディから得られる教訓はみな同じだ。できる限り仕事を少なくしろ、データにコードを形作らせろ、ツールに頼れ、ポリシーからメカニズムを分離せよ、ということだ。経験を積んだ Unix プログラマは、この種の可能性をすばやく自動的に嗅ぎ分ける習慣を身に付けている。建設的な手抜きは、有能なプログラマの基本的な能力の 1 つだ。

第10章

設定：気持ちよくスタートしよう

> 最初はしっかり注意してみておこう。結果はひとりでについてくる。
> —— Alexander Clark

　Unix のもとでは、プログラムはさまざまな方法で環境とやり取りできる。これを（a）起動時の環境の問い合わせと（b）対話的なチャネルに分けると都合がよい。この章では、主として起動時の環境の問い合わせを取り上げる。対話的なチャネルについては、次の章で取り上げる。

10.1 何を設定可能にすべきか

　さまざまなプログラムの設定の詳細に首を突っ込む前に、高い水準の問いに答えなければならない。それは、何を設定可能にすべきかということだ。

　Unix 本来の答は「すべて」だ。1章で説明した分離原則が教えているのは、Unix プログラマはメカニズムの構築を行い、外見的なポリシーの決定は可能な限りユーザーに近いところまで先延ばしせよということである。この原則は強力であり、熟練ユーザーにとってうれしいプログラムができることが多いが、初心者やときどきしか使わないユーザーには、選択肢が多すぎ、コンフィグレーションファイルが次から次から出てきて圧倒される気分になるインターフェイスを作りがちでもある。

　Unix プログラマは、仲間やもっとも有能なユーザーのために設計してしまう傾向からそう簡単に卒業できない（20章では、そのような変化が本当に望ましいものかどうかについて考える）と思われるので、おそらく質問を逆にして「何を設定可能にしないべきか」に答えたほうがよいかもしれない。Unix の実践からは、この問いに対してもいくつかのガイドラインを提出できる。

　まず、確実に自動検出できるものについては、設定スイッチを用意してはならない。これは

驚くほどよく犯されるミスだ。自動検出によって設定スイッチを省略できるようにする方法を探すか、実行時に成功するまで代わりの方法を試してみるようにすることだ。それではエレガントではないとか、高くつきすぎると思うようなら、半端な最適化に走っていないか自問自答したほうがよい。

> 私が経験した自動検出の最良の例の 1 つは、**Dennis Ritchie** と私が **Interdata 8/32** に **Unix** を移植していたときに見たものだ。このマシンはビッグエンディアンで、私たちはこのマシンのためのデータを **PDP-11** で生成し、磁気テープに書き込み、**Interdata** で磁気データをロードしなければならなかった。よく見られる誤りは、バイトオーダーをひっくり返してしまうものだった。チェックサムエラーが起きると、磁気テープをアンマウントし、**PDP-11** でマウントし直し、テープを再生成して、アンマウント、再マウントという手順を踏まなければならなかった。するとある日、**Dennis** が **Interdata** のテープリーダプログラムに手を入れて、チェックサムエラーが起きたらテープを巻き戻し、「バイト反転」スイッチをトグルして、読み直すようにした。もう 1 度チェックサムエラーが起きたらロードを中止するが、**99%** まではテープを読み出して正しいことをすることができた。私たちの作業効率は大幅に上がり、それからはテープのバイトオーダーのことはほとんど忘れることができた。
>
> —— **Steve Johnson**

目安としては、0.7 秒以上のレイテンシが出ない限り、自動検出をしたほうがよい。0.7 秒というのは、Jef Raskin が Canon Cat を設計しているときに、人間がそれ以下のレイテンシにはほとんど気付くことができないということを発見したという魔法の数字である。0.7 秒は、注意を他に移すという精神的なオーバーヘッドのなかで失われてしまうのだ。

第二に、ユーザーには最適化スイッチを見せてはならない。設計者として、プログラムを経済的に実行できるようにするのはあなたの仕事で、ユーザーの仕事ではない。最適化スイッチによってごくわずかのパフォーマンス向上が得られても、それはインターフェイスが複雑になるコストに見合わない。

> ファイルフォーマットのナンセンス (レコード長やブロックファクタなど) は、喜ばしいことに、**Unix** によって一掃された。しかし、設定が細かすぎるプログラムでは、同種の馬鹿げたことが復活している。KISS が MICAHI (make it complicated and hide it：難しくして隠せ) になってしまったのだ。
>
> —— **Doug McIlroy**

最後に、スクリプトラッパーや簡単なパイプラインで実現できることは、設定スイッチではしないことだ。他のプログラムを呼び出して助けてもらえば簡単なときには、プログラムのなかにむだに複雑な部分を作ってはならない (ls(1) が組み込みのページャを持たない理由、ページャを起動するオプションを持たない理由についての 7 章の議論を思い出してほしい)。

設定オプションを追加しようと思ったときに答えるべき一般的な問いをまとめておこう。

- この機能はなくてもよいか。マニュアルを巨大化してユーザーの負担を重くしようとしているのはなぜか。
- プログラムの通常の動作を害のない程度に変更すれば、オプションが不要になるということはないか。
- このオプションは単なる飾りのためか。ユーザーインターフェイスを設定可能にする方法ではなく、UI を正しいものにする方法を考えるべきではないか。
- このオプションによって有効になった動作は、別個のプログラムで実現すべきではないか。

不要なオプションが増殖すると、さまざまな悪い効果が発生する。もっとも見落としがちだが、もっとも深刻なのは、テストがたいへんになるということだ。

> オン/オフの設定を 1 つ追加するということは、非常に注意してするのでない限り、必要なテストの量を倍にする。しかし、現実には、プログラマが倍の量のテストを行うということはありえないので、本当の効果は、その設定に対するテストが不十分になるということだ。10 個のオプションがあれば、1024 倍のテストが必要になる。すると、早晩信頼性の問題が起きることになるだろう。
>
> —— Steve Johnson

10.2 設定のありか

Unix プログラムは、昔から起動環境のなかの 5 つの場所で設定情報を探すことができる。

- /etc の下の実行制御ファイル（あるいは、システム内の他の決まった場所）。
- システムが設定した環境変数。
- ユーザーのホームディレクトリの実行制御ファイル（「ドットファイル」）。
- ユーザーが設定した環境変数。
- プログラムを起動したコマンド行に含まれているスイッチ、引数。

これらの場所は、上に並べた順番で問い合わせられる。つまり、あとのほうの（よりローカルな）設定が、まえのほうの（よりグローバルな）設定よりも優先される。早い段階で見つかる設定は、あとでプログラムが設定データを取りに行くべき場所を突き止めるうえで役に立つことがある。

プログラムに設定データを渡すためにどのメカニズムを使うべきかを考えるときには、設定の寿命に合ったものを使うのが Unix の習慣だということを忘れないようにするとよい。だか

ら、プログラムを実行するたびに変更される可能性の高い設定については、コマンド行スイッチを使う。ひんぱんに変更されるわけではないが、個人の好みに合わせるべきものについては、ユーザーのホームディレクトリの実行制御ファイルを使う。システム管理者がサイト全体のために設定すべきもので、ユーザーが変更すべきでないものについては、システム空間の実行制御ファイルを使う。

ここからは、それぞれについて詳しく説明してから、ケーススタディを行っていこう。

10.3 実行制御ファイル

実行制御ファイルとは、プログラムが起動時に解釈する宣言やコマンドをまとめたファイルである。サイトのすべてのユーザーが共有すべき設定がある場合には、/etc ディレクトリに実行制御ファイルを持っていることが多い（一部の Unix は、その種のデータを集める/etc/conf ディレクトリを持っている）。

ユーザーごとに異なる設定情報は、ユーザーのホームディレクトリ内の隠し実行制御ファイルにまとめられていることが多い。Unix では、ファイル名の先頭がドット（.）になっているファイルは、ディレクトリ一覧表示ツールで通常は表示されない[1]が、この種のファイルはそのようなファイル名になっているので、よく「ドットファイル」と呼ばれる。

プログラムは、実行制御ディレクトリ（ドットディレクトリ）を持つこともできる。このディレクトリには、プログラムに関連する複数のコンフィグレーションファイルが格納されるが、これらのファイルは別々に扱ったほうが便利なのである（おそらく、同じプログラムの異なるサブシステムに関連しているとか、構文が異なるとかの理由で）。

ファイルであろうがディレクトリであろうが、実行制御情報の名前は、それを読む実行可能ファイルと同じにする習慣になっている。また、システムプログラムを中心として、実行可能ファイル名に「run control」を略した「rc」をつけるというもっと古い習慣が使われている場合もある[2]。そこで、サイトの共通設定情報とユーザー固有設定情報の両方を持つ seekstuff というプログラムがあったとすると、経験を積んだ Unix ユーザーは、サイト情報が/etc/seekstuff、ユーザー固有情報がユーザーのホームディレクトリの.seekstuff にまとめられているだろうと考える。しかし、特に seekstuff がなんらかのシステムユーティリティであれば、これらの名前がそれぞれ/etc/seekstuffrc と.seekstuffrc でも、意外だとは思われないだろう。

5 章では、テキストのデータファイルフォーマットについて、これとは異なる設計ルールを説明し、相互運用性、透明性、トランザクションの経済性のバランスの取り方についても論じた。

---

1. ドットファイルも表示されるようにしたければ、ls(1) の-a オプションを使えばよい。
2. 「rc」というサフィックスは、Unix の祖父にあたる CTSS にさかのぼる。CTSS には、「runcom」というコマンドスクリプト機能があったのだ。初期の Unix は、CTSS の runcom に敬意を表して、オペレーティングシステムのブートスクリプトの名前として「rc」を使っていた。

実行制御ファイルは、一般にプログラムの起動時に1度読み出されるだけで、通常は書き込まれない。そこで、通常経済性はあまり大きな問題とならない。相互運用性と透明性からは、人間が読めて、通常のテキストエディタで編集できるテキストフォーマットが望ましいということになる。

実行制御ファイルのセマンティックスは、もちろん、プログラムによって異なるが、実行制御ファイルの構文については、広く採用されている設計ルールが存在する。それについてはすぐあとで説明するが、そのまえにある重要な例外に触れておかなければならない。

プログラムがある言語のインタープリタなら、実行制御ファイルは、その言語の構文で書かれ、起動時に実行されるコマンドをまとめたものにする。Unix の伝統では、あらゆるプログラムを専用言語、ミニ言語として設計することが強く奨励されているだけに、これは重要な原則である。この種のドットファイルとしてよく知られた例としては、さまざまな Unix コマンドシェルとプログラム可能エディタの Emacs が挙げられる。

(この設計ルールの理由としては、特殊条件はよくないという考えがある。つまり、言語の動作を変更するスイッチは、どれも言語内で設定できるようにすべきだということだ。言語のすべての起動時設定をその言語自身で表現できないのであれば、Unix プログラマは、その言語の設計者に対し、設計に問題ありということだろう。この場合、設計者は特殊条件用の実行制御構文を作るのではなく、問題を解決しなければならない)。

この例外を別として、通常の実行制御ファイルの構文は、次のスタイルに従うとよい。歴史的には、Unix シェルの構文をもとにして作られたものである。

1. **説明コメントをサポートし、その先頭を#とする**。また、#の前のスペースも無視する。だから、設定ディレクティブと同じ行にコメントを書くこともサポートする。
2. **空白を細かく区別しない**。つまり、一連のスペース、タブを単一のスペースと同じ用に扱う。ディレクティブの形式が行指向なら、その行の末尾のスペースとタブは無視するとよい。これは、人間の目が区別できないものによってファイルの解釈を変えてはならないという上位のルールに基づくものだ。
3. **複数の空行とコメント行は単一の空行と同じように扱う**。入力フォーマットが空行をレコード間の区切り子として使っている場合には、コメント行がレコードの末尾にならないようにしたほうがよい。
4. **字句解析的には、ファイルは、空白で区切られたトークンのシーケンス、またはトークン行のシーケンスとして扱う**。複雑な字句解析ルールは学びにくく、覚えにくく、人間が走査しにくいので、避けること。
5. **しかし、スペースが埋め込まれたトークンのための構文をサポートすること**。シングルクォートかダブルクォートの対を区切り子として使う。両方をサポートする場合には、シェルと同じように両者に異なるセマンティックスを与えること。これは混乱の原因としてよく知られ

ている。
6. **文字列内の印字不能文字や特殊文字のためにバックスラッシュ構文をサポートすること**。標準パターンは、Cコンパイラでサポートされているバックスラッシュエスケープの構文である。たとえば、「a\tb」という文字列がaという文字のあとにタブが続き、さらにbという文字が続くものとして解釈されなければ、かなり意外な感じがしてしまう。

しかし、シェル構文のさまざまな要素のなかには、実行制御ファイルの構文で真似ないほうがよいもの、少なくとも具体的でもっともな理由がない限り真似ないほうがよいものもある。たとえば、クォート、かっこのルール、ワイルドカードや変数置換のためのメタキャラクタなどは、真似ないほうがよいものである。

これらのルールを使う理由は、ユーザーがそれまで見たこともないプログラムの実行制御ファイルを読み、編集するときに感じる目新しさの感じを少しでも減らすことにある。これは繰り返し強調しておいたほうがよいだろう。だから、このルールを破らなければならない場合には、破ったことが視覚的にわかる方法を取り、特に注意してその構文のドキュメントを書き、（これがもっとも重要なことだが）使用例があれば簡単に理解できるように設計するよう努めたほうがよい。

これらの標準スタイルルールは、トークン化とコメントにかかわることしか規定していない。実行制御ファイルの名前、高水準の構文、構文の意味の解釈方法は、通常アプリケーションごとに異なる。しかし、この原則にもごくわずかの例外がある。1つは、同種のアプリケーションが使う情報を持っているという意味で「よく知られた」存在になったドットファイルである。このようにして実行制御ファイルの形式を共有すると、ユーザーが感じる目新しさが減る。

このようなもののなかでもっともしっかりと確立された存在になっているのは、.netrcファイルだろう。ユーザーのホスト/パスワードのペアを必要とするインターネットクライアントプログラムは、通常、.netrcファイル（もしあれば）からこの情報を手に入れることができる。

10.3.1 ケーススタディ：.netrc ファイル

.netrcファイルは、標準ルールの具体的な実例として適している。**リスト10-1**は、.netrcの具体例である（ただし、自己防衛ためにパスワードを変更してある）。

リスト10-1　.netrcの例

```
#　Webホストに対するFTPアクセス
machine unix1.netaxs.com
        login esr
        password joesatriani

#　netaxsにあるメインメールサーバ
machine imap.netaxs.com
```

```
        login esr
        password jeffbeck

#   CCILにある予備のIMAPアカウント
machine imap.ccil.org
    login esr
    password marcbonilla

#   CCILにある予備のPOPアカウント
machine pop3.ccil.org
    login esr
    password ericjohnson

#   CCILのシェルアカウント
machine locke.ccil.org
    login esr
    password stevemorse
```

　この形式は、たとえ今まで見たことがなくても、目で見てすぐにわかるはずだ。マシン/ログイン名/パスワードの3つの組み合わせで、リモートホストのアカウントを記述しているのである。この種の透明性は重要だ。実際、より高速な解釈による時間的な経済性、よりコンパクトで暗号的なファイルフォーマットによって得られるスペースの経済性などよりもはるかに重要である。この形式は、それらよりもずっと貴重なリソースを節約できる。それは、人間の時間だ。マニュアルを読んだり、テキストエディタと比べてなじみのないツールを使わなくても、人間が読んで編集できるように作れば、人間の時間を節約できる。

　また、このフォーマットが複数のサービスに情報を提供するために使われていることにも注意しよう。これは、機密性の高いパスワード情報を格納する場所を1つにまとめられるということであり、意味がある。.netrcフォーマットは、もともと最初のUnix FTPクライアントのために設計された。そして、すべてのFTPクライアントがこのファイルを使うようになり、一部のtelnetクライアント、コマンド行ツールのsmbclient(1)、fetchmailも理解するようになった。リモートログインでパスワード認証をしなければならないようなインターネットクライアントを書くつもりなら、驚き最小の原則を守るためにも、.netrcの内容をデフォルトとして使うようにすべきである。

10.3.2　他のオペレーティングシステムに対する移植性

　サイト共通の実行制御ファイルは、ほとんどすべてのオペレーティングシステムで使える設計戦略だが、ドットファイルはUnix以外の環境には移植しづらい。Unix以外のほとんどのオペレーティングシステムに決定的に欠けているものは、真のマルチユーザー機能であり、ユーザーごとのホームディレクトリの概念である。たとえば、DOSとMEまでのWindows（95と

98を含む）には、まったくそんな概念はない。すべてのコンフィグレーション情報は、固定された位置にあるシステム全体の実行制御ファイル、Windowsレジストリか、起動されるプログラムと同じディレクトリのコンフィグレーションファイルに格納しなければならない。Windows NTには、ユーザーごとのホームディレクトリの概念があるが（Windows 2000、XPも同様）、システムツールはごく貧弱にサポートしているだけである。

10.4 環境変数

Unixプログラムが起動したときにアクセスできる環境には、一連の名前と値のペア（名前と値はともに文字列）も含まれている。そのなかの一部は、ユーザーが自分で設定したものであり、別の一部はシステムがログイン時に設定したものであり、シェルや端末エミュレータ（実行している場合）が設定したものもある。Unixのもとでは、環境変数はファイルサーチパス、システムのデフォルト、カレントユーザーID、プロセス番号など、プログラムの実行時環境についての重要情報を伝えるために使われる。シェルプロンプトでsetと入力し、改行を入力すると、現在定義されているすべてのシェル変数のリストが表示される。

CとC++では、これらの変数はライブラリ関数のgetenv(3)で問い合わせることができる。PerlとPythonは、起動時に環境辞書オブジェクトを初期化する。他の言語も、一般にこれら2つのモードのどちらかをサポートしている。

10.4.1 システム環境変数

環境変数のなかには、Unixシェルからプログラムを起動したときに定義されているはずだと考えてよい有名なものが含まれている。これら（特にHOME）は、ローカルドットファイルを読む前に評価しておかなければならないことが多い。

USER
: このセッションにログインする際に使ったアカウントのログイン名（BSDの慣習）。

LOGNAME
: このセッションにログインする際に使ったアカウントのログイン名（System Vの慣習）。

HOME
: このセッションを実行しているユーザーのホームディレクトリ。

COLUMNS
: 端末または端末エミュレータウィンドウの1行の字数。

LINES
: 端末または端末エミュレータウィンドウの行数。

SHELL
: ユーザーのコマンドシェルの名前（シェルアウトコマンドがよく使う）

PATH
: 名前に一致する実行可能コマンドを探すときにシェルが参照するディレクトリのリスト。

TERM
: セッションコンソールまたは端末エミュレータウィンドウの端末タイプの名前（その背景については6章のterminfoのケーススタディを参照）。TERMは、ネットワーク越しにリモートセッションを作るプログラム（telnetやssh）がこれを渡して、リモートセッションに対して設定することが求められているという点で、特殊である。

（このリストは代表的なものを並べたものだが、網羅的なものではない。）

特に重要なのはHOME変数だ。多くのプログラムはこれを使って、プログラムを呼び出したユーザーのドットファイルを探す（Cランタイムライブラリの関数を呼び出してホームディレクトリを取得するものもある）。

プログラムがシェルからの起動以外の方法で起動されたときには、これらのシステム環境変数の一部または全部が設定されていない場合があるので注意が必要だ。特に、TCP/IPソケットのデーモンリスナは、これらの変数が設定されていない状態で実行されることが多い。そして、設定されていても、役に立たないことが多い。

最後に、環境変数が複数のフィールドを持たなければならないとき、特にフィールドがなんらかのサーチパスと解釈されるときには、区切り子としてコロンを使う伝統があることにも注意してほしい（たとえばPATH変数）。また、一部のシェル（bashとkshが特にめだつ）は、環境変数のなかでコロンで区切られたフィールドを見ると、かならずファイル名と解釈することにも注意が必要である。これは、フィールド内に「~」が含まれていると、ユーザーのホームディレクトリに展開してしまうということだ。

10.4.2 ユーザー環境変数

アプリケーションは、システムが定義している以外の環境変数は自由に解釈できるところだが、今は実際にそうしている例はかなり少ない。環境変数は、実際はプログラムに構造化された情報を渡すのには適していない（原則として、値を走査すれば可能だが）。最近のUnixアプリケーションは、代わりに実行制御ファイルとドットファイルを使う傾向にある。

しかし、ユーザー定義環境変数が役に立つ設計パターンはある。

非常に多くの異なるプログラムによって共有する必要のあるアプリケーション独立のユーザー設定情報。この種の「標準」ユーザー設定情報の種類は、ゆっくりとしか変わらない。それは、使えるようになるまでに、非常に多くの異なるプログラムが1つずつ認識しなければならない

からである*3。標準的なものをまとめておこう。

EDITOR
: ユーザーの好みのエディタの名前（シェルアウトコマンドがよく使う）*4。

MAILER
: ユーザーの好みのメールユーザーエージェントの名前（シェルアウトコマンドがよく使う）。

PAGER
: ユーザーの好みのテキストブラウザの名前

BROWSER
: ユーザーの好みの Web ブラウザ。これは、2003 年の段階でまだ非常に新しく、まだ広く実装されてはいない。

10.4.3 環境変数をいつ使うべきか

ユーザー、システムの両環境変数に共通していることは、ここに格納されている情報を大量のアプリケーションの実行制御ファイルにコピーしなければならないとしたら、非常にわずらわしいだろうということだ。そして、好みが変わったときにすべての情報を書き換えなければならないとしたら、本当にわずらわしいだろう。一般に、ユーザーはシェルセッションのスタートアップファイルでこれらの変数を設定している。

同じドットファイルを共有する複数のコンテキストで値が変わる場合や、親プロセスが複数の子プロセスに情報を渡さなければならない場合。 呼び出しているユーザーの実行制御ファイルやドットファイルは同じでも、コンテキストが異なるときには、一部の起動時情報はまちまちになる。システムレベル環境変数では、X デスクトップで端末エミュレータウィンドウによって複数のシェルセッションをオープンしている場合がそうだ。これらのセッションは、同じドットファイルを参照するが、COLUMNS、LINES、TERM の値は異なる（以前のシェルプログラミングでは、よくこの方法を使った。メイクファイルは今も使っている）。

値がドットファイルで管理するにはまちまちに過ぎるが、起動ごとに変わるわけではない場合。 たとえば、ユーザー定義環境変数は、プログラムが操作するファイルの木構造のルートにあたるファイルシステム上、インターネット上の位置を示すために使われることがある。CVS バージョン管理システムは、CVSROOT 変数をこのようなものとして解釈する。NNTP プロトコルを使ってサーバからニュースを取り出してくるいくつかのニュースリーダークライアントは、

---

3. この種の分散ユーザー設定情報を表現するための本当によい方法はだれにもわからない。おそらく、環境変数ではないのだろうが、考えられる他のすべての方法にも、同じくらいにやっかいな問題がある。
4. 実際には、ほとんどの Unix プログラムは最初に VISUAL をチェックし、設定されていないときに限って、EDITOR を参照する。これは、行エディタと画面エディタで異なる好みを使い分けていた時代の遺物である。

サーバの位置として NNTPSERVER 変数を解釈する。

コマンド行の起動の仕方は変えないで、プロセス固有の特別設定を表現しなければならない場合。ユーザー定義環境変数は、なんらかの理由で、アプリケーションドットファイルや指定するコマンド行オプションを変えるのではたいへんな場合に便利だ（おそらく、そのアプリケーションは、通常シェルラッパーかメイクファイル内で使われるのだろう）。この種の使い方をするコンテキストで特に重要なのがデバッグである。たとえば、Linux のもとでは、リンクローダの ld(1) が使う LD_LIBRARY_PATH 変数を操作すると、ライブラリがロードされるディレクトリを変更できる。これを使えば、バッファフローチェックやプロファイリングを行うバージョンを使い分けられる。

一般に、ユーザー定義環境変数は、値がひんぱんに変わるのでそのたびにドットファイルを編集するのでは不便だが、かならずしも毎回変わるわけではなく、かならずコマンド行オプションで位置を設定するのでは、やはり不便な場合に役に立つ。このような変数は、ローカルドットファイルによって設定をオーバーライドできるように、一般にローカルドットファイルよりもまえに評価される。

Unix の伝統的な設計パターンだが、新しいプログラムではお勧めできないものが1つある。それは、実行制御ファイルでユーザーの好みを設定する代わりに、軽量の代替品としてユーザー定義環境変数を使うというものだ。たとえば、ダンジョンクロールゲームの nethack(1) は、ユーザー環境変数の NETHACKOPTIONS からユーザーの好みを読み出す。これは古いテクニックだが、今なら、実行制御ファイルの .nethack または .nethackrc を走査するほうが主流だ。

この古いスタイルは何が問題なのだろうか。プログラムがホームディレクトリに実行制御ファイルを持つことをユーザーが知っていた場合、環境変数を使うと、実際に設定されるユーザー情報がどこにあるのかを探すのが必要以上に複雑になってしまうのだ。環境変数は、いくつかの異なるシェル実行制御ファイルのどこででも設定できる。Linux の場合、少なくとも .profile、.bash_profile、.bashrc が含まれる。これらのファイルは、散乱していて確かさに欠けるので、オプションパーサを持つオーバーヘッドが軽くなるにつれて、ユーザー設定情報は環境変数からドットファイルに移される傾向にある。

10.4.4 他のオペレーティングシステムへの移植性

環境変数は、Unix 以外のオペレーティングシステムに対してほとんど移植性を持たない。Microsoft のオペレーティングシステムは、Unix のそれをモデルとした環境変数機能を持っており、Unix と同じ PATH 変数を使ってバイナリサーチパスを設定するが、Unix シェルプログラマが当たり前の存在と思っている他の変数（プログラム ID やカレントディレクトリ）の大半はサポートされていない。他のオペレーティングシステム（古典的な MacOS を含む）は、一般に環境変数に対応するものをいっさい持っていない。

10.5 コマンド行オプション

Unixの伝統は、コマンド行スイッチを使ってプログラムを制御することを奨励しているので、オプションはスクリプトから指定できる。これは、パイプやフィルタとして機能するプログラムにとって特に重要なことだ。通常の引数があるときに、コマンド行オプションを見分ける方法としては、オリジナルUnixスタイル、GNUスタイル、Xツールキットスタイルの3種類がある。

オリジナルUnixの伝統では、コマンド行オプションは1個の文字の前に1個のハイフンをつけた形のものだった。そのあとに引数をともなわないモードフラグオプションは、くっつけることができる。つまり、-a、-bというモードオプションがあるとき、-ab、-baという書き方も正しく、両方のオプションが有効になる。オプションに対する引数がある場合には、その後ろに続く（オプションを空白で区切ってもよい）。このスタイルでは、大文字よりも小文字のほうが好まれる。大文字のオプションを使う場合には、小文字のオプションの特別な変種になっているとよい。

このオリジナルUnixスタイルは、低速のASR-33テレタイプのもとで発展したものであり、入力数を減らすことが重要なことだった。shiftキーを押し下げることには、実際に力が必要だった。だから、小文字のほうが好まれ、オプションを有効にするための記号としても（論理的にはより適切に感じられる「+」ではなく）「-」が使われることになった。

GNUスタイルは、キーワードの文字ではなく、キーワードそのものを使い、その前にハイフンを2個つける。このスタイルが発展したのは、一部の凝ったGNUユーティリティが1文字オプションキーを使い切り始めた頃から発展してきたものである（根本的な病を治すのではなく、病状にパッチを当てたのだ）。しかし、GNUオプションは、古いアルファベットスープよりも読みやすいので、今も使われている。GNUスタイルは、間に区切りのスペースを入れないと、繋ぎ合わせることはできない。オプションの引数（ある場合）は、空白か単一の「=」（等号）で区切る。

GNUスタイルが、オプションの先頭としてハイフン2個を選んだのは、同じコマンド行で伝統的な1文字オプションとGNUスタイルのキーワードオプションの両方を曖昧さなしに併用できるようにするためだ。だから、最初の設計で、オプションが少なくて単純なら、あとでGNUスタイルに移行するときに新旧の互換性がなくなる「旗日」がくることを心配せずに、Unixスタイルを使うことができる。一方、GNUスタイルを使っている場合は、少なくとももっとも一般的なオプションについては、1文字の指定方法も用意するとよい。

Xツールキットスタイルは、紛らわしいことに、1個のハイフンとキーワードを使う。Xツールキットは一部のオプション（-geometryや-displayなど）をフィルタリングアウトして、処理してから、残りのコマンド行をアプリケーションロジックに渡す。Xツールキットスタイルは、UnixスタイルやGNUスタイルと互換性を持たないので、Xの古い慣習に互換性を維持す

ることに大きな意味がある場合を除いて、新しいプログラムでは使わないほうがよい。

多くのツールは、標準入力から読み出すことをアプリケーションに指示する擬似ファイル名としてオプション文字のつかない単独のハイフンを受け付ける。また、オプション解釈を終了し、あとの引数はリテラルに扱うことを指示するシグナルとして、2個のハイフンを使うのも、一般的な慣習となっている。

ほとんどの Unix プログラミング言語は、古典的な Unix スタイルや GNU スタイル（単独のダブルハイフンの解釈も含む）のコマンド行を走査するライブラリを提供している。

10.5.1 コマンド行オプション-a から-z まで

時間とともに、よく知られた Unix プログラムでひんぱんに使われるオプションができてくると、さまざまなフラグにどのような意味を持たせるかについて、セマンティックスの標準のようなものができあがってきている。次に示すのは、オプションとベテランの Unix ユーザーが驚きを持たないオプションの意味をまとめたものである。

- -a すべて（引数なしで）。GNU スタイルの--all オプションがあるときに、-a がそれ以外の意味では、かなり驚きがある。使用例：fuser(1)、fetchmail(1)。
  追加。tar(1) ではこちらの意味で使われる。削除を表す-d と対になっていることが多い。
- -b バッファ/ブロックサイズ（引数付き）。バッファサイズやブロックサイズ（アーカイブや記憶媒体の管理などを行うプログラム）を設定する。例：du(1)、df(1)、tar(1)。
  バッチ。プログラムが対話的な性質を持つ場合、プロンプトを表示しなくするなど、人間のオペレータではなくファイルから入力を受け付けるのに適したその他のオプションを設定する。例：flex(1)。
- -c コマンド（引数付き）。プログラムが通常は標準入力からコマンドを受け付けるインタープリタである場合、-c オプションの引数は、1行の入力を渡すために使えるようにすべきである。この慣習は、シェルやシェル風のインタープリタでは特に強い。例：sh(1)、ash(1)、bsh(1)、ksh(1)、python(1)。下の-e と比較してほしい。
  チェック（引数なし）。コマンドに対するファイル引数が正しいことをチェックするが、通常の処理は実行しない。コマンドファイルの解釈を行うプログラムが、構文チェックオプションとしてよく使う。例：getty(1)、perl(1)。
- -d デバッグ（引数ありまたはなし）。デバッグメッセージのレベルを設定する。これはよく使われている。
  -d が削除やディレクトリの意味で使われる場合もある。
- -D 定義（引数付き）。インタープリタ、コンパイラ、（特に）マクロプロセッサなどで、

なんらかのシンボルの値を設定する。モデルは、C コンパイラのマクロプロセッサが使っている-D である。この対応関係は、ほとんどの Unix プログラムの頭に深く刻み込まれているので、あえて違うことはしないほうがよい。

-e 　実行（引数付き）。ラッパー、あるいはラッパーとして使えるプログラムは、-e オプションで制御を渡すプログラムを設定できることが多い。例：xterm(1)、perl(1)。
編集。読み出し専用と編集可能の 2 つのモードでリソースをオープンできるプログラムは、-e で編集可能モードでのオープンを指定できるようになっている場合がある。例：crontab(1)、SCCS バージョン管理システムの get(1) ユーティリティ。
-e が除外、表現、数式などの意味で使われることもある。

-f 　ファイル（引数付き）。入出力にランダムアクセスしなければならない（そのため、<や>によるリダイレクトでは不十分な）プログラムの入力（または、よりまれだが出力）ファイルを指定するために、引数付きで使われることが非常に多い。古典的な例は tar(1) だが、他にもたくさんある。また、通常はコマンド行から受け付ける引数をファイルから受け付けることを指示するために使われることもある。古典的な例としては、awk(1)、egrep(1) がある。下の-o と比較してほしい。
強制（一般に引数なし）。通常は条件に基づいて行われるなんらかの処理（ファイルロックやロック解除）を強制的に行う。このほうがまれである。
デーモンは、これら 2 つの意味を結合して、デフォルトではない位置にあるコンフィグレーションファイルを強制的に処理するために、-f を使うことが多い。例：ssh(1)、httpd(1)、その他多くのデーモン。

-h 　ヘッダ（一般に引数なし）。プログラムが生成する表形式のレポートのヘッダを有効、無効にしたり、変更したりする。例：pr(1)、ps(1)。
ヘルプ。予備知識なしで想像するのと比べて、実は少ない。それは、Unix 初期のプログラマの多くが、オンラインヘルプなどメモリ使用量のオーバーヘッドとして大きすぎると考えていたからだろう。彼らは、代わりに man ページを書いたのである（こうして、18 章で取り上げるような man ページスタイルが作られた）。

-i 　初期化（通常は引数なし）。プログラムのリソースやデータベースを初期状態、すなわち空の状態にする。例：RCS の ci(1)。
対話的操作（通常は引数なし）。通常は確認を求めないプログラムに、強制的に確認をさせる。古典的な例がいくつかあるが（rm(1)、mv(1)）、この使い方は一般的ではない。

-I 　インクルード（引数付き）。アプリケーションがリソースを探すために使うファイル、ディレクトリを追加する。言語自体にソースファイルインクルードの機能があるすべての Unix コンパイラは、この意味で-I を使っている。このオプションが他の用途で

10.5 コマンド行オプション

使われていたら、驚きはかなり大きなものになるだろう。

-k キープ（引数なし）。ファイル、メッセージ、リソースなどの通常の削除処理を行わない。例：`passwd(1)`、`bzip(1)`、`fetchmail(1)`。

-k は、強制終了の意味を持つこともある。

-l リスト（引数なし）。プログラムがなんらかの種類のアーカイブフォーマットのアーカイバまたはインタープリタ/プレイヤーなら、-l オプションをアイテムリストの表示以外の意味で使うと、驚きがかなり強くなるだろう。例：`arc(1)`、`binhex(1)`、`unzip(1)`（ただし、`tar(1)` と `cpio(1)` は例外である）。

最初からレポートジェネレータになっているプログラムでは、-l は、ほとんどかならず「ロング」という意味になり、デフォルトモードよりも詳細な情報を表示するなんらかのロングフォーマットが使われる。例：`ls(1)`、`ps(1)`。

ロード（引数付き）。プログラムがリンカや言語インタープリタなら、-l はまちがいなくなんらかの適切な意味でライブラリをロードするという意味になる。例：`gcc(1)`、`f77(1)`、`emacs(1)`。

ログイン。ネットワーク ID を指定しなければならない `rlogin(1)` や `ssh(1)` などのプログラムでは、-l でそれを行う。

-l は、長さやロックの意味を持つこともある。

-m メッセージ（引数付き）。引数付きの-m は、ログやアナウンスの目的でメッセージをプログラムに渡す。例：`ci(1)`、`cvs(1)`。

-m は、メール、モード、変更時間の意味を持つこともある。

-n 数値（引数付き）。たとえば、`head(1)`、`tail(1)`、`nroff(1)`、`troff(1)` などのプログラムのページ範囲を指定するために使われる。通常は DNS 名を表示している一部のネットワークツールは、生の IP アドレスを表示するオプションとして-n を使っている。典型的な例は、`ifconfig(1)`、`totcpdump(1)` である。

否定（引数なし）。`make(1)` などのプログラムでは、通常の処理を行わないようにするために使われる。

-o 出力（引数付き）。プログラムがコマンド行で出力ファイル、デバイスを名前で指定しなければならない場合には、-o オプションはそのために使われる。例：`as(1)`、`cc(1)`、`sort(1)`。コンパイラ風のインターフェイスを持つプログラムでこのオプションを他の用途で使っていたとすると、驚きはとても強くなる。-o をサポートするプログラム（`gcc` など）は、通常の引数のまえだけではなく、通常の引数のあとで指定されていても認識できるようにするロジックを持っていることが多い。

-p ポート（引数付き）。TCP/IP ポート番号を指定するオプションとして使われることが多い。例：`cvs(1)`、PostgreSQL ツール、`smbclient(1)`、`snmpd(1)`、`ssh(1)`。

プロトコル（引数付き）。例：fetchmail(1)、snmpnetstat(1)。

-q　出力抑止（通常は引数なし）。通常の診断、処理結果の出力を抑止する。非常によく見かける。例：ci(1)、co(1)、make(1)。-sのサイレントの意味も参照のこと。

-r　再帰（引数なし）。プログラムがディレクトリを処理対象とするとき、このオプションはすべてのサブディレクトリを再帰的に処理することを指示する。ディレクトリを操作するユーティリティで、他の使い方をすると、驚きが大きい。古典的な例は、もちろん、cp(1)である。

リバース（引数なし）。例：ls(1)、sort(1)。フィルタは、このオプションを使って通常の変換処理の逆を指定する（-dと比較せよ）。

-s　サイレント（引数なし）。通常の診断、処理結果の出力を抑止する（-qと同様。両方がサポートされている場合、-qは「静かに」だが、-sは「完全沈黙」である）。例：csplit(1)、ex(1)、fetchmail(1)。

タイトル（引数付き）。メール、ニュースメッセージを送ったり操作したりするコマンドでは、必ずこの意味で使われる。メールを送るプログラムは、タイトルを指定したいところなので、これをサポートすることはとても重要である。例：mail(1)、elm(1)、mutt(1)。

-sは、サイズの意味で使われることもある。

-t　タグ（引数付き）。プログラムが検索キーとして使う位置や文字列を指定する。特に、テキストエディタやビュアでよく使われる。例：cvs(1)、ex(1)、less(1)、vi(1)。

-u　ユーザー（引数付き）。名前か数値のUIDでユーザーを指定する。例：crontab(1)、emacs(1)、fetchmail(1)、fuser(1)、ps(1)。

-v　冗舌（引数ありまたはなし）。トランザクションモニタリング、字数の多い報告、デバッグ出力などを有効にするために使われる。例：cat(1)、cp(1)、flex(1)、tar(1)など多数。

バージョン（引数なし）。プログラムのバージョンを標準出力に表示して終了する。例：cvs(1)、chattr(1)、patch(1)、uucp(1)。この動作は、-Vで実行されることのほうが多い。

-V　バージョン（引数なし）。プログラムのバージョンを標準出力に表示して終了する（プログラム内に組み込まれている設定の詳細も表示することが多い）。例：gcc(1)、flex(1)、hostname(1)など多数。このスイッチが他の用途で使われていたら、かなり驚きが大きい。

-w　幅（引数付き）。特に出力フォーマットの幅を指定するために使われる。例：faces(1)、grops(1)、od(1)、pr(1)、shar(1)。

警告（引数なし）。警告メッセージを有効にしたり、消したりする。例：fetchmail(1)、

flex(1)、nsgmls(1)。
- -x デバッグ出力を有効にする（引数ありまたはなし）。-dと同様。例：sh(1)、uucp(1)。抽出（引数付き）。アーカイブやワーキングセットから取り出すファイルを指定する。例：tar(1)、zip(1)。
- -y イエス（引数なし）。通常ならプログラムが確認を求めてくるような、既存のものを破壊する可能性のある処理を認める。例：fsck(1)、rz(1)。
- -z 圧縮を有効にする（引数なし）。アーカイブ、バックアッププログラムは、よくこのオプションを使う。例：bzip(1)、GNU tar(1)、zcat(1)、zip(1)、cvs(1)。

以上の例は、Linux ツールセットから取り出したものだが、最近の Unix ではほとんど同じになるはずだ。

プログラムのためにコマンド行オプションの文字を選ぶときには、類似するツールの man ページを見るようにしよう。同じような機能の指定に使うオプション文字は、同じものを使うようにする。コマンド行スイッチについて特に強い慣習が形成されており、それに逆らうのはかなり危険に感じられるような分野もある。コンパイラ、メーラ、テキストフィルタ、ネットワークユーティリティ、X ソフトウェアなどはこれにあたる。たとえば、タイトル行以外の目的で -s オプションを使うメールエージェントを書くと、普通はユーザーに使ってもらえない。

GNU プロジェクトは、GNU コーディング標準[5]のなかで、いくつかのダブルダッシュオプションに与えるべき意味を示唆している。また、標準化はされていないものの、多くの GNU プログラムで使われている長いオプションのリストも示している。とにかく、驚き最小の原則に従い、ここにある名前を利用することだ。

10.5.2 他のオペレーティングシステムへの移植性

コマンド行オプションを持つためには、コマンド行を持たなければならない。MS-DOS ファミリは持ちろん持っているが、Windows では、GUI によって隠蔽されており、コマンド行は使いやすくない。オプションを示す文字が「-」ではなく「/」になっているのは、細部に過ぎない。古典的な MacOS など、他の純粋 GUI 環境は、コマンド行オプションに近いものをいっさい持っていない。

---

5. Gnu Coding Standards（http://www.gnu.org/prep/standards/）を参照のこと。

10.6 どの方法を選ぶか

　今まで、実行制御ファイル（システムおよびユーザー）、環境変数、コマンド行引数を順に見てきた。もっとも変えにくいものから、もっとも変えやすいものに向って進んできたわけだ。これらを複数使う行儀のよい Unix プログラムの間には、この順番で設定を参照し、あとのほうの設定でまえのほうの設定をオーバーライドできるようにするという習慣がある（ドットファイルの位置を指定するコマンド行オプションのように、例外はある）。

　特に、環境変数は、通常、ドットファイルの設定よりも優先されるが、コマンド行オプションのほうがより優先される。make(1) の -e のように、環境変数や実行制御ファイル内の宣言よりも優先されるコマンド行オプションを用意しておくとよい。こうすると、実行制御ファイルや環境変数による設定がどのようなものかにかかわらず、スクリプトのなかでプログラムの動作を一定したものに規定できる。

　どこから設定を取り出してくるかは、複数の起動を通じて一定に保つ必要のある設定がどの程度あるかによって決まってくる。主としてバッチモードで使われるプログラム（たとえば、ジェネレータやパイプラインのなかのフィルタ）は、通常、コマンド行オプションで完全に設定できるようになっている。このパターンの例としては、ls(1)、grep(1)、sort(1) などが挙げられる。その反対に、複雑で対話的な動作をともなう大規模なプログラムは、実行制御ファイルと環境変数で完全に設定でき、コマンド行オプションはほとんど、あるいはまったく使われない。このパターンの例としては、ほとんどの X ウィンドウマネージャが挙げられる。

　（Unix では、同じファイルが複数の名前（リンク）を持つことができる。すべてのプログラムは、起動時に自分がどのようなファイル名で呼び出されたかを知ることができる。複数の動作モードを持つプログラムに、どのモードを使うべきかを知らせるもう 1 つの方法としては、モードごとにリンクを与え、どのリンクから呼び出されたかを検出し、それによって動作を変えるというものが考えられる。しかし、このテクニックは一般にクリーンではないと考えられており、ほとんど使われていない）。

　ここでは、3 つのすべての場所から設定情報を集めている 2 つのプログラムについて見てみよう。個々の設定情報について、収集元がなぜそこになっているのかを考えると、理解が深まるだろう。

10.6.1 ケーススタディ：fetchmail

　fetchmail プログラムは、USER と HOME の 2 つの環境変数しか使わない。これらの変数は、システムによって初期化される定義済み環境変数である。多くのプログラムは、これらを使っている。

　HOME の値は、ドットファイルの .fetchmailrc を探すために使われる。.fetchmailrc には、

先ほど説明したシェル風の字句解析ルールに従ったかなり精巧な構文で書かれた設定情報が含まれている。fetchmailのコンフィグレーションは、最初にセットアップされたら、あまりひんぱんに変わるものではないので、これで正しい。

/etc/fetchmailrcのようなfetchmail専用のサイト共通ファイルはない。通常、この種のファイルには、特定のユーザーに限定されないコンフィグレーションが格納されている。fetchmailにも、わずかながらこの種の設定は含まれていいる。具体的にいえば、ローカルポストマスターの名前、ローカルメール伝送の設定を記述するいくつかのスイッチや値（ローカルSMTPリスナのポート番号など）。しかし、実際には、これらの値がコンパイルしてプログラムに組み込まれたデフォルトから変更されることはまずない。変更される場合、ユーザーごとに異なる形で変更される。そのため、サイト共通のfetchmail実行制御ファイルの需要はないのだ。

fetchmailは、.netrcファイルからホスト/ログイン名/パスワードの組み合わせを取り出すことができる。つまり、認証情報はもっとも意外性の少ない形で取得している。

fetchmailには、かなり多くのコマンド行オプションがあり、.fetchmailrcが表現できることのすべてではないがほとんどを表現できる。オプションはもともとそれほどは多くなかったが、.fetchmailrcミニ言語に新しい構文要素が追加されるにつれて、対応するコマンド行オプションも柔軟に追加され、大規模なものになった。

多くのオプションをサポートしている目的は、コマンド行オプションで実行制御ファイルの設定をオーバーライドできるようにして、スクリプトのなかでfetchmailを簡単に使えるようにするためである。しかし、このような需要があるものは、--fetchallとか--verboseといったごく一部のオプションだけだということがわかってきたうえ、一時的な実行制御ファイルをその場で作り、fetchmailに-fオプションで与える方法で満足できない設定はない。

このようなことから、ほとんどのコマンド行オプションは使われず、今から考えてみれば、このようなものを作ったのはおそらくまちがいだった。特に役立つことをしないくせに、これらのためにfetchmailのコードは少し膨れ上がっている。

> コードが膨れ上がることだけが問題なら、数人のメンテナンスプログラマ以外、だれも気にしないところだ。しかし、オプションは、コードがエラーを起こす確率を上げる。特に、ほとんど使われないオプション同士の相互作用は予測できない。さらに悪いことに、むだなオプションはマニュアルも増やしてしまう。これはすべての人にとって**苦痛**だ。
>
> —— **Doug McIlroy**

ここから得られる教訓は、もし私がfetchmailの使用パターンについて十分慎重に考えており、機能を追加することについてもう少し節度があれば、余分に複雑度を増すようなことは避けられたはずだということだ。

そのような場合には別の手がある。これは、コードやマニュアルもそれほど膨らませ

ない方法だが、`sendmail` の-O オプションのように、「オプション変数を設定する」オプション、すなわちオプション名と値を指定できるオプションがあれば、コンフィグレーションファイルにそのような設定があるかのように名前と値を指定できる。もっと強力な方法としては、`ssh` の-o オプションがある。-o の引数は、コンフィグレーションファイルの構文を完全に使うことができて、コンフィグレーションファイルに1行分の情報が追加されたかのように扱われる。どちらの方法でも、臨時に変えたくなるようなすべての設定についてそれぞれ別のオプションを用意したりせずに、コマンド行からコンフィグレーションファイルの内容をオーバーライドできるようにしたいという特殊な要求を満たすことができる。

—— Henry Spencer

10.6.2 ケーススタディ: XFree86 サーバ

X Window System は、Unix マシンでビットマップ表示をサポートするエンジンだ。ビットマップディスプレイを持つクライアントマシンで実行された Unix アプリケーションは、X から入力イベントを受け取り、X に画面描画要求を送る。紛らわしい話だが、X 「サーバ」は、実際にはクライアントマシンで実行される。X サーバは、クライアントマシンの表示デバイスとやり取りしようという要求を満たすために存在する。X サーバに要求を送るアプリケーションは、サーバマシンで実行されている場合でも、「X クライアント」と呼ばれる。この反転した用語法が紛らわしくないと説明することは不可能だ。

X サーバ環境へのインターフェイスは、近づきがたいほど複雑だ。しかし、X は非常に広い範囲の複雑なハードウェアやユーザーの好みを相手にしなければならないのだから、これは驚くべきことではない。だから、すべての X サーバに共通で、X(1)、Xserver(1) ページにドキュメントされている環境についてのクエリは、学習用に役に立つ例となるだろう。ここで検討する実装は、Linux をはじめとするいくつかのオープンソース Unix で使われている XFree86[6]である。

XFree86 サーバは、起動時にサイト共通の実行制御ファイルを参照する。正確なパス名は、異なるプラットフォームの X ビルドの間で異なるが、ベース名は `XF86Config` となっている。`XF86Config` ファイルは、下に示すように、シェル風の構文を持っている。**リスト 10-2** は、`XF86Config` ファイルのセクションの例である。

---

6. 訳注: 2004 年 4 月の 4.4 リリースにおけるライセンスをきっかけに、中核メンバが X.Org Foundation に分離した。FreeBSD 5.2.1 以降では、Xorg が使われている。

リスト 10-2　X コンフィグレーションファイルの例

```
#    16色VGAサーバ

Section "Screen"
    Driver         "vga16"
    Device         "Generic VGA"
    Monitor        "LCD Panel 1024x768"
    Subsection     "Display"
        Modes          "640x480" "800x600"
        ViewPort       0 0
    EndSubsection
EndSection
```

　XF86Configファイルは、ホストマシンの表示デバイス（グラフィックスカード、モニタ）、キーボード、ポインティングデバイス（マウス/トラックボール/グライドパド）を記述する。この情報は、マシンのすべてのユーザーに適用されるものなので、サイト共通の実行制御ファイルにまとめられていることは正しい。

　Xは、実行制御ファイルからハードウェア設定を取得すると、環境変数 HOME の値を使って、Xを起動したユーザーのホームディレクトリにある2つのドットファイルを探す。それは、.Xdefaultsと.xinitrc[7]である。

　.Xdefaultsファイルは、ユーザーごと、アプリケーションごとのX関連リソースを規定する（たとえば、フォント、端末エミュレータの前景/背景色など）。しかし、「X関連」ということばに設計上の問題点が潜んでいる。この種のすべてのリソース宣言を1箇所に集めておくことは、参照したり編集したりするには便利だが、何を.Xdefaultsで宣言し、何をアプリケーション固有ドットファイルで指定するかが必ずしも明確ではなくなってしまう。.xinitrcは、サーバ起動直後にユーザーのXデスクトップを初期化するために実行しなければならないコマンドを指定する。これらのプログラムには、ほとんどかならずウィンドウまたはセッションマネージャが含まれている。

　Xサーバは、大量のコマンド行オプションを持っている。そのうち、-fp（フォントパス）などのオプションは、XF86Configの設定をオーバーライドする。-auditなどのオプションは、サーバのバグを追跡するのを助ける。これらを使ったとしても、テストランによってかなりまちまちなものになる可能性が高いので、実行制御ファイルに入れるのには適していない。非常に重要なオプションは、サーバのディスプレイ番号を設定するものだ。それぞれにユニークなディスプレイ番号を与えれば、1つのホストで複数のサーバを実行することができ、すべてのインスタンスが同じ実行制御ファイルを共有する。だから、ディスプレイ番号だけは、実行制御ファイルから得ることができないのだ。

---

7. .xinitrcは、Windowsや他のオペレーティングシステムのStartupフォルダと似たものである。

10.7 これらのルールを破ると

　この章で説明した慣習は、絶対的なものではないが、これらに従わなければ、将来のユーザーと開発者との間で摩擦を起こすことになる。どうしても必要なら破ってよいが、なぜ破るのか、その理由を正確に把握してからにすることだ。そして、これらのルールを破る場合には、修復原則に従い、通常の操作に対してはけたたましくエラーを起こし、適切なフィードバックを返すことを忘れてはならない。

第11章

ユーザーインターフェイス：
Unix環境におけるユーザーインターフェイス設計

> 私たちのすべての知識は知覚にその源を持つ。
>
> —— **Leonardo Da Vinci**

　プログラムのインターフェイスとは、人間のユーザーや他のプログラムとのあらゆる通信経路の総和である。10章では、環境変数、スイッチ、実行制御ファイルなどの起動時インターフェイスを取り上げた。この章では、起動後のUnixインターフェイスの歴史をひもとき、その実際的な意味を説明していく。ユーザーインターフェイスコードは、通常、開発時間の40％以上を占めるだけに、スタートでの多くの誤りと書き直しによる時間のロスを防ぐためには、優れた設計パターンを知っていることがとても重要である。

　Unixの伝統では、インターフェイス設計に関連して2つのテーマにくり返し取り組むことになる。それは、他のプログラムとの通信をあらかじめ予想した設計と、驚き最小の原則である。

　Unixプログラムは、組み合わせて使うことによって、それらを単純に足した以上の力を発揮する。そのような組み合わせのためのさまざまな方法については、7章ですでに取り上げた。Unixインターフェイス設計の「他のプログラム」の部分は、他のオペレーティングシステムの場合とは異なり、あと知恵とか例外的な条件というものではない。人間のユーザーのためのインターフェイス設計との間で適切にバランスを取り、両者がしっくりと融合するように仕上げなければならない中心的な課題である。

　プログラムのインターフェイス設計に関するUnixコミュニティの伝統の多くは、初めて出会ったときには奇妙ででたらめなものに見えるかもしれない。それどころか、GUIの時代にもなって、まったくの時代錯誤に感じられるかもしれない。しかし、さまざまな欠点や変則性があるにもかかわらず、Unixの伝統には学習し、理解するだけの価値のある内的な論理が貫かれている。人間と他のプログラムの両方と効果的にやり取りするために、Unixの長い歴史が蓄積してきた知見が反映しているのだ。そして、そのなかには、プログラムが共有して従っている一連の習慣が含まれている。それが、広範なユーザーインターフェイス問題に対処する「驚き

のもっとも小さい」スタイルを規定しているのだ。

起動後、プログラムは通常、次の源から入力やコマンドを受け取る。

- プログラムの標準入力から与えられたデータとコマンド。
- X サーバイベントやネットワークメッセージなど、IPC を介して渡される入力。
- 知られている位置にあるファイルやデバイス（起動時に渡されたり、プログラムが計算によって導き出したりしたデータファイルなど）。

プログラムは、どれも同じ方法で結果を出力できる（標準出力に書き出すことにより）。

一部の Unix プログラムはグラフィカルであり、一部は画面志向のキャラクタインターフェイスであり、さらに別の一部はテレタイプの時代からまったく変わらない非常に単純なテキストフィルタ形式である。経験のない人にとっては、なぜ、プログラムがそのようなスタイルをとっているかは、まったく理解できないことが多い。それどころか、Unix がなぜそんなに雑多なインターフェイスをサポートしているのかすら理解できないかもしれない。

Unix は複数の競合するインターフェイススタイルを持っている。これらはみな、理由があって生き残っている。それぞれに適した状況があるのだ。仕事とインターフェイススタイルがどのようなときに調和するのかを理解すれば、自分が必要としている仕事に合った正しいスタイルの選び方がわかるようになるだろう。

11.1 驚き最小の原則をあてはめる

驚き最小の原則は、単にソフトウェアだけではなく、あらゆる種類のインターフェイス設計の一般原則である。「もっとも驚きを感じられないことをせよ。」 これは、人間というものが同時に注意を向けられるものが 1 つしかないことからの帰結である（The Humane Interface [Raskin] 参照）。インターフェイスが驚くようなものであると、たった 1 つの注意の対象がインターフェイスに向ってしまい、インターフェイスが属するタスクには向わなくなってしまうのだ。

だから、使えるインターフェイスを設計するためには、可能な限り、まったく新しいインターフェイスモデルを作ったりしないことだ。新奇であることは、システムのなかに入るための障害になる。ユーザーに学習の負担を押し付けることになるので、最小限に抑えなければならない。ユーザー層の経験と知識について慎重に考えるようにしよう。あなたのプログラムと彼らがすでに知っているはずのプログラムの機能的な類似性を探そう。そして、既存のインターフェイスで関係がある部分を模倣するのである。

驚き最小の原則は、設計分野において機械的に保守主義を取れといっているわけではない。新奇なものは、ユーザーがインターフェイスに初めて接してから数回のやり取りのコストを引

き上げるが、貧弱な設計は、インターフェイスを永遠に不必要に苦痛なものにしてしまう。設計の他の側面と同様に、原則があれば、趣味のよさや技術的な判断の正しさが不要になるわけではない。トレードオフを慎重に検討しよう。そしてそれらをユーザーの視点から考えよう。

驚き最小の原則が含んでいる意味のうち、1つはこうだろう。それは、可能な限り、ユーザーがインターフェイス機能をなじみのプログラムに委ねられるようにしようというものだ。7章ですでに述べたように、ユーザーがかなりの量のテキストを編集しなければならないようなプログラムなら、独自の組み込みエディタを作るよりも、ユーザーが指定したエディタを呼び出すようにすべきである。こうすれば、あなたよりも自分の好みをよく知っているユーザーは、もっとも驚きの少ないものを選ぶことができる。

この本の他の部分では、コードの再利用を推進し、複雑さを軽減するための戦術として、共同作業と処理の委譲を勧めている。ここでのポイントは、ユーザーが委譲の過程に割り込んで、自分で選んだエージェントに仕事を委ねられれば、これらのテクニックによって、単にプログラマの経済性が上がるというだけでなく、ユーザーの力を積極的に後押しできるということだ。

さらに、委譲が無理なら、真似ることだ。驚き最小の原則の目的は、ユーザーがインターフェイスを使うために耐えなければならない複雑度を軽減するということにある。エディタの例を続けると、組み込みエディタを実装しなければならない場合には、そのエディタのコマンドは、よく知られている汎用エディタのコマンドのサブセットになるようにするとよい（でなければ、よく知られている複数の汎用エディタ。bash と ksh は、ともにコマンド行エディタを持っているが、vi と Emacs の2つの編集スタイルを選べるようになっている）。

たとえば、Unix バージョンの Netscape と Mozilla Web ブラウザは、フォームの入力フィールドは Emacs のデフォルトキーバインディングのサブセットを認識する。Ctrl-A は行頭に移動し、Ctrl-D は次の文字を削除し、といった具合である。この選択は、Emacs を知っているユーザーにとっては助かるところだし、他のユーザーにとっても、でたらめで変なコマンドセットになっているよりましだ。これよりもよい選択として考えられるものは、Emacs よりもずっと広範囲の人々に使われているエディタのキーバインディングを採用することだが、Netscape のもともとのユーザー層から考えれば、そのようなものはない。

これらの原則は、インターフェイス設計の他のさまざまな分野にも応用できる。たとえば、ユーザーが HTML Web ブラウザで慣れているのに、オンラインヘルプとして他の新しいドキュメントフォーマットを作ったりするのは、とことん馬鹿げたことだ。さらにいえば、アーケードゲームを設計する場合でも、それまでのゲームのジェスチャセットを研究し、他のゲームで習得したジョイスティックの技能がそのまま使えて楽だとユーザーに思わせることはできないかどうか考えることが賢明なやり方というものだろう。

11.2 Unix のインターフェイス設計の歴史

　Unix は、ソフトウェアインターフェイスの設計の主流がグラフィックスを中心としたものになる以前からある。1969 年の最初の Unix から 10 年以上もの間は、テレタイプとテキストモードのダム端末のためのコマンド行インターフェイス（CLI）が主流だった。Unix の基本ツールセットの大半（ls(1)、cat(1)、grep(1) などのプログラム）は、未だにこの伝統を受け継いでいる。

　1980 年を過ぎると、Unix はテキストモード端末の画面描画のサポートを次第に発展させていった。プログラムは、コマンド行とビジュアルインターフェイスを組み合わせ、よく使われるコマンドは、画面にエコーバックされないキーストロークと結び付けられるようになった。このスタイル（この種のプログラムを実装するために通常使われていた画面描画、カーソル制御ライブラリの名前を取って「curses」プログラムと呼ばれることが多かった。あるいは、curses を使った最初のアプリケーションの名前を取って、「rogue」風とも呼ばれた）で書かれたプログラムの一部は、今日もまだ使われている。よく知られた例としては、ダンジョンクロールゲームの rogue(1)、テキストエディタの vi(1)、（これらから見て数年後に作られた）メーラの elm(1)、その後継版の mutt(1) などが挙げられる。

　1980 年代後半に入ると、Xerox PARC が 1970 年代初めから進めてきたグラフィカルユーザーインターフェイス（GUI）の開拓者的な研究の成果を、コンピュータ産業全体が取り入れ始めた。パーソナルコンピュータの世界では、Xerox PARC の研究成果は、Apple Macintosh のインターフェイスに大きな影響を与え、さらにそれを通じて Microsoft Windows の設計にも影響を与えた。Unix の GUI の受容は、これよりも複雑な経路をたどることになった。

　初期の段階では、Unix の標準グラフィカルインターフェイスの地位を目指すシステムがいくつかあったが、1987 年頃には、X Window System がこれらのなかの競争を勝ち抜いた。これがよかったことだったのか、悪かったことだったのかについては、それ以来今でも論争のテーマになっている。一部のライバル（特に、Sun の Network Window System：NeWS）は、もっと強力でエレガントだった。しかし、X にはそれを上回る大きな長所が 1 つあった。それは、オープンソースだったということだ。X のコードは、製品を作ることよりも、問題領域を探究することに深い関心を持つ研究グループによって、MIT で開発された。そして、今も自由に再配布でき、書き換えることができるようになっている。そのため、単一のベンダーのプロプライエタリな製品の後塵を拝するのを嫌った広い範囲のプログラマ、スポンサー企業から支援を集めることができたのだ（もちろん、これは 10 年後の Linux オペレーティングシステムの爆発的流行と同じテーマを事前に示していた）。

　X の設計者たちは、早い段階で、X では「ポリシーでなく、メカニズム」をサポートすることに決めていた。彼らの目標は、X プログラムのルックアンドフィールに加える制約をできる限り少なくしつつ、X を柔軟でどのプラットフォームにも移植できるようなシステムにすること

だった。そこで、彼らはルックアンドフィールの部分を「ツールキット」に委ねることにした。「ツールキット」とは、ユーザープログラムにリンクされ、X サービスを呼び出すライブラリである。X はまた、複数のウィンドウマネージャ[*1]をサポートするとともに、ウィンドウマネージャに特別な権限を持たせず、X との間で独占的な統合関係を持たせることもしなかった。

このアプローチは、Macintosh や Windows といった市販製品とはまったく逆の方向を向いていた。これらの製品は、使用感のポリシーをシステム内に組み込むことにより、特定のポリシーを強制するものになっていたのだ。このアプローチの違いにより、X は、インターフェイス設計におけるヒューマンファクタについての新発見にいつまでも対応できることになり、長期的な発展に耐えうるものとなった。しかしまた、X の世界は複数のツールキットに分割され、ウィンドウマネージャが氾濫し、ルックアンドフィールについてさまざまな実験がなされることにもなった。

1990 年代後半以降、X はもっともローエンドの個人用 Unix マシンにも登場するほどの普遍性を獲得した。Unix でも、テキストモード端末は、グラフィックス対応のコンピュータとは対照的に急激に減少し、消滅に向かっているようだ。それとともに、新しいアプリケーションで curses スタイルのインターフェイスを使っているものも、減少している。以前なら curses スタイルで作られたはずの新しいアプリケーションの大半は、X ツールキットを使っている。それに対し、Unix の古い CLI の伝統はまだ活発で、さまざまな領域で X に十分競り合っている。これは示唆に富むことだ。

さらに、curses スタイル（rogue 風）のキャラクタセルインターフェイスがまだ主流の座に残っている応用領域がいくつかあるのも、注目に値する。特に、テキストエディタやメーラ、ニュースリーダ、チャットクライアントなどの対話的通信プログラムにこの傾向が見られる。

このような歴史的な理由から、Unix プログラムにはさまざまなインターフェイススタイルがある。基本的には行指向、テキストモード端末指向、X ベースの 3 つだが、X ベースの世界は、複数の X ツールキット、ウィンドウマネージャが競い合う分、小さく分割されている（ただし、5 年前、あるいは 3 年前と比べても 2003 年の現段階では、この問題は以前よりも小さくなっている）。

11.3 インターフェイス設計の評価方法

これだけ多くの種類のインターフェイススタイルが生き残っているのは、それぞれ向いている仕事が異なるからである。プロジェクトについて設計上の判断を下すときには、アプリケーションとユーザー層にとって適切なスタイル（またはスタイルの組み合わせ）をどのように選

---

1. ウィンドウマネージャは、画面上のウィンドウと実行中のタスクの対応関係を処理する。また、ウィンドウマネージャは、タイトルバー、配置、最小/最大表示、移動、サイズ変更、隠蔽（シェード）などを処理する。

べばよいかを知っていることが大切だ。

　インターフェイススタイルを分類するときの基本的な尺度としては、**簡潔性**、**表現性**、**使いやすさ**、**透明性**、**スクリプト対応性**の5つがある。すでにその一部はこの本の前半でも使っているが、それはここでこれらを定義する準備のようなものだった。これらの尺度は、相対値であって絶対値ではなく、問題領域やユーザー層の技能についての知識と関連付けて評価しなければならない。しかし、これらの尺度は、私たちの思考に役に立つ構造を与えてくれる。

　プログラムとのやり取りのために必要な動作の長さや複雑さの上限が低いとき（尺度は、キーストローク数、ジェスチャ数、注意が必要な秒数など）、そのインターフェイスは「簡潔」である。簡潔なインターフェイスには、比較的わずかなビット、状態変更で大きな力を発揮するてこのような働きがある。

　さまざまな動作をすぐに指示できるように作られているとき、そのインターフェイスは「表現力」がある。もっとも表現力の高いインターフェイスは、プログラムの設計者さえ予想しなかったが、ユーザーにとって役に立つ首尾一貫した動作の組み合わせを指示できる。

　簡潔性と表現性の違いは重要だ。テキストを入力するための2つの異なる方法について考えてみよう。キーボードを使うものと、画面に表示されている文字をマウスクリックで拾っていくものである。これら2つの表現力は同じだが、キーボードのほうが簡潔だ（平均的な入力速度を比較すれば簡単に確かめられる）。次に、同じプログラミング言語だが、片方は複素数型を持ち、もう片方は持たないという違いのある2つの方言について考えよう。共通に対処できる問題領域のなかでは、簡潔性は同じである。しかし、数学者や電子技術者にとっては、複素数型のある方言のほうが、表現力が高い。

　インターフェイスの「使いやすさ」は、ユーザーにかかる記憶の負荷に反比例する。記憶の負荷とは、インターフェイスを使うためにユーザーが覚えなければならないこと（コマンド、ジェスチャ、原始的な概念）がいくつあるかということだ。プログラミング言語は、記憶にかかる負荷が重く、使いにくい。メニューや適切なラベルのついたボタンは、ずっと単純で使いやすい。

　「透明性」については、すでに1章（6章）を捧げてある。そこでは、インターフェイスの透明性という観念を取り上げ、そのすばらしい実例としてオーディオエディタのaudacityに触れた。しかし、その章ではユーザーインターフェイスよりもコードの構造の透明性に深い関心を寄せていた。だから、UIの透明性についても、それを作り出した設計の特徴としてではなく、その効果（ユーザーと問題領域の間にでしゃばってこない）から説明していた。この章では、設計の特徴としてのUIの透明性に焦点を絞ろう。

　インターフェイスの「透明性」とは、インターフェイスを使っている間、問題、データ、プログラムなどの状態についてユーザーが覚えていなければならないことがどれだけ少ないかということだ。ユーザーの動作の効果として、中間的な結果、フィードバック、エラー通知などを自然に提示できれば、そのインターフェイスの透明性はかなり高い。いわゆるWYSIWYG（What You See Is What You Get）インターフェイスは、透明性を最大限まで引き上げること

を目的としたものだが、ときどき裏目に出ることがある。特に、問題領域を単純化しすぎて提示するときには、この弊害が現れることになる。

インターフェイス設計には、透明性の関連概念である開示性の尺度もある。開示性のあるインターフェイスは、文脈感応ヘルプの使い方を示すあいさつメッセージやバルーンポップアップによる説明などのように、ユーザーに学習の手がかりを与える。開示性は、インターフェイススタイルごとにかなり異なる形で実装しなければならないが、開示性がどの程度達成できるかは、インターフェイススタイルとは基本的に無関係である。つまり、この議論では、分類の尺度として開示性を使うことはできない。

コードと設計に透明性があるからといって、自動的にインターフェイスに透明性があるというわけではないし、逆もそうである。片方はあるがもう片方はないものは、簡単に指摘できる。

インターフェイスの「スクリプト対応性」とは、他のプログラムからの操作のしやすさのことである（たとえば、7章のIPCメカニズムによって）。スクリプト対応性の高いプログラムは、すぐに他のプログラムのコンポーネントとして使える。その分、コストのかかるカスタムコーディングの必要が減り、反復的な作業を自動化することが比較的簡単になる。

最後のポイント（反復的な作業の自動化）は、普通に扱われている以上に注意に値する。Unixプログラマ、システム管理者、ユーザーは、自分が繰り返し行っている手続きは何かと考え、それをパッケージにまとめて、いちいち手で実行しなくて済むように、またその内容についてその後は考えなくても済むようにする習慣を培っている。この習慣は、スクリプト対応性のあるインターフェイスに依存している。これは、他のソフトウェア環境にはなく、めだたないものだが、生産性をおそろしく向上させる効果を持っている。

これらの尺度に関連して、人間とコンピュータプログラムは、コスト関数が大きく異なるということを頭に入れておくと役に立つだろう。問題領域によっては、同じ関係が人間の初心者ユーザーとエキスパートユーザーの間にもある。ユーザー層の違いによって、トレードオフがどのように変わるかについても、この章では考えていく。

11.4 CLIとビジュアルインターフェイスのトレードオフ

初期のUnixのCLIスタイルは、テレタイプが消えたずっとあとも有用性を保ち続けたが、それには2つの理由がある。1つは、コマンド行とコマンド行言語のインターフェイスのほうが、特に複雑な仕事をさせようというときに、ビジュアルインターフェイスよりも表現力が高いということだ。7章で詳しく説明したように、CLIはプログラムの結合をすぐにサポートする。通常（いつもではないが）、CLIは、簡潔性という点でも有利である。

CLIスタイルの欠点は、もちろん、記憶にかかる負荷がほとんどいつも高く、通常は透明性が低いことだ。ほとんどの人々（特に技術的背景のないエンドユーザー）は、そのようなイン

ターフェイスを暗号めいていて難しいと感じる。

> しかし、他のオペレーティングシステムの「ユーザーフレンドリな」**GUI** にも、それ独自の問題がある。押すべき正しいボタンを見つけるのは、アドベンチャゲームをするようなものだ。理論的には、十分探究すれば、宝物は見つけられることになっているが、**GUI** は、**Unix** コマンド行インターフェイスと同じくらい負担がかかる。**Unix** では、マニュアルでわかるのだ。
>
> —— **Brian Kernighan**

　データベースの問い合わせは、ボタンを押すことが負担なだけではなく、できることが極端に限られているインターフェイスのよい例だ。フルスクリーンのキャラクタインターフェイスへのコマンド入力でも、グラフィックスディスプレイでの GUI ジェスチャでも、サーバに直接 SQL をタイプするのと比べて表現性、簡潔性に優れた形でこの問題領域における典型的な動作を表現することはできない。そして、クライアントプログラムにユーザーの GUI に対するクリックをシミュレートさせるよりも、SQL クエリーをいわせるほうが確かに簡単だ。

　しかし、多くの技術系でないデータベースユーザーは、SQL の構文を覚えるのを非常に嫌がるあまり、簡潔性でも表現性でも劣るフルスクリーンや GUI インターフェイスのほうを好むのである。

　SQL は、別のポイントの説明にも使える。もっとも強力な CLI は、特別な用途のために集めたコマンドではなく、8 章で説明したような命令的ミニ言語だ。これらのミニ言語は、CLI のなかでももっとも強力でもっとも複雑な部類に属する。表現性は最高だが、使いやすさは最低だ。これらは使いにくく、一般に通常のエンドユーザーの目には入らないように隠しておかなければならないところだが、インターフェイスの能力と柔軟性がもっとも重視されるときには、命令的ミニ言語に勝てるものはない。適切に設計されていれば、スクリプト対応性においても高いポイントを得ることができる。

　一部のアプリケーションは、データベースへの問い合わせとは異なり、もともとビジュアルな性質を持っている。ペイントプログラム、Web ブラウザ、プレゼンテーションソフトウェアなどがもっともよい例だ。これらの問題領域に共通しているのは、(a) 透明性が特に重視されることと (b) 問題領域に含まれる原始動作自体が、「これを描け」、「私が指したところのものを示せ」、「これをここに置け」といったビジュアルなものだということだ。

　ペイントプログラムには、操作している画像の内部の関係性をつかまえにくいという側面がある。たとえば、要素の繰り返しがあるイメージの構造についてユーザーに手がかりを与えるためには、注意してよく考えた設計が必要だ。これは、ビジュアルインターフェイス全般に共通する設計問題である。

　6 章では、サウンドファイルエディタの audacity を取り上げた。audacity のインターフェイス設計が成功しているのは、オーディオ領域の情報を単純な視覚表現にみごとに対応付けているからである（ステレオのイコライザ表示から借用した方法）。単一の変換の結果を完全につ

なげて、サウンドを波形イメージに変換しているのである。ビジュアル処理は、低水準の操作を単に寄せ集めただけのものではない。どれも、変換、翻訳を背景に持っているのである。

しかし、本質的にビジュアルというわけではないアプリケーションでは、ビジュアルインターフェイスは、初心者ユーザーが実行する単発的な、またはあまりひんぱんに発生しない単純処理に適している。

CLI に対する抵抗感は、ユーザーがエキスパートになればなるほど緩和されていく。ユーザー（特にひんぱんにシステムを使っているユーザー）は、多くの問題領域で、記憶負荷を避けることよりも、CLI の簡潔性と表現性のほうが大切に感じられるポイントに達する。たとえば、コンピュータに触り始めて間もない人々は、GUI デスクトップの使いやすさを好むが、ベテランのユーザーは、次第にシェルにコマンドを入力するほうがよいと思うようになることが多い。

CLI は、問題の規模が拡大し、ありきたりの手続き的で反復的な操作以上の処理が必要になったときにも、役に立つようになってくる。たとえば、ビジネスレターのように、比較的小規模で構造化されていないドキュメントを作るときには、WYSIWYG の DTP プログラムがもっとも簡単かもしれないが、複雑な本の規模を持つドキュメントを作るときには、全体が節から組み立てられていて、グローバルな書式変更や構造上の操作が必要になってくるので、troff、TeX、なんらかの XML マークアッププロセッサなどのミニ言語フォーマッタのほうが、通常は効果的だ（このトレードオフの詳細については、18 章を参照のこと）。

本質的に視覚的な問題領域でも、問題の規模が大きくなると、CLI とのトレードオフのバランスが変わってくる。特定の URL から Web ページをフェッチしてセーブしたいのなら、ポイントアンドクリック（またはタイプアンドクリック）がよいだろう。しかし、Web フォームでは、キーボードを使うことになる。そして、50 個の URL のリストに対応するページをフェッチしてセーブしなければならない場合には、標準入力やコマンド行から URL を読み出せる CLI クライアントを使ったほうが、むだな動作を大きく節約できる。

別の例として、グラフィックスイメージのカラーテーブルを書き換える場合について考えてみよう。1 色だけを変えたい場合（特に明るい色にしようとしているが、実際に見てみなければその色でよいかどうかはわからないような場合）には、カラーピッカーウィジェットとの視覚的な対話がほとんど不可欠だろう。しかし、指定された RGB 値によってテーブル全体を置き換えなければならない場合や、多数のサムネールを作ってインデックスをつけなければならない場合、通常の GUI は、やろうとしていることを指定するだけの表現力を持っていない。持っていたとしても、適切に設計された CLI やフィルタプログラムを起動したほうが、はるかに簡潔に仕事をしてくれるだろう。

最後に（すでに述べたことだが）、CLI は、他のプログラムが使えるプログラムを作るうえで大切だ。ファイルリストに合わせてサムネールの山を作れる GUI グラフィックスエディタは、おそらく、スクリプト言語で書かれたプラグインを使って、グラフィックスエディタの内部 CLI を呼び出してそれを行っているのだろう（GIMP の script-fu 機能のように）。Unix 環境では、CLI の IPC 機能が豊かでオーバーヘッドが低く、ユーザープログラムから簡単にアクセスでき

るので、CLI の価値がより際立って見える。

　1984 年以来の GUI への関心の爆発には、CLI の長所を見えにくくするという不幸な効果があった。特に、一般消費者向けソフトウェアの設計は、GUI に大きく傾いていった。コンシューマ市場の大半を構成する初心者やときどきしか使わないユーザーにとってはこれでもよかったが、GUI の表現力の限界に直面するエキスパートユーザーには、見えないコストが押し付けられることになった。このコストは、ユーザーがより難しい問題にチャレンジしようとすると着実に大きくなる性質を持っている。このようなコストがかかる原因の大半は、GUI がスクリプト内での記述にまったく対応していないことにある。GUI とのやり取りには、かならず人間が介在しなければならないのだ。

　Gentner と Nielsen は、The Anti-Mac Interface［Gentner-Nielsen］のなかでこのトレードオフをうまくまとめている「（ビジュアルインターフェイスは、）少数のオブジェクトに対する単純な操作ではうまく機能するが、操作かオブジェクトの数が増えると、直接操作はすぐに単純作業の反復になってしまう。直接操作インターフェイスの暗黒面は、人間が何もかも操作しなければならないことだ。ユーザーは、高い水準で指示を出す経営上層の人ではなく、同じ仕事をいつまでも繰り返さなければならないラインの現場労働者に押し下げられる。」　著名な SF 作家の Neal Stephenson も、奔放な才気を感じさせるエッセイ集、In the Beginning Was the Command Line［Stephenson］のなかで、同じことをより間接的に、しかしおもしろく指摘している。

　典型的なベテラン Unix プログラマの 1 人は、むしろあまり理屈っぽくなく、この問題について次のように述べている。

> **市場は一般に初心者モードで進む。理由は、(a) 買うかどうかは、30 秒の試行錯誤によって決められることが多い、(b) 初心者向けの GUI だけなら、カスタマサポートのニーズを最小限に抑えられる 2 点だ。Unix 以外のシステムの多くは、たとえば、100、1000 のファイルに何かをするときのことを考えていないので、非常にイライラさせられる。スクリプトを書きたいのに、そのためのサポートがないのだ。基本的な問題は、すべてのユーザーがいつまでも初心者だという想定でシステムが作られていることだが、彼らはそのモデルに合っていないとして Unix を非難する。**
>
> —— **Mike Lesk**

　だから、長期的に利益を上げたければ、つまり、初心者とエキスパートの両方に対応でき、他のコンピュータプログラムと組み合わせて使え、問題領域が本質的にビジュアルかどうかにかかわらず使えるようにするには、CLI とビジュアルインターフェイスの両方をサポートすることが非常に重要だ。Unix は、両方のニーズを満たすように発展してきた。それを具体的に示すケーススタディを見てから、Unix の伝統が両者のニーズに合わせるために発展させてきた特徴的な設計パターンについて検討していくことにしよう。

11.4.1 ケーススタディ：電卓プログラムを書くための 2 つの方法

話をより具体的にするために、電卓という単純な対話的プログラムの設計に GUI と CLI のスタイルを応用する方法を対比して見ていこう。取り上げるのは、CLI の dc(1)/bc(1) と GUI の xcalc(1) である。

Version 7 以来システムに組み込まれているオリジナルの Unix 電卓は、逆ポーランド記法電卓の dc(1) で、無限精度演算をサポートする。その後、dc(1) を基礎としてその上に中置記法の bc(1) が実装された（両者の関係については 7 章のケーススタディとして取り上げ、8 章でも再び取り上げている）。これら 2 つのプログラムは CLI を使っている。標準入力に式を入力して Enter キーを押すと、式の値が標準出力に表示される。

それに対し、xcalc(1) プログラムは、クリックできるボタンとそれらしい表示で単純な電卓を視覚的にシミュレートしている。

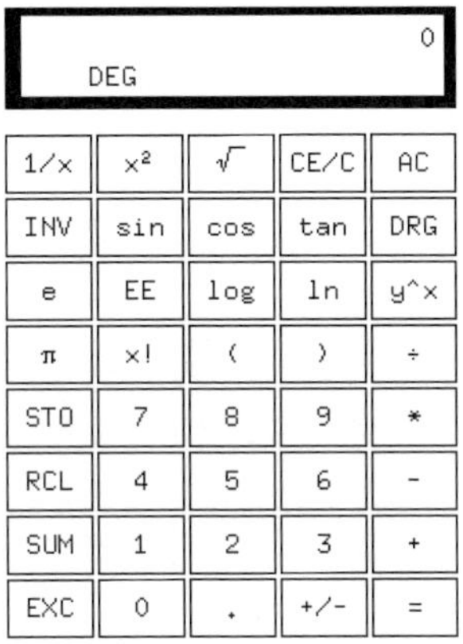

```
┌─────────────────────────┐
│                       0 │
│ DEG                     │
└─────────────────────────┘
┌────┬────┬────┬────┬────┐
│1/x │ x² │ √  │CE/C│ AC │
├────┼────┼────┼────┼────┤
│INV │sin │cos │tan │DRG │
├────┼────┼────┼────┼────┤
│ e  │ EE │log │ ln │y^x │
├────┼────┼────┼────┼────┤
│ π  │ x! │ (  │ )  │ ÷  │
├────┼────┼────┼────┼────┤
│STO │ 7  │ 8  │ 9  │ *  │
├────┼────┼────┼────┼────┤
│RCL │ 4  │ 5  │ 6  │ -  │
├────┼────┼────┼────┼────┤
│SUM │ 1  │ 2  │ 3  │ +  │
├────┼────┼────┼────┼────┤
│EXC │ 0  │ .  │+/- │ =  │
└────┴────┴────┴────┴────┘
```

図 11-1　xcalc の GUI

xcalc(1) のアプローチは、初心者ユーザーもよく知っているインターフェイスを真似たものなので簡単に説明できる。実際、man ページには「数字キー、+/-キー、+、-、*、/、=キーは、予想通りの機能を持つ。」と書かれている。プログラムができることは、すべてボタンのラベルから目でわかるようになっている。これは、驚き最小の原則の最強の形であり、プログラムを使うために man ページを見なくてよいというのは、初心者やときどきしか使わないユーザーにとっては、本当に大きな長所だ。

しかし、xcalc は、電卓のほとんど完璧な不透明性もそっくり真似ている。複雑な式を計算するときでも、キーストロークをきちんと見てまちがえていないかどうかをチェックすることができないのである。(2.51+4.6)*0.3 のような式で小数点の位置をまちがえたりしたときには、これは大きな問題になる可能性がある。履歴情報が残っていないので、チェックはできない。答が出ても、しようとしていた計算の答ではないかもしれないのだ。

それに対し、dc(1) と bc(1) なら、式を組み立てている途中で誤りを直せる。実行されている計算をすべての段階で見ることができる分、こちらのほうが透明性は高い。また、表現力も dc/bc インタープリタのほうが高い。dc/bc の計算は、電卓らしい外観で表示できる桁数に制限されないし、もっと多くの関数を持っているのだ（また、if/then/else、変数への値の格納、反復などの機能も）。その分、記憶にかかる負荷も重い。

簡潔性は、どちらともいいがたい。タイプがうまければ CLI のほうが簡潔だと思うだろうし、下手ならポイントアンドクリックのほうが速い。しかし、スクリプト対応性は、はっきりと勝負が決まっている。dc/bc は簡単にフィルタとして使えるが、xcalc はスクリプト対応性がまったくない。

ここでは、初心者にとっての使いやすさとエキスパートにとっての使い勝手のトレードオフは非常にはっきりしている。頭のなかで計算まちがいをチェックできるような場面でときどき使うのであれば xcalc の勝ちだが、ステップの正しさだけではなく、正しさを確かめられることが必要になる複雑な計算や、他のプログラムから計算結果を生成したい場合には dc/bc の勝ちとなる。

11.5 透明性、表現性、設定可能性

Unix プログラマには、インターフェイスの表現力を高め、設定可能にすることを重視する強い傾向がある。他の伝統のもとのプログラマと同様に、彼らもターゲットのユーザー層に合ったインターフェイスが何かということは考える。しかし、彼らは、ターゲットのユーザー層という不確かなものの扱い方が少し異なるのだ。主としてクライアントオペレーティングシステムで仕事をしてきたプログラマは、デフォルトでインターフェイスを単純にしようとする。そして、使いやすさを得るためには表現性を犠牲にしてもやむをえないと考える。Unix プログラマは、デフォルトでインターフェイスの表現力と透明性を高めようとし、そのためには使いやすさを犠牲にしてもよいと考える。

この態度が生み出したものは、「プログラマによるプログラマのための」インターフェイスと表現されることが多かった。しかし、この表現は、話を単純化しすぎて重要なポイントを見落としている。Unix プログラマが、使いやすさよりも設定可能性と表現性を重視する選択を行うとき、彼は自分のユーザー層がプログラマだけで成り立っていると考えているわけではない。エンドユーザーの意図がわからないときには、保護者ぶってそれを推測するようなことは避けたほうがよいということを本能的に感じてそうしているのだ。

　　この態度（「ポリシーではなくメカニズム」という態度に非常に近い）の欠点は、設定可能性と表現力の高いインターフェイスが完成したら、作者以外のだれもが長い時間をかけて学習しなければ使えないようなものであっても、それで仕事は終わりだと

思ってしまいがちなところだ。設定可能性が高いときには、優れたデフォルトとすべてをデフォルトにするための簡単な方法がどうしても必要だし、表現力が高いときには、どこから始めて、もっとも一般的な答を得るためにはどうしたらよいかについてのガイダンス（プログラム、ドキュメントのなかのどちらにしても）が必要だ。

—— **Henry Spencer**

　透明性原則も影を落としている。一連の制御オプションを定義するRFCなどの標準に準拠したものを書くとき、Unixプログラマはそれらすべてのオプションに対する完全で透明なインターフェイスを提供することが自分の仕事だと考えがちだ。個々のオプションが本当に使われると思っているかどうかは二の次になってしまう。彼の仕事はメカニズムであって、ポリシーはユーザーに属しているというのだ。

　このような傾向の考え方があると、標準準拠ということについてより厳格な態度を取るようになり、不完全なサポートは耐えられないものになってしまう。MacintoshやWindowsのプログラマなら、「ほとんどのユーザーがなくても気にしないし、複雑すぎてわからない機能だから、そんなものは標準の一部だといってもサポートする必要はない」と考えるところ、Unixプログラマなら、「だれがこの機能やオプションを必要とするかわからないからこそ、サポートしておかなければならないんだ」と考える。

　このような態度の違いは、Unixプログラマと他のプログラマがいっしょに働かなければならなくなったときに、摩擦を起こすことがある。他の環境のプログラマからすると、Unixプログラマの選択は、わけのわからない、的外れな、場合によってはぞっとするような技術的詳細の負担をユーザーに好んで押し付けるものに見える。MacやWindowsのプログラマは、少数の高度なニーズに応えるために、多数をおびえさせて遠ざけることを恐れる。

　それに対し、Unixプログラマは、表現性を犠牲にしてデフォルトに誘導するやり方は、未来のユーザーからの逃亡、あるいは裏切りだとさえ考えがちだ。未来のユーザーは、現在の実装者よりも自分のニーズをよく知っているはずだというのである。皮肉にも、Unixの態度はプログラマの尊大さの表れと解釈されることが多いが、実際には、長年の経験の結果、闘いの傷跡とともに得られることの多い一種の謙遜の表れなのだ。

　Unixの態度がどの程度適切かは、場合によって異なる。どちらの側に立つにしても、反対側の主張を聞くことを学んだほうがよいし、反対側の視点の前提となっている事実を理解したほうがよい。ユーザーをおびえさせる罠にもユーザーを見下す罠にも落ちず、高度な機能はあってもめだたないようにしてある透明なインターフェイスを作ることが可能な場合はある。6章の`audacity`や`kmail`のケーススタディは、従うとよいものの好例だ。

　最後に、技術系ではないエンドユーザーのためのユーザーインターフェイス設計について一言付け加えておきたい。これは需要の高い技術だが、この分野を得意とするという伝統はUnixプログラマの間にはない。しかし、Unixの伝統を検討して獲得した発想に立つと、これについて1つはっきりといえることがある。ユーザーインターフェイスがわかりやすいと人々がいう

とき、彼らがいおうとしていることは、(a) 開示性があり、(b) 使い方が透明で、(c) 驚き最小の原則に従っているということだ[*2]。この3つのうち、もっとも軽いものは、驚き最小の原則である。最初に驚きを感じたとしても、開示性と透明性があって長い間使っているうちに苦労が報われると思うようなら、問題はあまりない。

　たとえば、今日の携帯電話のユーザーインターフェイスは、比較的記憶にかかる負荷が高い。メニュー階層のどこにいるかを絶えず注意していなくても、すばやく携帯電話を使えるようにするには、メニューの大雑把な見取り図を頭のなかに持っていなければならない。しかし、設計が比較的よい携帯電話なら、これら3つの特徴を備えているので、ユーザーにとっては早い段階で「わかりやすい」ものになる。

　わかりやすさと簡単に使えることとは同じではない。携帯電話の例からもわかるように、記憶にかかる負荷がかなり高いインターフェイスでも、透明で、単純な処理が簡単で、より複雑な機能も少しずつ吸収できるような発見の道筋があれば、人々は「わかりやすい」と感じることができる。

11.6 Unixのインターフェイス設計のパターン

　Unixの伝統のもとでは、確立されたインターフェイス設計パターンがあり、今まで説明してきたトレードオフが一定のバランスを取っている。ここでは、まずこれらのパターンを列挙し、分析を加えて例を示す。そのあとでそれらのパターンをどのように使っていくかについて議論をしていきたい。

　この列挙のなかに、GUI設計パターンが含まれていないことに注意してほしい（コンポーネントとしてGUIを使える設計パターンは含まれているが）。GUI自体には、Unix生まれだということがはっきりしている設計パターンはない。Experiences--A Pattern Language for User Interface Design［Coram-Lee］は、GUI設計パターン全般についての議論のよい出発点となっている。

　また、プログラムのなかには複数のインターフェイスパターンにあてはまるものもあることにも注意してほしい。たとえば、コンパイラ風のインターフェイスを持つプログラムは、コマンド行でファイル引数を指定しなければ、フィルタのように動作することがある（多くのフォーマットコンバータは、このような動作をする）。

---

[2]. この考えは、技術系ではないエンドユーザーであるとともに、たまたま著者の妻でもあるCatherine Raymondを見ていてひらめいたものだ。

11.6.1 フィルタパターン

　Unixのインターフェイス設計パターンとしてもっとも古典的なものといえば、フィルタである。フィルタプログラムは、標準入力からデータを受け取り、なんらかの形でそれを変換し、結果を標準出力に送る。フィルタは対話的ではない。起動環境を問い合わせてくる場合はあるが、一般的にはコマンド行オプションによって制御され、フィードバックを必要とせず、入力ストリームにユーザーがコマンドを送る必要もない。

　フィルタの古典的な例としては、まず、tr(1)とgrep(1)が挙げられる。tr(1)プログラムは、コマンド行で指定された変換方法に従って標準入力のデータを変換して標準出力に書き出す。grep(1)プログラムは、コマンド行で指定されたマッチ式に従って標準入力から適切な行を選択し、その選択された行だけを標準出力に書き出す。第三のフィルタ、sort(1)は、コマンド行で指定された基準に従って入力行をソートし、ソート済みの内容を標準出力に書き出す。

　grep(1)とsort(1)は、コマンド行で指定されたファイル（複数可）からデータを読み出すこともできる（tr(1)では不可能）。この場合、プログラムは標準入力を読み出さず、指定されたファイルを指定順に結合したものが標準入力であるかのように扱う（また、この場合、コマンド行でファイル名として「-」を指定すると、プログラムは明示的に標準入力から読み出しを行う）。この種の「cat風」フィルタの原型はcat(1)であり、コマンド行で指定されたファイルについて別の扱い方が必要な特別な理由がない限り、フィルタはこのように動作するものと考えられている。

　フィルタを設計するときには、1章で部分的に発展させたいくつかの追加ルールを頭に入れておくとよい。

1. **「受け入れるものについてはリベラルに、送るものについては保守的に」というPostelの処方箋を忘れないこと。** つまり、入力形式についてはできる限り寛大にうるさいことをいわずに受け入れ、出力形式についてはできる限りきちんと構造化されたタイトなものを生成するよう努めるということだ。前者は、予期せぬ入力のためにフィルタが壊れたり、だれかの手によって壊れたり、だれかのツールチェーンのなかで壊れたりする可能性を下げる。後者は、そのフィルタがいずれ他のプログラムの入力として役に立つ可能性を上げる。
2. **フィルタリングするとき、自分にとって不要な情報を捨てないこと。** これもまた、いずれ、他のプログラムの入力として役に立つ可能性を上げる。捨ててしまった情報は、パイプラインのあとのステージで操作できない情報である。
3. **フィルタリングするときには、雑音を追加しない。** どうでもよい情報を追加したり、パイプラインの下流のプログラムが走査しにくくなるような形に整形し直したりすることを避ける。この原則に対する違反としてもっともよく見られるのは、ヘッダ/フッタ、空行、ルーラ行、サマリなどの化粧を付け加えることと、カラムの位置合わせや1.5のような係数の

150%への書き換えといった変換をすることだ。日付や時刻の変換は、特に下流のプログラムの操作を困難にするため、わずらわしい。その種の追加や変換は、オプションとしてスイッチで制御すべきである。プログラムが日付を出力するときには、強制的に ISO8601 の YYYY-MM-DD, hh:mm:ss 形式にするスイッチを用意したり、デフォルトでこの形式を使ったりするとよい。

このパターンに対する「フィルタ」という用語は、Unix では古くから確立している専門用語だ。

> 「フィルタ」という用語は、実際古くから確立している。パイプが作られた第 1 日目からの用語だ。この用語は、ソースからフィルタを通ってシンクにデータが流れるという電気工学の用法を自然に移したものだ。ソースやシンクは、プロセスでもファイルでもよい。データフローを配管に喩えることはすでに十分に確立した表現なので、これらの集合に対する電気工学用語の「回路」を使おうというアイデアは浮かびもしなかった。
>
> —— Doug McIlroy

プログラムのなかには、フィルタと同じようだが、もっと単純な（そして、スクリプトで使うのももっと簡単な）ものがある。それらをキャントリップ、ソース、シンクと呼ぶ。

11.6.2 キャントリップパターン

キャントリップパターンは、すべてのインターフェイス設計のなかでもっとも単純なものである。入力も出力もなく、起動すると、数値で終了ステータスを返してくるだけだ。キャントリップの動作は、起動時の条件のみによって規制される。これ以上スクリプト対応性に優れるプログラムはない。

このように、キャントリップ設計パターンは、初期条件や制御情報などの単純なセットアップを除いて実行時にユーザーとのやり取りを必要としないプログラムの、優れたデフォルトである。

実際、スクリプト対応性は非常に重要なので、Unix の設計者たちは、キャントリップで実現できる場合には、より対話的なプログラムを書きたいという欲望を抑えるよう訓練されている。キャントリップは、いつでも対話的なラッパーやシェルプログラムから駆動できるが、対話的なプログラムをスクリプトから使うのは難しい。よいスタイルのプログラムを書こうと思うのなら、スクリプト対応が難しくなる対話的インターフェイスを書きたいという欲望に負けるまえに、キャントリップパターンの設計を探すことだ。そして、対話的な操作が必要に感じられたら、インターフェイスからエンジンを分離するという Unix の設計パターンの特徴を思い出すことだ。正しい方法は、なんらかのスクリプト言語で対話的なラッパーを書き、実際の仕事

はキャントリップを呼び出して行わせるというものであることが多い。

コンソールユーティリティの clear(1) は、画面を単純にクリアするだけのプログラムだが、もっとも純粋なキャントリップといえるだろう。このプログラムは、コマンド行オプションさえ取らない。その他の古典的な例としては、rm(1) や touch(1) が挙げられる。X の起動のために使われる startx(1) プログラムは複雑な例だが、典型的なデーモン起動キャントリップの 1 つだ。

このインターフェイス設計パターンは、ごく一般的なものながら、伝統的に名前がなかった。「キャントリップ」という用語は、私が考え出したものである（もともとは、「魔法の呪文」を意味するスコットランド方言だが、あるポピュラーなファンタジー RPG が、ほとんど、あるいはまったく準備なしにすぐに投げられるまじないを指すためにこの用語を使ったのである）。

11.6.3 ソースパターン

ソースは、入力を必要としないフィルタ風のプログラムである。出力は、起動時の条件のみによって規制される。典型的な例は、Unix ディレクトリリストを生成する ls(1) である。他の例としては、who(1) や ps(1) が挙げられる。

Unix のもとでは、ls(1)、ps(1)、who(1) などのレポートジェネレータは、出力を標準ツールでフィルタリングできるように、ソースパターンに従う強い傾向がある。

「ソース」という用語は、Doug McIlrroy がいっているように、非常に伝統的なものだ。ただし、「ソース」という用語には他の重要な意味があるので、この意味ではあまり一般的になっていない。

11.6.4 シンクパターン

シンクは、フィルタ風のプログラムで、標準入力を処理するが、標準出力に何も書き出さない。ここでも、入力データに対する動作は、起動時の条件のみによって規制される。

このインターフェイスパターンは例外的なものであり、よく知られた例もごくわずかである。1 つは、Unix プリントスプーラの lpr(1) である。lpr(1) は、標準入力から渡されたテキストを印刷のためにキューイングする。他の多くのシンクプログラムと同様に、lpr(1) は、コマンド行で指定されたファイルも処理する。同じような例としては、メール送出モードの mail(1) が挙げられる。

一見したところシンクのように見えるプログラムの多くは、標準入力からデータだけではなく、制御情報も受け取るので、実際には ed パターン（後述）風のものになっている。

sort(1) のように、入力を処理するためには、最初にすべての入力を読み込まなければならないシンクプログラムのことを、「スポンジ」と呼ぶことがある。

「シンク」という用語は伝統的なもので、一般的でもある。

11.6.5 コンパイラパターン

コンパイラ風のプログラムは、標準入力も標準出力も使わない。しかし、標準エラー出力にエラーメッセージを生成することはある。コンパイラ風のプログラムは、代わりにコマンド行からファイルやリソースの名前を受け取り、それらのリソースの名前になんらかの変更を加え、その変更後の名前のファイルに出力を書き出す。キャントリップと同様に、コンパイラ風のプログラムは、起動後のユーザーの介在を必要としない。

このパターンがこのように呼ばれているのは、典型的な例がCコンパイラ、cc(1)だからである（Linuxなどの最近の多くのUnixでは、gcc(1)が使われている）。しかし、このパターンは、グラフィックスファイル変換や圧縮/解凍などを行うプログラムでも、広く使われている。

グラフィックスファイル変換プログラムの例としては、GIF（Graphic Interchange Format）からPNG（Portable Network Graphics）への変換を行うgif2png(1)プログラム[*3]がある。圧縮/解凍プログラムの例としては、GNU圧縮ユーティリティのgzip(1)、gunzip(1)が挙げられる。これらは、ほとんどまちがいなくあなたのUnixシステムにも含まれているはずだ。

一般に、コンパイラパターンのインターフェイス設計は、プログラムが複数の名前付きリソースを処理しなければならないが、対話性はほとんど持たせなくて済む（制御情報は、起動時に与えられる）場合によく使われる。コンパイラ風プログラムは、スクリプト対応性が高い。

このパターンに対する「コンパイラ風インターフェイス」という用語は、Unixコミュニティではよく知られている。

11.6.6 ed パターン

今までのパターンは、どれも対話性はほとんどなかった。これらのパターンでは、データとは別に起動時に渡される制御情報だけを使っていた。もちろん、多くのプログラムは、起動後もユーザーとの継続的な対話によって駆動する必要がある。

Unixの伝統において、もっとも単純な対話的設計パターンの典型的な例は、Unix行エディタのed(1)である。その他、古典的なところでは、ftp(1)やUnixシェルのsh(1)が挙げられるだろう。ed(1)プログラムは、ファイル名引数を取り、そのファイルを編集する。ed(1)は、入力としてコマンド行を受け付ける。一部のコマンドは、標準出力への書き込みを発生させる。これは、プログラムとの対話の一部としてユーザーがすぐに見られるようにするためである。

実際のサンプルed(1)セッションは、13章で示す。

Unixの多くのブラウザ、エディタ風プログラムは、編集対象として指定されたリソースがテキストファイルでなくても、このパターンに従っている。たとえば、GNUシンボリックデバッ

---

3. このプログラム、および同種のインターフェイスの他のコンバータのソースは、PNGのWebサイト（http://www.libpng.org/pub/png/pngcode.html）で入手できる。

ガの gdb(1) を見てほしい。

　ed 設計パターンに従っているプログラムは、フィルタやそれに似た単純なインターフェイスタイプのプログラムと比べスクリプト対応性は低い。標準入力からコマンドを与えることはできるが、コマンドのシーケンスを生成するのは（そして、コマンドが返してくる出力を解釈するのは）、環境変数とコマンド行オプションをセットするよりも難しい。コマンドの動作があまり予測可能なものではなく、暴走する可能性があるのなら（たとえば、入力としてヒアドキュメントを受け付け、出力を無視するような場合）、ed 風プログラムを駆動するにはプロトコルが必要であり、呼び出し側のプロセスには対応する状態マシンが必要である。これは、7 章のスレーブプロセス制御の議論で取り上げたような問題を起こす。

　しかし、これが対話的プログラムを完全にサポートするもっとも単純でもっともスクリプトに適合したパターンなのである。ed パターンは、「エンジンとインターフェイスの分離」パターン（後述）のコンポーネントとして未だに役に立つのだ。

11.6.7 rogue 風パターン

　rogue 風パターンがそう呼ばれるのは、最初の例が BSD のダンジョンクロールゲームの rogue （図 11-2 参照）だったからだ。「roguelike」という単語は、Unix の伝統のなかでこのパターンに対する形容詞として広く知られている。rogue 風プログラムは、システムコンソール、X の端末エミュレータ、ビデオディスプレイ端末のどれかで実行されるように設計されている。rogue 風プログラムはフルスクリーンを使ってビジュアルインターフェイススタイルをサポートしているが、グラフィックスとマウスではなく、キャラクタセルディスプレイを使っている。

　コマンドは、一般にユーザーにエコーされない単一のキーストロークになっている（ed パターンのようなコマンド行ではない）が、一部のキーストロークからはさらにコマンドの詳細を入力するためのコマンドウィンドウがオープンされる（いつもそうとは限らないが、画面の最下行を使うことが多い）。コマンドアーキテクチャは、操作対象の画面位置や行を選択するために、矢印キーを多用することが多い。

　このパターンで書かれたプログラムは、vi(1) か emacs(1) をモデルとして、ヘルプの表示やプログラムの終了といった共通処理を実行するために、どちらかのコマンドシーケンスを利用している（驚き最小の原則に従っている）。たとえば、このパターンで書かれたプログラムは、「x」、「q」、「C-x C-c」のいずれかのキーで終了できる。

　このパターンで使われる他のインターフェイス要素としては、(a) 1 行に 1 項目のメニュー（現在選択されているアイテムは太字か反転表示で示されている）、(b)「モード行」（強調表示行でプログラムの状態のサマリ情報を表示する。画面の最下行か最上行を使うことが多い）などがある。

　rogue 風パターンが発達したのは、ビデオディスプレイ端末の世界である。その多くは、矢印キーやファンクションキーを持たなかった。グラフィックス対応パーソナルコンピュータが

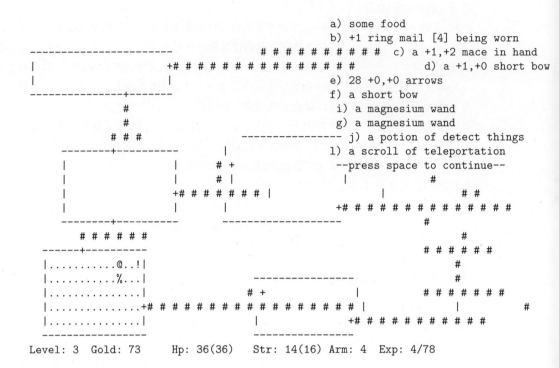

図 11-2　オリジナルの rogue ゲームの画面

　主流で、キャラクタセル端末は記憶からも消えていく現状では、このパターンが設計に及ぼした影響も忘れられがちである。しかし、rogue パターンの初期のプログラムは、IBM が 1981 年に PC のキーボードを標準化する数年前に設計されている。だから、rogue 風パターンは、伝統的だがもう古臭く感じられるいくつかの習慣を残している。編集ウィンドウに挿入されていく文字と解釈されないときに、h、j、k、l をカーソルキーとして使うのもそうだ。キーの意味は変わらず、k が上、j が下、h が左、l が右である。同様に、古めの Unix プログラムが ALT キーをまったく使わず、ファンクションキーもごく限定的にしか使わない（まったく使わない場合もある）のも、このような歴史的経緯によるものだ。

　このパターンに従っているプログラムはたくさんある。テキストエディタの vi(1)、あるいは emacs(1) とその変種、elm(1)、pine(1)、mutt(1) など、ほとんどの Unix メールリーダ、tin(1)、slrn(1) などの Unix ニュースリーダ、Web ブラウザの lynx(1) などである。ほとんどの Unix プログラマは、この種のインターフェイスでプログラムを駆動しながら大半の作業をしている。

　rogue 風パターンは、スクリプトから使うのは難しい。実際、スクリプトのなかでこれらを使うことはごくまれである。何よりもまず、このパターンはローモードの文字単位での入力を

使っているが、これがスクリプトからの駆動では不便である。また、出力は差分的な画面描画動作の連続から構成されているため、スクリプトから出力を解釈することも非常に難しい。

このパターンは、マウスで駆動される本格的な GUI の美しい表示も持たない。フルスクリーンインターフェイスを使っている理由が、単純な直接操作とメニューインターフェイスをサポートすることでしかないので、rogue 風プログラムでユーザーが覚えなければならないコマンドはまだ多い。それどころか、rogue 風プログラムのインターフェイスは、モードが散乱し、メタ-シフト何とかコマンドが乱立するハードコアハッカーしか喜ばないようなものに堕してしまう傾向がある。スクリプトに対応しておらず、最近流行のエンドユーザー向けの設計にもなっていないということで、このパターンは、両方の世界の悪いところだけを集めているようにも見えるかもしれない。

しかし、このパターンにもよいところはある。rogue 風メーラ、ニュースリーダ、エディタ、その他のプログラムは、GUI のライバルをサポートする X 画面を日常的に使っている人々の間でも、端末エミュレータを介してきわめて多用されている。それどころか、rogue 風パターンの浸透力はすさまじく、Unix のもとでは GUI プログラムでさえ、rogue 風プログラムを真似ている。十分 rogue 風に見えるコマンド、ディスプレイインターフェイスにマウスとグラフィックスのサポートを追加しているようなプログラムがいくつもあるのだ。emacs(1) の X モードや xchat(1) は、このような GUI プログラムの良い例である。このパターンが未だに人気を保っている理由はどこにあるのだろうか。

重要な要素は、本当の効率性と体感される効率性のようだ。rogue 風プログラムは、もっとも近い GUI プログラムと比べて高速で軽量である。起動時と実行時のスピードについていえば、Xterm で rogue 風プログラムを実行するのは、表示のセットアップのために大量のリソースを消費し、それからもゆっくりとしか反応しない GUI を起動するよりもよい。また、rogue 風パターンのプログラムは、telnet リンクや低速のダイアルアップ回線を経由して使うこともできるが、X では、このような接続は問題外である。

キーボードを見ないで入力できる人たちは、マウスを使うためにキーボードから手を離さないで済むので、rogue 風プログラムを好む。さらに、この種の人々は、ホームポジションから遠く離れた位置のキーストロークが少ないインターフェイスを好む。vi(1) が未だに人気を持っている理由のかなりの部分は、このことによるものだろう。

おそらくもっと重要なのは、rogue 風プログラムのインターフェイスが予測可能で、X 画面の使い方が控え目なところだろう。rogue 風プログラムは、複数のウィンドウ、フレームウィジェット、ダイアログボックス、その他 GUI のごちゃごちゃで画面を散らかさない。そのため、このパターンのプログラムは、ユーザーの注意を他のプログラムと共有しなければならないプログラムによく適している（エディタ、メーラ、ニュースリーダ、チャットクライアントなどの通信プログラムなどがこれにあてはまるだろう）。

最後に（そしておそらくこれがもっとも重要なはずだが）、コマンドセットの簡潔性と表現力を評価し、記憶力にかかる負荷に耐えられる人々には、GUI よりも rogue 風パターンのほうが

魅力的に感じられる傾向がある。仕事が複雑になり、使用頻度が上がり、ユーザーの熟練度が上がると、この傾向が顕著になってくる理由は、すでに見てきた通りである。rogue風パターンは、GUI風の直接操作の要素もサポートしつつ（edパターンのプログラムはこれをサポートできない）、これらの特徴を持っている。rogue風のインターフェイス設計パターンは、両方の世界の最悪の部分だけを集めるどころか、両方のもっともよいところを取り込むことができるのだ。

11.6.8　「エンジンとインターフェイスの分離」パターン

　7章では、シングルプロセスの怪物的なモノリスを作ることに反対し、プログラム全体の複雑さは、通信する複数のプロセスに分割すれば下げられることが多いことを示した。Unixの世界では、プログラムを「エンジン」の部分（問題領域に固有のアルゴリズムとロジックの核）と「インターフェイス」の部分（ユーザーコマンドを受け付け、結果を表示し、対話的ヘルプやコマンド履歴の表示といったサービスを提供する）に分割するという形でこの戦略を多用している。実際、このエンジンとインターフェイスの分離パターンは、おそらくUnixのたった1つのもっとも特徴的なインターフェイス設計パターンだといえるだろう。

　（Unixの特徴的な設計パターンの候補としては、フィルタもある。しかし、双方向で通信するエンジン/インターフェイスペアと比べ、フィルタはUnix以外の環境でもよく見られる。パイプラインのシミュレートは簡単だが、エンジン/インターフェイスペアで必要なより高度なIPCメカニズムはシミュレートが難しい。）

　Xのもとでユーザーインターフェイスを書くために広く使われているGTK+ライブラリをメンテナンスしているOwen Taylorは、Why GTK_MODULES is not a security hole (http://www.gtk.org/setuid.html) の最後のほうで、このような分離の工学上のメリットをみごとに説明している。「安全なsetuidプログラムとは、ユーザーインターフェイスのための50万行のライブラリではなく、必要なことだけをする500行のプログラムだ。」

　これは決して新しい考え方ではない。Xerox PARCの人々は、初期のGUI研究の成果に基づき、GUIの原型として「モデル-ビュー-コントローラ」パターンを提案している。

- 「モデル」とは、Unixの世界で普通「エンジン」と呼んでいるもののことである。モデルには、問題領域固有のデータ構造とロジックが含まれている。モデルの原型的な例としては、データベースサーバが挙げられる。
- 「ビュー」とは、問題領域のオブジェクトを目に見える形に展開する部分である。モデル/ビュー/コントローラがきれいに分割されたアプリケーションでは、ビューはコントローラによって同期的に駆動されたり、明示的なリフレッシュリクエストによって更新されたりするのではなく、モデルに対する更新を通知されそれに自ら応える形で動く。
- 「コントローラ」はユーザーのリクエストを処理して、モデルにコマンドとして渡す。

実際には、ビューとコントローラは密接に結び付く傾向があり、モデルとはそのような結び付き方はしない。たとえば、ほとんどのGUIは、ビューとコントローラを結合している。両者が分離するのは、アプリケーションがモデルの複数のビューを要求するときだけである。

　Unixのもとでは、「1つのことをしっかりとやる」の伝統が強く、IPCメソッドが簡単で柔軟なために、モデル/ビュー/コントローラパターンが応用されている例は他の環境よりもずっと少ない。

　このテクニックの特に強力な形態は、ポリシーインターフェイス（ビューとコントローラの機能を兼ねるGUIが多い）と問題領域に固有なミニ言語インタープリタを含むエンジン（モデル）のペアを使うものである。このパターンについては、8章で、ミニ言語の設計に焦点を絞りながら取り上げた。ここでは、この種のエンジンがより大きなコードシステムのコンポーネントとなるさまざまな形態を見ていくことにしよう。

　このパターンは、さらに何種類かに大きく分かれる。

11.6.8.1　コンフィギュレータ/アクタペア

　コンフィギュレータ/アクタペアでは、コンフィギュレータ（設定プログラム）部がフィルタやデーモンの起動時の環境を制御する。フィルタやデーモンは、そのあとはユーザーの指示を受けずに実行される。

　fetchmail(1)とfetchmailconf(1)（すでに開示性とデータ駆動プログラミングのケーススタディとして取り上げ、14章では言語のケーススタディとしてまた使うことになる）は、コンフィギュレータ/アクタペアのよい例である。fetchmailconfは、fetchmailとともにディストリビュートされている対話的なドットファイルコンフィギュレータである。fetchmailconfは、フォアグラウンドモードやバックグラウンドモードでfetchmailを実行するGUIラッパーとしても機能する。

　この設計パターンは、fetchmailとfetchmailconfを専門分化させて自分の仕事をしっかりできるようにする。また、それぞれの問題領域に適した異なる言語で2つを書けるようにもしている。fetchmailは、通常デーモンとしてバックグラウンドで実行されるプログラムなので、GUIコードを付けて膨らませる必要はない。それに対し、fetchmailconfは、fetchmailにサイズ、複雑さのコストをかけずに、凝ったGUIに専門特化できる。そして、両者の間の通信チャネルは狭く、明確に定義されているので、fetchmailはコマンド行やfetchmailconf以外のスクリプトからも実行できる。

　なお、「コンフィギュレータ/アクタ」という用語は、私が考えたものである。

11.6.8.2　スプーラ/デーモンペア

　コンフィギュレータ/アクタペアのちょっとした変種であるこのペアは、バッチモードで共有リソースに対するシリアライズ（直列化）されたアクセスが必要な状況で役に立つ。つまり、明確に定義されたジョブストリームや、リクエストのシーケンスが共有リソースへのアクセス

を必要とするものの、個々のジョブはユーザーとのやり取りを必要としないケースである。

このスプーラ/デーモンパターンでは、スプーラ（フロントエンド）は、スプール領域にジョブリクエストやデータを落とすだけである。ジョブリクエストとデータは、単純にファイルになっている。スプール領域は、一般的には単なるディレクトリである。ディレクトリの位置とジョブリクエストのフォーマットについては、スプーラとデーモンの間で了解ができている。

デーモンは、スプールディレクトリをポーリングし、するべき仕事を探すプログラムで、バックグラウンドで無限に実行される。デーモンは、ジョブリクエストを見つけると、対応するデータを処理しようとする。成功すると、ジョブリクエストとデータはスプール領域から削除される。

このパターンの古典的な例は、Unixの印刷スプーラシステムのlpr(1)とlpd(1)である。フロントエンドのlpr(1)は、印刷すべきファイルをスプール領域に単純に落とし、lpd(1)は周期的にスプール領域をスキャンする。lpdの仕事は、単純にプリンタデバイスへのアクセスをシリアライズすることだ。

もう1つの古典的な例としては、at(1)とatd(1)のペアがある。これらは、指定された時刻にコマンドが実行されるようにスケジューリングを行う。第三の例は、歴史的には重要だが、もうあまり使われていないUUCP（Unix-to-Unix Copy Program）である。UUCPは、1990年代初めのインターネットの爆発的流行よりもまえに、ダイアルアップ回線を介したメール伝送のために広く使われていた。

スプーラ/デーモンパターンは、メール伝送プログラム（本質的にバッチ的）では今でも重要性を失っていない。sendmail(1)やqmail(1)といったメール伝送プログラムのフロントエンドは、通常、外部へのインターネット接続に向けてSMTPで直ちにメールを配達しようと試みる。それが失敗すると、メールはスプール領域に集められる。デーモンバージョンやメール伝送モードは、あとで配達をもう1度試みる。

一般に、スプーラ/デーモンシステムは、ジョブランチャ、キューリスナ、ジョブキャンセルユーティリティ、スプーリングデーモンの4つの部分から構成される。実際、最初の3つの部品があるということは、それらの背後に隠れるスプーラデーモンがどこかにあるという手がかりになる。

「スプーラ」と「デーモン」という単語は、Unixでは確立された専門用語である（「スプーラ」は、実際には初期のメインフレームの時代まで遡る用語である）。

11.6.8.3 ドライバ/エンジンペア

このパターンでは、コンフィギュレータ/アクタやスプーラ/サーバとは異なり、起動後も、インターフェイス部のドライバがエンジンにコマンドを送り、エンジンからの出力を解釈する。エンジンは、より単純なインターフェイスパターンを持っている。どのIPCメソッドが使われるかは実装の細部である。エンジンはドライバのスレーブプロセスでもかまわないし（7章で説明したような意味で）、エンジンとドライバはソケット、共有メモリその他のIPCメソッド

で通信してもよい。重要なポイントは、(a) ペアが相互にやり取りをすることと (b) エンジンが独自のインターフェイスで単独実行できることである。

このようなペアは複雑かつ密接に結び付いているので、コンフィギュレータ/アクタよりも書くのが難しい。ドライバはエンジンの起動時の環境についての知識だけではなく、コマンドセットや応答のフォーマットについての知識も持っていなければならない。

しかし、エンジン部がスクリプトで駆動できるように設計されている場合には、エンジン部の作者以外の人がドライバ部を書いたり、同じエンジンのために複数のドライバが書かれたりすることもよくある。両者の好例は、GhostScript インタープリタの gs(1) のドライバである gv(1) と ghostview(1) である。GhostScript は、PostScript をさまざまなグラフィックスフォーマットや低水準のプリンタ制御言語に展開する。gv と ghostview は、GhostScript のかなり特異な起動スイッチやコマンド構文に対する GUI ラッパーを提供する。

このパターンのすばらしい例としてもう 1 つ挙げられるのが xcdroast/cdrtools のペアである。cdrtools のディストリビューションには、コマンド行インターフェイスを持つ cdrecord(1) プログラムが含まれている。cdrecord は、CD-ROM ハードウェアとのやり取りについての知識を持つことを専門とするのに対し、xcdroast は GUI であり、ユーザーに心地よいインターフェイスを提供するのが仕事だ。xcdroast(1) プログラムは、cdrecord(1) を呼び出してほとんどの仕事を委ねる。

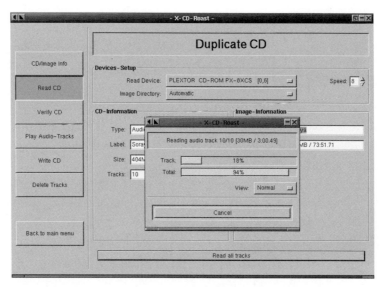

図 11-3　xcdroast の GUI

xcdroast は、これらの他に CLI ツールの cdda2wav(1)（サウンドファイルコンバータ）と mkisofs(1)（ファイルのリストから ISO-9660 CD-ROM ファイルシステムイメージを作るツー

ル）も呼び出す。これらのツールがどのように起動されるかについての詳細は、ユーザーの目からは隠されている。ユーザーは、CD を作る仕事を中心に考えていればよく、サウンドファイル変換やファイルシステム構造操作のカードについて直接知る必要はない。同じように重要なことだが、これらの CLI ツールの実装者は、問題領域固有の専門知識に集中でき、ユーザーインターフェイスのエキスパートになる必要はない。

> ドライバ/エンジン構造の最大の落とし穴は、ユーザーに知らせるために、ドライバがエンジンの状態を理解していなければならないことが多いところだ。エンジンの動作がほとんど瞬間的に終わるようなものであれば問題はないが、エンジンの仕事が長時間かかる場合（たとえば、多くの URL にアクセスするなど）には、フィードバックがないのは大きな問題になる。同様の問題としてエラーへの応答もある。たとえば、伝統的な（あまり Unix 風ではないが）既存のファイルに上書きしてもよいかどうかについての確認などは、ドライバ/エンジンの世界で書くのが苦痛になる部分だ。問題を検出したエンジンは、ドライバに対して確認を促すように求めなければならない。
>
> —— Steve Johnson

エンジンは、正しいことをするだけではなく、自分がしていることについてドライバに通知を送り、ドライバが適切なフィードバックを提供できるようにすることを考えて設計することが大切だ。

「ドライバ」とか「エンジン」といった用語は、あまり一般的ではないが、Unix コミュニティでは確立されている。

11.6.8.4 クライアント/サーバペア

クライアント/サーバペアは、ドライバ/エンジンペアと似ているが、エンジン部がバックグラウンドで実行され、対話的に実行されるようになっておらず、自分のユーザーインターフェイスも持たないところが異なる。通常、デーモンはなんらかの共有リソースに対するアクセスを調停するために使われる。データベース、トランザクションストリーム、特殊な共有ハードウェア（たとえばサウンドデバイス）などだ。デーモンを使うもう 1 つの理由としては、プログラムを起動するたびにコストの高い起動処理を実行するのを避けるというのもある。

少し前の典型的な例は、FTP（File Transfer Protocol）を実装する ftp(1) と ftpd(1) や、インターネットの電子メールをやり取りするためにフォアグラウンドのセンダ、バックグラウンドのリスナとして実行されている sendmail(1) の 2 つのインスタンスなどが挙げられる。今の典型例は、ブラウザと Web サーバのペアだ。

しかし、このパターンは、通信プログラムに限られるものではない。もう 1 つの重要な分野は、psql(1) と postmaster(1) のペアのようなデータベースだ。この場合、psql は、pstgres デーモンが管理している共有データベースへのアクセスをシリアライズする。共有データベースに SQL リクエストを渡して、レスポンスとして送り返されてきたデータをユーザーに示すの

である。

　これらの例は、この種のペアの重要な性質を示している。それは、両者の間の通信をシリアライズするプロトコルがクリーンにできているかどうかがとても重要だということだ。プロトコルが明確に定義できていて、オープンな標準によって記述されていれば、クライアントプログラムをサーバのリソースの管理方法の詳細から切り離して、クライアントとサーバを半ば独立して発展させられる。エンジンとインターフェイスの分離プログラムであれば、どれでも機能の明確な分割によってこの種のメリットが得られる可能性があるはずだが、クライアント/サーバの場合、共有リソースの管理は本質的に難しいだけに、明確な分離のために払ったコストは特に高い報酬になって返ってくるということができる。

　フロントエンドとバックエンドの通信には、メッセージキューや名前付きパイプが使えるし、使われてきたが、クライアントと別のマシンでサーバを実行できるメリットが非常に大きいので、今は大半のクライアント/サーバはTCP/IPソケットを使って通信する。

11.6.9　CLIサーバパターン

　Unixの世界では、サーバプログラムがinetd(8)のようなハーネスプログラム[4]によって起動されることがよくある。サーバは標準入力のコマンドを検出して、応答を標準出力に生成する。ハーネスプログラムは、サーバの標準入出力が指定されたTCP/IPサービスポートに接続されるようにする。このような分業のメリットの1つは、ハーネスプログラムが、そこから起動されるすべてのサーバのセキュリティを一手に守る門番として働くことができることにある。

　そのため、このインターフェイス設計パターンの古典的な例はCLIサーバということになる。CLIサーバとは、フォアグラウンドで実行されたときには、標準入力から読み出し、標準出力に書き込む単純なCLIインターフェイスを持ちつつ、バックグラウンドで実行されたときには、そのことを検出し、標準入出力を指定されたTCP/IPサービスポートに接続するプログラムのことである。

　このパターンの変種としては、サーバがデフォルトでバックグラウンド実行され、フォアグラウンドで実行するためにはコマンド行スイッチでそのように指定しなければならないものがあるが、それは些細な違いに過ぎない。本質的には、ほとんどのコードはフォアグラウンドで実行されているかどうかとかTCP/IPハーネスかどうかということを知らないし気にもかけない。

　POP、IMAP、SMTP、HTTPサーバは、通常このパターンに従っている。この章で先に述べたサーバ/クライアントパターンと結び付けることもできる。HTTPサーバは、ハーネスプログラムとしても機能する。Web上のほとんどのライブコンテンツを提供するCGIスクリプトは、サーバが提供する特別な環境で実行される。CGIは、この環境の標準入力から入力（引数を形

---

4. ハーネスプログラムは、一種のラッパーで、ハーネスから呼び出されるプログラムに特別な種類のリソースへのアクセスを与えることが仕事である。この用語は、テストロードを与え、正しい出力を示して実際の出力をチェックできるようにするテストハーネスでもっともよく使われる。

成する）を受け取り、処理結果である HTML を標準出力に書き出す。

このパターンはとても古くからあるが、「CLI サーバ」という用語は私が考えたものだ。

11.6.10 言語ベースのインターフェイスパターン

　8 章では、プログラムが定義される水準を上げ、柔軟性を獲得し、バグを最小限に抑える手段として、問題領域固有のミニ言語について検討した。このような長所のある言語ベースの CLI は、Unix におけるインターフェイス設計の重要なスタイルである。その典型例は、Unix シェルそのものだ。

　このパターンの長所は、この章の dc(1)/bc(1) と xcalc(1) を比較したケーススタディから明らかだろう。このときにわかったメリット（表現性とスクリプト対応性の向上）は、ミニ言語に一般に備わる特徴である。特別な問題領域で複雑な処理の連続を日常的に実行しなければならないような場面であれば、他のものにもこれは一般化できる。電卓の場合とは異なり、ミニ言語は簡潔性においてもはっきりと優れていることが多い。

　もっとも強力な Unix 設計パターンの 1 つは、GUI フロントエンドと CLI ミニ言語のバックエンドだろう。このタイプでうまく設計されている例は、当然かなり複雑になるが、ミニ言語でできることのごく一部をカバーできるだけのその場限りのコードを書くくらいなら、それよりもはるかに単純で柔軟性の高いものが作れることが多い。

　もちろん、この一般的なパターンは、Unix に固有なものではない。今のデータベーススイートは、どこの環境のものでも、1 つ以上の GUI フロントエンドとレポートジェネレータを持ち、それらすべてが SQL などのクエリー言語を使って共通のバックエンドとやり取りする構成になっている。しかし、このパターンは主として Unix のもとで発展したものであり、今でも他の環境より Unix のほうがよく理解されているし、広く使われている。

　この設計パターンを満足させるシステムのフロントエンドとバックエンドが 1 つのプログラムに結合されると、そのプログラムは、「組み込みのスクリプト言語」を持っているといわれるようになることが多い。Unix の世界でこのパターンの例としてもっともよく知られているのは、Emacs である。この形のメリットについては、8 章の議論を参照してほしい。

　GIMP の Script-Fu もよい例だ。GIMP は、オープンソースの強力なグラフィックスエディタである。Adobe Photoshop とよく似た GUI を持っている。Script-Fu は、Scheme（Lisp の方言）を使って GIMP をスクリプトから駆動できるようにする。Tcl、Perl、Python によるスクリプトも可能だ。これらのどれかの言語で書かれたプログラムは、GIMP のプラグインインターフェイスを介して GIMP の内部コードを呼び出せる。この機能のサンプルは、ある Web ページである[5]。このページでは、生成した Scheme プログラムを GIMP のインスタンスに渡し、完成したイメージを返す CGI インターフェイスを使って、単純なロゴとグラフィックスボ

---

5. Script-Fu ページ（http://www.xcf.berkeley.edu/~gimp/script-fu/script-fu.html）。

タンを組み立てることができる。

11.7 Unix インターフェイス設計パターンの使い方

　スクリプトとパイプラインで使いやすくするために（7章参照）、できる限り単純なインターフェイスパターンを選ぶのが賢明だ。つまり、環境との間のチャネルがもっとも少なく、対話性がもっとも低いパターンだ。

　今まで説明してきたシングルコンポーネントパターンの多くでは、起動後にユーザーとのやり取りを必要としないということが強調されている。「ユーザー」が他のプログラム（そのため、人間の頭脳が持つ思考の幅や柔軟性がない）になることが多い場合、これは非常に高い価値のある機能であり、スクリプト対応性を引き上げる。

　すでに見たように、異なるユーザー層に合ったインターフェイス設計パターンは、異なる状況において役に立つ。特に、初心者や技術系ではないエンドユーザーに合ったGUIや設計パターン（一方の極端）とエキスパートユーザーを対象として、スクリプト対応性を引き上げた設計パターン（もう一方の極端）の間には、本質的に強い緊張関係がある。

　このジレンマを回避する1つの方法としては、複数のパターンで使えるようにモード付きのプログラムを作ることが考えられる。その優れた例は、Webブラウザのlynx(1)だ。通常のlynxは、rogue風のインターフェイスで対話的に使えるようになっているが、-dumpオプションを付けて呼び出すと、指定されたWebページをテキスト形式で標準出力にダンプする。

　しかし、このようなデュアルモードインターフェイスは、プログラムが本物のGUIを持たなければならないときには、通常避けられている。その理由の一部は歴史的なものだが、最大の理由は、全体としての複雑度が上がってしまうことにある。GUIは、起動時に複雑なコンフィグレーションを必要とし、専門のコードを大量に必要とする傾向がある。これらと単純なパターンの共存は難しい。最悪の場合、デュアルモードのGUI/非GUIとで、2個のまったく別なコマンドインタープリタループが必要になる可能性がある。すると、コードが膨張し、2つのモードで齟齬をきたす危険さえ出てくるのだ。

　このように「もっとも単純なパターンを選べ」という方法が、GUIを作るという需要と摩擦を生じるようになったとき、Unixはどうするかというと、「エンジンとインターフェイスの分離」パターンを適用して、プログラムを2つに分割するのだ。

　実際、7章のテーマとこの考え方を組み合わせると、GUIが単なるいやいやながらのアドオンではなく、資源を大量に投下すべき開発の焦点となっているLinuxを始めとする最近のオープンソースUnixで生まれつつある新しい設計パターンに名前を付けることができるだろう。

11.7.1 ポリバレントプログラムパターン

ポリバレント（多価値）プログラムは、次の特徴を持っている。

1. プログラムの問題領域のロジックは、ドキュメントされたAPIのあるライブラリにまとめられており、他のプログラムにもリンクできる。プログラムのインターフェイスロジックは、ライブラリの上にかぶせられた薄いレイヤである。あるいは、異なるUIスタイルを持つ複数のレイヤになっている場合もあり、それらのどれにもライブラリはリンクできる。
2. 1つのUIモードは、バッチモードで対話的コマンドを実行するキャントリップ、コンパイラ風、CLIパターンのなかのどれかになっている。
3. もう1つのUIモードは、コアライブラリに直接リンクするか、CLIインターフェイスを駆動する別プロセスとして動作するGUIになっている。
4. さらに別のUIモードは、Perl、Python、Tclなどの新しい汎用スクリプト言語を使って操作できるスクリプトインターフェイスになっている。
5. オプションの補助モードとして、最後のUIモードは、curses(3)を使うrogue風インターフェイスになっている。

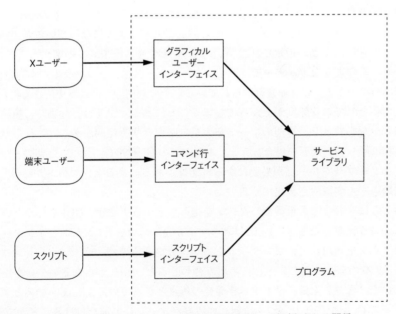

図11-4　ポリバレントプログラムの呼び出し、呼び出される関係

特に、GIMPは実際にこのパターンを満足させている。

11.8 普遍的なフロントエンドとしての Web ブラウザ

　1990 年代中頃に Web によってコンピュータの世界が一変して以来、GUI インターフェイスから CLI バックエンドを分離する設計は、以前以上に魅力的な戦略になってきた。非常に多くのアプリケーションにとっては、カスタムの GUI フロントエンドを書いたりせずに、その部分は Web ブラウザに任せるという方法が次第に意味を持つようになってきている。

　このアプローチには、多くの長所がある。もっともはっきりしているのは、GUI の手続きコードを書かなくて済むことだ。代わりに、それを専門としている言語（HTML と JavaScript）で作りたい GUI を記述すればよい。こうすれば、コストがかかり複雑なくせに目的が 1 つしかないコーディングの大部分が避けられる。実際、プロジェクトのコストの半分以上がこの部分にかかることもよくあるのだ。もう 1 つは、こうすると、アプリケーションがただちにインターネット対応になることだ。フロントエンドは、バックエンドと同じホストにあっても、数千マイル先にあってもかまわない。さらにもう 1 つ、アプリケーションのプレゼンテーションのこまごまとしたこと（フォントやら色やら）は、もうバックエンドの問題ではなくなる。ブラウザの設定や CSS（カスケーディングスタイルシート）などのメカニズムによって、ユーザーが自由にカスタマイズできるようになる。最後に、Web インターフェイスの統一的な要素を使うために、ユーザーの学習が非常に楽になる。

　ただし、欠点はある。もっとも大きなものは、(a) Web という形では避けられないバッチスタイルのやり取りと (b) 状態なしのプロトコルを使って永続的なセッションを管理することの難しさの 2 つだ。これらは、Unix だけの問題ではないが、ここで論じておこう。これらの制約をいつ受け入れ、いつ回避すべきかについては、設計レベルではっきりと考えておくことがとても大切だ。

　ブラウザがサーバのホストでプログラムを実行するためのインターフェイスである CGI (Common Gateway Interface) は、きめの細かい対話的操作をサポートしているわけではない。CGI の代わりに使われるテンプレートシステム、アプリケーションサーバ、組み込みサーバスクリプトも同じだ（この節では、少々不正確だが、これらすべてを CGI と呼ぶことにする）。

　CGI ゲートウェイでは文字単位、あるいは GUI ジェスチャ単位で入出力することはできない。HTML フォームを埋め、サブミットボタンをクリックすると、フォームの内容が CGI スクリプトに送られる。そして、CGI スクリプトを実行すると、生成された HTML ページがサーバによって送り返されてくる（新しいページも CGI フォームであってよい）。

　これは本質的にバッチスタイルのやり取りであり、入力ホッパーにパンチカードを入れて送り出すと、プリントアウトが返ってくるというのとそう大きく違わない。JavaScript を使ってユーザーとやり取りさせれば、ユーザーにとってなじみやすい形にはなるが、トランザクションをメッセージに組み立ててサーバに送ることに変わりはない。

　Java アプレットは、よりスムーズな対話操作をサポートするために、独自のキャラクタスト

リーム接続をサーバとの間に開設することができる。しかし、Java には技術的な問題があり（ページ上の固定表示領域しか使えず、その矩形の外の表示を書き換えられない）、もっと大きい政治的な問題がある（Sun のプロプライエタリなライセンス提供方法のために、Java の普及は止まり、人々は Java にかかわるのを避けるようになった。すべてのユーザーのブラウザが Java をサポートしていると考えることはできない）。

Java と JavaScript は、ブラウザの非互換性の前で立ち往生することもある。Microsoft が Internet Explorer で JDK 1.2 と Swing の実装を拒んでいることは、Java アプレットにとって重大な問題である。JavaScript のバージョン違いも、アプリケーションを止めることがある（JavaScript のバグのほうが簡単にフィックスできるが）。それでも、カスタムフロントエンドを書いてインストールすることを考えれば、これらの問題を回避してこれらを使ったほうが楽な場合のほうが多い。ただ、セキュリティ上の問題とこのインターフェイスの乱用を防ぐために、Java はもちろん、JavaScript さえブラウザで無効にするユーザーが増えてきている。こちらのほうが、簡単に回避できない面倒な問題になっている。

これとは別に、複数の CGI フォームにまたがってセッション情報を維持することの難しさという問題がある。サーバは、複数の CGI トランザクションにまたがる形でクライアントセッションについての状態情報を管理してはいないので、あとで接続したときに同じユーザーが以前に送った情報を使って新しいサブミットの内容を組み立ててくれるということはありえない。この問題を回避する標準的な方法は、フォームのチェーンとブラウザのクッキーである。

フォームのチェーンとは、最初のフォームにユニークな ID を生成させて、それを 2 番目のフォームの非表示フィールドにセットし、2 番目以降のフォームもあとのフォームにその ID を渡していくというものである。クッキーも、環境変数を思わせるようなより間接的な方法で同様の効果を実現する（詳しくは、数百冊もある CGI 設計の参考書を参照のこと）。いずれにしても、CGI はセッションインデックスとして ID を使い（あるいは状態を直接保存するためにクッキーを使い）、明示的にセッションの多重化を処理しなければならない。

実際には、これらの制約とうまく折り合いをつけられることも多い。多くのそれほど単純ではないアプリケーションが、単一のフォームと応答という形に適応して、これら両方の問題を回避している。そのようにできず、複数のフォームが必要になる場合でも、専門フロントエンドの作成・流通コストを削減し、システムの複雑度を下げられるメリットは非常に大きいので、開発コストをかけて独自のセッション管理をこなす賢い CGI を作っても、そのコストは簡単に回収できるだろう。

セッション管理の問題は、Zope や Enhydra などのアプリケーションサーバでも解決できる。これらはセッションの抽象化の他、これらのなかに組み込まれたプログラムへのユーザー認証などのサービスを提供する。これらのアプリケーションサーバの欠点も、利点と同じである。すなわち、サーバ上でユーザーごとの状態をより簡単に管理できることだ。特に問題なのは、ユーザーごとの状態で、これらはリソースを大きく消費するし、適切なタイムアウトを設定しなければならない。何しろ、次のトランザクションが送られてくるまでの間は、回線の向こう

側にまだユーザーがいるかどうかはまったくわからないのだ。

最良のアドバイスは、いつもと同じで、できる限り単純なパターンを使えということだ。単純な CGI とクッキーで仕事ができる場合には、Java やアプリケーションサーバを必要とする重量級の設計をしてみたいという欲望に抵抗しなければならない。

普遍的フロントエンドとしてのブラウザアプローチの問題点の 1 つは、CGI バックエンドがすぐにブラウザ環境と切り離せず、バックエンドに対するトランザクションをスクリプト内で記述したり、自動化したりすることが難しいことだ。これに対する Unix の答は、3 層構造である。Web フォームが CGI を呼び出し、CGI がコマンドを呼び出す。自動化のためのインターフェイスは、コマンドにする。

ブラウザがフロントエンドとバックエンドを切り離していることには大きな意味がある。この傾向がはっきりするとともに、Web 上では、閉じたプロプライエタリなプロトコルと API に消費者を閉じ込めることは、ますます難しくなりますます魅力を失ってきている。ソフトウェア開発の経済は、HTML、XML など、オープンなテキストベースのインターネット標準に向って傾斜してきている。この傾向は、19 章で取り上げるオープンソース開発モデルの発展とおもしろい形で相乗効果を生んでいる。Web が作りつつある世界では、Unix の伝統的な設計パターン（この章で取り上げたアプローチを含め）は、従来以上に親しみを感じるものになりつつある。

11.9 沈黙は金なり

Unix のもっとも古くもっとも一貫した設計哲学である沈黙原則に触れずに、対話的なユーザーインターフェイスという話題から離れるわけにはいかない。1 章でも触れたように、きちんと設計された Unix プログラムは、特におもしろいことも驚きを感じることもないときには、黙っているものである。そして、それはもともと Unix が生まれた当時の端末が低速のテレタイプだったからだが、その時代が過ぎてもこの原則が生き残ったことには理由があるということにも触れた。

その理由の 1 つは、おしゃべりなプログラムは他のプログラムとうまく組み合わせて使えないことが多いことにある。CLI プログラムが自分の状態についてのメッセージを標準出力に書き出す場合、その出力を解釈しようとするプログラムは、それらのメッセージを解釈すべきか捨てるべきかの判断で困ってしまう（まずいことが何もない場合でも）。標準エラー出力に本当のエラーだけを出力し、要求されていないデータはいっさい出力しないようにしたほうがよい。

第二の理由は、ユーザーの画面の縦方向のスペースが貴重だということだ。プログラムがごみを 1 行出力するたびに、ディスプレイにまだ残っているコンテキスト行が 1 行ずつ失われていってしまう。

第三の理由は、ゴミメッセージが人間の帯域幅を不注意に浪費することにある。他の人との

対話など、より重要な仕事がフォアグラウンドで行われているのに、そこから気を散らせるような動きが画面に現れてしまうのはよくない。

長時間かかる仕事のためにGUIに進行状況バーを追加するのはよいことだ。進行状況バーは、長い作業が終わるまで、そこから目を放してメールを読んだり他の仕事をしたりしてもよいという合図を送り、ユーザーが効率よく頭を使って複数の作業をこなすのを助ける。しかし、データが消えたりゴミになったりする危険がある場合を除き、確認のポップアップを頻発してGUIインターフェイスを散らかすのは避けたほうがよい。また、確認ボックスを出してもよい状況でも、親ウィンドウが最小化されているときには、ボックスを表示せず、親ウィンドウがフォーカスを持っていないときには、ボックスを上に持ってこない[6]という配慮をすべきだ。インターフェイス設計者の仕事はユーザーを助けることであり、用もないのにしゃしゃり出てくることではない。

一般に、ユーザーがすでに知っていることをユーザーにいちいちいいにくるのはよくないスタイルだ（「プログラム<foo>を起動しています」、「プログラム<foo>を終了しています」は、このルールに違反する2大典型例だ）。インターフェイス設計全体は、驚き最小の原則に従うべきだが、メッセージの内容自体は驚き最大の原則に従ったほうがよい。通常期待されていることからはかけ離れていることだけをうるさくいい立てるのだ。

この原則は、確認プロンプトではさらに厳格に守ったほうがよい。答がほとんど必ず「イエス」になるようなところで絶えず確認を求めていると、ユーザーは何も考えずに「イエス」をクリックするようになるが、このような習慣は、非常に不幸な結果をもたらすことがある。プログラムは、答が「ノーノーノー！」になる可能性が十分に考えられる場合に限り、確認を要求するようにすべきである。驚きの感じられない確認要求は、設計のまずさを表している可能性がある。また、確認要求があるということ自体、本当に必要なのはアンドゥコマンドかもしれないということを表している可能性がある。

デバッグ目的で進行状況についてうるさいメッセージを生成したい場合には、冗舌モードのスイッチを作り、デフォルトではそれを無効にすべきである。製品としてリリースするまえに、できるだけ多くのメッセージについて、冗舌スイッチが有効にされたときだけ表示されるように切り替えを図るべきだ。

---

6. ウィンドウシステムがユーザーとアプリケーションの間に大きく割り込んでこない半透明のポップアップをサポートする場合には、それを使うとよい。

第12章

最適化

> 半端な最適化は諸悪の根源だ。
>
> —— C. A. R. Hoare

　この章は、非常に短いものになる予定だ。なぜなら、Unix の経験がパフォーマンスの最適化ということについて私たちに教えていることは、主としていつそれをすべきでないかをどうやって知るかということだからだ。では第二の教訓はといえば、もっとも効果的な最適化戦略は、通常、設計の明確さなど、他の目的のために行っていることだということなのだ。

12.1 何かしなくちゃ、じゃない。じっとしていろ！

　すべてのプログラマの道具箱に入っている最強の最適化テクニックは、何もしないことだ。
　この非常に禅的なアドバイスが正しいことには、いくつかの理由がある。1つは、Moore の法則の指数的効果だ。もっとも賢く、もっとも安く、もっともすばやく、パフォーマンスを向上させるための方法は、ターゲットハードウェアが数か月のうちにもっと強力になるのを待つことなのだ。ハードウェアとプログラマの作業時間のコスト比から考えるなら、動くシステムを最適化するよりも、時間をやり過ごすほうがほとんどかならず良い結果になる。

このことは、数学的に説明できる。最適化は、リソース利用の定数係数が下がる程度ならほとんど無意味である。平均的な実行時間や消費スペースが $O(n^2)$ から $O(n)$ や $O(n \log n)$[*1]に下がる場合、あるいは同じように高いオーダーから低いオーダーに下がる場合のみ最適化を試みるようにしたほうがよい。線形の伸びでしかなければ、Moore の法則にあっという間に抜かれてしまう[*2]。

何もしないことのもう 1 つの建設的な形態は、コードを書かないことだ。そこに存在しないコードによってプログラムを遅くすることはできない。プログラムを遅くできるのは、そこにあり、本来ありうべき姿よりも非効率なコードだけだ。しかし、これは別の問題である。

12.2 最適化する前に計測せよ

アプリケーションが遅すぎるというはっきりとした証拠があるときには、(そのときに限り)、コードを最適化することを検討すべきだ。しかし、最適化について考える以上のことをするまえに、まず計測をすることだ。

1 章で取り上げた Rob Pike の 6 つの原則を思い出そう。最初の Unix プログラマたちが初期の段階で学んだことのなかに、ボトルネックがどこにあるかを知るうえで、たとえば問題のコードを親しくよく知っている人のものであっても、直観は役に立たないということがあった。他のほとんどのオペレーティングシステムとは異なり、通常 Unix にはプロファイラがついている。まずそれを使うことだ。

プロファイラの結果を読むのは、ある種の技である。よく起きる問題が 3 つある。1 つめはインストルメンテーションのノイズ、2 つめは外部での遅れの影響、3 つめは呼び出しグラフの上位ノードの過大な数値である。

インストルメンテーションのノイズは本質的な問題である。プロファイラは、サブルーチンの開始、終了位置、さらにルーチンをインライン展開したなかの決まった間隔の位置に実行時刻を報告する命令を挿入して動作する。これらの命令自体にも実行時間というものがかかる。この時間が、呼び出し時間のばらつきをめだたなくする効果を持つ。非常に短いサブルーチン

---

1. O 記法になじみのない読者のために説明しておくと、これは、入力量によってアルゴリズムの平均実行時間がどのように変わるかを示すための方法である。$O(1)$ アルゴリズムは、入力量にかかわらず一定の時間で動作する。$O(n)$ アルゴリズムは、$An+C$ という式で予測できる時間で実行される。ここで、A とは比例係数となる未知の定数、C はセットアップにかかる時間を示す未知の定数である。リストから指定された値を探すための線形探索は、$O(n)$ である。$O(n^2)$ アルゴリズムは、An^2 により低位の項 (線形、対数、その他二次関数よりも大きく増えない関数) を加えた時間で実行される。同様に、$O(n3)$ アルゴリズムは、入力量の 3 乗によって予測される平均時間で実行される。これらのアルゴリズムは、遅すぎて実用に耐えない場合が多い。$O(\log n)$ は、木探索で典型的に見られる実行時間である。アルゴリズムをうまく選ぶと、実行時間が $O(n^2)$ から $O(\log n)$ に下げられることがよくある。アルゴリズムのメモリの使用量を予測したい場合には、$O(1)$、$O(n)$、$O(n^2)$ の違いがある。一般に、$O(n^2)$ 以上でメモリを消費するアルゴリズムは、やはり実用に耐えない。
2. Moore の法則では、通常、18 か月で速度が倍になるというが、そうすると、6 か月後に新しいハードウェアを買うだけで 26% のスピードアップが図れるということになる。

は、計測された実行時間のなかにかなりのノイズが含まれるため、実際よりも高くつくように見えがちである。それに対し、長めのサブルーチンでは、インストルメンテーションのオーバーヘッドはめだたなくなる。

インストルメンテーションノイズのことを頭に入れて、最速最短のサブルーチンとされたものの時間には、バブルが大量に含まれていると想定したほうがよい。しかし、それらのルーチンでも、非常にひんぱんに呼び出されていたら、大量の時間を消費している可能性があるので、呼び出し回数の統計にも特に注意を払うようにする。

外部でのレイテンシも本質的な問題である。プロファイラの背後で起きる可能性のある遅れや歪みには、さまざまな種類のものがある。もっとも単純なのは、予測不能なレイテンシを持つ処理のオーバーヘッドである。そのような処理としては、ディスクやネットワークへのアクセス、キャッシュフィル、プロセスのコンテキストスイッチ等々がある。問題は、この種のオーバーヘッドが起きるということではない。実際には、これらのオーバーヘッドこそ、計測しようとしているものかもしれない。特に、重要な内部ループのチューニングではなく、システム全体のパフォーマンスを調べようとしているときにはそうだ。本当の問題は、これらのオーバーヘッドがまちまちで、個別のプロファイル実行の結果だけでは、あまり役に立たないことにある。

これらのノイズ源の影響を最小限に抑え、平均的な条件のもとでどれだけの時間がかかるのかについてより意味のある結果を得るためには、プロファイル実行を重ね、結果を合計してみることだ。最適化を図るまえに、プログラムのためにテストハーネスとテストロードを作ることには多くの理由がある。もっとも重要な理由（通常は、パフォーマンスのチューニングよりもずっと重要）は、書き換えたあとのプログラムの正しさを保証するための回帰テストを実行できるようにすることだ。これらを作ったら、負荷のもとで反復テストのプロファイルを取れることはよい副作用であり、手で数回プロファイルを実行するよりもよい情報が得られることが多い。

さまざまな副作用は、呼び出されたルーチンではなく呼び出したルーチンの処理時間に加算されていき、コールグラフの上位ノードが実際よりも重く評価されてしまう。たとえば、関数呼び出しのオーバーヘッドは、呼び出し側のルーチンに加算されることが多い（本当にそうなるかどうかは、マシンアーキテクチャやプロファイラが計測コードを入れられる場所によって決まる）。マクロやインライン関数（コンパイラがこれらをサポートする場合）は、プロファイルレポートには現れない。これらに要した時間は、すべて呼び出し元関数に加算される。

より重要なことは、多くのプロファイラが、サブルーチン内で消費された時間を呼び出し元の消費時間に加算して表示することだ（たとえば、オープンソース Unix とともにディストリビュートされている gprof(1) は、こうしている）。この場合、呼び出し元の消費時間から素朴に呼び出されたルーチンの消費時間を引いても、同じルーチンが複数の関数から呼び出されている場合には意味のある数字は得られない。両方の呼び出し元の処理時間が不自然に少なく見えるようになるだけだ。特にたちが悪いのは、複数の呼び出し元があるユーティリティ関数の場合である。何度も繰り返し軽く呼び出しているものもあれば、回数こそ少ないが複雑な呼び

出し方をしているものもある場合、時間の読み方は難しい。

　より透明な結果を得るには、上位レベルルーチンのできるだけ多くの部分が、インラインコードではなく下位ルーチン呼び出しになるようにコードを構成することだ。上位ルーチンでの制御ロジックのオーバーヘッドを最小限に抑えれば、コードの呼び出し構造自体がプロファイルレポートを相対的に読みやすいものにまとめてくれる。

　プロファイラは、個々のパフォーマンスの数値を集めるための手段としてではなく、さまざまなパラメータ（問題量、CPU スピード、ディスクスピード、メモリ容量、コンパイラの最適化オプション、その他関連するあらゆるもの）の関数としてパフォーマンスがどのように変化するかを学ぶ手段として考えるようにすると、そこからより多くのことが学べるようになる。そして、R のようなオープンソースソフトウェアや MATLAB のような品質の高いプロプライエタリツールを使って、これらの数値をモデルにあてはめてみよう。

> モデルにあてはめることにより、データが自然になめらかな形になると、小さなノイズが隠れ、大きな影響が浮かび上がってくる。たとえば、10×10 から 1000×1000 までのランダムな行列を MATLAB の逆行列計算ルーチンで処理した結果に 3 次関数モデルをあてはめると、実際には 3 つの 3 次関数があり、それらの境界がはっきりとしていることがわかる。それら 3 つは、「キャッシュに収まる」、「メモリ内に収まるがキャッシュから外れる」、「メモリに収まらない」におおよそ対応している。別に探すわけではなく、ベストフィットからの乖離のようすを見るだけで、データ自身がこの効果を教えてくれるのだ。
>
> —— Steve Johnson

12.3　局所化できていないことの害

　コードを最適化するためのもっとも効果的な方法は、小さく単純なものに保つということだ。この本の今までの部分でも、コードを小さく、単純なものに保つべき理由をいくつも挙げてきたが、ここで新しい理由がもう 1 つ付け加わる。中心的なデータ構造を作り、コードのなかに短時間で実行されるループを作れば、キャッシュミスが避けられるということだ。

　ターゲットマシンは、さまざまなメモリタイプの階層構造と考えることができ、そのメモリタイプはプロセッサからの距離によって分類される。プロセッサに近いところから、プロセッサ自身のレジスタ、命令パイプライン、レベル 1 (L1) キャッシュ、レベル 2 (L2) キャッシュ、（おそらく）レベル 3 (L3) キャッシュ、メインメモリ（Unix の世界のベテランたちは、未だに「コア」と古風な呼び方をしている）、スワップスペースのあるディスクスペースである。SMP (shared-memory clusters) や NUMA (non-uniform memory access) などのテクノロジは、この構図にさらに階層を付け加えるが、全体の広がりが大きくなるだけだ。

この階層構造に対するアクセスは、どれも高速化しつつある。プロセササイクルは、核爆発のシミュレートやリアルタイムビデオ圧縮のような一部の応用を除いてほとんどただ同然になっている。しかし、階層構造に含まれる異なる階層の間の速度の格差は、プロセッサのスピードが上がるにつれて拡大しつつある。つまり、キャッシュミスのコストは、比較的高くなってきているのだ。

　そこで、おもしろい逆説的な事態が発生している。マシンのリソースが安くなるにつれて、大きなデータ構造のコストも下がっているが、隣り合うキャッシュレベルの間のコスト差も広がっているので、単にキャッシュ境界を越えるくらい大きいというだけのことがパフォーマンスに与える影響も大きくなっているのだ。

　だから、「小さいことはよいことだ」は、今まで以上に意味のあるアドバイスになっている。特に、できるだけ速いキャッシュから中心的なデータ構造が外れないようにすることは大切だ。同じことがコードにもあてはまる。平均的な命令は、実行よりもロードに時間がかかるのだ。

　そのため、伝統的なアドバイスのなかには、逆効果になってしまったものも出てきている。コードサイズ全体が大きくなる代わりに比較的高くつくマシン語命令を取り除く、ループの展開などの最適化技法は、今さらする価値はない。小さな表をあらかじめ計算しておくような技法、たとえば、3次元グラフィックスエンジンで回転処理を最適化するために、1度ごとに $\sin(x)$ の計算結果をまとめた表を作るとすると、今のマシンでは 365 × 4 バイトかかることになる。メモリのキャッシュが必要になるほどプロセッサが高速でなかった頃は、この方法には明らかに速度を上げる効果があった。しかし、今となっては、表を使って余分なキャッシュミスを起こす確率を上げるより、毎回計算し直したほうが高速である。

　しかし、将来キャッシュがもっと大きくなってくると、効果はまた反転するかもしれない。より一般的にいえば、多くの最適化の効果は一時的なもので、コスト比が変化すれば、最悪化になりかねないのだ。

12.4　スループットとレイテンシ

　高速プロセッサには、パフォーマンスの差を生むものを主として I/O と、(特にインターネットを使うプログラムでは) ネットワークトランザクションに変えたという効果もある。だから、パフォーマンスの良いネットワークプロトコルの設計方法を知っていることは大切なことになっている。

　もっとも重要なことは、往復をできる限り避けることだ。ハンドシェークを必要とするプロトコルトランザクションは、接続のレイテンシのために深刻な速度低下を起こす危険をはらんでいる。この種のハンドシェークを避けることは、Unix の伝統と限ったものではないが、非常に多くのプロトコルがこれのためにパフォーマンスを大幅に低下させているだけに、ここで触

れておく必要がある。

> レイテンシについては、いくらいっても語り尽くせない。**X11** が **X10** よりも成功したのは、リクエストの往復を避けたからだ。**Render** エクステンションは、さらにその先を実現している。**X**（および今日の **HTTP/1.1**）は、ストリーミングプロトコルである。たとえば、私のラップトップでは、1 秒に 400 万の 1 × 1 の矩形描画リクエスト（800 万個の **nop** リクエスト）を実行できる。しかし、往復には数百倍から数千倍ものコストがかかる。サーバとやり取りせずにクライアントにさせられることがあれば、パフォーマンスを大幅に上げられる。
>
> —— **Jim Gettys**

実際、目安としては、プロファイラの結果が矛盾しない限り、できる限りレイテンシを落とし、帯域幅のコストを無視して設計するとよい。帯域幅の問題は、開発のあとの段階でプロトコルストリームをその場で圧縮するなどのトリックで解決できる。しかし、既存の設計に焼きこまれているレイテンシの高さを取り除くのは、ずっとずっと難しい（実質的に不可能なことが多い）。

この効果がもっともはっきり出るのはネットワークプロトコルの設計においてだが、スループット対レイテンシのトレードオフは、もっと一般的な現象である。アプリケーションを書くとき、同じ値が複数回使われることを予想して、コストの高い計算を 1 度だけ実行するか、実際に計算が必要になったときに計算をするかで迷う場合がある。このようなトレードオフに直面した場合、正しいのは、レイテンシを下げる方向である。つまり、スループット上の要求があり、実際の計測によってスループットが本当に低すぎることがわかっている場合を除き、コストの高い計算をあらかじめ済ませておくようなことはしてはならない。あらかじめ計算をすることは、プロセッササイクルの全体量を下げるので、効率的に見えるかもしれないが、プロセッササイクルのコストは低いのだ。データマイニング、アニメーション、前述の爆弾シミュレーションのようなとてつもなく大量に計算資源を必要とする一部のアプリケーションでない限り、起動時間を短縮してすぐに応答できる方向性を選んだほうがよい。

Unix の初期の時代には、このようなアドバイスは異端的に感じられたかもしれない。当時のプロセッサは今のものよりもはるかに遅く、コスト比も大きく異なっていたのだ。また、Unix の利用パターンは、今よりも強くサーバ処理に傾いていた。レイテンシを下げることの意味を説かなければならなかった理由の一部は、比較的最近 Unix プログラミングを始めた人でも、古い時代のスループット重視という先入観を受け継いでいるかもしれないことにある。時代は変わったのだ。

レイテンシを下げるための一般的な戦略は、(a) 起動コストを共有できるトランザクションをバッチで処理する、(b) トランザクションをオーバーラップできるようにする、(c) キャッシングするの 3 つである。

12.4.1 バッチ処理

グラフィックス API は、物理画面更新のセットアップにかかる固定コストは非常に高いという前提で書かれていることが多い。そのため、書き込み処理が実際に書き換えるのは、内部バッファになっている。これらの更新情報が十分集められ、物理画面更新の呼び出しを行うタイミングを決めるのは、プログラマの仕事になっている。物理更新の正しいタイミングの選択は、グラフィッククライアントの使用感を大きく左右する。X サーバや rogue 風プログラムが使っている curses(3) ライブラリは、このような構成になっている。

連続実行されるサービスデーモンは、Unix により独特な感じのするバッチ処理の例である。セッションごとに新しく起動される CLI サーバではなく、デーモンを書く理由は 2 つあり、1 つは当然わかることだが、もう 1 つはわかりにくい。当然わかる理由とは、共有リソースに対する更新を管理することである。わかりにくいほうの理由は、更新を処理しないデーモンにもあてはまるもので、デーモンのデータベースを読み出すコストを複数のリクエストにまたがって平均化しようというものである。これのもっともよくわかりやすい例は DNS サービスデーモンの named(8) だ。named は、1 秒あたり数千ものリクエストを処理しなければならないことがあり、それぞれのリクエストがユーザーの Web ページのロードをブロックしている可能性がある。named(8) を高速化するための戦略の 1 つは、DNS ゾーンを記述するディスク上のテキストファイルを走査するというコストの高い処理の代わりに、メモリ内に保持しているキャッシュにアクセスするというものだ。

12.4.2 処理のオーバーラップ

5 章では、リモートメールサーバに届いているメールの問い合わせを行う POP3 と IMAP の 2 つのプロトコルを比較した。そのとき、IMAP リクエストは、POP3 リクエストとは異なり、クライアントが生成したリクエスト識別子のタグを付けていることにも触れた。サーバは、レスポンスを返すときに、リクエストのタグをそのなかに書き込む。

POP3 リクエストは、クライアント、サーバのどちらでも、ロックをともなう処理を必要とする。クライアントはリクエストを送ると、そのリクエストの応答を待ち、応答が返ってきてからでなければ、次のリクエストを送れない。それに対し、IMAP リクエストにはタグが付いているので、オーバーラップさせられる。IMAP クライアントは、複数のメッセージをフェッチしなければならないことがわかっている場合、いちいち応答を待たずに、複数のフェッチリクエスト（それぞれ異なるタグが付けられている）を IMAP サーバに流し込むことができる。応答は、サーバの準備ができ次第、タグ付きで送り返される。早くに送られたリクエストの応答は、クライアントがまだあとのほうのリクエストを送っている間にも届くことがあるし、届けられる。

この戦略は、ネットワークプロトコルに限らず一般的なものだ。レイテンシを削減したけれ

ば、中間的な結果をブロックしたり待ったりするのは致命的だ。

12.4.3 処理結果のキャッシュ

必要なときにコストの高い計算をして、あとで使うときのためにそれをキャッシュすると、両方の世界のよいところ（レイテンシが低く、スループットが高い）を一度に手に入れられる場合がある。先ほど触れたように、named はバッチ処理によってレイテンシを削減しているが、他の DNS サーバとのネットワークトランザクションの結果をキャッシングするという方法でもレイテンシの削減を図っている。

キャッシングには、それ独自の問題とトレードオフがあり、それは、テキストデータベースファイルの走査オーバーヘッドを削減するためにバイナリキャッシュを使うあるアプリケーションがよく示している。Unix の一部のバージョンは、このテクニックを使って、パスワード情報へのアクセスを高速化しているのだ（動機は、いつもと同じであり、非常に大規模なサイトでログイン時のレイテンシを削減したいということにある）。

このシステムを動作させるためには、バイナリキャッシュを参照しているすべてのコードが、両方のファイルのタイムスタンプをチェックし、テキストマスターのほうが新しければキャッシュを再生成することを覚えていなければならない。ただし、テキストマスターに対する変更は、必ずバイナリフォーマットの更新を行うラッパーを経由して行うようにするという方法もある。

このアプローチは、動作させられるが、SPOT 原則に反することによるあらゆる欠点を甘受しなければならない。データが重複しているということは、記憶領域のコストはまったく下がらない。純粋にスピード面の最適化ということになる。しかし、キャッシュとマスターの一貫性を保証するコードは、バグを起こしやすいことで有名だ。これが本当の問題である。タイムスタンプの解像度は1秒でしかないので、更新されたキャッシュファイルは微妙な競合を起こすことがある。

それでも、単純な条件のもとでは、一貫性を保証することもできるだろう。たとえば、Python インタープリタは、Python ライブラリファイルが始めてインポートされたときに、ライブラリをコンパイルしてディスク上の拡張子 .pyc の p コードファイルを書き込む。その後の実行では、ソースが書き換えられていない限り、p コードのキャッシュされたコピーがロードされる（これにより、実行するたびにライブラリソースコードを再走査することが避けられる）。Emacs Lisp も .el、.elc ファイルについて同様のテクニックを使っている。このテクニックがうまく動作するのは、キャッシュの読み書きが単一のプログラムを介して行われるからである。

しかし、マスターの更新パターンがより複雑なら、同期を取るためのコードが処理漏れを起こす可能性は高くなる。このテクニックを使って重要なシステムデータベースへのアクセスを高速化しようとした Unix の変種は、これのためにシステム管理者がぞっとするような状況を何度も起こしたことで有名である。

一般に、バイナリキャッシュファイルはもろいテクニックであり、避けたほうがよい。特別な1つの条件のもとでのレイテンシを下げるために特別なハックを実装しようという場合には、アプリケーション設計を改善して、そこにボトルネックが発生しないようにしたほうがよい。あるいは、ファイルシステムや仮想メモリの実装のスピードを上げることに力を入れたほうがよい。

　キャッシングが必要だと思ったときには、もう1段深く考えて、なぜキャッシングが必要なのかを考えよう。その問題を解決したほうが、キャッシングソフトウェアを正しく動作させるためにすべての境界条件をクリアするよりも楽かもしれない。

第13章

複雑さ：できる限り単純に、それよりも単純でなく

> すべてのものはできる限り単純に作らなければならないが、それよりも単純にしてはならない。
>
> —— Albert Einstein

　1章の終わりの部分で、Unix思想を一言でまとめると「単純を保て、愚か者よ」になるといった。設計の部を通じてずっと追求してきたテーマは、設計と実装をできる限り単純に保つことの重要性である。しかし、「できる限り単純に」とはどういうことなのだろうか。どうやって見分けたらよいのだろうか。

　この疑問に答えるのをここまで延ばしてきたのは、単純を理解することは複雑なことだからだ。背景として設計の部で発展させてきた考え方、特に4章と11章の内容を理解していることが必要なのである。

　この章の大きな問題は、Unixの伝統がその中心に置いてきた考え方であり、その一部は過去何十年にもわたって熱い聖戦を戦う動機にもなってきたものだ。この章では、まず、Unixの確立された実践と用語を説明してから、この本の他の部分よりも1歩先まで踏み込んだところまで進んでいく。ここでは、これらの問いに簡単な答を出そうとは思わない。簡単な答は答ではないのだ。しかし、読者が自分の答を見つけるために使えるよりよい概念ツールを提供することはできるのではないかと思う。

13.1 複雑さとは何か

　モジュール性やインターフェイス設計についての今までの議論と同様に、Unixプログラマはことばにできないものの経験から学んだ区別に敏感に反応する。そこで、まず用語を用意しておく必要がある。

まず、ソフトウェアの複雑さとは何かということから定義しよう。異なる種類の複雑さを横割りに区別していく。これらはそれぞれ互いにトレードオフの関係になることがある。最後に、我慢して折り合いをつけていかなければならないタイプの複雑さと、減らしていくことのできるタイプの複雑さを区別する。これは、最初の区別よりも重要な縦の区別である。

13.1.1 複雑さを生む3つの源泉

単純さ、複雑さ、ソフトウェアの適切なサイズについての疑問は、Unixの世界では強い感情を引き起こす。Unixプログラマは、単純さは美であり、優雅さであり、善である、複雑さは醜悪であり、不細工であり、悪であるという世界観を学んでいる。

Unixプログラマが熱く単純さを求めることの下には、複雑なものはコストがかかるという事実が横たわっている。複雑なソフトウェアは、検討しにくく、テストしにくく、デバッグしにくく、メンテナンスしにくい。何よりもまず、学んで使うのがたいへんだ。複雑さのコストは、開発中にはまだそれほど大きなものではないが、稼動後はずっしりと大きなものになる。複雑さはバグの巣食う場所を作り出し、ソフトウェアの生涯を通じてあらゆるトラブルを生み出す。

しかし、あらゆるタイプの圧力によって、プログラマは複雑さの泥沼に落ち込んでしまうことが多い。今までの章では、これらの化け物を一通り見てきたが、そのなかでも特に悪名が高いのは、機能の水ぶくれと半端な最適化だろう。伝統的に、Unixプログラマは、宗教的な熱心さですべての複雑さは悪だと高らかに宣言することにより、これらの傾向に抵抗してきた。

では、「複雑さ」の本当の意味とはいったい何なのだろうか。論者によって内容が異なるだけに、これをはっきりとさせておくことには意味がある。

Unixプログラマ（他のプログラマと同様）は、基本的に**実装の複雑さ**に注目しがちだ。つまり、プログラムを理解して頭のなかにモデルを作ったり、デバッグしたりできるようにしようとしたときに経験する難しさの度合いである。

それに対し、ユーザーはプログラムの**インターフェイスの複雑さ**を考えることが多い。11章では、このような簡単さの質とその逆、記憶にかかる負担について論じた。ユーザーにとっては、複雑さは記憶にかかる負担と密接に結び付いている。しかし、インターフェイスの弱さのために、ユーザーがエラーを起こしやすく、単純に退屈な低水準の作業を大量に実行しなければならない場合、表現性と簡潔性の貧弱さも問題になってくる。

これら2つから、第三のもっと単純な尺度として、システムのコードの行数全体、すなわち**コードベースサイズ**が浮かび上がってくる。生涯でかかるコストという意味では、通常、これがもっとも重要な尺度である。その理由は、すでに説明したソフトウェア工学のもっとも重要な経験則にある。すなわち、コードのエラーの密度、100行あたりのバグの数は、実装に使った言語にかかわらず、一定になる傾向があるということだ。行数が増えればバグが増える。そして、デバッグは、開発のなかでももっともコストが高く、時間のかかる部分だ。

コードベースサイズ、インターフェイスの複雑度、実装の複雑度は、いっせいに上がること

がある。機能の水ぶくれは、普通これら3つを引き上げるし、プログラマが特にこれを恐れるのもそのためだ。それに対し、半端な最適化は、インターフェイスの複雑度を上げたりはしないが、実装の複雑さとコードベースサイズには悪い（多くの場合、非常に悪い）影響を与える。しかし、複雑さを克服しようとするためのこの種の議論は、比較的楽だ。難しいのは、これら3つの尺度が互いにトレードオフとなって矛盾し合うようになったときである。

　これらのうちの2つの尺度が反対の方向を向いてしまうある状況については、すでに取り上げた。主として実装を単純に保つため、またはコードベースサイズを下げることを考えて設計されたユーザーインターフェイスは、低水準の仕事を単純にユーザーに押し付ける場合がある（Unixプログラマにはほとんど想像できないものの、よその環境ではごく一般的なこれの例としては、グローバルな置換のないエディタがある）。この種の設計ミスは非常によくあるものだが、伝統的に名前はない。私たちは、これを**手作業過多トラップ**と呼ぶことにしよう。

　極端に濃密で複雑な実装テクニックを使ってコードベースサイズを下げようとすると、実装の複雑さが塊になって、デバッグ不能な代物ができあがることがある。非常に小規模なシステムにプログラムを押し込むために、アセンブリ言語プログラミングや自己更新コードのような戦略が必要とされていた時代には、このようなことがよく起きたが、今では組み込みシステムでもない限りまれであり、組み込みシステムでもまれになりつつある。この種の設計ミスには伝統的な名前はないが、5ポンドのバッグに10ポンドの馬糞をつっこもうとしたときのようすを指す軍隊用語を使って、**ブリベットトラップ**と呼ぶことができるだろう。

　ブリベットトラップは、この本のケーススタディには登場しないが、その反対の罠と対照させて定義した。その反対とは、プロジェクトの設計者が実装が複雑になることを神経質に気にするあまり、複雑ながら問題全体を統一的に解決する方法を捨て、個々の条件を解決する重複の多い特別コードを大量に作ったときに生まれる。その結果は、コードベースサイズが膨張し、統一的な方法を採用したときと比べて深刻なメンテナンス問題が起きるようなシステムになる。たとえば、Webプロジェクトにおいて、本来なら中央集権的なリレーショナルデータベースを背後に用意すべきところ、複数のキー付きデータファイルを作り、ページを生成するときにその内容をまた再統合しなければならないような設計にしてしまった場合がそうだ。この種のミスは非常によく発生する。伝統的な名前はないが、**アドホックトラップ**と呼ぶことにしよう。

　複雑度の3つの側面とはこのようなものであり、これらを避けようとして設計者が陥りがちな罠の一部はこのようなものである[1]。あとでこの章のケーススタディを行うときに、さらに例を示すことにしよう。

---

1. ここで設計の罠のために作り出した用語は、見かけに相違して、実際には確立されたハッカー用語（[Raymond96] 参照）に起源がある。

13.1.2 インターフェイスの複雑さと実装の複雑さのトレードオフ

外部の人物による Unix の伝統についてのもっとも深い観察の 1 つは、Richard Gabriel の Lisp: Good News, Bad News, and How to Win Big ［Gabriel］に含まれていたものだろう。Gabriel は、Lisp コミュニティの古くからのリーダーで、この論文は、主として Lisp 設計の特定のスタイルについての議論だったのだが、現在この論文が覚えられている主な理由は、「The Rise of Worse Is Better」という節にあり、それは著者自身も認めていることである。

この論文は、Unix と C がウィルス的な性格を持つこと、そして、実装の単純さとか移植性といったソフトウェア設計のさまざまな特徴の間での競争では、設計の正しさとか完璧さといったものよりも、もっとも速く広がるもの（感染性があるもの）がもっとも強いことを論じた。Gabriel は、オープンソースソフトウェアの「多人数」効果をほとんど予測するところまできていた。だから、オープンソースコミュニティは、1997 年よりもあとになって、彼をその理論家の 1 人として遡及的に認めたのだ。

Gabriel の議論の中心が、実装の複雑さとインターフェイスの複雑さの間のトレードオフだったことは、これほどよく覚えられていないが、この章で今まで検討してきたテーマにはむしろこちらのほうがぴったりと合う。Gabriel は、インターフェイスの単純さにもっとも高い価値を置く MIT モデルと、実装の単純さにもっとも大きな価値を置く New Jersey モデルとを対比する。そして、MIT モデルは抽象に優れたソフトウェアを導くが、（より悪い）New Jersey モデルのほうが、伝染性という特性では優れていると指摘する。長期的に見れば、人々がより注目するのは New Jersey モデルで書かれたソフトウェアなので、そちらのほうが速く進歩する。より悪いものがよりよいものになるのだ。

実際、Unix の伝統のなかにも、MIT モデルと New Jersey モデルに似た対立がある。1 つの流れは、小さくて鋭いツール、0 からの設計、単純で一貫性のあるインターフェイスを強調する。この立場を代表するもっとも有名な人物といえば、Doug McIlroy だろう。もう 1 つの流れは、少々強引でも、一部の境界条件を諦めても、とにかく動き、すぐに外に出せる単純な実装を強調する。コードやプログラミングについての発言を見る限り、Ken Thompson はこの方向に傾いているように見える。

複雑な実装という代償を払えば、より単純なインターフェイスが得られる場合もあれば、その逆もあるので、2 つの方向の間には緊張関係がある。時間のかかる処理を行うシステムコールがマスクしたり保留しておいたりすることのできない割り込みを処理するときにどうするかというのは、Gabriel が最初に示した例だが、この緊張関係を示す例としては今でも最良のものの 1 つだといえる。MIT モデルの正解は、システムコールを一時停止させて、割り込みを処理してから自動的に再開することになる。この方法は、実装が難しくなるがインターフェイスを単純に保てる。それに対し、New Jersey モデルでは、システムコールは割り込みが発生したことを示すエラーを返し、ユーザーはシステムコールを再実行しなければならない。これはずっと簡単に実装できるが、プログラミングインターフェイスは使いづらくなる。

Unixでは両方のアプローチが試されている。古くからのUnixプログラマなら、すぐにソフトウェアシグナル処理のSystem VスタイルとBSDスタイルを思い出すだろう。BSDがMITモデルだったのに対し、System VはNew Jerseyモデルだった。両者の選択の背景にあったものは、ソフトウェアの伝染性とは直接何の関係もない切迫した問題だった。全体としての複雑さを抑えることが目標なら、そのためにどこにコストをかけてもよいと思うか。いったいどこにコストをかけたいと思っているのか。

Gabrielの論文では言及されていないが、時代に大きな影響を与えたものとしては、分散ハイパーテキストシステムを挙げることができる。NLSやXanaduなど、初期の分散ハイパーテキストプロジェクトは、指した先が存在しないような宙に浮いたリンクは、ユーザーインターフェイス上許されないというMITモデル的な考え方によって大きく制約を受けていた。この制約のもとでは、システムは制御され、閉じたドキュメントのセット（1枚のCD-ROMなど）のみをブラウズするか、ドキュメントがランダムに消えてしまうことを防ぐレプリケーション、キャッシュ、インデックス作成などの凝った方法を実装しようとするかしかない。Tim Berners-Leeは、古典的なNew Jerseyスタイルでこの問題を放棄するという形で解決した。彼は、404: Not Foundというレスポンスを認めることによって実装の単純さを獲得し、そのために、Webは軽量化して世界に広がり、成功したのである。

Gabriel自身は、「より悪い」もののほうが伝染力があり、最終的には勝利をつかむという見解にこだわりつつも、その根底にある本当に「より悪い」もののほうがよいことなのだろうかという問題については、公的に何度も態度を変えている。彼の迷いは、Unixコミュニティのなかで現在も進められている設計関連のさまざまな論争を反映するものである。

この問題に、フリーサイズのTシャツのような答はない。この章の大きな問題の大半と同様に、趣味のよさと技術的な判断の正しさがあれば、状況によって答がまちまちになるのが本当だ。重要なことは、1つ1つの設計でこの問題について慎重に考える習慣を身に付けることである。ソフトウェアのモジュール化について述べたときにもいったことだが、複雑さは予算を組むときに厳しく査定しなければならない経費なのである。

13.1.3 本質的な複雑さ、選択上の複雑さ、付随的な複雑さ

世界が理想的なものであれば、Unixプログラマは、どれもが小さくてどれもが完璧な珠玉のソフトウェアだけを作れるだろう。しかし、現実には、複雑な解答がどうしても必要な複雑な問題がたびたび登場する。たとえば、10行のエレガントな手続きでジェット旅客機を制御することはできない。あまりにも多くの機器、あまりにも多くのチャネルとインターフェイス、あまりにも多くのプロセッサがあり、どれも人間のオペレータを必要とするあまりにも多くのサブシステムがあって、オペレータはごく基本的なルールでさえなかなか共有できない。たとえ、航空管制システムを構成するすべてのソフトウェアパーツをエレガントなものに仕上げられたとしても、それらを1つにまとめ上げると、実際に動作する（本当にそうだとよいが）という

以外何のとりえもない大きくて複雑で薄汚いシステムになってしまうのが普通だ。

ジェット旅客機には、**本質的な複雑さ**がある。厳しい問題があるのだ。飛行機は空に浮いていなければならない。この機能を単純さと取り替えることは不可能だ。このような現実があるために、航空管制システムが複雑さに関する宗教戦争を引き起こすことは少ない。そして、Unixプログラマたちは、このようなシステムには手を出そうとしないことが多い。

航空管制システムだからといって、複雑すぎることによるシステムのエラーという問題から逃れられるわけではない。しかし、システムの要求に柔軟性があり、予定される機能と引き換えに複雑さを緩和することが簡単にできるのであれば、設計の問題についてもう少ししっかりと考え、見極めることもできるだろう（ここからあとのこの章のなかでは、「機能」ということばの意味を非常に一般的なところまで広げて、パフォーマンスの向上とかインターフェイスの洗練度といったことも含めていく）。

視野をさらに広げていくためには、まず、**付随的な複雑さ**と**選択上の複雑さ**の違いを意識しなければならない[2]。付随的な複雑さとは、指定された機能セットを実現するためのもっとも単純な方法を見つけそこなったときに発生するものである。付随的な複雑さは、優れた設計または再設計によって取り除くことができる。それに対し、選択上の複雑さは、どのような機能を実現したいかと結び付いている。選択上の複雑さは、プロジェクトの目的を変更しなければ取り除けない。

選択上の複雑さと付随的な複雑さを区別できないと、設計についての論争はひどい混乱に陥ってしまう。プロジェクトの目的をどのようにするかという問題と単純さの美学についての問題や人々が十分賢く仕事をしているかといった問題を区別しなければ、話が混乱するだけである。

13.1.4 複雑さの見取り図

今までのところで、複雑さについて考えるための2つの異なる尺度を考え出した。2つの尺度は、実際には互いに直交的である。図13-1は、2つの尺度の関係を明確にするために描いてみたものだ。9つのボックスは、特定の種類の複雑さが発生する原因として特に一般的なものを示している。

これらさまざまな複雑さの一部、特に付随的なものについては、この本の前半ですでに取り上げている。4章では、インターフェイスが付随的に複雑になる理由としてよくあるのは、インターフェイスが直交的に設計されていない場合、つまり、個々の処理が正確に1つのことだけを実行するようにインターフェイスが切り分けられていない場合が多いということも述べた。コードが付随的に複雑になるのは（仕事のために必要以上にコードが複雑になるのは）、半端な最適化によることが多い。コードベースの付随的な膨張は、SPOT原則違反によって、コー

---

2. 付随的な複雑さと選択上の複雑さを区別しているということは、ここで論じているカテゴリがFred BrooksのNo Silver Bullet［Brooks］でいわれている本質と付随とは異なることを意味している。しかし、考え方の系譜としては、どちらも同じ源泉を持っている。

図13-1 複雑さの種類とその原因

ドやデータがあちこちで重複しており、再利用の可能性ということが考慮されていない場合によく起きる。

インターフェイスの本質的な複雑さは、通常、ソフトウェアの基本仕様を切り刻まない限り（この章のケーススタディでは、このテーマを深く掘り下げていくつもりだ）、通常はなくならない。コードベースサイズの本質的な過多が開発ツールと関係があるというのは、機能セットが一定に保たれているのなら、コードベースサイズにもっとも影響を与えそうなのは、実装言語の選択ということになるはずだからだ（このことには、8章でも触れた）。

選択上の複雑さは、コストを払う価値のある機能はどれかという微妙な判断によって左右されるものであり、他の複雑さと比べると、その原因を一般化してとらえることは難しい。インターフェイスの選択上の複雑さは、ユーザーにとっては便利になるが、プログラムの目的からすると本質的ではない補助機能を追加することによって生まれる。コードベースサイズの選択上の膨張は、ユーザーから見える機能や、使われるアルゴリズムが一定しているとすれば、メンテナンスしやすくするためのさまざまな方法論の違いに起因する。コメントを増やすとか、長い変数名を使うとかいったことである。実装の選択上の複雑さは、プロジェクトに関連するすべてのものによって増す傾向がある。

複雑さの原因を取り除くためには、さまざまな方法が必要だ。コードベースサイズは、よりよいツールを使えば抑えられる。実装の複雑さは、アルゴリズムをもっとうまく選べば解決できる。インターフェイスの複雑さは、人間工学やユーザー心理学を必要とする技能だが、やり取りの方法をもっとうまく設計すれば解決できる。ただし、この技能は、コードを書く技能よりもめずらしいものであり、おそらくより難しいだろう。

それに対し、複雑さの種類に対処するためには、方法よりも思考が大切だ。付随的な複雑さを削減するには、もっと単純な方法があることに気付く必要がある。選択上の複雑さを削減するには、どの機能に意味があるかについて、文脈に沿った形で判断することが大切だ。本質的な複雑さを削減するには、解決しようとしている問題を根本的に定義しなおさなければならない。

13.1.5 単純なだけでは十分でない場合

単純を強調する Unix の伝統には、陥りがちなまちがいがある。それは、Unix プログラマたちがすべての選択上の複雑さを付随的な複雑さであるかのようにいってしまいがちなことだ（ときには本当にそのように行動してしまう）。それ以上に、Unix の伝統には、選択上の複雑さを受け入れるよりも、機能を削ろうとする強い傾向がある。

このような態度を取る理由は簡単に説明できる（実際、この本の大半の部分は、そのためにあるようなものだ）。クリーンなミニマリズムは、さまざまな水準でよいという感じを与えるものだし、放っておくとつまらない機能でごてごてとしたものになりがちなソフトウェアシステムの傾向に歯止めをかけるための効果的な手段であることはまちがいない。しかし、富と同様に、計算資源や人間の思考時間も、死蔵されることではなく、消費されることによって初めて意味を持つ。他の形態の美学と同様に、設計のミニマリズムが自己規制の価値のある形態であることをやめ、単なる自己満足になってしまうのがどこかということは考えてみなければならない。設計のミニマリズムが、富を有効活用する代わりに、美学を実践している感覚に溺れる手段となることもあるのだ。

これはとても危険な問いでもある。一歩まちがえれば、優れた設計上の規律をすべて投げ捨ててしまう議論に発展しかねない。Unix のベテランたちは、必要な複雑さと水ぶくれの間の難しい境界を踏み越えて、どん底に落ちることを恐れて、この問いを避けたがることが多い。しかし、これはどうしても必要な問いなのである。この章のケーススタディの分析では、この問いに真正面から立ち向かっていきたいと思っている。

13.2 5 エディタ物語

これから、ケーススタディとして 5 種類の Unix エディタを取り上げていこうと思う。これらのエディタの設計を検討していくにあたって、基準として使っていく処理を先にまとめておくと役に立つだろう。

- **プレーンなテキストの編集**。エディタとしてはバイトレベル、行レベル以上の構造を意識せずに処理できる、プレーンな ASCII（あるいは、この国際化時代では Unicode）ファイルの操作。
- **リッチテキストの編集**。属性を持つテキストの編集。属性としては、フォント変更、色、その他テキスト範囲の属性（ハイパーリンクかどうかなど）が含まれる。これをサポートするエディタは、ユーザーインターフェイスにおける属性のプレゼンテーションとディスク上のデータの表現（HTML、XML その他のリッチテキストフォーマット）との間で変換処理ができなければならない。

- **構文対応**。構文対応のエディタは、入力に文法があることを認識し、たとえば、プログラミング言語のブロックスコープの開始、終了を検出したらインデントレベルを自動的に変更するなどの処理を行う。構文対応エディタは、色やフォントの違いで構文を強調表示することもできることが多い。
- バッチコマンド**出力の走査**。Unix の世界でもっとも一般的なケースとしては、エディタのなかから C コンパイラを実行し、エラーメッセージをトラップして、エディタから離れずにエラーが起きた位置をステップ実行できるようにすることが考えられる。
- エディタコマンドとの間で**状態情報を共有するヘルパサブプロセスとのやり取り**、この機能がある場合は、非常に強力な効果が得られる。
  - エディタのなかからバージョン管理システムを駆動できる。シェルウィンドウや別個のユーティリティに移らずにチェックインとチェックアウトを実行できる。
  - エディタの内部でシンボリックデバッガのフロントエンドになることができる。たとえば、ブレークポイントで実行が停止したら、適切なファイルと行に自動的にジャンプすることができる。
  - ファイル名が他のホストを参照しているときに（/user@host:/path/to-file のような構文を認識させる）、エディタからリモートファイルを編集できるようになる。そのようなエディタは、ユーザーが適切なアクセスを持つ場合、自動的に scp(1) や ftp(1) のようなユーティリティを実行してローカルコピーをフェッチし、編集後はファイルを保存するときに、自動的に新しいファイルをリモートの位置にコピーし戻す。

ケーススタディの5つのエディタは、どれもプレーンテキストを編集できる（この機能を当然と思ってはいけない。エディタと称しながら、「ワードプロセッサ」のように特殊すぎるものになってしまって、これができなくなっている代物は無数にある）。これらがより複雑な仕事をどのようにするかというところに、選択上の複雑さの度合いを読み込んでいく。

13.2.1 ed

ed(1) は、Unix でプレーンテキスト編集を行うための真のミニマリズムである。生まれたのはテレタイプ時代[3]で、単純、簡潔な CLI を持ち、画面を意識した表示はいっさいない。次のリストでは、コンピュータ出力を強調表示してある。

```
ed sample.txt
sample.txt: No such file or directory
#　ここはコメント行で、コマンドではない。
```

---

3. 若い読者は、端末が印刷していたことに気付かないかもしれない。紙の上に非常にゆっくり出力していたのだ。

```
       # 上のメッセージは、sample.txtファイルを新しく作ったことを知らせている。
       a
       the quick brown fox
       jumped over the lazy dog
       .
       # これは追加（Append）コマンドで、ファイルにテキストを追加した。
       # ドットだけの行は、追加作業を終了する。
       1s/f[a-z]x/dragon/
       # 1行目で、fの後ろに小文字のアルファベット、その後ろにxが続く最初の文字列を
       # 「dragon」に置き換える。置換コマンドは、基本的な正規表現を受け付ける。
       1,$p
       the quick brown dragon
       jumped over the lazy dog
       # 1行目から最後までのすべての行を出力する。
       w
       51
       # ファイルをディスクに書き込む。「q」コマンドは、編集セッションを終了させる。
       q
```

今の読者には信じられないかもしれないが、Unix の最初のコードの大半は、このエディタで書かれたのだ。DOS の経験のある読者は、EDLIN のモデルとなった元がこれだとわかるだろう（真似方は大雑把なものだが）。

エディタの仕事とは、単純にユーザーがプレーンテキストファイルを作成、編集できるようにすることと定義するなら、ed(1) は十分にその仕事をこなせる。正しい設計についての Unix の考え方からして重要なのは、ed(1) が他に何もしないことだ。古くからの Unix プログラマの多くは、半ば本気で、ed よりも多くの機能を持つすべてのエディタは、単純に水ぶくれしているという考えを捨てていない。一部は、今でも本気でそう思っている。

実際、ed は、Ken Thompson がその前の QED［RitchieQED］エディタを意図的に単純化して作ったものだ。QED は ed と非常によく似ていたが（Unix に特徴的な正規表現を初めて使ったエディタでもある）、Ken は QED のマルチバッファ機能を意図的に捨てて ed を作った。彼は、余分な複雑さを加える必要はないと考えたのだ。

ed(1) とその系列のすべてのエディタに共通する顕著な特徴の 1 つに、コマンドの操作対象の指定方法がある（先ほどのセッション例では、p コマンドの範囲が明示的に示されている）。行の範囲の指定方法として、数値、正規表現のパターンマッチ、現在行と最終行を表す特殊記法の 3 つがある。ほとんどのエディタ処理は、どの指定方法でも実行できる。これは、直交性の優れた例だ。

今日、ed(1) は主としてプログラム駆動の編集ツールとしてスクリプト内で使われる。この役割は、より凝った対話的操作機能を持つエディタには、かえって適していないのだ。ed(1) には、コマンドプロンプトなど、いくつかの対話的機能を追加した ex(1) という非常に近い親戚のようなプログラムがある。ex(1) は、低速なシリアル回線経由で編集をしなければならない場合とか、クラッシュからの回復作業で、他のエディタを実行するために必要なライブラリ

サポートが使えない場合といった非常にまれな条件の下で役に立つことがある。このような理由から、すべてのUnixには、edの実装が含まれており、ほとんどのUnixにはexも含まれている。

9章で取り上げたストリームエディタのsed(1)も、edと密接な関係を持っている。基本コマンドの多くは同じだが、標準入力からではなく、コマンド行スイッチによってコマンドを起動するように作られているところがedとは異なる。

ほとんどすべてのUnixプログラマは、簡潔を尊ぶミニマリストの本道を少しそれて、少なくともrogue風の画面エディタを常用するようになっている。しかし、ed教[*4]が残っているという事実からも、Unixの思考方法について注目すべき多くのことがわかるはずだ。

13.2.2 vi

オリジナルのvi(1)エディタは、ed(1)のコマンドセットにビジュアルなrogue風インターフェイスをつなげる最初の試みだった。edと同様に、viコマンドは一般に1つのキーストロークであり、特にキーボードを見ないで入力できる人に適している。

オリジナルのviはマウスサポート、メニュー編集、マクロ、キー割り当てその他ユーザーによるカスタマイズをいっさいサポートしていなかった。ed教と同じで、熱心なvi党の人々は、これらの機能がないことを長所だと考えていた。この考え方によれば、viのもっとも重要な長所の1つは、カスタマイズ情報を持ってきたり、デフォルトのコマンドキーが普段慣れているものと危険なほどかけ離れていることを心配したりせずに、新しいUnixシステムですぐに編集を始められることにある。

初心者がイライラしがちなviの特徴の1つは、そっけないシングルキーのコマンドである。viのインターフェイスには、コマンドモードとテキスト挿入モードの2つのモードがある。テキスト挿入モードでは、使えるコマンドはモードの終了を表すESCキーと（新しいバージョンでは）カーソル移動キーだけである。コマンドモードでは、テキストを入力すると、それはコマンドと解釈され、ファイルの中身に奇妙なこと（おそらく破壊的な）を行う。

一方、viのファンが特に賞賛するコマンドセットの特徴の1つは、edから継承した操作対象の指定方法である。どの範囲指定方法を使っても、ほとんどの拡張コマンドが自然に動作する。

年月の経過とともに、viはかなり膨れ上がってきている。最近のバージョンは、マウスサポート、メニュー編集、無限アンドゥ（オリジナルのviは、最後のコマンドのアンドゥしかサポートしていなかった）、別個のバッファでの複数ファイルの編集、実行制御ファイルによるカスタマイズなどの機能を追加している。しかし、実行制御ファイルを使うのは未だに例外的で、Emacsとは対照的に、組み込みの汎用スクリプトはまだ支持されていない。その代わり、viは、

---

4. ed教は、Webで「Ed is the standard editor」を探せば見つかる有名なUsenetへのポストなどから伺える。これは明らかにパロディとして書かれたものだが、作者がまったくのジョークとして書いたものかどうかははっきりしない。ほとんどのUnixハッカーは、「Ha ha, only serious」（冗談だが半分真実が入ったもののいい方）の例としてこれを読むはずだ。

Cコードの構文対応、Cコンパイラエラーメッセージの出力走査、vi自体へのCコードの追加など、個々の機能を発達させてきた。サブプロセスとのやり取りはサポートされていない。

13.2.3 Sam

Samエディタ[5]は、1980年代中頃にBell LabsでRob Pikeが書いた。Samは、20章で取り上げるPlan 9オペレーティングシステムのために設計された。SamエディタはBell Labsの外ではあまり知られていないが、Plan 9の作業を続けたKen Thompsonを含むオリジナルUnixの開発者の多くはこのエディタを好んで使っていた。

Samは、edの直系の子孫といえるもので、edに似ているということではvi以上である。Samが新しく追加したコンセプトは、cursesスタイルのテキスト表示とマウスによるテキストの選択の2つだけだ。

Samセッションは、コマンドウィンドウを1つとテキストウィンドウを1つ以上持っている。テキストウィンドウはテキストを編集し、コマンドウィンドウはedスタイルの編集コマンドを受け付ける。これは、viのインターフェイスの複雑さの大半を取り除いたクリーンで直交的なモードのない設計である。

ほとんどのコマンドは、デフォルトで、選択領域を対象として動作する。選択領域は、マウスのドラッグ操作で指定できる。選択領域は、ed風に行範囲で指定することもできるが、行範囲よりも細かく選択できるようになったことで、Samの力は格段に増したといえる。マウスで選択ができ、バッファ間（コマンドバッファを含む）で高速にフォーカスを変更できるため、Samはviのデフォルト（コマンド）モードにあたるものを必要としない。viの数百もの拡張コマンドは不要なので、省略されている。結局、Samはedのコマンドセットに含まれる17個前後のコマンドに、12個ほどのコマンドを追加しただけであり、合計で30個ほどのコマンドしかない。

Samの4つの新コマンドとed(1)、vi(1)から受け継いだ2個のコマンドは、正規表現によって、操作対象のファイル、ファイル内領域を選択する仕事をする。これらは、限定的ながら効果的なループ、条件分岐機能をコマンド言語に提供する。しかし、コマンド言語の手続きに名前を付けたり、引数を与えたりすることはできない。また、コマンド言語は、サブプロセスを対話的に制御することもできない。

Samのおもしろい特徴としては、2つの部分への分割がある。フロントエンドは画面インターフェイスを処理し、バックエンドはファイルを操作してフロントエンドから指示されたサーチを行う。この「エンジンとインターフェイスの分離」には、大きなメリットがある。プログラムはGUIを持っているのに、帯域幅の狭い接続を介してリモートサーバのファイルを編集することができるのだ。また、フロントエンドとバックエンドは比較的簡単にターゲットを変えら

---

5. http://plan9.bell-labs.com/sys/doc/sam.html

れる。

　Sam は最近の vi と同様に、無限のアンドゥをサポートする。設計上、リッチテキスト編集、出力走査、サブプロセスとのやり取りはサポートしない。

13.2.4 Emacs

　Emacs は、まちがいなく、もっとも強力なプログラマ用エディタだ。Emacs は、柔軟性、カスタマイズ機能をふんだんに持つ巨大で多機能なプログラムである。14 章の Emacs Lisp の節で見ていくように、Emacs には完全なプログラミング言語が内蔵されており、これを使えば強力なエディタ関数を書くことができる。

　vi とは異なり、Emacs にはインターフェイスモードはない。コマンドは通常制御文字か ESC 付きで入力される。しかし、Emacs では、任意のコマンドにほとんど任意のキーシーケンスをバインドすることができる。コマンドには、ストックコマンドとカスタマイズされた Lisp プログラムとがある。

　Emacs は、それぞれ別のバッファを使って複数のファイルを編集でき、バッファ間でのテキストの移動をサポートする。X のもとで実行されるバージョンは、ネイティブでマウスをサポートする。

　Emacs キーストロークにバインドされた Lisp プログラムは、バッファのテキストに任意の操作を加えられる。この機能は、何十種類もの言語とマークアップを対象とする構文対応、リッチテキスト編集モードとともに、もっともよく使われている（最初は vi の C コードサポート、色強調のようなものだったが、それを大きく越えている）。各モードは、単純にオンデマンドでロードされる Lisp コードのライブラリファイルになっている。

　Emacs Lisp プログラムは、任意のサブプロセスを対話的に制御することもできる。この機能から実現できることは、バージョン管理システム、デバッガ等々のフロントエンドなど、先ほど触れた通りである。

　Emacs の設計者[6]たちは、数百種類もの専門的な編集作業のために、タスク固有の知識をカスタマイズして組み込めるプログラム可能なエディタを構築した。さらに、他のツールを駆動する機能も与えた。その結果、Emacs は、ファイル、メール、ニュース、デバッガシンボルなど、テキスト形式のすべてのものを 1 つの共有コンテキスト内で操作できるようになっている。Emacs は、任意のコマンドに対する対話的なテキストインターフェイスを持ったカスタマイズ可能なフロントエンドとして使える。

---

6. Emacs の設計者は、Richard M. Stallman、Bernie Greenberg、そして Richard M. Stallman だった。オリジナルの Emacs は Stallman が作ったもので、組み込み Lisp 付きの最初のバージョンは Greenberg が作ったもの、そして現在の決定版は Greenberg のバージョンをもとに Stallman が作ったものである。設計史の完全な記述は 2003 年段階でまだないが、Web でキーワード検索すればすぐに見つかる Greenberg の Multics Emacs: The History, Design and Implementation は、参考になるはずだ。

Emacsをエディタのふりをしたオペレーティングシステムと表現するのは、ファンと反対者の両方がよく使うジョークである。これはいいすぎだが、Emacsは、Unix以外のオペレーティングシステムでIDE（統合開発環境。このテーマについては15章で取り上げる）が果たしている役割を確かに果たすことができる。

　これだけの能力には、複雑さというコストがかかっている。カスタマイズされたEmacsを使うためには、Emacsを使ううえでの自分の好みの設定を定義するLispファイルを持ち歩かなければならない。Emacsのカスタマイズの方法を学ぶことは、それ自体、1つの技である。その分、Emacsは、viよりも学習が難しい。

13.2.5 Wily

　Wily[7]エディタは、Plan 9エディタacme[8]のクローンである。Samと一部の機能を共有しているが、根本的に異なるユーザーインターフェイスを目指している。Wilyは、おそらくこれらのエディタのなかでもっとも知られていない存在だろうが、Emacs風のプログラム可能エディタをよりUnix的に実装する方法の実例としておもしろい意味がある。

　Wilyは、数十年の間にEmacsにへばりついたごみなしでEmacs風の拡張性を実装するミニマリストのIDEということができるだろう。Wilyでは、Unixエディタの必要条件といわれるグローバルな検索/置換でさえ、外部プログラムによって提供される。組み込みコマンドは、ほとんどすべて、ウィンドウの操作に関連したものである。Wilyは、最初からできる限りマウスを多く、またうまく使うことを考えて設計されている。

　Wilyは、従来のエディタばかりでなく、xterm(1)のような従来のターミナルウィンドウにも取って代わることを意図して作られている。Wilyでは、メインウィンドウ（複数の重なり合わないWilyウィンドウを含む）内の任意のテキストは、動作か検索式として使える。左マウスボタンを使ってテキストを選択し、中央ボタンを押すと、そのテキストをコマンド（組み込みコマンドでも外部コマンドでもよい）として実行できる。右ボタンを押すと、Wilyのバッファかファイルシステムでそのテキストを含むものを検索する。常設/ポップアップメニューは不要だ。

　Wilyでは、キーボードはテキストの入力だけのために使われる。ショートカットコマンドは、キーボードの特殊な使い方からではなく、2つ以上のマウスボタンを同時に押すことによって表現される。これらのショートカットは、なんらかの組み込みコマンドで中央ボタンを使うのと同じである。

　WilyはC、Python、Perlプログラムのフロントエンドとして使うこともでき、マウスでウィンドウの変更、コマンドの実行、検索などが行われたときにこれらのプログラムに報告が送ら

---

7. http://www.cs.yorku.ca/~oz/wily
8. http://plan9.bell-labs.com/sys/doc/acme.html

れる。これらのプラグインは、Emacs モードと同じように機能するが、Wily と同じアドレス空間で実行されるわけではない。プラグインと Wily は、非常に単純なリモートプロシージャ呼び出し（RPC）セットによって通信する。Wily のパッケージには、xterm 風のターミナルとメールツールも含まれている。メールツールは、Wily を編集フロントエンドとして使う。

Wily はマウスに非常に強く依存しているので、キャラクタセルのみのコンソールディスプレイでは使えない。また X 転送なしでリモートリンク経由で使うこともできない。Wily は、エディタとしてプレーンテキストを編集できるように設計されている。フォントは 2 種類だけ（プロポーショナルと固定ピッチが 1 つずつ）で、リッチテキスト編集や構文対応機能をサポートできるようなメカニズムは持っていない。

13.3 エディタの適正サイズ

それでは、この章の始めに行った複雑さの分類に基づいて、ケーススタディを検討してみよう。

13.3.1 複雑さが問題となる場所

すべてのテキストエディタには、ある程度の本質的な複雑さがある。最低限、ユーザーが編集しているファイルまたはファイル群の内部バッファコピーを管理しなければならない。また、ファイルデータをインポート、エキスポートする機能も最低限必要である（通常は、ディスクからインポートし、ディスクにエキスポートする。ただし、ストリームエディタの sed(1) は、おもしろい例外になっている）。また、バッファの内容を書き換えるなんらかの方法が必要だが、どのような方法なのかは、個別のオプション機能をはっきりさせなければ規定できない。ケーススタディのうちの 4 種類は、まちまちなレベルでこの領域を越えた選択上の複雑さや付随的な複雑さを持っている。

5 種類のなかで、もっとも複雑でないものは ed(1) だ。ed のコマンドセットのなかで直交的でない機能は、多くのコマンドの後ろに「p」とか「l」というサフィックスを付けると、コマンドの結果が表示されることだけだといってよいはずだ。30 年もかけて機能が追加されたあとでも、編集コマンドは 30 種類を越えず、ほとんどのユーザーが通常に使うものは 1 ダースを越えない。選択上の複雑さとして取り除けるものはあまりなく、付随的な複雑さはほとんど見つけられない。ed のユーザーインターフェイスは、非常にコンパクトである。

その反面、ed のインターフェイスは、1 個のテキストファイルにすばやく処理を加えるというごく基本的な編集作業にも適しているとはいえない。目的をよほど絞り込まない限り、対話的な編集作業で ed を使ってもよいという気持ちにはなれないだろう。

では、目的に「複数のファイルのビジュアルなブラウズと編集をサポートする」というもの

を追加したらどうか。Sam は、これを実現できるように ed に最小限の拡張を加えたものからそれほど遠くないように見える。設計者たちが、ed コマンドを継承し、そのセマンティックスをあまり変えていないことは注目に値する。彼らは既存の直交的なコマンドセットを受け継ぎ、比較的小さな機能セットをそこに追加し、それらの新機能自体も直交的になるようにしたのである。

　Sam で選択上の（実装の）複雑さを大きく増しているのは、無限アンドゥ機能である。また、コマンド言語に追加された正規表現ベースのループや反復処理機能も選択上の複雑さを上げている。これらの機能と選択デバイスとしてマウスを使えるということが、マウス、ウィンドウインターフェイス付き ed という仮説的なプログラムと Sam の違いである。

　コードを綿密に見ていかなければはっきりということはできないが、設計レベルでは、Sam のなかに付随的な複雑さはなかなか見あたらない。インターフェイスは、悪くいってもかなりコンパクトで、非常にコンパクトだといってもまちがいないだろう。このエディタは、Unix 設計のもっとも高い標準に沿ったものだといえるが、その出自を考えれば驚くほどのことではないだろう。

　それとは対照的に、vi は肉がたるんで水ぶくれしているように見える。コマンドが数百種類もあるが、その多くは重複している。これらは、よくいっても選択上の複雑さを増しているが、おそらく付随的な複雑さがあるのだろう。ほとんどのユーザーは、コマンドセットの 5%程度しか知らないのではないか。Sam のような例をみたあとでは、vi のインターフェイスがなぜこれだけ複雑なのかは理解に苦しむ。

　11 章では、初期の rogue 風プログラムには、矢印キーが存在しなかったことの影響が現れているということに触れたが、vi もそのようなプログラムの 1 つである。vi が作られたとき、作者たちは、ユーザーの多くが Unix のガラステレタイプの伝統的なカーソル移動キー（hjkl）を必要とするだろうということを意識していた。そのため、モードを使い分けるインターフェイスが避けられなくなった。hjkl キーがエディットバッファに対して持つ意味がモードによって変わることになったとき、思い付きで新しいコマンドを追加する習慣に陥ることは決まったようなものだった。

　Sam は、矢印キーとマウスのついたビットマップディスプレイを前提として設計されていたため、これよりもずっとクリーンな設計にすることができた。そして、実際にクリーンな設計になっているわけだ。

　しかし、vi コマンドが乱雑なことは、どちらかというと表面的な問題に過ぎない。たしかに、インターフェイスの複雑さということだが、ほとんどの優しいユーザーたちは、無視できるし無視している（4 章で説明した意味では、インターフェイスはほぼコンパクトである）。もっと大きな問題は、アドホックトラップだ。年々、vi はアドインとして接続される専用 C コードを集めて、Sam が拒み、Emacs が Lisp コードモジュールとサブプロセス制御でこなしている仕事をさせている。これらのエクステンションは、Emacs とは異なり、必要に応じてロードされるライブラリではない。ユーザーは、専用コードの結果として、コード膨張のオーバーヘッドを

常に負担しなければならない。その結果、最近の vi と最近の Emacs のサイズの差は、人が想像するほど大きいものではなくなっている。2003 年の Intel アーキテクチャマシンでは、GNU Emacs は 1500K バイトだが、vim は 900K バイトである。この 900K バイトのなかには、選択上の複雑さと付随的な複雑さが大量に詰め込まれている。

　vi 党の党員たちにとっては、組み込みスクリプト言語がなく、Emacs ではないということは、アイデンティティの問題になっている。これこそが、vi は、エディタとしては軽いという神話の核心を形成するものだ。vi の支持者たちは、外部プログラムとスクリプトでバッファをフィルタリングし、Emacs の組み込みスクリプトがしていることをこなすという話を好んでするが、実際には、vi の「!」コマンドがフィルタリングできる領域は、行よりも細かい単位では指定できない（Sam と Wily は、サブプロセス管理ができないことでは vi と同じだが、行単位ではなく、文字単位で任意の範囲を指定してフィルタリングすることはできる）。行よりも細かい単位でのファイルフォーマットや構文の知識（大半はそうだが）は、vi で処理できるようにするつもりなら、C コードに記述しなければならない。だから、Emacs と vi でコードベースサイズ比を競ったとしても、vi がどんどん優位に立つという可能性はほとんどない。むしろ、vi のほうがどんどん悪化していくはずだ。

　Emacs は十分に巨大であり、十分にもつれた歴史を抱えているので、付随的な複雑さから選択上の複雑さといえるものを切り離すことはかなり難しい。Emacs の設計のなかでどうしても捨てられない本質的な部分から捨ててもかまわない付随的なものを切り分けるところから始めるしかない。

　Emacs の設計のなかでもっとも捨ててよさそうに見える部分は、おそらく Emacs Lisp である。Emacs Lisp は、今日私たちが組み込みスクリプト言語と呼んでいるものを実現しており、Emacs がしていることにとって本質的な意味を持っているが、その言語が Python、Java、Perl のどれかであれば、Emacs の機能は少し異なるものになっていたのではないか。しかし、Emacs が設計された 1970 年代には、組み込みスクリプト言語という仕事に合った特徴（無限に増やせるデータ型とガベージコレクションなど）を持つ言語は、ほとんど Lisp だけだったのだ。

　Emacs のイベント処理とビットマップディスプレイの駆動方法に含まれる特殊性（国際サポートを含む）も、付随的なものである。Emacs の歴史でもっとも大きな亀裂が走った（Gnu Emacs と XEmacs の間で）のは、これらの問題についての見解の違いからだったが、設計の他の部分で、特定のイベントモデルを必要とするとか好んで選ぶという部分はないこともはっきりしたのだ。

　それに対し、任意のイベントシーケンスを任意の組み込み/ユーザー定義関数とバインドできる機能は、必要不可欠だ。スクリプト言語やイベントモデルは変更できるが、バインドにおける何でも OK のポリモーフィズムがなければ、Emacs の設計は理解不能で不完全なものになってしまう。拡張モードは、限定されたイベントセットを手に入れようとして互いに争い合い、同じバッファに対して複数の連動するモードを有効にすることも難しくなるか不可能になってしまうだろう。

Emacsとともにディストリビュートされている巨大な拡張モードライブラリも付随的なものである。そのような拡張モードを作れる機能は本質的なものかもしれないが、特定の拡張モードは歴史的偶発的な産物だ。どれもまったく異なるものであってかまわないし、置き換えてかまわない。結果はそれでもまちがいなくEmacsだろう。

しかし、サブプロセスとのやり取りは必要不可欠である。これがなければ、EmacsモードはIDE風の統合を実現できないし、他の多くのツールのフロントエンドにはなれない。

Emacsの拡張性を真似ず、デフォルトのキーバインディングと外見だけを真似た小さなエディタのことを考えると、ためになる。そのようなクローンはいくつかあり、そのなかで特に知られているのは、MicroEmacsとpicoだが、これらのなかで大きな存在になったものはない。

Emacsの設計のなかの付随的なものと本質的なものを区別すると、Emacsのなかの選択上の複雑さと付随的な複雑さを見分ける手がかりも得やすくなる。しかし、もっと大切なことは、こうすることによってEmacsとそれまでに取り上げた3つのエディタとの表面上の違いに惑わされず、本当に重要な違いを考えられるようになることだ。Emacsの設計目標は、これら3つよりもはるかに広い。Emacsは、テキストを操作するすべてのツールに対して統一的なインターフェイスを提供しようとしているのである。

Wilyは、Emacsと好対照である。Samと同様に、Wilyの選択上の複雑さは少ない。Wilyのユーザーインターフェイスは、1ページで簡潔に、しかし効果的に説明することができる。

ただし、このエレガントさには、引き換えとなっているコストがある。ごく限定されたマウス操作を除き、キーストロークやマウスの入力ジェスチャに関数をバインドできないのである。代わりに、非常に基本的な挿入、削除以外のエディタ関数は、エディタの外のプログラムで実装しなければならない。このプログラムは、独立したスクリプトか、Wilyの入力イベントをリッスンする専用のシンビオントプロセスという形を取る（前者のテクニックは、外部プログラムの起動がインターフェイスラグを感じさせないくらい高速であることを前提としているが、これはEmacsのもともとの環境でも、最初に移植されたUnixでも、そうはならないと強調されていることである）。

EmacsならLisp拡張モードを実装する選択上の複雑さは、専用シンビオントに分散させられる。個々のシンビオントはWilyの専用メッセージインターフェイスの知識を持たなければならない。また、シンビオントは互いに、あるいはWilyコアに対して影響を与えることはできない（Wilyの外部で動作するため。Emacsモードとはここが異なる）。欠点は、Wily自体が通常のUnixツールとの間で直接的にサブプロセス通信をすることができないことだ。

このことも含め、Wilyの分散スクリプトは、Emacsの組み込みスクリプトほど強力ではない。Wilyの設計目標も、それに対応してEmacsよりも狭い。作者たちは、たとえば構文対応編集やリッチテキストには興味がないといい、WilyもPlan 9の先祖であるacmeもこれらをすることができない。

ここから、この章の中心的な課題をよりシャープな別の形で提出することができる。大きな設計目標によって大きなプログラムを作ることが許されるのは、どういうときなのだろうか。

13.3.2 妥協はつまずく

　Samとviの比較から強く感じられることは、少なくともエディタという分野では、edのミニマリズムとEmacsの徹底的な包括性の間で妥協点を探そうとすると失敗するということだ。viはこれを試みているが、どちらの長所も得られず、それどころか、アドホックトラップにはまりこんでいる。Wilyはアドホックトラップにははまっていないものの、Emacsのパワーには対抗できず、Emacsに近づきたければ対話的なシンビオントの1つ1つにカスタムプロセスインターフェイスを要求しなければならない。

　エディタに関連した何かが、複雑さを増す方向にエディタを転がしていくことは明らかだ。viの場合、それが何かはすぐにわかる。便利にしたいという欲望だ。理論的にはedで十分だからといって、ソフトウェアの水ぶくれを避けるために画面指向の編集はなしで済ませようという人はほとんどいないだろう（たぶん、Ken Thompson自身だっていやがるはずだ）。

　より一般的に、ユーザーとユーザー以外の世界の間に介在するプログラムは、機能をひきつけてしまうことで悪名が高い。エディタだけではなく、Webブラウザ、メール/ニュースリーダなどの通信プログラムがこれに含まれる。これらはみな、ソフトウェア雪だるま法則、あるいはZawinskiの法則にしたがって発達するようだ。「すべてのプログラムは、メールを読めるようになるまで拡張しようとする。そこまで拡張できないプログラムは拡張できるプログラムに出し抜かれる。」

　この法則を考えたJamie Zawinski（WebブラウザのNetscape、Mozillaの主要な作者の1人でもある）は、より一般的に、すべてのプログラムはスイスアーミーナイフになる傾向があるといっている。Unix以外の世界では大規模な統合アプリケーションスイートが商業的に成功を収めているが、このこともこの法則を裏打ちするものである。この法則は、Unixのミニマリズムの思想に真正面から挑んできているのだ。

　Zawinskiの法則が正しい程度には、小さくなろうとするものと大きくなろうとするものがあり、中間は不安定になるといういい方もできるのではないか。viの表面的な問題点は、歴史的経緯によるものと考えることができるが、より深刻な問題点のほうは、機能を増やせという変わらぬ圧力と組み込みスクリプトやサブプロセス制御（vi党の党員は、これらとプログラムの重さを結び付ける）を拒否する力のぶつかりあいの結果だ。別のレベルでは、インターフェイスに2つのモード（挿入と移動）を設けることにしたところから、あらゆる害悪が飛び出したのだ。それにより、設計全体の複雑さがどうなるかについて考えることなく、いとも簡単に新しいコマンドを追加するようになってしまったのである。

　EmacsとWilyは、一部のものが大きくなりたがる理由について示唆を与える。それは、いくつかの関連する仕事がコンテキストを共有できるようにしたいということなのだ。実装者の視点からは、編集とバージョン管理（あるいは、編集とメール、編集とシンボリックデバッグ等々）は別々の仕事だ。しかし、ユーザーは、複数のプログラムの間で行き来しながら、同じファイル名でなければならないとか、なんらかのカットバッファの内容を渡さなければならな

いとかいったことに時間と注意を費やすよりも、1つの大きな環境があって、そこでテキストを指し示すことができるほうを望むことが多い。

より一般的に、Unix 環境全体をコミュニティによる1つの大きな設計の仕事と見てみよう。すると、「小さくて鋭いツール」に対する信仰とか、インターフェイスの複雑度とコードベースサイズを下げろという圧力とかは、手作業過多トラップに一直線に突き進む可能性がある。ツールがしてくれないので、ユーザーがすべての共有コンテキストを自分で管理しなければならないのだ。

エディタの話に戻ると、Sam は vi の誤りを示している。Wily は、構文対応ができないために失敗したが、Emacs の巨大さを避けるための貴重な力作だ。しかし、Emacs の設計思想を実現するとともに、Emacs が歴史的に抱えている重荷をそぎ落とした Wily または何か他のものは、正しいものかもしれない。選択上の複雑さの価値は、プログラムの目標として選んだものによって決まる。そして、1つの仕事に関連するすべてのテキストツールの間でコンテキストを共有できるようにするという設計目標は価値があるものだ。

13.3.3 Emacs は Unix の伝統に対する反証になるか

しかし、伝統的な Unix の世界観は、ミニマリズムに密着するあまり、vi のアドホックトラップにはまった問題点と Emacs の選択上の複雑さをうまく見分けられないほどになっている。

> vi と **Emacs** が昔ながらの **Unix** プログラマの間で好評を集めないのは、これらのプログラムが醜いからである。このような不満は「古い **Unix**」のいい分かもしれないが、古い **Unix** の個性的な見方がなければ、「新しい **Unix**」は存在しなかったのだ。
>
> —— **Doug McIlroy**

vi ユーザーによる Emacs 攻撃は、まだ ed にしがみついているハードコアなオールドファンによる vi 攻撃と同じで、より大きな論争、すなわち富の充溢と禁欲の美徳の間の争いのなかのエピソードである。この議論は、古いスタイルの Unix と新しいスタイルの Unix の間の緊張関係とも関係している。

「古い Unix の個性的な見方」は、日本のミニマリズムと同様に、一部は貧困の結果だった。もっと多くのものを持つことができないときには、少しでももっとも効果的に多くのことをすることを学ぶものだ。しかし Emacs(そして、強力な PC と高速なネットワークという条件のもとで作り直された新しい Unix)は、富の子だ。

> 古い **Unix** も、少し異なるところはあるが、豊かだったことは同じだ。**Bell Labs** は十分な資源を抱えており、**Ken** は昨日の製品を使えというような命令で制約を受けるようなことはなかった。短い手紙を書く時間がないので長い手紙を書いたという **Pascal** の弁明を思い出してほしい。
>
> —— **Doug McIlroy**

それ以来、Unix プログラマは、過剰よりもエレガントを称賛する伝統を持ち続けた。

それに対し、Emacs の巨大さは、Unix に起源を持つものではなく、1970 年代の MIT AI Lab で花開いたまったく異なる文化のなかで、Richard M. Stallman が作り出したものだ。MIT AI Lab は、コンピュータ科学の研究機関のなかでももっとも豊かな場所の 1 つだった。人々は、計算資源を安いものとして扱うことを学んだ。それは、他の場所では 15 年後まで考えられないような態度を先取りするものだった。Stallman は、ミニマリズムとは無縁だった。彼は、自分のコードのために最大限のパワーと最大限の仕事の幅を求めたのである。

Unix の伝統では、もっと少しでもっと多くをという考え方ともっと多くでもっと多くをという考え方の間に、いつももっとも大きな緊張があった。両者の対立は、さまざまな文脈で起きた。それは、クリーンなミニマリズムの品質を持った設計と、複雑になるという代償を払っても表現力とパワーを取るという設計との間での論争という形を取ることが多かった。どちらの側に立つにしても、1980 年代の初めに Emacs が Unix に初めて移植されてからは、Emacs 擁護論と Emacs 反対論がこの論争の典型例となった。

Emacs と同じくらい便利で同じくらい大きいプログラムは、Unix プログラマたちを落ち着かない気持ちにさせたが、それは、そのようなプログラムによって私たちはこの緊張に直面せざるをえなくなるからだ。確かに古い Unix のミニマリズムは規律として価値のあるものだが、私たちはドグマに落ちる誤りを犯しているのではないかということをそれらのプログラムから感じてしまうのだ。

Unix プログラマがこの問題に対して取れる態度は 2 種類ある。1 つは、大きいものが本当に大きいことを否定するというものであり、もう 1 つは、複雑さについてのドグマではない思考方法を展開していくというものである。

私たちは、Lisp と拡張ライブラリを置き換えてみるという思考実験を経ることによって、Emacs が大きすぎる拡張ライブラリのために水ぶくれしているというよく耳にする非難に対して、新しい見方を取ることができるようになった。おそらく、このような非難は、システムのすべてのシェルスクリプトを集めると膨大なものになるので、/bin/sh は水ぶくれしていると非難するのと同じくらい、的外れだ。Emacs は、小さくてシャープなツール（モード）のコレクションを包む仮想マシンまたはフレームワークと考えることができる。これらのツールがたまたま Lisp で書かれているというだけのことだ。

この見方に立つと、シェルと Emacs の最大の違いは、Unix のディストリビュータが世界中のシェルスクリプトをシェルとともにディストリビュートしたりはしないということでしかない。汎用言語が内蔵されているから Emacs は水ぶくれしているように感じるという非難は、シェルが条件分岐と for ループを持っているのでシェルスクリプトなど使わないようにするというのと同じくらい馬鹿げている。シェルスクリプトを使うためにシェルを勉強する必要はないのと同じように、Emacs を使うために Lisp を勉強する必要はない。Emacs に設計上の問題があるとしたら、それは Lisp インタープリタ（フレームワークの部分）ではなく、モードライブラリが歴史的付随的な産物の雑然とした塊になっていることだ。しかし、ユーザーは使わないもの

の影響を受けないので、このような複雑さは無視できる。

　このモードの議論は、心を非常に楽にしてくれる。これは、デスクトッププロジェクトのGNOMEやKDEなど、心が落ち着かなくなるほど大きいツール統合フレームワークにも適用できる。この議論には力がある。しかし、すべての疑問をきれいに解決してくれるような「見取り図」には疑いを持ったほうがよい。合理的なのではなく、合理化しているだけかもしれないのだ。

　だから、否定に落ち込む可能性を避けて、Emacsが役に立つとともに大きいということを受け入れよう。そして、これがUnixのミニマリズムに反対する議論だということも受け入れよう。ここに含まれる私たちの複雑さの種類についての分析、その動機は、ここを越えて何を示そうとしているのだろうか。そして、この教訓は一般化してよいのだろうか。

13.4 ソフトウェアの適正なサイズ

　Unixの小さくて鋭いツールというミニマリズムには隠された裏面がある。魚が水に気付かないように、あまりにも当然のようにそこにある暗黙の前提なので、多くのUnixプログラマは、それに気付きもしない。それは、フレームワークの存在ということである。

　Unixスタイルの小さくて鋭いツールは、ツール相互間の通信を容易にするようなフレームワークのなかに入っていない限り、データの共有に問題が生じる。Emacsはそのようなフレームワークであり、**共有コンテキストの統一的な管理**は、Emacsが選んだ選択上の複雑さだ。共有コンテキストの統一的な管理には、命名を始めとするリソース管理の低水準の負担がユーザーにかからないという実践的な意味がある。

　古いUnixのフレームワークは、パイプライン、リダイレクト、シェルだけだった。統合はスクリプトによってなされ、共有コンテキストは基本的にファイルシステム自体だった。しかし、それは発展の最終到達点ではなかったのだ。

　Emacsは、テキストバッファとヘルパプロセスの世界にファイルシステムを統一し、シェルのフレームワークはほとんど置き去りにしてしまう。Wilyもバッファとヘルパプロセスの世界だが、シェルのフレームワークは自分のなかに取り込む。最近のデスクトップ環境はGUIの通信フレームワークを提供し、シェルのフレームワークを置き去りにする。どのフレームワークもそれぞれの長所、短所を持っている。フレームワークは、ツールの生態系にとってのホームグラウンドになる。シェルスクリプトにとってのシェル、LispモードにとってのEmacs、ドラッグアンドドロップや、それよりも難解なオブジェクトブローカーなどの手段で通信するGUIの群れにとってのデスクトップ環境だ。

　ここから、**管理したい共有コンテキストを選び、そのコンテキストの範囲が許す限りできるだけ小さくプログラムを作れ**、という最小化原則と呼ぶべきものが導き出される。つまり、「で

きる限り単純に、それよりも単純でなく」ということだが、共有コンテキストの選択に着目している。フレームワークだけではなく、アプリケーションやプログラムシステムにもあてはまるのだ。

しかし、共有コンテキストがどこまで大きくなければならないかについては簡単にいい加減になってしまう。Zawinski の法則の背後には、アプリケーションがそうすると便利だというのでコンテキストを共有したがる傾向が強い圧力としてある。前提条件の多い重いコンテキストを運びまわって、複雑すぎて水ぶくれした巨大アプリケーションを書く危険はすぐそこにある。たとえば、1990 年代の mailto: URL のために、どれだけ多くの Web ブラウザにメールクライアントが組み込まれたかを考えればよくわかる。

この傾向を正す妙薬は、古い Unix の讃美歌集に入っている。それは、他の方法ではだめだということが実証的に明確になっているときに限り、つまり、**プログラムを分割しようとしたが失敗したときに限り、大きなプログラムを書け**という倹約原則である。この原則は、大きなプログラムに対する強い懐疑を背景としており、大きなプログラムを避けるための戦略となっている。まず、小さなプログラムによる解決方法を探せということだ。単一の小さなプログラムでうまくいかなければ、既存のフレームワークのなかで連動する小さなプログラムのツールキットを作ってみる。どちらでもうまくいかないときに、初めて設計問題を解くことに失敗したと感じることなく、大きなプログラム（または新しいフレームワーク）を自由に（Unix の伝統から逸脱せずに）構築できる。

フレームワークを書くときには、分離原則を忘れてはならない。フレームワークはメカニズムであり、ポリシーは最小限に抑えなければならない。ほとんどの場合、ポリシーはなしにできるはずだ。動作は、できる限りフレームワークを使うモジュールに切り分けよう。フレームワークを書いたり再利用したりすることのメリットの 1 つは、それを使わなければポリシーの巨大な塊になりそうなものを別個のモジュール、モード、ツールに分離できることだ。これらの部品は、他の部品と組み合わせて役に立たせることができる。

これらの原則は価値のある知見だが、Unix の伝統の核心部にある緊張関係は、あらかじめ定まった処方箋によってきれいに解決されるようなものではない。すべてのプロジェクトについて最適のサイズがこのようなものだというような処方箋などないのだ。条件は状況によって変わる。ソフトウェアの設計者に必要なことは、趣味のよさと判断の正しさだ。曹洞禅で修証一如というように、悟りは、日々の実践のなかで再発見されなければならない。

第3部
実装

第14章

言語：C すべきか C せざるべきか？

> 私の言語の限界は、私の世界の限界だ。
>
> ── Ludwig Wittgenstein, Tractatus Logico-Philosophicus 5.6, 1918

14.1 Unix の言語の打出の小槌

　Unix は他のどのオペレーティングシステムよりも多くの種類のアプリケーション言語をサポートしている。それどころか、コンピューティングの歴史に登場する他のすべてのオペレーティングシステムよりも多くの言語をサポートしているはずだ[1]。

　このように顕著な多様性には、少なくとも 2 つの大きな理由がある。1 つは Unix が研究、教育プラットフォームとして広く使われていることである。もう 1 つは、プログラマにとってより大きな意味のある理由だが、アプリケーションの設計に実装言語が合うかどうかは、プログラマの生産性に大きな影響を与えることである。だからこそ、Unix の伝統は、問題領域に固有なミニ言語（7 章と 9 章を参照）や現在スクリプト言語と一般的に呼ばれているもの（他のアプリケーションやツールを繋ぎ合わせるために設計された言語）の設計を奨励してきた。

> 「スクリプト言語」ということばは、通常は対話的に使われるプログラム、特に sh や ed に集めておいた入力を与えるものを指す「スクリプト」ということばに由来しているのだろう。これは、私たちが Unix の祖先である CTSS から継承した「ランコム」ということばよりもずっとよくできている。「スクリプト」は V7 のマニュアル（1979 年）に現れている。だれがこの名前を考え出したのかは覚えていない。
>
> ── Doug McIlroy

---

1. 詳細は、フリーのコンパイラ、インタープリタリスト（ftp://ftp.idiom.com/pub/compilers-list/free-compilers）を参照のこと。

実際には、「スクリプト言語」という用語はちょっと収まりが悪い感じがする。一般にそのように呼ばれている主要な言語の多く（Perl、Tcl、Python など）は、スクリプト用というもともとの位置付けを大きく乗り越えて、かなりの力のある独立した汎用プログラミング言語に育っている。また、このグループには通常含まれない他の言語、特に Lisp や Java とこのグループの言語の間にある強い類似性をぼやかしてしまう傾向もある。

これらすべての言語が「スクリプト言語」という総称のもとにまとめられている理由の一部は、これらがみな同じような生態を持っていることにある。解釈のためのランタイムを持っているということは、動的記憶管理の自動化が比較的やりやすいということでもある。動的記憶管理を自動化するということは、値のコピーや明示的なポインタの受け渡しではなく、リファレンス（ポインタ演算のできない不透明なメモリアドレス）の受け渡しを必要とするということとほぼ同じである。リファレンスを使うということは、実行時のポリモーフィズムや OO はすぐ次のステップだということだ。これで、今風のスクリプト言語のできあがりというわけだ。

Unix 思想を効果的に適用するためには、あなたの道具箱に C 以外の言語も入れておく必要がある。Unix の C 以外の言語の使い方を学び、大規模なシステムで特別な役割を持つ複数の言語を気持ちよく併用する方法を学ぶ必要がある。

この章では、C と C に代わる言語としてもっとも重要ないくつかを俎上に置いて、長所と短所、もっとも適した仕事のタイプなどを検討する。取り上げる言語は、C、C++、シェル、Perl、Tcl、Python、Java、Emacs Lisp である。すべての言語について、その言語で書かれたアプリケーションのケーススタディを行い、参照すべき他のサンプルやチュートリアルを取り上げる。インターネットには、これらの言語を使ったオープンソースで品質の高い実装がいくつもある。

どのアプリケーション言語を選ぶかは、インターネット/Unix の世界で宗教戦争を起こしやすい話題の1つである。人々は言語に非常に強い愛着を持っており、ときには合理的な理由を越えて自分の言語の防衛に走ってしまう。この章が本来の目的を達成すると、あらゆる党派の熱烈な支持者がこの章の攻撃に走るだろう。しかし、それ以外の人々は、この章の記述から学ぶところがあるはずだ。

14.2 なぜ C ではないのか

C は Unix のネイティブ言語である。1980 年代の初め頃からは、コンピュータ産業のほぼ全域で、システムプログラミングの分野を支配してきた。科学技術コンピューティングにおける FORTRAN の次第に小さくなるニッチと銀行や保険会社の COBOL による金融アプリケーションという広大な暗黒地帯を除けば、C とその子孫である C++ は、2003 年段階で、10 年以上に渡ってアプリケーションプログラミングも支配しているといってよい。

だから、今日新しいアプリケーションの開発を開始するにあたって、C や C++ を使うのはよ

くないなどと断言すれば、天邪鬼な考え方だと思うかもしれない。しかし、これは本当なのだ。CとC++は、実装やデバッグ（これが特に深刻）にかかる時間を犠牲にして、マシンの効率を上げられるように最適化されている。システムプログラムやアプリケーションのなかの高速実行が要求されるカーネル部分をCやC++で書くことにはまだ意味があるが、1980年代にこれらの言語が突出した地位を確立した頃と比べて、世界は大きく変わったのだ。当時と比べて2003年に同じ値段で買えるプロセッサは1000倍高速であり、メモリは数千倍も大きく、ディスクは1万倍の単位で大きくなっている[*2]。

このコストの急降下は、プログラミングの経済を根本的に変化させている。ほとんどの場合、Cのようにマシンのリソースをけちけち使っても何の意味もなくなっている。経済的に最適な選択は、デバッグ時間を短縮し、人間がコードをメンテナンスできる期間をできる限り延ばすことだ。だから、ほとんどの実装（アプリケーションのプロトタイプを含む）は、新世代のインタープリタによるスクリプト言語で書いたほうがずっとよい。これは、アセンブリ言語プログラミングが消え、C/C++が勃興してきたときの条件とまったく同じだ。

C/C++の最大の問題は、プログラマが自分でメモリ管理をしなければならないことである。変数を宣言し、ポインタチェーンリストを明示的に管理し、バッファに次元をつけ、バッファオーバーランを検出して防ぎ、動的記憶を確保/開放する。これらの仕事の一部は、Boehm-Weiserのガベージコレクタのようなものを後知恵で追加するような不自然な方法で自動化することができないではないが、Cは、そのような方法では完全な解決にならないような作りになっている。

Cのメモリ管理は、無数の不満やエラーの原因となってきた。ある研究（[Boehm]に引用されているもの）によれば、複雑なデータ構造を操作するプログラムでは、開発時間の30%から40%くらいがメモリ管理にあてられるという。しかも、この数値には、デバッグのコストは含まれていない。はっきりとした数字はないが、ベテランのプログラマの多くは、実際に使われているコードで繰り返し現れるエラーの唯一最大の原因は、メモリ管理のバグだと考えている[*3]。バッファオーバーランは、クラッシュやセキュリティホールの大きな原因となっている。動的メモリ管理は、メモリリークや無効ポインタなど、めだたずわかりにくいバグを引き起こすことで特に悪名が高い。

手作業でのメモリ管理が意味を持っていたのは、そう遠い昔のことではない。しかし、もう「小システム」は存在せず、アプリケーションプログラミングの主流でそのようなことは考えられない。今日の条件のもとでは、メモリ管理を自動化する（そして、CPUサイクルとメモリを少し余分に使う分、バグの数を1桁減らす）実装言語のほうがよほどよい。

最近の論文（[Prechelt]）は、おもしろい統計を示している。両方の世界を経験しているプロ

---

2. Unix以外の世界では、ハードウェアのこの1000倍以上の高速化は、同じ規模でのソフトウェアの速度低下によって、かなりの部分見えなくなっている。
3. この問題の深刻度は、Unixプログラマがさまざまなメモリ関連のバグのために作った無数のスラングからも傍証できるだろう。aliasing bug、arena corruption、メモリリーク、バッファオーバーフロー、stack smash、fandango on core、stale pointer、heap trashing、そして恐ろしいsecondary damageがある。詳しくは、Jargon File（http://www.catb.org/~esr/jargon/）を参照のこと。

グラマなら、この数字を見てなるほどと思うはずだ。つまり、プログラマは、CやC++を使っているときと比べて、スクリプト言語では2倍生産的だというのである。この数字は、先ほど触れた30%から40%というメモリ管理に費やす時間とデバッグのためにかかるオーバーヘッドにちょうど対応している。実世界のプログラムは、CPUを使うときの効率よりも、I/Oイベント、ネットワークレイテンシ、キャッシュフィルといった仕事のための待ち時間によって制限されることが多い。

Unixの世界は、この見方が実行に移されるところまでゆっくりと変化してきた。特に、1990年以来、Perlなどのスクリプト言語をこなす人の人口が増えてきている。しかし、まだ（2003年半ばの段階で）、意識が全面的に転換するところまではきていない。多くのUnixプログラマは、まだPerlやPythonが教えてきた教訓を消化しきっていないのだろう。

Unix以外の世界でも、よりゆっくりとしたペースだが、同じような傾向が現れているようだ。たとえば、Microsoft WindowsとNTでは、アプリケーション開発がC++からVisual Basicに移る傾向が顕著になっている。また、メインフレームではJavaへの移行が進んでいる。

CやC++への批判は、Pascal、Algol、PL/I、FORTRANなどのコンパイル言語、BASICのコンパイラ方言などにも同じようにあてはまる。Adaのような例外もあるが、プログラマにメモリ管理を任せるという基本的な設計判断では同じであり、言語ごとの違いはこれと比べればごく表面的なものにすぎない。Unixでは、ほとんどの言語の品質の高い実装がオープンソースで書かれているが、C/C++以外でUnixやWindowsで広く使われている旧来の言語はない。C/C++のために捨てられてしまったのだ。そこで、それらの言語はここでは取り上げない。

14.3 インタープリタ言語と言語併用戦略

手作業のメモリ管理を避ける言語は、ランタイム実行環境にメモリ管理部を組み込む方法でそれを実現している。一般に、これらの言語のランタイム環境は、プログラム部（実行されるスクリプト自体）とインタープリタ部に分けられ、動的記憶はインタープリタが管理する。Unix（および今の多くのオペレーティングシステム）のもとでは、インタープリタのコアの部分は、複数のプログラム部で共有できるため、1つ1つのプログラムの実質的なオーバーヘッドはかなり下げられる。

Unixの世界では、スクリプトという考え方は決して新しいものではない。1970年代という今よりももっと小さなマシンの時代に、Unixシェル（Unixコンソールに入力されたコマンドのインタープリタ）は、完全なインタープリタ言語として設計されている。その当時でも、プログラム全体をシェルで書いたり、組み込みのユーティリティとCで書かれたカスタムプログラムとをシェルロジックでつなぎ合わせ、部品の総和以上の力を持つシステムを作ったりすることは、広く行われていた。Unix環境への古典的な入門書（たとえば、The Unix Programming

Environment［Kernighan-Pike84］など）は、この戦略を重視していたが、それには理由がある。シェルプログラミングは、Unixのもっとも重要な発明の1つだったのだ。

高度なシェルプログラミングは、言語を自由に組み合わせて使う。5、6種類、あるいはそれ以上の言語で書かれたバイナリ、インタープリタにサブタスクをさせる。個々の言語はそれぞれの得意分野をこなし、個々のコンポーネントは他のコンポーネントに対する限定されたインターフェイスを持つモジュールになっている。全体としての複雑さは、汎用言語で1個の怪物的なモノリスとしてシステムを書いた場合と比べてかなり緩和されているのだ。

14.4 言語の評価

　言語の併用は、コード重視ではなく知識重視のプログラミングスタイルだ。これを実現するためには、適切な数の言語についての生きた知識と、言語の得意分野や全体の構成方法についての熟練した技が必要である。この節では、前者の獲得を助けるために参考文献を示し、後者の概要を示す。これから取り上げるどの言語についても、その言語の長所を示す成功したプログラムのケーススタディをつける。

14.4.1 C

　メモリ管理の問題はあるが、Cがまだ適しているすき間的な応用分野はまだ残っている。最大限のスピードが必要とされるプログラム、リアルタイム処理が必要とされるプログラム、OSカーネルと密接な関係を持つプログラムなどは、Cで書くとよい。

　複数のオペレーティングシステムにまたがって移植できなければならないプログラムも、Cに向いている。ただし、これからCの代わりに使うべきものとして紹介する言語も、Unix以外のメジャーなオペレーティングシステムに次第に浸透してきている。近い将来に、移植性はCの決定的な長所とはいえなくなるだろう。

　場合によっては、パーサジェネレータやGUIビルダといったCコードを生成する既存プログラムの効果が非常に大きいために、他の小さなアプリケーションをCで書くこともよいと思えることもある。

　そして、もちろん、他の言語の開発者にとってはCはかけがえのない存在である。この節で取り上げる各言語の実装の階層構造を十分に掘り下げていくと、コアの部分には純粋なポータブルCが使われていることがわかる。これらの言語は、Cの多くの長所を継承している。

　現在の条件のもとでは、CはUnix仮想マシンのための高水準アセンブラと考えるのがもっともよいのではないだろうか（4章の成功例としてのCのケーススタディを思い出してほしい）。C標準は、標準入出力ライブラリなど、この仮想マシンの多くの機能を他のオペレーティングシステムに輸出した。Cは、裸のメタル（マシン）にできる限り近づきつつ、移植性も確保し

たいときに選ぶべき言語だ。

　自分が抱えるプログラミングのニーズが高水準言語で満たされる場合でも、C を学ぶことには意味がある。ハードウェアアーキテクチャレベルで考えることを学びやすくなるというのも、そのなかの 1 つだ。すでにプログラマになっている人々のための C の参考書、教科書として最良のものは、今でも The C Programming Language［Kernighan-Ritchie］だ。

　さまざまな Unix の間で C コードを移植するのはほとんどかならず可能だし、通常は簡単だが、バージョンの間でまちまちな部分のある特定の領域（シグナルやプロセス制御）は、正しく動作させるために苦労することがある。これらの問題の一部については、17 章で取り上げる。他のオペレーティングシステムと C との関係の粗密も、C の移植性問題の原因となる可能性があるが、Windows NT は、少なくとも理論的には ANSI/POSIX 準拠の C API をサポートすることになっている。

　インターネットでは、品質の高い C コンパイラがオープンソースソフトウェアという形で公開されている。もっとも有名でもっとも広く使われているのは、Free Software Foundation の GNU C コンパイラである（これは GCC、すなわち GNU コンパイラコレクションの一部となっている）。GNU C は、すべてのオープンソース Unix システムのネイティブ C コンパイラであり、オープンソースでない Unix でさえ、多くのものがこれをネイティブ C コンパイラとしている。GCC は、Microsoft のオペレーティングシステムファミリにも移植されている。GCC のソースは、FSF の FTP サイトで公開されている。

　以上をまとめると、C の長所は、リソースを効率よく使うことと、マシンに近いことであり、短所は、リソース管理がとてつもなく難しいことである。

14.4.1.1 C ケーススタディ：fetchmail

　C のケーススタディとしてもっともよいものは Unix カーネルである。ハードウェアレベルの操作を自然にサポートすることが、実際に大きなメリットになるのは、この分野のプログラミングだ。しかし、ユーザーの領域のユーティリティとしては、今でも C で書かれている fetchmail がよいだろう。

　fetchmail は、もっとも単純なタイプの動的記憶管理しか行っていない。唯一の複雑なデータ構造は、メールサーバごとの制御ブロックの片方向リストである。このリストは、起動時に 1 度だけ作成され、その後はごく単純な形でしか変更されない。これは、C の最大の弱点を回避しているということであり、C を使わないほうがよい理由をかなり小さくしている。

　一方、この制御ブロックはかなり複雑（すべての文字列、フラグ、数値データを含んでいる）で、C の構造体機能と同等のものを持たない実装言語の高速アクセスオブジェクトという形では処理しづらい。C 代替言語の大半は、この点では C よりも弱い（ただし、Python と Java は注目すべき例外だが）。

　最後に、fetchmail は、メールサーバごとの制御情報としてかなり複雑な定義構文を操作できなければならない。Unix の世界では、この種の仕事は、昔から宣言的な定義からトークナイ

ザ（字句解析器）とパーサ（構文解析器）のソースコードを生成する C コードジェネレータを使って処理できることになっている。yacc と lex があるということは、C を選ぶ重要な理由となっている。

fetchmail は、パフォーマンスがかなり落ちることが予想されるものの、Python で書いてもよかったかもしれない。サイズが大きくデータ構造が複雑なので、シェルと Tcl は論外であり、Perl で書くのも止めたほうがよい感じだ。そして、fetchmal の問題領域は、Emacs Lisp の本来の守備範囲から外れている。Java による実装は、合理性がないわけではないが、オブジェクト指向スタイルとガベージコレクションは、fetchmail 固有の問題を解決するうえで、現状の C がすでに生み出している成果と比べて、それほど魅力的ではない。C++でも、fetchmail 内部の比較的単純なロジックを大幅に単純化できるわけではない。

しかし、fetchmail が C プログラムになっている本当の理由は、C ですでに書かれている祖先のプログラムを少しずつ書き換えて発展してきたという来歴にある。既存の実装は、さまざまなプラットフォームで十分にテストされており、特殊な癖を持ったサーバでもテスト済みだ。こうやって詰め込まれた明確化していない知識を異なる言語で実装し直すのは、わずらわしく難しいことだ。さらに、fetchmail は、NTLM 認証などの機能のためによその環境から取ってきたコードを使っているが、これは C よりも上のレベルでは作られていないようだ。

fetchmail の対話的コンフィグレーションプログラムは、このような古いコードからの継承の問題がないので、Python で書かれている。このプログラムについては、Python のケーススタディとして取り上げる。

14.4.2 C++

C++が始めてリリースされた 1980 年代中頃には、オブジェクト指向（OO）言語は、ソフトウェアが複雑化する問題の特効薬として大いに喧伝されていた。C++の OO 機能は祖先の C を圧倒する長所のように見え、C はあっという間に時代遅れになるだろうと支持者たちは予想した。

しかし、現実はそうならなかった。失敗の原因の一部は、C++自身の問題点に求められるだろう。C に対して下位互換性を保つという要件のために、C++の設計はさまざまな妥協を余儀なくされた。何よりも、この要件のために、C++は動的記憶管理を完全に自動的なものにすることができず、C の最大の問題点を放置することになった。その後、標準化作業が未成熟で弱かったために、その制約を受けない形で異なるコンパイラの間で機能強化競争が起こり、C++は過度に複雑でごてごてした言語になってしまった。

失敗のもう 1 つの原因は、OO 自体が期待はずれに終わったことにある。グルーレイヤが厚くなり、メンテナンス問題が発生しがちだという問題点が OO にあることは、4 章ですでに見た通りだ。今日（2003 年）、オープンソースアーカイブを見ると（言語の選択は、会社の命令ではなく、プログラマ自身の判断に基づくと考えてよい）、C++が使われているのは、依然とし

てGUI、マルチメディアツールキット、ゲーム（これはOOが大きな成功を収めた分野だ）に偏っていて、他の分野ではほとんど使われていないことがわかる。

C++が実現したOOは、特に問題を起こしやすいのかもしれない。C++プログラムのほうが、C、FORTRAN、Adaで書かれた同等のプログラムよりも生涯全体でかかるコストが高くなるという証拠が上がっている。これがOOの問題なのか、C++固有の問題なのか、両方なのかははっきりしないが、両方が関係しているのではないかと疑うだけの理由はある [Hatton98]。

近年、C++はいくつかの重要なOO以外の発想を組み込んできている。まず、Lispと同様の例外がある。つまり、呼び出しスタックの上位に向ってオブジェクトか値を投げ、ハンドラがキャッチするのを待つ機能のことである。STL（標準テンプレートライブラリ）は、ジェネリックプログラミングを提供する。これは、データの型シグネチャに依存しないアルゴリズムを書くと、実行時に適切な処理がされるようにアルゴリズムがコンパイルされるというものである（これは、コンパイル時に静的型チェックを行う言語だけが必要とする機能だ。型なしのリファレンスを受け渡しするだけのより動的な言語は、最初から実行時の型識別をサポートしている）。

効率のよいコンパイラ言語、Cに対する上位互換性、オブジェクト指向プラットフォーム、STLとジェネリックプログラミングのような最先端のテクニックは、すべての人にすべてのものを提供しようとしているのだが、その代償として、1人のプログラマの頭では処理しきれないほど複雑になってしまった。4章でも触れたように、この言語の主要な設計者は、1人のプログラマがこの言語のすべてを把握するのは困難だということを認めている。Unixハッカーは、こういうことに好ましい反応をしない。匿名の、しかし有名なC++の評価は、「C++とは、余分な足を犬に釘付けしてあるタコのことである」というものだ。

しかし、何をおいてもC++の最大の問題は、基本的に従来の言語の1つでしかないということだ。C++は、標準テンプレートライブラリ以前よりもメモリ管理問題をうまくこなすようになったし、Cと比べればかなりよいが、それでもメモリ管理問題を完全に封じ込めたわけではない。コードがオブジェクトだけを使わない限り、ほころびが出てくる。多くのアプリケーションでは、C++のOO機能にはあまり意味はなく、大したメリットがないのにCが単純に複雑になっただけのものを使うことになる。オープンソースのC++コンパイラは存在する。C++がCよりも明らかに優れているのであれば、今はそのコンパイラが支配的な地位を占めていたことだろう。

以上をまとめると、C++の長所は、コンパイラ言語の効率のよさとOOやジェネリックプログラミングを組み合わせたことにあり、欠点は複雑でごてごてとしていて、過度に複雑な設計を招きやすいことだ。

既存のC++ツールキットやサービスライブラリがアプリケーション開発を強力にサポートしてくれるというのなら、あるいは、OO言語が得意としていることが広く知られている先ほども触れた分野のアプリケーションを書こうというのなら、C++を使うことを検討するとよいだろう。

C++の古典的な参考書は、StroustrupのThe C++ Programming Language [Stroustrup] で

ある。C++ と OO の基本についての初心者向け教科書としては、C++: A Dialog [Heller] が優れている。C のエキスパートプログラマ向けの密度の濃い入門書としては、C++ Annotations [Brokken] がある。

GNU コンパイラコレクションには、C++ コンパイラが含まれている。だから、この言語は、Unix と Microsoft オペレーティングシステムでは、広く利用できる。先ほどの GNU C コンパイラについてのコメントは、C++ コンパイラにもあてはまる。また、オープンソースの強力なサポートライブラリコレクションもある（http://www.boost.org/）。しかし、実際の C++ 処理系が実装しているものは、現在準備中の ISO 標準案[4]のさまざまなサブセットでしかないので、移植性にはかなり問題がある（2003 年半ばの段階で）。

14.4.2.1　C++ケーススタディ：Qt ツールキット

Qt インターフェイスツールキットは、今日のオープンソースの世界で、C++ の成功例として特に有名なものの 1 つだ。Qt は、X のもとでグラフィカルユーザーインターフェイスを書くためのウィジェットセットと API を提供する。わざと、Motif、MacOS Platinum、Microsoft Windows インターフェイスの操作感覚を真似て（それもかなり巧妙に）作ってある。Qt が実際に提供するのは、単なる GUI サービスだけではなく、移植性の高いアプリケーションレイヤも含まれている。このレイヤは、XML、ファイルアクセス、ソケット、スレッド、タイマ、日付/時刻処理、データベースアクセス、さまざまな抽象データ型、Unicode のためのクラスなどを持っている。

Qt ツールキットは、KDE プロジェクトのビジュアルコンポーネントであり、重要な構成要素である。KDE プロジェクトは、競争力のある GUI と統合デスクトップツールを作ろうとするオープンソースの 2 つのプロジェクトの 1 つである（古いほう）。

Qt の C++ 実装には、ユーザーインターフェイスコンポーネントのカプセル化における OO 言語の長所がよく表れている。オブジェクトをサポートする言語では、クラスインスタンスの階層構造によって、インターフェイスウィジェットの階層関係がコードのなかで明確に表現できる。この種のことは、メソッドテーブルを手で作り、間接参照を行うことによって、C でもシミュレートできるが、C++ で書いたほうがずっとクリーンになる。ごてごてとしていることで悪名の高い Motif の C API と比べれば、よくわかるはずだ。

Qt のソースコードと参考文献は、Trolltech のサイト（http://www.trolltech.com/）に掲載されている。

---

4. 1998 年に遡る最後の C++ 標準規格は広く実装されているが、特にライブラリの領域で弱い。

14.4.3 シェル

　Version 7 Unix の Bourne シェル (sh) は、Unix で最初の移植性の高いインタープリタ言語である。今日では、この Bourne シェルは、上位互換の Korn Shell (ksh) のさまざまな変種によって置き換わっている。このなかでもっとも重要なものは、Bourne Again Shell (bash) だ。

　他にもシェルはあり、対話的に使われているが、プログラミング言語としての重要性は劣る。これらのなかでもっともよく知られているのは、おそらく C Shell (csh) だが、これはスクリプトを書くのに適していないことで悪名が高い[5]。

　単純なシェルプログラムは、非常に簡単かつ自然に書ける。インタープリタ言語による高速プロトタイプという Unix の伝統は、シェルから始まっている。

> **私が書いた最初のバージョンのネットニュースは、150 行のシェルスクリプトだった。それでも、複数のニュースグループとクロスポストをサポートしていた。ニュースグループはディレクトリ、クロスポストは記事への複数のリンクで実装した。これでは遅すぎて稼働環境ではとても使えた代物ではなかったが、柔軟性が高い分、プロトコル設計についていくらでも自由に試すことができた。**
>
> —— Steven M. Bellovin

　しかし、サイズが大きくなってくると、プログラムは場当たり的なものになってしまう傾向がある。シェルの構文には、非常に混乱しやすい部分が含まれている（特に、引用符の使い方と文の構文規則）。これらの欠点は、主として対話的なコマンド行インタープリタとして使えるようにするために、シェルの設計のプログラミング言語部に妥協があるためだ。

　純粋なシェル言語だけでなく、sort(1) のような C フィルタや sed(1)、awk(1) などの標準テキスト処理ミニ言語が多用されていても、それらのプログラムは「シェル」プログラムと呼ばれる。しかし、この種のプログラミングは最近減りつつある。そのようなグルーロジックは、一般に Perl や Python によって書かれるようになったのだ。シェルの仕事は、ごく単純なラッパー（Perl や Python では大げさすぎる）やシステムブート時の初期化スクリプト（Perl や Python があることを前提とすることができない）に限定されつつある。

　この種の基本的なシェルプログラミングは、Unix のどの入門書でも十分に説明されている。中上級のシェルプログラミングの参考書としては、The Unix Programming Environment [Kernighan-Pike84] がまだ最良の書の 1 つである。Korn Shell またはそのクローンの実装は、すべての Unix に含まれている。

　複雑なシェルスクリプトは、移植性問題を抱えていることが多い。それはシェル自体に問題があるというよりも、コンポーネントとして他のプログラムが存在することが前提となってい

---

5. Tom Christiansen のエッセイ、Csh Programming Considered Harmful を参照のこと。Web で検索すればすぐ見つかるはずである。

ることに起因するものだ。Bourne Shell や Korn Shell のクローンは、Unix 以外のオペレーティングシステムにも散発的に移植されているが、シェルプログラムは（現実的にいって）Unix 以外のオペレーティングシステムには移植性がない。

以上をまとめると、シェルの長所は小さなスクリプトを書くためには非常に自然で手っ取り早いことだ。欠点は、特に大きなシェルスクリプトでは、すべてのターゲットマシンで同じように動作するとは限らず、ない場合もあるようなコマンドに大きく依存してしまうことだ。大規模なシェルスクリプトでは、依存関係を分析するのも容易ではない。

すべての Unix、Unix エミュレータにはシェルがついているので、シェルをビルドしたりインストールしたりする必要はまずない。Linux などの最先端の Unix で現在標準的に使われているシェルは、bash である。

14.4.3.1 ケーススタディ：xmlto

xmlto は、XML DocBook 形式のドキュメントを HTML、PostScript、プレーンテキストなどいくつかのフォーマットのなかの1つに変換するために必要なすべてのコマンドを呼び出すドライバスクリプトである（DocBook については、18章で詳しく見ていく）。bash で書かれている。

xmlto は、適切なスタイルシートとともに XSLT エンジンを呼び出し、処理結果をポストプロセッサ（後処理プログラム）に渡す仕事を行う。HTML と XHTML については、XSLT 変換ですべて終わりである。プレーンテキストについては、XML が同じように HTML への変換を行い、それをポストプロセッサの lynx(1) に渡す。lynx(1) の-dump モードは、HTML をフラットテキストに変換する。PostScript については、XML を XML FO（フォーマットオブジェクト）に変換し、それをポストプロセッサが TeX マクロに変換する。tex(1) で DVI 形式に変換し、最後に有名な dvi2ps(1) ツールで PostScript に変換する。

xmlto は、単一のフロントエンドシェルスクリプトで、いくつかのプラグインのなかのどれかを呼び出す。プラグインは、ターゲット形式に合わせて名前が付けられている。プラグインはどれもシェルスクリプトである。どのように呼ばれるかによって、フロントエンドにスタイルシートを提供するか、決められた引数を指定して適切なポストプロセッサを呼び出す。

このアーキテクチャは、特定の出力フォーマットについての情報を1か所（対応するスクリプトプラグイン）にまとめられるようにする。そのため、フロントエンドコードにいっさい影響を与えずに、新しい出力タイプを追加できる。

xmlto は、中規模のシェルアプリケーションの好例である。スクリプト作成に不向きな C や C++は、このようなアプリケーションでは役に立たない。この章で紹介する他のスクリプト言語なら、この仕事に適してはいるが、このスクリプトがしていることは、コマンドのディスパッチであり、内部データ構造や複雑なロジックはないので、シェルで十分である。シェルは、ターゲットシステムにかならずあるという大きな長所を持っている。

14.4.3.2 ケーススタディ：Sorcery Linux

Sorcerer GNU/Linux は、小さなブート可能な足がかり的システムという形でインストールされる Linux ディストリビューションである。このシステムには、bash(1) といくつかのダウンロードユーティリティだけがある。これだけのプログラムがあれば、Sorcerer パッケージシステムの Sorcery を起動できる。

Sorcery は、ソフトウェアパッケージのインストール、削除、完全性チェックを実行できる。「cast spell」する（魔法をかける）と、Sorcery はソースコードをダウンロードし、コンパイル、インストールして、インストール済みファイルのリストを保存する（ビルドログ、すべてのファイルのチェックサムとともに）。インストール済みのパッケージは「dispell」して（魔法を解いて）、取り除くことができる。パッケージのリスト表示と完全性チェックの機能もある。詳しくは、Sorcery プロジェクトのサイト（http://sorcerer.wox.org/）を参照してほしい。

Sorcery システムは、全部シェルで書かれている。プログラムのインストール手続きは、小さくて単純なプログラムになることが多く、シェルが適している。このアプリケーションの場合、必要なヘルパプログラムがかならず最初のシステムに存在するようになっているので、シェルの最大の欠点は中和されている。

14.4.4 Perl

Perl はステロイドにつけたシェル（貝殻）である。awk(1) に代わるものとして設計され、言語併用のスクリプトプログラミングのグルーとして、シェルに取って代われるように拡張された。最初にリリースされたのは 1987 年である。

Perl の最強ポイントは、テキストの行指向データフォーマットをパターンによって処理する組み込み機能だろう。このポイントについては、Perl を凌駕するものはまだ現れていない。データ構造についても、シェルよりずっと強力であり、要素型を問わずに格納できる動的配列や、名前と値のペアを高速に照合できる「ハッシュ」あるいは「辞書」型といったものがある。

さらに、Perl には、ほとんど Unix API 全体に対して、内部コマンドがうまく結合されているので、C プログラミングのニーズが大幅に削減された。Perl は、簡単な TCP/IP クライアントやサーバといった仕事さえこなせる言語になっている。もう1つの長所は、大規模で活発なオープンソースコミュニティを発達させていることである。そのネット上のホームグラウンドは、Comprehensive Perl Archive Network（http://www.cpan.org/）である。熱心な Perl ハッカーたちは、さまざまな分野で自由に再利用できる Perl モジュールを何百となく作っている。これらのモジュールのなかには、ディレクトリツリーをたどるもの、GUI を構築するための X ツールキット、HTTP ロボットと CGI プログラミングをサポートするパッケージなどが含まれている。

Perl の主な欠点は、その一部が救いようもなく醜く、複雑で、エラーを起こさないように注

意して決まりきった形で使わなければならないことである（関数に対する引数渡しの方法は、これら3つの問題をすべて示している）。シェルよりも Perl のほうが初心者には難しい。Perl の小さなプログラムは非常に強力だが、プログラムサイズが大きくなってくると、モジュール性を保ち、設計を制御可能な範囲内に収めておくために、特別な注意が必要になってくる。Perl の歴史の初期の段階で下された設計上の判断を今さら覆せないので、より高度な機能がもろくて安っぽい感じを漂わせている。

　Perl の参考文献として決定的な地位を占めるのは、Programming Perl［Wall2000］である。この本には、知る必要のありそうなことはほとんど何でも書かれているが、構成が悪いことで有名である。必要な情報を見つけるためには、あちこちを掘り返さなければならない。Learning Perl［Schwartz-Christiansen］は、もっと入門書的で物語的に書かれている。

　Perl は、Unix システムには広く浸透している。メジャーリリースレベルが同じ Perl スクリプトは、他の Unix システムでもすぐに動作することが多い（拡張モジュールを使っていなければ）。Perl の実装は、Microsoft の OS ファミリや MacOS にもある（しかも、ドキュメントも優れている）。Perl/Tk は、クロスプラットフォームの GUI 機能を提供する。

　以上をまとめると、Perl の長所は、正規表現による操作が大量に含まれる小さなグルースクリプトとしては非常に強力なことである。短所は、醜く、扱いにくく、大きくなるとほとんど管理不能になることである。

14.4.4.1 小規模 Perl プログラムのケーススタディ：blq

　blq スクリプトは、ブロックリスト（頼まないのに大きな電子メールを習慣的に送ってくる発信源、つまり SPAM の発信源と判定されたインターネットサイトのリスト）を調べるためのツールである。現在のソースは、blq プロジェクトページ（http://www.unicom.com/sw/blq/）に掲載されている。

　blq は小さな Perl スクリプトの特徴をよく示しており、Perl の長所、短所の両方がよく表れている。blq は正規表現による照合を多用している。一方、Perl 拡張モジュールの Net::DNS は、スクリプトを実行するサイトに必ずあるとはいえないので、条件インクルードする必要がある。

　blq は、Perl コードとしては例外的にクリーンで、自制が効いており、優れたスタイルの例として勧めたいところである（blq プロジェクトが参照している他の Perl ツールも、よい例である）。しかし、コードの一部には、Perl 特有のイディオムをよく知っていなければ読めない部分が含まれている。たとえば、冒頭の$0 =~ s!.*/!!; という行だ。どの言語もこの手の透明性に欠ける部分を持っているものだが、Perl はほとんどの言語よりもこの点ではたちが悪い。

　Tcl と Python は、この手の小さなスクリプトには向いているが、blq が多用している正規表現照合では、Perl ほど便利に使えない。どちらの実装もまずまずのできではあるが、Perl と比べて簡潔性、表現性ともに劣る。Emacs Lisp を使えば、Perl よりも手っ取り早く書け、よりコンパクトにもなるはずだが、使おうとすると苦痛なほど遅いだろう。

14.4.4.2 大規模 Perl プログラムのケーススタディ : keeper

keeper は、Linux の巨大なフリーソフトウェアアーカイブである ibiblio に到着したパッケージをファイリングし、FTP と WWW のインデックスファイルを管理するツールである。ソースとドキュメントは、ibiblio アーカイブ (http://www.ibiblio.org/) のサーチツールディレクトリにある。

keeper は、中規模から大規模の対話的 Perl アプリケーションのよい例である。コマンド行インターフェイスは行指向で、特殊なシェルのようでもありディレクトリエディタのようでもある。しかも、注目すべきことに、ヘルプ機能が組み込まれている。作業では、ファイルとディレクトリの処理、パターンマッチ、パターンに基づく編集が多用されている。keeper がプログラム内のテンプレートから Web ページや電子メール通知を簡単に作れることに注意してほしい。また、Perl の既存モジュールを使って、ディレクトリツリーの操作を自動化していることも注目すべきだ。

このアプリケーションは、3300 行ほどだが、単一の Perl プログラムでのサイズ、複雑さの限界はこのあたりだと思われる。しかし、大半はわずか 6 日間で書かれたものである。C、C++、Java なら、少なくとも 6 週間はかかり、作ってからはデバッグ、変更がおそろしく難しいものになっていただろう。純粋な Tcl で作るには、大きすぎる。Python で作れば、もっと構造的にクリーンになり、読みやすくなり、メンテナンスもしやすくなるだろうが、より冗長になるだろう (特に、パターンマッチ部)。Emacs Lisp モードでもこの仕事はすぐにできるところだが、Emacs はサーバの輻輳によってひんぱんに非常に低速になる telnet リンクを介して使うのにはあまり適していない。

14.4.5 Tcl

Tcl (Tool Command Language) は、コンパイル済みの C ライブラリとリンクして、C コードをスクリプトで制御できるようにする (拡張スクリプト)。Tcl の最初の応用は、電子シミュレータ (SPICE 風のアプリケーション) のためのライブラリを制御するというものだった。Tcl は組み込みスクリプト、つまり C プログラムから呼び出され、それらのプログラムに値を返すスクリプトにも適している。Tcl が最初に一般にリリースされたのは、1990 年のことである。

Tcl の上に構築された一部の機能は、Tcl コミュニティの枠を越えて広く使われるようになった。そのなかでも特に重要な 2 つは、次のものである。

- Tk ツールキット。ボタン、ダイアログボックス、メニューツリー、スクロールするテキストウィジェットなどをすばやく作り、それらからの入力を集めてくる仕事を楽にする、親切で優しい X インターフェイス。
- Expect。さまざまな答を返してくる対話的プログラムを比較的簡単にスクリプトできる

ようにする言語。

　Tk ツールキットは非常に重要であり、この言語は Tcl/Tk と呼ばれることが多い。Tk は、Perl や Python ともよく併用される。

　Tcl 自体の主な長所は、非常に柔軟性が高く、徹底的に単純なことである。構文はかなり特殊だが（位置パーサに基づいている）、一貫性は取れている。予約語はなく、関数呼び出しと「組み込み」構文との間に構文上の違いはない。そのため、Tcl 言語インタープリタは、Tcl 内部で再定義できる（Expect のようなプロジェクトを可能にしているのがこの部分だ）。

　Tcl の主要な欠点は、純粋 Tcl がネームスペース制御とモジュール化に弱いことだ。そのなかの 2 つ（upvar と uplevel）は、相当注意して使わなければ危険である。また、連想リスト以外にデータ構造がない。そのため、Tcl はあまり大きなプログラムを作れない。中規模サイズ（数百行以上）のプログラムでも、純粋 Tcl では構造化してデバッグするのが非常に難しい。実際には、ほとんどすべての Tcl プログラムはいくつかの OO エクステンションのなかのどれかを使っている。

　構文の奇妙さも、最初は問題になるかもしれない。文字列のクォートと角かっこの区別は、しばらくの間頭痛の種になるだろうし、クォートや角かっこが必要になるのがどういうときなのかについての規則も、少し難しい。

　純粋 Tcl は、Unix API のうちの比較的小さいよく使われる部分に対するアクセスしか提供しない（基本的には、ファイル処理、プロセスの起動、ソケット）。実際、Tcl は、使えるスクリプト言語をどこまで小さくできるかの実験のように感じられる。Tcl エクステンション（Perl モジュールと同様のもの）は、ずっと豊かな機能を提供するが、どこにでもインストールされているとは限らない（その点では、CPAN モジュールと同じ）。

　Tcl の最初の参考文献は、Tcl and the Tk Toolkit [Ousterhout94] だが、この本は、Practical Programming in Tcl and Tk [Welch] によってかなりの部分乗り越えられてしまっている。Brian Kernighan は、実際の Tcl プロジェクトについて書いたことがあり [Kernighan95]、そのなかで高速プロトタイプ、生産ツールとしての Tcl の長所、短所をまとめている。彼の Tcl と Microsoft Visual Basic を対比した説明は、特にバランスが取れていて役に立つ。

　Tcl の世界には、Perl や Python のように、核となるグループが運営している中央レポジトリがない。しかし、複数の優れた Web サイトが相互リンクを張って、ほとんどの Tcl ツールやエクステンションの開発をカバーしている。まず、Tcl Developer Xchange (http://www.tcltk.com/) を見るとよい。何よりもまず、このサイトは対話的 Tcl チュートリアルの Tcl ソースを提供している。また、SourceForge には Tcl foundry がある（http://sourceforge.net/foundry/tcl-foundry/）。

　Tcl スクリプトには、シェルスクリプトと同様の移植性問題がある。言語自体の移植性は高いが、呼び出すコンポーネントに移植性がない。Tcl の実装は、Microsoft の OS ファミリ、MacOS を始めとする他の多くのプラットフォームでも作られている。Tcl/Tk スクリプトは、GUI 機能のある任意のプラットフォームで動作する。

以上をまとめると、Tcl の長所は、質素で簡潔な設計と Tcl インタープリタの拡張性にある。短所は、風変わりな位置パーサとデータ構造やネームスペース制御の貧弱さにある。特に、後者の欠点のために、大きなプロジェクトには不向きになっている。

14.4.5.1 ケーススタディ：TkMan

TkMan は、Unix man ページと Texinfo ドキュメントのブラウザである。1200 行ほどと純粋 Tcl で書かれたプログラムとしては相当大きいが、例外的によくモジュール化された成熟したコードである。Tk を使って GUI インターフェイスを提供しているが、システムに組み込みの man(1)、xman(1) ユーティリティよりもかなりよい。

TkMan は、Tcl のテクニックをほぼすべて発揮しており、ケーススタディとして適している。特に注目すべきは、Tk の統合、他の Unix アプリケーション（Glimpse サーチエンジンなど）のスクリプトによる制御、Tcl を使った Texinfo マークアップの走査である。

このコードの大半を構成する Tk GUI に対して、他の言語ならもっと直接的でないインターフェイスしか作れなかっただろう。

Web で TkMan をサーチすれば、ソースとドキュメントが入手できるはずだ。

14.4.5.2 大規模 Tcl プログラムのケーススタディ：Moodss

Moodss システムは、システム管理者のためのグラフィカルモニタリングアプリケーションである。ログを監視し、MySQL、Linux、SNMP ネットワーク、Apache の統計情報を集め、「ダッシュボード」と呼ばれるスプレッドシート風の GUI パネルにそのダイジェストを表示できる。モニタリングモジュールは、Tcl だけではなく、Python や Perl でも書ける。コードは磨かれ、成熟したもので、Tcl コミュニティで模範的なコードと考えられている。プロジェクトの Web サイトは、http://jfontain.free.fr/moodss/ である。

Moodss の核の部分は、約 18000 行の Tcl である。カスタムオブジェクトシステムを含むいくつかの Tcl エクステンションが使われている。Moodss の作者は、これらがなければ、「このような大きいアプリケーションを書くことは不可能だっただろう」ということを認めている。

ここでも、このコードの大半を構成する Tk GUI に対して、他の言語ならもっと直接的でないインターフェイスしか作れなかっただろう。

14.4.6 Python

Python は、C との密接な統合を意図して設計されたスクリプト言語である。ダイナミックにロードされた C ライブラリとの間でデータをやり取りすることができ、また C から組み込みスクリプト言語として呼び出すことができる。構文は C と Modula ファミリの中間のような感じだが、インデントによってブロック構造を制御するという特殊な機能がある（明示的な begin/end や C の中かっこと同等のものはない）。Python が始めて公式にリリースされたのは、1991 年である。

Python 言語は、モジュール化のための優れた機能を持つクリーンでエレガントな設計になっている。プログラムは、オブジェクト指向スタイルで書けるようになっているが、必ずしもそうしなくてもよい（より古典的な C 風の手続き的な書き方もできる）。Perl の表現力に匹敵する型システムを持っており、ダイナミックコンテナオブジェクトや連想リストなどを持っているが、Perl と比べると癖は強くない（実際には、Perl のオブジェクトシステムは Python のものを真似て構築されている）。無名ラムダ（受け渡しでき、反復子で操作できる関数値オブジェクト）があるので、Lisp ハッカーさえ喜ばせることができる。Python には Tk ツールキットが付属しており、これを使えば GUI インターフェイスが簡単に構築できる。

　標準 Python ディストリビューションには、ほとんどの重要なインターネットプロトコル（SMTP、FTP、POP3、IMAP、HTTP）のためのクライアントクラスと HTML のジェネレータクラスが含まれている。だから、Python は、プロトコルロボットやネットワーク管理ツールの構築に適している。Python はまた、Web CGI にも非常に適しており、この分野のもっとも複雑なプログラムでは Perl と十分競い合っている

　この本で取り上げるすべてのインタープリタ言語のなかで、多くのプログラマが携わる複雑な大規模プロジェクトにもっとも適している言語は、Python と Java の 2 つである。ただし、Python のほうが多くの点で Java より単純で、プロトタイプのスピード作成に適しているので、極度に複雑でなく、スピードも要求されないアプリケーションで単独で使う言語としては、Java よりも Python のほうが優れている。また、これら 2 つの言語を併用しやすくするために、Java で書いた Python 実装というものもあり、実際に使われている。この実装は、Jython と呼ばれている。

　Python は、生の実行速度では、C や C++ にかなわない（ただし、今日の高速プロセッサで言語併用戦略を使う場合には、このポイントは相対的に重要でなくなっている）。実際、Python は、主要なスクリプト言語のなかでもっとも効率が悪く、最低速だと考えられているが、これは、実行時ポリモーフィズムのコストのためである。しかし、この理由で Python を捨てたりしないようにしたほうがよい。ほとんどのアプリケーションは、Python が提供する以上のパフォーマンスを実際に必要とするわけではない。そして、高いパフォーマンスを必要とするかのように見えるプログラムでも、ネットワークやディスクなどの外部レイテンシによって大きく制約されるため、Python インタープリタのオーバーヘッドの影響はそのなかに飲み込まれてしまう。また、スピードの代償として、Python は、例外的なほど C と組み合わせやすくなっており、スピードが必要な Python モジュールはすぐに C に書き換えて、大幅なスピードアップを見込むことができる。

　Python は、正規表現に大きく依存する小プロジェクトやグルースクリプトでの表現力では Perl に勝てない。シェルや Tcl でちょうどいい程度の小さなプロジェクトでは、大げさすぎる。

　Perl と同様に、Python は確立した開発コミュニティを抱えており、中心となる Web サイト（http://www.python.org/）には、非常に多くの Python 実装、ツール、エクステンションモジュールが集められている。

Pythonの参考書の決定版は、Programming Python［Lutz］である。また、PythonのWebサイトには、Pythonエクステンションの膨大なオンラインドキュメントが集められている。

Pythonプログラムは、Unixの間はもちろん、他のオペレーティングシステムの間でもきわめて移植性が高い。標準ライブラリが強力なので、移植性のないヘルププログラムはほとんど使わなくて済む。MicrosoftのOSファミリやMacOS用のPython実装もある。Tkと他に2種類あるツールキットを使えばクロスプラットフォームGUI開発も可能だ。Python/Cアプリケーションは、「冷凍」することができる。つまり、純粋Cソースに擬似コンパイルできる。そうすれば、Pythonがインストールされていないシステムにも移植できるようになる。

以上をまとめると、Pythonの長所は、クリーンで読みやすいコードを書きやすく、使いやすさと大規模プロジェクトに対応できる力を兼ね備えていることだ。短所は、効率が悪く遅いことで、単にコンパイラ言語と比べて遅いというだけではなく、他のスクリプト言語と比べても遅い。

14.4.6.1 小規模Pythonプログラムのケーススタディ：imgsizer

imgsizerは、WWWページのイメージインクルードタグに自動的に正しいイメージサイズパラメータを書き込んで（多くのブラウザでは、こうするとページのロードが速くなる）新しいHTMLファイルを作る。ソースとドキュメントは、ibiblioアーカイブ（http://www.ibiblio.org/）のURL WWWツールのサブディレクトリにある。

imgsizerは、もともとPerlで書かれたもので、正規表現パターンを使った小さなテキスト処理ツールというPerlの得意分野をよく示す理想的な例に近いものだった。しかし、その後、PythonライブラリのHTTPフェッチサポートを利用するために、Pythonに書き換えられた。これで、外部ページフェッチユーティリティへの依存がなくなった。イメージのピクセルサイズを取り出すための専用ツールとしてfile(1)とImageMagick identify(1)を使っていることに注意してほしい。

動的な文字列処理や高度な正規表現マッチがあるので、imgsizerをCやC++で書くとすると、かなり苦痛に感じたことだろう。C、C++で書けば、もっと大きく、もっと読みにくいプログラムになっているはずだ。Javaなら、暗黙のメモリ管理問題は解決されるが、テキストのパターンマッチの表現力に関してはC、C++と大差がないレベルにすぎない。

14.4.6.2 中規模Pythonプログラムのケーススタディ：fetchmailconf

11章では、インターフェイスから実装を分離する例として、fetchmail/fetchmailconfのペアを検討した。fetchmailconfは、Pythonの長所をよく示している。

fetchmailconfは、マルチパネルのGUIコンフィグレーションエディタを実装するためにTkツールキットを使っている（GTK+などのツールキットに対するPythonバインディングもあるが、TkバインディングはすべてのPythonインタープリタに組み込まれている）。

エキスパートモードでは、GUIは3つのパネルレベルに分かれた約60種の属性の編集をサ

ポートする。属性を設定するためのウィジェットとしては、チェックボックス、ラジオボタン、テキストフィールド、スクロールバー付きのリストボックスなどが含まれている。これだけ複雑なものでありながら、完全に動作するコンフィグレーションエディタの最初のバージョンを設計、コーディングするためにかかった時間は 1 週間以内で、そのなかには私が Python と Tk を覚えるための時間も含まれているのである。

Python は、GUI インターフェイスのプロトタイプをスピーディに作ることに優れている。そして、`fetchmailconf` からも明らかなように、この種のプロトタイプは、そのまま稼働環境で使えることが多い。Perl と Tcl（Tk ツールキットを含む。Tk はもともと Tcl のために書かれたものだ）にも、この分野では同じような長所があるが、`fetchmailconf` くらいに複雑になると（約 1400 行）、コントロールがきかなくなってくる。Emacs Lisp は GUI プログラミングには適していない。

14.4.6.3 大規模 Python プログラムのケーススタディ：PIL

PIL（Python Imaging Library）は、ビットマップグラフィックスを操作するためのライブラリで、PNG、JPEG、BMP、TIFF、PPM、XBM、GIF などのポピュラーなフォーマットをサポートしている。Python プログラムは、これを使ってイメージを変換、変形できる。サポートされている変形処理としては、切り取り、回転、拡大/縮小、歪めがある。ピクセル編集、イメージの畳み込み、色空間変換もサポートしている。PIL のディストリビューションには、コマンド行からこれらのライブラリ機能を利用するための Python プログラムも含まれている。つまり、PIL はバッチモードのイメージ変換ツールとしても、プログラム駆動のビットマップ操作を実装するための強力なツールキットとしても使うことができる。

PIL は、Python インタープリタに対するロード可能なオブジェクトコードエクステンションで Python を補う方法を示している。ビットマップに対する基本操作を実装しているライブラリの核の部分は、高速処理を実現するために C で書かれている。上のレベルとシーケンスロジックは Python で書かれており、遅いけれども読みやすく変更や拡張がしやすくなっている。

Emacs Lisp やシェルで同じようなツールキットを書くのは、不可能か、そうでなくても非常に困難だろう。これらは C によるエクステンションインターフェイスを持たないか、ドキュメントしていない。Tcl は優れた C エクステンション機能を持っているが、PIL は大きすぎて Tcl で快適に実装するのは無理だろう。Perl にはエクステンション機能があるが（Perl XS）、Python のものと比べると場当たり的で複雑であり、ドキュメントも貧弱で不安定なので、あまり使われていない。Java の NMI（Native Method Interface）は、Python のサービスとほぼ同じような機能を提供しているようだ。PIL は、Java でもまずまずの形で実現できるかもしれない。

PIL のコードとドキュメントは、プロジェクトの Web サイト（http://www.pythonware.com/products/pil/）で入手できる。

14.4.7 Java

　Java言語は、「1度書いたらどこでも動く」を目標とし、どのブラウザでも実行できるWebページ上の組み込み対話プログラム（**アプレット**）のサポートも意識して設計されている。しかし、所有者であるSun Microsystemsの技術的、戦略的な失敗の連続のために、最初の2つの目標は、いずれも達成できなかった。しかし、今でもシステム、アプリケーションの両方の分野の開発に堪える十分な力を持っており、CやC++にとっては大きな脅威である。Javaが発表されたのは、1995年のことだ。

　Javaは、C++よりもずっと小さく、単純でありながら、自動メモリ管理の大きなメリットを持ち、C++と比べて小規模だが効果は小さくないOO設計サポートも組み込んでいる。構文はかなりCに似ており、ほとんどのプログラマが快適に感じる。ダイナミックにロードしたCコードの呼び出しや、Cの組み込み言語としてのJava呼び出しもサポートしている。また、SunがWebで閲覧できる優れたJavaドキュメントを作ったことの意味も小さくない。

　Javaの欠点としては、（たとえばPythonなどと比べ）一部の部分が複雑すぎ、別の一部が不完全なことが挙げられる。Javaのクラスの可視ルールと暗黙のスコープのルールは奇怪な感じがする。インターフェイス機能は、多重継承の複雑な問題を避けるために。それ自体は理解して使うのがそれほど難しくないものを犠牲にしてしまった。内部クラス、無名クラスといった機能は非常にわかりにくいコードを作る原因になる。信頼できるデストラクタメソッドがないため、メモリ以外のミューテックス、ファイルロックといったリソースを適切に管理することが難しい。signal、poll、selectなど、Unixオペレーティングシステムのかなりの部分が、プレーンなJavaからはアクセスできない。Javaの入出力機能は非常に強力だが、テキストファイルの単純な読み出しが単純ではない。

　ライブラリには、WindowsのDLL地獄とよく似た特に悩ましい問題がある。Javaには、異なるバージョンのライブラリを管理するための方法がない。そのため、アプリケーションサーバなどでは非常に大きな問題が起きる。たとえば、サーバがあるバージョンのXMLライブラリをもともと持っているのに対し、アプリケーションには異なる（通常はより新しい）バージョンがつけられているような場合である。この問題で手がかりになるのは、環境変数の`CLASSPATH`だけである。これは、長期的な運用で問題の原因となる。

　さらに、SunのJavaの扱いが、政治的にも技術的にもお粗末に過ぎる。Javaの最初のGUIツールキット、AWTは、根本的な書き換えを必要とするようなゴミだった。ECMA/ISOの標準化からJavaが撤退したことは、すでにSCSL（Sun Community Source License）に失望していた多くのプログラマにさらに追い討ちをかける事件だった。SCSLは、Java 1.2とJ2EE（Java 2 Enterprise Edition）のオープンソース実装の障害として立ちはだかっているのだ。これは、普遍的な移植性というJavaのもともとの目的を大きく損なうものだ。

　ブラウザアプレットも死んだ。MicrosoftがInternet ExplorerでJava 1.2をサポートしないことを決めた時点で、アプレットは実質的に命を絶たれた。しかし、Javaは、Webアプリケー

ションのなかで実行される「サーブレット」という安全なすき間を見つけたようだ。また、データベースや Web サーバに直接結び付いていない企業の社内プログラミングでも広く使われるようになった。さらに、Microsoft の ASP/COM プラットフォームや Perl CGI の強力なライバルにもなっている。最後に、初級プログラミングの教材言語としても普及し、拡大の勢いがある（この役割は、Java には非常に適している）。

　全体として、Java は、システムプログラミングともっともスピードが必要とされるアプリケーションを除き、C++よりも優れている（C++のほうがずっと複雑で、メモリ管理問題への対処が弱い）。また、歴史的に見ると、Java プログラマは、C++プログラマよりも OO で過度な階層化に走るという罠に陥りにくいようだ。もっとも、このこと自体は依然として大きな問題ではある。

　Java がこの章の他の言語とどの程度競争できるかはまだはっきりしないが、それはプロジェクトの規模によって大きく左右されるようだ。向き不向きということでは、Java は Python に似ているようだ。Python と同様に、生の実行スピードということでは、C や C++には勝てない。パターンマッチに基づく編集を多用する小プロジェクトでは、Perl には勝てない。さらに、小規模なプロジェクトでは大げさにすぎる（これは、Python 以上に）。どちらかというと、小さめのプロジェクトには Python が適しており、大きめのプロジェクトには Java が適しているように感じられるが、まだ歴史の判定は下っていない。

　紙に書かれた最良の参考文献は Java In A Nutshell [FlanaganJava] だが、これは最良の教科書ではない。入門書としては、Thinking in Java [Eckel] がよいだろう。Java の Web サイトとしてまず最初に見るべきものは、Sun の Java サイト（http://java.sun.com/）である。ここには、無料でダウンロードできる HTML 形式の完全なドキュメントもある。Open Directory プロジェクトの Java ページ（http://dmoz.org/Computers/Programming/Languages/Java/）にも、役に立つ Java リンクが含まれている。

　Java の実装はすべての Unix、Microsoft の OS ファミリ、MacOS、その他さまざまなプラットフォームのためのものが用意されている。

　Kaffe は、JDK 1.1 にほぼ準拠したクラスライブラリがついているオープンソース Java 実装だが、ソースコードは Kaffe プロジェクトサイト（http://www.kaffe.org/）で入手できる。

　GCC には、Java フロントエンドがある。GCJ は Java コードを Java バイトコードかネイティブコードにコンパイルでき、Java バイトコードをネイティブコードにコンパイルすることもできる。GCJ は、JDK 1.2 の大半を実装するオープンソースクラスライブラリや gij という Java バイトコードインタープリタを同梱している。詳細は、GCJ プロジェクトページ（http://gcc.gnu.org/java/）を参照してほしい。

　JDEE プロジェクトサイト（http://jdee.sunsite.dk/）には、Emacs のための Java IDE がある。

　Java の言語レベルでの移植性の高さはすばらしいものだ。ただし、不完全なライブラリ実装が問題になる可能性がある（特に新しい JDK 1.2 をサポートしない JDK 1.1 バージョン）。

　以上をまとめると、Java の長所は、OS に依存しない独自環境として、「1 度書いたらどこでも

動く」という目標をもう少しで達成できるところまできていることだ。短所は、Java 1 と Java 2 が分裂して、非常に不満の残るところでこの目標が達成されないことだ。

14.4.7.1 ケーススタディ：FreeNet

Freenet は、コンテンツの検閲や発表禁止を不可能にすることを目的としたピアツーピアネットワークプロジェクトである[6]。Freenet の開発者たちは、次のようなアプリケーションを構想している。

- 論争を招く情報の検閲なしの普及。Freenet は、草の根のオルタナティブジャーナリズムから、握りつぶされている暴露記事に至るまで、さまざまな匿名情報を検閲なしで公表できるようにして、言論の自由を守る。
- 帯域幅の広い効率的なディストリビュート。Freenet の適応性のキャッシングとミラーリングの方法は、Debian Linux のアップデートソフトウェアをディストリビュートするために使われているものである。
- 世界的な個人の発表の場の提供。Freenet は、スペースの節約や強制的な広告の掲載などをせずに個人が自由に Web サイトを開けるようにする。Web マスターは自分のコンピュータを持つ必要がない。

Freenet は、特定のマシンに結び付けられていない仮想空間にドキュメントを公開するという形でこの目標を実現する。公開された情報と Freenet 独自の内部データインデックスは、ネットワークをまたがってリプリケートされ、ディストリビュートされる。実際、Freenet の管理者たちでさえ、特定のタイミングにおいてすべての物理コピーがどこにあるかがわからないような状況になる。Freenet を参照し、Freenet に投稿する人々のプライバシーは、強力な暗号化技術によって保護される。

このプロジェクトのために Java を選んだのは、少なくとも 2 つの理由でよい選択だった。第一に、このプロジェクトの目標を達成するには、できる限り広範囲のマシンで互換性のある実装を持つことが特に重要な意味を持つ。だから、Java の移植性の高さは、決定的に重要な長所だったのだ。第二に、このプロジェクトではネットワーク API が重要な意味を持つが、Java はこの分野では強力な API を組み込んでいる。

この種の高いパフォーマンスが要求されるインフラストラクチャプロジェクトでは、伝統的に C が使われてきたが、C には標準化されたネットワーク API がない分、移植がかなり難しくなってしまうだろう。C++ にも同じ問題点がある。Tcl、Perl、Python なら、移植の問題点はなくなるが、パフォーマンスが大きく損なわれる。Emacs Lisp は、苦痛に感じるほど遅く、まったく不向きである。

---

6. Freenet にはプロジェクトサイトがある（http://freenetproject.org/）。

14.4.8 Emacs Lisp

　Emacs Lisp は、テキストエディタの Emacs の動作をプログラムするために使われるスクリプト言語である。最初に公開されたのは、1984 年のことである。

　Emacs Lisp は、この章で取り上げた他の言語とまったく同じような意味で汎用言語ということはできない。理論的にはそのように使えるくらいの実力を持っているが、伝統的に Emacs エディタのための制御プログラムを書くためだけに使われており、新しい他のスクリプト言語のように他のソフトウェアとの間で雄弁に通信するようなことはなかった。

　にもかかわらず、他の何よりも Emacs Lisp のほうが得意な応用分野はいくらもある。その多くは、C コンパイラとリンカ、make(1)、バージョン管理システム、シンボリックデバッガなどの開発ツールのフロントエンドに関係したものだ。これらについては 15 章で取り上げる。

　より一般的にいうと、Perl がパターンマッチに基づく**バッチ**編集ツールであるのに対し、Emacs はパターンマッチや構文に基づく**対話的な**編集ツールである。特殊なファイルフォーマットやテキストデータベースを対話的にハックするアプリケーションなら、Emacs モード（エディタの動作を専門化する Emacs Lisp プログラム）としてプロトタイプ（場合によっては本番稼動用プログラム）を作る候補になる。

　Emacs Lisp は、テキストエディタと密接に統合されていなければならないアプリケーションや、主としてなんらかの編集機能を持つテキストブラウザとして機能するアプリケーションを作るときにも役に立つ。電子メールや Usenet ニュースのユーザーエージェントは、この分野に属する。なんらかのデータベースのフロントエンドも同様だ。

　Emacs Lisp は Lisp である。だから、昼のあとは夜になるように、メモリを自動的に管理する。実際、この点にかけては、ほとんどの従来型の言語はもちろん、ほとんどのスクリプト言語よりもエレガントで強力である。Java や Python とは同じレベルで張り合うことができ、C、C++、Perl、シェル、Tcl は笑い飛ばすことができる。標準化された OS バインディングがなく、移植性がないという Lisp の永遠の問題は、Emacs コアがあることによって解決されている。Emacs が実質的に OS バインディングになっているのだ。

　Lisp のもう 1 つの永遠の問題であるリソースの大量消費は、現代のマシンではもう問題にはならない。Emacs は、「Emacs Makes A Computer Slow（Emacs がコンピュータを遅くする）」とか「Eventually Munches All Computer Storage（いずれコンピュータのすべての記憶を食いつくす）」とかの略だという笑い話もあるが（Emacs のディストリビューションにはこの類の「元のことば」のリストが含まれている）、今では他のよく使われるプログラムカテゴリ（たとえば、Web ブラウザ）のほうが大きくなって、Emacs よりも複雑になっているので、Emacs はどちらかというと控え目にさえ見えるようになった。

　Emacs Lisp の参考書の決定版は、The GNU Emacs Lisp Reference Manual であり、Emacs の info ヘルプシステムで見ることができる。そうでなければ、FSF の FTP サイト（ftp://ftp.gnu.org/pub/gnu）からダウンロードできる。これが頭に入ってこないと思うようなら、Writing GNU

Emacs Extensions［Glickstein］が役に立つかもしれない。

　Emacs Lisp プログラムの移植性は非常に高い。Emacs の実装は、すべての Unix、Microsoft の OS ファミリ、Mac OS にある。

　以上をまとめると、Emacs Lisp の長所は、すばらしいベース言語の Lisp と強力なテキスト操作用プリミティブをうまく結合してあるところだ。短所は、パフォーマンスが低く、他のプログラムとの通信が難しいことだ。

　詳しくは、次の章のエディタの節で再び Emacs を取り上げているので、そこを見てほしい。

14.5　未来に向けての流れ

　表 14-1 は、今日使われている言語の分布状況をおおまかに示したものである。これは、2003 年 3 月段階でもっとも重要な新リリースサイト、SourceForge[7] と Freshmeat[8] での言語の選択状況を示したものである。

　SourceForge のほうがいくつかの理由で穏健な数字になっている。特に、SourceForge のクエリーインターフェイスは、OS と言語で同時にフィルタリングすることができないので、これらの数字には、Mac OS や Windows のプロジェクトが含まれている。その分、C++ や Java のシェアがかなり高めになっているはずだ。しかし、Unix プロジェクトの数が十分に多い（3：1 の比）ので、言語以外の数字の影響は、結果を大きく歪めるほどにはなっていないと思われる。

　Freshmeat の数字のほうが小さいが、このサイトに含まれているのは Unix ベースのプロジェクトだけであり、数えられているのは実際のリリースだけであって、SourceForge のように膨大な数の失敗したリリースやアクティブでないリリースが計算に入っているわけではない。だから、C++ と Java を除いて、Freshmeat と SourceForge の数字がおおよそ 1：2 の比になっているのはおもしろいことだ。この 2 つについては、Windows プロジェクトがない分、Freshmeat では少ない。

表 14-1　言語の選択

言語	SourceForge	Freshmeat
C	10296	4845
C++	9880	2098
Shell	1058	487
Perl	4394	2508
Tcl	649	328

7. 統計情報は、http://sourceforge.net/softwaremap/trove_list.php?form_cat=160 から入手した。
8. 統計情報は、http://freshmeat.net/browse/160/?topic_id=160 から入手した。

Python	2222	948
Java	8032	1900
Emacs Lisp	?	31

　この章の草稿を初めて書いたのは 1997 年で、今これを書いているのは 2003 年半ばだ。これは十分長い時間であり、先ほど概要を述べた言語の相対的地位も、草稿を書いた時点とは変わり、言語の未来を暗示するような流れを示すようになっているはずだ（コミュニティのサイズは、これらの言語のもっともよく使われているオープンソース実装を改良するために注がれている作業の量と質を占う大きな要素だ。成長、後退とも、自らの勢いを加速するものである）。

　大きくいって、C、C++、Emacs Lisp は、1997 年から 2003 年にかけての間では安定していた。2003 年でも 1997 年と支持の度合いはほぼ同じである。C の支持率は、FORTRAN などのより古い従来型言語の支持を奪って緩やかに上昇しつつある。逆に、C++ は、一部の支持基盤を Java に奪われている。

　Perl の利用は相当伸びたが、言語自体はしばらくの間停滞している。Perl の内部構造は汚いことで有名であり、言語の実装を 0 から書き直さなければならないことは何年も前からわかっていたことだが、1999 年の試みは失敗し、その後の試みも 2003 年半ばまでに失速したようである。にもかかわらず、Perl はまだスクリプト言語の巨人の地位を保っており、Web スクリプト、CGI の世界を支配している。

　Tcl は、後退の時期を過ごしてきた。少なくとも、以前よりも存在感が薄れてきている。1996 年には、広く知られ、妥当に感じられるコミュニティサイズの推計として、Python ハッカー 1 人につき、Tcl ハッカーが 5 人、Perl ハッカーが 12 人といわれたものだが、現在の SourceForge の数字からすると、3：1：7 である。しかし、Tcl は、電子設計オートメーション、ラジオおよびテレビ放送、映画産業などのいくつかの産業で専用コンポーネントのスクリプト用に非常に広く使われているといわれている。

　Python は、Tcl が人気を落としたのと同じ勢いで人気を獲得した。Perl コミュニティはまだ Python コミュニティの倍だが、もっとも優秀な Perl ハッカーが Python に転向するというはっきりとした傾向があり、Perl にとっては不吉な雰囲気になっている。特に、逆方向の転向はまったくないところが気がかりだ。

　Java は、すでに Sun Microsystems のテクノロジに投資しているサイトでは広く使われるようになったし、学部生のコンピュータ科学のカリキュラムで教育用言語として広く採用されている。しかし、それ以外のところでは、1997 年当時と比べてほとんど支持を増やしていない。Sun がプロプライエタリなライセンスモデルに固執しているために、多くの関係者が当時予想した通りの躍進が阻まれている。他のプラットフォームとは異なり、Linux を初めとするオープンソースコミュニティでは、Java はまだ C の対抗馬にすらなっていない。

　ここで紹介した言語に肉薄するような新しい汎用言語はまだ現れていない。PHP は Web 開発に食い込み始めており、Perl CGI に（また、ASP とサーバサイド Java に）挑戦状を突きつ

けているが、単体のプログラムのためにはほとんど使われていない。Emacsと関係のないLisp方言は、1990年代半ばにはルネサンスが起きて先々有望に見えたこともあったが、消えていく一方だ。Ruby（Python-Perl-Smalltalkを混ぜたような言語、日本で開発された）やSqueak（オープンソースのSmalltalk）は、有望に見えるが、まだ、開発グループの周辺以外のハッカーを引き付けておらず、耐久力も見せていない。

14.6 Xツールキットの選び方

　言語の選び方に関連した問題として、GUIプログラミングのためのXツールキットの選び方の問題がある。Xがポリシーからメカニズムを分離しているという1章の話を思い出してほしい。ツールキットの選び方次第で、ルックアンドフィールも少しずつ変わる。

　どのXツールキットを選ぶかは、2通りの形でアプリケーション言語の選択に影響を与える。第一に、言語のなかには望ましいツールキットに対するバインディングとともにディストリビュートされているものがある。第二に、一部のツールキットは、限定された言語に対するバインディングしか提供していない。

　Javaは、もちろん、独自のクロスプラットフォームツールキットを組み込んでいるので、選択肢はAWT（広くインストールされている）とSwing（より有能で、より複雑で、より遅く、JDK1.2/Java 2のみ）の2つに限られる。ここでは、概要を取り上げた言語以外の言語に焦点を絞っていく。同様に、Tclを使っている場合には、Tkがバンドリングされてくる。他のものを評価することにはおそらくあまり意味はない。

　かつて普及していたMotifツールキットは、死んだも同然になっている。ライセンス料や制約なしでディストリビュートされる新しいツールキットにはとても対抗できなかったのだ。新しいツールキットはより多くのプログラマの労力を集めており、能力、機能とも、クローズドなツールキットを追い越している。今日では、競争はすべてオープンソースのなかで行われている。

　2003年の段階でしっかりと取り上げるべきツールキットは、Tk、GTK、Qt、wxWindowsの4種類である。このなかで、GTKとQtが明らかに優位に立っている。4つはどれもMac OSとWindowsにも移植されているので、どれを選んでも、クロスプラットフォーム開発は得られる。

　Tkツールキットが4つのなかでもっとも古く、選挙における現職のような強みを持っている。Tclのネイティブツールキットであり、Pythonの裸のバージョンにもバインディングが組み込まれている。C、C++には、Tkに対する言語バインディングを提供するライブラリがある。もっとも、Tkは古い分、標準ウィジェットセットに限界があり、醜い。それでも、TkのCanvasウィジェットは、他のツールキットがなかなか追い付かない機能を持っている。

　GTKは、GIMPをサポートするために、Motifに取って代わるものとしてスタートした。現

在は、GNOME プロジェクトの推奨ツールキットとなり、数百もの GNOME アプリケーションで使われている。ネイティブ API は C である。C++、Perl、Python のためのバインディングがあるが、言語のディストリビューションに添付されているものはない。4 つのなかでは、唯一ネイティブ C バインディングを持っている。

Qt は、KDE プロジェクトと結び付いたツールキットである。ネイティブには C++ ライブラリであり、Python と Perl のためのバインディングがあるが、言語のディストリビューションには含まれていない。Qt は、これら 4 つのなかでもっとも設計がよく、もっとも API の表現力が高いという評価があるが、Qt ライセンスの初期のバージョンに関する論争によって普及が妨げられ、C バインディングが登場するのが遅れた分さらに普及が遅れた。

wxWindows も C++ ネイティブで、Perl と Python に対するバインディングがある。wxWindows の開発者たちはクロスプラットフォーム開発に対するサポートを強調し、それを最大のセールスポイントと考えているようである。もう 1 つのセールスポイントは、wxWindows が、実際には各プラットフォームのネイティブ（GTK、Windows、MacOS 9）ウィジェットを包むラッパーなので、wxWindows を使って書いたアプリケーションがネイティブのルックアンドフィールを保っていることである。

2003 年半ばの段階では、詳しい比較はほとんど書かれていないが、「X toolkit comparison」で Web をサーチすると、いくつかの役に立つサイトがヒットする。**表 14-2** は、現状をまとめたものである。

表 14-2　X ツールキットのまとめ

ツールキット	ネイティブ言語	ツールキットを添付しているもの	バインディング				
			C	C++	Perl	Tcl	Python
Tk	Tcl	Tcl, Python	Y	Y	Y	Y	Y
GTK	C	Gnome	Y	Y	Y	Y	Y
Qt	C++	KDE	Y	Y	Y	Y	Y
wxWindows	C++	?	?	Y	Y	Y	Y

アーキテクチャ的には、これらのライブラリはどれもほぼ同じ抽象レベルで書かれている。GTK と Qt は、イベント処理のために非常によく似たスロットアンドシグナルを使っているので、両者の間の移植は、ごく簡単だといわれている。どれを選ぶかは、他の何よりも、開発言語に対するバインディングがあるかどうかによって大きく左右されるだろう。

第 15 章

ツール：開発の戦略

> Unix はユーザーフレンドリだ。単にだれが友達かを選ぶだけだ。
>
> —— 匿名

15.1 デベロッパフレンドリなオペレーティングシステム

　Unix には、開発するうえでよい環境だという長年にわたって確立されている評価がある。Unix には、プログラマがプログラムのために書いたツールがよく揃っている。これらのツールがなければ、開発のなかでももっとも重要な（そしてもっともおもしろい）側面、すなわち設計に集中することができず、つまらない小さな仕事の山で気が散ってしまうところだ。

　このように必要なツールはすべて揃っており、1 つ 1 つのドキュメントはしっかりしているが、IDE（統合開発環境）にはまとめられていない。ニーズに合ったツールを見つけ、キットに組み上げる仕事は、伝統的にかなりの労力が必要だと考えられている。

　優れた IDE（現在 Macintosh や Windows では当たり前になっているエディタ、コンフィグレーションマネージャ、コンパイラ、デバッガが GUI のもとで統一されているもの）に慣れているプログラマから見ると、Unix の方法は、原始的ででたらめなすっきりしないやり方に感じられるかもしれない。しかし、実際にはちゃんとした方法論があるのだ。

　IDE は、ツールが貧弱な環境で単一言語のプログラミングをするときには大きな意味を持っている。仕事が手作業で長大な C、C++コードをすりつぶすことに限られるなら、IDE はとてもよい。しかし、Unix のもとでは、言語や実装オプションは非常にバラエティに富んでいる。複数のコードジェネレータ、カスタムコンフィグレーションエディタ、その他さまざまな標準、カスタムツールを使うことがある。

　Unix にも IDE はある（Macintosh や Windows でメジャーな IDE を真似たものも含め、いく

つかの優れたオープンソースのIDEがある)。しかし、IDEで次々に増えるさまざまなプログラミングツールを全部コントロールするのは難しいので、実はIDEはあまり使われていない。Unixは、より柔軟なスタイル、編集/コンパイル/デバッグループだけに集中していない方法を奨励している。

　この章では、Unixの開発戦略を紹介していく。コードのビルド、コンフィグレーションの管理、プロファイリング、デバッグ、これらの作業に関連した無数の単純作業を自動化して楽しい部分に集中するための方法である。いつもと同じように、記述はハウツーの詳細ではなく、アーキテクチャの俯瞰図を提供することに集中していく。この章で取り上げるツールの大半は、Programming with GNU Software [Loukides-Oram] でよく説明されているので、ハウツーの詳細が知りたい場合には参考になるだろう。

　これらのツールの多くは、プログラマが自分で手作業でやれる(ただし、もっと時間がかかりエラーの割合が増える)仕事を自動化する。学習によって壁を乗り越えるためのコストは1度きりであり、プログラムをより効率よく書けるようになって、低水準の詳細ではなく設計自体に注意を集中させられるようになるメリットを考えれば、すぐに元が取れる。

　Unixプログラマは、伝統的に他のプログラマから教わるとか、長年の探究とかによってこれらのツールの使い方を学んできた。あなたが初心者なら、この章はじっくり読んでほしい。私たちとしては、何ができるのかを最初に示してUnix学習の大きな壁を一気に飛び越えられるようにしたいと思っている。あなたが、時間のないベテランのUnixプログラマなら、この章は読み飛ばしてかまわない。しかし、たぶん読み飛ばさないほうがよい。ここには、あなたでさえ知らない役に立つ知識が少なからず転がっているはずだ。

15.2 エディタの選び方

　開発のための最初のもっとも基本的なツールは、プログラムを書いたり書き換えたりするために適したテキストエディタである。

　Unix用のテキストエディタは何十種類もある。エディタを書いてみるということは、なりたてのオープンソースハッカーがまず指の訓練のためにやってみることの1つだ。それらの多くは、作者以外のユーザーが長期にわたって使うのに適したものではなく、短命である。一部はUnix以外の環境のエディタを真似ており、そのような環境に慣れたプログラマをUnixに呼んでくるために役に立つ。SourceForge、ibiblio、その他主要なオープンソースアーカイブには、さまざまなエディタが登録されている。

　Unixで本格的な作業で使えるエディタとしては、2つに絞られてくる。どちらにもそれぞれいくつかの変種があるが、頼りにしてよい標準バージョンは、今のUnixシステムならどれにでもついてくる。その2つとは、viとEmacsである。これらについては、13章のソフトウェ

アの適正なサイズについての議論で取り上げた。

13章でも示したように、これら2つのエディタは、非常に対照的な設計思想を表現しているが、どちらも非常に人気が高く、忠誠を誓うコアユーザー層が明確に存在する。Unixプログラマに対してどちらを使っているかを調査すると、いつも50/50くらいの数字に分かれ、他のエディタは、ほとんど数に入らない。

viとEmacsに対する先ほどの評価では、主として選択上の複雑さと設計思想の問題を中心として取り上げた。これら以外にも、実際に操作するうえで、またUnix文化のより深い理解のために知っているとよいことがいくつもある。

15.2.1 viについて知っていると便利なこと

viという名前は、「visual editor」の略で、ヴィーアイと発音する（ヴィーではないし、まちがってもシックスではない）。

viは、決して最初のスクリーンエディタではない。最初のスクリーンエディタの称号は、1970年代のVersion 6 Unixで動いていたRandエディタに与えられるべきものだ。しかし、viはUnix用のスクリーンエディタとしては最長寿で、今も現役であり、Unixの伝統を構成する貴重な一部である。

オリジナルのviは、1976年に始まったBSDソフトウェアディストリビューションに含まれていたものであり、現在は古くなっている。これに代わるものが「新vi」で、4.4BSDとともにリリースされ、現在の4.4BSD系のシステムであるBSD/OS、FreeBSD、NetBSDに含まれている。機能を拡張した変種もいくつかあり、特に有名なのは、vim、vile、elvis、xviである。このなかでも、vimはもっとも人気が高く、多くのLinuxシステムに含まれている。しかし、変種の多くは、割と似ており、コアのコマンドセットは、オリジナルのviから変わっていないものを共有している。

Windows OSやMacOSでも、viの移植版は動作する。

ほとんどのUnix入門書には、viの使い方の基本を書いた章が含まれている。viのFAQが集められている場所としては、Editor FAQ/vi（http://www.faqs.org/faqs/editor-faq/vi/）がある。また、WWWでviとFAQのAND検索をすれば、他にも多くのページがヒットするはずだ。

15.2.2 Emacsについて知っていると便利なこと

Emacsは、「Editing MACroS」の略語である（イーマクスと発音する）。もともとは、1970年代末に、TECOというエディタのマクロセットとして書かれたもので、その後数回に渡って実装し直されている。おもしろいことに、現代のEmacs実装には、TECOエミュレーションモードが含まれている。

エディタと選択上の複雑さについての先ほどの議論では、多くの人々がEmacsを非常に重いものだと考えていることに触れた。しかし、Emacsの学習のために時間を投資すると、作業効率を上げるという点で大きな見返りが得られる。Emacsは、さまざまなプログラミング言語やマークアップのコードを書くうえで非常に役に立つ強力な編集モードをいくつもサポートしている。あとで、Emacsと他の開発ツールを組み合わせて、伝統的なIDEと同じような（そして多くの点でそれを越えるような）機能を手に入れる方法を取り上げる。

　今のUnixで普遍的に使える標準のEmacsは、GNU Emacsである。一般に、Unixシェルプロンプトでemacsと入力したときに実行されるのはこれだ。GNU Emacsのソースとドキュメントは、Free Software Foundationのアーカイブサイト（ftp://gnu.org/pub/gnu/）に掲載されている。

　メジャーな変種は、XEmacsと呼ばれるものだけである。Xインターフェイスは優れており、他の部分はGNU Emacsとほぼ同等である。XEmacsには、プロジェクトサイトがある（http://www.xemacs.org/）。MS-DOS（あまりうまく動かない）やWindows 95、NT（まずまずに動作するといわれている）にも移植されている。

　Emacsには対話的なチュートリアルと完全なオンラインドキュメントがある。Emacsのデフォルトのスタート画面には、この両方の起動方法が表示される。紙に書かれた入門書で優れているのは、Learning GNU Emacs［Cameron］である。

　Netscape/MozillaやInternet ExplorerのUnix移植版のテキストウィンドウ（フォームとメーラ）で使われているキーストロークコマンドは、Emacsが基本テキスト編集用にデフォルトとして定義しているキーバインディングをコピーしている。これらのバインディングは、エディタキーストロークのクロスプラットフォーム標準にもっとも近いものになっている。

15.2.3 新興宗教の信者的でない選び方：両方を使う

　viとEmacsの両方を日常的に使っている多くの人々は、別々の目的のために両者を使い分けており、どちらも知っていると便利だと考えている。

　一般に、viは小さな仕事に適している。メールの返事を書いたり、システムコンフィグレーションファイルにちょっと変更を加えたりするときなどである。特に、新しいシステム（またはネットワークの先のリモートシステム）を使っていて、自分用のEmacsカスタマイズファイルを簡単に使えないときに便利だ。

　Emacsは、複雑な処理が必要だったり、複数のファイルを書き換えなければならなかったり、セッション中に他のプログラムの実行結果を使ったりする拡張的な編集セッションで本領を発揮する。コンソールでXを使っているプログラマ（今のUnixではこれが一般的な形だが）にとっては、ログイン直後にEmacsを大きなウィンドウで起動し、ずっと実行したままの状態にしているのが普通であり、その間に複数のEmacsサブウィンドウを使って何十個ものファイルを開き、サブウィンドウ内でプログラムの実行さえするのである。

15.3 専用コードジェネレータ

　Unixには、さまざまな特殊目的のためにコードを生成する専用ツールを育ててきた長い伝統がある。この伝統のもっとも古い記念碑的な作品は、Version 7の時代にさかのぼり、1970年代に最初のポータブルCコンパイラを書くためにも使われたlex(1)とyacc(1)である。最近の上位互換バージョンであるflex(1)とbison(1)は、GNUツールキットの一部で、今でも多用されている。これらのプログラムは、GNOMEのGladeインターフェイスビルダのようなプロジェクトでも使われている。

15.3.1 yaccとlex

　yaccとlexは、言語パーサを生成するためのツールである。8章でも述べたように、最初のミニ言語は、設計によって作られるよりもアクシデントによって作られる可能性が高い。そのアクシデントは、メンテナンスとデバッグのために膨大な時間を食い散らかすハンドコードのパーサを作り出すことが多い。特に、作者がそれをパーサだと気付かずに、コードの他の部分とうまく切り離すことに失敗すると、とんでもないことになる。パーサジェネレータは、アクシデントによるその場しのぎ的な実装よりもずっとよいものを作るためのツールである。パーサジェネレータは、単に、高い水準で文法の仕様を表現できるというだけではなく、コードの他の部分からパーサの複雑な実装を完全に切り離すという効果も持っている。

　既存のスクリプト言語を拡張するとか組み込むとか、XMLを操作するとかではなく、0からミニ言語を実装するつもりなら、yaccとlexはCコンパイラの次に重要なツールになるはずだ。

　lexとyaccは、それぞれある1個の関数のためのコードを生成する。それらの関数とは、「入力ストリームからトークンを取得する」と「トークンシーケンスを走査して、それが文法に合っているかどうかをチェックする」である。通常、yaccが生成するパーサ（構文解析）関数は、次のトークンが必要になるたびに、lexが生成するトークナイザ（字句解析）関数を呼び出す。yaccが生成したパーサに、ユーザーが書いたCコールバックが含まれていなければ、yacc生成関数がする仕事は、構文チェックだけである。yacc生成関数を呼び出したコードは、戻り値によって、入力が文法に合致していたかどうかを判断する。

　しかし、より一般的には、生成されたパーサに組み込まれたユーザーのCコードが、入力の走査の副作用という形で、なんらかのランタイムデータ構造を作ることが多い。ミニ言語が宣言的なものであれば、アプリケーションはこのランタイムデータ構造をそのまま使える。ミニ言語が命令的なものであれば、データ構造は、なんらかの評価関数にすぐに渡される木構造のものになっているだろう。

　yaccのインターフェイスは、yy_というプレフィックスの付いたグローバル変数をエキスポ

トするという比較的醜いものだ。これは、Cに構造体が追加されるよりもまえにyaccが作られたからだ。実際、yaccはC自体よりも古いのである。最初の実装は、Cの祖先であるBによって書かれている。yacc生成パーサが、走査エラーから回復しようとして使う効果的だが少々粗雑なアルゴリズム（明示的なエラーコードに一致するまでトークンを返し続ける）は、メモリリークなどの問題を起こすことがある。

> 木構造のデータを構築するためにmallocでノードを作り、エラー修復でスタックから何かをポップすると、メモリを修復（開放）できなくなる。一般に、yaccはスタック上に何があるかについて十分な知識を持たないので、メモリの開放は不可能である。yaccパーサがC++で書かれていたなら、値をクラスとみなしてそれを「解体」することもできたところだが、そうではないのだ。「現実の」コンパイラでは、走査後の木構造のノードはアリーナベースのアロケータによって生成されるので、ノードがリークを起こすことはないが、商品として通用する程度のエラー修復を作るつもりなら、論理的なリークが残ることを考慮に入れなければならない。
>
> —— Steve Johnson

lexはトークナイザを生成する。機能的には、grep(1)やawk(1)と同じファミリに属するが、マッチが発生するたびに任意のCコードが実行されるようにアレンジできる分、より強力である。lexは、宣言的なミニ言語を受け付け、スケルトンのCコードを生成する。

lexが生成したトークナイザがする仕事は、一種の逆grep(1)と考えることができる（乱暴だが、そう考えると役に立つ）。grep(1)は、1個の正規表現を受け付け、入力データストリームに含まれているマッチした行のリストを返すが、トークナイザは、呼び出されるたびに正規表現のリストを受け付け、データストリームに次に現れる正規表現がどれかを示す。

> 入力分析を入力のトークン化とトークンストリームの走査に分割するのは、yaccとlexを使わず、「トークン」がコンパイラの通常のトークンのようなものでない場合でも、役に立つ戦術だ。入力処理を2つのレベルに分割すると、分割自体によって全体の複雑度は増すものの、コードが大幅に単純化され、わかりやすくなることに気付いたことは1度ならずある。
>
> —— Henry Spencer

lexは、コンパイラのための字句解析器（トークナイザ）の生成を自動化するために作られた。しかし、他の種類のパターン認識でも驚くほど広い範囲で使えることがわかり、それ以来「Unixプログラミングのスイスアーミーナイフ」[1]と呼ばれている。

すべての入力情報がバイトストリームに収まる状況で、パターン認識や状態マシン問題に取り組む場合には、lexを使うと、手作業で作った状態マシンよりも効率がよく信頼性の高いコー

---

1. のちにPerlのことを「スイスアーミーチェーンソー」と称するようになったのは、これの真似である。

ドが手に入る場合がある。

Holmdel（AT&Tの研究所）のJohn Jarvisは、`lex`を使ってサーキットボードのエラーを探した。ボードをスキャンし、チェーンエンコーディングテクニックを使ってボード上の領域の境界を表現し、`lex`を使ってよくある製造ミスをキャッチするパターンを定義したのである。

—— Mike Lesk

　なによりも重要なのは、`lex`のミニ言語は、同等のCコードよりもずっと高い水準で記述され、ずっとコンパクトだということだ。Perlには、オープンソースバージョンの`flex`を利用できるようにするモジュール（Webで「lex perl」をサーチすれば見つかる）がある。また、Pythonで書かれたPLYの一部には、同じような機能の実装が含まれている。

　`lex`が生成するパーサは、手で書いたパーサと比べると10倍程度まで遅くなる。だからといって、手でコードを書こうとしないほうがよい。`lex`でまずプロトタイプを作り、そのプロトタイプで字句解析が本当にボトルネックだということが明らかになったときに限り、手で書き直すようにすべきだ。

　`yacc`はパーサジェネレータである。`yacc`もまた、コンパイラを書くという仕事の一部を自動化するために書かれたものだ。入力としては、BNF（Backus-Naur記法）に似た宣言的ミニ言語に各文法要素に対応するCコードを添えた形の文法定義を受け付け、パーサ関数のコードを生成する。パーサ関数は、入力ストリームから文法に合ったテキストを受け付け、文法要素を認識すると、対応するCコードを実行する。

　`lex`と`yacc`の組み合わせは、あらゆる種類の言語インタープリタを書くうえで非常に効果的だ。ほとんどのUnixプログラマは、もともとこれらのツールが補助しようとした汎用コンパイラの構築のような仕事とは無縁に過ごすが、実行制御ファイルや問題領域固有ミニ言語のためのパーサを書くときには、これらのツールはとても役に立つ。

　`lex`が生成するトークナイザは、入力ストリームに含まれる低水準パターンの認識という点では非常に高速だが、`lex`が知っている正規表現ミニ言語は、ものを数えることとか、再帰下降構造の認識とかについてはあまり得意ではない。この種のものを走査するには、`yacc`が必要だ。一方、理論的には、トークンを集めるための`yacc`文法を書くことは、理論的には可能だが、そのための文法は巨大化して、パーサが極度に遅くなることがある。入力をトークンに切り分ける仕事は、`lex`に任せたほうがよい。つまり、これらのツールは、相互補完的なのである。

　Cよりも高い水準の言語でパーサを実装することができれば（私たちはそれを勧めている。14章の議論を参照してほしい）、PythonのPLY（`lex`と`yacc`の両方の機能がある）[*2]、Perlの

---

2. PLYはダウンロードできる（http://www.dabeaz.com/ply/）。

PYやParse::Yappモジュール、JavaのCUP[*3]、Jack[*4]、Yacc/M[*5]パッケージのようなものを探すとよい。

マクロプロセッサと同様に、コードジェネレータやプリプロセッサの問題点の1つは、生成されたコードのコンパイル時エラーが、生成後のコード（編集すべきでないもの）のなかの行番号になってしまって、ジェネレータの入力（訂正はこちらに加えなければならない）の行番号によって示される場合があることだ。yacc と lex は、C プリプロセッサと同じ#line ディレクティブを生成することによって、この問題に対処している。#line は、エラーレポートで表示すべき現在の行番号を設定するので、正しい行番号が出力される。C、C++コードを生成するプログラムは、どれもこのようにすべきところである。

より一般的に、手続き的コードのジェネレータは、生成後のコードをユーザーが見なくても済むように、まして、手で書き換えるなどということがないように配慮すべきである。この部分を正しく処理することは、コードジェネレータの仕事だ。

15.3.1.1 ケーススタディ：fetchmailrcの文法

lex と yacc のあらゆる教科書は、ユーザーが入力した算術式を走査、評価するおもちゃめいた対話的電卓プログラムの例を判で押したように使っているようだ。私たちは、ここでまた同じ例をお見せしようとは思わない。興味のある読者は、GNU プロジェクトによる bc(1)、gc(1) 電卓のソースコードか、［Kernighan-Pike84］の hoc[*6]を見るとよい。

ここでは、代わりに lex、yacc の中規模サイズのケーススタディとして適している fetchmail の実行制御ファイルパーサの文法を取り上げる。押さえておきたいポイントは2つある。

lex ファイルの rcfile_l.l は、シェル風構文のごく一般的な実装である。2つの補い合う規則によって、シングルクォートとダブルクォートによって囲まれた文字列がサポートされていることに注意してほしい。これは、一般的にすばらしいアイデアだ。整数リテラル（符号がついている場合がある）を受け付けるための規則や、コメントを捨てるための規則も、きわめて一般的なものだ。

yacc ファイルの rcfile_y.y は、長いが素直な作りである。fetchmail の動作を実行したりはせず、内部制御ブロックのリスト内のビットをセットするだけだ。起動後の fetchmail の通常の動作は、繰り返しそのリストをたどり、各レコードを使ってリモートサイトのメール取得セッションを実行するというものである。

---

3. CUP はダウンロードできる（http://www.cs.princeton.edu/~appel/modern/java/CUP/）。
4. Jack はダウンロードできる（http://www.javaworld.com/javaworld/jw-12-1996/jw-12-jack.html）。
5. Yacc/M はダウンロードできる（http://david.tribble.com/yaccm.html）。
6. http://cm.bell-labs.com/cm/cs/upe/

15.3.2 ケーススタディ：Glade

　Glade については、8 章で優れた宣言的ミニ言語の例として取り上げた。そのバックエンドが複数の言語のなかのどれかでコードを生成することにも触れた。

　Glade は、最近のアプリケーションコードジェネレータの例として優れている。Unix 精神を受け継いでいると評価できるのは次のポイントだ。ほとんどの GUI ビルダ（特にほとんどのプロプライエタリな GUI ビルダ）は、このような特徴を持っていない。

- 1 つの怪物的モノリスにすべてを結合してしまうのではなく、Glade GUI と Glade コードジェネレータは分離原則に従っている（「エンジンとインターフェイスの分離」設計パターンに従っている）。
- GUI とコードジェネレータが、他のツールで読み書きできる（XML ベースの）テキストデータファイルフォーマットでつながっている。
- 複数のターゲット言語（単に C や C++だけというのではなく）がサポートされている。新しい言語も簡単に追加できる。

　この設計は、Glade の GUI エディタコンポーネントも、必要になれば置き換えられるようにすべきだという考え方に立っている。

15.4　make：レシピの自動化

　プログラムソースは、ひとりでにアプリケーションになるわけではない。ソースを集めてディストリビューションにまとめるのもそうだ。Unix は、これらの仕事を半自動化する make(1) というツールを用意している。make は、ほとんどの Unix 入門書で取り上げられている。完全なリファレンスが読みたければ、Managing Projects with Make［Oram-Talbot］にあたるとよい。GNU make（もっとも先進的な make で、オープンソース Unix には通常含まれている）を使っている場合には、Programming with GNU Software［Loukides-Oram］の説明のほうがいくつかの点では優れている。GNU make がついているほとんどの Unix は、GNU Emacs もサポートしている。その場合には、Emacs の info システムで完全なオンラインマニュアルが読めるはずである。

　FSF は、DOS と Windows にも GNU make を移植している。

15.4.1 make の基本理論

　CやC++で開発する場合、アプリケーションをビルドするためのレシピの一部として、ソースファイルから動作するバイナリファイルを作るためのコンパイル、リンクコマンドのコレクションが必要になる。これらのコマンドを手で入力するとなると、非常に煩雑だ。そこで、最近のほとんどの開発環境には、これらをコマンドファイルやデータベースに格納して、アプリケーションをビルドするときに自動的に再実行できるようにする仕組みが組み込まれている。

　Unix の make(1) プログラムはこれらの仕組みの最初のもので、C プログラマのために、これらのレシピを管理しやすくすることを目的として作られた。プログラマは、プロジェクト内のファイルの依存関係を1つ以上のメイクファイルに書く。メイクファイルは、一連のプロダクションから構成されている。個々のプロダクションは、なんらかのターゲットファイルがソースファイルセットに依存していることを make に知らせ、ターゲットよりもソースのなかのどれかのほうが新しいときに何をすべきかを make に教える。make プログラムは、ファイル名と拡張子から当然推測できる部分は推測するので、実際にはプログラマがすべての依存関係を書き出す必要はない。

　たとえば、メイクファイルに myprog というバイナリが myprog.o、helper.o、stuff.o の3つのオブジェクトファイルに依存するという記述を書き込んだとする。ソースファイルの myprog.c、helper.c、stuff.c があれば、個々の .o ファイルが対応する .c ファイルに依存することを特に指示されなくても、make はそのことを当然知っており、.c ファイルから .o ファイルを作るための標準レシピを自動的に提供する。

> 　make が作られたきっかけは、**Steve Johnson**（yacc などの作者）がかんかんに怒って私のオフィスに飛び込んできたことにある。彼は、正しいプログラムをデバッグして朝の時間を浪費してしまった「運命」を呪っていたのである（バグは直されていたが、ファイルがコンパイルされていなかったので、cc *.o を実行しても意味がなかった）。私も、つい前の晩に自分のプロジェクトで同じ目にあっていたので、この問題を解決するツールのアイデアが浮かんだ。最初は依存関係を分析するという凝ったものを作ろうとしていたが、ずっと単純なものに落ち着き、その週末には make ができていた。できたてのツールをすぐに使うのが、**Unix** 文化というものだった。メイクファイルは魔術的にエンコードされたバイナリファイルではなく、テキストファイルだったが、それが **Unix** のやり方だった。テキストファイルなら、印刷でき、デバッグでき、理解できる。
>
> —— **Stuart Feldman**

　プロジェクトディレクトリで make を実行すると、make プログラムはすべてのプロダクションとタイムスタンプを参照し、派生ファイルに更新を反映させるために必要な最小限の仕事をする。

ほどほどに複雑なメイクファイルの例としては、`fetchmail`のものがある。これについては、またあとで取り上げる。

非常に複雑なメイクファイル、特に副次的なメイクファイルを呼び出すようなものは、ビルドプロセスを単純化するというより、複雑さの原因となってしまう。これについては、今や古典となったRecursive Make Considered Harmful*[7]が警告を発している。この論文の議論は、1997年に書かれて以来、広く受け入れられ、それまでのUnixコミュニティのやり方を180度逆転させている。

`make(1)`の議論は、Unixの歴史で最悪の設計ミスの1つが含まれていることを認めなければ、完全なものとはいえない。プロダクションに対応するコマンド行の先頭としてタブ文字を使うことが要求されているということは、スペースかタブかという目に見えない違いによってメイクファイルの解釈が大きく変わってしまうということである。

> なぜ、カラム1にタブなのか。`yacc`は新しいプログラムだったし、`lex`はもっと新しいプログラムだった。私はどちらも試したことがなかった。そこで、ちょうどよい機会なのでこれらを勉強しようと思った。`lex`でまず1度痛い目にあったあと、改行-タブというパターンで単純なことをしてみた。うまく動いたので、それはそのままになった。数週間後、十数人のユーザーができていた。大半は友達だ。私は、彼らを混乱させたくなかった。残念ながら、あとは歴史だ。
> —— Stuart Feldman

15.4.2 C/C++以外の開発でのmake

しかし、`make`はC/C++のレシピだけで役に立つわけではない。14章で取り上げたようなスクリプト言語は、従来の言語のようなコンパイル、リンクのステップを必要としないが、`make(1)`が役に立つような他の依存関係があることが多い。

たとえば、9章のテクニックのなかの1つを使って定義ファイルからコードの一部を生成することにしたとする。このような場合には、`make`を使って生成されたソースと定義ファイルを結び付ければよい。定義ファイルに変更を加えたあとで`make`を実行すれば、自動的に新しいソースが生成されるようになる。

メイクファイルのプロダクションを使って、コードだけではなくドキュメントの作り方も表現することはよくある。なんらかのマークアップ言語（HTMLや18章で取り上げるUnixのドキュメントマクロ言語のどれか）で書かれたマスターからPostScriptやその他の派生ドキュメントを自動生成させるために、このアプローチが使われているのはよく見かける。実際、この種の使い方は非常に一般的なので、ケーススタディとして取り上げるだけの価値があるのだ。

---

7. ネットに掲載されている（http://members.tip.net.au/~millerp/rmch/recu-make-cons-harm.html）。

15.4.2.1 ケーススタディ：ドキュメントファイルの変換のためのmake

たとえば、`fetchmail`のメイクファイルには、FAQ、FEATURES、NOTESというターゲットをそれぞれ`fetchmail-FAQ.html`、`fetchmail-features.html`、`design-notes.html`というソースに結び付ける3つのプロダクションが含まれている。

HTMLファイルは、`fetchmail`のWebページで表示されるように作ったものだが、ブラウザがなければ、HTMLマークアップがある分読みづらい。そこで、`fetchmail`ソース自体を読む人たちがエディタやページャで手っ取り早く見られるように（あるいは、Webアクセスをサポートしない FTP サイトで参照するように）、フラットテキストのFAQ、FEATURES、NOTESも用意したのである。

フラットテキスト形式は、HTMLのマスターファイルから、オープンソースプログラムの`lynx(1)`を使って生成できる。lynxはテキストのみを表示するWebブラウザだが、-dumpオプションを付けて起動すると、HTMLからASCIIへの変換プログラムとして十分機能する。

プロダクションを作っておけば、開発者はあとでフラットテキスト形式のファイルを手作業で作らなければならないなどと思わずに、必要なときにはFAQ、FEATURES、NOTESが作り直されるから大丈夫と安心した気持ちでHTMLマスターを編集できる。

15.4.3 ユーティリティプロダクション

典型的なメイクファイルで非常によく使われるプロダクションの大半には、ファイルの依存関係がまったく書かれていない。これらは、ディストリビューションパッケージの作成とか、0からビルドするための全オブジェクトファイルの削除など、開発者が自動化したい小さな作業をまとめるための手段である。

> ファイル指定のないプロダクションは意図的なものであり、makeが作られた最初の日からあったものだ。「`make all`」と「`make clean`」は私が最初から考えて作ったものである。昔の**Unix**コミュニティの冗談の1つで「`make love`」というのがあった。こうすると、「**Don't know how to make love**」ということになるのだ。
>
> —— **Stuart Feldman**

ユーティリティプロダクションをどのように加えてどのような名前を付けるべきかについては、十分に練られた慣習が発達している。この慣習に従えば、メイクファイルはわかりやすく使いやすいものになる。

all allプロダクションは、プロジェクトに含まれるすべての実行可能ファイルを作る。通常、allプロダクションには明示的なルールは含まれない。代わりに、プロジェクトのすべてのトップレベルターゲットを参照する（そして、これが

test	プログラムの自動化されたテストスイートを実行する。一般に、回帰、バグ、その他開発プロセスで期待された動作からの逸脱を見つけるためのユニットテスト[8]のセットから構成される。「test」プロダクションは、インストールされているソフトウェアが正しく機能しているかどうかを確かめるために、エンドユーザーが実行することもある。
clean	通常は make all で作成されるすべてのファイル（バイナリの実行可能ファイルやオブジェクトファイル）を削除する。make clean は、ソフトウェアビルドプロセスを初期状態にリセットするものと考えられている。
dist	ユニットとして外に出せるソースアーカイブを作る（通常は、tar(1) プログラムで）。このアーカイブは、他のマシンでプログラムをビルドし直すために使われる。このターゲットは、all に依存するのと同じことをして、ディストリビューションアーカイブを作る前に自動的にプロジェクト全体をビルドし直す必要がある。make dist は、実際には必要な派生ファイル（たとえば、fetchmail のフラットテキストの README など。このファイルは HTML ソースから生成される）をアーカイブに入れ忘れるなど、最後の最後に大慌てするようなできごとを避けるためにはよい方法だ。
distclean	make dist でアーカイブを作るときになかに入れないすべてのファイルを削除する。これは、make clean とまったく同じかもしれないが、何が行われるのかをドキュメントする意味で、独自のプロダクションを用意しておいたほうがよい。両者が異なる場合、通常は、ローカルコンフィグレーションファイルを捨てるかどうかの違いとなる。このファイルは、通常の make all の一部にはならない（autoconf(1) が生成するファイルなど。autoconf(1) については、17章で取り上げる）。
realclean	メイクファイルを使えば作り直せるすべてのものを削除する。make distclean とまったく同じかもしれないが、何が行われるのかをドキュメントする意味で、独自のプロダクションを用意しておいたほうがよい。両者が異なる場合、通常は、派生ファイルだが（なんらかの理由で）プロジェクトソースとともに外に

トップレベルターゲットのドキュメントになる。意図的にそう設計されているのだ）。また、このターゲットはメイクファイルの最初のプロダクションにする習慣になっている。そうすれば、開発者が引数なしで make と入力したときにこれが実行される。

---

8. ユニットテストとは、動作が正しいことを確かめるためにモジュールに添えられているテストコードのことだ。ユニットテストという用語が使われていることからもわかるように、テストは開発者がコードと同時並行で書いており、テストコードを添付するまではモジュールのリリースは完全なものだとはみなされないということである。Kent Beck が広めた「Extreme Programming」が用語と概念の発信源だが、2001 年頃からは Unix プログラマの間で広く受け入れられている。

install	出す必要のないファイルを捨てるかどうかの違いとなる。プロジェクトの実行可能ファイルとドキュメントを適切なシステムディレクトリにインストールし、一般ユーザーがアクセスできるようにする（通常は、ルートの権限が必要になる）。また、実行可能ファイルが動作するうえで必要なデータベースやライブラリを初期化したり更新したりもする。
uninstall	make install でシステムディレクトリにインストールされたファイルを削除する（通常は、root 特権が必要になる）。make install の完全な逆になるはずであり、そうならなければならない。uninstall プロダクションがあるということは、考えて設計した兆候であり、Unix のベテランたちが示す謙虚さの現れである。逆に、uninstall プロダクションがないということは、よくいっても不注意であり、（たとえば、インストールによって大きなデータベースファイルを作るような場合には）ずいぶん傲慢で考えの足りないことである。

すべての標準ターゲットが含まれている、実際に稼動している例としては、fetchmail メイクファイルがある。標準ターゲットをすべてくまなく検討すれば、あるパターンが浮かび上がってくるはずであり、（偶然ではなく）fetchmail パッケージの構造について多くのことが学べるはずである。このような標準プロダクションを使うことのメリットの1つは、プロジェクトの見取り図が暗黙のうちに形成されるということだ。

しかし、ユーティリティプロダクションだけに制限する必要はない。make をマスターしたら、プロジェクトファイルの状態次第で実行される小さな仕事の自動化のためにメイクファイルの仕組みをどんどん活用することになるだろう。メイクファイルは、その依存関係を記述する便利な中心基地である。

15.4.4 メイクファイルの生成

　多くの IDE に組み込まれている依存データベースと比べて Unix の make が優れている点の1つは、メイクファイルが単純なテキストファイルだということである。テキストファイルは、プログラムが生成できるファイルだ。

　1980年代半ば頃、大規模な Unix プログラムディストリビューションでは、凝ったカスタムシェルスクリプトを添付することがはやった。このスクリプトは、環境を調べて集めた情報をもとに、カスタムメイクファイルを作成する。このようなカスタムコンフィギュレータは、ばかばかしいほどのサイズになった。私は、かつて3000行のシェルスクリプトを書いたことがあるが、それは設定しようとしているプログラムのどのモジュールと比べても2倍以上のサイズになっていた。こういうやり方は、普通ではない。

　Unix コミュニティは、結局「もうたくさんだ」ということになり、さまざまな人々がメイクファイルをメンテナンスする仕事の一部または全部を自動化するツールを書き始めた。

問題の1つは**移植性**である。メイクファイルジェネレータは、さまざまなハードウェアプラットフォーム、さまざまな Unix バージョンのもとで実行できるように作られる。ジェネレータは、ローカルシステムについての情報を推論しようとする（マシンのワードサイズから、使えるツール、言語、サービスライブラリ、ドキュメント整形プログラムなどに至るすべて）。そして、それらの推論結果に基づいて、ローカルシステムの機能を引き出し、特別な癖を回避するメイクファイルを書こうとする。

もう1つの問題は、**依存関係の推論**である。多くの C ソースファイルのなかから、ソースだけを分析して依存関係を推論するのは大仕事になる可能性がある（特に、どのインクルードファイルを使い、共有しているかを見ていくと）。多くのメイクファイルジェネレータは、依存関係を機械的に推論するためにこれを行っている。

数々のメイクファイルジェネレータは、少しずつ異なる方法でそれぞれの目的に取り組んでいる。おそらく、10 種類を越えるジェネレータが試みられているはずだが、ほとんどは不十分であったり、難しすぎて使えなかったり、その両方であったりして、まだ生きて使われているものは、ごく一部だけに絞り込まれている。ここでは主要なものを取り上げることにする。どれもインターネットでオープンソースソフトウェアとして入手できる。

15.4.4.1 makedepend

いくつかの小さなツールは、メイクファイル自動生成という問題のうち、ルールの自動化の部分だけに取り組んだ。makedepend は、MIT から X Window System とともにディストリビュートされているもので、もっとも高速、便利で、すべての Linux を含む現代のすべての Unix にプレインストールされている。

makedepend は、C ソースのコレクションを受け付け、#include ディレクティブから対応する .o ファイルの依存関係情報を生成する。生成された情報はメイクファイルに直接追加できる。makedepend は、まさしくこの仕事をするものと定義されている。

makedepend は、C プロジェクト以外では役に立たない。メイクファイル生成問題に含まれる他の問題は何も解決しようとしない。しかし、自分の仕事は十分よくこなす。

makedepend は、man ページで十分にドキュメントされている。ターミナルウィンドウで man makedepend と入力すれば、起動するために知っていなければならないすべてのことをすぐに学べる。

15.4.4.2 Imake

Imake は X Window System のためのメイクファイル生成を自動化するために作られた。makedepend を基礎として、依存関係の推測と移植性問題の解決の両方を行う。

Imake システムは、実質的に従来のメイクファイルを Imake ファイルに置き換える。Imake ファイルはよりコンパクトで強力な記法で書かれ、（実質的に）メイクファイルにコンパイルされる。コンパイルでは、システム固有でローカル環境についての情報が無数に含まれている

ルールファイルが使われる。

　Imakeは、移植性やコンフィグレーションに関連したX固有の問題をよく解決しており、Xディストリビューションの一部となっているプロジェクトでは広く使われている。しかし、X開発者コミュニティの外では、あまり人気を獲得していない。学びにくく、使いにくく、拡張しにくいうえに、生成されるメイクファイルはとてつもなく大きくて複雑になってしまう。

　Imakeは、Linuxを含むすべてのXをサポートするUnixで利用できる。なお、Imakeの謎をXプログラマ以外の人々にも理解できるようにする献身的な作業［DuBois］がある。Xで開発をするつもりなら、これらは学習する価値がある。

15.4.4.3 autoconf

　autoconfは、Imakeのアプローチを見て、これでは困ると思った人々が書いたものである。autoconfは、昔風のカスタムスクリプトコンフィギュレータのようなコンフィギュアシェルスクリプトをプロジェクト単位で生成する。このコンフィギュアスクリプトは、（他のこととともに）メイクファイルを生成できる。

　autoconfは、移植性に焦点を絞っており、依存関係の推論は組み込まれていない。おそらく、Imakeと同じくらい複雑だが、柔軟性はずっと高く、拡張もしやすい。システムごとのルールデータベースに依存するのではなく、システムに飛び込んで環境情報を探してくるコンフィギュアスクリプトを生成する。

　コンフィギュアスクリプトは、configure.inというプログラマが書くプロジェクト単位のテンプレートをもとに作られる。しかし、1度生成したコンフィギュアスクリプトは自己完結的であり、autoconf(1)自体を持っていないシステムでも、プロジェクトを設定できる。

　autoconfのメイクファイル生成のアプローチは、最初にプログラマが自分のプロジェクトのためにメイクファイルテンプレートを書くところから始まるという点でImakeのそれと似ている。しかし、autoconfのMakefile.inファイルは、基本的にテキスト置換のためにプレースホルダが埋め込まれているメイクファイルに過ぎない。依存関係情報を生成したければ、makedepend(1)か類似のツールを明示的に呼び出すステップを入れるか、automake(1)を使うかしなければならない。

　autoconfは、GNU infoフォーマットのオンラインマニュアルでドキュメントされている。autoconfのソーススクリプトは、FSFアーカイブサイトから入手できるが、多くのUnix、Linuxでプレインストールされている。マニュアルは、Emacsのヘルプシステムでブラウズできる。

　依存関係情報の生成を直接サポートしておらず、基本的に場当たり的なアプローチを取っているにもかかわらず、2003年半ばの段階では、autoconfはメイクファイルジェネレータのなかではもっとも人気が高く、この地位を数年前から維持している。autoconfは、Imakeの評価を下げ、少なくともメジャーなライバル1つ（metaconfig）を駆逐した。

　参考書として、GNU Autoconf, Automake and Libtool［Vaughan］がある。17章では、少し別の角度からまたautoconfを取り上げる。

15.4.4.4 automake

automake は、autoconf(1) の上に Imake 風の依存関係情報の生成機能をレイヤとして追加する試みである。Imake 風の記法で `Makefile.am` テンプレートを書くと、automake(1) はそれを `Makefile.in` ファイルにコンパイルする。すると、autoconf のコンフィギュアスクリプトが `Makefile.in` ファイルを操作する。

automake は、2003 年半ばの段階ではまだ比較的新しいテクノロジである。FSF のいくつかのプロジェクトで使われているが、他の場所ではまだ広く採用されているわけではない。アプローチ全体としては有望だが、まだ不安定である。型通りに使えば動くが、ちょっと変わったことをしようとするとひどく壊れる。

automake には完全なオンラインドキュメントがあり、FSF アーカイブサイトからダウンロードできる。

15.5 バージョン管理システム

コードは発展する。プロジェクトが最初のプロトタイプからリリースできるものになるまでの間には、新しい地平を開拓し、デバッグし、実現したものを安定させるというサイクルが複数回行われている。そして、コードを初めてリリースした時点で、この発展が止まるわけではない。ほとんどのプロジェクトは、1.0 の段階を過ぎてもメンテナンスと拡張を必要とし、複数回リリースされる。発展の過程の詳細を追跡するのは、コンピュータが得意で、人間が不得意な仕事に違いない。

15.5.1 なぜバージョン管理か

コードの発展は、いくつかの実際的な問題を引き起こし、それが深刻な障害の原因になることさえある。生産性に深刻な打撃を加えることもあるのだ。これらの問題を解決するために消費している時間は、プロジェクトの設計、動作が正しくない状態で過ぎていく時間なのだ。

おそらくもっとも重要な問題は、逆戻りだろう。変更を加えたものの、その方向には将来性がないと思ったとき、使えることがわかっているバージョンに戻るためにはどうしたらよいだろうか。逆戻りが難しいとか信頼性がないということだと、変更を加えるリスクを冒すことがそうとうに難しくなる（プロジェクト全部をお釈迦にしてしまったり、自分のせいで何時間も苦痛な仕事を続けたりすることになる）。

同じくらい重要なのが、**変更の追跡**である。コードが書き換えられていることを知っているとして、なぜ変更されたかはわかっているだろうか。変更の理由を忘れてあとでそれを台無しにしてしまうことは実に簡単だ。プロジェクトに参加している協力者がいるとして、あなたが

見ていない間に彼らが変更を加えたことをどのようにして知ったらよいのか。また、だれがその変更に責任を取るのか。

> 協力者がいない場合でも、最後の正しいバージョン以来、何を書き換えたかを自問自答すると役に立つことが驚くほど多い。こうすると、忘れていたデバッグコードなどの望ましくない変更が明らかになることがよくある。私は、変更をチェックインするまえに、習慣的にこれをするようにしている。
>
> ── **Henry Spencer**

もう1つの問題は、**バグの追跡**である。特定のバージョンで新しいバグが報告されても、その時点から大きくコードが変わってしまっているということはよくある。すでにそのバグは潰したとすぐに答えられる場合もないではないが、そうでないことも多い。新しいバージョンでは、再現しなくなっていたらどうしたらよいだろうか。バグを再現して何なのか理解するためには、コードを古いバージョンの状態にまで戻さなければならないが、そのためにはどうしたらよいだろうか。

これらの問題を解決するには、プロジェクトの履歴を管理して、その履歴を説明するコメントも付けられるようにする必要がある。プロジェクトに複数のプログラマがかかわっている場合には、互いに相手の変更をつぶしてしまわないようにするためのメカニズムも必要だ。

15.5.2 手作業によるバージョン管理

もっとも原始的な（しかし、非常に多い）方法は、すべて手作業で管理するというものだ。定期的に手作業でプロジェクト全体のスナップショットのコピーをバックアップし、ソースファイルに履歴のコメントを書き込む。自分があるファイルを編集している間は、同僚たちがそのファイルに手をつけないように、口や電子メールで他のプログラマに注意を喚起する。

この手作業の方法に隠れているコストはかなり高い。特に（よくあることだが）、破綻したときのコストは高くなる。この作業は時間がかかり、集中力を要求する。エラーを起こしやすく、プロジェクトがトラブルに巻き込まれたときとか、プレッシャがかかったときとかに、管理し損なうことが多い。管理が必要なときほど失敗するのだ。

他のほとんどの手作業と同様に、この方法は規模が大きくなったときに対応できなくなる。変更をどの程度きめ細かく追跡できるかについて、どうしても制約がかかるし、変更の規模、変更者、その理由といったメタデータの詳細も失われがちになる。大きな変更の一部だけを元に戻そうとすると、大仕事になり、時間もかかる。そして、うまくいかないものを試したあとは、開発者たちが思っている以上にバックアップを強制されることが多い。

15.5.3 自動化されたバージョン管理

これらの問題を避けるために、バージョン管理システム（VCS）が作られている。VCS とは、プロジェクトの履歴についてのコメントを管理し、変更が衝突し合うのを避けるために必要な細かい仕事の大半を自動化するプログラムスイートである。

ほとんどの VCS は、同じ基本ロジックを共有している。まず、ソースファイルコレクションを登録する。つまり、変更履歴を記述し、アーカイブでのファイルの管理を開始するように指示する。その後、これらのファイルのどれかを編集しようと思ったときには、そのファイルをチェックアウトしなければならない。つまり、ファイルに排他的ロックをかける。編集が終わると、ファイルをチェックインし、アーカイブに変更したファイルを追加し、ロックを開放して、変更内容を説明するコメントを入力する。

プロジェクトの履歴は、必ずしも直線的になるわけではない。広く使われているすべての VCS は、バリアント（変種）のツリーをメンテナンスできるようになっている（たとえば、他のマシンへの移植のために）。そして、メインの「トランク（幹）」バージョンに枝分かれしたバージョンを結合するためのツールも用意されている。これは、開発グループの規模が大きくなり、あちこちに離れ離れになればなるほど、重要になってくる機能だ。しかし、この機能を使うためには注意が必要だ。コードベースに複数のアクティブなバリアントがある状態は混乱を起こしやすい（正しいバージョンにバグレポートを結び付けることさえ、簡単でなくなることがある）。また、ブランチ（枝）を自動的に再統合したからといって、その統合後のコードが正しく動作するとは限らないのだ。

VCS が持つ他のほとんどの機能は、システムをちょっと便利にするだけのものだ。これらの基本処理のラベル付与、レポート生成機能、バージョン間の違いを表示できるツール、複数のバージョンのファイルをグループにまとめて名前を付けたリリースにする機能（あとからの変更を失わずに、いつでも解析したり元に戻したりできる）などだ。

VCS には、VCS の問題がある。最大の問題は、VCS を使っていると、ファイルを編集しようとするたびに余分なステップが必要になることだ。このステップは、特にプログラマが手作業でこのステップをしなければならないうえに急いでいるときに、飛ばしてしまおうという誘惑に駆られるものだ。この問題の解決方法は、この章の終わり近くで説明する。

もう 1 つの問題は、ごく自然な操作の一部が VCS を混乱に陥れることがあることだ。特に悪名が高いのは、ファイル名の変更である。ファイル名を変更したときに、ファイルのバージョン履歴を新しい名前に持ち越すことを自動的に保証するのは容易ではない。VCS が分岐を認める場合には、特にファイル名変更の問題は解決が難しくなる。

このような難点もあるが、小規模な 1 人で開発されているプロジェクトも含めて、VCS は、生産性とコードの品質を上げるためにさまざまな点で大きな意味を持つ。VCS は、過ちからの回復を大きく助ける。おそらく何よりも重要なことは、正しいことがわかっている状態にいつでも簡単に戻れるという保証のもとで、プログラマがさまざまなことを自由に実験できるよう

になることだろう。

　（ところで、VCS は、単にプログラムコードにとって効果的なだけではない。この本の原稿も、執筆中は RCS のもとでファイルコレクションとして管理されていたのだ。）

15.5.4 バージョン管理のための Unix ツール

　歴史的には、Unix の世界で重要な意味を持った VCS は 3 つある。ここではそれらを取り上げる。詳しい教科書としては、Applying RCS and SCCS ［Bolinger-Bronson］があるので、参照してほしい。

15.5.4.1 SCCS (Source Code Control System)

　最初は SCCS である。オリジナルの SCCS は、1980 年頃、Bell Labs で開発され、System III Unix に搭載された。SCCS は、統一的なソースコード管理システムを作ろうとした最初の本格的な試みだったようだ。SCCS が開拓した概念は、その後のすべての VCS（ClearCase などの、Unix、Windows の市販製品も含む）にある程度残っている。

　しかし、SCCS 自体は、今では古臭くなっている。SCCS は、Bell Labs のプロプライエタリなソフトウェアだが、その後オープンソースでもっと優れたシステムが開発されたので、Unix の世界の大半の部分は、そちらに移ってしまった。SCCS は、今でも一部のベンダーで古いプロジェクトを管理するために使われているが、新しいプロジェクトのためにはお勧めできない。

　SCCS を完全に実装したオープンソースのシステムはない。CSSC (Compatibly Stupid Source Control) と呼ばれるクローンが、FSF をスポンサーとして開発の途上にある。

15.5.4.2 RCS (Revision Control System)

　SCCS よりも優れたオープンソースの代替品の口火を切ったのは、RCS（Revision Control System）だ。RCS は、SCCS の数年後にパーデュー大学で生まれ、最初は 4.3BSD Unix とともにディストリビュートされていた。論理的には SCCS と同じようなものだが、コマンドインターフェイスがよりクリーンで、プロジェクトリリース全体にシンボル名を与えてグループにまとめるという優れた機能を持っていた。

　RCS は、現在 Unix の世界でもっとも広く使われている VCS である。他の Unix VCS の一部は、バックエンドとか基礎としてこれを使っている。RCS は、1 人のプログラマが開発しているプロジェクトや、同じ開発現場の小グループのプロジェクトに適している。

　RCS のソースは、FSF がメンテナンスし、ディストリビュートしている。Microsoft OS と VAX VMS で使える無料の移植版がある。

15.5.4.3 CVS (Concurrent Version System)

CVS（Concurrent Version System）は、1990年代初めに開発され、RCSのフロントエンドとしてスタートしたが、バージョン管理のモデルがRCSとはかなり異なるので、すぐに新しい設計として認められた。最近の実装は、RCSに依存していない。

RCSやSCCSとは異なり、CVSは、チェックアウトされているファイルに排他的ロックをかけない。代わりに、ファイルをチェックインするときに、衝突を起こさない変更については機械的に融合し、衝突を起こす変更については人間の助けを要求する。人が直観的に想像するほどパッチに衝突が生じることは少ないので、このような設計には意味がある。

CVSのインターフェイスはRCSよりも相当複雑で、ディスクスペースもずっと大きいものを必要とする。だから、小さなプロジェクトでCVSを選ぶのは得策ではない。一方、CVSは、インターネットで接続された複数の開発サイトにまたがるプログラマの数も多い大規模プロジェクトには適している。クライアントマシン上のCVSツールは、別のホストにあるレポジトリに操作を加えるように簡単に指示できる。

オープンソースコミュニティは、GNOMEやMozillaなどのプロジェクトでCVSを多用している。一般に、このようなCVSレポジトリは、だれもがリモートにソースをチェックアウトすることを認める。だから、だれもがプロジェクトのローカルコピーを作り、書き換えて、プロジェクトのメンテナンス責任者にパッチをメールできる。レポジトリへの書き込みアクセスは、読み出しと比べて制限されており、メンテナンス責任者に明示的に許可されたプログラマでなければならない。そのようなアクセス権を持っているプログラマは、自分が書き換えたローカルコピーからコミットオプションを実行できる。こうすると、ローカルでの変更がリモートのレポジトリに直接反映される。

インターネット越しにアクセスできて、うまく運営できているCVSレポジトリの例としては、GNOME CVSサイト（http://cvs.gnome.org/）がある。このサイトは、BonsaiなどのCVS対応ブラウズツールなどが使える。Bonsaiは、大規模で中央集権的ではない開発者グループの作業の調整を助けるうえで大きな役割を果たしている。

CVSが使われているグループにおける社会的な組織と思想は、ツールの細部と同じくらい重要な意味を持っている。プロジェクトはオープンで集権化されておらず、プロジェクトグループの正式メンバではないプログラマが書いたコードでも、ピアレビューと検査の対象になるということが前提となっている。

同じくらい重要なのは、CVSのロックを必要としないという思想である。あるプログラマが変更作業の途中で消えたとしても、プロジェクトがロックによってブロックされてしまうようなことは起きない。そのため、CVSは「単一障害人」（single person point of failure）の問題を避けられるように設計されている。その一方で、プロジェクトの境界が流動的で、でたらめな更新が比較的簡単に可能になるということでもあり、プロジェクトには綿密に練られたコントロールの階層など不要だということでもある。

CVSのソースは、FSFがメンテナンスし、ディストリビュートしている。

CVSには、重大な問題がある。一部は単なる実装上のバグだが、根本的な問題が1つある。それは、プロジェクトファイルのネームスペースがファイル自体の変更と同じようにバージョン管理されていないことだ。だから、CVSはファイル名の変更、削除、追加によって簡単に混乱に陥ってしまう。また、特定のバージョンに簡単に戻れないし、部分チェックインを処理しにくい。とはいえ、これらの問題はロックをしないというスタイル自体の問題ではないし、より新しいバージョン管理システムではこれらの問題もうまく対処できている。

15.5.4.4 その他のバージョン管理システム

CVSには先ほど触れたような重大な設計問題があるので、よりよいオープンソースVCSの新たな需要が生まれた。2003年段階では、そのような開発作業がいくつか進んでいる。そのなかでも特に注目すべきは、AegisとSubversionだろう。

Aegis (http://aegis.sourceforge.net/) は、これらCVSに代わるシステムのなかではもっとも長い歴史を持ち、1991年以来、自らの開発をサポートしており、現在は成熟した稼動システムになっている。回帰テストと正当性チェックを強調している。

Subversion (http://subversion.tigris.org/) は、「正しいCVS」と位置づけられており、わかっている設計問題はすべて対処して、2003年段階では、近い将来にCVSに代わる見込みがあると考えられる。

BitKeeper (http://www.bitkeeper.com/) プロジェクトは、チェンジセットやマルチ分散コードレポジトリに関連しておもしろい設計アイデアを追究している。Linus Torvaldsは、Linuxカーネルソースのために Bitkeeper を使っている。しかし、オープンソースではないライセンスは論争の的になっており、製品が受け入れられるのを大幅に遅らせている。

15.6 実行時デバッグ

1週間以上プログラミングをしたことがあれば、書いたプログラミング言語の構文を正しく直すのは、デバッグのなかでも簡単な部類に属することは、だれでも知っている。難しいのはそのあとであり、構文的に正しいプログラムがなぜ期待通りに動作しないのかを理解しなければならなくなったときである。

Unixの伝統は、設計に透明性を求めることによって、この問題に早い段階から対処できるようにプログラマを仕向けている。特に、内部データフローが裸の目と単純なツールですぐに監視できるように、またすぐに頭のなかでモデルをイメージできるようにプログラムを設計することが重視される。このトピックは、6章で詳しく述べたところだ。透明性のある設計は、バグを防ぐためにも、実行時デバッグを楽にするためにも効果的だ。

しかし、透明性のある設計というだけでは不十分である。プログラムのデバッグのためには、実行時のプログラムの状態を解析し、ブレークポイントを設定し、統制のとれた形でプログラムの一部を文単位で実行できることがとても役に立つ。Unix には、この作業を助けるプログラムを動かせるようにしておくという長い伝統がある。オープンソース Unix は、C と C++ のデバッグをサポートする gdb という強力なプログラム（これもまた別の FSF のプロジェクトである）を持っている。

Perl、Python、Java、Emacs Lisp は、どれもブレークポイントを設定し、プログラマの制御下でコードの一部を実行するといった一般的なデバッガの仕事をこなす標準パッケージやプログラムを持っている（それぞれの基本ディストリビューションに含まれている）。Tcl は、小さなプロジェクトのための小言語として設計されているので、そのような機能を持っていない（実行時に変数を監視するために使えるトレース機能はあるが）。

Unix の思想を思い出そう。低水準の詳細ではなく、設計の品質のために時間を使おう。そして、そのために自動化できるすべてのことを自動化する。実行時デバッグの細かい仕事もその例外ではない。

15.7 プロファイリング

一般に、プログラムの実行時間の 90% は、コードの 10% で費やされている。プロファイラは、プログラムのスピードを遅らせている 10% のホットスポットを見つけ出すのを助けるツールである。これは、プログラムのスピードを上げるために効果的なことだ。

しかし、Unix の伝統のもとでは、プロファイラはそれよりもはるかに重要な機能を持っている。他の 90% は最適化しないで済むのだ。これは、単に仕事が減るからというだけではなく、よいことだ。本当に価値のある効果は、その 90% を最適化しないことによって、プログラム全体の複雑度が上がっていくのを抑え、バグが減ることにある。

1 章では、Donald Knuth の「半端な最適化は諸悪の根源だ」ということばを紹介し、Rob Pike と Ken Thompson が最適化に対して辛らつな見方をしていることも示した。これらは、経験に基づくことばだ。よい設計をすることだ。何が正しいかを最初に考えることだ。効率を上げるためにチューニングするのはそれよりもあとだ。

プロファイラは、それをするのを助ける。プロファイラを使うというよい習慣を身に付けたら、半端な最適化をするという悪い習慣を取り除ける。プロファイラは仕事のやり方を変えるだけではなく、仕事についての考え方を変える。

コンパイラ言語のプロファイラは、オブジェクトコードを操作して動くので、コンパイラ以上にプラットフォームに対する依存性が高い。一方、コンパイラ言語プロファイラは、プログラムのソース言語が何かということを意識しない。Unix のもとでは、gprof(1) という 1 つの

プロファイラが、C、C++だけではなく、すべてのコンパイラ言語のプロファイリングをカバーしている。

Perl、Python、Emacs Lisp は、それぞれの基本ディストリビューションのなかに、自分用のプロファイラを同梱している。これらはホスト言語が動作するすべてのプラットフォームで動作する。Java は組み込みのプロファイリング機能を持っている。Tcl にはまだプロファイリングサポートはない。

15.8 Emacs とツールの組み合わせ

Emacs エディタが非常に得意としていることの 1 つは、他の開発ツールのフロントエンドになることだ（13 章では、これを思想的な角度から取り上げた）。実際、この章で取り上げたほとんどすべてのツールは、Emacs エディタからフロントエンドを介して動かすことができる。それに、単独で実行するよりも、フロントエンドを介したほうがずっと便利になる。

具体的なイメージを描くために、典型的なビルド/テスト/デバッグのサイクルで Emacs からこれらのツールを実行したときにどのようになるのかを示してみよう。詳細については、Emacs のオンラインヘルプを見てほしい。この節は、概要を示し、読者にもっと学んでみようと感じてもらうところまでだ。

読んで学ぶというのは、単に Emacs についてではない。プログラムの間に結合の軸を探し、結合を作っていくという習慣を頭のなかに築くことを学ぶのである。この節は、単なるテクニックではなく、思想の一端を学ぶつもりで読んでほしい。

15.8.1 Emacs と make

たとえば、make は、Emacs の ESC-x compile コマンドを入力して Enter を押せば起動できる。このコマンドは、カレントディレクトリで make(1) を実行し、出力を Emacs バッファに取り込む。

これはそれだけではたいして便利ではないかもしれない。しかし、Emacs の make モードは、Unix の C コンパイラやその他多くのツールが生成するエラーメッセージの形式（ソースのファイル名と行番号が含まれている）についての知識を持っている。

make によって実行された何かのプログラムがエラーメッセージを発行したら、Ctrl-X ‘ (Ctrl - X のあとにバッククォート）コマンドを実行すると、Emacs はメッセージを走査してエラーが発生した位置を判断し、ウィンドウをオープンして適切なファイルを読み込み、カーソル

をエラー行に置く[*9]。

ビルド全体をたどり、最後のコンパイル以降の書き換えで文法エラーを起こしたところを訂正する作業は、Emacs のこの機能によって非常に楽になる。

15.8.2 Emacs と実行時デバッグ

実行時のエラーをキャッチするということでも、同じようにシンボリックデバッガと Emacs を連動させることができる。つまり、プログラムにブレークポイントをセットして実行時の状態をチェックする Emacs モードを使うのである。デバッガがブレークポイントで停止すると、デバッガがソースの位置について送り返してくるメッセージを走査して、ブレークポイントの周囲のソースを表示するウィンドウをポップアップする。

Emacs の Grand Unified Debbugger（大統一デバッガ）モードは、gdb(1)、sdb(1)、dbx(1)、xdb(1) というすべての主要な C デバッガをサポートする。このモードは、perldb モジュールを使った Perl のシンボリックデバッグや、Java と Python の標準デバッガもサポートする。さらに、Emacs Lisp 自体に組み込まれている機能が、Emacs Lisp コードの対話的デバッグをサポートしている。

本稿執筆時点（2003 年半ば）では、まだ Emacs 内での Tcl デバッグサポートはない。Tcl の設計からすると、そのような機能が追加されることはないと思われる。

15.8.3 Emacs とバージョン管理

プログラムの構文と実行時のバグを修正したら、変更後の内容をバージョン管理アーカイブに保存したいところだ。あなたがバージョン管理ツールをシェルからしか実行したことがなければ、この重要なステップを飛ばしたいと思ってもあなたを非難できないかもしれない。編集作業をするたびにチェックアウト/チェックインコマンドを実行することを覚えておこうという人間がどこにいるだろうか。

Emacs は、この分野でもプログラマを助けてくれる。Emacs に組み込まれているコードは、SCCS、RCS、CVS、Subversion の簡単に使えるフロントエンドを実装している。Ctrl-x v v という 1 個のコマンドを実行すると、編集中のファイルに対して次に行うべきバージョン管理操作が何かを推論して実行してくれる。サポートされる処理には、ファイルの登録、チェックアウトとロック、チェックイン（変更コメントはポップアップバッファに入力する）が含まれる[*10]。

---

9. このコマンドや関連するコンパイル制御コマンドの詳細については、Emacs ヘルプメニューの p+processes->compile を参照。
10. これらのコマンドや関連コマンドについては、Emacs オンラインドキュメントの Version Control のサブセクションを参照。

Emacs は、バージョン管理システムが管理しているファイルの変更履歴を見るためのサポートや、望まない変更の取り消しを助けるサービスも持っている。プロジェクトファイル全体、あるいは一部のディレクトリツリーに対してバージョン管理操作を加えるのも簡単になる。一般に、バージョン管理操作を楽にするということでは、Emacs は非常に優れている。

これらの機能が持つ意味は、慣れる以前に想像するよりもはるかに大きい。手っ取り早いバージョン管理に慣れたら、大きな解放感が得られるだろう。いつでも、正しく動作する状態に戻れるので、流動的かつ探究的な方法で開発するようになるだろうし、さまざまな変更を加えてみてその効果を試してみるようになるだろう。

15.8.4 Emacs とプロファイリング

意外なことに、開発のこの側面だけは、おそらく Emacs のフロントエンドがあまり大きな助けにならない。プロファイリングは、もともとバッチ的な処理である。プログラムに計測ポイントを埋め込み、実行して、統計情報を取り、エディタでコードを書き換えるというくり返しである。このサイクルのプロファイリング固有の部分に、Emacs が効果的に使える余地はあまりない。

とはいえ、Emacs とプロファイリングの関係について考えておくことには十分意味がある。分析しているプロファイリングレポートが大量のものに感じられたら、プロファイリングレポートにマウスクリックやキーストロークを与えるだけで、関連する関数のソースにジャンプできるようなモードを書くと効果的かもしれない。実際、これは Emacs のタグジャンプを使えば簡単に実現できる。あなたがこの部分を読む頃までに、だれかがそのようなモードを書いて、公開の Emacs コードベースに投稿しているかもしれない。

ここで本当に大切なことは、思想の問題である。単純作業をしてはならない。単純作業は時間を浪費して作業効率を下げる。開発のなかでも水準の低い機械的な作業のために大量の時間を費やしていることに気づいたら、立ち止まって Unix の思想をあてはめてみよう。ツールキットを使って、仕事を自動化、または半自動化するのである。

そして、自分が受けた恩恵のお返しとして、自分が作ったものをインターネットにオープンソースソフトウェアとしてポストしよう。仲間のプログラマたちも単純作業から解放するのである。

15.8.5 IDE と同じかそれ以上

この章の始めのところで、Emacs は伝統的な IDE と同じかそれ以上の機能を提供すると述べた。ここまで読んだ読者は、それが本当であることを理解できるだけの事実を十分に見てきたはずだ。Emacs からは、開発プロジェクト全体を実行できる。わずかなキーストロークで低水準の機械的な作業を指示でき、コンテキストのひんぱんな切り替えによって頭を混乱させずに

仕事に集中できる。

　Emacsによって実現された開発スタイルは、プログラム構造のグラフィカルな表示など、高度なIDEが提供する一部の機能を持ってはいないが、それらは飾りである。Emacsによって得られるものは、柔軟性と全体の支配権だ。IDEの設計者の想像力に制限されずに、Emacs Lispを駆使して手元の仕事に必要な知識を追加し、カスタマイズし、ひねりを入れることができる。また、Emacsは、伝統的なIDEと比べて言語併用開発のサポートに優れている。

　最後に、IDEの開発者たちの小さなグループがサポートしようと思ったことをただ受け入れる立場から抜け出すことができる。オープンソースコミュニティに注意を払っていれば、数千、数万の仲間たちの仕事から、大きな助けが得られる。Emacsを使っているプログラマたちは、あなたが直面しているのと同じような難問に挑戦している。このほうがずっと効率がよく、有効だ。そして、はるかにおもしろい。

第16章

再利用：やり直しを避けること

> 聖人が何もしないときは、彼の力は1000マイル先でも感じられる
> —— 老子（有名な誤訳）

プログラマにとって、不要な仕事をしたくないと思うことはとても大切である。中国の哲人老子が今も生きていて、タオを教えていたら、「優れたプログラマがコーディングしないときは、彼の力は1000マイル先でも感じられる」と誤訳されていたことだろう。実際、最近の翻訳者によれば、中国語の「無為」は伝統的に「なにもしない」、「することを控える」というように約されてきたが、むしろ「最小限のことをする」とか「もっとも効率的な動作」とか「自然法則に従った動作」と理解すべきだという。これこそまさに、技術者の優れた実践としてより適切なものだ。

経済性の原則を思い出そう。新しいプロジェクトに取り組むたびに火と車輪を改めて発明するのでは、恐ろしくむだである。考える時間は貴重であり、ソフトウェア開発に投入される他のあらゆるものよりも価値がある。だから思考は、すでに解法が存在することがわかっている古い問題の蒸し返しのためにではなく、新しい問題の解決のために使うべきだ。この態度は、人的資本の開発という「ソフト」の面でも、投資に対する経済的な利益という「ハード」の面でも、もっとも大きな成果を上げる。

> 車輪を改めて発明しようとすることは、時間を浪費するだけではなく、改めて発明された車輪がともすると四角くなりがちなのでよくない。近道を通って雑で考えの足りないバージョンを作り、再発明の時間を節約しようという誘惑には、ほとんど勝てなくなりがちだが、それをすると長期的には不経済になってしまうことが多い。
> —— Henry Spencer

やり直しを避けるもっとも効果的な方法は、他人の設計と実装を借りることである。換言すれば、コードを再利用するのだ。

Unixは、個々のライブラリモジュールからプログラム全体に至るまで、あらゆるレベルで再利用をサポートしている。プログラムについては、Unixはスクリプトでの利用と組み合わせの組み換えをサポートする。系統的な再利用は、Unixプログラマのもっとも重要で特徴的な行動であり、Unixを使う経験を積むと、1度しか使われないような独立のコードをあわてて書くのではなく、既存のコンポーネントに最小限の新発明を加えて解決方法のプロトタイプを作ろうとする習慣が身に付くはずだ。

コードの再利用の価値は、ソフトウェア開発の決して否定できない偉大な真実の1つである。しかし、他のオペレーティングシステムで開発した経験があってUnixコミュニティに飛び込んできた多くのプログラマたちは、系統的な再利用ということを決して学ばないのだ（あるいは教わらないのか）。コードに金を払う人にとっても、コードを作る人にとっても得にならないことでありながら、むだな重複作業がいつまでも続けられている。この悪い習慣を断ち切るためには、まず最初になぜそのようなまずい行動が断ち切れないのかを理解することが必要だ。

16.1 J. Randam Newbieの物語

プログラマたちはなぜ車輪を改めて発明したがるのか。それには、狭い意味での技術的な問題から、プログラマの心理学、ソフトウェア製造システムの経済に至るまで、さまざまな理由がある。そして、プログラミングにかかる時間を浪費してしまうことによる損害も、これらすべてのレベルで発生する。

大学を出たばかりのプログラマ、J. Random Newbieが初めて、今後の職業生活の基礎となる仕事に取り組んだ経験について考えてみよう。彼（または彼女）は、コードの再利用の価値について教わっており、その原則を適用しようという若者らしい熱意にあふれているものとする。

Newbieは、最初の仕事として、ある大きなアプリケーションを構築する開発チームに所属することになる。そのアプリケーションとは、エンドユーザーが大規模なデータベースのなかを自由に移動し、クエリーをうまく組み立てられるようにするGUIだということにしておこう。プロジェクトの管理者たちは、自分たちが適切なツールとコンポーネントの組み合わせだと思うものをすでに集めている。単に開発言語を決めるだけではなく、さまざまなライブラリも含めてすべて決まっているのである。

そのライブラリは、プロジェクトにとって非常に大事なものだ。ライブラリは、ウィンドウのウィジェットやネットワーク接続から、対話的ヘルプなどのサブシステムに至るまで、さまざまなサービスを1つにまとめている。これがなければ、膨大な量のコーディングが余分に必要になり、プロジェクトの予算と完成期日に深刻な影響を与えることになるだろう。

Newbieは、その完成期日が少し気になっている。確かに彼に経験はないが、彼はDilbert[*1]

を読んでいたし、ベテランのプログラマから社内抗争の話も聞いていた。管理者たちがいわゆる「攻め」の日程を組む傾向があることを知っている。おそらく、彼は Ed Yourdon の Death March［Yourdon］も読んでいるだろう。1996 年という大昔に、大半のプロジェクトの時間と予算は 50%しかなく、その搾取の傾向は悪化する一方だということを指摘した本だ。

しかし、Newbie は明るく活動的だ。彼は、成功するためのチャンスは、会社が可能な限り知的な雰囲気を作り上げて手渡してきたツールとライブラリを学ぶことにあると考えている。彼はなめらかにキーボードをたたき、難題に立ち向かっていく。そして地獄を見る。

すべてが予想よりも長くかかり、苦痛だ。デモアプリの表面上の輝きとは裏腹に、彼が再利用しているコンポーネントには、動作が予測不能になったり、破壊的になったりする境界条件があるように見える。彼のコードは毎日のように境界条件に引っかかる。彼は、ライブラリを作ったプログラマたちがいったい何を考えていたのかを考えていることが多い。しかし、コンポーネントのドキュメントは不十分なので、彼には結局わからない。ドキュメントを書いたのは、プログラマではないテクニカルライタで、プログラマのようには考えないのだ。そして、彼はソースコードを読んで実際に何が行われているのかを学ぶことができない。そのライブラリは、プロプライエタリなライセンスのもとで不透明なオブジェクトコードのブロックになっているのである。

Newbie は、次第にコンポーネントの問題を回避するために手の込んだコードを書かなければならなくなることが多くなってきた。もう、ライブラリを使うことによって得られるメリットが、ごくわずかにしか見えないほどだ。回避コードのために、彼のコードはどんどん汚くなってくる。おそらく、理論的には仕様に含まれている何か重要なことをそのライブラリは単純にこなせないように作られていたのだ。彼のコードはその部分にぶちあたってしまったのである。ブラックボックスにちゃんと仕事をさせられるときがときどきあることはわかっているが、それが何なのかははっきりしない。

Newbie は、ライブラリを厳しい条件で使うと、デバッグ時間が指数的に増えていくことに気付く。彼のコードはクラッシュやメモリリークに取りつかれてしまうが、その発生源をたどっていくと、ライブラリのなか、つまり彼が見ることも書き換えることもできないコードに入っていく。おそらく、さらにその先をたどっていけば、ほとんどが自分のコードに戻ってくるのだろうということはわかっているが、ソースがないので彼が書いていない部分のトレースは非常に難しい。

Newbie は、非常にいらいらしてくる。大学で聞いた話では、実世界では 1 週間に完成品のコードが 100 行書ければ優秀だと見られるのだという。授業のプロジェクトや遊びで書いたコードでは、何度もそれ以上の成績を収めていたので、当時、彼はその話を聞いて笑っていた。しかし、もう笑ってはいられない。彼は単に自分の経験のなさだけではなく、他人の不注意や無能が作り出した問題の山とも戦っている。彼は、これらの問題を解決することはできず、ただ

---

1. 訳注：企業内の官僚主義を皮肉った技術者が主人公のマンガ。

回避するしかないのだ。

　プロジェクトの日程は遅れ始めている。かつてはアーキテクト（建築家）になることを夢見ていたNewbieは、今やレンガ積みの職人である。そのレンガたるや、まともに積み上げることができず、ちょっとした圧力で砕け散ってしまう。しかし、彼の上司は、新人プログラマの弁解を聞こうとはしない。コンポーネントの品質の低さを大声で批判すれば、それを選んだ上司や管理職と政治的なトラブルを引き起こしかねない。たとえ、抗争に勝ったとしても、コンポーネントを取り替えるという提案は、ライセンス条項の細かいところについて弁護士がからんでくる複雑な話になる。

　Newbieは、よほどの幸運に恵まれない限り、プロジェクトが生涯を閉じるまでの間にライブラリのバグを解決できないだろう。ふだんよりも落ち着いているときには、ライブラリのなかのちゃんと動くコードは、バグや省略の部分よりも注意を引かないということを彼は理解している。彼はコンポーネントの開発者たちとぜひ問題点を語り合いたいと思っている。コードを見ていると、ときどきこいつらはとんでもない愚か者なのではないかと思うことがあるが、実際にはそんなことはなくて、彼と同じように、正しいことをしようという気持ちをくじくようなシステムのなかで苦闘しているプログラマたちなのだろう。しかし、Newbieは彼らがだれなのかさえわからない。たとえわかったとしても、彼らが所属するソフトウェアベンダーが、彼らをNewbieに会わせないだろう。

　絶望的になったNewbieは、自分でレンガを焼き始める。安定性の低いライブラリサービスをより安定したサービスで真似ながら、独自の実装を0から書く。彼が新しく書いたコードは、彼の頭のなかに完全なモデルが作られているので（しかもコードを読み返せばいつでもそのモデルは復元できるので）比較的まともに動き、従来の不透明なコンポーネントと回避コードの組み合わせよりはデバッグしやすい。

　Newbieは教訓を学ぶ。他人のコードに依存する度合いが少なければ少ないほど、彼が書くコードの行数は増える。この教訓は、彼の自尊心を満足させる。若いプログラマの常として、彼は他のだれよりも自分は賢いと思い込んでいく。彼の経験は、彼の自己意識を追認する方向に働く。彼は、自分の手に合った自分用のツールキットを作り始める。

　残念ながら、Newbieが手にした自分で作って得た安心は、短期的な最適化に過ぎず、長期的な問題の原因になる。彼は確かにより多くのコードを書いたかもしれないが、彼が再利用に成功できていた場合に書いていたはずのコードと比べれば、彼が書いたものの本当の価値は低い。コードをより多く書いたからといって、よりよいコードが書けたわけではない。より低い水準で書き、主として車輪の再発明に捧げられたコードは、決してよいコードではない。

　Newbieは、転職するときに、少なくとももう1度社内でやる気をなくす経験を味わうことになる。社員だったときに書いたコードを手にしてビルを出たとたん、もとの雇い主はこれを知的財産権の侵害と捉えるのである。彼の新しい雇い主はこれを知っているので、Newbieが古いコードを再利用していることを認めると、いい顔をしない。

　新しい職場に自分のツールキットを持ち込むことに成功したとしても、Newbieは自分のツー

ルキットを使えない場合がある。新しい雇い主は、別のプロプライエタリツール、言語、ライブラリを使っているかもしれないのだ。Newbie は、プロジェクトが代わるたびに、新しいテクニックを覚え、新しい車輪を発明し直さなければならなくなる可能性が高い。

　このように、プログラマは、技術的な問題、知的財産権の壁、社内政治、個人的な自尊心といったものの組み合わせによって、系統的に再利用（また、それに付随するモジュール性や透明性といった他の優れた設計思想）の可能性から排除されていくのである。J. Random Newbie を1万人にして、何十歳か老けさして、このシステムにどっぷりつからせ、よりひねくれ者にすれば、現在のソフトウェア産業の状態とほぼ等しくなる。ベンダーの市場支配のための戦術、ずさんな管理、不可能な締め切り、その他よい仕事をすることを困難にするあらゆるプレッシャを計算に入れなくても、時間と資本と人の能力を浪費する道だ。

　J. Random Newbie の経験から生まれてきたプロフェッショナルの文化は、彼ら全体に大きな影響を与える。プログラミングの職場は、「ここで作ったわけではない」というコンプレックスを強く持つ。彼らはコードの再利用に対して相反する感情を抱いており、それが有害な状態にまでなっている。厳しい日程に合わせるために、不十分ながらよく売れているベンダーコンポーネントを社内のプログラマたちに押し付けたかと思うと、社内プログラマたちのテスト済みのコードを再利用することを拒んでみたりする。彼らは、その場限りの重複の多いソフトウェアを大量にひねり出すが、それを書かされているプログラマたちは、結果がゴミになることを知っている。しかし、黙々と自分のコードしか直せない状態に甘んじている。

　このような文化ではコードの再利用に近いドグマが現れる。一度資金を投入したコードは決して捨てることができず、すべての関係者が一度捨てて最初から書き直したほうがよいと思うようになっても、ガラクタにパッチを当て続けなければならなくなるのだ。この文化の産物は、仕事にかかわっている個々人がよい仕事をしようと最大限の力を出したとしても、次第に水ぶくれしていき、バグだらけになってしまうだろう。

16.2 再利用の鍵としての透明性

　私たちは、何人かの熟練プログラマに J. Random Newbie の物語を聞いてもらって感想を聞いた。読者のあなたもプログラマなら、彼らと同じように答えてくれることだろう。彼らは、うめくような声でその通りだと認めた。あなたがプログラマではなく、プログラマを管理する側なら、この話から多くのことを学んでほしいと心から思う。この物語は、再利用に反対する異なるレベルのプレッシャが互いに力を補い合って、個人的な理由からは直線的に予測できない大きな問題を作り出すことを示すことを目的として作られたものだ。

　私たちの大半がソフトウェア産業の無意識の前提条件に慣らされすぎているために、この問題の最大の原因と物語のなかの付随的な原因とをはっきりと見分けるためには、精神的にかな

りの努力を要する。しかし、見分けたあとで振り返れば、この問題の構造はそれほど複雑なものではない。

大半の J. Random Newbie 問題（また、この物語が暗示する大規模な品質問題）の根底には、透明性、というよりも透明性の欠如の問題がある。中身がわからないものは直せない。実際、API といえるほどのものがあるソフトウェアであれば、中身が見えなければ正しく使うことさえできない。ドキュメントは、単に実践的に不十分だというだけではなく、原則として不十分なのだ。ドキュメントは、コードが体現しているすべてのニュアンスを運べるわけではない。

6 章では、優れたソフトウェアにとって透明性がいかに大切かを学んだ。オブジェクトコードしかないコンポーネントは、ソフトウェアシステムの透明性を破壊する。それに対し、再利用しようとしているコードが読み書きできるようになっていれば、コードの再利用の失敗に傷つくことも少なくなる。コメントがしっかり添えられたソースコードは、それ自体ドキュメントといってよい。ソースコードに含まれているバグはフィックスできる。ソースはプロファイリングにかけられるし、デバッグ用にコンパイルして、めずらしい条件での動作を探ることができる。そして、動作を変更する必要があれば、そうすることができる。

ソースコードがどうしても必要だという理由はもう 1 つある。Unix プログラマは、変化の連続だったこの数十年から、ソースコードは残るがオブジェクトコードは残らないという教訓を学んだ。ハードウェアプラットフォームは変わるし、サポートライブラリなどのサポートコンポーネントも変わる。オペレーティングシステムは成長して新しい API をサポートし、古い API を使わないよう要請する。すべてが変わっていくのに対し、不透明なバイナリの実行可能ファイルは変化に対応できない。バイナリは壊れやすく、新しいバージョンのシステムに移したときの信頼性は低く、エミュレーションコードレイヤを介さなければサポートできなくなるうえに、エミュレーションレイヤは次第に厚く、エラーを起こしやすくなっていく。バイナリは、プログラムを書いた人々の想定範囲内に人々を釘づけにする。ソフトウェアを書き換えるつもりなどなく、その必要もない場合でも、ソースコードは必要だ。新しい環境でソフトウェアを動かし続けたければ、そのソースコードをビルドし直さなければならなくなるのである。

再利用するコードは読み書きに対してオープンなコードでなければならないというのは、透明性とコードの継承の問題が重要だからである[*2]。しかし、今「オープンソース」と呼ばれているものは、これだけで実現できるわけではない。オープンソースには、単にコードをオープンで見えるものにするという以上の強い意味がある。

---

2. NASA は、何十年も使い続けられるように意識的にソフトウェアを作ってきたが、すべての宇宙船管制ソフトウェアについてソースコードを残すことが重要だということをその過程で学んできている。

16.3 再利用からオープンソースへ

　Unixの初期の時代、オペレーティングシステムのコンポーネント、ライブラリ、関連ユーティリティは、どれもソースコードでやり取りされていた。この開放性は、Unix文化の重要な構成要素の1つだった。2章では、1984年以降、この伝統が壊れた結果、Unixがどのように最初の勢いを失っていったかを説明した。また、それから10年後、GNUツールキットとLinuxの成長によって、オープンソースコードの価値が再発見されたことにも触れた。

　今日、オープンソースコードは、再び、すべてのUnixプログラマのツールキットに含まれているもっとも強力なツールの1つになっている。そのため、「オープンソース」の概念ともっとも広く使われているオープンソースライセンスはUnix自体よりも何十年も若いものだが、今日のUnix文化のもとで最先端の開発をする場合には、両方を十分に理解しておくことが大切になってくる。

　オープンソースとコードの再利用の関係は、ロマンティックな恋愛と子孫の再生産の関係によく似ている。後者のためには前者が必要だという説明は可能だが、そう説明してしまうと、前者の楽しみを構成している多くのものを見落とす危険がある。オープンソースは、ソフトウェア開発の現場で再利用を促す戦術というようなものに矮小化できるものではない。これは新しく生まれてきた現象であり、透明性がもたらすさまざまな利益を守るために開発者とユーザーが結ぶ社会契約である。だから、オープンソースというテーマにアプローチし、理解するためのルートは1つに限らず、複数ある。

　この本の以前の章では、Unixとオープンソースの間にある因果関係や文化的な影響関係にスポットライトを当てる方法を取った。19章では、オープンソース開発のための組織と戦術について述べる。コードの再利用の理論と実践を論じる場面では、私たちがJ. Random Newbieの物語としてドラマ化した問題に対する直接の解答という形に限定してオープンソースを考えていくほうがよいだろう。

　ソフトウェア開発者は、自分が使うコードが透明であることを望む。さらに、転職したからといって自分のツールキットや経験によって積んだ技能を失いたくないと考える。彼らは犠牲者にされることにげっそりしており、横柄なツールと知的財産権の壁にぶちあたって車輪を繰り返し発明し直すことにはうんざりしている。

　J. Random Newbieの再利用に関する苦痛に満ちた経験から直接導き出されるオープンソースへの動機は、以上のようなものだろう。自尊心にも出番はある。そのままなら工学的な最良の実践についての血の通わない議論になるところに、自尊心は強い情緒的な力を与える。ソフトウェア開発者には、他の職人と同じようなところがある。彼らは芸術家になりたいと思っており、その気持ちをあまり隠さない。彼らは、自分の話を聞いてくれる人々を持ちたいということも含め、芸術家と同じような意欲やニーズを持っている。彼らは、コードを再利用したいだけではなく、自分のコードを再利用してもらいたいのである。短期的な経済目標の追求にと

どまりたくない、クローズドなソフトウェア製造では満足できないという止むに止まれぬ気持ちがあるのだ。

　オープンソースは、これらすべての問題をイデオロギー的に一挙に解決する。J. Random Newbie の再利用に関連する問題のほとんどの根源がクローズなコードの不透明性にあるのだとすると、クローズなソースコードを作るという組織内での前提条件は打破しなければならない。会社の縄張り意識が問題なのだとすれば、そんな意識を持っていることが自分を窮地に陥れるということを企業が理解するまで、企業のそのような態度を攻撃したり、出し抜いたりしなければならない。オープンソースは、大勢の人々がコードの再利用を旗印にしたときに実現されるものだ。

　だから、1990 年代末以来、オープンソースの実践、ライセンス、コミュニティを語らずにコードの再利用の戦略や戦術を推奨しても、もはや何の意味もなくなってしまった。他の世界ではこれらの問題がばらばらに語られても、Unix の世界では、これらは分離できない一体の存在になっている。

　この章のこれからの部分では、オープンソースコードの再利用に関連したさまざまな問題、すなわち、評価、ドキュメント、ライセンスの問題について考えていく。19 章では、オープンソースの開発モデルをより一般的に論じ、他の人々も使えるようなコードをリリースするときに従うべき慣習を明らかにする。

16.4 もっとも優れたものはオープンだ

　インターネットには、ほとんどテラバイトという単位で、Unix のソースコードが蓄積されている。システム/アプリケーションソフトウェア、サービスライブラリ、GUI ツールキット、ハードウェアドライバといったものが、すぐそこに置いてある。ほとんどのものは、標準的なツールで数分のうちにビルドし、実行できる。魔法のことばは、`./configure; make; make install;` だ。通常、インストールの部分はルートでなければ実行できない。

　Unix 以外の世界の人々（特に、技術系ではない人々）は、オープンソース（または「フリー」）ソフトウェアは、市販のソフトウェアよりも劣っていると考えがちだ。オープンソースは、雑に作られていて信頼性が低く、仕事に役立つどころか頭痛の種になると考えるのである。彼らは、重要なことを見落としている。一般に、オープンソースソフトウェアは、それに関心を持ち、それを必要とし、自ら使い、それを公開することによって仲間の間での評価を高くしたいと思っている人々が書いている。彼らはまた、会議や遡及的な設計変更や官僚主義的なオーバーヘッドに時間を取られることも少ない。だから、プロプライエタリソフトウェアメーカーの個室で不可能な締め切りに間に合わせるために Dilbert 的な悲惨な仕事をしている賃金奴隷よりも、彼らのほうが意欲も高く、優れた仕事をできる環境にもあるのだ。

さらに、オープンソースのユーザーコミュニティ（仲間たち＝ピア）は、バグを潰すということに関して消極的ではないし、彼らの評価基準は非常に高い。基準に満たない仕事を外に出した作者は、コードをフィックスするか引っ込めるかどちらかにしろという圧力をあちこちから受け、フィックスする場合には、能力のある人々から多くの助けを受ける。そのため、成熟したオープンソースパッケージは、一般に品質が高く、プロプライエタリな同種の製品と比べて機能的に優れていることが多い。磨きが足りない部分や、ドキュメントが難しすぎる部分がある場合もあるが、もっとも重要な部分の動作は、通常非常によい。

　オープンソースには、ピアレビュー効果以外にも、より高い品質を期待できる理由がある。それは、オープンソースの世界では、プログラマたちが、目を閉じ、鼻をつまみ、製品を世に出す締め切りというものの強制を受けないことだ。そのためにオープンソースとプロプライエタリの間には大きな違いが現れるところがある。オープンソースの世界では、リリースレベルが 1.0 であるということは、実際にソフトウェアがすぐに使える水準にあることを意味するのだ。実際、バージョン番号が 0.90 以上であるということは、コードがほとんど本格稼動できる状態に達しているが、開発者がまだ自分の評価をその製品に賭けたくないだけの状態なのだということを示していることが多い。

　あなたが Unix 以外の世界で働いているプログラマなら、そんなことはほとんど信じられないと思うだろう。だとすれば、次のことを考えてほしい。今の Unix では、C コンパイラ自体がほとんど確実にオープンソースだ。Free Software Foundation の GNU コンパイラコレクション（GCC）は非常に強力でドキュメントもしっかりしており、信頼性が高いので、プロプライエタリな Unix コンパイラの市場など残されていない。そして、Unix ベンダーは社内でコンパイラを開発するよりも、GCC をそれぞれのプラットフォームに移植するのが普通になっている。

　オープンソースパッケージの評価方法は、ドキュメントを読み、コードを動かしてみることだ。自分から見て、水準に達しているコードになっていて、ドキュメントにも注意が払ってあると感じるのなら、悪くないはずだ。パッケージがしばらく出回っていて、ユーザーのフィードバックをかなり組み込んでいるようなら、かなり信頼できると考えてよい（ただし、テストは大切だ）。

　ユーザーからのフィードバックの量と質を測る尺度としては、ソースディストリビューションのなかの README、プロジェクトニュース、履歴ファイルで言及されているオリジナルの作者以外の人々の数がかなり参考になる。フィックスやパッチを送ってきた多くの人々に対する謝辞があれば、かなりのユーザー層が作者に注目しているようだということであり、ユーザーからのフィードバックにきちんと返答し、訂正を受け入れる良心的なメンテナンス担当者がいるようだということでもある。あるいは、初期のコードはバグの地雷原のようになっていたものの、それ以来それほどバグが暴発することなく、多くの人が無事通り過ぎていったということかもしれない。

　ソフトウェアが専用の Web ページ、オンライン FAQ（Frequently Asked Questions：よくある質問）リスト、メーリングリスト、Usenet ニュースグループなどを持っているなら、なお

よい兆候だと考えられる。これらはどれも、そのソフトウェアを中心として、インターネット内に一定以上の規模の活動中のコミュニティが育ってきているということを示している。Webページに新しい更新や大量のミラーリストが含まれていれば、活発なユーザーコミュニティがあるという動かぬ証拠だ。失敗作には、それだけの価値がないので、この種の投資が継続することはありえない。

複数のプラットフォームに移植されているということも、多様なユーザー層を抱えているということを示す印である。プロジェクトページは、新しいシステムへの移植を細かく宣伝することが多いが、それは移植の数が信用されているということを示すからである。

品質の高いオープンソースソフトウェアの Web ページの例をここで示しておこう。

- GIMP（http://www.gimp.org/）
- GNOME（http://www.gnome.org/）
- KDE（http://www.kde.org/）
- Python（http://www.python.org/）
- Linux カーネル（http://www.kernel.org/）
- PostgreSQL（http://www.postgresql.org/）
- XFree86（http://xfree86.org/）
- InfoZip（http://www.info-zip.org/）

Linux ディストリビューションを見てみるのも、品質チェックのよい目安になる。Linux などのオープンソース Unix のディストリビューションメーカーは、同じ種類のなかで最良のプロジェクトがどれかについて専門的な知識を持っている人々を大量に抱えている。それが、ディストリビューションに対する付加価値のかなりの部分を占めるのだ。オープンソース Unix を使っている場合には、評価しているパッケージがすでにディストリビューションに含まれているかどうかをチェックするとよい。

16.5 どこで探すか

Unix の世界には非常に多くのオープンソースがあるので、再利用できるコードを見つけられる能力には大きな価値がある。おそらく、他の OS の場合とは比較にならないほど大きな価値になるはずだ。再利用できるコードはさまざまな形を取っている。バラバラのコード片、コードサンプル、コードライブラリ、スクリプトで再利用できるようになっているユーティリティなどである。Unix のもとでは、コードの再利用とは、プログラムにコードを実際にカットアンドペーストすることではない。もしそんなことをしているようなら、もっと穏健な再利用の方法があることを見落としている可能性がきわめて高い。Unix のもとでは、コードを結び付ける

あらゆる方法をしっかり把握し、組み立て部品の原則を駆使できるようにしておくと、特に役に立つ。

再利用できるコードを見つけたければ、まず最初に目の前のシステムから始めることだ。Unix は、再利用できるユーティリティやライブラリを豊富にそろえたツールキットを常備してきた。現在の Linux システムのような新しいシステムには、再利用できる数千のプログラム、スクリプト、ライブラリが含まれている。いくつかのキーワードを指定して man -k で検索するだけでも、役に立つ結果が得られることが多い。

外に出て驚くべきリソースの宝庫がどのようなものかを把握したければ、まず SourceForge、ibiblio、Freshmeat.net を見てみよう。あなたがこの本を読むまでの間には、この3つと同じくらい重要な別のサイトができているかもしれないが、これら3つは、もう何年もまえから人気と実力を示してきたサイトであり、これからもそれは続くはずだ。

SourceForge (http://www.sourceforge.net/) は、共同開発をサポートするように設計されたソフトウェアのためのデモサイトであり、プロジェクト管理サービスも完備している。SourceForge は単なるアーカイブではなく、フリー開発ホスティングサービスであり、2003年半ばの時点では、まちがいなく世界で唯一無二のオープンソース活動の拠点である。

ibiblio (http://www.ibiblio.org/) の Linux アーカイブは、SourceForge が現れるまえは、世界最大の規模を誇った。しかし、ここもまた、ほとんどの受身のサイトとくらべてずっとよい Web インターフェイスを持っている (Web のルックアンドフィールを作っているプログラムは、14章の Perl の議論でケーススタディとして取り上げたものである)。ここは、多くのドキュメントをメンテナンスする Linux Documentation Project のホームサイトでもあり、Unix ユーザーとプログラマにとってすばらしい情報の宝庫になっている。

Freshmeat (http://www.freshmeat.net/) は、新しいソフトウェアのリリースと古いソフトウェアの新リリースを発表する場所を提供するためのシステムである。リリースには、ユーザーやサードパーティが評価を与えられるようになっている。

これら3つの汎用サイトには、さまざまな言語のコードが含まれているが、大半は C か C++ である。14章で取り上げたインタープリタ言語の一部には、専用サイトを持っているものがある。

CPAN アーカイブは、Perl で書かれた役に立つフリーコードの中央レポジトリである。CPAN には、Perl ホームページ (http://www.perl.com/perl) から簡単にアクセスできる。

Python Software Activity は、Python ホームページ (http://www.python.org/) で入手できる Python ソフトウェアとドキュメントのアーカイブである。

Java Applets ページ (http://java.sun.com/applets/) には、多くの Java アプレットが集められている他、フリーの Java ソフトウェアをそろえた他のサイトへのポインタが含まれている。

Unix プログラマとして、時間のもっとも効果的な投資方法の1つは、これらのサイトをたどって自分が使えるものは何かを学ぶことだ。節約できるコーディング時間は、自分自身の時間かもしれない。

パッケージのメタデータを見るのはよいことだが、そこで止まってはならない。コードも試しに見てみるのだ。そうすれば、コードが何をしているのかをもっとよく把握でき、コードをもっと効果的に使えるようになるだろう。

より一般的に、コードを読むことは、未来に対する投資だ。コードからは新しいテクニック、新しい問題の分割方法、異なるスタイルやアプローチを学ぶことができる。コードを使うこととコードから学ぶことは、あとで大きな成果をもたらす。コードを読んで学んだテクニックを自分で使わない場合でも、他人のコードを見て問題のよりよい定義方法を学べば、自分自身でさらによい定義を生み出すための助けになる。

書くまえに読むようにしよう。コードを読む習慣を身に付けよう。まったく新しい問題というのはそういくらもあるわけではないので、あなたが必要としていることに非常に近く、出発点として申し分のないコードはほとんど必ず見つかるはずだ。たとえ、あなたの問題がまったく新しいものであっても、以前だれかが解決した問題のなかに、共通の祖先から派生したものが含まれていることはある。とすると、あなたが開発しなければならないコードは、すでに存在するコードと無関係ではないということになるのだ。

16.6 オープンソースソフトウェアを使ううえでの問題点

オープンソースソフトウェアを利用、または再利用するうえで大きな問題が3つある。それは、品質、ドキュメント、ライセンスだ。品質については、今までに見てきたように、同じことをするソフトウェアをいくつか集めてくれば、普通は十分な品質を備えたものを1つまたはそれ以上見つけられるはずだ。

ドキュメントは、それよりも深刻な問題になることが多い。高品質オープンソースパッケージのなかには、ドキュメントが貧弱なばかりに、本来の技術的な力を発揮しきれないものが数多くある。Unixの伝統は、古代エジプトの聖職者のようなドキュメントスタイルを奨励している。つまり、読者が問題領域について非常に詳しく、内容を熟読してくれることを前提としたような書き方だ（技術的には、パッケージのすべての機能を網羅している場合もあるのだが）。このスタイルには、18章で説明するように、十分に合理的な理由があるのだが、このスタイルのために壁ができてしまうところがある。とはいえ、このようなドキュメントから必要な知識を引き出してくることは、学習可能な技能だ。

ドキュメントで苦労した場合には、ソフトウェアパッケージ、トピックキーワード、「HOWTO」や「FAQ」などの文字列を組み合わせてWebサーチをしてみるとよいだろう。こういうサーチでは、初心者にとって、manページよりも役に立つドキュメントが見つかることが多い。

オープンソースソフトウェア（特に、あらゆる種類の市販製品に含まれているもの）を再利用するうえでもっとも深刻な問題は、パッケージのライセンスが利用者に課している義務を理

解することだ。次の2つの節ではこの問題を詳しく取り上げていくことにする。

16.7 ライセンスの問題

　パブリックドメインでないものには著作権があり、複数の著作権がかかっている場合もある。アメリカの連邦法のもとでは、作品を作った作者は、たとえ著作権の表示がなくとも、著作権を保持している。

　著作権法のもとで作者と数えられるのがだれかについては、複雑な問題になることがある。特に、複数の人々がかかわったソフトウェアでは、難しい。ライセンスが重要なのはそのためである。作者は、特に何もしなければ著作権法が許可しないようなコードの使い方を許可することができる。だから、ライセンス条項をうまく規定すれば、著作権保持者の恣意的な行為からユーザーを保護することができるのだ。

　プロプライエタリなソフトウェアの世界では、ライセンス条項は、著作権を保護するために作られる。ライセンス条項は、ユーザーにごくわずかの権利を認めるとともに、できる限り多くの権限をオーナー（著作権保持者）のもとに確保しておくための手段である。著作権保持者が非常に重要な存在になっている一方で、ライセンス条項のロジックが非常に厳しい制約を課するものとなっているので、条項の専門的な意味はほとんどないに等しい状態になっている。

　オープンソフトウェアの世界では、あとで見ていくように、著作権保持者は著作権を使ってライセンスを守ろうとする。そのライセンスとは、著作権保持者が無限の浸透を意図してコードを自由に使うことを認めるものだ。そうでなければ、著作権保持者にごくわずかの権限だけを残し、ほとんどの選択権をユーザーに渡すものだ。特に注目されるのは、ユーザーがすでに持っているコピーのライセンス条項を著作権保持者が変更できないところだ。だから、オープンソースソフトウェアでは、著作権保持者はほとんど無意味だが、ライセンス条項は非常に重要である。

　通常、プロジェクトの著作権保持者は、現在のプロジェクトリーダーか、スポンサー企業である。プロジェクトが新しいリーダーに移ることは、著作権保持者の変更によってわかることがよくある。しかし、これは厳密なルールというわけではない。多くのオープンソースプロジェクトは、複数の著作権保持者を持っており、これが法律上問題になったという記録はない。一部のプロジェクトは、Free Software Foundation に著作権を譲渡することを選んだ。それは、FSF がオープンソースを守ることに関心を持っており、そのための法律家も雇っているからだ。

16.7.1 オープンソースと呼ばれるための資格

ライセンスを作る目的のために、私たちはライセンスが付与する権利をさまざまな種類に分類することができる。コピーし、再配布する権利、使用する権利、個人的な用途のために書き換える権利、書き換えたコピーを再配布する権利などである。ライセンスは、これらの権利のなかのどれかを制限したり、条件を加えたりすることができる。

Open Source Definition（http://www.opensource.org/osd.html）は、ソフトウェアが「オープンソース」や（古い用語で）「フリー」になる理由は何かということを十分に考えた結果、作られたものだ。オープンソースコミュニティでは、オープンソースプログラマの間の社会契約を明確に表現したものとして広く受け入れられている。OSDは、オープンソースライセンスの要件として次の権利を挙げている。

- コピーすることを認める無制限の権利。
- 無変更の形での再配布を認める無制限の権利。
- 個人的な用途のために書き換えることを認める無制限の権利。

OSDは、書き換えたバイナリの再配布に対して制限を加えることを禁止している。これは、稼動するコードを邪魔なしに出荷できなければ困るソフトウェアディストリビュータのニーズに合っている。OSDは、作者が変更後のソースを元のソースとパッチという形で再配布することを要件とすることを認めている。こうすることによって、作者の意図が確立され、他人が加えた変更の「オーディットトレイル」が可能になる。

OSDは、「OSI認証オープンソース」という認証マークの法的な定義であり、今までに作られたすべての「フリーソフトウェア」の定義よりも優れている定義である。すべての標準ライセンス（MIT、BSD、Artistic、GPL/LGPL、MPL）は、これに合致している（ただし、GPLのように、採用するまえにその意味を理解すべき新たな制限を持っているものもある）。

非営利目的の使用のみを認めるライセンスは、GPLなどの標準ライセンスを基礎としていても、オープンソースライセンスの資格を持たないことに注意してほしい。そのようなライセンスは、特定の職業、個人、グループを差別するものであり、それはOSD第5条が明示的に禁止している。

第5条は、苦しい経験の年月を経て設けられたものだ。非営利目的使用ライセンスは、どのような再配布が「営利目的」にあたるのかについて法的に明確な境界線がないという問題を抱えている。製品としてソフトウェアを売ることは、もちろん営利目的となる。しかし、そのソフトウェアについては名目上0円だが、それとともに他のソフトウェアやデータが抱き合わせでディストリビュートされており、全体が有料になっている場合はどうなるのか。そのソフトウェアがコレクション全体の機能にとって必要不可欠な役割を持つかどうかによって区別するのだろうか。

だれもわからない。非営利目的使用ライセンスがディストリビュータの法的地位を不安定にしたことは、ディストリビュータにとって深刻な打撃となった。OSD の目的の1つは、OSD 準拠ソフトウェアの流通ルートにいる人々が、自分がどのような権利を持つのかを知るために知的財産権専門の法律家に相談しなくても済むようにすることである。OSD が個人、グループ、職業に対する制限を禁止している理由の一部は、ソフトウェアのコレクションを扱っている人々が、微妙に異なる（そして矛盾し合う）制限条項の組み合わせのために法的に窮地に陥らないようにすることにある。

このような懸念は、頭のなかで組み立てた架空の話ではない。オープンソースの流通ルートの重要な一部は、単純なアンソロジー CD からブート可能なオペレーティングシステムまでのさまざまな形で役に立つソフトウェアのコレクションを作る CD-ROM ディストリビュータである。このような CD-ROM ディストリビュータや、オープンソースソフトウェアを商業的に普及させようとしているその他の人々が成り立たなくなるような制限を設けることは、禁止しなければならなかったのである。

一方、OSD は、支配地域の法律については何も規定していない。一部の国家は、特定の「ならず者国家」に対して指定されたテクノロジの製品を輸出することを禁止する法律を持っている。OSD は、これを否定することはできない。OSD は、ライセンス付与者が独自の制限を追加してはならないと規定するのみである。

16.7.2 標準的なオープンソースライセンス

次に示すのは、あなたが見かけることになるだろう標準的なオープンソースライセンスをまとめたものである。略称は広く使われている。

MIT（http://www.opensource.org/licenses/mit-license.html）
　MIT X コンソーシアムのライセンス（BSD と似ているが、宣伝条項なし）

BSD（http://www.opensource.org/licenses/bsd-license.html）
　カリフォルニア大学バークレー校のライセンス（BSD コードで使われている）

アーティスティックライセンス（http://www.opensource.org/licenses/artistic-license.php）
　Perl アーティスティックライセンスと同じ

GPL（http://www.gnu.org/licenses/gpl.html）
　GNU General Public License

LGPL（http://www.gnu.org/licenses/lgpl.htm）
　Library GPL（または劣等）GPL

MPL（http://www.mozilla.org/MPL/MPL-1.1.html）
　　Mozilla Public License

　19章では、開発者の視点からこれらのライセンスについてより詳しく論じる。この章の目的で大切なのは、「感染性」があるかどうかの違いだけだ。ライセンスの対象ソフトウェアから派生した仕事にも効力が及ぶライセンスのことを「感染性」があるという。

　このようなライセンスのもとで、オープンソースの利用について注意しなければならないのは、プロプライエタリな製品にフリーソフトウェアのコードを組み込む場合である（製品を作るために単にオープンソース開発ツールを使うことには問題はない）。製品のドキュメントに使っているソースコードの適切なライセンス認証とポインタを入れておけば、ライセンスに感染性がない限り、ソースコードを直接組み込んでも問題はない。

　GPL は、もっとも広く使われているとともに、もっとも激しい論争のある感染性ライセンスでもある。論争の原因になっているのは、GPL の対象となっているプログラムの派生生成物自体も GPL の対象とすることを義務付けている第 2 条（b）である（ライセンスを受けた者が求めに応じて物理媒体にソースコードを書き込んで提供することを義務付けた第 3 条（b）も以前は論争の対象になったが、インターネットの爆発的な普及により、第 3 条（a）が求めるソースコードアーカイブの頒布が非常に容易になったので、ソースコード頒布条項について心配する人間は今はいない）。

　第 2 条（b）にある「内部に組み込んでいるかまたはそれから派生した」ものが何かについて、また数段落後の「単なる集合物」ということばによって保護されるのがどのような使い方なのかをはっきりと説明できる人間はいない。論争になる問題としては、ライブラリのリンクや GPL の対象となっているヘッダファイルのインクルードなどがある。問題の一部は、アメリカの著作権法令が派生物とは何かということを定義していないことにある。法廷が判例として定義をひねり出すに任されており、コンピュータソフトウェアという分野では、(2003 年半ばの段階で) まだそのようなプロセスが始まってもいない。

　一方で、「単なる集合物」には、GPL 保護下のソフトウェアとプロプライエタリなコードを同じ媒体で出荷しても、両者がリンクしていたり互いに呼び出したりしていなければ、まちがいなく問題はない。同じファイルフォーマットやディスク上のデータ構造を操作するものであってもかまわない。著作権法は、このような状況を片方が片方の派生物であるとはしない。

　反対に、プロプライエタリなコードに GPL 保護下のコードを埋め込むとか、プロプライエタリなコードに GPL 保護下のオブジェクトコードをリンクすると、そのプロプライエタリソフトウェアはまちがいなく派生物になり、GPL を受け入れなければならなくなる。

　一般に、あるプログラムがサブプロセスとして第二のプログラムを実行しても、どちらかのプログラムがそれによってもう片方の派生物になることはないと考えられている。

　論争の的になるのは、共有ライブラリのダイナミックリンクである。Free Software Foundation の立場では、あるプログラムが別のプログラムを共有ライブラリとして呼び出す場合、呼び出

しているプログラムはライブラリの派生物となる。しかし、この主張は行きすぎだと考えているプログラマもいる。どちらの側にも、技術的、法的、政治的な論点があるが、私たちはここではそれには触れない。ライセンスを書いて所有しているのは Free Software Foundation なので、法廷が別の判断をするまでは、FSF の立場を正しいものとして行動するのが賢明だろう。

一部の人々は、ほんのわずかでも GPL 保護下のコードを使っていれば、すべての市販プログラムのすべての部分に GPL が感染するように、第 2 条 (b) の条文は意図的に作られていると考えている。そのような人々は、GPL を GPV、すなわち一般公開ウィルスだといっている。しかし、同じコンパイル、リンクユニットに GPL コードと非 GPL コードが併用されている場合を除くすべてのものは、「単なる集合物」と考えてよいのだという人々もいる。

このような不確実性のためにオープンソースコミュニティのなかで論争が起きた。そこで、FSF は、人々が GNU コンパイラコレクションのランタイムライブラリを安心して使い続けられるように、少し条件を緩和した「ライブラリ GPL」(その後、「劣等 GPL」と改名された) を作らなければならなくなった。

第 2 条 (b) をどのように解釈するかは自分で判断しなければならない。ほとんどの法律家は、技術的な問題を理解できないはずだし、判例はまだない。今までの実績では、FSF は GPL 違反でだれかを訴えたことはない (少なくとも、1984 年の設立から 2003 年半ばまでの間は) が、訴訟をちらつかせて GPL を強制したことはあり、知られているすべての事例で FSF のもくろみ通りになっている。また、もう 1 つの事実として、Netscape は、市販バージョンの Netscape Navigator ブラウザに GPL 対象プログラムのソースとオブジェクトを組み込んでいる。

MPL と LGPL は、GPL ほどではないが感染性がある。これらは、GPL コードと非 GPL コードの間のやり取りがライブラリ API など、明確に定義されたインターフェイスを介したものであれば、GNU コードをリンクしても、プロプライエタリコードが GNU コードの派生物にならないことを明示的に認めている。

16.7.3 法律家が必要になるとき

この節は、これらの標準ライセンスの対象となっているソフトウェアをプロプライエタリな製品に組み込むことを考えている市販製品の開発者のための話である。

法律についてこれだけ長々と話してきたわけだが、今の時点で私たちができることは、私たちは法律家ではないということで免責を主張することだ。そして、オープンソースソフトウェアを使ってしようとしていることに法的な疑問があるなら、すぐに弁護士に相談すべきだというしかない。

法律の仕事には十分な敬意を払っているつもりだが、これは恐るべきナンセンスだ。これらのライセンスの文言は、法律用語と同じくらい明確であり (明確になるように書かれているのだし)、注意を払って読めば理解できないということがあってはならない。しかし、実際には、法律家と法廷のほうこそ、私たちよりも困惑している。ソフトウェアの権利についての法律はあ

いまいであり、オープンソースライセンスについての判例はまだない（2003年半ばの段階で）。オープンソースライセンスのもとで訴えられた人はまだいないのだ。

　だから、法律家といっても、注意深い一般の読者よりも大きく優れた考えがあるとは考えられない。しかし、法律家は、職業的に自分がわからないということを認めたがらない。だから、尋ねられれば、あなたよりも技術的側面や作者の意図について深く理解していることはおそらくないにもかかわらず、オープンソースソフトウェアには近づくなというだろう。

　最後に付言すれば、オープンソースライセンスの対象となるような仕事をしている人々は、一般に水のなかに血を探すような弁護士軍団を抱える大企業ではなく、まず第一に自分のソフトウェアを流通させたいと考えている個人やボランティアグループである。オープンソースに利害関係を持ち、訴訟沙汰を起こしてそれを作ったプログラマコミュニティを敵にまわしたい例外（つまりオープンソースライセンスのもとでソフトウェアをリリースするとともに、法律家を雇う金も持っている大企業）はごくわずかだ。だから、無知のために犯したライセンス違反のために法廷に召喚される可能性は、来週雷に打たれる可能性よりも低いくらいだ。

　だからといって、これらのライセンスを軽く扱わないでほしい。それでは、ソフトウェアに注ぎ込まれた創造性と苦労に対して失礼だし、どのような形になるかはともかく、怒った作者に最初のターゲットとして訴えられることになるだろう。しかし、決定的な判例がない今の段階では、あなたができることの99%は、作者の意図にできるだけ忠実に従うことだ。法律家に相談して得られる残り1%の保護（得られない場合もあるかもしれないが）が大きな意味を持つことはまずないだろう。

第4部
コミュニティ

第17章

移植性：ソフトウェアの移植性と標準の維持

> 移植にとっては、ターゲットマシンのオペレーティングシステムが、ターゲットのハードウェアアーキテクチャと同じくらい大きな障害だという認識から、私たちは一見過激なアイデアにたどりついた。その部分の問題をきれいに解消するために、オペレーティングシステム自体を移植しよう。
> —— Portability of C Programs and the UNIX System (1978)

Unixは、異なるプロセッサファミリの間で移植された最初の稼動するオペレーティングシステムである（Version 6 Unix、1976年から77年）。今日では、Unixは、メモリ管理ユニットを搭載する程度に強力な新マシンなら、ほとんどすべてのものに移植されている。Unixアプリケーションは、かなり大きく異なるハードウェアのもとで動作するUnixの間で日常的に移植されている。実際、移植が失敗したという話は聞いたことがない。

移植性は、いつもUnixの最大のメリットの1つだった。Unixプログラマは、ハードウェアはすぐに消えていき、安定しているのはUnix APIだけだという前提でコードを書く傾向がある。だから、ワード長、エンディアン、メモリアーキテクチャなどのマシンの細かい特徴にはできる限り依存しない。実際、Cの抽象マシンモデルを越えてハードウェアに依存しているコードは、Unixコミュニティでは悪いコードだとみなされており、オペレーティングシステムカーネルなどの非常に特殊な条件のもとでなければ許容されない。

Unixプログラマたちは、ソフトウェアプロジェクトの寿命を短いものと想定すると、まちがいをおかしやすいということを学んできた[1]。だから、彼らは特定の消える可能性のあるテクノロジに依存するソフトウェアを避け、公開されている標準に大きく依存する傾向がある。このように移植性を意識して書く習慣は、Unixの伝統に非常に深くしみこんでいるので、使い捨

---

1. PDP-7 Unixと Linuxは、ともに予想外に長生きしたものの例である。Unixは、もともと半分はファイルシステムのアイデアを試すために、もう半分はゲームで遊ぶために、2つのプロジェクトに属する数人の研究者がハックして作った研究用のおもちゃだった。Linuxについては、開発者が「私の端末エミュレータが成長して足が生えた」[Torvalds]と表現している。

てコードと考えられているような1度限りのプロジェクトでも、このような書き方が踏襲される。移植性の意識は、Unix開発ツールキットの設計全体を通じて二次的な効果を発揮し、Perl、Python、TclなどUnixのもとで開発されたプログラミング言語にも影響を残している。

移植性の高い設計が持つ直接的な効果は、ソフトウェアのほうがオリジナルのハードウェアプラットフォームよりも長生きし、そのため、数年ごとにツールやアプリケーションを作り直す必要がなくなることだ。Version 7 Unix（1979年）のために書かれたアプリケーションは、今日、単にV7の系統を継いでいるUnixだけではなく、Linuxのような変種でも日常的に使われている。何しろ、Linuxは、Unix仕様に基づいてオペレーティングシステムAPIが書かれているだけで、Bell Labsのソースツリーとはコードをいっさい共有していないのだ。

しかし、直接的な効果ほど自明ではない間接的な効果のほうが重要性は高い。移植性を保とうという態度は、アーキテクチャ、インターフェイス、実装を単純化する効果をもたらすことが多いのだ。そのため、プロジェクトが成功する確率は上がり、ソフトウェアの生涯全体でのメンテナンスコストは下がる。

この章では、Unix標準の守備範囲と歴史を取り上げていく。説明のなかでは、今日でもまだ効力のあるものがどれかを明らかにするとともに、Unix APIのなかでばらつきが大きい分野とそうでない分野がどれかも示していく。また、Unixプログラマがコードの移植性を保つために使っているツールや実践を検討し、優れた実践のための指針を作っていく。

17.1 Cの発達

Unixプログラミングでもっとも目を引くのは、常に、C言語といくつかのサービスインターフェイス（特に標準入出力ライブラリなど）の安定性だった。1973年に作られ、過去30年も酷使されてきた言語なのに、これほども変更が少ないという事実は、本当に注目に値することであり、コンピュータ科学、工学の分野で他に並ぶものはない。

4章では、Cが成功したのは、コンピュータハードウェアにかぶせられたごく薄いグルーレイヤとして、「標準アーキテクチャ」に近いものになったからだということを論じた。もちろん、Cについてはもっと語るべきことがある。その他の話を理解するためには、Cの歴史を簡単におさらいしておく必要がある。

17.1.1 Cの初期の歴史

CはPDP-11版Unixのシステムプログラミング言語として1971年に生まれた。1966年から67年にケンブリッジ大学でBCPL（Basic Common Programming Language designed）が作られ、それをもとにKen ThompsonがBインタープリタというものを作り、さらにそのBから

Cが作られたのである*2。

　Dennis Ritchieのオリジナル Cコンパイラ（彼のイニシャルからDMRコンパイラと呼ばれることが多い）は、Unix Version 5、6、7の時代の急速に成長するコミュニティを支えてきた。Version 6 Cは、最初の市販 Cコンパイラとなった再実装で、最初のUnix風OSとなったIDRISの核ともなったWhitesmiths Cを生んだ。しかし、今のほとんどの C実装は、Steven C. Johnsonのポータブル Cコンパイラ（PCC）の流れを汲んでいる。PCCは、Version 7で登場し、System VでもBSD 4.xでもDMRコンパイラを駆逐してしまった。

　1976年にVersion 6 Cが typedef、union、unsigned int 宣言を導入した。変数の初期化や一部の複合演算子の構文もこのときに変わった。

　Cについての最初の書物は、Brian KernighanとDennis M. Ritchieの最初のThe C Programming Language、すなわち the White Bookである［Kernighan-Ritchie］。この本が出版されたのは1978年で、同じ年にWhitesmiths Cコンパイラが発売された。

　the White Bookは、Version 6 Cを拡張したものを説明していたが、大域記憶の処理だけは大きな例外だった。Ritchieは、もともとFORTRANのCOMMON宣言をCの規則のモデルにしようと考えていた。それは、FORTRANを処理できるマシンなら、Cにも対応できるはずだという理論に基づくものである。COMMONブロックモデルでは、大域変数は複数回宣言でき、同じ宣言はリンカによって結合される。しかし、初期の2つの移植版（HoneywellとIBM 360メインフレーム）は、大域記憶が非常に制限されているか、リンカが原始的であるか、その両方の問題があるマシンで動作するものだった。そこで、Version 6 Cコンパイラは、［Kernighan-Ritchie］で記述されているより厳格な定義参照モデルに移行した（1つの大域変数について定義は高々1回しかできず、その変数の参照宣言には extern キーワードを付ける）。

　Version 7のCコンパイラは、既存のソースコードがかなりの割合でゆるい規則に依存していることがわかったため、この決定を元に戻した。この下位互換性に対するプレッシャは、1988年に ANSI標準案が最終的に定義-参照宣言の規則を確定するまえに、もう1度移行を阻んだ（1983年のSystem V Release 1）。COMMONブロックモデルの大域記憶は、ANSI標準規格が認める変種として未だに容認されている。

　V7 Cは、enumを導入し、structと unionの値を1級市民として扱うようになった。つまり、代入したり、引数として渡したり関数から返せるようにしたのである（アドレスで受け渡しするだけではなく）。

　V7のもう1つの大きな変更は、Unix構造体宣言がヘッダファイルでドキュメントされ、インクルードされることになったことである。それ以前のUnixでは、マニュアル

---

2. C言語のCは、だから、Commonの意味である。でなければ、おそらくChristopherからきているのだろう。BCPLは、もともとBootstrap CPLという意味だった。これは、CPLをかなり単純化したバージョンである。CPLは、非常におもしろいが野心的過ぎて実装できなかったケンブリッジとオックスフォードの共同プロジェクト、Common Programming Languageのことだが、主唱者であるコンピュータ科学の先駆者、Christopher Stracheyの名前を取って、Christopher's Programming Languageとも呼ばれていたのである。

にデータ構造（たとえばディレクトリの構造）が印刷されており、人々はそこから自分のコードに構造体をコピーしていた。いうまでもなく、これは移植性にとって大きな問題だった。

—— Steve Johnson

　System III C バージョンの PCC コンパイラ（BSD 4.1c にも含まれていた）は、異なる構造体に同じ名前のメンバがあっても衝突が起きないように、構造体宣言の処理を変更した。また、このバージョンは、void、unsigned char 宣言を追加した。関数内に書かれた extern 宣言のスコープは、その後ろ全体ではなく、関数内だけに制限されるようになった。

　ANSI C 標準規格案は、const（読み出し専用メモリであることを示す宣言）と volatile（メモリマップト I/O レジスタのアドレスのように、プログラムの制御スレッドからは非同期的に書き換えられる可能性のある位置のための宣言）を追加した。また、unsigned 型変更子は、すべての型に適用されるように一般化され、対称的な singed キーワードも追加された。自動配列と構造体の初期化子と union 型のための初期化構文も追加された。何よりも重要なことだが、関数プロトタイプが追加された。

　初期の C 言語でもっとも重要な変更は、定義-参照宣言への移行と ANSI C 標準規格案における関数プロトタイプの導入だ。C 言語は、1985 年から 86 年にかけて、X3J11 委員会が標準規格案によってその意向をコンパイラの実装者たちに示して以来、安定した状態を保っている。

　初期の C 言語の詳しい歴史は、[Ritchie93] のなかで設計者自身が書いている。

17.1.2 C 標準

　C 標準は、オリジナル C 言語の精神を守ることに最大限の注意を払い、新機能を発案するよりも既存のコンパイラの実験を承認することに強調点を置いた保守的な作業を通じて発展してきている。C9X Charter[3] は、この使命をみごとに表現している文書だ。

　正式な C 標準のための最初の作業は、X3J11 ANSI 委員会のもとで 1983 年に始まった。言語に対する大きな機能追加は、1986 年末までに固定された。この頃には、プログラマの間で K&R C と ANSI C を区別することが一般的になった。

> **C の標準化作業、特に最初の ANSI C は、テストされた機能だけを標準化することを強調していたという点で、かなり異例のことをしていたのだが、多くの人々はそのことに気付いていない。ほとんどの言語の標準委員会は、新機能の考案に多くの時間を費やし、昨日の実装方法にはあまり配慮しないことが多い。それどころか、0 から考案されたごくわずかの ANSI C の機能（たとえば悪名高いトライグラフ）は、C89 のなかでももっとも嫌われ、もっとも成功していない機能である。**
>
> —— Henry Spencer

---

3. Web で公開されている（http://anubis.dkuug.dk/JTC1/SC22/WG14/www/charter）。

> **void** ポインタは **C** の標準化の過程で考案されたものであり、成功を収めているが、**Henry** の指摘は基本的に正しい。
>
> —— **Steve Johnson**

　ANSI C の核の部分は早い段階で決まったが、標準ライブラリの内容についての議論には何年もかかった。正式な標準規格は、1989 年末まで発表されず、その頃までにはほとんどのコンパイラは 1985 年の推奨案を実装していた。標準規格はもともと ANSI X3.159 と呼ばれていたが、1990 年に ISO（国際標準化機構）が規格策定者の地位を引き継ぎ、ISO/IEC 9899:1990 に改名された。これらの標準規格が記述する言語は、一般に C89 とか C90 と呼ばれている。

　C と Unix の移植性について取り上げた最初の本、Portable C and Unix Systems Programming [Lapin] は 1987 年に出版された（私は、当時の勤務先によって強制された偽名のもとでこの本を書いた）。[Kernighan-Ritchie] の第 2 版は、1988 年に出版された。

　1993 年には、C89 のごくわずかな改訂版で Amendment 1、AM1、C93 などと呼ばれるものが浮上した。これは、ワイド文字と Unicode のサポートを追加したもので、ISO/IEC 9899-1:1994 になった。

　C89 標準の改訂は、1993 年に始まり、1999 年には、ISO/IEC 9899（一般に C99 と呼ばれている）が ISO によって採用された。C99 は、Amendment 1 を組み込み、多くの小さな機能を追加した。おそらく、ほとんどのプログラマにとってもっとも大きいのは、C++ と同様に、ブロックの冒頭だけではなく、任意の位置で変数を宣言できるようになったことだろう。可変個の引数を持つマクロも追加された。

　C9X 作業グループは Web ページを持っているが（http://anubis.dkuug.dk/JTC1/SC22/WG14/www/projects）、2003 年半ばの段階では、第三の標準策定は計画されていない。作業グループは、組み込みシステム用 C についての補遺を作っている。

　C の標準化は、作業開始前にほぼ互換性のある実装がさまざまなシステムで動いていたことによって大きく助けられている。このことはまた、標準にどのような機能を入れるかについての議論を難しくもした。

17.2 Unix 標準

　Unix は 1973 年に C で書き直されたことにより、それまでのどのシステムよりも移植、変更しやすいものになった。その結果、この Unix は、早い段階でオペレーティングシステムファミリに分岐していった。Unix 標準は、もともとファミリツリーの異なる枝の API を 1 つにまとめるために開発された。

　1985 年以降に発展した Unix 標準は、このことについて大きな成果を上げた。非常に大きい成果だったので、最近作られた Unix 実装の API のドキュメントとして役に立つくらいだ。実

際、現実世界の Unix は、公開された標準規格に非常に忠実に従っているので、プログラマたちは、自分がたまたま使っている Unix バージョンの公式マニュアルページよりも、POSIX 仕様のようなドキュメントのほうを頼りにすることができる（また実際にそうしていることが多い）。

特に、新しいオープンソース Unix（Linux など）では、公開された標準規格を仕様書として OS 機能を設計していることが多い。これについては、この章のあとのほうで RFC 標準を検討するときにもう 1 度考えよう。

17.2.1 標準規格と Unix 戦争

Unix 標準を開発しようという最初の動機は、2 章で見たように開発の流れが AT&T と Berkeley に分かれてしまったことにある。

4.x BSD Unix は、1979 年の Version 7 から分岐していった。1980 年に 4.1BSD がリリースされたあと、BSD の線は、Unix の最先端という評価を急速に集めていった。BSD が加えた重要な追加には、ビジュアルエディタの vi、単一のコンソールで複数のフォアグラウンド、バックグラウンドタスクを管理できるジョブ制御機能、シグナルの改良（7 章参照）などがある。もっとも重要な追加は TCP/IP ネットワーキングだが、Berkeley が TCP/IP 開発の契約を結んだのは 1980 年だったのに、それから 3 年間、外部リリースには TCP/IP は含まれていなかった。

しかし、AT&T のその後の開発の基礎になったのは、1981 年の System III だった。System III は、Version 7 の端末インターフェイスをクリーンでよりエレガントなものに作り直したが、それは Berkeley の拡張とはまったく互換性のないものだった。また、System III はシグナルの古いセマンティックス（デフォルトに再設定）を残していた（繰り返しになるが、この点については 7 章を参照）。1983 年 1 月にリリースされた System V Release 1 は、一部の BSD ユーティリティを組み込んだ（vi(1) など）。

両者の裂け目に橋をかけようとする最初の試みは、1983 年 2 月に影響力の高い Unix ユーザーグループである UniForum から生まれた。彼らの UniForum 1983 標準案（UDS 83）は、System III カーネルとライブラリのサブセットににファイルロックプリミティブを加えた形で構成される「コア Unix システム」を規定する。AT&T は、UDS 83 のサポートを宣言したが、この標準は 4.1 BSD に基づく進化の過程の不十分なサブセットだった。1983 年 7 月に 4.2 BSD がリリースされると、この欠点はさらに強く感じられるようになった。4.2 BSD は、多くの新しい機能（TCP/IP を含む）を追加し、祖先である Version 7 との間に微妙な非互換性を持ち込んだ。

1984 年の Bell Systems 分割と Unix 戦争の始まり（2 章参照）により、事態は複雑化した。Sun Microsystems は、BSD の方向にワークステーション産業を引っ張っていた。AT&T は、コンピュータビジネスに参入しようとして、Unix の管理権を戦略的な武器として使おうとしていたが、その一方で Sun などのライバルに OS のライセンスを与え続けていた。すべてのベンダーが、ライバルに対して自分のバージョンの Unix を差別化しようという企業戦略を追求し

ていた。

　Unix戦争の間、標準化の動きは、技術者たちからは支持され、ほとんどの製品マネージャたちからはいやそうにされたり積極的に拒絶されたりしていた。たった1つ、重要な例外となっていたのは、AT&Tである。AT&Tは、1984年1月にSystem V Release 2（SVr2）を発表したときに、ユーザーグループと協力して標準規格を設定する意志があることを宣言した。1984年のUniForumの標準規格案は、SVr2のAPIを追いかけるとともに、影響も与えた。その後のUnix標準も、BSDのほうが明らかに機能的に優れている領域を除いて、System Vの流れを追いかける傾向があった（だから、今のUnix標準規格は、端末制御についてはBSDのインターフェイスではなく、System Vのインターフェイスを規定している）。

　1985年に、AT&TはSVID（System V Interface Definition）をリリースした。SVIDは、SVr2 APIのより公式的な定義で、UDS 84を組み込んでいた。その後の改訂版であるSVID2とSVID3は、それぞれSystem V release 3と4を追いかけていた。SVIDはPOSIX標準の基礎となった。POSIXは、システムとCライブラリに関するBerkeleyとAT&Tの論争のほとんどについてAT&T寄りの答を導き出した。

　しかし、まだこのあとの数年間に起こることはよく見えていなかった。その間も、Unix戦争は猛威を振るっていたのである。たとえば、1985年には、ネットワーク越しに共有されるファイルシステムのために2つの競合するAPI標準がリリースされた。SunのNFS（Network File System）とAT&TのRFS（Remote File System）である。Sunが他者との共有のために仕様だけでなくオープンソースコードも差し出したので、この争いはSunのNFSが勝利した。

　論理的にはRFSのほうが優れたモデルだっただけに、NFSが勝ったということの教訓はもっと強調されるべきだった。RFSのほうがファイルロックのセマンティックスは優れていたし、異なるシステムのユーザーIDのマッピングでも優れていたし、全体としてUnixファイルシステムのセマンティックスの細かい部分を適正なものにしようとする努力が見られた。しかし、教訓は無視され、1987年にはまた同じことが繰り返された。このときは、オープンソースのX Window SystemがSunのプロプライエタリなNeWS（Networked Window System）に勝ったのである。

　1985年以降、Unix標準化の推進者としての地位はIEEE（Institute of Electrical and Electronic Engineers）に移った。IEEEの1003委員会は、一般にPOSIXとして知られる一連の標準規格を策定した[*4]。これらは、単にシステムコールとCライブラリを記述する以上のところまで踏み込んだ。シェルのセマンティックスの詳細や最小限のコマンドセット、C以外のプログラミング言語に対するバインディングの詳細なども規定した。1990年に第1版がリリースされ、1996年には第2版がリリースされた。ISOは、これらをISO/IEC 9945として採用した。

---

4. 1986年のオリジナルの試験的な標準案はIEEE-IXと呼ばれていた。POSIXという名前は、Richard Stallmanが提案したものである。POSIX.1の序章には、「ポジティブというのと同じように、ポジックスと発音し、ポシックスなどとは発音しないようにしてほしい。発音方法まで指定しているのは、標準オペレーティングシステムインターフェイスを参照するための標準的な方法を広く知ってもらうためである」と書かれている。

主要な POSIX 標準には、次のものが含まれる。

1003.1（1990 年）

ライブラリ関数。C システムコール API を規定した。シグナルと端末制御インターフェイスを除けば、Version 7 とほぼ同じ。

1003.2（1992 年）

標準シェルとユーティリティ。シェルのセマンティックスは System V の sh と非常によく似ている。

1003.4（1993 年）

リアルタイム Unix。バイナリセマフォ、プロセスメモリロック、メモリマップトファイル、共有メモリ、優先順位付きのスケジューリング、リアルタイムシグナル、クロックとタイマ、IPC メッセージ渡し、同期 I/O、非同期 I/O、リアルタイムファイル操作。

1996 年の第 2 版では、1003.4 は 1003.1b（リアルタイム）と 1003.1c（スレッド）に分割された。

シグナル処理のセマンティックスなどの重要領域で定義があまく、BSD ソケットが省略されているという問題もあったが、POSIX 標準はその後のすべての Unix 標準化作業の基礎となった。POSIX は、POSIX Programmer's Guide ［Lewine］などへの参照を介した間接的なものの場合もあるが、今でも権威として引用されている。その後の標準は、機能を付け加え、非常にまれな境界条件での規定を詳細化しているが、現在でも事実上の Unix API 標準は、「POSIX プラスソケット」である。

Unix 標準化策定作業で次に登場したのは、1984 年に結成された Unix ベンダーのコンソーシアム、X/Open（その後、Open Group に改称された）である。XPG（X/Open Portability Guides）は、もともと POSIX 標準案と同時並行で作られていたが、その後、1990 年になって XPG は POSIX を組み込んで拡張した。POSIX は、すべての Unix の安全なサブセットをつかもうという試みだったが、XPG は最先端で共通に使われているものをもっと広く捉えようとしていた。1985 年の XPG1 でも、SVr2 と 4.2 BSD の両方にまたがっており、ソケットを取り込んでいた。

1987 年の XPG2 は端末操作 API を追加したが、これは基本的に System V の curses(3) だった。1990 年の XPG3 は X11 API を取り込み、1992 年の XPG4 は 1989 年の ANSI C 標準規格完全準拠を義務付けた。XPG2、3、4 は、国際市場サポートに力をいれ、コードセットとメッセージカタログを処理するための凝った API を規定した。

Unix の標準化について資料を読んでいると、Spec 1170（1993 年以降）、Unix 95（1995 年以降）、Unix 98（1998 年以降）といったものが目に入ってくる。これらは、X/Open 標準に基づく認証マークだが、現在は歴史的な意味しか持っていない。しかし、XPG4 から Spec 1170 になったものは、さらに SUS（Single Unix Specification）のバージョン 1 になったので重要だ。

1993 年、すべての大手 Unix 企業を含むシステム、ソフトウェアベンダー 75 社が X/Open を支援して Unix の共通定義を開発することを宣言し、Unix 戦争に終止符が打たれた。その結果、X/Open は Unix の商標権を取得した。このようにして生まれた標準規格が SUS version 1 になった。1997 年には version 2 になり、1999 年には X/Open が POSIX の活動を吸収した。

2001 年に、X/Open（現在は、The Open Group）は、SUS version 3 をリリースした。これで、Unix API の標準化を目指すすべての流れが、ついに 1 つにまとまった。これは、現実の土台を反映したものだ。Unix のすべての流れが再び共通 API のもとに収束したのである。そして、少なくとも 1980 年代の動乱を覚えている古くからの開発者たちの間では、これは大きな喜びである。

17.2.2 勝利の宴に現れた亡霊

残念ながら、まだすっきりしない詳細が残っている。標準化を支援してきた古くからの Unix ベンダーは、新しいオープンソース Unix からの厳しい圧力を受けている。なかには、標準準拠を守るために多大な努力を払ってきたプロプライエタリ Unix を放棄して、Linux を採用する会社も出てきている。

SUS 準拠を確かめるために必要な準拠テストは、コストのかかる仕事だ。テストは、ディストリビューションごとに行う必要があるが、オープンソース OS のほとんどのディストリビューションには手が出ない。いずれにしても、Linux は非常にハイペースで変化しており、どのディストリビューションも、SUS 準拠の認定を受けたころには、古臭くなっているだろう[5]。

SUS のような標準規格は、まだその価値を完全に失ったわけではない。Unix の実装者にとってはまだ、価値のあるガイドである。しかし、The Open Group などの古くからの Unix 標準策定団体が、オープンソースの速いテンポのリリース（しかも、オープンソース開発グループの予算はきわめて低かったりまったくなかったりする）にどのように適応していくのかはまだ未知数である。

17.2.3 オープンソースの世界における Unix 標準

1990 年代半ば、オープンソースコミュニティは、独自の標準化作業を開始した。この作業は、POSIX とその後の標準によって確定されたソースコードレベルでの互換性の上で進められた。特に、Linux は、POSIX などの Unix API 標準が存在するからこそ、0 から書くことができたの[6]。

1998 年に、Oracle は Linux に業界 1 位のデータベース製品を移植した。これは、Linux が大

---

5. イギリスの Linux ディストリビュータ、Lasermoon は、実際に POSIX.1 FIPS 151-2 の認証を受けたが、潜在ユーザー層にまったく注目されず、廃業した。
6. Just for Fun［Torvalds］を参照。

躍進して主流として認められたできごとと受け止められた。移植作業に従事したエンジニアは、API 標準の効果をはっきりと証言した。あるレポーターが、乗り越えなければならなかった技術的な難問は何だったのかと尋ねたときに、このエンジニアは「私たちは make と入力した」と答えたのである。

だから、新しい Unix の問題点とは、ソースコードレベルの API 互換性ではなかった。Linux、BSD、プロプライエタリ Unix の異なるディストリビューションの間でソースコードを動かすために必要なことは、最小限の移植作業以上のものではないということは、だれもが当たり前のこととして考えてよいことだった。新しい問題は、ソースコード互換性ではなく、バイナリ互換性だった。これが問題になったのは、当たり前の PC ハードウェアが大勝利を収めた結果、Unix の土台が目に見えない形でシフトしたことにある。

以前の Unix は、それぞれ自分独自のハードウェアを持っているのも同然だった。プロセッサの命令セットやマシンのアーキテクチャは十分まちまちだったので、アプリケーションを移植したければ、ソースレベルで移植するしかなかった。その一方で、主要な Unix リリースは比較的少なく、それぞれが比較的長い間サービスを続けていた。ソースコードの移植にかかるコストは、大きな顧客層と十分に長い製品のライフサイクルによって比較的小さなものになっていたので、Oracle などのアプリケーションベンダーは、3、4 種類のハードウェア/ソフトウェアの組み合わせのために別々のバイナリディストリビューションをビルドして出荷する余裕があった。

しかし、その後、ミニコンピュータ、ワークステーションベンダーは、安い 386 ベースのスーパーマイクロコンピュータに駆逐され、オープンソース Unix が、ルールを変えた。アプリケーションベンダーがバイナリを出荷できる安定したプラットフォームは、もうなくなっていた。

最初は、Unix ディストリビュータが大量にあることが問題であるように見えた。しかし、Linux ディストリビューション市場の整理統合が進むと、本当の問題は時間の経過にともなう変化のペースだということがわかった。API は安定していたが、システム管理ファイル、ユーティリティプログラムの位置、ユーザーメールボックスやシステムログファイルのパスのプレフィックスなどが絶えず変わっていたのである。

Linux と BSD のコミュニティによる最初の標準化作業は、1993 年に始まった FHS（Filesystem Hierarchy Standard）である。これは、LSB（Linux Standards Base）に組み込まれた。LSB は、さらに期待されるサービスライブラリとヘルパアプリケーションのコレクションについても標準化した。古い Unix ベンダーの間での X/Open に相当するものとして、2001 年までに Free Standards Group が作られていたが、両標準は、この Free Standards Group に引き継がれている[7]。

---

7. 訳注：FSG は、2007 年 2 月に OSDL：Open Source Development Labs と合併して、Linux Foundation になった。

17.3 IETFとRFCの標準化プロセス

　Unixコミュニティは、インターネットエンジニアの文化と融合したときに、IETF（Internet Engineering Task Force）からRFC標準化プロセスの精神も受け継いだ。IETFの伝統では、標準は、動くプロトタイプ実装を使った経験から積み上がっていくものである。しかし、プロトタイプ実装が標準になると、標準に準拠していないコードは、壊れたものとみなされて、容赦なく捨てられる。

　しかし悲しいことに、通常の標準はこのように作られてきたわけではないのである。コンピューティングの歴史では、思想的に最悪な内容と密室での政治が結び付いて、それまでに実装されたものと似ても似つかぬものが標準規格になるという事例が無数にある。さらに悪いことに、多くのものは要求が高すぎて現実的に実装不能になっているか、規定が大雑把すぎて混乱を解決するよりもさらに引き起こしているかのどちらかだ。そして、そのような標準を手にしたベンダーは、都合の悪いところを勝手に無視してしまう。

　ナンセンスな標準として悪名の高いものとしては、1980年代にTCP/IPと短期間競合していたOSI（Open Systems Interconnect）プロトコルがある。その7層モデルは遠くから見るとエレガントに感じられるが、実際には複雑すぎて実装不能だった[8]。ビデオディスプレイ端末機能のANSI X3.64標準も、標準準拠実装といえるものの間での微妙な非互換性のために悪夢化したひどい例として有名だ。キャラクタセル端末がほとんどビットマップディスプレイに置き換えられたあとも、まだ問題が続いている（特に、xterm(1)のファンクションキーと特殊キーがときどき動かなくなるのはこのためである）。シリアル通信のためのRS232標準も、規定が大雑把すぎて、どのシリアルケーブルも同じものには見えなかった時期がある。このような問題のある標準を集めてくると、この本と同じくらいの厚さの本が書けるくらいだ。

　IETFの思想は、次のようにまとめられている。「われわれは王、大統領、選挙を拒否する。われわれが信じるのは、大まかな同意と動くコードだ」[9]。IETFは、動く実装をまず求める姿勢のおかげで、最悪の大失敗を免れてきた。実際のIETFの基準は、もっと厳しいのである。

> [A] 標準仕様の候補は、複数の独立した集団が実装し、正しく動作することと、相互運用できることをテストしたうえで、さらに要求の厳しい環境でも使われるようになって初めてインターネット標準として採用される可能性が出てくる。
> —— インターネット標準化プロセス--**Revision 3 (RFC 2026)**

　すべてのIETF標準は、RFC（Requests for Comment：コメント募集）段階を経由する。RFC

---

8. Webをサーチすると、OSI 7層モデルとタコベルの7層ブリトーを比較して前者をおちょくった有名なページが見つかるはずだ。

9. これは、IETFがOSIプロトコルを拒否した1992年の騒然とした会議のなかで、IETFの上級幹部であるDave Clarkが初めて語ったことである。

として提出する手続きは、意図的に簡単なものになっている。RFC は、標準を提案するもの、結果の概略を示すもの、その後の RFC のために思想的な基礎を提供するもの、冗談のどれでもよい。4 月 1 日の RFC を見るのは、インターネットハッカーの間では正月の儀式のようなものであり、鳥類キャリアによる IP データグラムの伝送（RFC 1149）[10]、ハイパーテキスト・コーヒーポット制御プロトコル（RFC 2324）[11]、IPv4 ヘッダ内のセキュリティフラグ（RFC 3514）[12] など宝の山である。

しかし、提出してすぐに RFC になるのは、ジョーク RFC くらいのものである。真剣な提案は、実際には「インターネットドラフト」としてスタートし、いくつかの著名ホストにある IETF ディレクトリでパブリックコメントを受け付ける。個々のインターネットドラフトには、正式の状態はなく、提出者がいつでも書き換えたり取り下げたりすることができる。取り下げられもせず、RFC に昇格したわけでもないインターネットドラフトは、6 か月後に削除される。

インターネットドラフトは仕様ではなく、ソフトウェアの実装者やベンダーは、インターネットドラフトが仕様であるかのようにそれに準拠していると主張することが明確に禁止されている。インターネットドラフトは議論の焦点であり、通常はメーリングリストでつながった作業グループに預けられる。作業グループのリーダーが適切だと考えると、インターネットドラフトは RFC 番号を割り当てるために RFC エディタに提出される。

RFC 番号が割り当てられたインターネットドラフトは、実装者が準拠していると主張してよい仕様になる。RFC の作者とコミュニティ全体は、実地の経験に基づいて仕様に訂正を加えていく。

一部の RFC はそれよりも先に進まない。使ってみたいという人々をひきつけられず、フィールドテストを生き残れない仕様は、静かに忘れ去られていき、最終的に RFC エディタに「推奨せず」とか「陳腐化」といったマークを付けられる。提案の失敗はプロセスのオーバーヘッドの 1 つとして受け入れられ、それにかかわったからといって不名誉になるわけではない。

成功した RFC を標準への道に乗せるのは、IETF の運営委員会（IESG：Internet Engineering Steering Group）である。そのために、IETF は RFC を標準原案（Proposed Standard）に指定する。RFC が標準原案に指定されるためには、仕様が安定していて、ピアレビューを経ており、インターネットコミュニティから十分な関心を集めていなければならない。標準原案に指定されるために実装が絶対的に必要だとまでは考えられていないが、望ましいとは考えられている。そして、RFC がインターネットのコアプロトコルにかかわっているとか、なんらかの不安定要因になると考えられる場合には、IESG が実装を要求する場合がある。

標準原案はまだ訂正の余地があり、IESG と IETF がよりよい方法を見つけた場合には、撤回されることさえある。標準原案は、「混乱に弱い環境」での使用を推奨されていない。つまり、

---

10. RFC 1149 は Web で参照できる（http://www.ietf.org/rfc/rfc1149.txt）。そればかりでなく、実装もされている（http://www.blug.linux.no/rfc1149/writeup.html）。

11. RFC 2324 は Web で参照できる（http://www.ietf.org/rfc/rfc2324.txt）。

12. RFC 3514 は Web で参照できる（http://www.ietf.org/rfc/rfc3514.txt）。

航空管制システムや集中治療システムでは使わないほうがよい。

　少なくとも2つの独立に作られた、完全に動作する、そして相互運用できる標準原案の実装が作られると、IESGは標準原案を標準案に昇格させる。RFC 2026は、「標準案への昇格は、大幅な前進であって、仕様が成熟して役に立つという固い確信があることを示す」と表現している。

　RFCが標準案の状態にまで達すると、仕様のロジックにバグがあってそれを訂正するとき以外、変更は行われない。標準案は、混乱に弱い環境でもすぐに運用してよいものと考えられている。

　標準案が広く普及した実装によるテストをパスして一般的に受け入れられる状態に達すると、インターネット標準になる可能性が出てくる。インターネット標準は、RFC番号をそのまま維持しつつ、STDシリーズの番号を新たに受ける。本稿執筆段階では、3000種を越えるRFCがあるが、STDはわずかに60種類である。

　標準に向かっていないRFCには、実験的、情報的、歴史的というラベルが付けられることがある。ジョークのRFCには情報的のラベルが付けられる。歴史的ラベルが付けられるのは、時代遅れになった標準である。RFC 2026は、「純粋主義者たちは、〈歴史的ということばは「歴史に残る」という意味の「Historic」ではなく〉「Historical」ということばを使うべきだと提案してきたが、現時点では過去のという意味で「Historic」ということばを使っている」と書かれている。

　IETFの標準化プロセスは、理論ではなく実践によって標準化が進んでいくように、また、標準プロトコルになるものは厳格なピアレビューとテストを経るように設計されている。このモデルの成功は、世界規模に広がったインターネットという結果からも明らかだろう。

17.4　DNAとしての仕様とRNAとしてのコード

　PDP-7という旧石器時代でも、Unixプログラマは、他の環境のプログラマより、古いコードを捨ててよいものと扱う傾向があった。これは、まちがいなく、Unixがモジュール性を強調してきたからである。設計にモジュール性があれば、全体を壊すことなく、システムの小さな部品を捨てたり置き換えたりすることは簡単になる。Unixプログラマたちは、悪いコードや悪い設計を修復しようとしても、プロジェクト全体をやり直すより大仕事になってしまうことが多いということを経験から学んできている。他のプログラミング文化のもとでは、非常に多くの作業を投資してきた怪物的モノリスに本能的にパッチを当てようとするところだが、Unixの本能では、スクラップアンド（リ）ビルドするのだ。

　IETFの伝統は、Unixプログラマたちにコードよりも標準のほうが重要だということを教えて、この傾向をさらに強化した。プログラムは、標準によって連動するようになる。標準は、テクノロジを縫い合わせて、部品の総和以上の内容を持つ全体を作り上げる。IETFは、既存の

実践の最良のものを掬い上げる慎重な標準化作業は、決して実装できない理想を中心として世界を作り直すような壮大な試みよりも多くのことを実現できる謙譲の態度の強力な形態だということを私たちに示してくれた。

1980年以降、IETFの標準化作業の影響は、Unixコミュニティで次第に広く感じられるようになった。1989年以降のANSI/ISO C標準規格は完全で傷がないというわけではないものの、サイズと重要性があの規模の標準としては、例外的にクリーンで実践的だといえるだろう。SUSには30年間に及ぶ実験の化石が含まれているうえに、より複雑な分野でまずいスタートを切っただけに、ANSI Cよりもごちゃごちゃしているが、SUSのもとになったコンポーネント標準は非常に優れている。その証拠に、Linus Torvaldsが標準を読んだだけで0からUnixを構築することができたのだ。IETFのめだたないが強力な実例の影響で、Linus Torvaldsの偉業を可能にするような重要部品が作られていたのである。

公開された標準とIETFの標準化プロセスに対する尊敬は、Unix文化に深くしみこんでいる。インターネット標準（STD）にわざと違反するようなことは、単純に行われていない。このことは、Unixの経験を持つ人々と、そうでない人々の間に相互不信の溝を作ることがある。Unixの外の世界の人々は、もっとも人気があり広く使われているプロトコル実装なら、たとえ実際には標準を大きく逸脱していて、標準準拠ソフトウェアと相互運用できなくても、定義上正しいと思いがちだからだ。

Unixプログラマの公開された標準に対する敬意には、おもしろい側面がある。というのも、彼らは他の種類の先験的に与えられた仕様に対しては、むしろ敵意を抱くことが多いからだ。「ウォーターフォールモデル」（まず徹底的に仕様に集中し、次に実装し、次にデバッグする。各ステージで逆戻りは決して認めない）がソフトウェア工学の文献でまったく支持されなくなるまでの間、このモデルは長年にわたってUnixプログラマの間では嘲笑の対象だった。共同開発の強固な伝統と経験から、Unixプログラマたちは、プロトタイプを作ってテストと発展のサイクルを繰り返すほうがよいことを知っていたからである。

Unixの伝統は、優れた仕様には大きな価値があることをはっきりと認めるが、それと同時に、インターネットドラフトや標準草案のように、それらの仕様を暫定的なものとして扱い、実地経験に基づいて改訂できるようにすることも求めるのである。Unixの最良の実践においては、プログラムのドキュメントはインターネットの標準草案と同じように改訂される仕様として使われる。

> 他の環境とは異なり、**Unix** の開発では、ドキュメントはプログラムよりもまえに書かれることが多い。少なくとも、プログラムと連動して作られる。**X11** では、**X** が最初にリリースされる前に **X** の核となる標準ドキュメントは完成しており、しかもその頃から本質的には変更されていない。異なる **X** システムの間での互換性は、仕様に基づく厳格なテストによってさらに向上する。
>
> 適切に書かれた仕様があることによって、**X** のテストスイートの開発はずっと簡単に

なった。実装のテストのために、X 仕様の 1 つ 1 つの文をコードに翻訳する。その過程で、仕様に若干の不統一が見つかったが、最終的にはサンプル X ライブラリ、サーバのコードパスのかなりの割合をカバーするテストスイートができた。そして、これはすべて実装のソースコードを見ないで作られているのだ。

—— **Keith Packard**

テストスイートの半自動生成は大きなメリットだ。フィールドでの経験やグラフィックス技術の進歩によって X の設計に対する批判は多数出たし、X のさまざまな部分（セキュリティやユーザーリソースモデル）は不体裁で作りすぎにみえるかもしれないが、X 実装は注目すべきレベルの安定性とベンダー間相互運用を実現しているのである。

9 章では、できる限り高い水準でコーディングすれば、一定の割合で現れるエラーの効果が少なくなるということを述べた。Keith Packard の説明には、X のドキュメントを単なる希望リストではなく、一種の高水準コードにしようというアイデアが隠されているようだ。もう 1 人の X の主要な開発者がそれを裏付けている。

X では、仕様がいつもルールだ。ときには仕様にもフィックスが必要なバグが含まれているが、普通は仕様よりもコードのほうがバグがちだ（もちろん、印刷するだけの価値がある仕様に限るが）。

—— **Jim Gettys**

Jim はさらに、X のプロセスが実際に IETF のプロセスとよく似ていることを指摘している。また、このプロセスの価値が、優れたテストスイートの構築に限られないことも述べている。つまり、システムの動作についての議論をするときに、実装問題にあまり深入りせず、仕様によって機能レベルで進められるということだ。

よく考えられた仕様を開発の原動力にすると、バグと機能についての議論をほとんどせずに済む。仕様の実装を誤っているシステムは壊れており、直さなければならないというだけのことだ。

しかし、ひょっとしてこのことはあまりにも私たちの大半に浸透しているので、私たちはその本当の力を見失っている危険はないだろうか。

ベルビューの東にある小さなソフトウェア会社[13]で働いている私の友人は、**Linux** アプリケーションの開発者たちが **OS** の変更とアプリケーションのリリースの同期をどのように取るのかと不思議に思っていた。その会社では、アプリケーションのちょっとした気まぐれのために、システムレベルの大きな **API** がひんぱんに変更されていたので、重要な **OS** 機能をアプリケーションとともにリリースしなければならないことがよくあった。

---

13. 訳注：Microsoft のこと。

> 私は仕様の力の大きさと仕様に従属する存在としての実装ということを説明して、さらに、ドキュメントされたインターフェイスから作ったアプリケーションが予想外の結果を生んだとすれば、それはアプリケーションが壊れているか、バグを発見したということだと説明した。彼はこの考え方に驚いたようだった。
> そのようなバグは、インターフェイスの実装を仕様と対照して確かめれば見分けられる。もちろん、実装のソースがあればその作業は少し楽になる。
>
> —— Keith Packard

このような標準が先という態度は、エンドユーザーにもメリットをもたらす。そのベルビューの東のもう小さくない会社は、オフィススイートの新リリースと以前のリリースとで互換性を保つことができないでいるが、1988年にX11のために書かれたGUIアプリケーションは、今日のX実装のもとでもそのまま動作する。Unixの世界では、このような長寿はごく当たり前のことだ。そして、その理由は、DNAとしての標準という態度にある。

このように、道しるべとなり、持続性を保証する標準を尊重し、スクラップアンドリビルドを旨とするUnixの文化は、標準なしでコードベースに絶えずパッチを当てる文化と比べて長期にわたる相互運用性に優れている。これは、Unixの教訓のなかでももっとも重要なものの1つだ。

Keithの最後のコメントは、オープンソースUnixの成功が前面に押し出してきたテーマに直接触れるものだ。すなわち、オープンな標準とオープンソースの関係である。この問題についてはこの章の最後で取り上げるが、そのまえに、Unixプログラマが、蓄積された標準の膨大な内容はソフトウェア互換性を実現するための知識をどのように使ったらよいかという実践的な問題に答えておこう。

17.5 移植性を確保するプログラミング

ソフトウェアの移植性は、通常、空間的なことばで考えられる。このコードは、もともとのターゲット以外の既存のハードウェア、ソフトウェアプラットフォームに（横に）移動できるだろうか。しかし、Unixが何十年もの間に築いてきた経験からは、時間的な持続性も、同じくらいに重要だ（より重要でなければ）。ソフトウェアの将来について詳細に語れるのなら、今からそうなっているはずだ。移植性を確保するためには、環境のなかでこれからも残りそうな機能を基礎としてソフトウェアを選択し、近い将来に生涯を閉じそうなテクノロジを避けるようにしなければならない。

Unixでは、移植性の高いAPIを定義するという問題のために20年も注意を払ってきたので、この問題はほぼ解決した。SUSに規定されている機能は、現在のすべてのUnixプラットフォームに存在するはずだし、将来サポートを停止することはまずないだろう。

しかし、プラットフォーム依存性の問題は、システム API やライブラリ API の問題だけで解決できるわけではない。実装言語が問題になることもある。ソースシステムとターゲットシステムの間のファイルレイアウトなどのコンフィグレーションの違いが問題になることもある。しかし、Unix は、これらにも対応できるような実践を積んできている。

17.5.1 言語の選択と移植性

移植性を確保するプログラミングで最初に問題になるのが、実装言語の選択である。14 章で取り上げたすべてのメジャーな言語は、今稼動しているすべての Unix で利用できるし、大半については、Windows と MacOS で動作する実装もある。移植性問題が持ち上がってくるのは、コア言語ではなく、サポートライブラリやローカル環境とのシステム統合の度合いである（特に、GUI のインフラストラクチャを含めた IPC と並行処理管理の問題）。

17.5.1.1 C の移植性

C 言語のコアは、きわめて移植性が高い。Unix における標準実装は GNU C コンパイラである。GNU C は、オープンソース Unix だけではなく、プロプライエタリ Unix でも広く使われている。GNU C は Windows や古典的な Mac OS にも移植されているが、ネイティブ GUI に対する移植性の高いバインディングがないので、どちらの環境でもあまり広く使われていない。

標準入出力ライブラリ、数学ルーチン、国際化サポートは、すべての C 実装の間で移植性がある。ファイル入出力、シグナル、プロセス制御は、SUS で規定された新しい API だけを使うようにしていれば、すべての Unix の間で移植性がある。古い C コードには、移植性を保つためにプリプロセッサの条件コンパイルディレクティブが大量に含まれているが、それらは古いプロプライエタリ Unix が持っていた POSIX 以前のインターフェイスを処理するもので、2003 年段階では、陳腐化しているかそれに近い状態になっている。

IPC、マルチスレッド、GUI インターフェイスなどの分野に入ると、C の移植性は重大な問題になってくる。IPC とマルチスレッドの移植性問題については、7 章で取り上げた。実践的に大きな問題になるのは、GUI ツールキットである。いくつかのオープンソース GUI ツールキットは、Unix、Windows、古い Mac OS の間で移植性がある。Web サーチでソースコードとドキュメントがすぐに見つかる有名なツールキットとしては、Tk、wxWindows、GTK、Qt の 4 種類がある。しかし、すべてのプラットフォームでリリースされているものはないし、すべてのプラットフォームでネイティブな GUI のルックアンドフィールを提供しているものもない（これは、技術的というより法的な理由からだが）。この問題に対処するためのガイドラインは 15 章で取り上げた。

移植性の高い C コードの書き方については、何冊もの本が書かれてきている。この本はそのなかの 1 つにはならない。しかし、Recommended C Style and Coding Standards [Cannon] と The Practice of Programming [Kernighan-Pike99] の移植性に関する章を慎重に読むこと

をお勧めする。

17.5.1.2 C++の移植性

　C++は、オペレーティングシステムレベルでの移植性についてCとまったく同じ問題を持ち、さらに独自の問題を持っている。C++独自の問題としては、オープンソースのGNU C++コンパイラが、プロプライエタリな実装よりも大きく遅れていることである。そのため、2003年半ばの段階でも、事実上の標準の基礎となるようなGNU Cにあたる存在がない。また、C++99 ISO標準を完全に実装しているC++コンパイラがまだないのも問題だ。ただし、GNU C++は、完全実装に近くなってきている。

17.5.1.3 シェルの移植性

　シェルスクリプトの移植性は、残念ながら低い。問題はシェル自体ではない。bash(1)（オープンソースのBourne Againシェル）は、十分普及しており、純粋なシェルスクリプトならほぼどこでも動作する。問題は、ほとんどのシェルスクリプトが、シェルよりも移植性の低い、ターゲットマシンのツールキットに必ずしも含まれているとは限らない他のコマンドやフィルタを多用していることにある。

　この問題は、autoconf(1)ツールのように英雄的な努力で克服することは可能だが、かなりたいへんなことには違いないので、シェルを使って行われていた類のプログラミングのなかで比較的重いものは、Perl、Python、Tclなどの第2世代スクリプト言語に移行してきている。

17.5.1.4 Perlの移植性

　Perlの移植性はまずまず高い。標準ディストリビューションにも、Unix、Mac OS、Windowsにまたがって移植性の高いGUIをサポートするTkツールキットへの移植性の高いバインディングが含まれている。しかし、Perlスクリプトは、すべてのPerl実装にあるとは限らないCPAN (the Comprehensive Perl Archive Network) ライブラリを必要とすることが多く、それが問題になる。

17.5.1.5 Pythonの移植性

　Pythonの移植性はきわめて高い。Perlと同様に、Pythonの標準ディストリビューションにも、Unix、Mac OS、WindowsにまたがってGUIをサポートするTkツールキットへの移植性の高いバインディングが含まれている。

　Pythonの標準ディストリビューションには、Perlよりも機能の豊富な標準ライブラリが同梱されており、プログラマが依存するCPANにあたるアーカイブがない。重要なエクステンションは、マイナーリリースのたびに、標準Pythonディストリビューションに組み込まれる。これは、時間的な問題を犠牲にして空間的な問題を解決する方法だ。だから、Pythonはモジュールがないという問題はあまり起きないが、その分、マイナーバージョン番号がPerlのリリース

レベルよりも重要な意味を持ってしまうという問題がある。しかし、実際には、このトレードオフは Python 的な解決方法のほうがよい結果になるようだ。

17.5.1.6 Tcl の移植性

　Tcl の移植性は全体としては高いが、プロジェクトの複雑度によってかなり大きく異なってくる。クロスプラットフォーム GUI プログラミングのための Tk ツールキットは Tcl ネイティブのものである。Python と同様に、コア言語の進化は比較的スムーズであり、バージョン違いによる問題はほとんどない。しかし、Tcl は、すべての実装にあるとは限らないエクステンションに Perl 以上に依存しており、しかもそれらを一元的にディストリビュートする CPAN のような存在がない。

　だから、エクステンションに依存しない小さなプロジェクトでは、Tcl の移植性はきわめて高い。しかし、規模の大きいプロジェクトは、エクステンションとターゲットマシンにあるとは限らない外部コマンドの呼び出し（シェルプログラミングと同様の問題）の両方に大きく依存する傾向がある。その分、移植性も低くなる。

　皮肉にも、Tcl は、エクステンションを追加しやすいことによって移植性問題を引き起こしている。特定のエクステンションが標準ディストリビューションの一部としておもしろい存在になり始めると、それの別バージョンがいくつも現れるようになることが多い。1995 年の Tcl/Tk Workshop で、John Ousterhout は、標準 Tcl ディストリビューションに OO サポートがない理由を次のように説明した。

> 5 人のムッラー[*14]が丸くなって座り、互いに「あいつを殺せ。あいつは異教徒だ」といい合っているところを想像してほしい。もし私が特定の OO 方式をコアに入れると、彼らのうちの 1 人は、「お前を祝福しよう。お前は私の指輪にキスしてよい」といい、残りの 4 人は「あいつを殺せ。あいつは異教徒だ」というだろう。

　言語設計者になることは、必ずしも幸せなものではない。

17.5.1.7 Java の移植性

　Java の移植性はきわめて高い。それは、結局のところ、「1 度書いたらどこでも動く」を第一の目標として設計されているからだ。しかし、Java の移植性は完全なものではない。問題は、主として JDK 1.1 と古い AWT GUI ツールキットの組み合わせと JDK 1.2 と新しい Swing GUI ツールキットの組み合わせの間の互換性である。このような問題が起きたことについては、いくつかの重要な理由がある。

- Sun の AWT の設計には大きな欠陥があり、Swing と取り替えなければならなかった。

---

14. 訳注：イスラムの宗教的権威者。

- MicrosoftがWindowsでのJava開発のサポートを拒否し、JavaではなくC#を普及させようとした。
- MicrosoftがインターネットエクスプローラのアプレットサポートをJDK 1.1レベルにとどめることにした。
- Sunのライセンスは、JDK 1.2のオープンソース実装を不可能にするものであり、その分普及が遅れた（特にLinuxで）。

移植性を意識してGUIプログラムを作るJavaプログラムは、しばらくの間、二者択一に迫られる。JDK 1.1/AWTに留まり、最大限の移植性（Microsoft Windowsを含む）を確保するために設計の貧弱なツールキットで我慢するか、JDK 1.2のよりよいツールキットを取って、移植性を犠牲にするかである。

最後に、すでに述べたように、Javaのマルチスレッドサポートには、移植性問題がある。OSバインディングに対してそれほど積極的でない他の言語とは異なり、Java APIは、異なるOSの異なるプロセスモデルの間の隙間を埋めようという努力を払っている。しかし、この難しい問題を完全に解決できているわけではない。

17.5.1.8 Emacs Lispの移植性

Emacs Lispの移植性はきわめて高い。Emacsのインストールはひんぱんに更新される傾向があり、大きく時代遅れになった環境は少ない。同じ拡張LispがどこでもサポートされておリU、実質的にすべてのエクステンションがEmacs本体とともにディストリビュートされている。

だから、Emacsのプリミティブ命令セットは非常に安定している。Emacsのプリミティブ命令は、エディタがしなければならないこと（バッファの操作やテキストの処理）については数年前から完全にこなしていた。この画像が少しでも揺らいだとしたらXの導入だけだが、Xがあることを意識しなければならないEmacsモードはほとんどない。移植性問題は、通常オペレーティングシステム機能に対するCレベルバインディングの癖という形で現れる。そのような問題が一定の頻度で発生するとすれば、メールエージェントのように、モード内で子孫プロセスを制御する場合だけである。

17.5.2 システムへの依存を避けるには

言語とサポートライブラリを選んだら、次の移植性問題は、主要なシステムファイルやディレクトリの位置になることが多い。メールスプール、ログファイルディレクトリといったものである。この種の問題の典型例は、メールスプールディレクトリが/var/spool/mailか/var/mailかというものだ。

この種の依存問題は、数歩下がって問題を再構成すれば避けられることが多い。いったいメールスプールディレクトリのファイルをオープンしようとしているのはなぜなのだろうか。そこ

に書き込みをしようとしているのなら、単純にローカルメール伝送エージェントを起動して、正しくファイルロックの処理もさせたほうがよいのではないか。そこから読み出そうとしているのなら、POP3 または IMAP3 サーバを通じてメールを問い合わせたほうがよくないか。

他の分野でも、同じような問いが生まれるはずだ。手作業でログファイルをオープンしているのだとすれば、代わりに syslog(3) を使うべきではないのか。システムファイルの位置よりも、C ライブラリを介した関数呼び出しインターフェイスのほうが標準化が進んでいるはずではないのか。それらの方法を利用すべきだ。

コード内にシステムファイルの位置を書き込まなければならない気がする場合、ソースコードでディストリビュートするのか、バイナリコードディストリビュートするのかによって、代わりに取れる最良の方法は変わってくる。ソースディストリビュートの場合、次節で取り上げる autoconf ツールを使うと役に立つ。バイナリディストリビュートの場合、プログラムが実行時に情報をつつき回し、ローカルな条件に自動的に対応できるようにするとよいだろう。たとえば、/var/mail と /var/spool/mail があるかどうかを実際にチェックするのである。

17.5.3 移植性を確保するためのツール

移植性問題の処理、システムコンフィグレーションの調査、メイクファイルの調整には、15 章で取り上げたオープンソースの GNU autoconf(1) が使えることが多い。今日、ソースからビルドする場合、configure; make; make install と入力すれば、クリーンビルドが得られると考えてよい。これらのツールについては、優れたチュートリアルがある (http://seul.org/docs/autotut/)。バイナリでディストリビュートする場合でも、autoconf(1) ツールを使えば、異なるプラットフォームに合わせたコードの条件付け問題を自動化するうえで役に立つ。

この問題には、別のツールもある。特によく知られているのは、X Window System に付属している Imake(1) と、Larry Wall (のちに Perl を作った) が作った Configure ツールで、他の多くのプロジェクトでも使われている。しかし、これらはみな、autoconf スイートよりも複雑でないということはなく、今はもうあまり使われていない。autoconf ほど広い範囲のターゲットシステムに対応しているわけでもない。

17.6 国際化

この本では、コードの国際化 (インターフェイスに複数の言語を組み込み、異なるキャラクタセットに対応できるようにプログラムを設計すること) を詳しく論じることはできない。しかし、Unix の経験のなかで、優れた実践のためのいくつかの教訓を紹介しておこう。

まず第一に、コードからメッセージベースを分離することだ。Unix には、プログラムが使う

メッセージをコードから分離し、コードを書き換えなくても他の言語で書かれたメッセージ辞書をはめ込めるようにするという優れた実践がある。

この仕事でもっともよく知られたツールは、GNU gettext である。gettext を使うためには、国際化が必要な母国語の文字列を特別なマクロで包む。マクロは、個々の文字列をキーとして、言語ごとの辞書を参照する。辞書は別ファイルとして用意することができる。辞書が見つからない場合（あるいは、辞書があっても照合の結果、一致するものが見つからない場合）には、単純に引数を返す。つまり、暗黙のうちに母国語メッセージを使う。

2003 年半ばの時点では、gettext 自体はごちゃごちゃしていて不安定だが、考え方自体はまともである。多くのプロジェクトでは、このアイデアをもっと軽いコードで実現すればよい結果が得られるだろう。

第二に、最近の Unix では、複数のキャラクタセットに対応するための歴史的な遺物をすべてスクラップにして、UTF-8 をネイティブキャラクタセットにする動きがはっきりとしてきた。UTF-8 は、Unicode キャラクタセットを 8 ビット化したものである（だから、16 ビットワイド文字をネイティブキャラクタセットにしようとしているわけではない）。UTF-8 の下位 128 字は ASCII であり、下位 256 字は Latin-1 である。つまり、この方法には、2 つのもっともよく使われているキャラクタセットに対する下位互換性がある。XML と Java がこの選択をしたことがこの流れを加速したのはまちがいないが、XML や Java と無関係なところでも、この動きははっきりとある。

第三に、正規表現の文字範囲に注意が必要だ。スクリプトやプログラムがたとえばドイツ語に適用される場合、[a-z] では、すべての小文字をキャッチできない。ドイツ語には、小文字の一部とみなされるが、この範囲には含まれないエスツェット（β）がある。同様のことが、フランス語のアクサン付きの文字にもいえる。POSIX 標準で規定されている [[:lower:]] などのシンボリックな範囲を使ったほうが安全である。

17.7 移植性、オープン標準、オープンソース

移植性を実現するには、標準が必要だ。オープンソースの参照実装を作っておくことは、標準を広めるためにも、プロプライエタリベンダーに標準準拠を求めるためにも、もっとも効果的な方法である。あなたがプログラマなら、公開された標準のオープンソース実装があれば、作業負荷は大幅に削減されるし、あなたの製品は他人の労働の成果を利用できる（効果は、想定内の場合も想定外の場合もある）。

たとえば、デジタルカメラのためのイメージ取り込みソフトウェアを作っているものとする。イメージビットを保存するために、PNG であれば、十分にテストされた本格的なフル機能のライブラリがオープンソースで作られているのに、独自のフォーマットを作ったり、プロプライ

エタリコードを買ったりする必要があるだろうか。

　オープンソースという方法の（再）発明は、標準化プロセスにも大きな影響を与えた。IETFは、1997年以降、少なくとも1つのオープンソース参照実装を持たない標準化RFCの提案を次第に拒むようになってきた。もともと、実装は要求されていなかったのである。将来は、特定の標準に準拠しているかどうかは、標準の著者が支持するオープンソース実装に準拠しているかどうかによって（あるいはすぐに使えるかによって）測られるようになるのではないか。

逆に、何かを標準に押し上げるための最良の方法は、高品質のオープンソース実装をディストリビュートすることだともいえる。

—— **Henry Spencer**

　結局、コードの移植性を保証するためにもっとも効果的なことは、プロプライエタリな技術に依存しないことだ。プロプライエタリなライブラリ、ツール、コードジェネレータ、ネットワークプロトコルなどを使っていると、それがいつ生涯を閉じるか、あるいは、あなたのプロジェクトにとって困るような下位互換性のない形でインターフェイスが変更されるか、まったく予想できない。オープンソースコードを使っていれば、プロジェクトのコードの変更が必要になるような変更を新バージョンが加えても、前進の道はある。ソースコードが見られるのだから、必要であれば自分のプロジェクトを新プラットフォームに移植すればよい。

　1990年代末までは、このようなアドバイスには現実性がなかった。プロプライエタリなオペレーティングシステムや開発ツールに依存しないごく少数の方法は、純粋な実験か、学術的な概念の証明のためのコードか、ただのおもちゃだった。しかし、インターネットがすべてを変えた。2003年半ばには、Linuxを始めとするオープンソースUnixが存在し、製品としての品質を備えたソフトウェアのためのプラットフォームとしての実力を証明している。開発者たちも、他人の独占状態から自分を守るために短期的な判断に頼らなくても済むようになった。防衛的な設計を実践しよう。オープンソースを基礎として開発し、プロプライエタリコードの岩場で座礁しないようにすることだ。

第18章

ドキュメント：
Web中心の世界でコードの説明をする

> **17000ページものドキュメントを読もうという人間になど会ったことはないし、もしいたとすれば、そんな人間は殺して遺伝子給源から取り除いてしまうだろう。**
> —— Joseph Costello

　1971年に作られたUnix初のアプリケーションは、ドキュメントを準備するためのプラットフォームだった。Bell Labsは、これを使って特許出願文書を準備していたのである。コンピュータを使った写真植字は、当時としてはまだ新しい発想であり、1973年に登場したJoe Ossanaのtroff(1)フォーマッタは、時代の最先端を切り開くものだった。

　それ以来、Unixの伝統では、さまざまな種類の高度なドキュメントフォーマッタ、写植ソフトウェア、ページレイアウトプログラムは、重要なテーマだった。troff(1)が驚くほど長生きして健在をアピールする一方で、Unixはこの領域ではいくつもの新しい仕事を生み出してきた。今日、UnixプログラマとUnixツールは、Webの登場によって始まったドキュメントの大きな変化の場面で最先端を走っている。

　ユーザーに対するプレゼンテーションのレベルでは、1990年代中頃からUnixコミュニティの実践は、「すべてをHTMLに、すべての参照をURLに」という方向に急速に転換している。最近のUnixのヘルプブラウザは、特殊な種類のURL（たとえば、man:ls(1)は、ls(1)のmanページをHTMLに展開する）の解釈方法を知っている単純なWebブラウザになりつつある。こうすることにより、ドキュメントマスターとしてさまざまなフォーマットのものを用意することによる問題点が緩和されるが、この問題が完全に解決されるわけではない。ドキュメントを作る人は、依然としてどのマスターフォーマットが自分のニーズにもっとも適しているかを把握していなければならないのだ。

　この章では、何十年もの実験の結果残されてしまった多すぎるほどのドキュメントフォーマットとツールの概要を示し、優れた実践と優れたスタイルのガイドラインを築いていく。

18.1 ドキュメントの概念

　最初の区別は、WYSIWYG（ウィジウィグ：What You See Is What You Get）プログラムとマークアップ指向のツールの違いだ。ほとんどのDTP（デスクトップパブリッシング）プログラムとワードプロセッサは、前者に属する。WYSIWYGプログラムには、入力した内容が直接画面上のドキュメントのプレゼンテーションに挿入されるようなGUIがある。このGUIには、できる限り最終的に印刷されるドキュメントと似たイメージを見せるという目的がある。それに対し、マークアップ指向のシステムでは、マスタードキュメントは、通常明示的な表示制御タグの付いたフラットテキストになっており、このドキュメント自体は意図した出力とは似ても似つかない。マークアップ付きのソースドキュメントは、通常のテキストエディタで書き換えられるが、印刷、表示用のマークアップ展開後の出力を得るためには、ソースドキュメントをフォーマッタプログラムにかけなければならない。

　WYSIWYGスタイルのビジュアルインターフェイスは、初期のコンピュータハードウェアにはコストが高くてとても実現できなかった。1984年のMacintoshの登場までは、非常にまれだった。しかし、今はUnix以外のOSでは完全に主流になっている。一方、Unixネイティブのドキュメントツールは、ほとんどすべてマークアップ指向である。1971年に作られたUnixのtroff(1)もマークアップフォーマッタだったし、今も使われているこの種のプログラムとしてはおそらく最古のものだろう。

　マークアップ指向のツールにもまだ出番はある。というのも、WYSIWYGの実際の実装には、さまざまな点でまずいところがあるからだ。そのうちの一部は表面的なものだが、深刻なものもある。まず、WYSIWYGドキュメントプロセッサには、11章で取り上げたGUI全般の問題点がある。すべてを視覚的に操作できるということは、すべてを視覚的に操作しなければならないということになりがちだ。それは、WYSIWYGの画面とプリンタ出力の対応関係が完全なものになっても問題であり続けるが、そもそもこの対応関係自体が完全ではないのだ。

　つまり、WYSIWYGドキュメントプロセッサは、正確にWYSIWYGだというわけではないのだ。ほとんどのプログラムは、画面の表示と印刷出力の間の違いを完全に取り除くのではなく、あいまいにするインターフェイスを持っている。だから、WYSIWYGシステムは、驚き最小の原則に違反している。インターフェイスのビジュアルを見ると、まるでタイプライターのように感じられ、これを使いたいという気になるが、実際にはビジュアル通りではなく、入力した結果は予想外で期待外れのものになることがある。

　さらに、WYSIWYGシステムは、実際にはマークアップコードに依存しているのに、通常はそのマークアップが見えないようにするために、多大な努力を払っている。そこで、WYSIWYGシステムは、透明性原則を破っているということになる。すべてのマークアップが見えるわけではないので、マークアップコードのまちがいのためにドキュメントの表示が崩れていても、それを直すことが難しい。

そのような問題点はあるが、WYSIWYG ドキュメントプロセッサは、やりたいことが 4 ページのパンフレットの表紙に描かれている画像を 3em[*1]分右にずらすことなら、とても役に立つ。しかし、300 ページの原稿のレイアウトに一括変更を加えなければならないときには、非常に窮屈になってくる。そのような難問に直面した WYSIWYG ユーザーは、単純にあきらめるか、1000 回のマウスクリックに耐えるしかない。そのような場合には、マークアップを明示的に編集できるようにする以上に適切な機能はないので、Unix のマークアップ指向ドキュメントツールのほうがずっとよい。

今日では、Web や XML のような例に影響されて、ドキュメント内のプレゼンテーションのマークアップと構造のマークアップを区別することが一般的になってきた。前者は、ドキュメントをどのように見せるかについての命令であるのに対し、後者は、ドキュメントがどのように構成されており、どのような意味を持っているかを指定する命令である。初期の Unix ツールはこの違いを明確に理解しておらず、この違いをはっきりさせていたわけではない。だからこそ、それらの子孫として今日のツールが作られるに至ったわけだが、そうなった設計上の理由が何かを理解することは大切だ。

プレゼンテーションレベルのマークアップは、ドキュメント自体の整形情報（たとえば、望ましい空白のレイアウトやフォント変更など）を構成する。それに対し、構造レベルマークアップシステムでは、ドキュメントとスタイルシートを組み合わせて使う。スタイルシートは、ドキュメント内の構造マークアップをどのような物理レイアウトに変換するかを指定する。どちらの種類のマークアップも、究極的には印刷、ブラウズされるドキュメントの物理的な表示形態をコントロールするわけだが、構造マークアップは間接的な指定のレベルを 1 つ余計に挟んでそれを行うところに違いがある。印刷でも Web でも美しいプレゼンテーションを作りたければ、この 1 レベル分の間接指定が必要なのだ。

ほとんどのマークアップ指向ドキュメントシステムは、マクロ機能をサポートしている。マクロとは、テキスト置換によって組み込みのマークアップ要求に展開されるユーザー定義コマンドである。通常、マクロはマークアップ言語に構造マークアップ機能（セクション見出しを宣言する機能など）を与える。

troff のマクロセット（mm、me、それに私の ms パッケージ）は、人々の背中を押して形式指向の編集から内容指向の編集に移っていくことを考えて設計されたものだ。セマンティックスに基づいてラベルを付け、異なるスタイルパッケージで、タイトルを太字にするかどうか、センタリングするかどうかなどを決めていく。一時は、**ACM** スタイルを真似るマクロ、**Physical Review** のスタイルを真似るマクロなどがあったが、それらは基本の-ms マークアップを使っていた。しかし、マクロの考え方は、**1 つのドキュメントを作り、その出力形態をコントロールすることでいっぱいいっぱいになってしまう人々に負けた**。これは、表示形態を決めるのは読者か作者かという論争

---

1. 訳注：em は文字 1 字分。

で Web が泥沼に入ったのと同じだ。斜体の表示のために .AU（著者名）コマンドを使い、その通りになったとほっとし、さらに .AU のその他の効果のために慌てている秘書がどれだけたくさんいたことか。

—— Mike Lesk

　小規模なドキュメント（ビジネスレター、個人の書簡、パンフレット、ニューズレター）の操作と大規模なドキュメント（書籍、長編論文、専門論文、マニュアル）の操作とで大きな違いがあることに注意しよう。大規模なドキュメントには、複雑な構造がある。大規模ドキュメントは、別個に変更しなければならない部品を組み合わせて作られており、目次のような自動生成すべき要素を必要とする。これらは、どちらもマークアップ指向ツールに向いている性質だ。

18.2 Unix スタイル

　Unix スタイルのドキュメント作成（およびドキュメント作成ツール）には、他の環境におけるドキュメント作成とは大きく異なる技術的、文化的な特徴がある。これらの特徴をまず理解しておくと、プログラムと実践がなぜそのような形になっているのか、ドキュメントがなぜそのようなものになっているのかを理解するための文脈が見えてくる。

18.2.1 大規模ドキュメントへの偏り

　Unix のドキュメント作成ツールは、主として大規模で複雑な文書を作るという難問に取り組むことを考えて設計されている。もともとは、特許出願と事務作業を目的としていたが、その後科学技術論文などあらゆる種類の技術文書を対象とするようになった。そのため、ほとんどの Unix プログラマは、マークアップ指向の文書ツールを好むようになった。今の PC ユーザーとは異なり、1980 年代末から 1990 年代始めにかけて WYSIWYG ワードプロセッサが一般的になったときでも、Unix 文化はそれほど WYSIWYG に心を動かされなかった。今の若い Unix ハッカーの間でも、WYSIWYG ワープロを本当に気に入っている人はかなりまれだ。

　不透明なバイナリドキュメントフォーマット、特に不透明でプロプライエタリなバイナリドキュメントフォーマットに対する反感も、WYSIWYG ツールを拒否する大きな理由の1つである。一方、Unix プログラマは、PostScript（イメージプリンタ制御のための現在の標準言語）の技術ドキュメントが公開されるや否や、PostScript を熱狂的に支持した。PostScript は、問題領域固有言語という Unix の伝統にぴったりとフィットしたのである。最近のオープンソース Unix システムは、優れた PostScript、PDF（Portable Document Format）ツールを持っている。

　このような歴史から受けた影響としては、もう1つ、イメージを取り込むためのサポートが

比較的弱いのに対し、ダイアグラム、表、グラフ、数式の組み込みについては強力にサポートしているという伝統がある。これらはどれも技術論文で必要になることが多いものだ。

Unix 文化がマークアップ指向のシステムを好んでいることは、偏見だとか隠居の偏屈として嘲笑されることが多いが、本当はそのようなものではない。「原始的な」といわれているらしい Unix の CLI スタイルのほうが、さまざまな点で GUI よりもパワーユーザーのニーズによりよく応えているのと同じように、troff(1) のようなマークアップ指向ツールのほうが WYSIWYG プログラムよりもドキュメントのパワーユーザーのニーズによりよく応えているのだ。

Unix プログラマたちは、大規模なドキュメントのことを考えがちだという伝統のために、単に troff のようなマークアップベースのフォーマッタを好むというだけでなく、構造マークアップにも関心を寄せるようになった。Unix のドキュメントツールの歴史は、傾き、よろめき、迷いながら、プレゼンテーションマークアップから構造マークアップに全体の方向を切り換えてきた歴史である。2003 年半ばの段階で、この旅はまだ終わっていないが、終点が見えるようになってきつつある。

Web の開発により、1993 年頃から以降のドキュメントツールの中心的な課題は、複数の媒体（あるいは少なくとも、印刷と HTML の表示）でドキュメントを展開できるようにすることになった。同時に、通常のユーザーでさえも、HTML の影響のもと、マークアップ指向システムに慣れてきている。1996 年以降の構造マークアップへの爆発的な関心と XML の発明は、まさにここから直接的に導き出されたものだ。昔の Unix がマークアップ指向システムを好んでいたことが、急に、反動的なことではなく、時代の先取りのように見え始めたのだ。

2003 年半ばの今日、構造マークアップを使う最先端の XML ベースドキュメントツールは、大半が Unix のもとで開発されている。しかし、同時に、Unix 文化はプレゼンテーションレベルマークアップシステムの古い伝統も残している。HTML と XML が侵略したのは、キーキーガーガーと音を立てて歩く鎧兜で身を固めたディノザウルスのような troff の領土のごく一部にすぎない。

18.2.2 文化的なスタイル

ほとんどのソフトウェアドキュメントは、最大公約数的な無知の人を対象としてテクニカルライターが書く。知っている人が知らない人のために書くのだ。それに対し、Unix システムの付属ドキュメントは、伝統的にプログラマがピア（同格の仲間）に対して書いてきた。ピアツーピアのドキュメントでないもののときでも、膨大な量になるシステム付属ドキュメントのプログラマツープログラマのスタイルとフォーマットに影響されがちだ。

この違いによる影響は次の 1 つにまとめることができるだろう。Unix のマニュアルページには、伝統的に「バグ」というセクションがある。他の文化では、テクニカルライターたちは、知られているバグを無視し、省略して、製品がよく見えるようにしようとするが、Unix 文化では、プログラマたちは互いにソフトウェアのわかっている欠点を細かく知らせ合うので、ユー

ザーは短く役に立つ「バグ」セクションがあることをできのよい仕事の兆候と受け取る。この習慣を破り、「バグ」セクションを消してしまったり、「制限」、「問題点」、「アプリケーションの使い方」等々の婉曲ないい方に変えてしまったりした市販 Unix ディストリビューションは、例外なく消えてしまった。

他のほとんどのソフトウェアドキュメントは、無理解と過度に単純化した恩着せがましさの間を行ったり来たりしがちだが、古典的な Unix のドキュメントは電報のように簡潔だが完全に書かれている。Unix ドキュメントは、ユーザーを抱きかかえるようなことはしないが、正しい方向を指差していることが多い。Unix ドキュメントのスタイルは、積極的な読者、つまり書かれていないけれども当然推測できることを書かれていることから読み取ることができ、その推測に自信を持てるような読者を想定している。

Unix プログラマは、リファレンスを書くのが得意な人が多く、ほとんどの Unix ドキュメントにはリファレンスの香りがする。また、ドキュメントライターのような考え方をしつつ、自分のソフトウェアについてはまだエキスパートになっていない人のためのメモのような書き方になっている。そのため、実際よりも暗号的で簡潔すぎるように感じられることが多い。しかし、知りたいことはおそらく書かれているし、書かれていることから推測できるはずなので、すべての単語をじっくりと読むようにしてみよう。同じことが 2 回書かれていることはまずないので、本当に注意して読むことが大切だ。

18.3 Unix ドキュメントフォーマット

ごく新しいものを除き、Unix の主要なドキュメントフォーマットは、マクロパッケージの補助を受けるプレゼンテーションレベルマークアップである。ここでは、それらを古いものから順に見ていく。

18.3.1 troff と DWB ツール

8 章では、複数のミニ言語からシステムを統合する方法のケーススタディとして DWB のアーキテクチャとツール群を取り上げた。ここでは、写植システムとしての機能面からこれらのツールをもう 1 度取り上げる。

troff フォーマッタは、プレゼンテーションレベルマークアップ言語を解釈する。GNU プロジェクトの groff(1) などの新しい実装はデフォルトで PostScript を出力するが、適切なドライバを選択すれば他の形式の出力も得られる。**リスト 18-1** は、ドキュメントソースで見られる troff コードの例である。

リスト 18-1　**groff(1)** マークアップの例

```
This is running text.
.\" Comments begin with a backslash and double quote.
.ft B
This text will be in bold font.
.ft R
This text will be back in the default (Roman) font.
These lines, going back to "This is running text", will
be formatted as a filled paragraph.
.bp
The bp request forces a new page and a paragraph break.
This line will be part of the second filled paragraph.
.sp 3
The .sp request emits the number of blank lines given as argument
.nf
The nf request switches off paragraph filling.
Until the fi request switches it back on
whitespace and layout will be preserved.

One word in this line will be in \fBbold\fR font.
.fi

Paragraph filling is back on.
```

troff(1) は他にも無数の要求を持っているが、それらを直接ソースの形で見ることはまずないだろう。裸の troff で書かれているドキュメントはごくまれである。troff はマクロ機能をサポートしており、一般的に使われているマクロパッケージが5、6種類ほどある。これらのなかでもっとも有名なのは、Unix の man ページを書くために使われる man(7) マクロパッケージだろう。リスト 18-2 は man マークアップの例を示したものである。

リスト 18-2　**man** マークアップの例

```
.SH SAMPLE SECTION
The SH macro starts a section, boldfacing the section title.
.P
The P request starts a new paragraph.  The I request sets its
argument in
.I italics.
.IP *
This starts an indented paragraph with an asterisk label.
More text for the first bulleted paragraph.
.TP
This first line will become a paragraph label
This will be the first line in the paragraph, further indented
relative to the label.
```

```
The blank line just above this is treated almost exactly like a
paragraph break (actually, like the troff-level request .sp 1).
.SS A subsection
This is subsection text.
```

他の歴史的な troff マクロライブラリのうち、ms(7) と mm(7) はまだ使われている。BSD Unix は、独自の拡張マクロセット、mdoc(7) を持っている。これらはみな、テクニカルマニュアルや長編のドキュメントを書くために設計されたものだ。これらは、man マクロとスタイルとしては似ているが、より精巧に作られており、写植出力の生成に向いている。

troff(1) と同じようなプログラムで、nroff(1) というものがある。このプログラムは、行プリンタやキャラクタセル端末など、固定ピッチフォントしかサポートしないデバイスだけをサポートする。端末ウィンドウで Unix man ページを表示したときに、表示を展開しているのは nroff である。

DWB ツールは、もともとの設計目的である技術ドキュメントの作成という仕事をうまくこなす。30 年以上もの年月を経て、コンピュータの能力が数千倍になっても、DWB がまだ使われ続けているのは、そのためである。DWB は、イメージングプリンタにまずまずの品質の写植テキストを出力するし、印刷されたものの簡略版として耐えられる程度の man ページを画面に表示する。

しかし、水準以下の能力しかない分野も少しある。初期状態で使えるフォントの数は、非常に限られている。イメージの処理もまずい。ページ内のテキスト、イメージ、ダイアグラムの位置を正確にコントロールするのは難しい。多言語ドキュメントのサポートはない。その他にも問題点は無数にある。その一部は慢性的だがそれほど重症ではないものの、特定の用途ではまったく使い物にならなくなるような重大な問題もある。

とはいえ、本稿執筆時点では、man ページは Unix のドキュメントとして唯一無二の重要な形態である。

18.3.2 TEX

TEX（テフと発音する。フはうがいをするときのようなガラガラ声でいう[*2]）は、非常に優秀な写植プログラムで、Emacs エディタと同様に、生まれは Unix 文化の外だが、今は完全に Unix 文化になじんでいる。TEX は、著名なコンピュータ科学者である Donald Knuth が、1970 年代末の活字印刷、特に数式の印刷に我慢できなくなって、開発したものだ。

TEX は、troff(1) と同様に、マークアップ指向のシステムだ。TEX 言語は、troff 言語よりも強力である。何よりも、イメージ処理に優れ、ページ内での正確な位置設定をサポートし、

---

2. 編集部注：著者の Raymond は、TEX を /teH/ のように発音すると述べているが、実際の発音はテックである。テフではない。Knuth は明瞭にテックと発音している。

国際化に対応している。TeX は、特に数式の写真植字に優れ、カーニング、埋め込み、ハイフン挿入などでは、これを越えるものはまだ出ていない。ほとんどの数学雑誌では、TeX が標準の投稿形式になった。実際、現在の TeX は、アメリカ数学会の作業グループがオープンソースとしてメンテナンスしている。TeX は、科学論文でもよく使われる。

troff(1) と同様に、人間が生の TeX マクロを大量に書くことは普通ない。代わりに、マクロパッケージやさまざまな補助プログラムを使う。そのなかでも、マクロパッケージの LaTeX は非常に広い範囲に普及しており、TeX で書いているといっているほとんどの人々は、実際には LaTeX を書いている。troff のマクロパッケージと同様に、LaTeX の命令は、半構造的である。

通常はユーザーの目からは隠されているが、TeX の重要な用途の 1 つとして、他のドキュメント処理ツールが LaTeX を生成してさらにそれを PostScript に変換するということがよく行われている。PostScript を自分で生成する仕事は、それよりも難しいのだ。14 章でシェルプログラミングのケーススタディとして取り上げた xmlto(1) フロントエンドも、この戦術を使っている。この章であとで取り上げる XML-DocBook ツールチェーンも、同様だ。

TeX は、troff(1) より応用範囲が広く、ほとんどの部分で設計的にも優れている。しかし、Web の地位が高くなりつつある現在、troff と同じ根本的な問題点がある。それは、マークアップがプレゼンテーションレベルに強く結び付いており、TeX ソースから自動的に優れた Web ページを生成するのが難しく、エラーを起こしやすいことだ。

TeX は、Unix システムのドキュメントのために使われたことはなく、アプリケーションのドキュメントとしてもほとんど使われていない。そのような目的では、troff で十分だ。しかし、Unix コミュニティの外の大学などで作られた一部のソフトウェアパッケージは、ドキュメントのマスターフォーマットとして TeX を使っている。たとえば、Python 言語がそうだ。また、先ほど触れたように、数学、科学分野の論文でも多用されており、このニッチではこれからまだ数年は TeX の支配が続くだろう。

18.3.3 Texinfo

Texinfo は Free Software Foundation が作ったドキュメントマークアップで、主として GNU プロジェクトのドキュメントで使われている。たとえば、Emacs や GNU Compiler Collection のような主要ツールのドキュメントは Texinfo で書かれている。

Texinfo は、紙への写植印刷出力とブラウザへのハイパーテキスト出力の両方をサポートするように設計された最初のマークアップシステムである。しかし、そのハイパーテキストフォーマットとは、HTML ではなかった。もともと Emacs 内でブラウズするために設計された「info」と呼ばれるもので、HTML よりは原始的なものである。印刷という場面では、Texinfo は TeX マクロに変換され、そこから PostScript に変換される。

現在の Texinfo ツールは、HTML を生成できる。しかし、HTML 生成機能は完全なものではなく、あまり優れたものとはいえない。そして、Texinfo のマークアップの大半はプレゼン

テーションレベルなので、将来 HTML 生成機能が完全なものになるかどうかさえ疑問だ。2003年半ばの段階では、Free Software Foundation は、Texinfo から DocBook への変換を研究している。Texinfo は、これからしばらくの間、生きたフォーマットとして残るだろう。

18.3.4 POD

POD（Plain Old Documentation）は、Perl のメンテナンスをしている人々が使っているマークアップシステムで、マニュアルページを生成する。そして、プレゼンテーションレベルマークアップに共通の問題（HTML 生成がうまくいかないことを含む）を抱えている。

18.3.5 HTML

1990 年代初めに Web がコンピューティングの主流に躍り出て以来、Unix プロジェクトのごく一部がドキュメントを直接 HTML で書くようになっており、その割合は次第に増えている。このアプローチの問題点は、HTML からでは品質の高い写植出力を生成するのが難しいことだ。索引作成にも問題がある。HTML には、索引生成のために必要な情報が含まれていない。

18.3.6 DocBook

DocBook は、大規模で複雑な技術ドキュメントのために設計された SGML および XML の DTD（ドキュメントタイプ定義）である。Unix で使われているマークアップフォーマットのなかで、純粋に構造レベルマークアップなのはこれだけだ。14 章で取り上げた xmlto(1) ツールは、HTML、XHTML、PostScript、PDF、Windows ヘルプマークアップ、その他数種類のより重要度の低いフォーマットでの展開をサポートしている。

いくつかのメジャーなオープンソースプロジェクト（Linux Documentation Project、FreeBSD、Apache、Samba、GNOME、KDE を含む）は、すでにマスターフォーマットとして DocBook を使っている。この本も、XML-DocBook で書かれている。

DocBook は大きなテーマである。現在の Unix のドキュメント作成の問題点をまとめてから、もう 1 度このテーマに戻ってくることにしよう。

18.4 現在の混沌と脱出口

現在の Unix のドキュメント作成技術は、混乱に陥っている。

今の Unix システムでは、ドキュメントのマスターファイルは man、ms、mm、TeX、Texinfo、POD、HTML、DocBook の 8 種類の異なるマークアップフォーマットに分散している。すべて

のバージョンを表示する統一的な方法はないし、Web でアクセスできるわけでもなく、相互参照する方法もない。

　Unix コミュニティの多くの人々は、この状態に問題があることに気付いている。現時点では、この問題を解決するための作業の大半は、オープンソースの開発者たちが担っている。彼らは、昔のプロプライエタリ Unix の開発者たちよりも、非技術系のエンドユーザーに受け入れられるための競争に興味を持っている。そして、2000 年以来、XML-DocBook をドキュメントの交換形式にしようという動きがはっきりしてきた。

　目標は、すべての Unix システムに、全システムドキュメントレジストリとして機能するソフトウェアを搭載させることだ。この目標は視界内には入っているが、実現するためにはまだたくさんの作業が必要である。これが完成したら、システム管理者がパッケージをインストールするときに、パッケージの XML-DocBook ドキュメントをレジストリに登録するという手順が増える。登録された XML-DocBook ドキュメントは、HTML ドキュメントツリーに展開され、すでにあるドキュメントとクロスリンクされる。

　ドキュメントレジストリソフトウェアの初期バージョンは、すでに稼動している。他のフォーマットのドキュメントを XML-DocBook に変換するという問題は、大きく複雑に込み入っているが、変換ツールが完成しようとしている。まだ、政治的、技術的に解決しなければならない問題は残されているが、おそらく解決可能だろう。2003 年半ばの段階では、古いフォーマットを段階的に廃止していくというコミュニティ全体のコンセンサスは得られていないが、そうなりそうな可能性は高い。

　このようなことから、次の節では、DocBook とそのツールチェーンを非常に詳しく見ていくことにする。この節は、Unix における XML 入門として、実践のための具体的なガイドとして、また大きなケーススタディとして読んでほしい。DocBook は、Unix コミュニティの文脈のなかで、異なるプロジェクトグループの協力が共通標準を開発する過程を示すよい例だ。

18.5 DocBook

　非常に多くのメジャーなオープンソースプロジェクトで、ドキュメントの標準フォーマットは DocBook だと考えられるようになってきている。XML ベースマークアップの支持者たちが、プレゼンテーションレベルマークアップに反対し、構造レベルマークアップに賛成する理論闘争に勝ったのだ。今では、優れた XML-DocBook ツールチェーンがオープンソースで出回っている。

　にもかかわらず、DocBook と DocBook をサポートするプログラムのまわりにはまだ多くの混乱が見られるようだ。DocBook の支持者たちは、コンピュータ科学専攻の学生でもわからないような符牒をしゃべり、マークアップを書いてそこから HTML や PostScript の出力を得るために必要なこととどのような関係があるのかわからないような略語をやり取りしている。XML

標準とその技術ドキュメントは、わかりにくいことで悪名が高い。この節では、専門用語の霧を取り払うようにしていきたい。

18.5.1 DTD

（注意：説明を単純にするために、この節の大半では、そうなった経緯の大半を省略するという形でちょっとした嘘をつく。あとの節でその嘘は正す。）

DocBookは構造レベルマークアップ言語で、より詳しくいえばXMLの方言である。DocBookドキュメントは、構造マークアップのためにXMLタグを使うXMLドキュメントの一種である。

ドキュメントフォーマッタがドキュメントにスタイルシートを適用してきれいに表示するには、ドキュメントの全体構造についての知識が必要だ。たとえば、章の見出しを適切に整形するためには、通常の本の原稿が、前書き部、一連の章、後書き部から構成されているという知識が必要となる。フォーマッタにこのような知識を与えるためには、フォーマッタにDTD（**文書型定義**）を与えなければならない。DTDは、ドキュメント構造に入れられる要素が何で、それらがどのような順番で現れるかをフォーマッタに教える。

先ほどDocBookはXMLの「方言」だといったが、それは、DocBookがDTDだということを指している。DocBookは比較的大規模なDTDであり、約400種類のタグが含まれている[3]。

DocBookの背後には、XMLパーサと呼ばれるタイプのプログラムが潜んでいる。DocBookドキュメントを作ったとき、最初にするべきことは、XMLパーサ（DocBookフォーマッタのフロントエンド）にDocBookドキュメントを渡すことだ。このプログラムは、DocBook DTDに照らし合わせてドキュメントをチェックし、DTDが規定する構造上のルールに違反していないことを確かめる（このようなチェックをしなければ、フォーマッタのバックエンド、すなわちスタイルシートを適用する部分が混乱してしまう）。

XMLパーサは、エラーを投げて、ドキュメント構造が壊れている位置についてのメッセージを表示するか、ドキュメントをXML要素とテキストのストリームに変換する。このストリームは、フォーマッタバックエンドがスタイルシート内の情報と結合して、整形された出力を生成する。

図 18-1 は、このプロセス全体のダイアグラムである。

ダイアグラムのなかで、点線のボックスの内部になっているところは、フォーマッタソフトウェア、すなわちツールチェーンを示している。このあとの部分を理解するには、フォーマッタには、目に見える入力（ドキュメントソース）だけでなく、2つの隠し入力（DTDとスタイルシート）を渡すことを頭のなかに常に入れておかなければならない。

---

3. XMLの用語では、私たちが「方言」と呼んできたものを「アプリケーション」と呼ぶが、このことばにはもっと一般的な意味があって紛らわしいので、この本では使っていない。

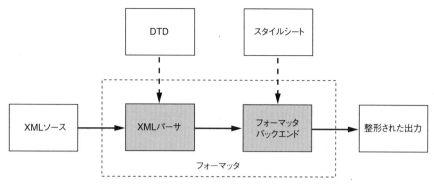

図 18-1 構造化されたドキュメントの処理

18.5.2 その他の DTD

ちょっと横道にそれて、他の DTD について簡単に説明すると、前節のどの部分が DocBook 固有の話で、どの部分がすべての構造レベルマークアップ言語に一般的にあてはまる話なのかがはっきりするだろう。

TEI（Text Encoding Initiative: http://www.tei-c.org/）は、文学テキストのコンピュータ化のために主として大学で使われている大規模で精巧な DTD である。TEI の Unix ベースツールチェーンは、DocBook ドキュメントを操作するときと同じツールを多数使うが、使われるスタイルシートと DTD（当然）は異なる。

最新バージョンの HTML である XHTML も、DTD によって記述された XML アプリケーションである。XHTML と DocBook のタグが家族のように似ているのは、そのためだ。XHTML ツールチェーンは、HTML をフラットな ASCII として整形できる Web ブラウザと、いくつかの HTML 印刷ユーティリティから構成される。

他にも、バイオインフォマティックスから銀行取引までのさまざまな分野の構造化情報の交換を助けるために、多くの XML DTD がメンテナンスされている。レポジトリリストを見ると、どれだけのバラエティがあるかがわかるはずだ。

18.5.3 DocBook ツールチェーン

通常、DocBooc ソースから XHTML を作るには、xmlto(1) フロントエンドを使う。コマンド行は、次のようになる。

```
bash$ xmlto xhtml foo.xml
bash$ ls *.html
ar01s02.html  ar01s03.html  ar01s04.html  index.html
```

この例は、3 つのトップレベルセクションを持つ foo.xml という名前の XML-DocBook ド

キュメントをインデックスページと 3 つのパートに変換している。1 つの巨大なページを作るのも簡単だ。

```
bash$ xmlto xhtml-nochunks foo.xml
bash$ ls *.html
foo.html
```

最後に、印刷用の PostScript は、次のようにして作る。

```
bash$ xmlto ps foo.xml         # To make PostScript
bash$ ls *.ps
foo.ps
```

ドキュメントを HTML か PostScript に変換するには、DocBook DTD と適切なスタイルシートをドキュメントに適用するエンジンが必要だ。図 18-2 は、そのためのオープンソースツールがどのような関係になっているのかを示している。

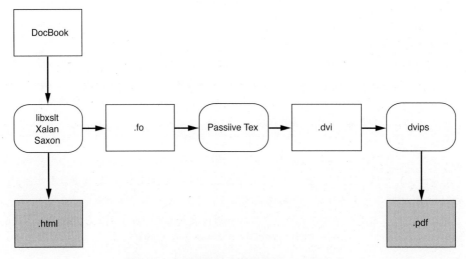

図 18-2　今日の **XML-DocBook** ツールチェーン

　ドキュメントを走査して、スタイルシートを適用する処理は、3 つのプログラムのなかのどれかで実行できる。もっともよく使われているのは、Red Hat Linux に含まれている `xsltproc` というパーサだ。Saxon と Xalan の 2 つは Java プログラムである。

　DocBook から高品質の XHTML を生成するのは比較的やさしい。XHTML も XML DTD だということが役に立っている。HTML への変換には、比較的単純なスタイルシートを使い、それだけで話は終わる。RTF も、同じように単純に生成できる。そして、XHTML か RTF があれば、フラット ASCII テキストを生成するのも簡単だ。

　少々面倒なのは、印刷である。高品質の印刷出力（実際には、Adobe の PDF：Portable Document

Format）を生成するのは難しい。アルゴリズムでこれを正しく処理するには、人間の植字工が内容をプレゼンテーションレベルに置き換えるまでの繊細な判断を忠実に追いかける必要がある。

そこでまず、スタイルシートによってDocBookの構造レベルマークアップを別のXML方言であるFO（Formatting Objects）に変換する。FOマークアップは、プレゼンテーションレベルのものであり、XML版のtroffのようなものだと考えることができる。PDFにまとめるには、これをPostScriptに変換しなければならない。

Red Hat Linux付属のツールチェーンでは、この仕事はPassiveTeXというTeXマクロパッケージによって処理される。PassiveTeXは、xsltprocが生成したFOをDonald KnuthのTeX言語に変換する。そして、TeXの出力のDVI（DeVice Independent）フォーマットをさらにPDFに変換する。

XMLからTeXマクロ、DVIを経由してPDFを作るバケツリレーが馬鹿げたものに感じられるとしたら、正しい感覚だ。ぎくしゃくしているし、息切れしているし、醜い。また、XMLとTeXとPDFは、フォント操作のモデルが異なるので、フォントが大きな問題になる。さらに、国際化、地域対応などの処理を考えると悪夢になる。このコードパスを支持できる点は、動作するということだけだ。

エレガントな方法は、Apacheプロジェクトが開発しつつあるFOP、すなわちFOからPostScriptへの直接変換プログラムである。FOPがあれば、国際化問題は、解決とまではいかないものの、かなり小さくなる。XMLツールは、FOPにたどり着くまでUnicodeを処理する。UnicodeグリフからPostScriptフォントへの変換は、厳密にFOPの問題となる。このアプローチの問題点といえば、まだ動かないことだ。2003年半ばの段階では、FOPは未完成のαテスト状態である。使えるが、足りない機能やぎごちない点が残っている。

図 18-3は、FOPツールチェーンがどのようになるかを示したものである。

FOPにはライバルがいる。**xsl-fo-proc**というもう1つのプロジェクトは、FOPと同じことをC++でやろうとしている（そのため、Javaよりも高速で、Java環境を必要としない）。2003年半ばの段階では、xsl-fo-procは、未完成のαテスト状態で、FOPの水準にはまだ遠く及ばない。

18.5.4 移植ツール

DocBookで2番目に大きい問題は、古いスタイルのプレゼンテーションマークアップをDocBookマークアップに変換するために必要な作業である。人間は、ドキュメントのプレゼンテーションを見れば、自動的に論理構造がわかるのが普通だ。人間なら、文脈から、イタリックフォントが「強調」を意味するのがいつで、「外国語フレーズ」のような別の意味になるのがいつかを見分けられるのだ。

しかし、ドキュメントをDocBookに変換するときには、その種の区別を明示的に与えなけれ

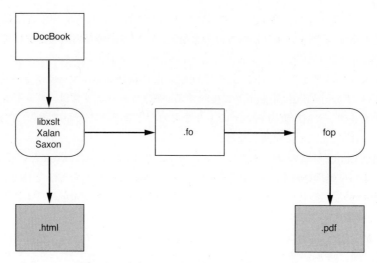

図18-3 未来のXML-DocBookツールチェーン

ばならない。それが古いマークアップに現れている場合もあるが、そうでないことも多い。そして、存在しない構造情報は、帰納法でむりやり推測するか、人間が手で追加するしかない。

ここで、他のさまざまなフォーマットからの変換ツールがどのようなものかをまとめておこう。これらのなかで完全な仕事をできるものはない。変換後に、チェックとおそらく人間が手で編集するという作業が必要になるだろう。

GNU Texinfo

Free Software Foundationは、ドキュメント交換フォーマットとしてDocBookをサポートするつもりでいる。Texinfoはまずまずの自動変換を可能にするだけの構造を持っている（それでも、変換後の人間の編集作業は必要だが、それほど多くはない）。そして、4.xバージョンの`makeinfo`は、DocBookを生成する`--docbook`スイッチを持っている。詳しくは、`makeinfo`のプロジェクトページ（http://directory.fsf.org/texinfo.html）を参照のこと。

POD

POD::DocBookモジュール（http://www.cpan.org/modules/by-module/Pod/）は、PODマークアップをDocBookに変換する。このモジュールは、L<>イタリックタグ以外のすべてのPODタグを変換すると主張している。manページでは、「ネストされた=over/=backリストはDocBookではサポートされない」とも書かれている。しかし、このモジュールはかなりしっかりとテストされている。

LATEX
　TeX4ht (http://www.lrz-muenchen.de/services/software/sonstiges/tex4ht/mn.html) と呼ばれるプロジェクトは、PassiveTEX の作者によれば、LATEX から DocBook を生成する。

man ページ、その他 troff ベースのマークアップ
　一般にもっとも大きく、もっとも厄介な変換問題を抱えているのがこの形式である。実際、裸の troff(1) マークアップはあまりにも水準の低いプレゼンテーションレベルのものなので、自動変換ツールでは大したことができない。しかし、man(7) などのマクロパッケージで書かれたドキュメントソースからの変換を考えるなら、俄然見通しは明るくなってくる。マクロパッケージで書かれたソースには十分な構造が表現されており、自動変換でできることがある。

　私は、troff から DocBook への変換を行う doclifter というツールを自分で作った。それは、他に許容できる仕事をしてくれるツールが見つからなかったからである。doclifter (http://www.catb.org/~esr/doclifter/) は、man(7)、mdoc(7)、ms(7)、me(7) マクロから SGML または XML DocBook への変換を行う。詳細はドキュメントを見てほしい。

18.5.5 編集ツール

　2003 年半ばの段階でないものといえば、オープンソースの優れた SGML/XML ドキュメント構造エディタである。

　LyX (http://www.lyx.org/) は、印刷のために LATEX を使い、LATEX マークアップの構造編集をサポートする GUI ワードプロセッサである。その他、DocBook を生成する LATEX パッケージ、LyX GUI で SGML と XML を書く方法を説明したハウツードキュメントがある (http://bgu.chez-alice.fr/doc/db4lyx/)。

　GNU TeXmacs (http://www.math.u-psud.fr/~anh/TeXmacs/TeXmacs.html) は、数式の表示を含め、技術、数学ドキュメントの編集に適したエディタを作ることを目指すプロジェクトである。1.0 は 2002 年 4 月にリリースされた。開発者たちは、将来 XML をサポートすることを計画しているが、まだサポートはされていない。

　ほとんどの人々は、依然として vi か Emacs を使って手作業で DocBook タグをハックしている。

18.5.6 関連する標準と実践

DocBook マークアップを編集、整形するツールは、ゆっくりとでも、登場しつつある。しかし、DocBook 自体は手段であって、目的ではない。検索可能なドキュメントデータベースという目的のためには、DocBook 以外に他の標準が必要になる。ドキュメントの目録作成とメタデータ管理の2つが大きな問題だ。

ScrollKeeper プロジェクト（http://scrollkeeper.sourceforge.net/）は、直接このニーズに応えることを目的としている。ScrollKeeper は、パッケージのインストール、アンインストール処理がドキュメントを登録、登録解除するために使える単純なスクリプトフックを提供している。

ScrollKeeper は、Open Metadata Format（http://www.ibiblio.org/osrt/omf/）を使っている。これは、図書館のカード目録システムを真似たオープンソースドキュメントのインデックスを作るための標準である。考え方は、ドキュメントのソーステキストだけではなく、カード目録に記載されているメタデータでも検索できるようにしようというものだ。

18.5.7 SGML

今までの節では、わざと DocBook の歴史を省略してきた。XML には、SGML（Standard Generalized Markup Language）という兄がいる。

2002年半ばまでは、DocBook の議論は、横道にそれて SGML についての話を延々としなければ終わりにできなかった。SGML と XML の違い、SGML DocBook ツールチェーンの詳細な説明などが必要だったのである。しかし、今は話が簡単になった。それは、従来の SGML ツールチェーンと同じことができ、それよりも使いやすい XML DocBook ツールチェーンがオープンソースで登場したからである。

18.5.8 XML-DocBook の参考文献

DocBook の学習を難しくしていた原因の1つは、W3C 標準の長いリスト、SGML 神学の学習、抽象的な用語の山といったもので関連サイトが埋まっていたことにある。一般的な入門書としては、XML in a Nutshell［Harold-Means］がよい。

Norman Walsh の DocBook: The Definitive Guide は、本の形（http://www.oreilly.com/catalog/docbook/）でも、Web（http://www.docbook.org/tdg/en/html/docbook.html）でも読める。この本は、本当に決定的な参考書といえるが、入門書とかチュートリアルとしては難しすぎる。代わりに次のものを読んだほうがよい。

Writing Documents Using DocBook（http://xml.web.cern.ch/XML/goossens/dbatcern/）。これは、優れたチュートリアルである。

同じくらい優れた DocBook FAQ（http://www.dpawson.co.uk/docbook/）があり、HTML 出力

の整形についての情報がたくさん集められている。DocBook wiki もある（http://doc-book.sourceforge.net/homepage/）。

最後に、XML 標準のジャングルに本当に分け入ってみたいのであれば、XML Cover Pages というサイトがある（http://xml.coverpages.org/）。

18.6 Unix でドキュメントを書くための最良の方法

　この章の前半で、Unix ドキュメントの読み方についてのアドバイスをしたが、書き方はそれをひっくり返してみればよい。Unix 文化のなかの人々のためにドキュメントを書くときには、馬鹿にした書き方をしてはならない。馬鹿を相手にするような書き方をすると、あなた自身が馬鹿だとみなされる。馬鹿にしたドキュメントは、わかりやすいドキュメントとは大きく異なる。前者は手抜きの態度であり、重要なことを省略してしまうが、後者は慎重な考えと思い切った編集を必要とする。

　量が品質の良さだと勘違いされるなどと思ってはいけない。そして、ユーザーが混乱することを恐れて機能の詳細を省略したり、自分が悪く見られるのがいやだからといって問題点についての警告を書かずに済ませようとしたりしてはならない。信頼とユーザーを失うはめになる原因は、あなたが正直に書いた問題点ではなく、予測できない問題点である。

　情報の密度については、ほどほどの線を狙おう。低すぎるのも高すぎるのも同じくらいよくない。スクリーンショットは、インターフェイスのルックアンドフィール以外にほとんど何も伝えられないので、控え目にしたほうがよい。テキストによる明確な説明に代えられるようなものではないのだ。

　プロジェクトが一定以上の規模を持つ場合には、3 種類のドキュメントを用意する必要がある。リファレンスとしての man ページ、チュートリアルマニュアル、FAQ（Frequently Asked Questions：ひんぱんにされる質問）リストだ。また、ディストリビュートの中心点として機能させるために、Web サイトも用意すべきである（19 章のコミュニケーションについてのガイドラインを参照してほしい）。

　man ページが大きすぎるのは嫌われる。man ページのなかの移動は、それほど楽なものではない。man ページが大きくなっていくようなら、リファレンスマニュアルを書くことを考えよう。man ページは、要点をまとめ、リファレンスマニュアルの参照箇所を指示し、起動方法だけは詳しく説明するものにする。

　ソースコードには、19 章のオープンソースのリリース方法についての節で説明するように、README などの標準的なメタ情報ファイルを入れておこう。コードがプロプライエタリなものになる場合でも、これらは Unix の慣習である。慣習に従っていれば、将来 Unix の経験のあるメンテナンス担当者が現れたときに、仕事が速く進む。

manページは、伝統的なUnixユーザーのために伝統的なUnixスタイルで書いたコマンドリファレンスになるようにしよう。チュートリアルマニュアルは、非技術系のユーザーのための長いドキュメントとなる。FAQは、ソフトウェアのサポートグループがひんぱんに受け付ける質問とそれらに対する応え方を学ぶにつれて、拡大していく。

2003年半ばの実践よりも少し先を目指したければ、これら以外に身に付けたほうがよい習慣がある。

1. ドキュメントマスターをXML-DocBook形式でメンテナンスすること。manページも、DocBook RefEntryドキュメントにすることができる。manページの書き方については非常に優れたHOWTOがあり（http://tldp.org/HOWTO/Man-Page/）、ユーザーが期待しているセクションや構成を説明してくれる。
2. XMLマスターもディストリビューションに入れよう。また、ユーザーのシステムにxmlto(1)がないときのために、マスターに対してxmlto manを実行して得られるtroffソースも入れておこう。ディストリビューションのなかのインストールプログラムは、これらを通常通りにインストールする。ただし、ユーザーがドキュメントを書いたり編集したりするときには、XMLファイルを使うように仕向けよう。
3. プロジェクトのインストールパッケージをScrollKeeper対応にしよう。
4. マスターからXHTMLを生成して（xmlto xhtmlを使う）、プロジェクトのWebページで読めるようにしよう。

XML-DocBookをマスターフォーマットとして使うかどうかにかかわらず、ドキュメントをHTMLに変換する方法は用意しておきたい。オープンソースであれ、プロプライエタリであれ、ユーザーはWebでソフトウェアを見つけるようになってきている。オンラインでドキュメントを見られるようにすれば、ソフトウェアがそこにあることを知っている潜在ユーザー、潜在顧客が、ドキュメントを読んでソフトウェアについて学習できるようになるという直接的な効果がある。また、ソフトウェアがWebサーチで見つかりやすくなるという間接的な効果もある。

第19章

オープンソース:
新しい Unix コミュニティでのプログラミング

> ソフトウェアは、セックスに似ている。フリーなときのほうがよい。
>
> —— Linus Torvalds

　2章では、Unix の歴史におけるもっとも大きな規模のパターンを指摘した。Unix が栄えたのはオープンソース的な世界にもっとも近づいたときであり、衰えたのはその逆のときだった。そのあと、16章では、オープンソース開発ツールは、品質が高くなる傾向があると指摘した。この章では、まず、オープンソース開発の仕組みと、それがなぜ可能なのかについて簡単に見ていく。オープンソースの活動は、ほとんどが長い時間をかけて確立した Unix の伝統を強化したものに過ぎない。

　次に、抽象化の領域に入り、Unix がオープンソースコミュニティから拾い上げたもっとも重要な習慣、特に、優れたソースコードリリースを作るにはどうしたらよいかについてのガイドラインについて説明する。これらの習慣の多くは、他のオペレーティングシステムで開発をする人々が採用しても、効果があるはずだ。

　私たちは、読者が開発しているものがオープンソースだという前提で、これらの習慣を説明するが、ほとんどの部分は、読者がプロプライエタリソフトウェアを書いている場合にもあてはまる。オープンソースという前提は歴史的に見ても適切だ。これらの習慣の多くは、patch(1)、Emacs、GCC といった普遍的なオープンソースツールを介してプロプライエタリな Unix プロジェクトに根を持つものが多い。

19.1 Unix とオープンソース

　特定のアルゴリズムを実装する仕事とは異なり、バグの特徴を見つけてフィックスする仕事は、複数の同時並行で進められるサブタスクに分割できるような仕事だが、オープンソース開発

はこういうことを活用する。プロトタイプ設計の周囲に残されている可能性を探る仕事も、同時並行で進められる。技術的、社会的に正しい仕組みがそろっていれば、緩やかなネットワークになった大規模な開発チームは、驚くほど優れた仕事をすることができる。

驚くというのは、開発プロセスをプロプライエタリな管理下に置き、秘密主義を貫くことを当然と考えるような人々の精神的習慣にあなたが毒されている場合だ。The Mythical Man-Month [Brooks] から、Linux の勃興まで、ソフトウェア開発の正統派は、企業や政府といった重量級の組織のなかの小さくてしっかりと管理されたチームだった。秘密主義は、しっかりと管理された大規模なチームのものだ。

AT&T 分割以前の初期の Unix コミュニティは、オープンソースが機能していた模範的な例だった。AT&T 分割以前の Unix コードは、法的、専門的にはプロプライエタリだったが、ユーザ/デベロッパコミュニティのなかの共有物として扱われていた。ボランティアの開発作業は、問題を解決したいということを最大の動機とする人々によって、自発的に行われていた。こういう選択によって多くの優れたものがあふれ出した。実際、オープンソース開発のテクニックは、1990 年代末に分析され、命名される（The Cathedral and the Bazaar [Raymond01] と Understanding Open Source Software Development [Feller-Fitzgerald] を参照）よりもずっとまえに、四半世紀以上の年月をかけて Unix コミュニティで無意識のうちに行われていたことから発展したものだ。

あとから振り返ってみると、自分たち自身の行動が暗黙のうちに意味していたことを私たち全員がいかにひどく忘れていたか、まったく驚きに堪えない。それでも、何人かの人々は、この現象をほとんど理解するところまできていた。1990 年以来、"Worse Is Better"の論文を書いてきた Richard Gabriel がもっとも有名だが、Brooks [Brooks] (1975) にはその萌芽が現れているし、さらに、Vyssotsky と Corbató の Multics についての瞑想 (1965) にもその源流を認められる。私は、20 年以上ソフトウェア開発を観察してきていながら、1990 年代半ばに Linux によって目覚めさせられるまで、それに気付かなかった。このような経験をすると、考えの深い謙虚な人間なら、他にも重要な概念がまだ私たちの行動のなかに暗黙のうちに潜んでいるのではないかと考えることだろう。たぶん、それらは、その複雑さのためにではなく、その単純さのために目に見えないのだ。

オープンソース開発の原則は単純だ。

1. **ソースをオープンにせよ。秘密を持つな。コードと開発プロセスを公開せよ。第三者のピアレビューを奨励せよ。**他人がコードを自由に書き換えて再配布できるようにせよ。共同開発者のコミュニティをできる限り大きく育てよ。

2. **早い段階でリリースし、それからはひんぱんにリリースせよ。**リリースのテンポが速いと、フィードバックもすばやく効果的になる。個々のリリースの差が小さければ、現実世界のフィードバックに応えて軌道修正することが簡単になる。

   とにかく、最初のリリースは、ビルド、実行に成功して、何を約束しているのかを具体的に

示せるようにすることだ。通常、オープンソースプログラムの最初のバージョンは、最終的な仕事の一部を実行するという形で約束を示す。開発を始めた人が実際にプロジェクトを続けられることを十分に示せるだけのものが必要だ。たとえば、ワードプロセッサの初期バージョンは、テキストの入力とその画面上への表示くらいをサポートする。

コンパイルできないとか、実行できないといった第1リリースは、プロジェクトの息の根を止めることがある（Mozilla ブラウザがそうなりかけたことで有名なように）。リリースをコンパイルできないということは、プロジェクトが完成できなくなるかもしれないということの兆候だ。動作しないプログラムは、他のプログラマが参加して貢献するのも難しい。それは、彼らが加えた変更によって、プログラムが改良されたのかどうかが容易にわからないからだ。

3. **貢献に対しては称賛で報いよ**。共同開発者に物理的に報いることができないのなら、心理的に報いるのである。物理的に報いることができる場合でも、人は金銭よりも評価のために働くことが多いということを忘れてはならない。

> **ルール 2 から当然類推できることだが、個々のリリースは、たくさんの約束と周到な準備を必要とする重大イベントになってはならない。冷静になってリリースプロセスを簡素化することが大切だ。そうすれば、苦痛なくひんぱんにリリースできるようになる。リリースの準備のために他のすべての仕事を止めなければならないようなやり方は、ひどい誤りだ（CVS とかそれに類した物を使っているのなら、準備中のリリースは開発の幹線から外すべきだ。そうすれば、準備中のリリースが幹線部の進歩を妨害することはない）。まとめれば、リリースを大きい特別なイベントとして扱ってはならない。日常のルーチンの一部にするのだ。**
>
> —— Henry Spencer

ひんぱんにリリースするのは、ユーザー層と開発者を結ぶフィードバックのループを短縮し、スピードアップするためだということを忘れてはならない。だから、次のリリースは磨きぬかれた宝石にしたいから、すべてが完璧になるまでリリースできないなどと考えてはならない。長いウィッシュリストなど作ってはだめだ。進歩は段階的に、現在のバグを認めて公表し、完璧な状態は時間とともにやってくると信じることだ。その過程で何十回もリリースポイントを通過することになっても、それを受け入れ、バージョン番号が跳ね上がることに狼狽してはならない。

オープンソース開発は、インターネットで結ばれ、主として電子メールと Web ドキュメントでコミュニケーションを取る大規模な分散プログラマチームによって担われる。一般に、ほとんどのコントリビュータ（参加者）は、ソフトウェアがもっと自分にとって使いやすいものになることや、評価してもらいたいという気持ちから参加してくるボランティアである。プロジェ

クトの舵取りをするのは、中心的な個人かコアグループで、他の参加者は散発的に出入りする。気楽な参加を促すために、彼らとコアグループの間に社会的な壁を作らないようにすることが大切だ。コアグループの特権的な地位を最小限に抑え、境界がめだたないように努めることだ。

オープンソースプロジェクトは、可能な限り自動化せよという Unix の伝統的なアドバイスに従っている。彼らは patch(1) ツールを使って差分的な変更をやり取りする。多くのプロジェクト（すべての大規模なプロジェクトを含む）は、CVS などのバージョン管理システムを使った、ネットワークからアクセスできるコードレポジトリを持っている。自動バグ、パッチ追跡システムも一般的だ。

1997 年には、このような形で大規模なプロジェクトが運営できる、まして高い品質の結果を生み出せるなどと考えた人間は、ハッカー文化の外にはいなかった。2003 年には、こんなことはもうニュースにもならない。Linux、Apache、Mozilla などのプロジェクトは、成功を収めたうえに、一般からも高く認知されている。

プロセスの透明性とピアレビューのために秘密主義の習慣を捨てることは、錬金術が化学に進化するうえで決定的な 1 歩だった。同じように、オープンソース開発は、長く待望されてきた自律的秩序としてのソフトウェア開発の成熟を示すシグナルであるように見える。

19.2 オープンソースデベロッパたちと共同作業するための最良の方法

オープンソースコミュニティでよい方法とされているものの多くは、分散開発に自然に順応した結果である。この章のこれからの部分では、他のプログラマとよいコミュニケーションを維持するための行動規範をいくつも示していくことになる。Unix の慣習が合理的な理由を持つものではない場合には（たとえば、ソースディストリビューションのメタ情報を格納するファイルの標準的な名前など）、1980 年代始めの Usenet か GNU プロジェクトの標準や慣習のどちらかに起源を持つことが多い。

19.2.1 パッチの優れた方法

ほとんどの人々は、自分独自のプロジェクトをリリースするまえに、他人のソフトウェアに対するパッチを書いてオープンソースソフトウェアと関わりを持ち始める。だれかが書いた基本コードにいくつかのソースコードレベルの変更を加えたとする。コードを書いた人物の気持ちになってみよう。彼は、そのパッチを受け入れるかどうかをどのようにして判断するだろうか。

コードの品質を判断するのは非常に難しいので、開発者はパッチの提出方法の質によってパッチを評価しようとする。提出方法のスタイルやコミュニケーションの態度に鍵を探そうとする

のである。彼らの立場に立つと、これらは、送られてきたパッチを評価してソースコードに取り込む必要があるかどうかを理解する手がかりなのだ。

実際、これはコードの信頼性を見る信頼性の高い方法になる。私は、長年に渡って数百人もの未知の人からパッチを受け付けているが、私の時間に配慮してよく考えて送られてきたパッチで、技術的にだめなものはほとんど見たことがない。逆に、不注意に見えるパッチや手を抜いて配慮を欠いた方法でパッケージングされているものは、技術的にもいんちきくさいものが多い。

では、パッチを受け入れてもらうための技をいくつか示しておこう。

19.2.1.1 パッチを送り、アーカイブ全体やファイルを送らないようにしよう

変更によって元々存在しなかった新しいファイルを作った場合には、もちろんそのファイル全体を送らなければならない。しかし、すでにあるファイルを書き換えた場合には、ファイル全体を送ってはならない。代わりに、差分を送るのである。具体的にいえば、ディストリビュートされている基本バージョンと変更後のバージョンを比較する diff(1) コマンドの出力を送る。

diff(1) コマンドとそれを補完する patch(1) は、オープンソース開発のもっとも基本的なツールだ。パッチの送り先のプログラマは、パッチを受け取るまえに基本バージョンを書き換えている可能性があるので、ファイル全体を送るよりも diff を送るほうがよい。diff を送れば、基本バージョンからあなたが書き換えたところを切り離す作業を省略できる。これは、開発者の時間に配慮を示したということになる。

19.2.1.2 コードの最新バージョンに対するパッチを送るようにしよう

数リリース前のコードに対するパッチをメンテナンスプログラマに送り付け、彼がその後加えた変更と重複しているものがどれで、あなたのパッチに含まれている新しい内容がどれかを切り分ける作業をメンテナンスプログラマに押し付けるのは、非生産的なだけでなく、無礼だ。

パッチの投稿者は、ソースの状態を追跡し、幹線のコードベースに最小限加えるべきパッチを送るべきである。つまり、最新バージョンに対するパッチを送るということだ。

19.2.1.3 生成したファイルのパッチを入れないようにしよう

パッチを送るまえに、メンテナンスプログラマがパッチを加えて make し直したときに自動的に再生成されるようなパッチを削除しよう。古典的な例としては、Bison や Flex が生成した C ファイルがそうだ。

最近もっとも多いものは、あなたとメンテナンスプログラマのコンフィグレーションスクリプトの違いにすぎない特に巨大な差分ファイルを送り付けることである。このファイルは、autoconf によって生成される。

これはあまりにも配慮に欠ける。メンテナンスプログラマは、大量のノイズから本物のパッチを切り分けなければならなくなる。これは、あとで示す一部の誤りと比べればそれほど重大

ではない、小さい誤りだが、あなたにとって悪い方向に働く。

19.2.1.4 RCS や SCCS の$シンボルを書き換えただけのパッチを送らないようにしよう

　一部の人々は、ファイルがチェックインされたときにバージョン管理システムが展開する特別なトークンをソースファイルに組み込んでいる。たとえば、Idは RCS と CVS で使われている。

　あなたが自分ではローカルなバージョン管理システムを使っている場合、あなたの書き換えによってこれらのトークンも変更されている場合がある。しかし、メンテナンスプログラマがあなたのパッチを適用したあと、コードをチェックするときには、トークンは再びメンテナンスプログラマのバージョン管理システムのシンボルに再展開されているので、これはそれほど大きな問題ではない。しかし、こういった余分なパッチは、目障りであり、気を散らせる。そんなものは送らないようにしたほうが、相手を配慮しているということになる。

　これも小さな誤りだ。大きな改善が得られるなら、それくらいのことは許すだろう。しかし、避けられるものなら避けたいと思うところだ。

19.2.1.5 デフォルト（-e）フォーマットではなく、-c または-u フォーマットを使おう

　diff(1) のデフォルトフォーマット（-e）は、あまり役に立たない。コンテキスト情報を取り込まないので、あなたが書き換えたコピーの元のファイルに行の挿入や削除があると、patch ツールが対応できなくなってしまう。

　-e diff を受け取ると非常にうんざりするし、送信者がおそろしいほど初心者なのか、不注意なのか、馬鹿なのかと思われる。この種のパッチは、ほとんどが何も考えずにそのまま捨てられる。

19.2.1.6 パッチのドキュメントを組み込もう

　これは非常に重要だ。パッチによってソフトウェアの機能にユーザーの目に見えるような追加、変更がある場合には、**適切な man ページ、その他ドキュメントファイルへの変更もパッチに組み込むことだ**。パッチを受け取った人があなたのためにあなたのコードのドキュメントを喜んで書いてくれるとか、コードのなかにドキュメントされていない機能を隠しておくつもりになるとか、そういうことはないのだ。

　変更点についてドキュメントすると、いくつかの美点が強調される。まず、説得しようとしている相手に対する配慮が感じられる。第二に、コードを見られない人に説明できるぐらいにあなたが変更の効果を理解していることが示される。第三に、最終的にソフトウェアを使う人々のことを考えているということがわかる。

　優れたドキュメントがあるということは、クイックアンドダーティなハックとしっかりした

仕事とをもっともはっきりと区別する印だ。時間をかけ注意を払ってドキュメントを作れば、ほとんどの開発者にあなたのパッチを受け入れさせるまでの道のりを 85%ほども征服したことになる。

19.2.1.7 パッチの説明を組み込もう

パッチには、パッチが必要、または役に立つと思う理由を説明したカバーノートを組み込もう。これは、ソフトウェアのユーザーに対する説明ではなく、あなたがパッチを送っている相手であるメンテナンスプログラマに対する説明だ。

カバーノートは短くてよい。実際、私が見たことのあるもっとも効果的なカバーノートには「このパッチで更新したドキュメントを参照のこと」というだけだったが、これは正しい態度を示している。

正しい態度とは、役に立ち、メンテナンスプログラマの時間を尊重し、密かに自信はあっても謙虚な態度のことだ。パッチを当てているコードに対する理解を示すのはよいことだし、メンテナンスプログラマが抱える問題を解明できることを示すのもよい。パッチの適用に潜むリスクを率直に示すのもよい。次に、熟練プログラマたちが送ったカバーノートの例を示しておこう。

「このコードには、XとYの2つの問題点があります。私はXには対処しましたが、Yについてはコードの関係する部分だと思われるところを理解できるような気がしないので、着手していません。」

「foo 入力のどれかが長すぎると発生するコアダンプを止めました。修正の過程で同様のオーバーフローを探したところ、blarg.c の 666 行付近でそれらしいものを見つけました。送信者が 1 回の転送で 80 字以上を生成できないことはご存知でしょうか。」

「この問題のために Foonly アルゴリズムを使うことを検討されたでしょうか。http://www.example.com/~jsmith/foonly.html に優れた実装があります。」

「このパッチはさしあたっての問題を解決できますが、メモリ割り当てを複雑にしてしまいます。私の環境では動作しましたが、リリースするまえに十分ロードテストをしたほうがよいと思います。」

「よけいな機能かもしれませんが、送ります。おそらく、あなたはこの機能を実装するためのよりクリーンな方法をご存知だと思います。」

19.2.1.8 コードに役に立つコメントを入れよう

メンテナンスプログラマは、あなたが書き換えた部分を組み込むまえに、それでよいという確証をつかみたいと思うものである。もっとも、これは絶対不変の真理ではない。メンテナンスプログラマが信頼できる仕事をしてきたという実績をあなたに認めている場合には、変更点を軽く確かめるだけで済ませ、半ば自動的なチェックさえしないかもしれない。しかし、メンテナンスプログラマにあなたのコードを理解させ、彼の疑いを消すためにできるあらゆること

をしておけば、あなたのパッチが受け入れられる可能性は高くなる。

　コードに優れたコメントを入れれば、メンテナンスプログラマは理解しやすくなる。悪いコメントにはそのような効果はない。

　悪いコメントの例は、次のようなものだ

```
/* norman newbieが2001年8月13日にここをフィックスした */
```

　これでは何の情報も得られない。メンテナンスプログラマのコードの真ん中に泥靴で足跡をつけただけのことだ。もし彼があなたのパッチを採用したとしても（あなたは、このコメントでその可能性を下げたわけだが）、彼はほとんどまちがいなくこのコメントを取り除くだろう。クレジットに名前を書いてほしければ、プロジェクトのNEWS、HISTORYファイルに対するパッチを組み込めばよい。そのほうが採用される可能性は高くなる。

　よいコメントの例は、次のようなものだ。

```
/*
 * crunch_data()にNULLポインタが渡されないようにするために、この条件式は
 * ガードしておく必要がある。   <norman_newbie@foosite.com>
 */
```

　このコメントは、あなたがメンテナンスプログラマのコードを理解していることだけではなく、彼があなたの書き換えに確信を持つために必要な情報も提供する。この種のコメントは、あなたの変更の正しさを彼に確信させる。

19.2.1.9　パッチが受け入れられなくても人格的な問題だと考え込まないようにしよう

　あなたが悪いわけではないのに、パッチが受け入れられない理由はいくらもある。ほとんどのメンテナンスプログラマは、とてつもなく忙しく、プロジェクトのコードを壊さないようにするために何を受け入れるかについて保守的にならなければならない。改良を加えて送り直すとよい場合もある。それでもだめな場合もあるだろう。人生は厳しい。

19.2.2　プロジェクトとアーカイブの優れた命名方法

　ibiblio、SourceForge、CPANなどのアーカイブをメンテナンスする人々の負担が重くなるにつれて、人間が全部処理するのではなく、プログラムが部分的にまたは全体として投稿を処理するような傾向に拍車がかかっている。

　そのため、プロジェクトやアーカイブのファイル名が、コンピュータプログラムでも走査、理解できるように標準的なパターンに合っているかどうかが重要になってきている。

19.2.2.1 プレフィックスとメジャー. マイナー. パッチ番号という形式の GNU スタイルの名前を使おう

アーカイブファイルが、どれも GNU 風の名前を持っていれば、だれもが楽になる。それは、すべて小文字の英数字で、プレフィックス、ハイフン、バージョン番号、エクステンション、その他のサフィックスという順番でパーツが並んでいる形式である。

一般的な名前は、最初から順に次のようなパーツを含んでいる。

1. プロジェクトのプレフィックス
2. ハイフン
3. バージョン番号
4. ドット
5. src または bin（オプション）
6. ドットまたはハイフン（ドットのほうがよい）
7. バイナリタイプとオプション（オプション）
8. アーカイブ、圧縮拡張子

このスタイルのプレフィックスの部分は、ハイフンかアンダースコアで語を区切ることができる。実際にはダッシュのほうが望ましい。関連プロジェクトに名前を付けるときは、プレフィックスのなかのプレフィックスとして、ハイフンで終わる共通名を使うとよい。

ではここで、foobar と呼んでいるプロジェクトがあり、メジャーバージョンが 1、マイナーバージョンがリリース 2、パッチレベルが 3 だとする。アーカイブパートが 1 つなら（ソースだと考えられる）、ファイル名は次のようにする。

```
foobar-1.2.3.tar.gz
```
  ソースアーカイブ

```
foobar.lsm
```
  LSM ファイル（ibiblio に投稿する場合）

次のような名前は使ってはならない。

```
foobar123.tar.gz
```
  これでは、多くのプログラムは、foobar123 というプロジェクトにバージョン番号を付けていないアーカイブだと思い込んでしまう。

```
foobar1.2.3.tar.gz
```
  多くのプログラムは、foobar1 というプロジェクトのバージョン 2.3 のアーカイブだと解釈する。

`foobar-v1.2.3.tar.gz`
　　多くのプログラムは、foobar-v1 というプロジェクトだと解釈する。

`foo_bar-1.2.3.tar.gz`
　　アンダースコアは、人々が話したりタイプしたり覚えたりするときに不便だ。

`FooBar-1.2.3.tar.gz`
　　事務系のいやなやつに見られたいのでない限りやめたほうがよい。これも、人々が話したりタイプしたり覚えたりするときに不便だ。

ソースアーカイブとバイナリアーカイブ、あるいは異なる種類のバイナリの間で区別をしたい場合や、ファイル名でなんらかのビルドオプションを表現したい場合には、その部分をバージョン番号の直後に配置されるファイル拡張子として扱う。つまり、次のようにする。

`foobar-1.2.3.src.tar.gz`
　　ソースアーカイブ。

`foobar-1.2.3.bin.tar.gz`
　　タイプの指定されていないバイナリアーカイブ。

`foobar-1.2.3.bin.i386.tar.gz`
　　i386 用バイナリ。

`foobar-1.2.3.bin.i386.static.tar.gz`
　　i386 用のスタティックリンクされたバイナリ。

`foobar-1.2.3.bin.SPARC.tar.gz`
　　SPARC 用バイナリ。

`foobar-i386-1.2.3.tar.gz` のような名前は、プログラムから見てプレフィックスとタイプ名（-i386 のようなもの）を見分けにくいので避けなければならない。

　メジャー、マイナーリリースの区別の方法は単純なものである。バグフィックスや小さな機能の追加では、パッチレベルをインクリメントする。新機能を追加し、互換性が維持されている場合にはマイナーバージョン番号をインクリメントする。互換性のない変更をしたときにはメジャーバージョン番号をインクリメントする。

19.2.2.2 しかし、適切な場合には、ローカルな習慣を尊重しよう

　一部のプロジェクト、コミュニティは、名前とバージョン番号について、必ずしも今説明したものと互換性はないものの、明確に定義された慣習を作り上げている。たとえば、Apache モ

ジュールは、一般に、`mod_foo` のように命名され、モジュール自体のバージョン番号とターゲットの Apache のバージョン番号の両方の数字を持っている。同様に、Perl モジュールは、浮動小数点数として扱うことのできるバージョン番号（たとえば、1.3.3 ではなく、1.303）を持っている。そして、ディストリビューションは、Foo::Bar モジュールのバージョン 1.303 であれば、`Foo-Bar-1.303.tar.gz` という名前になる（なお、Perl 自体は、1999 年末にここで説明した方法を使うようになった）。

専門的なコミュニティや開発者たちの慣習があるかどうか探し、ある場合にはそれを尊重しよう。しかし、一般的には、先ほどのガイドラインに従うとよい。

19.2.2.3 ファイル名プレフィックスとしてユニークで入力しやすいものを選ぶことを心がけよう

ファイル名プレフィックスは、プロジェクトのすべてのファイルが共通に使うはずのものなので、読みやすく、タイプしやすく、覚えやすいものにすべきだ。アンダースコアはやめよう。また、大した理由なしに大文字を使うのもやめよう。大文字が入ると人の目で見たときの検索順が混乱するし、賢そうに見せようとする事務系のいやなやつのように見えてしまう。

2つのまったく異なるプロジェクトが同じファイル名プレフィックスを使うと、人々を混乱させることになる。だから、最初のリリースのまえに名前がかちあっていないかどうかよく確かめよう。ibiblio のインデックスファイル (http://metalab.unc.edu/pub/Linux) と Freshmeat のアプリケーションインデックス (http://www.freshmeat.net/) の2つは、チェック場所として適している。もう1つのチェック場所は SourceForge (http://www.sourceforge.net/) であり、ここで名前で検索すればよい。

19.2.3 開発の優れた方法

開発に参加するプログラマをたくさん引き付ける成功を収めたプロジェクトと関心を集めずに消えていくプロジェクトの違いは、次のようなところに現れる。

19.2.3.1 プロプライエタリコードに依存しないようにしよう

プロプライエタリな言語、ライブラリ、その他のコードに依存してはならない。よくいっても、それはリスクが高い。オープンソースコミュニティでは、そのようなことをすれば、まちがいなく最低最悪だとみなされる。オープンソースの開発者たちは、ソースを見られないコードを信用しない。

19.2.3.2 GNU autotools を使おう

コンフィグレーションの選択は、コンパイル時にすべきだ。オープンソースディストリビューションの大きなメリットは、パッケージがコンパイル時に自分の環境に適応できてしまうことだ。これは、開発者が見たこともないようなプラットフォームでパッケージを実行できるようにするということであり、とても重要だ。こうすれば、ソフトウェアのユーザーコミュニティが独自に移植をすることができる。ごく少数のプラットフォームであっても、すべてのハードウェアを買い揃えて必要な人員を確保できるのは、もっとも大きな開発チームだけだ。

だから、移植性問題の処理、システムコンフィグレーションの調査、メイクファイルの調整には GNU autotools を使おう。今日、ソースからビルドする人々は、`configure: make: make install` でクリーンビルドができることを当然と考えている。そして、その通りなのだ。これらのツールについては、優れたチュートリアルがある（http://seul.org/docs/autotut/）。

`autoconf` と `autoheader` は成熟しているが、`automake` は、前章でも触れたように、2003 年半ばの段階では、まだ少しバグが残っていて不安定だ。自分で `Makefile.in` をメンテナンスしなければならないことがある。幸い、`automake` は autotools のなかでもっとも重要性の低いツールだ。

コンフィグレーションにどのようなアプローチで望むにしても、コンパイル時にシステム情報をユーザーに尋ねてはならない。パッケージをインストールしているユーザーは、あなたの質問に対する答を知らず、このアプローチは振り出しに戻る運命だ。ソフトウェアは、コンパイル、インストール時に必要な情報はすべて自分で集めてこれなければならない。

しかし、`autoconf` があれば何でもできると思ってはいけない。可能であれば、POSIX などの標準に沿ってプログラムし、システムにコンフィグレーション情報を尋ねるようなことは慎むべきだ。`#ifdef` は最小限に、できればまったくなくすようにしたい。

19.2.3.3 リリースするまえにコードをテストしよう

優れたテストスイートがあれば、リリースするまえに簡単に回帰テストを実行できる。強力で使えるテストフレームワークを作り、プログラマがテストスイートの特別な仕組みを学習しなくても、段階的にソフトウェアにテストを追加できるようにしよう。

テストスイートをディストリビュートすれば、ユーザーコミュニティは、移植版を開発グループに提供するまえに、自分たちの仕事をテストすることができるようになる。

開発者たちには、さまざまなプラットフォームをデスクトップ、テストマシンとして使うことを勧めよう。そうすれば、通常の開発の一環として移植性問題のテストを継続的に実行できることになる。

リリースするときに開発者が使っているテストスイートを添付し、そのテストスイートを `make test` で実行できるようにしておくことはとてもよいことだし、コードに自信が持てるようになる。

19.2.3.4 リリースするまえにコードに健全性チェックをかけよう

ここで「健全性チェック」というのは、人間が見落としがちなエラーをキャッチできる可能性のあるあらゆるツールを使ってテストすることだ。ツールでキャッチできるエラーが増えれば増えるほど、ユーザーとあなたが闘わなければならないエラーは減る。

GCC を使って C/C++ コードを書いている場合、リリース前には毎回かならず -Wall でテストコンパイルし、すべての警告メッセージを消すことが必要だ。また、使えるすべてのコンパイラでコードをコンパイルしよう。コンパイラが異なれば、見つかる問題も異なる。特に、ソフトウェアを本物の 64 ビットマシンでコンパイルしてみよう。データタイプの基礎が 64 ビットになると、新しい問題が見つかることが多い。また、Unix ベンダーのシステムを見つけて、ソフトウェアに対して lint を実行してみよう。

メモリリークなどの実行時エラーを探すツールを実行しよう。Electric Fence と Valgrind は、オープンソースの優れたツールだ。

Python プロジェクトでは、PyChecker プログラム (http://sourceforge.net/projects/pychecker) を使うとチェックに役立つ。PyChecker は、小さいとはいえないエラーをよくキャッチする。

Perl を書いている場合には、perl -c でコードをチェックしよう（さらに、適用できる場合は -T）。また、perl -w と use strict をかならず実行しよう（詳しくは、Perl のドキュメントを参照のこと）

19.2.3.5 リリース前にドキュメントと README のスペルをチェックしよう

ソフトウェアのなかのドキュメント、README ファイル、エラーメッセージのスペルチェックをしよう。コンパイル時に警告メッセージを表示する間抜けなコードや、README ファイル、エラーメッセージのスペルミスを見ると、ユーザーはそのプログラムを作った技術力も間抜けででたらめなものだと思う。

19.2.3.6 C/C++ の移植性を確保するためのよい方法

C のコードを書くときには、ANSI の機能をフルに使ってかまわない。具体的にいえば、複数のモジュールにまたがった不統一を見つけ出すうえで力のある関数プロトタイプ機能を使えということだ。古いスタイルの K&R コンパイラは、古代史の遺物に過ぎない。

GCC の -pipe オプションや関数のネストなどのコンパイラ固有機能を前提としてコードを書いてはならない。だれかが Linux 以外、GCC 以外のシステムに移植しようとしたときに、回りまわって害をもたらすことになる。

移植性を確保するために必要なコードは、1 つに集めて 1 つのソースファイルセットに集中させよう（たとえば、os サブディレクトリ）。移植上の問題のあるコンパイラ、ライブラリ、オペレーティングシステムインターフェイスは、このディレクトリのファイルで抽象化するのである。

移植レイヤとは、オペレーティングシステムのAPIのうち、プログラムが関心を持っている部分だけを抽象化するライブラリ（あるいは、ヘッダファイル内のマクロにすぎないことも多い）である。移植レイヤは、ソフトウェアの新しい移植をやりやすくする。開発チームのなかに移植先のプラットフォームについて知っている人間がいないことはよくある（たとえば、数百もの異なる種類の組み込みオペレーティングシステムがあり、その大多数についてはだれも知らないような場合）。移植レイヤを作っておくと、プラットフォームのことを知っているスペシャリストが、移植レイヤ以外のことは何も知る必要を感じずに、ソフトウェアを移植することが可能になる。

移植レイヤには、アプリケーションを単純化する効果もある。ソフトウェアが mmap(2) や stat(2) のような比較的複雑なシステムコールの機能をフルに必要とすることはまずなく、プログラマはそういう複雑なインターフェイスを誤って使うことが多い。抽象化されたインターフェイス（たとえば、stat(2) 呼び出しではなく、__file_exists というような名前の呼び出し）を持つ移植レイヤがあれば、システムから限定されたどうしても必要な機能だけを取り込むことができ、アプリケーション内のコードを単純化できる。

移植レイヤは、機能に基づいて書き、まちがってもプラットフォームに基づいて書かないようにしよう。個々のサポートプラットフォームごとに別々の移植レイヤを作ろうとすると、複数の更新問題でメンテナンスが悲惨になる。そもそも、「プラットフォーム」は、少なくともコンパイラリリースとライブラリ/オペレーティングシステムリリースの2つの軸に基づいて選択される。オペレーティングシステムリリースとは独立にCライブラリを選択するLinuxベンダーのように、軸が3つになる場合さえある。M種類のベンダー、N種類のコンパイラ、O種類のOSリリースがある場合、プラットフォームの数は、あっという間に最大の開発チームでも追いつかないものになってしまう。それに対し、ANSIやPOSIX 1003.1などの言語、システム標準を使っていれば、機能セットの数は比較的少なくなる。

移植性を確保するためのコードの選択は、行単位でもファイル単位でもよい。プラットフォームごとにコードのなかのどれかの行を選ぼうが、異なる数種のファイルのなかの1つを選ぼうが、違いはない。目安としては、実装が大幅に異なる場合には（たとえば、UnixとWindowsの共有メモリのマッピングなど）、プラットフォームごとに別ファイルにコードをまとめればよいし、違いがささいなものであれば（たとえば、現在の時刻を取得するために、gettimeofday、clock_gettime、ftime、time のどれを使うかなど）、1つのファイルのなかで移植性に対処してもよい。

移植レイヤの外では、次のアドバイスに従おう。

#ifdef と #if は最後の手段であり、通常は想像力の欠如、製品の過度の分化、不要な「最適化」、蓄積されたゴミなどの兆候である。コードのなかでこれらがあることは呪いのようなものである。GNU の /usr/include/stdio.h は、典型的なホラーだ。

—— Doug McIlroy

移植レイヤ内では、#ifdefと#ifを使ってもよい（十分コントロールして）。それ以外のところでは、機能シンボルに基づく条件インクルードを使って、これらをできる限り使わないようにすべきだ。

ファイル名、エラーリターン値、関数名など、システムの他の部分のネームスペースを侵さないこと。ネームスペースが共有されているところでは、ネームスペースのなかの使っている部分をドキュメントすることだ。

どれか1つのコーディング標準を選ぼう。どの標準を使うべきかについての論争は、永遠に続く可能性がある。しかし、複数のコーディング標準に対応してソフトウェアをメンテナンスしていくことは難しすぎ、コストがかかりすぎて現実性がない。だから、一般的に使われているなんらかのスタイルを選び取ることだ。もっとも優先すべきはコードの一貫性とクリーンさを保つことなので、コーディング標準はすっぱりと決めてしまおう。コーディング標準自体の細部は、優先順位としてはずっと遅れた2位だ。

19.2.4 ディストリビューション作成のためのよい方法

ここでは、ディストリビューションをどのように作るべきかというガイドラインを示す。

19.2.4.1 tarボールがかならず1つの新しいディレクトリに解凍されるように作ろう

駆け出しのコントリビュータのミスとしてもっとも煩わしいものは、ディストリビューション内のファイルとディレクトリをカレントディレクトリに解凍するようなtarボールを作って、すでにカレントディレクトリにあったファイルを削除する危険を招くものだ。**絶対にこんなことをしてはならない**。

アーカイブ内のファイルには、プロジェクトにちなむ共通ディレクトリ名をかならずつけるようにして、カレントディレクトリ直下の単一のトップレベルディレクトリの下に解凍されるようにしよう。ディレクトリ名は、tarボールのプレフィックスと同じにするという習慣になっている。だから、たとえば、foo-0.23.tar.gzという名前のtarボールは、foo-0.23という名前のサブディレクトリに解凍されるようにする。

リスト19-1は、ディストリビューションディレクトリの名前がfoobarで、SRCにディストリビューションファイルのリストが含まれているときに、今のガイドラインのようなtarボールを作るためのメイクファイルの作り方を示したものである。

リスト 19-1　tar アーカイブを作る make のプロダクション

```
foobar-$(VERS).tar.gz:
    @ls $(SRC) | sed s:^:foobar-$(VERS)/: >MANIFEST
    @(cd ..; ln -s foobar foobar-$(VERS))
```

```
        (cd ..; tar -czvf foobar/foobar-$(VERS).tar.gz `cat foobar/MANIFEST`)
        @(cd ..; rm foobar-$(VERS))
```

19.2.4.2 READMEファイルを入れよう

　ソースディストリビューションのロードマップとなるREADMEファイルを入れるようにしよう。古い慣習（1980年以前にDennis Ritchieが始めたもので、1980年代初めにUsenetで広く伝わったもの）によれば、READMEは、勇敢な探検家がソースを解凍したあと最初に読むファイルだ。

　READMEファイルは、短く読みやすいものでなければならない。入門のためのドキュメントで、叙事詩にしてはならない。READMEには、次の情報を入れておくとよいだろう。

1. プロジェクトの簡単な説明。
2. プロジェクトのWebサイトのURL（ある場合）。
3. 開発者のビルド環境と発生する可能性のある移植性問題についてのコメント。
4. 重要なファイルとサブディレクトリを説明するロードマップ。
5. ビルド/インストール命令か、それが格納されているファイルの名前（通常はINSTALL）。
6. メンテナンスプログラマ/クレジットリストか、それが格納されているファイルの名前（通常はCREDITS）。
7. 最近のプロジェクトのニュースか、それが格納されているファイルの名前（通常はNEWS）。
8. プロジェクトのメーリングリストのアドレス。

　かつて、このファイルは一般にREAD.MEという名前だったが、ブラウザとの相性が悪いのでREADMEに変わった。ブラウザは、.MEというサフィックスから、このファイルはテキストではないので、ブラウズするのではなくダウンロードできるだけなのだろうと想定してしまうのである。

19.2.4.3 標準的なファイル名の慣習を尊重して従おう

　勇敢な探検家は、READMEを見るまえでも、解凍したディストリビューションのトップレベルディレクトリにあるファイルが何かを確かめているだろう。これらのファイルは、ファイル名自体が情報になっている。標準的なファイル名の慣習に従っていれば、勇敢な探検家に、次に何を見たらよいかの手がかりを与えることができる。

　標準的なトップレベルファイル名とその意味をまとめておいた。すべてのディストリビューションがこれら全部を必要とするわけではない。

README
　　　ロードマップファイル。最初に読むべきもの。

INSTALL
: コンフィグレーション、ビルド、インストールの命令。

AUTHORS
: プロジェクトのコントリビュータのリスト（GNU の慣習）。

NEWS
: 最近のプロジェクトのニュース。

HISTORY
: プロジェクトの履歴。

CHANGES
: リビジョン間での重要な変更の記録。

COPYING
: プロジェクトのライセンス条項（GNU の慣習）。

LICENSE
: プロジェクトのライセンス条項。

FAQ
: プロジェクトの FAQ（ひんぱんにされる質問）を集めたプレーンテキストのドキュメント。

すべてのファイルがすべて大文字のファイル名になっていることに注意してほしい。このように README を詳細化したのは、初期の Free Software Foundation である。

FAQ ファイルを用意すると、メンテナンスの苦痛がずいぶん緩和される。プロジェクトについての同じ質問がひんぱんに届く場合には、それを FAQ に入れて、ユーザーには質問やバグレポートを送るまえに FAQ を読むように指示することができる。FAQ ファイルをていねいに作れば、プロジェクトのメンテナンスプログラマの負担は、桁違いに緩和される。

HISTORY、NEWS ファイルに各リリースのタイムスタンプを入れておくと役に立つ。なによりも、特許権侵害事件で訴訟になったとき（まだだれも経験していないが、準備しておくに越したことはない）に、先行技術であることを証明するために役立つ。

19.2.4.4 アップグレード

ソフトウェアは、新しいリリースのたびに少しずつ変化する。そのような変化のなかには、下位互換性がないものがある。だから、同じシステムに複数のバージョンのコードをインストールできるようなレイアウトを真剣に考えなければならない。特にライブラリでは、これが大切だ。すべてのクライアントプログラムが API の変更と厳密に同じ歩調でアップグレードするこ

とをあてにするわけにはいかないだろう。

　Emacs、Python、Qtプロジェクトは、この問題を処理するうまい慣習を持っている。それは、バージョン番号つきディレクトリだ。たとえば、インストールされたQtライブラリのディレクトリ階層は、次のようになる（${ver}はバージョン番号）。

```
/usr/lib/qt
/usr/lib/qt-${ver}
/usr/lib/qt-${ver}/bin        #  ここにmocがある。
/usr/lib/qt-${ver}/lib        #  ここに.soがある。
/usr/lib/qt-${ver}/include    #  ここにヘッダファイルがある。
```

　このような構成を取れば、複数のバージョンを共存させられる。クライアントプログラムは、使いたいライブラリのバージョンを指定しなければならないが、バージョン違いでインターフェイスが使えなくなる危険がなくなることを考えれば、安いコストだ。この方法を取れば、Windowsの悪名高い「DLL地獄」も避けられるはずだ。

19.2.4.5 LinuxのもとではRPMを用意せよ

　RPM（Red Hat Packageマネージャ）は、Linuxのもとでインストール可能なバイナリパッケージのための事実上の標準となったフォーマットである。RPMはもっともポピュラーなLinuxディストリビューションの重要な機能であり、他のほぼすべてのLinuxディストリビューションでサポートされている（DebianとSlackwareを除く。そして、DebianはRPMからインストールできる）。そこで、プロジェクトサイトは、ソースtarボールの他に、インストール可能なRPMも提供するとよい。

　また、ソースtarボールにRPMスペックファイルを組み込み、メイクファイルにそのスペックファイルからRPMを作るプロダクションを用意しておくとよい。スペックファイルの拡張子は、.specとすること。rpmの-tオプションは、tarボールからスペックファイルを探すためにこの拡張子を使っている。

　さらに、スペックファイルは、プロジェクトのメイクファイルやversion.hを分析して自動的に正しいバージョン番号を指定するシェルスクリプトで生成するようにする。

注意：ソースRPMを提供する場合には、BuildRootを使って、プログラムが/tmpか/var/tmpに作られるようにしよう。そうしないと、ビルドのmake installの部分を実行する過程で、実際の最終インストール先にファイルがインストールされてしまう。ファイルの衝突があったり、パッケージをインストールする気がない場合でも、インストールされる。このような行いの悪いSRPMは地雷のようなものであり、避けたほうがよい。

19.2.4.6 チェックサムを提供しよう

バイナリ（tar ボール、RPM その他）にはチェックサムを付けよう。こうすれば、バイナリファイルが壊れていたり、トロイの木馬が潜りこんでいたりしていないことをユーザーがチェックできる。

この目的のために使えるコマンドは複数ある（sum や cksum など）が、暗号理論的に安全なハッシュ関数を使うようにしよう。GPG パッケージは、--detach-sign オプションでこれを提供している。GNU の md5sum コマンドも同様だ。

バイナリファイルをリリースするたびに、プロジェクトの Web ページにチェックサムとチェックサムを生成するために必要なコマンドを掲載しよう。

19.2.5 コミュニケーションの優れた方法

あなたのソフトウェアとドキュメントは、あなた以外にその存在を知っている人がいなければ、大したことができない。また、プロジェクトが存在することをインターネット上で見えるようにすれば、ユーザーや共同開発者を集めるうえで役に立つ。標準的な方法を示そう。

19.2.5.1 Freshmeat で発表しよう

Freshmeat（http://www.freshmeat.net/）で発表しよう。それ自体で広く読まれているということもあるが、このグループは Web ベースの技術ニュースに情報を提供してくれる。

ネットのユーザーが、最初の段階からあなたのリリース発表を読んでいると思ってはならない。少なくとも、ソフトウェアが何をしてくれるのかを説明する 1 行をかならず入れておこう。悪い例「テーマを追加して 10 倍高速になった FooEditor の最新バージョンを発表します」。良い例「キーボードを見ないで入力できる人のためのスクリプト対応エディタ FooEditor。テーマを追加して 10 倍高速になった最新バージョンを発表します」。

19.2.5.2 関連ニュースグループに発表しよう

アプリケーションに直接関係のある Usenet ニュースグループを見つけ、そこでも発表しよう。コードの機能が直接関係しているグループだけにポストし、でしゃばらないことが大切だ。

たとえば、IMAP サーバに問い合わせをする Perl で書いたプログラムをリリースする場合、comp.mail.imap にはポストすべきだろう。しかし、このプログラムが最先端の Perl テクニックの勉強にもなるというのでもない限り、comp.lang.perl にはポストすべきではない。

発表には、プロジェクト Web サイトの URL も入れるようにしよう。

19.2.5.3 Webサイトを用意しよう

プロジェクトを中心としてユーザーや開発者の厚いコミュニティを構築しようと思うなら、プロジェクトのWebサイトが必要だ。Webサイトが標準的に用意すべき項目をまとめると、次のようになるだろう。

- プロジェクトの位置付け（なぜ存在するか、どのような人を対象にしているかなど）。
- プロジェクトソースのダウンロードリンク。
- プロジェクトメーリングリストの参加方法の指示。
- FAQ（ひんぱんにされる質問）リスト。
- HTML化したプロジェクトのドキュメント。
- 関連または競合するプロジェクト（両方あってもよい）へのリンク。

よくできたプロジェクトWebサイトの例としては、16章で示したものを参照してほしい。

Webサイトを用意するための簡単な方法としては、無料ホスト提供を専門としているサイトにプロジェクトを投稿することだ。2003年段階でもっとも重要なものは、SourceForge（プロプライエタリのコラボレーションツールのデモ、テストサイト）、Savannah（イデオロギー上の主張としてオープンソースプロジェクトのホストとなっている）の2つだ。

19.2.5.4 プロジェクトメーリングリストを作ろう

プロジェクトの共同開発者がコミュニケートし、パッチを交換できる非公開の開発者用メーリングリストを作るのはごく一般的な習慣だ。さらに、プロジェクトの進行状況を知らせてほしいと思っている人々のための発表用メーリングリストもあるとよい。

プロジェクトの名前がfooなら、開発者用メーリングリストは`<foo-dev>`とか`<foo-friends>`という名前になる。発表用メーリングリストは、`<foo-announce>`だ。

重要なポイントは、開発者用「非公開」メーリングリストをどの程度「非公開」にするかだ。設計についての議論に多くの参加者を集めることはよい場合が多いが、公開されている状態に近くなってくると、遅かれ早かれ、初心者的な質問を発してくる人物が現れる。この問題をどのように解決するかについては、さまざまな考えがありえる。

発表用メーリングリストは、厳しくコントロールする必要がある。トラフィックは、高々月に数メッセージでよい。この種のメーリングリストは、日々の詳細ではなく、何か重要なことが起きたときにそれを知りたい人に対応すればよいのである。その種の人々は、メーリングリストのメッセージがメールボックス内で大量にとっ散らかるようなことになると、すぐにメーリングリストを退会してしまう。

19.2.5.5 メジャーなアーカイブでリリースしよう

メジャーなオープンソースアーカイブサイトの詳細は、16章の「どこで探すか」の節を参照してほしい。パッケージをリリースするのは、これらのサイトだ。

その他の重要なサイトとしては次のものがある。

- Pythonで書かれたソフトウェアのためのPython Software Activity（http://www.python.org/）
- Perlで書かれたソフトウェアのためのCPAN（Comprehensive Perl Archive Network：http://www.cpan.org/）

19.3 ライセンスの論理：どれを選ぶか

どのライセンスを選ぶかは、作者が何かの制限を課したいとして、ソフトウェアに対してどのようなことをすることを制限するのかを選ぶことだ。

制限をまったく課したくないというのなら、ソフトウェアをパブリックドメインにするということになる。そのためには、各ファイルの先頭に次のようなテキストを入れればよい。

（J. Random Hackerが2003年にパブリックドメインに供した。共有して楽しんでください）

この場合、あなたは著作権を取り下げたことになる。だれもがテキストの好きな場所を好きなようにすることができる。これ以上の自由はない。

しかし、実際にパブリックドメインに供されているオープンソースソフトウェアはほとんどない。一部のオープンソース開発者は、コードに対する自分の所有権を使って、コードがオープンであり続けるようにしようとする（この種の人々はGPLを採用する）。別の一部の人々は、法的責任を回避することだけを考えている。すべてのオープンソースライセンスが共通に規定しているのは、無保証だ。

19.4 標準ライセンスを使ったほうがよい理由

Open Source Definitionに準拠するよく知られたライセンスは、十分に確立された解釈上の伝統を持っている。開発者（ユーザーに関連するところではユーザーも）は、ライセンスの意味することを知っており、リスクやトレードオフを正しく理解している。だから、可能ならOSIサイトにある標準ライセンスのどれかを使うようにすべきだ。

独自ライセンスを書かなければならない場合には、それを OSI に認証してもらうようにしよう。こうすれば、議論やオーバーヘッドを避けられる。この手続きを経ていないと、ライセンスがどれだけ厳しい非難を受けるかわかったものではない。ライセンスは、オープンソースコミュニティの中心的価値に触れるほとんど神聖な契約とみなされているので、どうしてもこの問題になると人々が熱くなるのだ。

さらに、確立された解釈上の伝統があるということは、ライセンスが法廷で審査されることになった場合にも重要な意味を持つかもしれない。本稿執筆時点（2003 年半ば）では、オープンソースライセンスを是認する判例も否認する判例も出ていない。しかし、法廷でも、ライセンスや契約がそれらの源であるコミュニティの常識や実践によって解釈されることは、法的な原則である（少なくとも、米国では。そして、おそらくイギリスやイギリス連邦に属するその他の国のようなコモンローの国でも）。だから、司法権力が最終的に発動することになっても、オープンソースコミュニティの実践や慣習が決定的な意味を持つと考えることには十分な理由がある。

19.5 さまざまなオープンソースライセンス

19.5.1 MIT または X コンソーシアムライセンス

もっとも制限の緩いオープンソースライセンスは、変更後のすべてのバージョンで著作権表示とライセンス条項が保たれる限り、コピー、使用、変更、変更後のコピー再配布を無制限に認めるものだ。しかし、このライセンスを受け入れた場合、メンテナンスプログラマを訴追する権利は放棄したということになる。

標準 X コンソーシアムライセンスのテンプレートは、OSI サイトで入手できる（http://www.opensource.org/licenses/mit-license.html）。

19.5.2 BSD Classic License

次に緩いライセンスは、変更後のすべてのバージョンで著作権表示とライセンス条項が保たれる限り、コピー、使用、変更、変更後のコピー再配布を無制限に認め、パッケージの宣伝、ドキュメント作成などを行うときに確認を求めるものだ。このライセンスのもとでも、メンテナンスプログラマを訴追する権利は放棄したということになる。

オリジナルの BSD ライセンスは、この種のライセンスとしてもっともよく知られたものである。フリーソフトウェア文化のなかで、BSD Unix の流れを汲むグループの間では、バークレーから数千マイルも離れたところで書かれたフリーソフトウェアでも、これを使うことが多い。

また、著作権保持者を変更し、宣伝条項を省略したBSDライセンスの小変種もよく見かける（こうすると、実質的にMITライセンスと変わらなくなる）。1999年半ばに、カリフォルニア大学技術移転局がBSDライセンスの宣伝条項を廃止したことに注意してほしい。だから、BSDソフトウェアのライセンスは、この形に緩和されたことになる。BSDアプローチを取る場合には、古いほうのライセンスではなく、新しいライセンス（宣伝条項なし）を使うことを強くお勧めする。宣伝条項が外されたのは、何が宣伝を構成するかということについて、法的、手続き的に非常に複雑になったからだ。

BSDライセンステンプレートは、OSIサイトで入手できる（http://www.opensource.org/licenses/bsd-license.html）。

19.5.3 Artistic License

次に緩いライセンスは、コピー、使用、手元での変更を無制限に認める種類のものである。変更後のバイナリの再配布は認めるが、変更後のソースの再配布は、作者とフリーソフトウェアコミュニティの利益を守るために制限する。

Perlのために作られ、Perlプログラマのコミュニティでは広く使われているアーティスティックライセンスは、このタイプである。このライセンスは、変更後のファイルに変更されていることを示す「めだつ断り書き」を入れることを要求している。また、変更後のファイルを再配布する人々に、それをフリーに利用できるようにすることと、フリーソフトウェアコミュニティに変更をフィードバックすべく努力することを要求している。

アーティスティックライセンスのコピーは、OSIサイトで入手できる．（http://www.opensource.org/licenses/artistic-license.html）。

19.5.4 GPL

GNU GPL（General Public License。およびこれから派生したLGPL：LibraryまたはLesser GPL）は、もっとも広く使われているフリーソフトウェアライセンスである。アーティスティックライセンスと同様に、変更後のファイルが「めだつ断り書き」を持つ限り、変更後のソースの再配布を認めている。

GPLは、GPLの対象となっている部分を含むすべてのプログラムに対して、全体がGPLの対象になることを要求している（この要求が発動される正確な状況は、だれにでも完全にわかるというわけではない）。

こういった要求内容をよく見れば、実際にはGPLは他のよく使われているライセンスよりも制限が厳しい（Larry Wallは、同じ目的の多くを達成しつつ、それらを避けるためにアーティスティックライセンスを作ったのである）。

GPLへのリンクと、適用方法についての注意は、FSFのコピーレフトサイト（http://www.gnu.

org/licenses/）にある。

19.5.5 MPL

　MPL（Mozillaパブリックライセンス）は、オープンソースだが、クローズドソースモジュール、エクステンションとリンクされる可能性のあるソフトウェアをサポートする。ディストリビュートされるソフトウェア（Covered Code）は、オープンでなければならないが、定義済みAPIを介して呼び出されるアドオンは、クローズでもよい。

　MPLのテンプレートは、次のサイトで入手できる（http://www.mozilla.org/MPL/MPL-1.1.html）。

第20章

未来：危険と可能性

> 未来を予測するための最良の方法は、それを発明することだ。
> ——Alan Kay、1971年 Xerox PARC の会議での発言

歴史は終わっていない。Unix は成長し続け、変化し続けるだろう。Unix を取り巻くコミュニティと伝統は、進化を止めないだろう。未来を予測しようとしてもそう簡単に当たるものではないが、おそらく2つの方法である程度は予測できるだろう。1つは、Unix が過去どのようにして設計上の難問を解決してきたかを見ることによって、もう1つは、解決方法を探している問題と活用されるのを待っているチャンスを見定めることによってである。

20.1 Unix の伝統における本質と偶然

Unix の設計が将来どのように変わるかを理解するために、まず最初に、過去において Unix のプログラミングスタイルがどのように変化してきたかを見ていくことにしよう。この作業は、Unix スタイルを理解するための難問の1つ、すなわち、本質と偶然の区別という問題に直接つながっている。つまり、一時的な技術的な状況から現れた特徴と、Unix の設計上の中心課題に直接深く結び付いている特徴はどれかを認識することである。そして、Unix の設計上の中心課題とは、システムの透明性と単純性を保ちつつ、適切なモジュール性と抽象化を実現するにはどうしたらよいかだ。

本質と偶然の区別は難しい。なぜなら、偶然として現れた特徴が、本質的な有用性を持つことが明らかになることもあるからだ。たとえば、11章で検討した Unix のインターフェイス設計における「沈黙は金」の原則について考えてみよう。最初は、遅いテレタイプに対応するために始まったことだったが、出力の少ないプログラムはスクリプト内でより簡単に組み合わせられるので、そのまま伝統として残った。GUI を使ったビジュアルなプログラムが多数実行さ

れる環境が当たり前となった今日では、うるさくないプログラムはユーザーの注意を散漫にさせたり、浪費したりしないという第三の有用性が生まれてきている。

一方、かつてはUnixにとって本質的な意味を持つように見えた特徴だったが、特定のコスト比に結び付いた偶然だったことがわかったというものもある。たとえば、昔のUnixのプログラム（および、awk(1)などのミニ言語）設計は、入力ストリームの処理では1度に1行ずつ、バイナリファイルの処理では1度に1レコードずつという方法を好んだ。単位をまたがって維持しなければならないコンテキストは、手の込んだ状態マシンコードによって管理された。それに対し、最近のUnixの設計では、一般に、プログラムは入力全体がメモリに読み込め、それゆえ任意の場所にランダムにアクセスできるという前提で書けるようになった。実際、最近のUnixは、プログラマがファイル全体を仮想メモリにマッピングするmmap(2)を持っており、ディスク空間との間の入出力のシリアライズを完全に隠蔽できるようになっている。

この変化は、メモリの節約を捨ててより単純、透明なコードを取ったという選択の変化だ。これは、プログラムの時間との対比でメモリのコストが大幅に下がったことに対応している。1970、1980年代の古いUnixの設計と1990年代以降の新しい設計との違いは、相対コスト比の大きなシフトに原因をたどれるものが多い。今日では、プログラマの時間に対するあらゆるマシンリソースのコストが1969年と比べて何桁も下がっている。

過去を振り返ると、Unixの設計スタイルに大きな変更を迫った技術的な変化としては、インターネット、ビットマップグラフィックスディスプレイ、パーソナルコンピュータの3つを挙げることができる。いずれについても、Unixの伝統は、もはや時代に適応できなくなっている偶然を捨て、本質的な発想の新しい適用形態を探すという方法で、難問を克服してきた。生物学的な進化も、同じような動きだ。進化論者には、「歴史的な起源が現在の有用性を規定すると考えてはいけないし、その逆も同様だ」という原則がある。Unixがこれら3つにどのように適応してきたかを簡単に見ておけば、まだ予測できない未来の技術シフトにUnixがどのように適応していくかを考えるための鍵が得られるかもしれない。

2章では、これらの変化のうちの最初のもの、すなわちインターネットの発生について、文化史的な角度から取り上げた。すなわち、1980年以降、オリジナルUnixとARPANETの文化がTCP/IPによって1つに交わる過程のことである。7章では、System VのSTREAMSなど、時代遅れになったIPC、ネットワーキングメソッドから、その後の10年間の大半の時間を通じてUnixプログラマを最初から規定していた多くの誤り（プロジェクトの開始時、過程、終了時のあらゆるタイミングを含む）のヒントを提示した。プロトコルについてはひどい混乱があり[1]、マシン間ネットワークと同じマシンで実行されるプロセスの間でのプロセス間通信の関係についても混乱が見られた。

---

1. 数年の間、ISOの7階層ネットワーク標準は、TCP/IPとの競争に成功しているように見えた。ISO 7層は、ペンタゴンで生まれたテクノロジを採用することに政治的な嫌悪感を抱いていたヨーロッパの標準化委員会が推進したものだったが、嫌悪感のほうが技術的な鋭さを追い抜いてしまった。そのため、複雑すぎて役に立たないことが判明した。詳細は、[Padlipsky]を参照してほしい。

この混乱は、TCP/IPが勝ち、BSDソケットがUnixの本質である「すべてがバイトストリーム」のメタファを再び確立して、終止符が打たれた。IPCでもネットワーキングでもBSDソケットを使うのが普通になり、それよりも古い方法は、どちらの分野でも使われなくなった。そして、Unixソフトウェアは、通信するコンポーネントが同じマシンにいるか別のマシンにいるかとは無関係なものになっていった。1990年から91年にかけてのWebの発明は、その論理的な帰結である。

　TCP/IPから数年たった1984年にビットマップグラフィックスとMacintoshというその実例が現れたとき、Unixはより困難な課題に挑まなければならなくなった。Xerox PARCとAppleのオリジナルGUIは美しいものだったが、システムの階層の数があまりにも多く、Unixプログラマからすると、その設計には居心地のよさを感じることができなかった。Unixプログラマは、メカニズムからのポリシーの分離を明確な原則にするという形でこの動きに応えた。X Window Systemは、1988年までにこの原則を確立した。低水準のグラフィックスを処理するディスプレイマネージャからXウィジェットセットを分離することにより、XはUnixの基準でモジュール化され、クリーンなアーキテクチャを作り上げた。これは、時間とともによりよいポリシーを簡単に発展させられるアーキテクチャでもあった。

　しかし、これは問題のやさしい面に過ぎなかった。難しい側面とは、Unixが統一的なインターフェイスポリシーを持つべきかどうか、持つべきだとすればどのようなものであるべきかを決めることだった。プロプライエタリツールキット（Motifなど）によってそのようなものを確立しようとする試みは複数あり、いずれも失敗した。2003年の今日では、GTKとQtが互いにその役割を争っている。この問題についての論争は2003年の段階では終わっていないが、11章で触れたように異なるUIスタイルが残っていることは多くのことを物語っているはずだ。Unixの新しい設計は、コマンド行を残し、GUIとCUIの間の緊張関係については、両方のスタイルで使えるCUIエンジン/GUIインターフェイスというペアを無数に作って処理している。

　パーソナルコンピュータは、それ自体の技術としてはそれほど大きな課題をもたらすものではなかった。386以降のチップは非常に強力で、それらを中心として設計されたシステムに、Unixを育てたミニコンピュータ、ワークステーション、サーバに匹敵するコスト比を与えた。本当の課題は、Unixの潜在市場の変化だった。ハードウェアの全体的な価格が大幅に下がったことにより、パーソナルコンピュータは、もっと広範で、技術的にも劣ったユーザーにとって魅力的なものになった。

　プロプライエタリUnixベンダーは、技術的に水準の高い買い手により強力なシステムを売ることによって厚いマージンを稼ぐことに慣れており、この従来よりも大きい市場に興味を示さなかった。エンドユーザーデスクトップに対する最初の本格的なアプローチは、オープンソースコミュニティから生まれ、本質的にイデオロギー的な理由から盛り上がった。2003年半ばの市場調査によれば、Linuxのシェアは約4%から5%に達し、Apple Macintoshのそれにきわめて近くなってきている。

　Linuxがこれよりもずっと大きな成果を挙げるかどうかにかかわらず、Unixコミュニティの

反応はすでにはっきりしている。それについては、3章でLinuxを取り上げたときに検討した。そのなかには、他の文化で生まれたいくつかのテクノロジ（XMLなど）を採用し、Unixの世界にGUIを根付かせるために多くの労力を注入することが含まれている。しかし、テーマのあるGUIとインストールのパッケージ化の水面下でもっとも強調されているのは、依然としてモジュール性とクリーンなコードである。そして、本格的で信頼性の高いコンピューティングとコミュニケーションを提供できるインフラストラクチャを得ることだ。

1990年代末にスタートしたMozillaやOpenOffice.orgといった大規模なデスクトップ開発の歴史が、この強調点をよく示している。これらのどちらの場合についても、コミュニティからのフィードバックでもっとも重要なのは、新機能の要求や出荷日を守れというプレッシャではない。怪物的なモノリスへの嫌悪であり、これら巨大プログラムが厄介者になるまえにスリム化し、再構成し、モジュール化しなければならなくなるだろうという一般的な感想である。

非常に大きな技術革新の結果でありながら、これら3つのテクノロジに対するUnixコミュニティの反応は、Unixの基本設計原則という観点からすると保守的なものだった。すなわち、この本で今までUnixの設計原則の特徴として描こうとしてきた、モジュール性、透明性、メカニズムからのポリシーの分離などの原則を守ろうとすることだった。Unixプログラマが学び、30年の経験で強化してきた反応は、最初の原則に戻ること、すなわち、新しいものにとびつくのではなく、ストリーム、ネームスペース、プロセスというUnixの基本抽象からより多くのものを引き出すよう努めることだったのである。

20.2 Plan 9：未来はかつてどうだったか

Unixの未来がかつてどのように見えたかを私たちは知っている。それは、Unixを作ったBell Labsの研究グループによって設計され、Plan 9 from Bell Labsと呼ばれたシステムだ[2]。Plan 9は、Unixを再び、よりよい形で生み出そうという試みだった。

Plan 9で設計者たちが満足させようとした中心的な設計課題は、居心地のよいUnix風の枠組みのなかにグラフィックスとユビキタスネットワークを統合することだった。彼らは、単一の巨大なファイル階層ネームスペースを使ってできる限り多くのシステムサービスに対するアクセスを調停するというUnixの選択をそのまま維持した。実際、Unix以上に進化させたのだ。UnixのもとでBSDソケット、fcntl(2)、ioctl(2)などさまざまな特別インターフェイスでアクセスされていた多くの機能は、Plan 9では特殊ファイルに対する通常の読み書き処理でア

---

2. この名前は、「今までに製作された最悪の」映画として伝説的な存在となった1958年のPlan 9 from Outer Spaceから取られたものである（この伝説は、残念ながら不正確である。1966年のもっと最悪の映画、Manos: The Hands of Fateを見たごく少数の人々ならそれを証言できるだろう）。ドキュメント（アーキテクチャ概説を含む）と完全なソースコード、PCにインストールできるディストリビューションは、Plan 9 from Bell LabsというフレーズでWebサーチをかければすぐに見つかる

クセスされるようになっている。この特殊ファイルは、Unix のデバイスファイルを思わせるものだ。移植性とアクセスのしやすさを考慮して、ほとんどすべてのデバイスインターフェイスは、バイナリではなくテキストだ。ほとんどのシステムサービス（たとえば、ウィンドウシステムなども含む）は、サービス対象のリソースを表現する特殊ファイルやディレクトリ構造を格納するファイルサーバとなっている。すべてのリソースをファイルとして表現することにより、Plan 9 は、異なるサーバのリソースに対するアクセスの問題を、異なるサーバのファイルに対するアクセスの問題に置き換えたのだ。

Plan 9 は、この Unix 以上に Unix 的なファイルモデルにプライベートネームスペースという新しい概念を結合した。すべてのユーザー（実際にはすべてのプロセス）は、独自のファイルサーバマウントの木構造を作ってシステムサービスに対する独自のビュー（視野）を持つことができる。ファイルサーバマウントのなかにはユーザーによって手作業でセットアップされるものもあれば、ログイン時に自動的にセットアップされるものもある。そこで、(Plan 9 from Bell Labs 概説が指摘するように) /dev/cons は常に端末デバイスを参照し、/bin/date は正しく実行される date コマンドを参照するが、これらの名前がどのファイルを表現するかは、マシン実行日などのアーキテクチャの状況によって変動する。

Plan 9 のもっとも重要な機能は、背後の実装がどのようなものであれ、マウントされたすべてのファイルサーバがどれも同じファイルシステム風のインターフェイスをエキスポートすることである。インターフェイスのなかには、ローカルファイルシステムに対応するものもあれば、ネットワークごしにアクセスされるリモートファイルシステムに対応するものもある。その他、ユーザースペースで実行されるシステムサーバのインスタンス（ウィンドウシステムや代替ネットワークスタックなど）、カーネルインターフェイスに対応するものもある。ユーザーとクライアントプログラムからは、これらすべてがみな同じように見えるのだ。

Plan 9 概説にも載っている例の 1 つとして、リモートサイトに対する FTP アクセスの実装方法がある。Plan 9 には ftp(1) コマンドはない。代わりに、**ftpfs** ファイルサーバがあり、個々の FTP 接続はファイルシステムマウントのように表現される。ftpfs は、マウントポイントの下のファイルやディレクトリに対するオープン、読み書きコマンドを自動的に FTP プロトコルトランザクションに変換する。そのため、ls(1)、mv(1)、cp(1) などの通常のファイル操作ツールが、FTP マウントポイントの下でも、ユーザーのネームスペースビューの他のマウントポイント境界を越えた先でも単純に動作する。ユーザー（または彼のスクリプトやプログラム）が感じる違いは、アクセススピードだけだ。

Plan 9 には他にもよいことがたくさんある。Unix システムコールインターフェイスのなかでも問題が多いものの作り直し、スーパーユーザーの廃止、その他おもしろい見直しがいくつもある。血統としては申し分がなく、設計はエレガントだ。そして、Plan 9 は Unix の設計に含まれるいくつかの重要な欠陥を明るみに出した。第 2 システムの通例とは異なり、Plan 9 は、多くの点でその親よりも単純でエレガントなアーキテクチャを作り出した。ではなぜ、Plan 9 は世界を取れなかったのだろうか。

個別の理由はいくつも挙げられる。本格的な販売体制の欠如、貧弱なドキュメント、ライセンスや使用料に関連する混乱や失敗の数々などだ。Plan 9 のことをよく知らない人々からすれば、Plan 9 はオペレーティングシステム研究のおもしろい論文を書くための道具のように感じられたかもしれない。しかし、Unix は、今までにこの種の障害を乗り越え、熱烈な支持者を集め、彼らが世界に Unix を広めていったのだ。なぜ、Plan 9 は同じことができなかったのだろうか。

歴史を長い目で見ていけばまた別の話になるのかもしれないが、2003 年の段階では、Plan 9 が失敗したのは、Unix ではだめで Plan 9 でなければならないと思わせるだけの決定的な差がなかったからだと思われる。Plan 9 と比べれば、Unix はぎくしゃくしており、明らかに錆ついているところもある。しかし、Unix は、十分仕事をこなしており、そのために自らの地位を保っていくことができる。Plan 9 は、意欲的なシステムアーキテクトのために教訓を残したのだ。その教訓とは、よりよい方法に対する最大の敵は、十分満足できるだけの既存のコードベースだということである。

最近の Unix、特により革新的なオープンソースの Unix には、Plan 9 のアイデアが生かされている。FreeBSD は、実行中のプロセスについての情報収集や制御のために使える/proc ファイルシステムがあるが、これはまさに Plan 9 をモデルにしたものだ。FreeBSD の rfork(2) と Linux の clone(2) システムコールは、Plan 9 の rfork(2) を真似ている。Linux の/proc ファイルシステムは、プロセス情報の提供に加え、Plan 9 風に合成されたさまざまなデバイスファイルをサポートする。これらのデバイスファイルは、主としてテキストインターフェイスを使ってカーネル内部の問い合わせや制御に使われる。2003 年の Linux 実験バージョンは、プロセス単位のマウントポイントを実装しており、Plan 9 のプライベートネームスペースに向かって大きく前進した。さらに、さまざまなオープンソース Unix は、いずれもシステム全体として UTF-8 をサポートする方向に向かっている。UTF-8[*3]は、Plan 9 のために考え出された符号化方式である。

Unix アーキテクチャのさまざまな部分が老化現象を起こすにつれて、Unix には Plan 9 のさまざまな部分が組み込まれていくだろう。これは、Unix の未来につながる開発の 1 つの方向として考えられるものだ。

20.3 Unix の設計の問題点

Plan 9 は Unix をクリーンアップしたが、Unix の基本設計概念に新たに追加したものは 1 つ（プライベートネームスペース）だけだ。しかし、この基本設計概念に重大な問題が潜んでいるということはないのだろうか。1 章では、Unix のまずい点として議論の余地のあるいくつかの

---

3. UTF-8 の誕生物語には、Ken Thompson、Rob Pike、ニュージャージーにおける夕食会、狂乱状態の徹夜のハックが登場する。

問題を取り上げた。オープンソース運動が Unix の未来を描く主体の地位をプログラマなどの技術者の手に取り戻したのだから、私たちが永遠に折り合いをつけていかなければならない決まりなどもはやない。Unix が未来に向かってどのように発展していくかをよりよく議論するためにそれらの問題点を再検証してみよう。

20.3.1 Unix ファイルはバイトを集めた大きな袋に過ぎない

Unix ファイルは、バイトを集めた大きな袋で、それ以外の属性を持たない。特に、ファイルの実際のデータ以外には、ファイルタイプについての情報や対応するアプリケーションプログラムへのポインタといった情報を格納する機能がない。

より一般的にいえば、すべてがバイトストリームで、ハードウェアデバイスでさえバイトストリームとして扱われている。このメタファは初期の Unix で非常に大きな成功を収め、(たとえば) コンパイル後のプログラムがコンパイラにフィードバックされる出力を生成できないようなシステムに対して決定的なメリットとなった。パイプやシェルプログラミングが生まれたのも、このメタファからだ。

しかし、Unix のバイトストリームメタファは、Unix の設計のなかであまりにも中心的な位置を占めているため、Unix は、バイトストリームにぴったりとフィットしない処理やファイル操作の範疇に属する処理 (作成、オープン、読み出し、書き込み、削除) をソフトウェアオブジェクトに統合しようとすると苦労することになる。特に、アイコン、ウィンドウ、「ライブ」ドキュメントなどの GUI オブジェクトでは、これが問題になる。古典的な Unix モデルの世界では、「すべてがバイトストリーム」メタファを拡張するための方法は、ioctl だけだが、これは、カーネル空間に対する醜い裏口を集めたものとして悪名が高い存在だ。

Macintosh ファミリのオペレーティングシステムの支持者たちは、この問題を声高に論じる傾向がある。彼らは、単一のファイル名がデータフォークとリソースフォークの両方を持つモデルを支持している。データフォークは Unix のバイトストリームに対応するのに対し、リソースフォークは名前/値のペアを集めたものになっている。Unix 党の人々はファイルのデータに自己記述をさせるアプローチを好むので、ファイル内に同じ種類のメタデータが格納されることになる。

Unix 方式の問題点は、ファイルを書き込むすべてのプログラムがメタデータの知識を持っていなければならないことである。そこで、たとえばファイル内に型情報を格納することにした場合、その形式のファイルを操作するすべてのツールは、型フィールドに手を付けずにいるか、型フィールドを解釈したうえで書き直さなければならなくなる。これは理論的には可能な方法だが、現実的に考えると脆弱すぎる。

一方、ファイル属性をサポートすることにすると、どのファイル操作がファイル属性をそのまま保つべきかというやっかいな問題が起きる。あるファイルから別の名前のコピーを作る場合、ソースファイルの属性もデータとともにコピーすべきことは明らかである。しかし、ファ

イルを cat(1) で結合し、その出力を新しい名前のファイルにリダイレクトする場合にはどうしたらよいだろうか。

この問題に対する答は、属性がファイル名の付随情報なのか、一種の目に見えないプレアンブル、ポストアンブルとしてファイルのデータに付随情報を提供するための特殊な方法なのかによって異なる。だから、この問題は、どの操作によってプロパティを見えるようにすべきかという問題に置き換えられる。

Xerox PARC のファイルシステムは、1970 年代という古い時代にこの問題の解決方法を考えている。この設計には、属性と内容の両方を格納するバイトストリームを返す「オープンしてシリアライズ」呼び出しが含まれていた。ディレクトリにこれを適用した場合には、ディレクトリの属性をシリアライズしたものとそこに含まれるすべてのファイルをシリアライズした結果が返される。このアプローチがその後改良されているかどうかはよくわからない。

Linux 2.5 は、すでに任意の名前/値の対をファイル名のプロパティとして結び付ける機能をサポートしているが、本稿執筆時点では、アプリケーションはまだこの機能をあまり使っていない。Solaris の最近のバージョンも、ほぼ同じような機能を持っている。

20.3.2 Unix の GUI サポートは弱い

フレームワークの基礎としてごく少数のメタファを使うことが強力な戦略だということは、Unix の経験が証明している（13 章のフレームワークと共有コンテキストの議論を思い出してほしい）。現代の GUI の中核を形成するビジュアルメタファ（アイコンがファイルを表現し、アイコンをクリックすると指定のハンドラプログラムが起動してファイルを作成、編集できる）は、1970 年代に Xerox PARC が先鞭をつけて以来、ユーザーとインターフェイスデザイナの強い支持を集め、成功を収めるとともに、長寿を保っている。

最近はかなりの努力が見られるところだが、2003 年の Unix は、このメタファのサポートがごく貧弱でいやいややっているそぶりが見える。レイヤが多く、慣習がほとんど確立しておらず、構築ユーティリティも貧弱なものしかない。昔からの Unix プログラマの多くは、GUI メタファ自体にもっと深い問題があって、Unix でのサポートの弱さはそれを反映しているのではないかと疑っているようだ。

> 私が思うに、問題の一部は、このメタファがまだ正しいものになっていないことにある。たとえば、**Mac** でファイルをゴミ箱にドラッグすると削除され、ディスクにドラッグするとコピーされるが、プリンタアイコンにドラッグしてもファイルは印刷されない。印刷はメニューを使ってすることになっているからだ。同じようなことがいくらもある。これでは、**Unix** が単純な（しかし単純すぎない）ファイル観念を導入する以前の **OS/360** のファイルと同じだ。
>
> —— Steve Johnson

11章では、Brian Kernighan と Mike Lesk の同じ趣旨の発言を引用した。しかし、どんなに欠点があろうとも、エンドユーザーの GUI 需要は膨大なものなので、GUI を非難するだけで話を終わりにするわけにはいかない。ユーザーとのやり取りの設計というレベルで GUI メタファを適切なものにすることができたとして、Unix は GUI を上品にサポートすることができるだろうか。

答はおそらくノーだ。この問題については、バイトを集めた袋モデルで十分かどうかを検討したときにも触れた。Macintosh スタイルのファイル属性をサポートすれば、GUI をより豊かにサポートするためのメカニズムを提供するうえで役に立つかもしれないが、それだけで答が終わりになるとはあまり考えられない。Unix のオブジェクトモデルは、適切な基礎構造を持っていない。私たちは、GUI のための本当に強力なフレークワークはどのようなものか、またそれと同じくらい重要なことだが、Unix の既存のフレームワークにそれをどのように統合するのかを考え抜いてはっきりさせる必要がある。これは難しい問題であり、ありきたりのソフトウェア工学や学術研究の騒音や混乱のなかからはまだ現れていない根本的な洞察が必要だ。

20.3.3 ファイルを削除すると復活できない

VMS の経験がある人々や TOPS-20 を覚えている人々は、これらのシステムのファイルバージョン化機能を懐かしがることが多い。この機能は、書き込みのために既存ファイルをオープンしたり、削除したりしたとき、実際にはバージョン番号を含んだ予測可能な名前に変更するだけでファイルを削除しない。本当にデータを削除するのは、バージョンファイルに明示的に削除処理を要求したときだけだ。

Unix はこれをしていない。そこで、入力ミスやシェルのワイルドカード操作の予期せぬ副作用のために誤ってファイルを削除したときに、ユーザーを苛立たせるというかなり大きなコストを支払うことになる。

オペレーティングシステムレベルでこの動作が変わることはさしあたって予想できない。Unix プログラマは、ユーザーが指示した仕事をするという単純でクリアな処理を好む。たとえ、ユーザーの指示が「私の足を撃て」というものであっても、指示に従おうとするのである。彼らは本能的に、ユーザーを彼自身から守るのは、GUI かアプリケーションレベルの仕事でオペレーティングシステムの仕事ではないというはずだ。

20.3.4 Unix は静的なファイルシステムを前提としている

Unix は、ある意味では非常に静的な世界をイメージしている。プログラムは暗黙のうちに非常に短時間しか実行されないことが前提となっているため、ファイルとディレクトリという背景の部分も、プログラムの実行中には変わらないという前提になっている。これは、背景の変化を知る必要のある寿命の長いユーザーインターフェイスソフトウェアを書くときに大きな問

題になる。

　Linux は、ファイルとディレクトリの変化を通知する機能を持っており[*4]、BSD の一部のバージョンは同じ機能をコピーしているが、他の Unix にはまだ移植性はない。

20.3.5 ジョブ制御の設計がお粗末だった

　ジョブ制御は、プロセスの一時停止能力を別とすれば（これ自体はスケジューラに対するごく簡単な機能追加であり、あまり他のことに影響を与えずに実現できる）、複数のプロセスの間で端末を切り替えることに過ぎない。だから、ジョブ制御がしていることはもっとも簡単なことであり、画面の状態の保存と復元のような難しい部分は、アプリケーション任せになってしまっている。

　ジョブ制御が本来実現すべきだったことは、ユーザープロセスからジョブ制御がまったく見えないようにすることだった。つまりそれは、専用のシグナルだの、端末モードの保存と復元だの、ランダムなタイミングでの画面の再描画だのをまったく不要にすることである。モデルとしては、ときどき実キーボードに接続される仮想キーボード（実キーボードが接続されていないときに入力を要求すると、プロセスをブロックする）、ときどき実画面に表示される仮想画面（接続されていないときに出力を要求すると、プロセスをブロックすることもあるし、しないこともある）であるべきだった。システムは、ディスク、プロセッサ等々へのアクセスを多重化するのと同じように、コンソールへのアクセスを多重化するのである。こうすれば、ユーザープログラムには何の影響も与えなくなる[*5]。

　正しいジョブ制御を実現するためには、Unix の tty ドライバは、単に行バッファを管理するのではなく、現在の画面の状態全体を追跡しなければならない。また、カーネルレベルで端末タイプの情報を得て（おそらく、デーモンプロセスの助けを借りることになるだろう）、一時停止されたプロセスが再びフォアグラウンドに戻ってきたときに画面を正しく復元できるようでなければならない。ジョブ制御が正しくないために、Unix カーネルは xterm や Emacs のように、1 つの端末からセッションを切り離し、別の端末（異なるタイプのものである場合がある）につなぎ換えることができない。

　Unix の使い方が X と端末エミュレータにシフトしてきたことにより、ジョブ制御は比較的重要ではなくなってきており、この問題は以前ほど深刻ではなくなってきた。しかし、停止/接続/切り離しがないことには、まだイライラする。この機能は、複数のログインにまたがって端末セッションの状態を保存するのに役立つはずだ。

---

4. `fcntl(2)` の `F_NOTIFY` を探そう。
5. この段落は、Henry Spencer の 1984 年の分析に基づいて書かれている。彼はさらに、POSIX.1 とその後の Unix 標準では、ジョブ制御は必要であり精密に検討すべきだと述べている。なぜなら、ジョブ制御はすべてのプログラムに影響を与えるので、あらゆるアプリケーション-システムインターフェイスにおいて考慮しなければならないからである。だから、POSIX が指示した設計は誤りであり、適切な方法は「検討対象外」で考慮さえされなかったということになる。

これらの問題の一部は、screen(1) というよくあるオープンソースプログラム[*6]によって解決される。しかし、このプログラムはユーザーが明示的に呼び出さなければならないものなので、すべての端末セッションにその機能があるとは限らない。また、このプログラムと機能的に重なり合うカーネルコードは取り除かれていない。

20.3.6 Unix API は例外を使わない

C はデータを付けて指定された例外[*7]を投げる機能を持っていない。そこで、Unix API の C 関数は、区別された値（通常は 1 か NULL ポインタ）を返してエラーを示し、大域変数の errno に値をセットする。

あとから振り返ってみると、これは多くのわかりにくいエラーの原因になっている。急いでいるプログラマは、とかく戻り値のチェックをさぼってしまう。例外が投げられないので、修復原則違反になる。なにしろ、その後なんらかのエラーやデータ破壊という形でエラーが顕在化するまで、プログラムのフローが続いてしまうのだ。

例外がないということは、単純なイディオムであるべき処理（たとえば、バークレースタイルのシグナルがあるバージョンでのシグナルハンドラからの異常終了など）を、複雑なコードで実行しなければならないということであり、それが移植性問題やバグを引き起こすということでもある。

この問題は、Python や Java のような例外を持つ言語で書かれた Unix API バインディングでは隠すことができる（そして通常は隠れている）。

例外がないということは、実際にはより大きな直接的意味を持つ別の問題があるということだ。C には型の種類があまりないので、C で書かれた高水準言語の間の通信はうまくいかない。これらの言語の大半は、たとえば、1 次的なデータ型としてリストや辞書を持っているが、C の世界で典型的な表現というものがないので、たとえば Perl と Python の間でリストをやり取りしようとしても、多くのグルーを必要とする不自然な処理になってしまう。

CORBA のようにもっと大きな問題を解決しようとするテクノロジもあるが、これらは実行時に大量の翻訳を発生させるため、不愉快に重いものになってしまう。

---

6. screen(1) にはプロジェクトサイトがある（http://www.math.fu-berlin.de/~guckes/screen/）。
7. プログラマではない読者のために説明すると、**例外のスロー**は、プログラムが手続きの途中で実行を中止するための手段である。スローは、手続きを囲むキャッチコードで処理できるので、完全に処理を終了してしまうわけではない。例外は、通常の処理を続行しようとすること自体に問題があるようなエラーや予測しない条件が発生したことを知らせるために使われる。

20.3.7 ioctl(2) と fcntl(2) がごちゃごちゃしている

　ioctl(2)、fcntl(2) メカニズムは、デバイスドライバへのフックを書くための手段を提供する。ioctl(2) の最初の歴史的な使い方は、シリアル通信ドライバのボーレートとかフレーミングビット数といったパラメータを設定するというもので、I/O コントロールという名前もそこに由来する。その後、他のドライバ機能についても ioctl 呼び出しが追加され、さらにファイルシステムへのフックとして fcntl(2) が追加された。

　年月とともに、ioctl、fcntl 呼び出しは増殖していった。それらはドキュメントが貧弱である場合が多く、移植性問題の原因になることも多い。それぞれについて、処理のタイプと特殊引数値を記述する薄汚いマクロ定義がもれなくついてくる。

　この問題の大本は、「大きなバイトを集めた袋」問題と同じである。Unix のオブジェクトモデルが弱体で、さまざまな補助的処理に与える自然な位置がないのだ。そのため、/dev のデバイスに対して fcntl/ioctl を実行するか、新しい専用システムコールを用意するか、カーネルにフックする特殊目的の仮想ファイルシステムを使うか（たとえば、Linux などの/proc）というどれをとっても満足のいかない方法のなかで適当なものを選ぶことになってしまう。

　Unix のオブジェクトモデルが将来豊かなものになるのかどうか、なるのだとすればどうなるのかははっきりしない。Mac OS 風のファイル属性が Unix の一般的な機能になれば、デバイスドライバの魔法の名前を持った属性を操作することが、現在の ioctl/fcntl の役割を果たすようになるだろう（これには、少なくともマクロ定義を使わなくてもインターフェイスを使えるようになるというメリットがある）。また、基本オブジェクトとして、ファイル/バイトストリームではなく、名前付きファイルサーバやファイルシステムを使う Plan 9 のやり方をすでに紹介したが、これも将来の可能性として考えられる道だ。

20.3.8 Unix のセキュリティモデルが原始的過ぎる

　おそらく、ルートが強力すぎるのだ。そして、何でもできるスーパーユーザーを 1 人設けるのではなく、システム管理機能をもっと細かく管理できるようにするか、ACL（アクセス制御リスト）を作るかすべきだということである。ルートの地位を持つ人々は、setuid メカニズムで永続的なルート特権を持つシステムプログラムが多すぎるとよくいう。そのようなプログラムのなかのどれかが壊されると、あちこちでシステムへの侵入が起きることになる。

　しかし、この議論はあまり説得力がない。最近の Unix は、複数のセキュリティグループにユーザーアカウントを所属させられるようになっている。実行可能ファイルの実行許可ビットと setgid ビットを使えば、グループが実質的にファイルやプログラムの ACL として機能することになる。

　しかし、この理論的な可能性はほとんど利用されていない。ACL に対する需要は、理論的に考えられているよりも実践上はかなり低いのではないかと考えられる。

20.3.9 Unixは異なる種類の名前が多すぎる

Unixは、ファイルとローカルデバイスを統一した。これらはどちらも単なるバイトストリームである。しかし、ソケットを介してアクセスするネットワークデバイスは、異なるネームスペースにあり、異なるセマンティックスを持つ。Plan 9は、ファイルがローカル、リモート（ネットワーク）の両方のデバイスとスムーズに統一できることを示したし、これら3つがユーザーごと、さらにはプログラムごとにダイナミックに調整できる単一のネームスペースで管理できることも示した。

20.3.10 ファイルシステムはまちがっているかもしれない

ファイルシステムを持っていたことがそもそもまちがっていたのではないだろうか。1970年代末以来、永続オブジェクトストアや、共有グローバルファイルシステムをまったく持たず、ディスク記憶を巨大なスワップ領域として扱い、仮想オブジェクトポインタを使ってすべての処理を行うオペレーティングシステムのおもしろい研究が蓄積されている。

この方向での最近の研究（EROS[8]など）の成果を見ると、この種の設計には、セキュリティポリシーの遵守ということでも、より高いパフォーマンスということでも、大きなメリットがあることがわかっている。しかし、もしこれがUnixの失敗なのだとすれば、それはすべてのライバルの失敗でもあるということには注意しなければならない。EROSの導きに従ったメジャーな本格稼動用オペレーティングシステムはまだ生まれていない[9]。

20.3.11 グローバルなインターネットアドレス空間に向かって

URLの可能性はそれほど大きくない。Unixの未来の方向として考えられるものについての最後のことばは、Unixの発明者から聞くことにしよう。

> 私の理想の未来は、ファイルシステムのリモートインターフェイス（**Plan 9**に倣ったもの）を開発し、それを**HTML**ではない標準としてインターネットを越えて実装させることだ。こうなれば本当にすばらしいことだ。
>
> —— Ken Thompson

---

8. http://www.eros-os.org/
9. Apple Newton、AS/400ミニコンピュータ、Palmハンドヘルドのオペレーティングシステムは例外と考えられるかもしれない。

20.4 Unixの環境の問題点

　古い時代のUnix文化は、オープンソース運動のなかで大きく変身した。そのために私たちは死滅せずに済んだのだが、このことはオープンソースの問題が今やUnix文化の問題でもあるということでもある。

　問題の1つは、オープンソース開発を経済的に維持する方法である。私たちは、Unixの初期の時代の互いに協力し合うオープンなプロセスという私たちのルーツというべきものに再びつながることができた。秘密主義とプロプライエタリな統制を捨て去れという専門的な論争には、ほとんど勝利することができた。私たちは1970年代や1980年代よりも平等な条件で販売部門や管理職と協力する方法を考え、多くの点で私たちの実験は成功を収めた。2003年の段階では、オープンソースUnixとその中心的な開発グループは、1990年代半ば頃でも想像できなかったような一定程度の尊敬と権威を勝ち取ることができた。

　私たちは長い道のりを歩んできたが、まだ歩まなければならない距離は長い。私たちはどのようなビジネスモデルが理論的に機能するかを知っているし、それが機能することを実践的に実証するいくつかの成功例をぽつぽつと指摘することさえできる。今度は、このモデルがもっと長期にわたって信頼性の高い形で機能することを証明しなければならない。

　それは必ずしも簡単に進む変化ではない。オープンソースは、ソフトウェアをサービス産業に変えた。サービス提供会社（医者や弁護士を想像するとよい）は、資本を注入したからといって大きくなるわけではない。そんなことをしても、固定費用がかさみ、収入源を乱獲して、飢え死にするだけだ。選択肢は、ごちそうのお返しに歌を歌うか（チップや寄付で生活する）、街角で店を開くか（小さなオーバーヘッドのかからないサービス業）、金持ちのパトロンを見つけるか（業務目的のためにオープンソースソフトウェアを使い、改良しなければならない大企業）だ。

　全体としていえば、自動車の価格が下がるにつれて自動車工の時給が上がるのと同じ理由で、ソフトウェア開発者を雇うためにかかる人件費は高くなっていく[10]。しかし、1人の個人や1つの会社がそれだけのコストのかかる開発者を集めることは難しくなっていく。裕福なプログラマは増えていくだろうが、億万長者は減るだろう。これは、実際には競争によって非効率がシステムから排除されるという進歩の兆候だが、大きな気候変化の現れでもある。おそらく、投資家たちはソフトウェアベンチャーに資金提供をするというすでに小さくなった関心を完全に失うだろう。

　大規模なソフトウェアビジネスを維持することがどんどん困難になっていくという問題には、エンドユーザーテストをどのように組織したらよいのかという重要な問題が付随してくる。歴史的には、Unix文化はインフラストラクチャに軸足を置いてきたので、エンドユーザー向けの

---

10. この効果のより詳細な議論については、[Raymond01]の「魔法の大鍋」を参照のこと。

心地よいインターフェイスを提供することに大きな価値があるプログラムはあまり作ってこなかった。しかし、MicrosoftやAppleと直接競争することを狙っているオープンソースUnixの世界を中心として、今はそのような構図ではなくなってきている。しかし、エンドユーザーインターフェイスは、本物のエンドユーザーを使って系統的にテストする必要がある。そして、そこには難問が控えている。

現実のエンドユーザーテストには、設備と専門家、一定水準のモニタリングが必要だが、オープンソース開発の特徴であるボランティアの分散グループでは、そのようなものを準備することが難しい。だから、オープンソースのワープロ、スプレッドシート、その他のビジネスアプリケーションは、OpenOffice.orgのように、そのようなオーバーヘッドに耐えられる大企業のスポンサーがついたグループに任せなければならないのかもしれない。オープンソースプログラマは、企業が1つということは、1つの失敗が致命的になるということなので、そのような依存関係を持つことに懸念を持つものだが、もっとよい方法はまだ現れていない。

これらは経済的な問題だが、より政治的な問題もある。成功は敵を作るからだ。

一部はおなじみのものだ。Microsoftは、コンピューティングの世界で圧倒的な独占を築くという野望のもとに、1980年代半ば、私たちが闘っていることに気付く5年前に、打倒Unixを戦略目標として掲げた。2003年半ばの時点では、Microsoftの考えるいくつかの成長市場はLinuxにかなり侵食されているが、それでもMicrosoftは世界のソフトウェア企業のなかでもっとも豊かでもっとも強力な地位を保っている。Microsoftは、生き残っていくためには、新しいオープンソース運動のUnixを打ち負かさなければならないことを知っている。そして、そのためには、オープンソースを生み出した文化を破壊し、その評価を引きずり下ろさなければならない。

Unixがオープンソースコミュニティの手のもとにカムバックし、インターネットの自由奔放な文化と連携したことによって、新しい敵も生まれた。ハリウッドと巨大メディアは、インターネットの脅威を深く感じており、無制限のソフトウェア開発に多面的な攻撃を仕掛けてきている。すでに、デジタルミレニアム著作権法のような立法によって、メディア帝国が嫌うことをしたソフトウェア開発者が訴追されている（もちろん、もっとも悪名の高い訴訟は、暗号化されたDVDを再生できるようにするDeCSSソフトウェアに関するものだ）。いわゆるTCPA（Trusted Computing Platform Alliance and Palladium）のようなよく考えて作られたスキームは、オープンソース開発を実質的に違法なものにしようと企図している[11]。そして、もしオープンソースがだめになるようなら、Unixもオープンソースとともにだめになる可能性が非常に高い。

Unix、ハッカー、インターネット対Microsoft、ハリウッド、巨大メディア。この戦いは、プロフェッショナリズム、技術への忠誠心、相互扶助という伝統的な理由からも勝たなければならないが、この戦いが重要なもっと大きな理由がある。政治の可能性は、ますますコミュニケー

---

11. 著名なセキュリティ専門家が指摘しているぞっとするような可能性については、TCPA FAQ（http://www.cl.cam.ac.uk/~rja14/tcpa-faq.html）を参照されたい。

ションテクノロジによって規定されるようになってきている。だれが使え、だれが検閲でき、だれが制圧できるか。政府と企業がネットの内容をコントロールし、人々がコンピュータでできることをコントロールすると、政治的自由に対する深刻で長期的な脅威となる。独占支配をもくろむ企業と権力の拡大をもくろむ統制主義者はいつでも同盟を組むものだが、これらが互いに協力し合って、デジタルな言論の規制、抑圧、犯罪化のための根拠を作り出すと、本当にとんでもないことになる。こういった動きに反対する私たちは自由の戦士だ。自分たち自身の自由だけではなく、他のすべての人たちの自由も守るのである。

20.5 Unix文化の問題点

　Unixコミュニティをめぐる文化的な問題は、Unix自体の技術的な問題やUnixの成功によって新たに生まれた課題と同じくらい重要な問題だ。この分野の問題として深刻なものは、少なくとも大小2つある。小さいのは、コミュニティ内の変化の問題、大きいのは、私たちが歴史的に抱えるエリート主義の克服だ。

　小さいほうの課題は、昔ながらのUnixのグルたちと新世代のオープンソースの大衆の間にある摩擦である。特に、Linuxの成功は、昔からのUnixプログラマの多くにとってそれほど心地よい現象ではない。この問題の一部は、世代間の問題である。Linuxキッズたちの無秩序なエネルギー、天真爛漫さ、陽気な熱狂といったものは、1970年代以来Unixに付き合ってきており、自分のほうが賢い（それで正しいことが多いのだが）と思っている年長者たちを苛立たせることがある。年長者が失敗したところでキッズが成功しつつあるということが、さらにイライラを激化させているのだ。

　大きなほうの問題は、2000年にMacintosh開発者コンファレンスで3日間を過ごすまで、私にはよくわかっていなかった。Unixの世界とは正反対の前提から成り立つプログラミング文化にどっぷり浸かることになったこの3日間は、非常に考えさせられ、勉強になった。

　Macintoshプログラマにとって、すべてはユーザーの使い心地だ。彼らは建築家であるとともに装飾家だ。彼らは外から内に向かって設計し、「どのようなやり取りをサポートしようか」ということをまず考えてから、ユーザーインターフェイス設計の要求に応えられるように、その背後のアプリケーションロジックを組み立てていく。この方法で作られるプログラムは、見かけこそよいが、インフラストラクチャが脆弱でふらふらだ。特に悪名が高い例を挙げれば、Mac OSのメモリマネージャは、Release 9という段階になっても、ユーザーの助けによるメモリ開放を必要とした。終了していながらメモリに残っているプログラムを手動で弾き出さなければならなかったのである。Unix文化の人々は、この種の設計ミスを本能的に嫌う。彼らには、Macintosh文化の人々がこのような環境で折り合いを付けていることが理解できない。

　対照的に、Unix文化の人々にとっては、インフラストラクチャがすべてだ。私たちは配管工

であり、石工である。私たちは内側から外に向かって設計していくため、抽象的に定義された問題（たとえば、「信頼性のないハードウェアやリンクを経由して信頼性の高いパケットストリームを A 地点から B 地点まで届けるためにはどうしたらよいか」というようなもの）を解決する強力なエンジンをまず作る。次に、私たちはエンジンのまわりに薄いが、とてつもなく醜いことの多いインターフェイスをかぶせる。醜いものとして有名なのは、date(1)、find(1)、ed(1) などだが、他にもそのようなものは無数にある。Macintosh 文化の人々は、この種の設計ミスに本能的に嫌悪感を持つ。彼らには、Unix 文化の人々がこのような環境で折り合いを付けていることが理解できない。

どちらの設計思想にもいくばくかの正当性はあるが、これら 2 つの陣営が互いの長所を認め合うのはとてつもなく難しいことだ。典型的な Unix プログラマは、反射的に Macintosh ソフトウェアをけばけばしい装飾品、何も知らない人のための見かけ倒しと片付け、他の Unix プログラマに受けるソフトウェアを作り続ける。エンドユーザーがその作品を気に入らないようなことがあれば、それはエンドユーザーが悪いのだと思う。手がかりをつかめば、彼らはきっと戻ってくる。

この種の偏狭さは、Unix 文化にとってよいように作用することが多かった。私たちはインターネットと Web の維持者である。私たちのソフトウェアと伝統は、本格的なコンピューティングを支配している。24/7（毎日 24 時間週 7 日の年中無休）の信頼性とダウン時間を最小限に抑えることがどうしても必要なアプリケーションは、私たちのものだった。実際、私たちは安定したインフラストラクチャを作ることにかけては、おそろしく有能だ。私たちは完璧ではないにしても、私たちの記録に近いものを作り出しているプログラミング文化は他になく、それは私たちの誇りの 1 つでもある。

問題は、私たちがこれからますます大きな視野を必要とするような課題に直面していくということだ。世界のほとんどのコンピュータはサーバ室に鎮座しているのではなく、エンドユーザーの手もとにある。パーソナルコンピュータが登場するまえの Unix の初期の時代には、私たちの文化は、メインフレームの司祭、巨大な鉄の管理者に対する反抗者として自己規定しているところがあった。その後、私たちは初期のマイクロコンピュータの熱烈な支持者たちが持っていた「人々に力を」の理想主義を吸収した。しかし、今日では、私たちこそが司祭になっている。私たちは、ネットワークを運営し、巨大な鉄を動かしている人間なのだ。そして、私たちは暗黙のうちにエンドユーザーに要求をしている。私たちのソフトウェアを使いたいと思うなら、あなたは私たちと同じように考えなければならないという態度が染み付いているのだ。

2003 年現在、私たちの態度は深く動揺している。エリート主義と使命感にあふれる人民主義の間で緊張が走っているのだ。私たちは、コンピューティングとは、ゲーム、マルチメディア、にぎやかな GUI インターフェイス、軽い電子メール、ワープロ、スプレッドシートだと思っている（最後の 3 つを考えるのは、彼らのなかではもっとも技術的な人々だが）世界の 92%に接触して、考えを変えさせたいと思っている。私たちは、Unix にきれいな顔を与えるために、GNOME や KDE などのプロジェクトに大きな労力を注いでいる。しかし、私たちは根っこの

ところではまだエリート主義であり、世界中の Tillie 伯母さんのニーズを見極め、彼女の声に耳を傾けることが嫌いで、実際それができないことが多い。

　技術系ではないエンドユーザーからすると、私たちが作るソフトウェアは、びっくりさせるような理解不能な代物であるか、腰が低いようで気の利かないもの、あるいは両方を兼ね備えてしまっているものであることが多い。できる限り熱心にユーザーフレンドリということを考えようとするときでも、私たちはつじつまの合わないことをしてしまう。わたしたちが古い世代の Unix から受け継いできた態度や考え方は、この仕事にとっては害にしかならない。Tillie 伯母さんの声を聞いて助けようと思う場合でさえ、私たちはどうしたらよいのかわかっていない。私たちは自分たちの考え方の範疇で自分たちの関心事を彼女に押し付け、彼女からすれば問題と同じくらいげんなりする「解答」を与えようとしてしまう。

　文化としての Unix の最大の課題は、今までうまく機能してきた前提条件を打ち破れるかどうかということ、単に知的にではなく、日々の実践の支柱として、Macintosh 文化には合理性があることを認められるかどうかということだ。The Inmates Are Running the Asylum［Cooper］は、Macintosh 文化の合理性について、Mac 固有な形ではなくより一般的に説明している。この本では、著者が「やり取りの設計」と呼ぶものについて刺激的な議論が展開されている。ときどきおやと思うようなところも混ざっているが、この議論のなかには、すべての Unix プログラマが知っておいたほうがよい厳然たる事実が含まれている。

　この事実から目をそむけることも不可能ではないだろう。最良のもっとも優れた頭脳を持つ選ばれた少数者にだけアピールする司祭的な生活、ソフトウェアインフラストラクチャとネットワークの守護者という歴史的な役割に焦点を絞ったギークのエリート集団に留まっていてもかまわない。しかし、もしそうした場合、私たちは袋小路に入り、最終的には何十年にも渡って私たちを支えてきたダイナミズムを失うことになるだろう。人々のために働くのも他人、力と金があるところに首を突っ込んですべてのソフトウェアの 92%の未来を握っているのも他人。その他人が Microsoft であっても、そうでなくても、彼らは私たちがあまり好きになれない実践方法とソフトウェアを使うことはまちがいない。

　逆に、私たちは課題をしっかりと受け止めることもできる。オープンソース運動は、そうしようと努力している。しかし、私たちが過去に他の問題を解決するために動員した昔ながらの仕事や知性だけでは、これからは十分とはいえないだろう。私たちは、根本的に困難な形で生まれ変わらなければならないのだ。

　4 章では、禅の捨離と初心の考えを引きながら、技術的な問題を解決するうえで、先入観を捨て、過去を捨てることの重要性を論じた。今は、もっと大きな種類の捨て去りが必要だ。私たちは Tillie 伯母さんのまえでの謙虚さを学び、今まで私たちを成功に導いてきた長年の先入観を捨て去らなければならない。

　Macintosh 文化は、Unix 文化の吸収を始めている。Mac OS X は、Unix を基礎としており、2003 年の Mac プログラマたちは（場合によっては苦闘しながら）、Unix のインフラストラクチャに焦点を絞った考え方の長所を学ぶように精神構造を組み替えようとしつつある。私たち

の課題は、逆に、Macintoshのユーザー中心の考え方の美点を評価することだ。

Unix文化には、他にも従来の孤立主義から脱却しようとしつつある兆候が見えてきている。その1つは、Unix/オープンソースコミュニティとアジャイルプログラミング（エクストリームプログラミング）運動[*12]の融合である。4章でも触れたように、Unixプログラマは、アジャイルプログラミング運動が生み出したリファクタリングの考え方を歓迎している。アジャイルプログラミングのリファクタリング、ユニットテスト、ストーリーを中心とする設計などといった概念は、Unixの伝統に広く浸透しているが、明示されてこなかった実践を明文化し、先鋭化したものに感じられる。一方、Unixの伝統は、アジャイルプログラミングの人々に長い経験から学んだ根拠や教訓を提供できる。オープンソースソフトウェアがマーケットシェアを上げると、かつて1980年のあとに古いインターネットと初期のUnixの文化が融合したように、両者が融合することも考えられるだろう。

20.6 信じる理由

Unixの未来には大きな問題がいくつも待ち構えている。本当に私たちはUnixに別の道を歩ませたいのだろうか。

30年以上にも渡って、私たちは課題を乗り越えてきた。私たちはソフトウェア工学のもっとも優れた実践を開拓し、今日のインターネットとWebを作った。私たちは、今までに存在したことのあるソフトウェアシステムのなかで、もっとも大きく、もっとも複雑で、もっとも信頼性の高いものを作り上げた。私たちは、IBM独占よりも長寿を保ち、今はMicrosoft独占に立ち向かおうとしていて、Microsoftを深く恐れさせるだけの健闘を見せている。

決して、すべてが大勝利だったというわけではない。1980年代には、Unixのプロプライエタリ化に手を貸して自らの首を絞めそうになった。私たちはローエンドの非技術系のエンドユーザーをあまりにも長い間無視し続けたために、Microsoftがソフトウェアの品質の標準をひどく下げる余地を残した。知的な観察者たちは、私たちの技術、コミュニティ、価値はもう終わりだと何度も何度も宣言した。

しかし、私たちはいつも蘇った。私たちは過ちを犯すが、過ちから学ぶのである。私たちは世代を超えて私たちの文化を伝えていった。私たちは、初期の大学ハッカーやARPANET実験、マイクロコンピュータの熱烈な支持者たち、その他さまざまな文化の最良の成果を吸収した。オープンソース運動は、私たちの初期の時代の活力と理想主義を復活させ、今日の私たちはいまだかつてないほど強力で、多くの人に支えられている。

今までは、Unixハッカーの負けに賭けると、短期的には賢く、長期的には愚かだという結果になってきた。私たちは克服できる。そのつもりになれば。

---

12. アジャイルプログラミングの概要については、アジャイルマニフェスト（http://agilemanifesto.org/）を参照してほしい。

付録 A

略語集

本文に登場するもっとも重要な略語の意味をここで定義しておく。

API
: アプリケーションプログラミングインターフェイス（Application Programming Interface）。リンク可能な関数ライブラリ、オペレーティングシステムカーネル、または両者の組み合わせとやり取りするための関数呼び出しの集合。

BSD
: Berkeley System Distribution または Berkeley Software Distribution。最初にどちらだったのかははっきりしていない。カリフォルニア大学バークレー校コンピュータ科学研究グループが 1976 年から 1994 年にかけてリリースした Unix ディストリビューション、およびそれらのシステムから派生したオープンソース Unix の総称。

CLI
: コマンド行インターフェイス（Command Line Interface）。一部では古臭いものと考えられているが、Unix の世界ではまだ非常に便利だと考えられている。

CPAN
: Comprehensive Perl Archive Network。Perl モジュール、エクステンションの中心的な Web レポジトリ。

GNU
: GNU's Not Unix!　Free Software Foundation による Unix 全体のクローンをフリーソフトウェアで作ろうというプロジェクトの再帰的な頭字語。このプロジェクトは完全に成功したというわけではないが、Emacs や GNU Compiler Collection など、今の Unix 開発で欠かせないツールの多くがここで作られている。

GUI
: グラフィカルユーザーインターフェイス（Graphical User Interface）。1970 年代に Xerox PARC で発明されたマウス、ウィンドウ、アイコンを使うアプリケーションインターフェイスの新しいスタイル。これよりも古い CLI や rogue 風スタイルと大きく異なる。

IDE
: 統合開発環境（Integrated Development Environment）。コード開発のための GUI 環境。シンボリックデバッグ、バージョン管理、データ構造のブラウズなどの機能を持っている。Unix では、15 章で述べた理由からあまり使われていない。

IETF	Internet Engineering Task Force。TCP/IP などのインターネットプロトコルの定義に責任を持つ主体。主として技術者から構成される緩やかで平等な組織。
IPC	プロセス間通信（Inter-Process Communication）。別々のアドレス空間内で実行されているプログラムの間でデータをやり取りするためのすべての方法。
MIME	Multipurpose Internet Mail Extensions。RFC-822 メールのなかにバイナリやマルチパートメッセージを埋め込むための標準を記述する一連の RFC。メール伝送で使われる他、HTTP や BEEP などの重要なアプリケーションプロトコルが水面下で MIME を使っている。
OO	オブジェクト指向（Object Oriented）。オブジェクトと呼ばれる（理論的に）封印されたコンテナに、コードとそのコードが操作するデータをカプセル化しようとするプログラミングのスタイル。それに対し、非オブジェクト指向プログラミングは、データ構造とコードの中身を簡単に見せてしまう。
OS	オペレーティングシステム（Operating System）。マシンの基本ソフトウェア。タスクをスケジューリングし、記憶領域を割り当て、アプリケーション間のデフォルトインターフェイスをユーザーに提示する。オペレーティングシステムが提供する機能と一般的な設計思想は、OS のホストマシンを中心として成長する技術文化とプログラミングスタイルに非常に強い影響を与える。
PDF	Portable Document Format。プリンタなどのイメージングデバイスを制御する PostScript 言語は、プリンタにストリームとして送られるように設計されている。PDF は、PostScript ページのシーケンスで、表示形式として便利に使えるように、コメントとともにパッケージ化されている。
PDP-11	Programmable Data Processor 11。歴史上おそらくもっとも成功したミニコンピュータ。1970 年に初めて出荷され、1990 年に出荷停止となった。VAX の直接の祖先にあたる。PDP-11 は、最初のメジャーな Unix プラットフォームでもあった。
PNG	Portable Network Graphics。ビットマップグラフィックスイメージのための World Wide Web Consortium 標準推奨フォーマット。5 章で説明したように、優雅に設計されたバイナリグラフィックスフォーマットである。
RFC	Request For Comment。インターネットの標準。この名前が登場した頃は、ドキュメントは、その当時には存在しなかったものの予定されていたなんらかの正式承認プロセスに対して提出された提案だと考えられていた。正式の承認プロセスはまだ実体化していない。
RPC	Remote Procedure Call。IPC メソッドを使って、通信する複数のプログラムに同じアドレス空間に属するかのような幻想を与え、それにより、レイテンシなどのパフォーマンス上考慮しなければならない問題を無視して、(a) 簡単に複雑なデータ

構造を共有でき、(b) 互いを関数ライブラリのように呼び出せるようにする。この幻想は、維持するのが難しいことで悪名が高い。

TCP/IP　Transmission Control Protocol/Internet Protocol。1983 年に NCP（Network Control Protocol）から転換されて以来、インターネットの基本プロトコルとなっている。データストリームの信頼性の高い伝送を提供する。

UDP/IP　Universal Datagram Protocol/Internet Protocol。小さなデータパケットのために、信頼性は低いがレイテンシも低い伝送を提供する。

UI　　ユーザーインターフェイス（User Interface）。

VAX　　Virtual Address Extension。DEC（Digital Equipment Corporation）が開発した古典的なミニコンピュータ設計の名前（DEC はその後 Compaq に合併され、さらに Hewlett-Packard に合併された）。最初の VAX は 1977 年に出荷された。1980 年以降の 10 年間に渡って、VAX はもっとも重要な Unix プラットフォームの 1 つとなった。マイクロプロセッサによる再実装は現在でもまだ出荷されている。

付録 B

参考文献

　Web には、Unix 産業の年譜（http://snap.nlc.dcccd.edu/learn/drkelly/hst-hand.htm）と GNU/Linux と Unix の年譜（http://www.robotwisdom.com/linux/timeline.html）がある。また、Unix リリースの系統図（http://www.levenez.com/unix/）もある。

[Appleton] 　Randy Appleton. Improving Context Switching Performance of Idle Tasks under Linux. 2001.
Web で参照できる（http://cs.nmu.edu/~randy/Research/Papers/Scheduler/）。

[Baldwin-Clark] 　Carliss Baldwin and Kim Clark. Design Rules, Vol 1: The Power of Modularity. 2000. MIT Press. ISBN 0-262-024667.

[Bentley] 　Jon Bentley. Programming Pearls. 2nd Edition. 2000. Addison-Wesley. ISBN 0-201-65788-0.
第 3 論文の Data Structures Programs は、9 章と同じようなテーマを Bentley 独特の雄弁さで論じている。この本の一部は Web で読むことができる（http://www.cs.bell-labs.com/cm/cs/pearls/toc.html）。
邦訳：『珠玉のプログラミング──本質を見抜いたアルゴリズムとデータ構造』ピアソンエデュケーション、ISBN 978-4894712362

[BlaauwBrooks] 　Gerrit A. Blaauw and Frederick P. Brooks. Computer Architecture: Concepts and Evolution. 1997. ISBN 0-201-10557-8. Addison-Wesley.

[Bolinger-Bronson] 　Dan Bolinger and Tan Bronson. Applying RCS and SCCS. O'Reilly & Associates. 1995. ISBN 1-56592-117-8.
単なるクックブックではなく、バージョン管理システムの設計問題の概論書にもなっている。

[Brokken]　Frank Brokken. C++ Annotations Version. 2002.
Webで参照できる（http://www.icce.rug.nl/documents/cplusplus/cplusplus.html）。

[BrooksD]　David Brooks. Converting a UNIX .COM Site to Windows. 2000.
Webで参照できる（http://www.securityoffice.net/mssecrets/hotmail.html#_Toc491601819）。

[Brooks]　Frederick P. Brooks. The Mythical Man-Month. 20th Anniversary Edition. Addison-Wesley. 1995. ISBN 0-201-83595-9.
邦訳：『人月の神話――狼人間を撃つ銀の弾はない』ピアソンエデュケーション、ISBN 978-4894716650

[Boehm]　Hans Boehm. Advantages and Disadvantages of Conservative Garbage Collection.
ガベージコレクション（ゴミ集め）を持つ環境と持たない環境のトレードオフを完全に論じきっている。Webで参照できる（http://www.hpl.hp.com/personal/Hans_Bochm/gc/issues.html）。

[Cameron]　Debra Cameron, Bill Rosenblatt, and Eric Raymond. Learning GNU Emacs. 2nd Edition. O'Reilly & Associates. 1996. ISBN 1-56592-152-6.
邦訳：『入門 GNU Emacs 第3版』オライリージャパン、ISBN 978-4873112770

[Cannon]　L. W. Cannon, R. A. Elliot, L. W. Kirchhoff, J. A. Miller, J. M. Milner, R. W. Mitzw, E. P. Schan, N. O. Whittington, Henry Spencer, David Keppel, and Mark Brader. Recommended C Style and Coding Standards. 1990.
最後の3人の著者による書き換えを経た Indian Hill C Style and Coding Standards の改訂版。Cプログラムの推奨コーディング標準を記述している。Webで参照できる（http://www.psgd.org/paul/docs/cstyle/cstyle.htm）。

[Christensen]　Clayton Christensen. The Innovator's Dilemma. HarperBusiness. 2000. ISBN 0-066-62069-4.
「破壊的技術」という用語を導入した書物。すべてを正しく機能させているはずの技術会社が、駆け出しの会社に出し抜かれる理由と経緯をわかりやすく魅力的に解析してみせる。技術系の人間が読むべきビジネス書。
邦訳：『イノベーションのジレンマ――技術革新が巨大企業を滅ぼすとき』翔泳社、ISBN 978-4881358399

[Comer]　Unix Review. Douglas Comer. "Pervasive Unix: Cause for Celebration". October 1985. p. 42.

[Cooper] Alan Cooper. The Inmates Are Running the Asylum. Sams. 1999. ISBN 0-672-31649-8.
ときどき癖のあるおやと思わせるような部分もあるが、この本はソフトウェアインターフェイス設計の問題点とそれの正し方を辛辣に、またみごとに分析している。

[Coram-Lee] Tod Coram and Ji Lee. Experiences--A Pattern Language for User Interface Design. 1996.
Web で参照できる（http://www.maplefish.com/todd/papers/Experiences.html）。

[DuBois] Paul DuBois. Software Portability with Imake. O'Reilly & Associates. 1993. ISBN 1-56592-055-4.

[Eckel] Bruce Eckel. Thinking in Java. 3rd Edition. Prentice-Hall. 2003. ISBN 0-13-100287-2.
Web で参照できる（http://www.mindview.net/Books/TIJ/）。（訳注：4 版が出ているが、4 版はオンラインでは読めない。3 版はオンラインで読める。）
邦訳：『Bruce Eckel の Java プログラミングマスターコース——徹底探究!Java のしくみとオブジェクト作法〈上〉・〈下〉』ピアソンエデュケーション、ISBN 978-4894711440、ISBN 978-4894711457

[Feller-Fitzgerald] Joseph Feller and Brian Fitzgerald. Understanding Open Source Software. 2002. ISBN 0-201-73496-6. Addison-Wesley.

[FlanaganJava] David Flanagan. Java in a Nutshell. O'Reilly & Associates. 1997. ISBN 1-56592-262-X.
邦訳：『Java クイックリファレンス 第 4 版』オライリージャパン、ISBN 978-4873111193

[FlanaganJavaScript] David Flanagan. JavaScript: The Definitive Guide. 4th Edition. O'Reilly & Associates. 2002. ISBN 1-596-00048-0.
邦訳：『JavaScript』オライリージャパン、ISBN 978-4873110271

[Fowler] Martin Fowler. Refactoring. Addison-Wesley. 1999. ISBN 0-201-48567-2.
邦訳：『リファクタリング——プログラムの体質改善テクニック』ピアソンエデュケーション、ISBN 978-4894712287

[Friedl] Jeffrey Friedl. Mastering Regular Expressions. 2nd Edition. 2002. ISBN 0-596-00289-0. O'Reilly & Associates. 484pp..
邦訳：『詳説 正規表現 第 2 版』オライリージャパン、ISBN 978-4873111308

〔Fuzz〕Barton Miller, David Koski, Cjin Pheow Lee, Vivekananda Maganty, Ravi Murthy, Ajitkumar Natarajan, and Jeff Steidl. Fuzz Revisited: A Re-examination of the Reliability of Unix Utilities and Services. 2000.
Webで参照できる（http://www.cs.wisc.edu/~bart/fuzz/）。

〔Gabriel〕Richard Gabriel. Good News, Bad News, and How to Win Big. 1990.
Webで参照できる（http://www.dreamsongs.com/WorseIsBetter.html）。

〔Gancarz〕Mike Gancarz. The Unix Philosophy. Digital Press. 1995. ISBN 1-55558-123-4.
邦訳：『UNIXという考え方——その設計思想と哲学』オーム社、ISBN 978-4274064067

〔GangOfFour〕Erich Gamma, Richard Helm, Ralph Johnson, and John Vlissides. Design Patterns: Elements of Reusable Object-Oriented Software. Addison-Wesley. 1997. ISBN 0-201-63361-2.
邦訳：『オブジェクト指向における再利用のためのデザインパターン』ソフトバンククリエイティブ、ISBN 978-4797311129

〔Garfinkel〕Simson Garfinkel, Daniel Weise, and Steve Strassman. The Unix Hater's Handbook. IDG Books. 1994. ISBN 1-56884-203-1.
Webで参照できる（http://research.microsoft.com/~daniel/unix-haters.html）。

〔Gentner-Nielsen〕Communications of the ACM. Association for Computing Machinery. Don Gentner and Jacob Nielsen. "The Anti-Mac Interface". August 1996.
Webで参照できる（http://www.acm.org/pubs/cacm/AUG96/antimac.htm）。

〔Gettys〕Jim Gettys. The Two-Edged Sword. 1998.
Webで参照できる（http://freshmeat.net/articles/view/122/）。

〔Glickstein〕Bob Glickstein. Writing GNU Emacs Extensions. O'Reilly & Associates. 1997. ISBN 1-56592-261-1.
邦訳：『GNU Emacs拡張ガイド——Emacs Lispプログラミング』オライリージャパン、ISBN 978-4900900196

〔Graham〕Paul Graham. A Plan for Spam.
Webで参照できる（http://www.paulgraham.com/spam.html）。

〔Harold-Means〕Elliotte Rusty Harold and W. Scott Means. XML in a Nutshell. 2nd Edition. O'Reilly & Associates. 2002. ISBN 0-596-00292-0.

邦訳：『XML クイックリファレンス』オライリージャパン、

［Hatton97］ IEEE Software. Les Hatton. "Re-examining the Defect-Density versus Component Size Distribution". March/April 1997.
Web で参照できる（http://www.cs.ukc.ac.uk/people/staff/lh8/pubs/pubis697/Ubend_IS697.pdf.gz）。

［Hatton98］ IEEE Software. Les Hatton. "Does OO Sync with the Way We Think ". 15. (3).
Web で参照できる（http://www.cs.ukc.ac.uk/people/staff/lh8/pubs/pubis698/OO_IS698.pdf.gz）。

［Hauben］ Ronda Hauben. History of UNIX.
Web で参照できる（http://www.dei.isep.ipp.pt/~acc/docs/unix.html）。

［Heller］ Steve Heller. C++: A Dialog. Programming with the C++ Standard Library. Prentice-Hall. 2003. ISBN 0-13-009402-1.

［Hunt-Thomas］ Andrew Hunt and David Thomas. The Pragmatic Programmer: From Journeyman to Master. Addison-Wesley. 2000. ISBN 0-201-61622-X.
邦訳：『達人プログラマー──システム開発の職人から名匠への道』ピアソンエデュケーション、ISBN 978-4894712744

［Kernighan95］ Brian Kernighan. Experience with Tcl/Tk for Scientific and Engineering Visualization. USENIX Association Tcl/Tk Workshop Proceedings. 1995.
Web で参照できる（http://www.usenix.org/publications/library/proceedings/tcl95/full_papers/kernighan.txt）。

［Kernighan-Pike84］ Brian Kernighan and Rob Pike. The Unix Programming Environment. Prentice-Hall. 1984. ISBN 0-13-937681-X.
邦訳：『UNIX プログラミング環境』アスキー、ISBN 978-4871483513

［Kernighan-Pike99］ Brian Kernighan and Rob Pike. The Practice of Programming. 1999. ISBN 0-201-61586-X. Addison-Wesley.
品質の高いプログラムを書くことについての優れた論文。この分野の古典になることがまちがいないもの。
邦訳：『プログラミング作法』アスキー、ISBN 978-4756136497

［Kernighan-Plauger］Brian Kernighan and P. J. Plauger. Software Tools. Addison-Wesley. 1976. ISBN 201-03669-X.

邦訳：『ソフトウェア作法』共立出版、ISBN 978-4320021426

［Kernighan-Ritchie］ Brian Kernighan and Dennis Ritchie. The C Programming Language. 2nd Edition. Prentice-Hall Software Series. 1988. ISBN 0-13-110362-8.

邦訳：『プログラミング言語C──ANSI 規格準拠』共立出版、ISBN 978-4320024830

［Lampson］ ACM Operating Systems Review. Association for Computing Machinery. Butler Lampson. "Hints for Computer System Design". October 1983.
Webで参照できる（http://research.microsoft.com/~lampson/33-Hints/WebPage.html）。

［Lapin］ J. E. Lapin. Portable C and Unix Systems Programming. Prentice-Hall. 1987. ISBN 0-13-686494-5.

邦訳：『ポータブルUNIXプログラミング──システム間の互換性』啓学出版、ISBN 978-4766510348（啓学出版が倒産したため入手困難）

［Leonard］ Andrew Leonard. BSD Unix: Power to the People, from the Code. 2000.
Webで参照できる（http://dir.salon.com/story/tech/fsp/2000/05/16/chapter_2_part_one/index.html）。

［Levy］ Steven Levy. Hackers: Heroes of the Computer Revolution. Anchor/Doubleday. 1984. ISBN 0-385-19195-2.
Webで参照できる（http://www.stanford.edu/group/mmdd/SiliconValley/Levy/Hackers.1984.book/contents.html）。

邦訳：『ハッカーズ』工学社、ISBN 978-4875931003

［Lewine］ Donald Lewine. POSIX Programmer's Guide: Writing Portable Unix Programs. 1992. O'Reilly & Associates. ISBN 0-937175-73-0. 607pp..

［Libes-Ressler］Don Libes and Sandy Ressler. Life with Unix. 1989. ISBN 0-13-536657-7. Prentice-Hall.
この本は、Unix の初期の歴史をこの本よりも詳しく示してくれる。特に1979年から86年の歴史は詳しい。

邦訳：『Life with UNIX──UNIX を愛するすべての人に』アスキー、ISBN 978-4756107831

［Lions］ John Lions. Lions's Commentary on Unix 6th Edition. 1996. 1-57398-013-7. Peer-To-Peer Communications.

Webには、LionsのオリジナルをPostScriptに展開したものがあるはずだが、このURL (http://www.upl.cs.wisc.edu/~epaulson/lionc.ps) は不安定かもしれない（訳注：現在はないようだ）。

邦訳：『Lions' Commentary on UNIX』アスキー、ISBN 978-4756118448

[Loukides-Oram]　Mike Loukides and Andy Oram. Programming with GNU Software. O'Reilly & Associates. 1996. ISBN 1-56592-112-7.

邦訳：『GNUソフトウェアプログラミング——オープンソース開発の原点』オライリージャパン、ISBN 978-4900900202

[Lutz]　Mark Lutz. Programming Python. O'Reilly & Associates. 1996. ISBN 1-56592-197-6.

邦訳：『Python入門』『Pythonプログラミング』オライリージャパン、ISBN 978-4900900554、ISBN 978-4900900677

[McIlroy78]　The Bell System Technical Journal. Bell Laboratories. M. D. McIlroy, E. N. Pinson, and B. A. Tague. "Unix Time-Sharing System Forward". 1978. 57 (6, part 2). p. 1902.

[McIlroy91]　Proc. Virginia Computer Users Conference. Volume 21. M. D. McIlroy. "Unix on My Mind". p. 1-6.

[Miller]　The Psychological Review. George Miller. "The Magical Number Seven, Plus or Minus Two". Some limits on our capacity for processing information. 1956. 63. pp. 81-97.
　Webで参照できる（http://www.musanim.com/miller1956/）。

[Mumon]　Mumon. The Gateless Gate.
　Webで優れた新訳を参照できる（http://www.ibiblio.org/zen/cgi-bin/koan-index.pl）。（訳注：日本で入手しやすいのは、『無門関』西村恵信／訳注　岩波文庫1994年6月）

[OpenSources]　Sam Ockman and Chris DiBona. Open Sources: Voices from the Open Source Revolution. O'Reilly & Associates. 1999. ISBN 1-56592-582-3. 280pp..
　Webで参照できる（http://www.oreilly.com/catalog/opensources/book/toc.html）。

邦訳：『オープンソースソフトウェア——彼らはいかにしてビジネススタンダードになったのか』オライリージャパン、ISBN 978-4900900950

[Oram-Talbot]　Andrew Oram and Steve Talbot. Managing Projects with Make. O'Reilly & Associates. 1991. ISBN 0-937175-90-0.

邦訳：『make 改訂版』オライリージャパン、ISBN 978-4900900608

［Ousterhout94］ John Ousterhout. Tcl and the Tk Toolkit. Addison-Wesley. 1994. ISBN 0-201-63337-X.
邦訳：『Tcl&Tk ツールキット』ソフトバンククリエイティブ、ISBN 978-4890528196

［Ousterhout96］ John Ousterhout. Why Threads Are a Bad Idea (for most purposes). 1996.
USENIX 1996 の招待講演。講演に対応する論文はないが、Web でスライドを参照できる (http://home.pacbell.net/ouster/threads.pdf)。

［Padlipsky］ Michael Padlipsky. The Elements of Networking Style. iUniverse.com. 2000. ISBN 0-595-08879-1.

［Parnas］ Communications of the ACM. Parnas L. David. "On the Criteria to Be Used in Decomposing Systems into Modules".
Web の ACM Classics のページで参照できる (http://www.acm.org/classics/may96/)。

［Pike］ Rob Pike. Notes on Programming in C.
このドキュメントは Web で人気がある。タイトルでサーチをかければ必ず何か所かでコピーを見つけられるが、たとえばここにある (http://www.lysator.liu.se/c/pikestyle.html)。

［Prechelt］ Lutz Prechelt. An Empirical Comparison of C, C++, Java, Perl, Python, Rexx, and Tcl for a Search/String-Processing Program.
Web で参照できる (http://www.ubka.uni-karlsruhe.de/cgi-bin/psview?document=ira/2000/5)。

［Raskin］Jef Raskin. The Humane Interface. Addison-Wesley. 2000. ISBN 0-201-37937-6.
Web で要約を参照できる (http://jef.raskincenter.org/humane_interface/summary_of_thi.html)。
邦訳：『ヒューメイン・インタフェース――人に優しいシステムへの新たな指針』ピアソンエデュケーション、ISBN 978-4894714205

［Ravenbrook］ The Memory Management Reference.
Web で参照できる (http://www.memorymanagement.org/)。

［Raymond96］ Eric S. Raymond. The New Hacker's Dictionary. 3rd Edition. 1996. ISBN 0-262-68092-0. MIT Press. 547pp..

WebのJargon File Resource Pageで参照できる（http://www.catb.org/~esr/jargon/）。
邦訳：『ハッカーズ大辞典』アスキー、ISBN 978-4756140845

［Raymond01］ Eric S. Raymond. The Cathedral and the Bazaar. 2nd Edition. 1999. ISBN 0-596-00131-2. O'Reilly & Associates. 240pp..
邦訳：『伽藍とバザール――オープンソース・ソフト Linux マニフェスト』光芒社、ISBN 978-4895421683

［Reps-Senzaki］ Paul Reps and Nyogen Senzaki. Zen Flesh, Zen Bones. 1994. Shambhala Publications. ISBN 1-570-62063-6. 285pp..
禅宗の原典のありのままを見せてくれるすばらしいアンソロジー。

［Ritchie79］ Dennis M. Ritchie. The Evolution of the Unix Time-Sharing System. 1979.
Webで参照できる（http://cm.bell-labs.com/cm/cs/who/dmr/hist.html）。

［Ritchie93］ Dennis M. Ritchie. The Development of the C Language. 1993.
Webで参照できる（http://cm.bell-labs.com/cm/cs/who/dmr/chist.html）。

［RitchieQED］ Dennis M. Ritchie. An Incomplete History of the QED Text Editor. 2003.
Webで参照できる（http://cm.bell-labs.com/cm/cs/who/dmr/qed.html）。

［Ritchie-Thompson］ The Unix Time-Sharing System. Dennis M. Ritchie and Ken Thompson.
Webで参照できる（http://cm.bell-labs.com/cm/cs/who/dmr/cacm.html）。

［Saltzer］ ACM Transactions on Computer Systems. Association for Computing Machinery. James. H. Saltzer, David P. Reed, and David D. Clark. "End-to-End Arguments in System Design". November 1984.
Webで参照できる（http://web.mit.edu/Saltzer/www/publications/endtoend/endtoend.pdf）。

［Salus］ Peter H. Salus. A Quarter-Century of Unix. Addison-Wesley. 1994. ISBN 0-201-54777-5.
UNIXの歴史の優れた概観。多くの設計上の判断について、実際に判断を行った人のことばで説明する。
邦訳：『UNIXの1/4世紀』アスキー、ISBN 978-4756136596

［Schaffer-Wolf］ Evan Schaffer and Mike Wolf. The Unix Shell as a Fourth-Generation Language. 1991.

Web で参照できる（http://www.rdb.com/lib/4gl.pdf）。オープンソース実装の NoSQL は、Web サーチですぐに見つかる。

［Schwartz-Christiansen］Randal Schwartz and Tom Phoenix. Learning Perl. 3rd Edition. O'Reilly & Associates. 2001. ISBN 0-596-00132-0.
邦訳：『初めての Perl』オライリージャパン、ISBN 978-4873111261

［Spinellis］Journal of Systems and Software. Diomidis Spinellis. "Notable Design Patterns for Domain-Specific Languages". 56. (1). February 2001. p. 91-99.
Web で参照できる（http://dmst.aueb.gr/dds/pubs/jrnl/2000-JSS-DSLPatterns/html/dslpat.html）。

［Stallman］ Richard M. Stallman. The GNU Manifesto.
Web で参照できる（http://www.gnu.org/gnu/manifesto.html）。

［Stephenson］ Neal Stephenson. In the Beginning Was the Command Line. 1999.
Web で参照できる他（http://www.cryptonomicon.com/beginning.html）、Avon Books からペーパーバックで発売されている。

［Stevens90］ W. Richard Stevens. Unix Network Programming. Prentice-Hall. 1990. ISBN 0-13-949876-1.
このトピックについての古典。注意：その後の版のなかには、mx() など、Version 6 のネットワーク機能の説明を省略しているものがある。
邦訳：『UNIX ネットワークプログラミング〈Vol.1〉ネットワーク API:ソケットと XTI』ピアソンエデュケーション、ISBN 978-4894712058、『UNIX ネットワークプログラミング〈Vol.2〉IPC:プロセス間通信』ピアソンエデュケーション、ISBN 978-4894712577

［Stevens92］ W. Richard Stevens. Advanced Programming in the Unix Environment. 1992. ISBN 0-201-56317-7. Addison-Wesley.
Stevens の Unix API の包括的なガイドブック。ベテランのプログラマや賢い初心者にとっては非常に楽しめる本であり、Unix Network Programming とともに揃えたい本である。
邦訳：『詳解 UNIX プログラミング』ピアソンエデュケーション、ISBN 978-4894713192

［Stroustrup］ Bjarne Stroustrup. The C++ Programming Language. Addison-Wesley. 1991. ISBN 0-201-53992-6.
邦訳：『プログラミング言語 C++ 第 3 版』アジソンウェスレイパブリッシャーズジャパン刊

行／アスキー販売、ISBN 978-4756118950

[Tanenbaum-VanRenesse] Andrew S. Tanenbaum and Robbert van Renesse. A Critique of the Remote Procedure Call Paradigm. EUTECO'88 Proceedings, Participants Edition. 1988. pp. 775-783.

[Tidwell] Doug Tidwell. XSLT: Mastering XML Transformations. O'Reilly & Associates. 2001. ISBN 1-596-00053-7.

[Torvalds] Linus Torvalds and David Diamond. Just for Fun. The Story of an Accidental Revolutionary. HarperBusiness. 2001. ISBN 0-06-662072-4.
邦訳：『それがぼくには楽しかったから』小学館プロダクション、ISBN 978-4796880015

[Vaughan] Gary V. Vaughan, Tom Tromey, and Ian Lance Taylor. GNU Autoconf, Automake, and Libtool. New Riders Publishing. 2000. 390 p.. ISBN 1-578-70190-2. GNU autotools のユーザーガイド。Web で参照できる（http://sources.redhat.com/autobook/）。
邦訳：『GNU Autoconf/Automake/Libtool』オーム社、ISBN 978-4274064111

[Vo] Software Practice & Experience. Kiem-Phong Vo. "The Discipline and Method Architecture for Reusable Libraries". 2000. 30. p. 107-128.
Web で参照できる（http://www.research.att.com/sw/tools/vcodex/dm-spe.ps）。

[Wall2000] Larry Wall, Tom Christiansen, and Jon Orwant. Programming Perl. 3rd Edition. O'Reilly & Associates. 2000. ISBN 0-596-00027-8.
邦訳：『プログラミング Perl〈VOLUME1〉・〈VOLUME2〉』オライリージャパン、ISBN 978-4873110967、ISBN 978-4873110974

[Welch] Brent Welch. Practical Programming in Tcl and Tk. Prentice-Hall. 1999. ISBN 0-13-022028-0.
邦訳：『Tcl/Tk 入門』プレンティスホール出版、ISBN 978-4894710856（プレンティスホール出版は現在のピアソンエデュケーションである）

[Williams] Sam Williams. Free as in Freedom. O'Reilly & Associates. 2002. ISBN 0-596-00287-4.
Web で参照できる（http://www.oreilly.com/openbook/freedom/index.html）。

[Yourdon] Edward Yourdon. Death March. The Complete Software Developer's Guide to Surviving "Mission Impossible" Projects. Prentice-Hall. 1997. ISBN 0-137-48310-4.

邦訳：『デスマーチ——なぜソフトウエア・プロジェクトは混乱するのか』シイエム・シイ、ISBN 978-4901280372

付録 C

寄稿者紹介

> しゃれたホテルで開かれた USENIX コンファレンスに出席した人なら、「あなたはコンピュータの世界の人ですね」ということは、ホテルのウェイトレスが「見て、新しい種類の動く粘菌よ」というのとほぼ同じだということがわかるはずだ。
>
> —— **Elizabeth Zwicky**

Ken Arnold は、4BSD を作ったグループのメンバだった。オリジナルの curses(3) ライブラリを書き、オリジナルの rogue(6) ゲームの作者の 1 人である。彼は、Java Reference Manual の共著者で、Java と OO テクニックの最先端を知るエキスパートの 1 人である。

Steven M. Bellovin は、1979 年ノースカロライナ大学在学中に Usenet を作った（Tom Truscott と Jim Ellis とともに）。1982 年に AT&T Bell Laboratories に入り、Unix システムとそのほかのシステムにおけるセキュリティ、暗号、ネットワークの研究で開拓者的な役割を果たした。IETF のアクティブなメンバーで、National Academy of Engineering のメンバでもある。

Stuart Feldman は、Bell Labs の Unix 開発グループのメンバだった。彼は、make(1) と f77(1) を書いている。現在は、IBM のコンピューティング研究担当の副社長である。

Jim Gettys は、Bob Scheifler、Keith Packard とともに、1980 年代末には X ウィンドウシステムの主要なアーキテクトの 1 人だった。彼は X ライブラリ、X ライセンスのかなりの部分を書き、「ポリシーではなくメカニズム」という X の設計の中心的な思想を表明した人物である。

Steve Johnson は、yacc(1) を書き、それを使ってポータブル C コンパイラを書いた。このコンパイラは、オリジナルの DMR C に代わって使われるようになり、その後のほとんどの UNIX C コンパイラの祖先となった。

Brian Kernighan は、Unix コミュニティで優れたスタイルについてもっとも明快に語れる人物である。彼は、The Practice of Programming、The C Programming Language、The Unix Programming Environment など、Unix の伝統における不朽の古典の著者、共著者である。Bell Labs 在籍時には、awk(1) 言語の作者の 1 人であり、eqn(1)（Lorinda Cherry と共同開発）、pic(1)、grap(1)（Jon Bentley）など、troff ファミリの開発でも大きな役割を担った。

David Korn は、今の Unix で使われているほぼすべてのシェル設計のスタイル上の祖先となる Korn シェルの作者である。Windows を使うことを強制されている人のための UNIX エミュレータ、UWIN の作者でもある。David は、ファイルシステム設計やソースコード移植性維持のためのツールの研究でも知られている。

Mike Lesk は、Bell Labs のオリジナル Unix チームのメンバだった。特に、ms マクロパッケージ、ワードプロセッサツールの tbl(1) と refer(1)、トークナイザの lex(1)、UUCP（Unix-to-Unix copy program）の開発で知られる。

Doug McIlroy は、Unix が生まれた Bell Labs の研究グループの長で、Unix パイプを発明した。彼は、spell(1)、diff(1)、sort(1)、join(1)、tr(1) など、古典的な Unix ツールを書き、Unix ドキュメントの伝統的なスタイルを定めた。彼は、メモリ割り当てアルゴリズム、コンピュータセキュリティ、定理証明でも開拓者的な仕事をしている。

Marshall Kirk McKusick は、4.2BSD の高速ファイルシステムを実装し、バークレーコンピュータシステム研究グループ（CSRG）のリサーチコンピュータ科学者として、4.3BSD と 4.4BSD の開発およびリリースを指揮した。

Keith Packard は、オリジナル X11 コードの開発で重要な位置を占めた。1999 年からの第 2 フェーズでは、X のレンダリングコードを書き直し、ハンドヘルドコンピュータや PDA に適したより強力で驚くほど小さくなった実装を作り出した。

Eric S. Raymond は、1982 年以来、Unix ソフトウェアを書いている。1991 年には、The New Hacker's Dictionary を編集し、それ以来、歴史的、考古学的な視点から Unix コミュニティとインターネットハッカー文化を研究している。1997 年には、その研究成果として、The Cathedral and the Bazaar を書き、オープンソース運動を（再）定義して、活性化させた。現在は 30 種以上のオープンソースソフトウェアプロジェクトと 1 ダースほどの主要な FAQ ドキュメントをメンテナンスしている。

Henry Spencer は、1970 年代半ばに Bell Labs から初めて外に出た Unix を受け入れたプログラマたちのリーダーだった。彼の仕事としては、パブリックドメインの getopt(3)、最初のオープンソース文字列ライブラリ、4.4BSD で採用され、POSIX 標準が参照したオープンソースの正規表現エンジンなどがある。彼は C の奥義を知るエキスパートとして知られ、C News

の共著者であり、何年も前からUsenetの理性の声の代表者として知られ、もっとも尊敬を集めている寄稿者の1人である。

　Ken Thompsonは、Unixを発明した。

付録 D

無根的根：不宇先生の Unix 公案

D.1 エディタのイントロダクション

　　西部山脈の乾いた空気に数十年に渡ってしまいこまれていたことが明らかな公案集、無根的根の発見は、学界に大きな論争を呼び起こした。これらは Unix 初期の時代に祖師たちが残した教えに新しい光をあてる真正の文書なのか、それとも、Thompson、Ritchie、McIlroy といった半ば神話的な先師の権威を借りて、今のこの時代に発達した教義を広めようとする後世のもっともらしい偽書なのか。

　　確かなことはわからない。論争のどちらの側も、かの古典、The Tao of Programming[1] との類似に注目していることに変わりはない。しかし、無根的根は、James の翻訳のもつ詩的でゆったりとした逸話集のトーンやスタイルとは明らかに異なり、不宇先生（Master Foo）という人物の非凡で不可思議な性格にいやでも注目させられるという性質のテキストである。

　　むしろ、AI Koans[2] との類似性に注目したほうがよいかもしれない。実際、テキスト上の特徴から判断する限り、無根的根の著者は、AI Koans のとあるバージョンを編集していたのではないかと考えられる節がある。さらに、Loginataka[3] との結び付きはもっと緊密なように思われる。実際、無根的根と Loginataka の無名の著者は、まったく同じ人物であり、この人物は不宇先生その人の弟子である可能性が高い。

　　ここまでくると、Tales of Zen Master Greg[4] にも触れないわけにはいかないだろうが、Nine Inch Nails が参照されている分、文書の古さに疑問を呈せざるをえず、だからこれが無根的根

---

1. The Tao of Programming は、Web で参照できる（http://www.canonical.org/~kragen/tao-of-programming.html）。
2. AI Koans は、Web で参照できる（http://www.catb.org/~esr/jargon/html/koans.html）。
3. Loginataka は、Web で参照できる（http://www.catb.org/~esr/faqs/loginataka.html）。
4. Tales of Zen Master Greg は、Web で参照できる（http://www.gu.uwa.edu.au/users/greg/）。

に影響を与えた可能性は低いだろう。

タイトルは禅の古典である無門関[5]の影響を受けたものだろうと、自信を持っていうことができる。いくつかの公案のなかには、無門関の木霊が響いている感じがする。

不宇先生が、東学派（ニュージャージー）と見るか西学派と見るかについては、かなりの論争がある。西学派といえば、若き Thompson 師のバークレーへの旅から成長したグループだ。この問いの答がはっきりしないとするなら、それは不宇先生の実在さえ証明できないからだろう。彼は、何人かの教師、あるいは僧侶の像を1つに合成しただけの存在なのかもしれない。

不宇先生の伝説とは数人の教えを1人の個人に融合したものなのだとすると、お気に入りの弟子である新若（Nubi）はどうなるのだろうか。新若は、完全な弟子という決まりきった人物の特徴をすべて持っている。仏陀のお気に入りの弟子である阿難陀を思い出す読者がいるかもしれない。歴史的な人物としての阿難陀は実在していたようだが、仏陀の生涯が時間を越えた神話に磨き上げられる過程で、彼の実際の個性は消えてしまったようだ。

結局のところ、私たちができることといえば、これらの教訓をそのままの形で受け取り、そこに見つかった知恵の核というべきものを展開していくことだけだ。

無根的根の編集はまだ終わっていない。原資料は、再構築、解釈するうえで難しい点を多く含んでいる。これらの難点が克服されれば、より多くの話が含まれた版が将来作られるかもしれない。

D.2 不宇先生と1万行

不宇先生は、かつて訪れたプログラマにこういった。「Unix 相（Unix らしさ）は、1万行のCではなく、1行のシェルスクリプトにある。」

Cの技能に非常に誇りを持っていたそのプログラマはこういった。「そんなことはないでしょう。CはUnixのカーネルを実装している言語なんだ。」

不宇先生は答えた。「たしかにそうだ。しかし、Unix 相に近いのはどちらかといえば、1万行のCよりも1行のシェルスクリプトなのだ。」

プログラマは、苦痛に満ちたようすでいった。「しかし、私たちが Ritchie 師の悟りを経験するのはCを通じてなんだ。オペレーティングシステムを書いても、比類ないパフォーマンスを得られるのはCなんだ。」

不宇先生は答えた。「お前がいっていることはすべて正しい。しかし、それでも1万行のCよりも1行のシェルスクリプトのほうが Unix 相に近いのだ。」

---

5. 無門関は、Web で参照できる（http://www.ibiblio.org/zen/cgi-bin/koan-index.pl）。

プログラマは不宇先生を嘲笑して出発しようと立ち上がった。しかし、不宇先生は弟子の新若に向かって頷いた。新若は、近くのホワイトボードに1行のシェルスクリプトを書いてこういった。「プログラマ先生、このパイプラインを考えてください。純粋なCで実装したら、1万行以上になるのではありませんか。」

プログラマはあごひげのなかでぶつぶついいながら、新若が書いたものについて考えていた。そして、新若がいったことに同意した。

新若は、さらに尋ねた。「そして、そのCプログラムを実装、デバッグするのに何時間かかるのですか。」

プログラマは答えた。「長時間になる。しかし、彼にはもっとふさわしい仕事がたくさんあるのだから、そんなことをやって時間を費やすのは馬鹿だけだ。」

今度は不宇先生が尋ねた。「では、Unix相を理解しているのはどちらだろう。1万行のコードを書く人間だろうか、その仕事のむなしさを知っていて、コーディングせずに同じ効果を手に入れる人間だろうか。」

プログラマは、このことばを聞いたときに悟りを開いた。

D.3 不宇先生とスクリプト

不宇先生が弟子たちと朝食を食べていると、宇都の国から来た見知らぬ男が不宇先生に面会を求めた。

彼はいった。「あんたはとても賢いんだってね。あんたが知っていることをすべておれに教えてくれ。」

不宇先生の弟子たちは、彼の野蛮なことばを聞いて困惑し、互いに顔を見合わせた。不宇先生は微笑んで答えた。「お前は、Unixの道を学びたいのか。」

彼は答えた。「おれは、ウィザードハッカーになって、みんなの箱を自分のものにするんだ。」

不宇先生はいった。「私はその道は教えていない。」

彼はいらいらしてきてこういった。「くだらない、あんたは賢いふりをしているだけか。何か知っていることがあるなら、あんたはおれに教えるはずだ。」

不宇先生はいった。「お前を知恵に導く道がある。」不宇先生は、紙切れにIPアドレスを書いてこういった。「この箱は、ガードがあまいから、お前なら難なく破れるはずだ。ここに帰って

きて、お前が見たものを私にいえ。」

彼は一礼して去っていった。不宇先生は朝食を終えた。

数日が過ぎ、数か月が過ぎた。彼のことはだれもが忘れていた。

数年後、宇都の国の男が不宇先生のもとに帰ってきた。

彼はいった。「ふざけたやろうだ。おれは箱を破ったが、お前のいう通り、それは簡単だった。しかし、FBI につかまって牢屋に放り込まれた。」

不宇先生は答えた。「よし。お前は次の課題に進むことができる。」不宇先生は別の紙切れに IP アドレスを書いて、男に渡した。

男はうめいた。「お前は、おかしいんじゃないか。あんな目にあったのだから、おれはもう 2 度とコンピュータをクラックしたりはしない。」

不宇先生は微笑んでいった。「それが知恵の始まりだ。」

男は、このことばを聞いたときに悟りを開いた。

D.4 不宇先生が 2 つの道を説く

不宇先生が、弟子たちに教えを与えていた。

「真実の教えには、McIlroy 師のマントラ『1 つのことをしっかりやれ』に端的に現れている 1 つの流れがある。ユーザーの心中にすぐにはっきりとしたイメージを結び、他のプログラムから利用できるという性質を持ち、単純で一貫性の取れた動きをするソフトウェアは、Unix らしい特徴を持っているということだ。」

「しかし、真実の教えには、Thompson 師の偉大なマントラ『疑わしいときには、力ずくでいけ』に端的に現れているような別の流れもある。多くの経典は、あとで 100%を得るより、今すぐ 90%を得ることが大切だと説いているが、これは実装の安定性と単純性を強調するものだ。」

「では聞くが、どちらのほうが Unix 相に近いのか。」

沈黙を破って、新若が答えた。

「先生、2 つの教えは矛盾するのではないですか。」

「単純な実装は、リソースの使いきり、レースウィンドウのクローズエラー、トランザクショ

ンの途中でのタイムアウトなどの境界条件のためのロジックを欠きがちです。」

「そのような境界条件が発生したとき、この種のソフトウェアの動作は、異常なものになります。これでは Unix の道だとはいえませんね。」

不宇先生は、その通りだと頷いた。

「その一方で、手の込んだアルゴリズムはもろいということはよく知られています。さらに、1つの境界条件に対応しようとすると、プログラムの中心的なアルゴリズムや他の境界条件を処理するコードとの間でやり取りが必要になります。」

「ですから、『記述の単純性』を保証しながら、あらかじめすべての境界条件に対応しようとすると、複雑すぎてもろいコードやバグに悩まされてリリースできないコードが作られがちです。これでは Unix の道とはいえませんね。」

不宇先生は、その通りだと頷いた。

新若は尋ねた。「では、どちらが正しい道なのですか。」

不宇先生は語った。

「空を飛ぶとき、鷲は足が地面についていたことを忘れているのか。餌食をつかんでいるとき、虎は宙を飛んだときのことを忘れているのか。VAX 三斤！」

新若は、このことばを聞いたときに悟りを開いた。

D.5 不宇先生と方法論者

不宇先生と弟子の新若が聖なる土地を旅して歩くときには、その夜泊まる町や村の Unix 初心者らに公開で説教をするのが習慣だった。

そのようなある夜、聴衆のなかに 1 人の方法論者がいた。

不宇先生はいった。「チューニング中にコードのプロファイリングをくり返し行ってホットスポットを探さないのなら、魚のいない湖に網を投げる漁師になってしまう。」

方法論者はいった。「それでは、リソースを管理しているときにたえず生産性を計測していなければ、魚のいない湖に網を投げる漁師になってしまうといっても真実なのですか。」

不宇先生はいった。「私はかつて、自分の舟が浮かんでいる湖に網を落としたばかりの漁師を見たことがある。彼は、船底を這いずり回って、網を探していた。」

方法論者はいった。「しかし、湖に網を落としたのなら、なぜ舟のなかで網を探しているのですか。」

不宇先生は、答えた。「彼は泳げなかったからだ。」

方法論者は、このことばを聞いたときに悟りを開いた。

D.6 不宇先生がグラフィカルユーザーインターフェイスを説く

ある夜、不宇先生と新若は、互いに学びあうために集まったプログラマの会に参加した。あるプログラマが、新若に、彼と彼の師匠はどの宗派に属しているのかと尋ねた。Unixの大道の者だといわれて、プログラマは怒り出した。

彼は嘲笑した。「Unixのコマンド行ツールは、粗雑で遅れたものだ。今のまともなオペレーティングシステムは、グラフィカルユーザーインターフェイスを介してすべてのことを行うものだ。」

不宇先生は何もいわず、月を指差した。近くにいた犬が、不宇先生の手に吠え掛かった。

プログラマがいった。「あなたのことがわからない。」

不宇先生は、黙ったまま仏陀の像を指差した。それから窓を指差した。

プログラマは尋ねた。「あなたは、私に何をいおうとしているのか。」

不宇先生は、プログラマの頭を指差し、それから岩を指差した。

プログラマは尋ねた。「なんであなたはわかるようにいわないのか。」

不宇先生は、何かを考えているようにまゆをひそめ、プログラマの鼻を2回叩き、彼を近くのゴミ箱に突き落とした。

プログラマがゴミの山から抜け出そうとしていると、犬がやってきて彼に小便をひっかけた。

そのとき、プログラマは悟りを開いた。

D.7 不宇先生とUnixの熱心な支持者

　Unixの熱心な支持者が、不宇先生はこの大道の賢者だという話を聞いて、教えを乞いにやってきた。不宇先生は彼にいった。

「Thompson師がUnixを発明したとき、彼はそれを理解していなかった。その後彼はそれを理解し、2度とUnixを発明しなくなった。」

「McIlroy師がパイプを発明したとき、彼はそれがソフトウェアを大きく変えるだろうということを知っていたが、精神を大きく変えることを知らなかった。」

「Ritchie師がCを発明したとき、彼はバッファオーバーラン、ヒープの崩壊、使えなくなったポインタなどのバグ地獄にプログラマたちを突き落としたのだ。」

「かように、先師たちはみな、盲目で愚かだったのだ。」

　Unix支持者は、不宇先生のことばに激怒した。

　彼は抗議した。「彼ら悟りを開いた人々は、私たちにUnixの大道を与えてくれた。彼らを冒涜するなら、私たちは徳を失い、獣かマイクロソフト認定システムエンジニアとして転生することになるだろう。」

　不宇先生は尋ねた。「お前のコードは、欠点や傷のない完全なものになったことがあるか。」

　Unix支持者は答えた「いいえ。だれもそんなことはないでしょう。」

　不宇先生はいった。「先師たちの知恵は、自分が愚かだということを知っていたことだ。」

　Unix支持者は、このことばを聞いたときに悟りを開いた。

D.8 不宇先生がUnix相を説く

　ある弟子が不宇先生にいった。「私たちは、SCOという会社がUnixの本当の支配権を握っているのだと聞いています。」

　不宇先生は頷いた。

　弟子は話を続けた。「また、私たちは、OpenGroupという会社もUnixの本当の支配権を握っているのだと聞いています。」

不宇先生は頷いた。

弟子は尋ねた。「これはどういうことでしょうか。」

不宇先生が答えた。

「確かに SCO は Unix のコードの支配権を握っているが、Unix のコードは Unix ではない。OpenGroup は確かに Unix という名前の支配権を握っているが、Unix という名前は Unix ではない。」

弟子が尋ねた。「では、Unix 相とは何でしょうか。」

不宇先生が答えた。

「コードではなく、名前ではない。精神ではなく、物ではない。常に変化し、しかも不変。」

「Unix 相とは単純かつ空。単純かつ空ゆえに、台風よりも強力。」

「Unix は、自然法則に従って動くので、設計はその性質に近づいていき、プログラマの心にまちがいなく浸透していく。Unix と競合するすべてのソフトウェアは、Unix に似たものにならなければならない。空、空、空無、完全な無、喝！」

弟子は、これを聞いたときに悟りを開いた。

D.9 不宇先生とエンドユーザー

また別のとき、不宇先生が人々に向かって説経をしていると、不宇先生の知恵のことを聞いたあるエンドユーザーが、教えを乞うてやってきた。

彼は、不宇先生に三度の礼を捧げていった。「私は、Unix の大道を学びたいと思っていますが、コマンド行が私を拒むのです。」

そのようすを見ていた入門間もない弟子たちがエンドユーザーをあざけり、「無知なやつ」と呼んで、Unix の道は、戒律と知性を持つ者だけのものだといった。

不宇先生は黙って手を上げ、彼とエンドユーザーが座っていたところにもっともうるさくエンドユーザーをあざけっていた弟子を呼びつけた。

不宇先生は弟子にいった。「お前が書いたコードとお前が公表した設計について私に語れ。」

弟子は、口ごもって答えられなくなり、黙ってしまった。

不宇先生は、エンドユーザーのほうに向き直り、尋ねた。「どうして、Unix の道を究めたいと思ったのか、いってみなさい。」

エンドユーザーは答えた。「私は、自分の周りにあるソフトウェアに満足していません。信頼性は低く、目や手を喜ばせるものでもありません。Unix は難しいけれどももっと優れていると聞き、私はすべての誘惑や妄想を捨て去ろうと思っています。」

不宇先生は尋ねた。「そして、あなたがソフトウェアを使って闘わなければならないのは、どのような世界なのだ。」

エンドユーザーは答えた。「私は、建築をしています。この町の多くの家は、私が判を押して作らせたものです。」

不宇先生は、弟子のほうに向き直っていった。「家猫は虎をあざけることはできるが、喉を鳴らす声を獅子吼に変えることはできない。」

弟子は、これを聞いたときに悟りを開いた。

索引

数字

.bash_profile	273
.bashrc	273
.fetchmailrc	233, 280
.INI ファイル	151
.netrc	268
.newsrc フォーマット	142
.profile	273
.Xdefaults	283
.xinitrc	283
/dev	510
/etc/inittab	145
/etc/passwd	145
/proc	504
/usr/group 標準	67
/usr/share/terminfo	176
/var/run	203
#	152, 267
# if	489
# ifdef	489
# line ディレクティブ	245
$$	201
%	147
%%	147
%%\n	148
--all オプション	275
-a オプション	275
-b オプション	275
-c オプション	275
-D オプション	275
-d オプション	275
-e オプション	276
-f オプション	276
-h オプション	276
-I オプション	276
-i オプション	276
-k オプション	277
-l オプション	277
-m オプション	277
-n オプション	277
-o オプション	277
-p オプション	277
-q オプション	278
-r オプション	278
-s オプション	278
-t オプション	278
-u オプション	278
-V オプション	278
-v オプション	278
-w オプション	278
-x オプション	279
-y オプション	279
-z オプション	279
|	145
286	67
2 アドレス命令	128
386	67, 68
386BSD	69
386 ボックス	69
68000	92, 107
68000 ベースのワークステーション	65
8086	65
80x86	68

A

A Critique of the Remote Procedure Call Paradigm 212

索引

acme ··· 342
ADOS ··· 94
Advanced DOS ······························· 94
Aegis ·· 404
AF_LOCAL ··································· 205
AF_UNIX ···································· 205
AI Lab ·· 72
AIX ··· 106
Albert Einstein ······························ 329
Algol ·· 114
all プロダクション ··························· 394
Alpha プロセッサ ···························· 107
AmigaOS Workbench ························ 94
Andreas Bechtolsheim ······················· 64
ANSI C ······································ 434
ANSI X3.64 標準 ······················· 175, 441
Apache ······································· 35
API ······································· 82, 86
Apple ·· 92
ARPANET ···························· 35, 59, 64, 72
ASCII ······································· 249
ascii ·· 249
ASN.1 ······································ 211
ASR-33 テレタイプ ·························· 58
AT&T/Sun 枢軸 ······························ 68
AT&T のオリジナル Unix ··················· 34
AT&T 分割 ·································· 65
audacity ···································· 167
AUTHORS ファイル ························ 491
autoconf ···································· 398
automake ··································· 399
autotools ··································· 486
awk ··· 234

B

B ······································· 60, 432
bash ···································· 222, 364
Basic Common Programming Language designed
 ··· 432
BBS ·· 142
bc ····································· 237, 295
BCPL ······································· 432
BEEP ······································· 163
Bell Laboratories（Labs）················· 58, 63
BeOS ·· 99
Berkeley Unix ······························· 34
Bernstein チェーン ·························· 199
Bezier 曲線 ································· 236
Bill Gates ···································· 64
Bill Joy ··································· 63, 64
BitKeeper ·································· 404
Blocks Extensible Exchange Protocol ······ 163
blq ··· 367
bootpd ······································ 204
Bourne Again Shell ························· 364
Bourne シェル ······························ 364
Brian Kernighan ···························· 292
BROWSER 環境変数 ························ 272
BSD ································ 65, 67, 70, 436
BSD 4.1 ···································· 436
BSD 4.2 ································ 63, 436
BSDI ·· 70
BSD ソケット ···················· 67, 205, 209, 501
BSD ライセンス ····················· 75, 425, 496
BXXP ······································· 163

C

C ····································· 356, 359, 432
C Shell ····································· 364
C++ ·· 361
C++ の移植性 ······························ 448
C89 ·· 435
C90 ·· 435
C99 ·· 435
C9X Charter ································ 434
Canvas ウィジェット ······················· 380
cat ··· 229
cc ··· 302
cdda2wav ·································· 309
CGI ···································· 259, 315
CHANGES ファイル ························ 491
checkpassword ····························· 199
chem ······································· 229
clean プロダクション ······················· 395

clear	301
CLI	86, 288
CLI サーバ	311
CLI サーバパターン	311
clone	504
Coherent	65
COLUMNS 環境変数	270
Common Gateway Interface	315
Compaq	68
Compatible Time-Sharing System	57
Compatibly Stupid Source Control	402
Concurrent Version System	403
condredirect	199
COPYING ファイル	491
CORBA	211
CP/M クローン	64
CPAN アーカイブ	421
csh	222, 364
CSSC	402
CSV	145
CTSS システム	57, 103
CUP	390
curses	175
curses スタイル	289
CVS	403
Cygwin	98
C 言語	31, 60
C の移植性	447
C 標準	434
C プリプロセッサ	226

D

DARPA	63
Darwin	105
David Korn	213, 235
dc	197, 237, 295
debugfs	183
DEC	68, 91, 104
Defense Advanced Research Projects Agency	63
Delimiter-Separeted Values	145
Dennis Ritchie	58
Design Notes ファイル	186
Design Rules	113
diff	66, 123, 479
Digital Equipment Corporation	91
Disruptive Technology	80
distclean プロダクション	395
dist プロダクション	395
ditroff	229
DLL	130
DLL 地獄	98
DocBook	464, 465
DOM オブジェクト	239
Donald Knuth	51
DOS 2.0	64
DOS 4 候補	94
Doug McIlroy	33, 38, 44, 49, 83, 106, 123, 194, 209, 245, 264, 281, 300, 348, 355, 488
Douglas Comer	62
DSV	145
DTD	466
DTSS	107
dvi2ps	365
DWB	228

E

ed	222, 302, 337
EDITOR 環境変数	193, 272
EDLIN	338
ed パターン	302
egrep	223
elm	304
elvis	385
Emacs	74, 223, 304, 341, 385, 406
Emacs Lisp	238, 377
Emacs Lisp の移植性	450
EPSF	237
eqn	229
ex	338
exec	199
extern キーワード	433

F

FAQ ファイル	491

fcntl ... 510
fetchmail ... 168, 197, 204, 280, 307, 360
fetchmailconf ... 251, 307, 372
fetchmailrc ... 390
fetchmail 実行制御ファイル ... 234
fetchmail の -v オプション ... 168
FHS ... 440
file ... 154
Filesystem Hierarchy Standard ... 440
FOP ... 469
fork ... 190, 199
FORTH ... 236
fortune ... 147
Free as in Freedom ... 75
Free Software Foundation ... 67, 74
FreeBSD ... 105
Freeciv ... 177, 207
Freeciv データファイル ... 179
freedb.org ... 161
Freenet ... 376
Freshmeat ... 421, 493
fsdb ... 183
FSF ... 74
ftp ... 302, 310
ftpd ... 310

G

gated ... 204
GCC ... 170
GCOS ... 107
gdb ... 303, 405
General Public License ... 497
GET ... 161
gettext ... 452
GhostScript ... 236
ghostview ... 309
gif2png ... 302
GIMP ... 131
GIMP プラグイン ... 131
Glade ... 224, 391
Glade コードジェネレータ ... 225
Glade マークアップ ... 225

glob ... 123
GNOME デスクトップ ... 212
GNOME プロジェクト ... 94, 381
GNU ... 65
GNU C コンパイラ ... 67, 170
GNU Image Manipulation program ... 131
GNU Texinfo ... 470
GNU カーネル ... 76
GNU コーディング標準 ... 279
GNU 宣言 ... 74
GNU ツールキット ... 76
GNU ツールセット ... 67
GNU マニフェスト ... 67
GPL ... 74, 425, 497
grep ... 123, 222, 299
groff ... 196, 228, 460
gs ... 309
GTK ツールキット ... 380
GTK ツールキットライブラリ ... 224
GUI ... 42, 86, 288
Guile ... 242
GUI ウィジェット ... 225
GUI のオーバーヘッド ... 36
GUI メールリーダ ... 171
gunzip ... 155, 302
gv ... 309
gzip ... 154, 302

H

Hamming 距離 ... 33
Hamming コード ... 33
Hatton の U 字曲線 ... 117
Henry Spencer ... 29, 42, 46, 48, 131, 139, 176, 184, 237, 247, 297, 388, 400, 411, 434, 453, 477
HISTORY ファイル ... 491
HOME 環境変数 ... 270
HP-UX ... 106
HTML ... 464
HTTP ... 160
HTTP 1.1 ... 162
HTTP 1.1 フォーマット ... 146
HURD ... 76

I

ibiblio ······································ 421
IBM ······························ 94, 103, 104
IBM 3270 シリーズ ························ 101
IBM 360/40 ································ 103
IBM 360/67 ································ 103
IBM 7094 メインフレーム ················· 103
IBM PC ······································ 64
IBM メインフレームコンピュータ ········ 101
IDE ··· 383
ideal ······································· 229
Idris ·· 65
IEEE ······································· 437
IESG ······································· 442
IETF ································· 73, 441
Imake ····································· 397
IMAP ······································ 158
imgsizer ··································· 372
Indian Hill IPC ··························· 208
inetd ····························· 155, 204, 311
infocmp ····························· 175, 177
Innovator's Dilemma ······················· 80
INSTALL ファイル ························ 491
install プロダクション ···················· 396
Institute of Electrical and Electronic Engineers ··· 437
Intel マイクロプロセッサ ··················· 67
Interactive System Productivity Facility ········ 101
Internet Engineering Steering Group ············ 442
Internet Engineering Task Force ········· 73, 441
Internet Message Access Protocol ·············· 158
Internet Printing Protocol ······················ 162
ioctl ·································· 505, 510
IPC ································· 83, 190
IPC のコスト ································ 83
IPC メソッド ································ 84
IPP ·· 162
ISO ·· 435
ISO/IEC 9945 ····························· 437
ISP ·· 34
ISPF ······································· 101
Itanium ···································· 107
ITS ··································· 73, 107

J

Jabber ····································· 164
Jack ······································· 390
Java ······························ 79, 316, 374
Java Applets ページ ······················ 421
JavaScript ·························· 239, 316
Java アプレット ···························· 315
Java の移植性 ····························· 449
JCL ·· 102
JDK 1.2 ··································· 375
Jim Gettys ···············140, 214, 324, 445
Job Control Language ···················· 102
John McCarthy ···························· 58
Joseph Costello ·························· 455
Jupiter ······································ 65

K

K&R C ···································· 434
KDE ······································· 212
KDE プロジェクト ························· 381
keeper ···································· 368
Keith Packard ·············· 75, 149, 445, 446
Ken Arnold ·············· 48, 62, 118, 203, 205
Ken Thompson ········ 52, 65, 88, 114, 134, 170, 237, 511
KISS 原則 ··································· 53
kmail ······································ 171
Korn Shell ································ 364
ksh ·· 364

L

LaTeX ······························ 244, 463
less ·· 195
lex ································ 223, 243, 387
LGPL ······························· 425, 497
libgimp ···································· 131
Library または Lesser GPL ················ 497
LICENSE ファイル ························ 491
line discipline ···························· 210
LINES 環境変数 ··························· 270
Linus Torvalds ··················· 69, 76, 105

Linux ·· 32, 35, 70, 76, 105, 501
Linux Standards Base ·································· 440
Linux プロジェクト ····································· 69
LOGNAME 環境変数 ···································· 270
lpd ·· 308
lpr ·· 301, 308
LR 文法 ··· 123
ls ··· 195, 301
LSB ·· 440
lynx ·· 175, 304
LyX ·· 471

M

m4 ··· 226
m4 マクロ ·· 226
Macintosh ·· 92, 501
MacOS ··· 92
MacOS X ··· 92
Mac インターフェイスガイドライン ······················· 92
mail ··· 301
Mail Abuse Prevention System ······················· 199
MAILER 環境変数 ····································· 272
make ··· 220, 391
makedepend ···································· 397, 398
MAPS ·· 199
Marshall Kirk McKusick ······························· 70
Microsoft ··································· 62, 64, 96
Mike Lesk ···························· 52, 130, 294, 389, 458
MIME ·· 146
MIT Artificial Intelligence Lab（AI Lab）····· 65, 72
MIT ライセンス ·································· 425, 496
mkisofs ·· 309
mmap ·· 207
MMU ··· 82
Monterey プロジェクト ································ 71
Moodss ·· 370
Moore の法則 ··· 319
more ··· 195
Motif ツールキット ··································· 380
Motorola チップ ······································· 69
mountd ·· 204
Mozilla ·· 35
Mozilla 開放 ·· 78
Mozilla パブリックライセンス ························· 498
MPE ··· 107
MPL ·· 426, 498
MS-DOS ··· 64
msgctl ··· 209
MTS ··· 107
Multics ······································· 57, 73, 107
MultiFinder ··· 92
Multiple Virtual Storage ···························· 101
MULTiplexed Information and Computing Service
·· 59
Multipurpose Internet Media Extension ········· 146
mutt ·· 175, 193, 304
MVS ··· 101

N

named ··· 204
NetBSD ·· 105
NETHACKOPTIONS 環境変数 ·················· 273
Netscape Communications ························· 77
Network File System ······························· 211
NEWS ファイル ······································· 491
NFS ·· 211, 437
non-uniform memory access ······················· 322
Novell ·· 71
nroff ··· 60
NUMA ··· 322

O

OO ··· 132, 361
Open Software Foundation ·························· 68
Open Source Definition ···························· 424
Open Systems Interconnect ························ 441
OpenBSD ·· 105
OS/2 ··· 94
OS/360 ··· 101
OSD ·· 34
OSF ·· 68
OSI ·· 441

P

PAGER 環境変数 · 195, 272
Parse::Yapp モジュール · 390
PassiveTeX · 469
patch · 66, 478
PATH 環境変数 · 271
Paul Allen · 64
PDF · 237
PDP-1 · 72
PDP-10 · 63, 73
PDP-11 · 60
PDP-7 · 58
Perl · 67, 223, 366
Perl の移植性 · 448
Perl の正規表現 · 223
PGP キー · 171
pic · 196, 229
pic2graph · 196, 230
pic2plot · 232
PIC 言語 · 196
PID ファイル · 203
PIL · 373
pine · 304
PL/1 · 114
PL/I · 105
Plain Old Documentation · 464
Plan 9 · 502
plotutils · 232
PLY · 389
PNG · 143
PNG グラフィックスファイルフォーマット · · · · · · 143
POD · 464
POD::DocBook モジュール · · · · · · · · · · · · · · · · · · · 470
poll · 215, 233
poll/select ループ · 214
POP3 · 157
popen(…, "w") · 192
Portable Document Format · · · · · · · · · · · · · · · · · · 237
Portable Network Graphics · · · · · · · · · · · · · · · · · · 143
Portable Operating System Standard · · · · · · · · · · · 34
POSIX · 34, 67, 438
POSIX 互換ライブラリ · 100
POSIX スレッド · 214
POST · 161
Post Office Protocol · 157
Postel の処方箋 · 49
PostgreSQL · 206
postmaster · 206, 310
PostScript · 235
PostScript 演算子 · 236
PowerPC · 92, 107
pppd · 204
Proposed Standard · 442
ps · 195, 301
PS/2 シリーズ · 67
psql · 310
PUT · 161
PY · 389
Python · 223, 370
Python Imaging Library · 373
Python Software Activity · · · · · · · · · · · · · · · · · · · 421
Python インタープリタ · 253
Python の移植性 · 448
PYX フォーマット · 151

Q

QDOS · 64
qmail · 199
qmail-pop3d · 199
qmail-popup · 199
QNX · 65
Qt ツールキット · 363, 380
Quick and Dirty Operating System · · · · · · · · · · · · 64

R

rblsmtpd · 199
RCS · 402
read · 210
README ファイル · 487, 490
realclean プロダクション · 395
Red Hat Package マネージャ · · · · · · · · · · · · · · · · · 492
regexp · 221
rehash ディレクティブ · 122

Remote File System ································ 437
Requests for Comment ························ 73, 441
Revision Control System ·························· 402
RFC ·· 73, 441
RFC 1025 ··· 35
RFC 2568 ·· 162
RFC 2822 ·· 146
RFC 3117 ·· 160
RFC 3205 ·· 161
RFC 822 フォーマット ······························ 146
rfork ··· 504
RFS ·· 437
Richard Stallman ································ 65, 74
rm ·· 301
RMS ··· 74
Rob Pike ·· 39
Robert Metcalf ······································· 30
rogue 風インターフェイススタイル ············· 175
rogue 風パターン ··································· 303
RPC ··· 42
RPC インターフェイス ····························· 211
RPM ·· 492
RS232 標準 ··· 441
RSA（Rivest-Shamir-Adelman）公開鍵 ······· 238

S

SAIL ·· 73
Sam ·· 340
Saxon ·· 468
SCCS ··· 402
Scheme ·· 242
SCO ··· 62
scp ··· 201
Script-Fu ·· 312
Scriptable Network Graphics ···················· 173
ScrollKeeper プロジェクト ······················· 472
sed ··· 222, 339
select ·· 215
semget ·· 208
sendmail ·· 310
sendmail.cf ·································· 218, 227
setgid 権限 ·· 200

setuid ビット ······································· 191
SGML ·· 472
sh ·· 302, 364
shared-memory clusters ························ 322
SHELL 環境変数 ··································· 271
shm_open ··· 207
shmget ·· 208
show ··· 236
SIGHUP シグナル ·································· 202
SIGINT シグナル ··································· 202
SIGIO シグナル ····································· 215
SIGKILL シグナル ·································· 204
SIGPIPE シグナル ·································· 194
SIGTERM シグナル ································ 204
SIGUSR1 シグナル ································· 202
SIGUSR2 シグナル ································· 202
Simple Mail Transfer Protocol ················· 156
singed キーワード ································· 434
Single Point Of Truth ···························· 121
Single Unix Specification ············ 103, 104, 208
slrn ·· 175
SMP ·· 322
SMTP ·· 156
SNA ·· 102
SNG ··· 173, 221
SOAP ·· 164
Solaris ··· 106
Sorcery Linux ······································ 366
sort ·· 299, 301
Source Code Control System ··················· 402
SourceForge ······································· 421
Space Travel ··· 58
SPACEWAR ·· 72
SPAM ·· 250
SPOT 原則 ··· 121
SQL ·· 292
SQL リクエスト ···································· 206
Sritek PC ドーターカード ························· 65
ssh ··· 201
Standard Generalized Markup Language ···· 472
startx ·· 301
STD ·· 444

Steve Johnson 114, 241, 264, 310, 322, 388, 434, 435, 506
Steven M. Bellovin 364
streams 210
Stuart Feldman 392-394
Subversion 404
Sun Microsystems 64
Sun ワークステーション 65
SUS 103, 104, 208, 438
SUS version 3 439
SVID 437
SVR3 67
System III 64, 436
System V 65, 436
System V Interface Definition 437
System V IPC 209
System V Release 3 67
System/360 101
Systems Network Architecture 102
system 呼び出し 192

T

tar 198
tar ボール 489
tbl 229
Tcl 368
Tcl expect パッケージ 245
Tcl/Tk 369
Tcl の移植性 449
TCP and IP Bake Off 35
TCP/IP 64
TCP/IP 実装 63
TCP/IP ソケット 207
TCP/IP 標準 34
tcpserver 200
TECO エディタ 218
TEI 467
termcap 175
terminfo データベース 175
TERM 環境変数 175, 271
test プロダクション 395
TeX 244, 365, 462
TeX4ht 471
Texinfo 463
TeXmacs 471
Text Encoding Initiative 467
The Open Group 439
the Santa Cruz Operation 62
The Tao of Programming 539
The Unix Shell As a 4GL 194
tic 175
Tim Paterson 64
Time Sharing Option 101
TkMan 370
Tk ツールキット 369, 380
TMRC 72
Tom Galloway 137
Tool Command Language 368
TOPS-10 .... 73, 107
TOPS-20 .... 73, 107
touch 301
tr 299
troff 228, 456, 460
TSO 101
TSS 30, 58
tty 対 termio 66
typedef 宣言 433

U

UDS 83 436
uNETix 65
UNICS 59
Uniform Resource Locator 35, 161
UniForum 1983 標準案 436
uninstall プロダクション 396
union 型 434
union 宣言 433
UNiplexed Information and Computing Service ... 59
Universal Resource Indicator 160
Unix 30, 511
Unix API 34, 121, 509
Unix System V 65
Unix Systems Laboratories 71

Unix to Unix Copy Program	63
UnixWare	71
Unix カーネル API	67
Unix コミュニティ	35
Unix シグナル	202
Unix 市場の細分化	66
Unix 思想	38, 81
Unix 思想の応用	54
Unix 戦争	66
Unix 戦争の第二幕	68
Unix ソースディストリビューション	35
Unix の起源	57
Unix の自由放任アプローチ	33
Unix の生命力	30
Unix の短所	32
Unix の長所	33
Unix の伝統	71
Unix の分裂	68
Unix の問題点	512
Unix の歴史	57
Unix 標準	67, 435
Unix 標準グループ	71
Unix 標準メタフォーマット	152
Unix ファイル	32
Unix 文化	64
Unix 文化の反対論	31
unsigned char 宣言	434
unsigned int 宣言	433
URI	160
URL	35, 161
Usenet	63
USER 環境変数	270
UTF-8	452, 504
UUCP	63

V

VAX	63, 91
VAX Unix	65
VAX/VMS オペレーティングシステム	63
VCS	401
Venix	65
Version 7	62
vi	304, 339, 385
vile	385
vim	385
Vinod Khosla	64
VM/CMS	30, 103
VMS	91
VMS オペレーティングシステム	68
VMS ツール	91
VMS ファイルシステム	91
void 宣言	434
VT100	175

W

wc	194
Web	35, 70
Web ブラウザ	315
who	301
William Jolitz	69
Wily	342
Windows 2000	96
Windows 3.0	68
Windows INI フォーマット	151
Windows ME	96
Windows NT	96
Windows Server 2003	96
Windows XP	96
wirte	210
World Wide Web	70
WPS	94
wxWindows ツールキット	380
WYSIWYG	456

X

X	32
X Window System	67
X/Open	438
X/Open 標準グループ	71
Xalan	468
xcalc	295
xcdroast	309
xchat	305
XENIX	63

Xerox · 92
Xerox PARC · 501, 506
XF86Config · 283
XFree86 · 70
XFree86 サーバ · 282
XHTML · 149
XML · 149
XML-DocBook · · · · · · · · · · · · · · · · · · 464, 472
XML-RPC · 163
xmlto · 365, 467
XML スタイルシート · · · · · · · · · · · · · · · · · · 227
XML パーサ · 150
XP · 120
xsl-fo-proc · 469
XSLT · 220, 227
xsltproc · 468
xterm · 175
xvi · 385
X コンソーシアム · 70
X コンソーシアムライセンス · · · · · · · · · · · · 496
X ツールキット · · · · · · · · · · · · · · · · · · · 33, 380

Y

yacc · 123, 243, 387
Yacc/M · 390

Z

z/Series メインフレーム · · · · · · · · · · · · · · · 101
Zawinski の法則 · 347
zip · 154
zsh · 222

あ

アーカイブファイル · · · · · · · · · · · · · · · · · · · 483
アーティスティックライセンス · · · · · · · 425, 497
アクセス制御リスト · 97
アクタペア · 307
アジャイル開発 · 51
圧縮 XML · 154
アドレス解決 · 128
アドレス空間 · 113
アプリケーションプリミティブ · · · · · · · · · · · · 43

アプリケーションプログラミング · · · · · · · · · · · 83
アプリケーションプログラミングインターフェイス
· 86
アプリケーションプロトコル · · · · · · · · · · · · · 137
アプリケーションプロトコルメタフォーマット · · · 159
アプリケーションメタデータ · · · · · · · · · · · · · · 93
アプレット · 374
アルゴリズム · 39
安定性の原則 · 40, 46
アンマーシャリング · · · · · · · · · · · · · · · · · · · 137

い

イーサネット · 30
生きたコード · 186
移植性 · · · · · · · · · · · · 34, 107, 269, 273, 279, 431
依存関係の推論 · 397
一時ファイル · 201
一般公衆利用許諾契約書 · · · · · · · · · · · · · · · · 74
イベント駆動プログラミング · · · · · · · · · · · · · 214
インストルメンテーションのノイズ · · · · · · · · · 320
インターネット · 35, 70
インターネットサービスプロバイダ · · · · · · · · · 34
インターネットドラフト · · · · · · · · · · · · · · · · · 442
インターネットの基礎 · · · · · · · · · · · · · · · · · · · 34
インターネットハッカー · · · · · · · · · · · · · · · · · 71
インターネット標準 · · · · · · · · · · · · · · · · · · · 444
インターフェイス設計 · · · · · · · · · · · · · · · · · 285
インターフェイスとエンジンの分離 · · · · · · · · · 43
インターフェイスの複雑さ · · · · · · · · · · · · · · 330
インタープリタ言語 · · · · · · · · · · · · · · · · · · · 358

う

ウィンドウマネージャ · · · · · · · · · · · · · · · · · 289
ウォーターフォールモデル · · · · · · · · · · · · · · 444
埋め草 · 141

え

永遠のニッチオペレーティングシステム · · · · · · 32
エクストリームプログラミング · · · · · · · · · · · · 120
エディタ · 67, 384
エディタ呼び出し · 192
エンジンコード · 93

エンジンとインターフェイスの分離 306
エンドユーザー 87
エンドユーザーテスト 127

お

オーバーラップ 325
オープンソース 34, 78, 79, 416, 452, 475
オープンソース Unix 32, 67, 105
オープンソース運動 35, 72
オープンソース開発ツール 35
オープンソースコミュニティ 35, 478
オープンソーススクリプト言語 67
オープンソースソフトウェア 34
オープンソースの定義 34
オープンソースプロジェクト 35
オープンソースライセンス 424, 496
オープン標準 34, 452
驚き最小の原則 40, 47, 165, 286
驚き最小の法則 47
オブジェクト指向言語 361
オブジェクト指向プログラミング 132
オブジェクトブラウザ 133
オブジェクトフレームワーク 133
オペレーティングシステムのスタイル 81
オペレーティングシステムの設計 81
オペレーティングシステムの比較 89
おもしろさの要素 37

か

回帰テスト 170
開示性 45, 165, 179
外部でのレイテンシ 321
拡張正規表現 223
拡張性の原則 40, 52
カジュアルプログラミング 88
カスタム文法 243
仮想 Linux マシン 105
仮想マシン 103
型データ 85
稼動システム 30
稼動用 TCP/IP スタック 34
過度な複雑化の原因 44

カプセル化 42, 115, 205
ガベージコレクション 129
空の心 124
カリフォルニア大学バークレー 63
環境変数 270
簡潔性 117, 122, 290
関数呼び出し 114
感染性 426

き

ギーク 73
ギガビットイーサネット 30
木構造 31
擬似ファイルデータ 207
技術文化 31
機能サブセット 118
機能の水ぶくれ 51
基本正規表現 222
逆ポーランド記法 237
キャッシュ 326
キャントリップパターン 300
教外別伝、不立文字 29
競合 200
強固な設計思想 29
共通言語 31
共有コンテキストの統一的な管理 350
共有セグメント 207
共有ファイル 189
共有メモリ 207
共有ライブラリ 130
共有ライブラリ管理システム 92
協力関係 59
キラーアプリケーション 70
際立った技 30

く

区切り子 141, 145
具体から抽象へ 125
クッキー 316
クッキージャーフォーマット 147
組み込みソフトウェア 30
組み立て部品の原則 40, 42

索引

クライアント 87
クライアント/サーバペア 310
クライアント OS モデルの弱点 108
クラス階層 95
グラフィカルユーザーインターフェイス 86, 288
グラフィカルユーザーインターフェイスエンジン ... 70
グラフィックスファイルフォーマット 140
グルーレイヤ 127
グローバル変数 134
グローバルメモリ 213
クロック割り込み 82
グロブ式 222

け

経済性の原則 40, 49
経済的な効果 37
言語 31
言語パーサ 387
倹約の原則 40, 45

こ

コア 322
公開 API 34
公開サービスライブラリ 131
公式的なメソッド 38
高水準言語 60
構造化アセンブラ 128
高速内部ループ 114
構文解析器 50
構文対応 337
コード共有 35
コード共有システム 92
コードジェネレータ 50, 387
コード生成 247
コード内部の複雑さ 45
コードに対する差分 66
コードの階層構造 125
コードの重複 121
コードの分割方法 113
コードの分量 45
コードベースサイズ 330
互換レイヤ 98

国際化 451
国防総省 34
個人用ハイエンド OS 96
古典的アーキテクチャ 128
コマンド行インターフェイス 86, 288
コマンド行オプション 274
コメント 481
コロン 153
コントローラ 306
コンパイラ 67
コンパイラパターン 302
コンパクトなワーキングセット 118
コンピュータアーキテクチャ 129
コンフィギュレーションファイル 218
コンフィギュレータ 307
コンポーネントプロセス 117

さ

サーバ 87
サーバ用 OS 96
サービスライブラリ 85, 113
サービスルーチン 130
再初期化シグナル 204
最適化 319
最適化スイッチ 264
最適化の原則 40, 51
再利用 411
サウンドファイルエディタ 167
サブタスキング 102
サブプロセス 189
サブルーチン 113
サポートグループ 35

し

シェル 85, 364
シェルアウト 192, 209
シェルスクリプトの移植性 448
シェルプログラミング 190
字句解析器 50
シグナル 202
シグナル API 203
シグナル処理 67

シグナルハンドラ 202
自己記述的 52
自己反復禁止原則 121
指数曲線 31
システム環境変数 270
システムコール 31
システムコール API 118
システムコマンドインタープリタ 85
システムデーモン 204
システムプログラミング 31
システムライブラリ 98
システムレベルのサービス 32
姿勢 55
自然な階層関係 113
思想 29
実行エラー 49
実行時間 39
実行制御ディレクトリ 266
実行制御ファイル 266
実装の複雑さ 330
自動検出 263
自動植字 60
ジャーゴンファイル 74
ジャンクなし 122
柔軟性 36
修復処理 184
修復の原則 40,49
出力の走査 337
上位ルーチン 322
使用感 32
小言語 217
冗舌スイッチ 318
初心 124
ジョブ制御 32, 67, 508
処理能力の成長 31
シリアライズ 137
シンクパターン 301
シングルユーザー 83
真実の1点 121
シンタクティック・シュガー 233
死んだコード 186
信任済みコード 85

す
スクリプト言語 356
スクリプト対応性 290
スケジューラ 82
スタートアップファイル 272
スタンザフォーマット 149, 153
ステータスバー 171
スプーラ/デーモンパターン 308
スペース 153
すべてはファイルだ 82
スポンジ 301
スマートデータ 133
スループット 323
スレーブプロセス 200
スレッド 191
スレッド API 213

せ
正規表現 221
制御フロー 247
生成の原則 40,50
セキュリティ 191, 510
セキュリティ API 102
セキュリティ強化 85
セキュリティラッパー 199
セグメントアドレッシング 67
設計思想 31
設計者の意図 81
設計上の判断の正しさ 31
設定可能性 296
設定スイッチ 263
説明のない定数 182
セパレータ 145
セマンティックス 85
宣言的ミニ言語 220
禅宗 29
選択上の複雑さ 334

そ
双方向 IPC メソッド 214
双方向名前付きパイプ 205

ソースコード 418
ソースコードディストリビューション 187
ソースパターン 301
属性付きのメッセージ 146
ソケット 190, 205, 208
ソケット API 119
ソケット対ストリーム 66
ソフトウェア工学 29

た

第 2 システム効果 57
第 3 システム効果 57
対象とするユーザー 87
ダイナミックリンクライブラリ 130
タイムシェアリング OS 58
タイムスライス 82
タグ 149
正しいデータ構造 39
楽しいシステム 36
タブ 153
多様性の原則 40, 52
単純性 46
単純性の原則 40, 44
単純で美しい 44
単純なアルゴリズム 39
単純な部品 41
ダンプ分析ツール 171
端末制御 67

ち

チェックサム 493
知識の 50%は 18 か月ごとに陳腐化 31
チャンク 144
チャンクサイズ 117
抽象から具体へ 125
抽象化レイヤ 180
抽象サブクラス 133
抽象データ型レベル 114
中置記法 237
チューリング完全 220
直列化 137
著作権 423

直交 36
直交性 119
沈黙の原則 40, 48

つ

ツイステッドペア 30
通信ツール 60
ツール 383
ツールキット 289
ツールの実行 31
使いやすさ 290
強い技術文化 29

て

ディレクトリノード 31
データ 247
データ駆動プログラミング 248
データファイルメタフォーマット 144
データフォーク 93
データベースとしてのファイルシステム 99
テキスト 139
テキストストリーム 42, 139
テキストの編集 336
テキストファイル形式 86
テキストプロトコル 139
テクスチャライザ 183
手作業過多トラップ 331
手作業のハック 50
デスクトップ 92
デスティネーションアドレス 138
テストハーネス 45
手続き型言語 113
手続きのロジック 47
徹底的なマルチスレッド実行 99
デッドロック 200
デバッガ 67
デバッグ 45, 184
デバッグオプション 45
デバッグスクリプト 45
デフォルトハンドラ 203

と

- 統一的な型 81
- 統一的なファイル名空間 35
- 統計的 SPAM フィルタ 250
- 動作についての最終的な決定 32
- 同軸ケーブル 30
- 透明性 46, 165, 179, 290
- 透明性の原則 40, 45
- 透明ピクセル 144
- トークナイザ 50, 388
- ドキュメント 455
- ドキュメント整形 60
- ドキュメントタイプ定義 149
- 特殊条件 46, 182
- 独立性 42, 124
- 特権グループ 84
- ドットディレクトリ 266
- ドットファイル 266
- トップダウン 38, 125
- ドライバ/エンジンペア 308
- トランザクションコスト 70
- トランザクションの経済性 144
- トランザクションモニタ 101

な

- 内部 API 134
- 内部区分 84, 95
- 名前付きパイプ 195, 208

ね

- ネイティブ C バインディング 381
- ネットワーク機能 63
- ネットワークゲートウェイプログラム 168
- ネットワークトラフィック 108

の

- ノイズキーワード 233

は

- バークレー API 67
- バークレー Unix 63
- パーサ 50
- バージョン管理システム 399
- パーソナルコンピュータ 501
- パーソナルワークステーション 31
- ハードウェアのモジュール化 113
- ハーネスプログラム 155, 311
- 排他ロック 121
- バイトストリーム 505
- バイトストリーム指向 85
- バイトストリーム表現 138
- バイトレベル 32
- バイナリ下位互換性 92
- バイナリ表現 128
- バイナリファイルフォーマット 86
- バイナリプロトコル 139
- パイプ 83, 190, 193
- パイプメタファ 82
- パイプ文字 145
- パイプライン 31, 194
- ハイブリッド OS 210
- 破壊的技術 80
- バグの追跡 400
- バザール開発モデル 78
- パスワードファイルフォーマット 141
- 派生ファイル 220
- ハッカー 71
- ハッカーズガイド 186
- ハッカーの砂箱 31
- ハッカー文化 72
- ハック 36
- バックアップスクリプト 198
- バックエンドプロセス 43
- バックグラウンド 190
- バックグラウンドプロセス 83
- バックスラッシュエスケープ 153
- バッチジョブ 101
- バッチ処理 325
- パッチセット 66
- バッチメインフレーム 59
- バッファフローチェック 273
- バッファリング問題 214
- パディング 141

パフォーマンス 191
パブリックドメイン 423
パロアルト研究センター 92
ハンドヘルド 30
反トラスト法違反事件 61
汎用 TSS 31
汎用インタープリタ言語 220
汎用言語 218
汎用タイムシェアリング 108
汎用タイムシェアリング OS 92
汎用レジスタ 128

ひ

ピアツーピア IPC テクニック 215
ピアツーピア通信 201
ピアツーピアネットワーク 108
ピアレビュー指向 77
ビジネスデスクトップ市場 31
ビジュアルオブジェクト 134
非線型相関 116
ビッグエンディアン 128
ビットマップグラフィックス 501
非同期 I/O 215
ビュー 306
表現性 290
表現性の原則 40, 47
標準 C ライブラリ 118
標準化コンソーシアム 32
標準原案 442
標準サービスライブラリ 144

ふ

ファイル圧縮 154
ファイル形式 137
ファイルシステム 31, 507, 511
ファイル属性 85
フィルタ 42, 83
フィルタパターン 299
フェッチメソッド 176
フォアグラウンド 190
フォームのチェーン 316
負荷共有プール 208

複雑さ 330
複雑なモノリス 42
付随的な複雑さ 334
不変式 181
プライベートネームスペース 504
ブラウザ 183
プラグイン 131
フラットアドレス空間 67, 128
プラットフォーム 107
フリーソフトウェア 74, 79
プリエンプション 82
プリエンプティブなマルチタスク 82
プリプロセッサ 390
プリベットトラップ 331
プレーンテキスト 149
プレフィックス 483
プログラマになるための障壁 88
プログラミングスタイル 81, 83
プログラミングテクニック 31
プログラム接続 31
プログラムロジック 247
プロジェクトの要求 44
プロセス 82
プロセス ID 203
プロセス間通信 83, 113, 189, 190
プロセス間通信手段 42
プロセス起動のコスト 190
プロセス制御 84
プロセスの起動 83
プロセスの並行処理 82
プロセス分割 214
プロトコルファミリ 205
プロトタイプ 51
プロパティデータベース 177
プロファイラ 45, 320, 405
プロファイリング 273
プロプライエタリアプリケーション 35
フロントエンドプロセス 43
文化 29
文化が持つ偏向 81
分散掲示板 142
分散掲示板機能 63

分散システム 113
分離の原則 40, 43

へ

ペイロード 160
ページング MMU 103
変更の追跡 399

ほ

ポータブルオペレーティングシステム標準 34
他の環境との接続 106
他の場面への応用 37
ボトムアップ 38, 125
ボトルネック 39
ポリシー 32
ポリシーでなく、メカニズム 32, 43
ポリバレントプログラムパターン 314
ボルトオン 192
本質的な強さ 31
本質的な複雑さ 334

ま

マークアップ 149, 456
マーシャリング 137
マイクロプロセッサ 129
マクロウィルス 107
マクロ展開 243
マジックナンバー 85, 182
マジックナンバー 7 ± 2 118
待ち時間 87
マルチスレッド 95, 191, 213
マルチタスク 82
マルチプレイヤゲーム 207
マルチプログラミング 189
マルチプロセッシング 189
マルチメディア処理 100
マルチメディアプラットフォーム 99
マルチメディアフロー 99
マルチユーザー 82
マルチユーザーの機能 107
丸め誤差 154

み

ミックスイン 133
ミニ言語 217
ミニマリズム 350

む

無限精度整数 237
無名パイプ 209

め

明確性の原則 40, 41
明確で穏当なコード 41
メイクファイル 220, 396
命令的言語 220
メインイベントループ 126
メインフレーム OS 103
メール伝送 156
メールユーザーエージェント 171
メタクラスハック 251
メッセージのアトミック性 214
メニュー構造 93
メモリ管理ユニット 82
メモリタイプ 322
メモリとワーキングセット 128
メンテナンス性 185

も

モジュールあたりのエントリポイント数 135
モジュール化 113
モジュール化の原則 39, 41
モジュールサイズ 115
モデル 306

ゆ

唯一の正しい方法 52
ユーザーアカウントレコード 86
ユーザーインターフェイス 285
ユーザーインターフェイススタイル 86
ユーザー環境変数 271
ユーザー特権レベル 83
ユーザープログラム 108

ユーティリティプロダクション 394

ら

ライセンス 423, 495
ライブラリ 130
ライブラリレイヤ 131
ラッパー 198
ラピッドプロトタイピング 51

り

リソース競合 215
リソースのフェッチ 161
リソースの変更 161
リソースフォーク 93
リダイレクト 209
リダイレクト処理 194
リッチテキストの編集 336
リテラル 145
リテラルシーケンス 149
リトルエンディアン 128
リファクタリング 120
リモートプロシージャ呼び出し 42, 211
領域固有言語 217

リリースエンジニアリング 166

れ

レイテンシ 87, 324
レコード構造 85
レコードジャーフォーマット 148
レジスタ 128
レジストリ 97, 177
レッセフェールスタイル 33
レポートジェネレータ 234

ろ

ローカル変数スタック 213
ロードマップドキュメント 115
ロールベースセキュリティ 84
ロックアウト 206
論理文字 85

わ

ワークプレースシェル 94
ワードプロセッサシステム 60
ワイルドカード 223
技（わざ） 29

- 本書は、株式会社KADOKAWA/アスキー・メディアワークスより刊行された『The Art of UNIX Programming』を再刊行したものです。再刊行にあたり、旧版刊行後に発見された誤植等を修正しております。
- 本書に対するお問い合わせは、電子メール(info@asciidwango.jp)にてお願いいたします。但し、本書の記述内容を越えるご質問にはお答えできませんので、ご了承ください。

The Art of UNIX Programming

2019年3月8日　初版発行

著　者　　Eric S. Raymond（エリック　レイモンド）
翻　訳　　長尾　高弘（ながお　たかひろ）

発行者　　川上量生
発　行　　株式会社ドワンゴ
　　　　　〒104-0061
　　　　　東京都中央区銀座 4-12-15 歌舞伎座タワー
　　　　　編集　03-3549-6153
　　　　　電子メール　info@asciidwango.jp
　　　　　https://asciidwango.jp/

発　売　　株式会社KADOKAWA
　　　　　〒102-8177
　　　　　東京都千代田区富士見 2-13-3
　　　　　営業　0570-002-301（カスタマーサポート・ナビダイヤル）
　　　　　受付時間　11:00〜13:00、14:00〜17:00（土日　祝日　年末年始を除く）
　　　　　https://www.kadokawa.co.jp/

印刷・製本　　株式会社リーブルテック

Printed in Japan

本書（ソフトウェア/プログラム含む）の無断複製（コピー、スキャン、デジタル化等）並びに無断複製物の譲渡および配信は、著作権法上での例外を除き禁じられています。また、本書を代行業者などの第三者に依頼して複製する行為は、たとえ個人や家庭内での利用であっても一切認められておりません。
落丁・乱丁本はお取り替えいたします。下記KADOKAWA 読者係までご連絡ください。
送料小社負担にてお取り替えいたします。
但し、古書店で本書を購入されている場合はお取り替えできません。
電話 049-259-1100 (10:00-17:00 / 土日、祝日、年末年始を除く)
〒354-0041　埼玉県入間郡三芳町藤久保 550-1
定価はカバーに表示してあります。

ISBN978-4-04-893068-0　　C3004

アスキードワンゴ編集部
編集　　鈴木嘉平